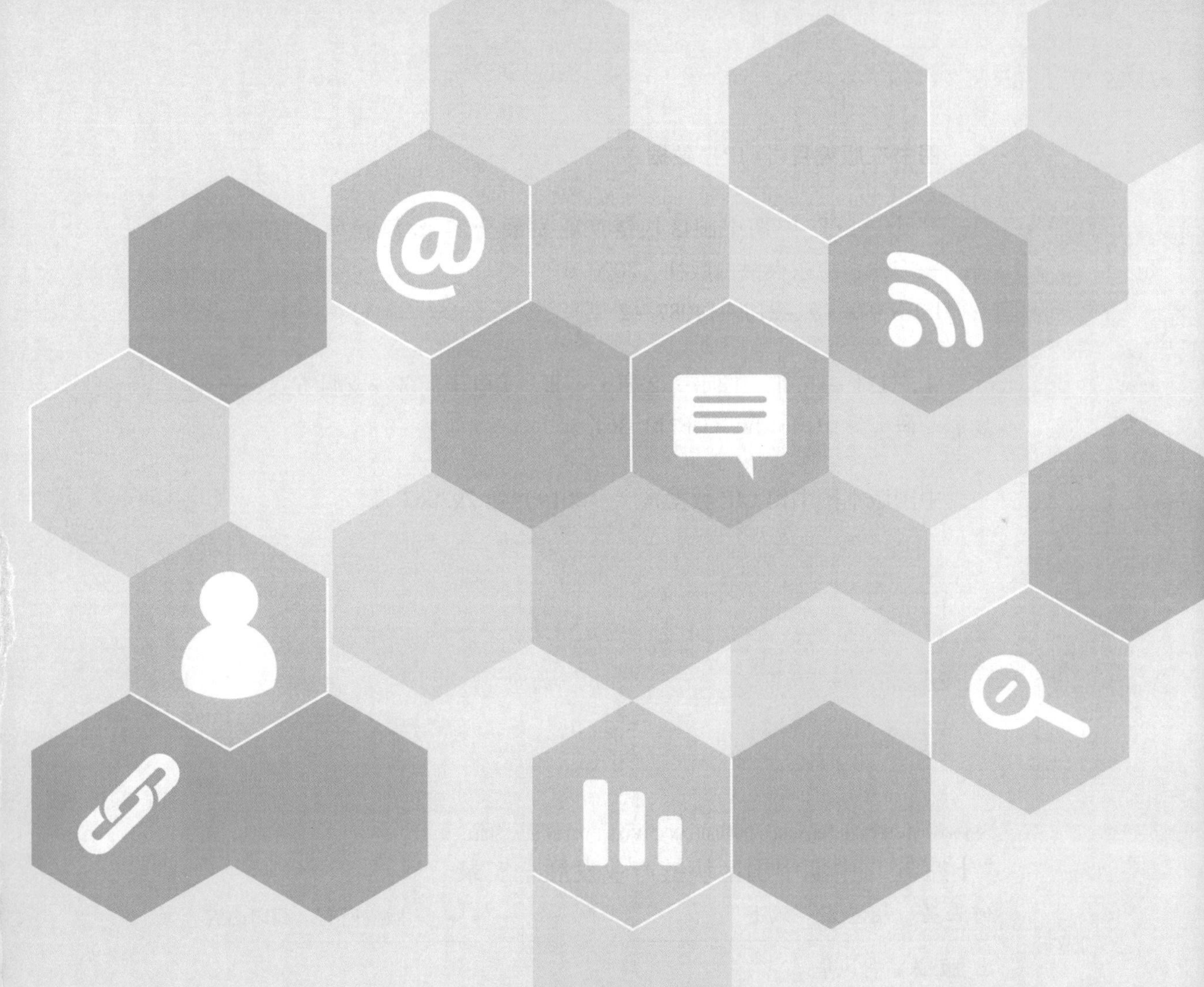

“十三五”中期中国区块链产业发展全实录

何五星　胡港宏◎编著

SPM
南方出版传媒
广东人民出版社
·广州·

图书在版编目（CIP）数据

“十三五”中期中国区块链产业发展全实录/何五星，胡港宏编著．—广州：广东人民出版社，2020.6

ISBN 978-7-218-14087-2

Ⅰ．①十…　Ⅱ．①何…　②胡…　Ⅲ．①电子商务—支付方式—产业发展—研究—中国　Ⅳ．①F713.361.3

中国版本图书馆 CIP 数据核字（2019）第 293063 号

"SHISANWU" ZHONGQI ZHONGGUO QUKUAILIAN CHANYE FAZHAN QUANSHILU

“十三五”中期中国区块链产业发展全实录

何五星　胡港宏　编著

出 版 人：肖风华

策划编辑：赵世平
责任编辑：赵瑞艳
封面设计：张建民
责任技编：吴彦斌
出版发行：广东人民出版社
地　　址：广东省广州市海珠区新港西路 204 号 2 号楼（邮政编码：510300）
电　　话：（020）85716809（总编室）
传　　真：（020）85716872
网　　址：http：//www. gdpph. com
印　　刷：广州一龙印刷有限公司
开　　本：787mm×1092mm　1/16
印　　张：38　　字　数：640 千
版　　次：2020 年 6 月第 1 版
印　　次：2020 年 6 月第 1 次印刷
定　　价：98.00 元

如发现印装质量问题，影响阅读，请与出版社（020-85716849）联系调换。
售书热线：（020）85716826

中国区块链产业系列丛书
编委会

杨柏儒　中山大学电子与信息工程学院教授/博士/博士生导师

万俊毅　华南农业大学经济管理学院院长/博士/教授/博士生导师

黎德化　华南农业大学教授/博士/博士生导师

余树华　华南理工大学教授/广东省综合改革研究院副院长

邓国顺　华南师范大学教授/博士/哲学系主任

潘　定　暨南大学管理学院教授/博士/博士生导师

易行健　广东外语外贸大学金融学院院长/博士/教授/博士生导师

段军山　广东财经大学金融学院院长/博士/教授

宋建军　广东财经大学教授/广州市人民政府参事

孙有发　广东工业大学金融工程研究院院长院长/博士/教授

杨　劲　中共广东省委党校研究生部主任/教授/博士/广东国际综观经济研究会会长

叶祥松　广州大学经济统计学院院长/博士/教授/博士生导师

李喜梅　广东金融学院科技金融实验室主任/博士/教授

王彦斌　广东科技学院副校长/教授/博士/广东南博集团研究院院长

卞　静　中山大学大数据学院副教授/博士

司徒惠　香港企业促进会会长/博士/粤港投资与上市集团总裁

文丹枫　广东现代经济服务业研究院执行院长/博士/副教授

许　旭　广东省东莞市产业经济研究院院长/高级会计师

许锡雁　广东省工程造价协会秘书长/高级工程师（教授级）

肖汉发　广东参茸协会秘书长/中国医药质量管理协会监事长

陈锦焕　广东省低碳产业技术协会秘书长/副研究员

杨叶林　广东省营销师协会常务副会长/南方报业集团 LED 联播网总编辑

黄　华　广东财经大学/副研究员/博士

叶曼玲　中国建设银行广东省分行原部门总经理/高级经济师

魏　生　广州银行智慧银行中心副总经理/博士

李瑞杰　深圳市宝德投资控股集团公司董事局主席/深圳市政协常委

王靖夫　广州视源电子科技股份有限公司副总裁

黄　铧　广州市黑米区块链网络科技有限公司董事长

谭粤飞　美国硅谷区块链软件工程师/以太坊标准 ERC－1646 作者

李易洲　广州三易品牌管理咨询有限公司总经理/高级营销师

张天球　广东教保中联校园安全培训公司总经理/博士/副研究

卢　静　广东创世资产管理有限公司总经理/博士

林寿强　广州高大膳股份有限公司董事长

李　涛　广州市一链区块链科技有限公司董事长

书　评

当前全球金融科技发展迅猛，区块链产业在中国大地的发展也是方兴未艾，广东省金融创新研究会会长何五星同志领衔撰写的专著《“十三五”中期中国区块链产业发展全实录》恰逢其时。该著作率先提出区块链的宏观支撑、方向、导向理论，中观成因、内核、基础理论，微观思维、技术、运营理论，以深厚的理论积淀深入分析区块链的基本原理、特征、外延、内涵和成因、进化、现状、发展方向的整个轨迹，综合运用社会科学和自然科学的理论视角剖析区块链发展中的思维困境，让人脑洞大开。不仅仅拘泥于理论的拓展，该书以更多的篇幅分析了“十三五”中期中国区块链的产业实践，以比较翔实的数据来分析中国区块链生态环境、区域运行、投融资、园区、社区、专利、人才、媒体、智库，尤其是产业政策和技术应用情况，让读者对中国区块链产业发展和技术应用状况，有深入直观的透视和认知。更重要的是书中指出了诸多的区块链创新发展的思路和对策，有助于政府对区块链产业的发展进行宏观把握，也有助于专业的区块链研发人员了解行业发展的层次和问题所在，进而有助于推进中国区块链产业持续、稳健、长足发展。

——于海峰：广东财经大学校长/教授/博士生导师

区块链产业究竟怎样定位和引导，如何创新和发展，这是摆在各级政府和业界人士面前亟待解决的问题。本发展报告第一次较为全面、系统地给业界描绘了产业现状并给出了严谨清晰的发展思路，是值得相关部门及产业人士重视和研读的一本力作。

——李德：中国人民银行研究局原副局长/央行参事/研究员

近年来，随着数字经济的快速发展，区块链技术受到越来越多的关注，国内互联网四大巨头 BATJ 也开始进军区块链领域。2016 年，区块链被写入《“十三五”国家信息化规划》，2017 年国务院在四个发布文件中都提到区块链，浙江、江苏、福建、山东、重庆等十几个省区市先后发布区块链指导意见，不少地方还把区块链列入“十三五”战略发展规划。《“十三五”中期中国区块链产业发展全实录》，在业内率先系统探索和创新了区块链的系列理论，特别是对我国“十三五”中期区块链产业发展的现实状况，进行了多层次、全方位、较为全面系统而又深入客观的阐述和探讨，并通过分析对比进行发展方向指点，这对推进我国区块链产业的发展和占领科技制高点有着重要的现实指导意义。

——聂林海：商务部电子商务和信息化司原巡视员/中国电子商会专家委员

发展是硬道理，也是一门大学问。特别是针对当今全球普遍特别关注的重大科技事件、且是全新的新生事物——区块链产业，其发展更是硬道理，更有大学问。本书领衔作者何五星先生站在时代的节点和战略的高度，率先较为深刻地探索和系统描述了"十三五"中期中国区块链产业的基础理论和基本原理，分析和总结了"十三五"中期中国区块链产业发展各个方面的实务实践，对"十三五"后期中国区块链产业的发展，提供了系列政策建议和对策方略，不失为一本不可多得的关于区块链产业发展的好书。

——陈东升：国家发改委中国战略性新兴产业联盟秘书长
中国战略新兴产业杂志执行社长

当前备受争议的区块链该如何定位，如何规划，如何引导，如何发展等是亟待解决的现实问题。本报告基于多年相关领域研究和实践，对区块链产业发展开展了大量有意义的探索和总结，是值得学术界及产业界人士研读的一部专著。

——杨东日：工业和信息化部电子信息产业发展研究院中小企业研究所所长/高级工程师

大数据、物联网、人工智能和区块链无疑是当今最热的新一代信息技术的核心。区块链技术发展时间较短，但是发展却非常迅速，底层技术的基础架构正在不断完善，各项应用在不断地探索和发展之中。如何判断和评判各地区块链的发展状态是一项较为复杂的工作，关键在于如何建立一套能够全面准确评价各地技术发展和应用状态的评价体系。何五星先生领衔所著的《2018年中国区块链产业指数研究报告》作出了有力的回答。大胆创新理论和科学总结实践，是推进区块链产业前行的基础和法宝。何五星先生领衔新著的《"十三五"中期中国区块链产业发展全实录》，又一次作出了响亮的回答！本书突出了一个"全"字，在业内率先系统探索区块链系列理论的基础上，对我国"十三五"中期区块链产业的现实状况进行了全面、系统的分析和总结，对后期发展方向和重点进行了有益的探索和描述，这不仅对推进我国区块链产业的发展有着重要的现实指导意义，而且有着深远的历史意义。

——刘世平：中国科学院大学教授/国科大金融科技中心主任/博士生导师
国家"千人计划"人才/五家银行的独立董事/吉贝克公司董事长

区块链是一个时代，并必将形成一个全新的产业群。但作为一个新生的产业，现状如何，未来走向如何，需要严肃、认真地刻画，以便于政府、企业和社会各界参考。何五星先生的区块链产业发展全实录思路清晰，自成体系，值得研读。

——周永章：中山大学教授/博士生导师/广东省金融创新研究会常务副会长
低碳生活区块链发起人/广东省政协常委

科学研究是需要探索精神的，尤其是对新生事物而言，总是需要很多的探索者为我们打开神秘的大门。区块链研究在中国迅速得到全社会的关注，但事实上真正懂得区块链技术的人并不多。《2018 年中国区块链产业指数报告》做出了自己的探索和尝试，开启了区块链产业指数研究的新思路，提出了规范的研究框架和模型，比较系统地考察了中国区块链产业和技术发展的全景。《“十三五”中期中国区块链产业发展全实录》，进一步创新了区块链产业的理论，展示了区块链产业的发展实践，相信无论是政府、政策研究者还是区块链技术人员，都可以从本书中获益良多。

——王宣喻：清华大学社会科学学院新经济与新产业研究中心副主任
清华大学理论经济学博士后/副教授

区块链技术的应用会逐渐走向成熟，从数字货币、智能合约等方面的实践来看，相对传统中心化的应用来讲，去中心化的应用有其自身的特点，如点对点、无须第三方、自治。当前各大互联网巨头公司纷纷关注、研究并应用区块链技术，各国政府也纷纷出台相关政策支持区块链技术的产业应用，这一切都充分说明了区块链技术被各国、各行业所关注。正是在这一背景下，由何五星先生牵头著述的《“十三五”中期中国区块链产业发展全实录》，可谓“好雨知时节”，本书可供关注区块链产业发展的各界朋友参考，相信本书一定会“润物细无声”。

——陈跃：工业和信息化部软件与集成电路促进中心云计算研究中心副主任
中国计算机学会区块链专业委员会委员/博士/研究员

本书既是一本研究著作，也是一本实务手册。它不仅对我国“十三五”中期区块链产业现状在宏观上进行了全面、系统的探索和总结，更重要的是对所涉及的区块链产业的每个内在组成部分，包括理论、生态、企业、人才、技术、资金、政策、专利等各个方面，即在区块链产业整体发展方向和每一项具体实务上，都总结了经验教训，提出了发展方向和指导意见，不失为一部在学术上和应用上都极具价值的专著。相信对于区块链行业的总体发展会有指导和参考价值，对于广大读者会有一定的帮助和受益。

——黄连金：美国分布式商业应用公司 CEO 兼发起人
中国电子学会区块链分会专家委员

"疾风知劲草"，关于区块链技术和应用的书籍已经汗牛充栋，但关于区块链产业发展研究报告的著作在市面上却乏善可陈。本发展报告的问世，在区块链产业探索领域方面，可以说是书写了浓浓的一笔。

——袁煜明：火币中国 CEO 兼火币区块链研究院院长

广东省金融创新研究会在率先出版《互联网金融模式与实战》的基础上，又率先出版《2018 年中国区块链产业指数研究报告》。现在，进一步出版《"十三五"中期中国区块链产业发展全实录》。作为一家省级社团组织，值得称赞！不能说本书的研究报告和发展报告完美无缺，比如说在理论和实务探讨上还可以进一步扩展充实。但在"十三五"中期所有有关区块链发展的专著和文章中，本书可以说是屈指可数、无与伦比的作品。但愿在《"十三五"中期中国区块链产业发展全实录》专著的出版过程中，其内容更充实、研究更深厚、成果更丰满！

——苗晋平：北京大学商业经济与管理研究所副所长/研究员

本书的时间界定为"十三五"中期，可见还会有整个"十三五"时期，是一部"连期体"研究中国区块链产业极具分量的专著。将"连期体"坚持下去，我坚信：绳锯木断，水滴石穿；坚持数年，必成大器。

——周林生：中国经济体制改革研究会副会长/广东省体制改革研究会会长

注：上面写了书评的 13 个人，分别为工业和信息化部、国家发展和改革委员会、中国人民银行等政府职能管理部门；北京大学、清华大学、中国科学院大学、中山大学、广东财经大学等高校；以及社团、社会名流、区块链企业等三个方面的专家学者和领导。

总　　序

张开双臂，迎接第四次科技革命的到来

人类近两百多年的文明进步史经过了三次重大的工业革命：18 世纪 60 年代由英国发起的第一次工业革命，从工作机的诞生开始，以蒸汽机作为动力机被广泛使用为标志，使工厂制代替了手工工场，用机器代替了手工劳动，从而大大提高了社会生产力。19 世纪 70 年代开始的第二次工业革命，使人类进入了“电气时代”，不仅对人类社会的经济、政治、文化、军事、科技和生产力产生了深远的影响，更重要的是为改变人们的生活方式提供了根本性的便利。20 世纪 40 年代的第三次科技革命是以原子能、电子计算机、空间技术、生物工程的发明和应用为主要标志的诸多领域的一场信息控制技术革命，其中以互联网信息技术为核心。而 21 世纪近几年出现的区块链技术，可以说是继蒸汽机、电力、互联网之后重要的颠覆性创新，甚至有人称之为第四次科技革命。如果说，蒸汽机释放了人们的生产力，电力解决了人们的基本生活需求，互联网彻底改变了信息传递的方式，那么，区块链作为构造信任的机器，将可能彻底改变整个人类社会价值传递的方式。

进入 21 世纪，全球的经济和科技格局不断发生变化，尤其是 2016 年以来，区块链在世界各地，尤其在中华大地上掀起了一股股创

新热潮。可以毫不夸张地说，区块链是当今世界上最重要的热点话题之一，是当今全球最火爆、最有潜力的科技竞争高地之一。发展区块链技术，是我国抢占国际技术竞争高地的重要突破口和“科技兴国”战略的具体内容。2018 年 5 月，习近平主席在中国科学院第十九次院士大会、中国工程院第十四次院士大会上发表讲话，将区块链与人工智能、量子信息、移动通信、物联网等并列为新一代信息技术代表，对区块链技术的前景寄予厚望。据不完全统计，截至 2018 年 11 月，中国有 24 个省区共发布区块链相关扶持政策 112 条，其中 2018 年发布 35 条；区块链创业企业 703 家，其中 2018 年新增 229 家；区块链企业融资总额 75 亿美元，超过 2012－2017 年的融资总和；发布区块链项目 263 个，远超亚洲第二的新加坡（58 个）和美国（27 个）；新增加区块链专利公开数量 1518 件，远超 2017 年的 860 件，占比世界主要国家区块链专利数量的 77%；全球历年共有 33 所高校开设区块链培训班，中国高校为 15 所，其中 2018 年开设 10 所。在 2018 年中国十大流行语中，与区块链及数字货币相关联的就占了四条，形成了令人不可思议的景象。

区块链本质上是一个去中心化的账本系统，具备去中心化、开放性、信息不可篡改、可编程等特点，可作为价值互联网的底层存储与传输协议。区块链有望带领我们从个人信任、制度信任进入到机器信任的时代，共识机制是区域链建设的核心。数字货币只是开始，区块链可以改变更多，可以重塑世界的信任体系，解决过去很多信任成本太高的问题。互联网时代，信息和服务的主要基调是免费的。如果说，互联网是打破了信息传递的障碍，那么，区块链就是打破了价值传递的障碍，解决了服务变现的问题。

现实摆在眼前，不管你是否认同，区块链产业如同旭日东升，正在中国大地崛起，正在逐步促使中国各行各业和各个方面发生翻天覆地的巨变。犹如互联网一样，几乎每个行业、每家企业、每个家庭，都能在区块链领域找到自己的位置。

然而，尽管区块链具有颠覆和重建中国科技革命的能量和使命，其前景无量，其发展势不可挡，但是，它毕竟是个新生事物，不可避免地存在着这样或那样的不足，尤其是产业风险。比如，区块链技术在中国的诞生和延伸，首先是从炒作比特币等虚拟货币开始，并且越演越烈，一度给社会带来不良影响，也给部分炒币居民带来灾祸，至今仍有不少人认为区块链就是数字货币，甚至错误地把区块链产业与炒币等同起来。同时，区块链本身在技术尤其是在场景应用等方面，还有许多新情况、新问题，以及需要我们去发现、去探索、去开垦、去完善的处女地。

正是基于这种理念和思路，由广东省金融创新研究会牵头，由从事金融科研工作38年之久且撰写出版专著高达30多本的何五星会长带队，组织了一个由企业派、社团派、院校派、科研派、官方派组成的“五位一体”的编委会，联合撰写这套“中国区块链产业系列丛书”。

本丛书分为“三部曲”：第一部为《2018年中国区块链产业指数研究报告》（综合研究）；第二部为《“十三五”中期中国区块链产业发展全实录》（动态分析）；第三部为《中国区块链产业统计报告》（静态阐述）。其中，《2018年中国区块链产业指数研究报告》之所以有“2018年”，是因为2019年、2020年……以后每年都将要出版此研究报告，是一个“连年体”。《“十三五”中期中国区块链产业发展全实录》，指的是2016－2018年区块链产业发展情况。本系列丛书汇集和融合了多种声音，包括国家政策的指导声音、区块链产业的主旋律声音、企业成长的呐喊声音、专家学者的讨论声音、广大民众的呼唤声音和作者的见解声音。这多种声音的汇集和融合，演奏出了一首划时代的区块链产业创新发展交响曲。

本丛书力求站在历史的高点上，以大思路、大眼光、大视角，深入探讨和解读关于中国区块链产业的热点、重点和难点问题；坚持以真实、客观、准确、务实为根基；以正面宣扬“中国特色区块链产业”为蓝本；以国家制定的区块链方针政策及发展规划为指导；以最大限度地为国家提供区块链产业政策决策服务和为广大读者提供区块链产业知识食粮为宗旨；以最大力度支持推进中国区块链产业创新发展为出发点和落脚点。同时，本丛书力求做到：提供真实性和创新性统一的、既能宏观指导又能适时实用的、经得起时间考验并且与国际对接的区块链产业全方位高品质的读本。

可以预见，本丛书将会为中国区块链产业持续、稳健、长足发展推波助澜，为增强中国区块链产业在全球区块链产业体系中的话语权和国际影响力再添辉煌。可以断言，本丛书对于区块链产业的创新发展，不仅有深远的历史意义和深刻的现实指导意义，同时还具有深厚的学术价值和较高的收藏价值。

本丛书编委会

2019 年 1 月 10 日

前　言

本书是“中国区块链产业系列丛书”中的第二本。本书坚持以国家有关区块链产业的法律政策和工作方针为指导，紧紧围绕“十三五”中期的2016－2018年中国区块链产业发展形势和运营实情，严格按照“实录”这一文体的基本要求，以严谨的文风学风，深刻探讨、分析、创新区块链产业的基础理论和基本原理，认真收集、整理、归纳全国有关区块链产业各方面的统计数据和文献资料，通过大量图表和数据，对比分析、总结和展示2016－2018年中国区块链产业的运行情况和数据信息，介绍和传播区块链产业相关的理论、生态、企业、园区、社区、人才、专利、媒体、智库、资金、政策、技术、应用等各个方面的整体发展和每一项具体实务运营情况，并总结了经验教训，提出了发展方向和指导意见。全书对“十三五”中期中国区块链产业作出了多角度、全方位、较为全面系统且又客观深刻的描述、总结和探索，力求使本书成为：

◆ 全面系统介绍2016－2018年中国区块链产业的发展，是展示其整体全貌、了解具体细节的工具书。

◆ 服务于各级政府领导的决策和相关管理部门制定的区块链产业政策法规，是区块链指导工作的参考书。

◆ 服务于区块链产业，尤其是从业区块链的实体经济和公司企业，是帮助企业提高办事效率的指导书。

◆ 服务于各社会团体、大专院校和科研单位，是开展区块链产业研究的借鉴书。

◆ 服务于有志于参与区块链学习和应用的机关团体和企事业单位，尤其是准备进入区块链实操的个人，是开展区块链学习的教科书。

◆ 服务于国内外区块链合作，是推进中国区块链产业"走出去"和"引进来"的指南书。

◆ 服务于全社会各界人士，尤其是广大城乡居民，是提高区块链知识、提升办理区块链业务能力的百科全书。

本书的特色是力求三个"融合"与"突破"。一是视野和时空的融合与突破。在视野上以大气派、大眼光、大视野、大思路展现；在时空上以2016－2018年中国各区域、各行业、各领域的区块链产业为中心展开。二是整体和重点的融合与突破。本书运用了大量的图表及比较分析，既全面、系统又突出重点地探讨论述2016－2018年中国区块链产业所作出的重大决策、所发生的重要事件和整体推进实况。三是真实和创新的融合与突破。本书始终注重真实性，坚持论从史出，用数据和事实说话，力求确保所有内容和资料的真实性和准确性，做到有据可查。同时，全书突出创新，在素材取舍上、在表达形式上、在写作手法上，较之传统的指数报告，力求有突破。

为了实现上述目标，本书作者特邀中国人民银行、工业和信息化部、发改委、商务部及广东省政策参事、广州市政府金融工作局等国家职能管理部门的相关人员，北京大学、清华大学、中国科学院大学、中山大学等高校的教授学者，中国体制改革研究会、中国计算机学会等社团组织负责人，中国人民银行金融研究局等研究机构的研究人员；太一云、火币中国等区块链企业及平台的专家，联合组成《"十三五"中期中国区块链产业发展全实录》编委会，作为编纂工作的指导和协调机构。

本书在写作过程中，参阅了大量的文献资料，借鉴和吸收了众多专家学者和有识之士的最新观点和研究成果，引用和摘选了不少区块链研究机构和平台的文章和图表，如赛迪区块链研究院、起风研究院、中商产业研究院、投中研究院、前瞻产业研究院、链塔智库、IT桔子、起风财经、亿欧智库、互链脉搏、挖链网、中国报告网、智联招聘网等。同时得到了多地政府、高校、研究机构、产业园区，区块链以及互联网、金融等领域众多机构、专家的指导与帮助；也得到了出版社领导的关心和指导；在此一并致以最衷心的感谢！由于区块链在中国是一项全新的产业，对区块链产业的研究更是一件全新的事情，尤其是当前发展水平总体上还处于起步阶段，相关数据资料稀缺；加之时间仓促，书中错误和疏漏在所难免，还请读者不吝赐教、批评指正。

书中部分资料和数据摘自各媒体和网络，如未作特殊说明，数据均为2018年的相关数据。

谨以本书献给所有为推进区块链产业辛勤耕耘的人们，以及关心、支持的所有人！

目 录

上 篇

理论篇

下 篇

实务篇

上篇

理论篇

理论是实践的指南，它源于实践又指导实践。要做好“十三五”中期区块链产业发展报告的研究和撰写，首先需要弄明白与区块链相关的基础理论知识、基本原理和区块链产业的前世今生。只有这样，才能高瞻远瞩，在分析区块链产业中如鱼得水，高人一筹。

区块链与区块链产业涉及众多领域、众多行业、众多方面，具有综合性、边缘性和跨界性的特点，它的基础理论涉及十几个学科，没有专门的、单一的理论。区块链与区块链产业的基本原理，也是五花八门，仁者见仁、智者见智，莫衷一是。本书上篇理论部分，将结合区块链和区块链产业的内涵特征、外延现状，把区块链理论分为宏观、中观和微观三个方面。宏观理论包括成因理论、支撑理论和方向理论；中观理论包括导向理论、内核理论和基础理论；微观理论包括思维理论、技术理论和运营理论。这“三观”理论各自有着自己的职责范围，分别发挥“势、道、术”三个不同层次的职能作用，同时也分别作为本篇三章。本篇将在区块链领域率先进行系统的研究探索。同时，本篇还对什么是区块链和区块链产业、区块链的分类和基础架构、区块链的分布式计算和智能合约等区块链的基本原理，以及区块链产业的产生、进化、现状、未来整个发展轨迹，进行较为全面系统的介绍、阐述和探讨。

研究区块链产业的理论和原理，旨在指导区块链产业发展的实践。

第一章
区块链与区块链产业的基本原理

所谓原理，是原则与真理的综合体，是具有普遍意义的基本规律。区块链的原理，是在大量观察、实践的基础上，经过归纳、概括而得出的，既能指导实践，又必须经受实践的检验。目前，区块链的原理还不成熟，还在摸索探讨之中。但它的一些基本原理已逐步形成并被人们所接受。本章从引子——区块链和区块链产业是什么和能给我们带来什么；特征——五花八门的认知；外延——三大分类方式和六层基础架构；内涵——四大本质特征和四项核心技术等四个不同部分，探索分析并归纳总结“十三五”中期中国区块链的基本原理。其旨意有二，一是让我们更全面深入了解区块链与区块链产业的内涵外延、本质特征及技术原理；二是抛砖引玉，为后面实践篇做铺垫。

第一节　引子：什么是区块链和区块链产业

本书最基本也是最核心的问题，就是要让广大民众，尤其是本书读者，理解和弄明白区块链和区块链产业究竟是什么，区块链和区块链产业到底能给我们带来什么？这两个问题是区块链产业首要解决的问题，同时也是指引我们进入区块链产业的"牛鼻子"和"牵引绳"。

一、区块链是什么

区块链是个神奇而怪异的东西，是个横空出世且涉及各方知识的新生技术。对于它的解释和概念，仁者见仁，智者见智，可以说是"横看成岭侧成峰，远近高低各不同"。

（一）区块链的基本含义

按照百度对区块链基本含义的解释：区块链是分布式数据存储、点对点传输、共识机制、加密算法等计算机技术的新型应用模式。所谓共识机制是区块链系统中实现不同节点之间建立信任、获取权益的数学算法。

区块链（Blockchain）最初是比特币的一个重要概念，它本质上是一个去中心化的数据库，同时作为比特币的底层技术。区块链是一串使用密码学方法相关联产生的数据块，每一个数据块中包含了一次比特币网络交易信息，用于验证其信息的有效性（防伪）和生成下一个区块。

区块链有狭义和广义之分。狭义的区块链，是一种按照时间顺序将数据区块以链条的方式组合成特定数据结构，并以密码学方式保证不可篡改和不可伪造的去中心化共享总账（Decentralized Shared Ledger）。该账本可以安全地存储简单的、有先后关系的、能在系统内验证的数据。

广义的区块链定义则是由数据链路、通信网络、共识算法、激励机制、智能合约和应用场景等要素共同组成的新技术框架以及由此衍生出的新兴产业和生态系统。这种新技术框架能够利用加密链式区块结构来验证与存储数据、利用分布式节点共识算法来生成和更新数据、利用自动化脚本代码（智能合约）来编程和操作数据，是一种全新的去中心化基础架构与分布式计算范式。

（二）区块链的基本定义

目前，人们对区块定义莫衷一是。

从技术的角度来看：区块链并不是一项单一的技术，而是多种技术整合的结果。这些技术以新的结构组合在一块，形成了一种新的数据记录、存储和表达的方式。因此，有人将区块链定义为，“区块链是一种分布式多节点‘共识’实现技术，通过区块链可以完整、不可篡改地记录价值转移（交易）的全过程”。

从数据的角度来看：区块链是一种几乎不可能被更改的分布式数据库。这里的“分布式”，不仅体现为数据的分布式存储，也体现为数据的分布式记录（即由系统参与者共同维护）。因此，在技术角度分析的基础上，有人认为“区块链是一种分布式共享数据库（数据分布式储存和记录），利用去中心化和去信任方式集体维护一本数据簿的可靠性技术方案。该方案让参与系统中的任意多个节点，通过一串使用密码学方法相关联产生的数据块（即区块，Block），即每个数据块中都包含了一定时间内的系统全部信息交流的数据，并生成数据。‘密码’用于验证其信任信息的有效性和链接下一个数据库块”。

综合上述数据和技术角度分析，多数人认为区块链是“一个分布式账本，一种通过去中心化、去信任的方式集体维护一个可靠数据库的技术方案”。

我们认为对区块链的定义也可以简单概括为一种新型的去中心化协议，能安全地存储各类交易数据，信息不可仿造和篡改，可以自动执行智能合约，无须任何中心化机构的审核。

（三）区块链概念的举例

有一部视频动画叫《狼爸爸》，它解释了什么是区块链和什么是去中心化。

故事讲的是：以前有个村长德高望重，掌握着全村的账本，大家都把钱存在他那里，这是过去大家对中心化"村长"的信任。但现在出现了一些问题，比如：①村长年迈，万一离世怎么办？②村里来了小偷，偷走账本怎么办？③找不到村长，无法记账怎么办？④村长偷偷挪用大家的钱，怎么办？这些都是中心化的弊端。

于是大家每个人都拿了一本账本，任何人之间转账、借款，都通过大喇叭广播出去，大家收到消息后，每个人都在自家的账本上记下这笔交易，这就叫去中心化。有了这些分布式账本，即使村长、A 和 B 的账本都丢了也没关系，因为村里其他家都有账本。

这个账本上的每一页纸都可以理解成一个"区块"，整个账本就可以理解成"区块链"。

二、什么是区块链产业

（一）产业的含义、内涵、外延

1. 产业的含义

产业是社会分工的产物，是社会生产力不断发展的必然结果；是具有某种同类属性的企业经济活动的集合；是介于宏观经济与微观经济之间的中观经济。产业的含义具有多层性，随着社会生产力水平不断提高，产业的内涵不断充实，外延不断扩展。

2. 产业的内涵

产业是指由利益相互联系的、具有不同分工的、由各个相关行业所组成的业态。尽管它们的经营方式、经营形态、企业模式和流通环节有所不同，但它们的经营对象和经营范围是围绕着共同产品而展开的，并且可以在构成业态的各个行业内部完成各自的循环。

3. 产业的外延

产业的外延，是指生产物质产品的集合体，包括农业、工业、交通运输业等产业，一般不包括商业。有时专指工业，如产业革命。有时泛指一切生产物质产品和提供劳务活动的集合体，包括农业、工业、交通运输业、邮电通信业、商业饮食服务业、文教卫生业等。有时特指某一领域或某一方面，如区块链产业。

（二）区块链产业的概念和划分

上面分别介绍了区块链和产业，将区块链和产业相结合，就是区块链产业。简而言之，区块链产业就是区块链技术在区块链相关联产业的应用。区块链是一种基于比特币的底层技术，本质是一个去中心化的信任机制。通过在分布式节点共享来集体维护一个可持续生长的数据库，实现信息的安全性和准确性。

区块链产业在整个产业概念中属于微观和狭义。但区块链产业本身也有广义和狭义之分。广义的区块链产业，是指区块链技术自身衍生出的另一个去中心化世界中，所诞生的各类我们从未见过的产业。也就是说，广义的区块链产业，是指区块链技术在各个相关联的产业应用。

狭义的区块链产业，就是利用区块链技术改造现有产业、提升现有效率的新产业和新商机。或者说，区块链产业实际就是指运用区块链技术形成的行业链，亦即直接从事区块链产业的行业和企业。一般来讲，我们大多都是按狭义的区块链产业来理解和运筹。

（三）区块链产业的五大部分及各自情况

区块链产业实际就是指运用区块链技术形成的行业链。创业家和黑马通过调研，将国内区块链产业分为五大部分：企业服务、应用拓展、联盟、交易平台/交易所以及媒体。这五大部分并非直接关联，围绕的是三个核心圈层：为区块链提供底层技术的链圈、提供高算力服务器挖矿的矿圈和发行交易数字货币的币圈。只不过，核心圈层影响范围的日渐扩大，带动了其他圈层的发展，并在推动区块链发展的过程中共同扮演着重要角色。

链博社从产业链的角度出发，把区块链产业分为五大类，包括数字货币、区块链基础技术、区块链应用技术、区块链行业应用（区块链＋）以及区块链媒体与社区。

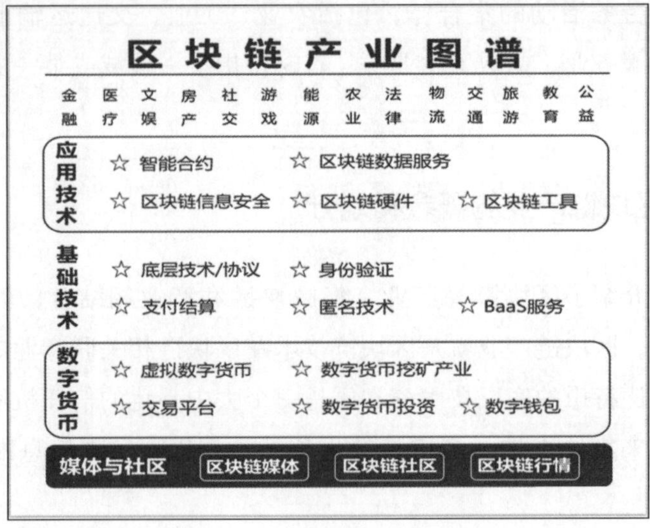

图1－1 区块链产业图谱

资料来源：链博社

1. 数字货币

数字货币作为区块链产业链条上的重要一环，目前受关注度最高。区块链的火热，很大程度上是受到数字货币的影响，因为它离钱最近，很多的"造富"神话均来源于此。

图1－2 数字货币图谱

资料来源：链博社

由图 1 – 1 可见，数字货币领域中又细分出虚拟数字货币、数字货币挖矿产业、数字货币交易平台、数字货币投资及数字钱包。

（1）虚拟数字货币。在区块链领域，虚拟数字货币主要是指加密货币，是“一种基于 P2P 网络、没有发行机构、总量基本确定、依据确定的发行制度和分配制度创建及交易、基于密码学及共识机制保证流通环节安全性的、具备一定编程性的数字货币”。

（2）数字货币挖矿产业。挖矿是一种发行数字货币的机制，也是对维护区块链节点的奖励机制，因此挖矿产业也是产业链条中的重要一环。由于个人挖矿的效率低且难度高，因此形成了矿场和矿池。目前，数字货币挖矿产业中比较典型的玩家就是比特大陆。我国的矿场主要分布在云南、四川、内蒙古和新疆等电力成本较低的边远山区。

（3）数字货币交易平台。在整个数字货币的利益链条上，数字货币交易平台（交易所）无疑扮演着至关重要的一环，同时它也是其中最大的获益者之一。交易所不仅充当区块链投资一二级市场的连接器，还是项目方和普通投资者间的连接平台，从而形成一个完整的利益生态链。

（4）数字钱包。数字钱包用来保存你的数字货币资产，它是存放私钥的载体。数字钱包类型分为冷钱包和热钱包等。冷钱包就是不连网的钱包，也叫离线钱包；热钱包就是保持联网上线的钱包，也就是在线钱包。冷钱包不联网会比热钱包更安全。例如：Ledger、库神、Trezor 等就是一种硬件冷钱包；imToken、Bitpie、Breadwallet、Mycelium 等就是一种热钱包。

（5）数字货币投资。数字货币投资主要涉及 ICO 投资或者服务。例如：未来数字货币资本（Clipper Coin Capital）旨在创建一个新的数字货币生态，重建信用机制，为数字货币市场提供专业的金融和中介服务。MCAP 专注于挖矿和 ICO 投资，Olympus 为数字货币投资者提供了一个涵盖金融产品、金融服务和金融应用的综合数字货币金融市场。

2. 区块链基础技术

区块链基础技术主要涉及那些为区块链提供最底层的协议代码和基础设施的相关公司。我们将其细分为区块链底层技术、区块链身份验证、区块链支付结算、区块链 BaaS 服务以及区块链匿名技术。

图 1－3　区块链基础技术图谱

资料来源：链博社

（1）区块链底层技术。区块链底层技术涉及最底层的协议代码，大多数是知名公链的底链设施。例如：我们比较熟悉的有国内的 NEO 和 EOS，国外的以太坊等。

（2）区块链身份验证。在未来基于区块链技术的身份识别将会变得非常广泛，我们无需再通过各种复杂的手段来证明“我是我妈的孩子”，也无需在政府机构间跑腿开各种证明。例如：ShoCard 是一个美国区块链身份识别技术服务提供商，用户在区块链内创建信息的时候只需提供证件和电子签名等信息，就会自动生成对应的公钥和密钥，之后只要在互联网上进行身份验证，并通过授权，就能直接读取区块链内的信息。

（3）区块链支付结算。区块链具有去中心、去信任、交易透明、不可更改和可追溯等技术特征，能够实现点到点，快速且低成本地记录和转移数字资产所有权，这些正是支付结算创新需要解决的问题。因此，支付结算成为了区块链技术天然的应用场景。

区块链可省去第三方金融机构的中间环节，让双方跨境支付结算交易能够以点到点的方式快速、自由地完成，同时，还能全天候支付、实时到账、提现简便且没有隐性成本。不仅如此，区块链安全、透明、低风险的特性，还可提高跨境汇款的安全性，并加快结算与清算速度，大大提高资金利用率。比较典型的案例，如 Ripple 提供了利用区块链技术的无阻碍全球支付服务。

（4）区块链 BaaS 服务。这是一种结合区块链技术的云服务，BaaS 节点的用途主要是：快速建立自己所需的开发环境，提供基于区块链的搜索查询、交易提交、数据分析等一系列操作服务。这些服务既可以是中心化的，也可以是去中心化的，用来帮助开发者更快地验证自己的概念和模型。BaaS 节点的服务性体现在：工具性更强，便于创建、部署、运行和监控区块链。例如，云象区块链是一个企业服务应用，专注于为企业级的 B 端客户进行服务，腾讯和百度均发布了自己的区块链 BaaS 平台，蚂蚁金服也在打造区块链 BaaS 平台。

（5）区块链匿名技术。区块链技术用于数字加密货币的一个主要特征是其执行匿名交易的能力，这种以不清楚交易双方的详细信息或不可理解的方式执行交易的能力被称为混淆技术。在分布式总账技术环境中引入匿名性的好处，是能够提高信息的保密性和交易安全性。如 Dash 是美国一种加密数字货币，该货币基于比特币，改进并添加了双层奖励制网络等多项功能，并且支持匿名支付、即时交易确认、即时支付等功能，同时，该货币也基于 Darksend 保护用户隐私。

3. 区块链应用技术

区块链应用技术主是在基础技术层上进行扩展，它是便于开发者基于区块链技术开发出产品和应用。我们将区块链应用技术细分为智能合约、区块链信息安全、区块链数据服务、区块链硬件以及区块链工具。

图 1－4　区块链应用技术图谱

资料来源：链博社

（1）智能合约。智能合约是20世纪90年代由尼克萨博提出的理念，几乎与互联网同龄。由于缺少可信的执行环境，智能合约并没有被应用到实际产业中。自比特币诞生后，人们认识到比特币的底层技术区块链可以为智能合约提供可信的执行环境，以太坊首先看到了区块链和智能合约的契合，发布了白皮书《以太坊：下一代智能合约和去中心化应用平台》，并一直致力于将以太坊打造成最佳智能合约平台。

智能合约程序不只是一个可以自动执行的计算机程序，它本身就是一个系统参与者。它会对接收到的信息进行回应，它可以接收和储存价值，也可以向外发送信息和价值。这个程序就像一个可以被信任的人，可以临时保管资产，并按照事先的规则执行操作。例如，ChainLink是一家区块链公司，提供区块链智能合约（"S"mart"C"ontracts）调用外部数据的中间件，致力于给合约制定者们提供全网络的数据库。智能坊打造基于"区块链+智能合约"的平台，可以运行诸如互助、股权交易、P2P淘宝等各种智能合约应用。

（2）区块链信息安全。信息安全部分的项目主要是保障开发的安全性以及区块链网络中信息内容的安全性。例如，NuCypher是一个分布式系统（包括区块链、大数据、云和物联网）安全加密平台。核心是一个代理再加密技术，作为公钥加密解决方案，允许第三方代理将密文从一个公钥转换到另一个公钥（使用再加密密钥），而无需了解任何有关基础信息。其核心基础设施，就是能够使开发人员可以存储、共享和管理公共区块链上的私人数据。IoTChain是一个基于区块链的物联网安全服务共享平台，平台结合密码学非对称加密技术，半同态加密密文计算技术以及无数据中心的分布式架构，解决了设备的控制权安全问题，使黑客无法控制用户的设备。同时还保护了用户以及设备的数据安全主权和隐私安全。

（3）区块链数据服务。区块链数据服务主要是指提供数据交换和流动、数据安全以及数据库等业务服务。例如，BigchainDB是一家区块链数据库创业公司，专注于研究创建一种具有区块链特点的数据库。它将这种数据库掌控在用户的手中，致力于帮助扩大公司规模和推进产品安全性。矩阵元（JUZIX）致力于在数字化时代提供分布式数据交换及协同计算服务，为数据的流动提供全方位的治理服务，让数据交换与协同更加简单、安全、高效。

（4）区块链硬件。区块链硬件主要由矿机生产商以及其他各种形式的智能终端设备提供商构成，包括路由器、云盘、私影终端设备等硬件设备。例如，比特大陆生产的蚂蚁矿机、极路由生产的区块链路由器、迅雷的玩客云和暴风播酷云的私影智能终端等。

(5) 区块链工具。区块链工具主要是为了帮助开发者降低区块链技术开发难度，提高区块链利用的效率和便捷性。例如，Blockstack 公司开发了一款基于区块链技术的去中心化浏览器，它可以帮助开发人员利用区块链技术运作应用程序。此外，这款浏览器的核心就是要帮助开发者降低区块链技术的开发难度。

4. 区块链行业应用（“区块链 +”）

在行业应用方面，区块链技术会逐渐渗透到各行各业中。目前，区块链技术使用较多的领域除了数字货币以外，就是金融行业了。包括银行、保险、证券、资产管理等领域都能看到区块链的应用。例如，众安科技和蚂蚁金服等互联网巨头都在积极拥抱区块链。

另外，像医疗、文娱、房产、社交、游戏、能源、农业、法律、物流、交通、旅游、教育、公益等领域，区块链技术均有所渗透。随着底层基础设施的完善，相信区块链的渗透速度还会加快。

5. 区块链媒体及社区

区块链媒体及社区是“十三五”中期区块链产业链上极为活跃的领域，其发展可谓是跌宕起伏。2016 年初期以传统媒体为主体，2017 年逐步转向以垂直媒体和自媒体为主体。而到了 2018 年，以社区媒体为主体，并占据了区块链媒体的半壁江山。

目前，区块链领域还处于乱象丛生的阶段。由于区块链涉及数字货币这一条离钱最近的产业链，因此相比于以往的其他风口，它来得似乎更猛烈、更疯狂。尤其是 ICO 引发的诈骗事件频发，这对于整个区块链产业的发展是极其不利的，还得依靠相关监管政策的出台来规范产业的发展。

另外，区块链技术目前仍然处于早期阶段，具体的落地和应用还在探索中。正如 Gartner 曲线描述的那样，区块链技术可能会与人工智能等技术一样，由触发期到膨胀期间，会经历一个幻灭期，这之后才会从复苏期走向成熟期。我们目前正处在膨胀期到幻灭期的阶段。

三、区块链和区块链产业给我们带来了什么

（一）技术员说：区块链技术有九大好处，给我们带来了全新的感受

1. 无需中介

不需要第三方中介的背书（监管），极大地降低甚至去除了交易对手风险。

2. 受控性好

授权用户的信息和交易都是受控的。

3. 数据优势强

高质量的 Blockchain 数据是完整、一致、及时、准确和广泛使用的。

4. 具有耐久性、可靠性和长寿命的优点

由于使用无中心化的网络，因此，区块链不会有中心点宕机导致系统崩溃的问题，从而能够更有效抵御恶意攻击。

5. 流程完整性强

能得到用户信任，交易会精确地按照协议命令完成。

6. 具有透明度和不变性

对公共区块链的修改是所有交易方都能看到的，因此，它是透明的。而所有交易是不可变的，意味着它们不能被修改或删除。

7. 生态系统的简化

由于所有的交易都是增加到单个公共账簿中的，因此，去掉了多账簿的杂波和并发症问题。

8. 更快的交易速度

联行之间的交易可能需要几天的时间来交换和最终清算，特别是工作时间以外的交易，时间可能更长。区块链交易可以将交易时间降低到分钟级而且可以全天候不停处理。

9. 更低的交易成本

消除交易能够对第三方中介机构的需要，从而具备大幅降低交易费用的潜能。

（二）老百姓说：区块链的最大好处就是改善了我们的日常生活

1. 区块链技术目前已经在医学领域得到应用

与健康信息交易所（HIE）、全员人口数据库（APCD）等机构相比，区块链无疑更加先进，消除这些中间机构可以大大增加数据的安全性。把病人的病史制作成电子病历，在所有医院之间调用，使得医生可以根据病史做出更加准确的诊断。

2. 区块链技术在监管领域的应用

区块链可以把政府各个部门的各项数据打通，更加高效，成本更低且更方便。

3. 区块链技术在教育方面的应用

区块链技术可以连接并整合大量免费优质的数字教育资源，这将会惠及千千万万的学子，教育水平无疑会得到进一步提高。

4. 区块链在物流行业的应用

依靠区块链技术，能够真实可靠地记录和传递资金流、物流、信息流等信息。物流行业利用区块链基础平台，可达到优化资源利用率、压缩中间环节、提升行业整体效率等效果。

5. 区块链在金融行业的应用

目前我国区块链金融应用典型成果包括：央行区块链数字票据交易平台、百度金融发行国内首单基于区块链的 ABS、微众银行贷款清算及中国银联积分兑换。

区块链应用前景无限大，可以直接改变我们的生活：

一是利用区块链技术建立食品蔬菜溯源机制，从源头杜绝食品蔬菜污染，给老百姓提供安全卫生绿色食品蔬菜，让大家买得放心、吃得舒心。

二是利用区块链技术存储各种权属证书和笔记笔录，从根本上杜绝假证书、假档案、假学历、假病历、假笔录等造假事件的发生。

三是利用区块链技术进行社区选举投票，从根本上杜绝假选票，真正实现公开、公平、公正。打造民主社区，实现民主治理。

四是区块链技术还可用于慈善募捐、商品防伪等日常生活。

五是区块链可以搭建人与人之间的沟通平台，改善邻里关系。

（三）专家学者说：区块链能为产业创新和数字经济发展带来重要转折

金窝窝研究院于 2018 年 12 月初举办了区块链赋能实体经济系列高峰论坛，邀请了众多行业大咖和专家学者共论"区块链能为产业创新和数字经济发展带来什么?"下面来听听专家们都是怎么说的。

1. 区块链将带来商业模式的变革

金窝窝网络科技有限公司董事长、金窝窝研究院执行院长汪鹏认为，区块链有分布式存储、点对点传输、共识机制、加密算法等技术特征，它不仅是一种技术，而且还带给我们一种新的思维、一种新的商业模式。

"区块链技术将颠覆和重构生产关系，带来新的商业模式，这是中小企业的机会。在区块链领域，未来几年有望诞生一批 BAT 级别的创新企业。"汪鹏说。

汪鹏还介绍，金窝窝网络科技在未来会专注于区块链、大数据、人工智能等创新技术的研发，将数据价值赋能中小企业，帮助中小企业实现数字经济转型成为区块链技术应用企业。打造开放、多中心化的商业生态系统，以新型互联网技术服务实体经济。

2. 区块链是推进消费互联网转型到产业互联网的关键节点

在金窝窝首席科学家李立中看来，数字经济就是依托相关的数据价值对各行各业进行综合性的赋能，互联网技术有望从大数据时代过渡到"区块链 + 大数据"时代，以数字经济为依托的全新商业生态正在形成。而在这个转型过程中，区块链是关键点。

李立中认为："我们正处在由消费互联网转型到产业互联网的关键节点，这个节点最核心的底层技术是区块链、IOT 和物联网。"他认为，"未来现有的物理世界纪录的物品和行为数据相关的算法等全部转成数据，形成数字世界，成为未来数字经济的基础。同时，数字世界会向现实世界再映射，对应的智能化认知技术、物联网、机器人、3D 打印与合成生物技术等将形成一个新的物理世界。"

3. 区块链可以解决数字经济的安全焦虑

北邮在线研究院院长陈晓华认为，几乎所有企业都在走数字化道路，不止是企业数字化，还有产业数字化和资产数字化。

“随着5G技术投入商用，未来肯定是万物互联的世界，所有的数据都在互相传递，海量数据资产在数字化的过程中，需要区块链技术进行确权，防止数字造假。”陈晓华说。

中央财经大学教授邓建鹏也认为，区块链可以解决数字经济的安全焦虑。“在数字经济发展中我们会不断产生数据，如何既保证信息安全又保护个人隐私，区块链技术就是在解决我们对这方面的焦虑。”邓建鹏表示。

4. 区块链是国内中小企业拥抱数字经济的重要转折点

重庆大学教授齐爱民表示，大数据时代，区块链成为底层技术架构，数据成为数字经济的关键生产要素，以数据为基础、以人工智能为主要驱动力的新型经济形态正在蓬勃发展。

“中国作为世界第二大经济体和互联网应用大国，有着发展区块链技术的先天优势，‘区块链+大数据’是国内中小企业拥抱数字经济的重要转折点。”齐爱民说。

（四）经济学家说：区块链与产业结合，带来生产、生活方式的转变和效率的提升

北京大学经济学院应用经济学博士后高延子在全国政协委员会上发言指出，区块链、5G和物联网技术的融合，会为未来的生产和生活带来巨大变化，主要体现在方式的转变和效率的提升。区块链技术赋予信息以信任，5G为数据传递提供高效通道，物联网为各类设备互联互通提供了基础，从而实现真正的数字化、智能化。

区块链技术的价值主要体现于基于分布式系统的可信信息记录。生产要素的配置是需要成本的，比如公司的出现使得由市场去配置生产要素的成本进一步降低，也就是说效率进一步得到提升。基于区块链技术的产业数字化为我们带来的是效率的提升。一是单个产业的数字化带来的是生产要素配置成本的降低，即效率的提升；二是当许多产业完成数字化后，交互模式的进化会使产业间协同效率得到进一步提升。通过不断探索区块链和产业结合的落地场景，数字经济世界的愿景将会实现。

如何直观理解区块链技术提高效率？又有何价值？高延子认为，基于可信

信息记录和防伪溯源的商品流转过程，这是一个由区块链应用所带来的效率提升的典型案例。区块链技术的商品数字化可以解决流转时信息不对称的问题，提高效率。比如，京东有自己的物流，但与其他的物流公司有何区别？物流公司解决的是货从哪运到哪，但是追求的目的是运得越远越好，因为运得越远，盈利越高。但是京东物流的目的是缩短运货距离，这是自有物流所带来的体验上的不同。这仅是因为盈利模式的不同而让消费者有不同物流效率体验，但是信息不可信带来的壁垒和验证成本是当下需要用技术去解决的问题。这就好比我网购了一件商品，多数情况下其来自浙江、广东等地。但我生活在北京，难道北京就没有此商品？河北就没有？这是因为没有一个数字化的状态，所以走了很多弯路，如果能够完成数字化，情况将完全不同。区块链对商品的生产、流转等信息进行可信记录，再结合防伪溯源技术，从而实现区块链和电子商务的融合。降低验证信息真实性带来的成本，提高流转效率。

基于区块链技术建立的数字经济，主要体现在三个方面，我将他们称为"三个基础问题"：一是资产数字化，即价值锚定；二是数字化资产价值关系，即价值打通；三是开放环境确保公平，即防止作恶。现有区块链公链技术使用密码学技术保证了传输过程和访问安全，使数据拥有一致存储、难以篡改和防止抵赖的特性，而智能合约拓展了该记账技术的业务应用范围。但是，从公链底层技术角度，仍未解决上述的三个基础问题。

新一代公链技术需实现以下特性：

第一，价值数字化。标的上链是数字经济形成中的必经过程，通过对现有资产定价模型的研究和新型价值锚定策略的研发，开发出一套基于区块链技术的价值锚定和打通的机制，实现价值上链。上链过程中的价值评估和上链后的价值打通，均通过公链系统中各类节点协同作用，最终达成共识并对其进行维护。从根本上创造一个具有分布式特征的安全可靠、公开公平的价值数字化系统。

第二，全业务场景。公链面向全产业链，在实现价值锚定和打通功能的过程中会涉及各种各样的标的，对应不同专业领域。这时需要通过引入行业经验对具体业务场景的数字化进行评估，并结合机器学习算法构建模型，实现智能化，进一步提升上链的处理能力和效率。

第三，防止作恶。区块链技术使账本数据拥有了一致存储、难以篡改和防止抵赖的特性。智能合约为账本添加了应用，传统公链保证了账本的安全，但应用层的安全无法有效保证，出现了作恶的行为。由于区块链本身的技术特点，应用层的作恶行为以由外至内的方式无法有效地解决和处理，所以需要在公链技术中以由内而外的方式防止和处理作恶行为。这就需要在底层开发过程中就将作恶行为的识别和处理系统写入代码内部，在不影响网络性能的基础上通过共识机制识别和处理作恶行为。

（五）政治学家说：区块链能根治社会腐败问题，推进公共管理

1. 管理服务

公共行政的作用和职责在几个世纪以来一直没有发生任何改变。但数据量和公共机构处理数据的方式却发生了巨大变化，虽然有部分数字技术可以帮助收集和处理数据，但仍有一些问题没有得到解决，如匿名化、可传输性和大量数据的不变性。

“公共管理目前缺少的是一种更方便的用户体验（UX）方式来处理数据。”“改善用户体验需要引入一个特定的层，一个可信任的公共环境，能够使信息匿名化并透明的、不可改变地进行存储数据。”

各国政府通过启动机构和企业的区块链计划等项目，慢慢认识到公共管理目前的存在的这些问题。美国于 2017 年 7 月举办了首届联邦区块链论坛，GSA 目前拥有 200 多个用例库。伊万诺夫解释说：“分布式系统确实可以帮助创造这样一个值得信赖的环境，改善我们在大数据方面的工作，甚至可以作为黏合剂将所有新兴技术（包括人工智能和物联网）结合在一起。”“每次你接触到任何一种技术，都是其他一些技术的总和。”

现在重要的是从实践上证明区块链支持的系统可以运作，因此需要更多生产就绪的解决方案。

2. 支付服务

政府部门需要进行交易，其中许多机构涉及与公民的资金交易。区块链技术在降低资金转移成本方面具有潜在的应用前景，这可以通过启动新的基于区块链的加密货币来实现，也可以通过使用区块链作为资金本身的转移手段来实现。如果这一点得到完善，那么企业的可能性是无限的，尤其是那些在国际或互联网上进行交易的企业。

加拿大央行（Bank of Canada）开发了 Jasper 项目，目的是让他们了解央行和其他金融机构如何完成分布式账簿的银行间支付。加拿大央行也开发了自

己的数字货币变体“卡迪币”（CAD－coin），用于测试在区块链上使用本国货币的可行性。该项目得出一个有趣的结论：拒绝使用 PoW 系统。在一篇名为《Jasper 项目：分布式支付系统可行吗?》的文章中，我们看到了这样的一句话：“PoW 系统不适用于这类型的大价值系统，因为它们系统中的所有事务在某种程度上都是在公开可见的假设下运行的。”我们可能还没有达到目标，但区块链应用于政府支付服务这令人兴奋的可能性实际上正在呼唤着政府部门和企业。

3. 数字和知识产权

政府有责任维护版权记录和数据库，因为这些记录证明了知识产权的所有权。基于区块链的系统可以让不同的表演者、艺术家和作家等创作者在他们的作品上加盖时间戳。从理论上讲，这种系统可以发现被侵犯版权的行为，并使版权得到永久记录，各国政府已经在朝着这个目标前进。

伊朗最近宣布将应用该技术。伊朗金融法庭引用莫蒂扎穆萨维安的话说：“文化部的数字媒体部门已经与一家区块链公司达成了协议，将设计出一套可以用来保护网络版权的系统。”他补充说，“使用这个系统处理时间快且易于操作。”

虽然这项技术仍处于实施的早期阶段，但它也为企业提供了复制记录技术的可能性。理论上，企业可以使用区块链进行会计核算，并实时发现错误。

4. 分配利益

为市民创造公平的竞争环境是政府的责任。贫困或在经济上处于不利地位的公民需要得到政府的支持和帮助，这样他们才能维持自己的生活，获得成长的力量。然而，利益分配并不简单。在现实世界中，有一些问题，比如腐败等行为，会破坏政府运行的各种项目。

在中国，国家社会保障基金委员会正在进行一项关于区块链如何改善国家福利向公民转移的早期研究。印度也在采取行动，安得拉邦（Andhra Pradesh）和泰伦加纳邦（Telangana）也在使用区块链来支持其民用供应系统。

有传言称，微软等公司也在考虑采用同样的技术。微软的员工和产品在国际都具有不小的影响力，技术一旦得到完善，可能很快就会面向小型企业投放。

5. 投标

为了建设公共基础设施与提供服务，政府希望从规模经济和竞争性投标中获益。然而，投标过程并不总是公平或透明的。公共采购长期以来一直是世界各地猖獗腐败的重灾区。透明国际指出："供应商的合同可以在没有公平竞争的情况下授予，这使得有政治关系的公司能够战胜竞争对手，或者同行业的公司可以操纵交易价格，因此每个公司都可以分得一块蛋糕。这给公共服务增加了成本，我们发现，腐败会使项目成本增加50%。"

那么，区块链如何解决招标不透明问题呢？伊万诺夫表示："与分散的集中系统不同，由区块链提供动力的单一分类账本可以完善招标透明化操作问题或其他需要透明的财务跟踪流程。"区块链的应用将有助于追踪资金的使用情况，并确保费用按照计划且在允许的时间内支付。

（六）金融家说：区块链能让普通人获取精英的"金融能量"

泛城资本董事长陈伟星认为，区块链的好处就是可以把智人的生产力想办法去跟普通人分享掉，把智人的金融能量跟普通人去分享掉，它就是用来干这个的。这样就可以解决中等收入陷阱的问题，它是可变编程的。我们原来讲自由市场与计划经济，而区块链时代，所有的经济都是可以被程序化的，可以用这种方法来解决原来靠意识形态和宏观调控处理的问题。

我们要做的就是创新，不断地让人去创新出各种各样的生产关系，以创新的方式来竞争出更好的编程方法模型，互联网看起来机会更平等，但实际上没有，只是生产力更集中了。但是区块链上的平等是因为它运用加密技术去实现每个人的价值，而不是被平台方去索要。

（七）企业家说：区块链技术让传统行业"老树发新芽"

1. 更高的透明度

通过使用区块链技术，交易历史会变得更加透明。由于区块链是一种分布式分类账本，所有网络参与者共享相同的文档，而不是单独的副本。共享版本只能通过协商来更新，这意味着每个人都必须同意才能修改。要更改单个事务记录，就需要更改所有后续记录和整个网络的合谋。因此，区块链上的数据比通过大量纸张处理会更准确、一致和透明。

2. 增强安全性

有几个方面区块链比其他记录保存系统更安全。在记录交易之前，必须达成协议。在一个事务被批准之后，它被加密并链接到前一个事务。这一点，以及信息存储在计算机网络而不是单个服务器上的事实，使得黑客很难破坏交易数据。在任何保护敏感数据至关重要的行业——金融服务、政府、医疗保健——区块链都有机会通过帮助防止欺诈和未经授权的活动，真正改变关键信息的共享方式。

3. 改进可追溯性

如果您公司处理的产品是通过一个复杂的供应链进行交易，那么您应该很清楚追溯一个产品的起源是多么困难。在区块链上记录商品交换时，您最终会得到一个审计跟踪，显示资产来自何处以及它在旅程中的每一站。这些历史交易数据可以帮助验证资产的真实性，防止欺诈。

4. 提高效率和速度

处理传统的、以纸质为主的工作时，任何交易都是一个耗时的流程，很容易出现人为错误，通常需要第三方进行调解。通过使用区块链简化和自动化这些流程，事务可以更快、更有效地完成。由于记录是使用一个参与者之间共享的数字分类账来执行的，所以您不必协调多个分类账，并且您最终会得到更少的混乱。当每个人都能获得相同的信息时，就更容易相互信任，而不需要太多的中间人。因此，清算和结算可以更快地进行。

5. 降低成本

对大多数企业来说，降低成本是首要任务。使用区块链，不需要太多的第三方或中间商来提供担保，因为是否信任贸易伙伴并不重要。相反，只需信任区块链上的数据。甚至不需要查看那么多文档来完成交易，因为每个人都可以访问专属单一的、不可变的版本。

（八）互联网家说：区块链将来会是自由、平等、博爱的新型互联网

链闻 ChainNews 认为，互联网从 Web 2.0 向反腐败与反审查的系统转型，这不仅是必要的，也是不可避免的趋势。这种趋势也将会为各行各业带来巨变，比如以下几大行业：

1. 交易服务

2014 年，Mt. Gox 价值超过 4600 万美元的比特币被黑客洗劫一空。日本东京交易所 Mt. Gox 的加密货币交易，已经再次向人们证明：用中心化存储数据

是个坏主意。没有了集中式的中央主管机构，就没人能调整或浮动市场价格和交易价值，更没有权利获取用户数据。

如果用一个简单的词来概括 Web 3.0 的话，那就是：“脱媒”去中介化。我们现在能看到，像 Bitfinex 和 EOSfinex 这样的去中心化交易所，就填补了信任空白，他们去除了系统中可能会被任何人操控的“失败中心点”。

消费者可以直接进行互动，而费用昂贵的财务程序，则通过智能协议就能自动完成。区块链具备微支付和宏支付能力的同时，还有结算时间快和服务费用更低的优点。就长期发展来说，加密货币和交易所都胜券在握。

2. 存储业务

如今，在去中心化的存储系统中，像 Storj、Filecoin 和 Maidsafe 等 DApp 都正走向技术前沿。它们都在努力降低成本，与存储空间提供者一起提高安全性能。这些 DApp 的运作基础是把各种台式机、服务器和存储设备上，未使用的存储容量充当交易商品，来换取他们在平台上使用的代币。而且，其成本也比中心化存储平台低得多。

所以从长期来看，这些 DApp 平台无疑会赢得更多的用户，而很多企业也会选择更便宜且安全性和隐私性都更强的技术。

3. 信息与社交网络

政府对于网络内容的监管审查以及把控的现象，其实一直存在于很多国家。Google2017 年公布了一项代码，能让工作人员在认为必要的时候，对任何私密 Google 文档进行筛查，看是否有违反规定的内容或对其阅读进行限制。

不过，我们已经开始看到有一些去中心化的社交平台出现，如：Steemit、Akasha 和 Status。没有了中心体，就不会有任何要求获取或限制其账户信息的法律诉讼出现，其内容信息也仍然由用户自己掌管。

4. 保险与银行业

腐败、内部交易、贪婪等词，一直都与保险和银行业扯上关系。大多数情况下，我们都被要求去盲目信任现有的金融系统，只是因为没有其他可替代的选择。消费者对很多暗箱操作的决策完全没有发言权，很多令人震惊的企业腐败案和丑闻都发生在这两个行业中，漏洞百出的系统影响着每个人。

P2P 行业已经向人们证明，非营利性组织拥有长期可持续发展的能力。以 Mozilla 和 Wikipedia 为例，它们都证明了以利润为追逐之本的中心化管理并非

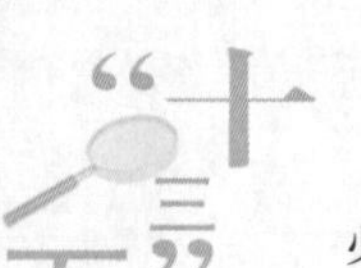

必要。不过，随着科技的发展，一切皆有可能。

区块链提供的是另一种选择，通过智能协议和加密算法实现去中心化管理和提高信誉。在区块链领域，从一开始，游戏规则就已经写得清清楚楚。

5. 音乐流媒体

从专业从事音乐行业的艺人角度来说，他们依靠音乐流服务谋生。但30%的中间服务费，对那些刚刚起步的艺人而言，显然是一笔大开支。

去中心化网络可以为流媒体服务提供更好的解决方案，用户既是创作内容的版权人，又是最大的受益人。Web 3.0 将让消除中间商成为可能，它可以使广告客户、观众和内容创作者间直接联系。

（九）物联网家说：区块链技术在物联网中有三大功能

1. 促进安全、去中心化的交易

基于账本天然去中心化的特质，区块链对于处理多方参与的分布式交易尤其高效。而且，基于多方间的加密确认和验证流程，区块链为每个交易都提供了高度的安全性。随着新的分布式经济模型逐渐进化，覆盖数千万甚至数以亿计的资产单位（比如共享经济中的汽车或房屋）或是机器（物联网）将成为可能，安全的、分布式的交易模型变得至关重要。

2. 增强安全性与互信，减少欺诈

在世界的许多地方，腐败滋生了伪造或篡改官方记录等行为。比如，受贿的政府官员会修改描述支付金额的记录，或者修改特定资产所有人的记录。同样地，恶意者会试图有选择地篡改或破坏记录（比如黑客修改支付记录或多方间的交易数据）。由于每笔交易都会单独加密，且这样的加密会被区块链上的各方验证。任何试图篡改、删除交易信息的行为都会被其他各方察觉，然后被各个节点修正。

3. 促进多方交易中的透明度和效率

在任何涉及两个及以上对手参与的交易中，交易通常会被单独地由各方记入各自独立的系统中。在资本市场上，同样的交易会被记入两个对手的自有系统。每个机构中，这笔交易都需要经过一系列中段和后段的办公系统来审批。这个时候，出现错误会产生昂贵的对账费用和大量的人工干预。如果使用分布式账本技术，如区块链，机构将可以获得更顺畅的清算和结算流程体验，减少结算窗口，降低运营成本。

（十）社交家说：区块链技术缩短了人与人之间的距离

1. 消除信任问题，降低沟通成本

区块链的本质是去信任，通过技术来解决两者之间的信任问题。信任问题一旦解决，陌生人社交就会变得更容易，整个社交系统的效率也随之提高，不需要周边熟人介绍或第三方中介平台“牵线搭桥”。

2. 智能合约——社交正外部性的内部化

社交正外部性指的是用户在社交平台上的行为为平台带来了正面的收益。实际上平台是为用户提供了社交的功能，若没有社交平台提供的相关服务，用户与用户之间是无法进行沟通和交流的。平台与用户是一种相辅相成、互惠互利的关系。然而这种关系是不甚明朗的。平台在拥有一定量用户之后的广告投放服务等商业收入是极其可观的，不言而喻，用户给平台带来的收益远远大于平台给用户提供服务的价值。

区块链构建的社交平台可以利用智能合约来解决该问题。通过制定社交贡献评价机制，记录和评价用户在社交平台上具有正外部性的社交行为，将其作为转化利益反馈给用户，实现内部化。

3. 分布式账本——用户信息的自我掌控

区块链的社交平台使用的是分布式的记账方式，不像传统的社交平台，由平台持有用户的所有信息，而是每一位用户手上都有一份账本，这个账本可以记录所有用户的信息，根据不同信息的重要性进行一定的加密处理。每个用户的信息都掌握在自己手中，不属于任何一个平台所有。用户可以根据自身不同信息的价值，基于不同的价格分享或出售，把用户信息的掌握权还之于用户。

4. P2P——用户作品收益的提高

某些社交平台上用户作品的发布是有一定价值的。用户的创作作品在平台发布后，会得到用户的阅读或使用，从而获得一定的收益。而平台作为服务的提供方，会抽取一定比例的提成。区块链社交平台，基于区块链 P2P 的特点，在社交领域搭建了一个不需要第三方组织作为中间方就可以进行社交互动的区

块链网络。去掉了中心化平台的利润提成后，做到了收益还之于用户，使用户收益得到提高，且作者作品的发布，也可以得到永久的确权。

5. 加密技术——数据传播的安全保证

区块链最突出的特点就是加密技术，目前区块链相关的加密技术已经取得较大的发展，不少区块链项目就是聚焦在数据加密技术领域。如多方计算技术（SMC），通过将需要计算的数据分解成多个碎片来进行加密，并分配到多个节点进行计算，保证各个节点根据单独的碎片原始数据无法被解密。区块链社交可以将需要保密的用户隐私信息进行加密，保证信息只在特定的用户之间进行传播或者共享。

6. 时间戳——虚假信息传播的解决

区块链可以将用户的每一次操作都打上时间的烙印，并且都记录在各个用户的分布式账本上，信息无法被篡改。对于虚假信息的传播，可以根据信息的传播记录，追溯到信息的源头，从而找出虚假信息的传播者。

（十一）司法人说：区块链技术为法律行业带来了新变化

区块链对法律行业有什么作用？司法人对此的回答是：区块链技术提供了一个数据验证平台，并以一种安全、透明的方式存储数据。此外，系统的分散性和开放性，以及智能合约的概念使其对法律行业非常有利。

1. 确保没有篡改证据

区块链技术的最大好处之一是，存储在它上面的信息不能被篡改。如果执法部门在区块链提供的数字平台上提交文件，就能确保不会有任何篡改的可能。有许多事例表明，篡改证据会导致案件被拖延或直接影响最终的判决结果。

然而，由于区块链技术提供的是不可改变且不可侵入的平台，篡改证据几乎是不可能的。此外，在区块链网络上，对文档的验证也更快、更容易。除此之外，区块链平台为记录提供了永久的存储空间。因此，即使案件持续了数年，数据也很容易被访问，这在人口众多、法律专业人员短缺的国家并不少见。

2. 智能合约

智能合约是一组命令，这些命令将根据各种触发器和条件，以一种固定的方式运行。它基本上是一个自动系统，确保了合同内法律条款的执行性。例如，用于强制执行法律框架的条款，其形式是："当货物交付时，商人必须向交易员支付报酬"。商家将他的资金存储在区块链网络上，一旦收到货物，交付就会被记录在区块链上，资金将从区块链网络发布到交易者的账户上。

如果交货失败，双方存在不可调和的争议，那么可以用法律手段来解决，所有信息都可以通过智能合约来追踪。

3. 减少文书工作

这是区块链技术的另一个好处，它对法律行业是有利的，但在其他行业也有更广泛的应用。减少文书工作不仅对各行各业有利，对环境保护也有好处。

很多时候，在法律界，文件和书面信息需要从一个地方发送到另一个地方，再向法院提交。这个过程可能需要花费数天的时间，纸质档案也需要被多次转移。若将这个框架数字化，便可以节省很多时间，从而提高裁决效率。其他一些行业，如航运业和出口业，也能获得这种数字驱动的好处。

4. 透明的交易

当涉及金融纠纷时，区块链技术为法律专业人士提供了相当大的好处。金钱留下痕迹更适用于区块链技术，开放的分布式账本可以确保每个人都知道资金从哪里流出，以及流向何方。当涉及专利、商标、版权和其他与知识产权相关的问题时，也可以及时解决。

5. 法律专业人员的新工具

随着科技领域的发展，律师和法律从业人员都有了新的专业领域。世界各地的律师都在研究一种技术，这种技术可以让区块链更好地理解它。2018 年，迪拜宣布他们正在建立世界上第一个"区块链法庭"，为法律从业者提供专业的服务。

6. 管治和管理

在管治和管理方面，区块链一直是个经常被讨论的话题，但它还没有被主流化。利用区块链技术进行公共资金的分配以及税收的支付，给政府带来了最大的两项金融行政改革。

在加密货币方面，不同的国家有不同的政策。一方面，中国等国家已经宣布彻底禁止发行加密货币，而印度等其他国家则模棱两可。另一方面，日本和澳大利亚的反应则相当积极，允许加密货币和区块链经济蓬勃发展。塞拉利昂成为世界上第一个通过区块链技术举行总统选举的国家，区块链可能会引发政府与相关政策的法律改革。

7. 区块链和法律行业

区块链技术在各个行业提出了若干的创新和改革方式。法律实践的世界也有很大的空间可以利用区块链技术来进行创新和改进。律师、法律从业者、执法者以及政府官员和管理人员应该利用区块链技术来保障高效、现代的系统得以实施。

四、关于本书的说明和图解

（一）关于本书的说明

本书的书名拟定，经历了四次讨论、修改和变更。

最初拟定书名是在 2018 年 6 月，当时广东省金融创新研究会成立了南方区块链金融职业培训中心。在开展区块链职业培训班时，有学员提出能否正式出版区块链金融系列丛书，研究会的领导和老师们经过讨论正式提出编著撰写"中国区块链金融系列丛书"。

第一次讨论、修改和变更书名是在 2018 年 9 月 22 日，当时广东省金融创新研究会在广州市黄埔区举办了中国南方区块链金融创新论坛。在分组讨论会上，何五星会长提出撰写并出版"中国区块链金融系列丛书"一事供大家讨论。北京大学、清华大学、中山大学、华南理工大学的高校教授学者，中国人民银行、中国建设银行、广东发展银行的金融家，中国产权研究院、广东省社会科学院的研究人员，太一云、火币等区块链企业和平台的负责人，对此事进行了讨论发言。大家普遍认为编著出版一套有关中国区块链金融方面的系列丛书固然好，但存在"一大""一小"或称"一泛""一窄"的问题。所谓"一大"或"一泛"，指的是"系列丛书"中的"系列"二字过大、过泛，通过讨论后，最后同意将"系列"改为"蓝皮"，即"蓝皮丛书"。为何要改名为蓝皮丛书？因为从蓝皮书的本质内涵解读，它不像白皮书仅指官方，也不像红皮书指火警或危险。蓝皮书汇集和融合了多种声音，即本丛书具有国家政策的指导声音、区块链产业的主旋律声音、企业成长的呐喊声音、专家学者的讨论声音、广大民众的呼唤声音和作者的见解声音。这多种声音的汇集和融合，奏出了一首划时代的区块链产业创新发展交响曲。

所谓“一小”或“一窄”，指的是“金融”。虽然金融在区块链中占据重要的位置，但作为丛书取名而言，显得气势和格局不够。大家围绕是否将“金融”改为：产业、技术、行业几个方面进行了讨论，有的甚至提出都不要，直接叫“区块链蓝皮丛书”。最后多数人认为，改为“产业”，系列名为“中国区块链产业蓝皮丛书”。

第二次讨论、修改和变更书名是在2018年10月16日，由广东省金融创新研究会举行的“广东省区块链创新发展”座谈会上，参加会议的有中山大学、华南理工大学、华南农业大学、华南师范大学、广东财经大学等高校教授，广东省知识产权研究会、广东省异地商会联合会、广东金海区块链社区等社团组织负责人，广东科技博士集团、广东数字区块链公司等企业部门主管共20多位专家学者参加。当时有丛书编写组的工作人员提出，“中国区块链产业蓝皮丛书”在撰写中时间混淆，提出具体应以什么时间界定的问题。经过讨论，统一认定为2018年，即书名改为“2018中国区块链产业蓝皮丛书”。加上“2018”，其背后深层原因是，本蓝皮丛书是一个“连年体”，年年都要写，年年都要出版。

第三次讨论、修改和变更书名是在2019年春节，当时我们在网上发现已经有《区块链蓝皮书》出版的信息。为了避免书名的重复，经过编委会讨论，我们将“蓝皮丛书”改为“系列报告”，丛书名改为“2018中国区块链产业系列报告”，首批分别为：《2018中国区块链产业指数研究报告》《2018中国区块链产业发展报告》《2018中国区块链产业统计年鉴》三本书。其中，“指数报告”是综合性的研究报告；“发展报告”是动态的研究报告；“统计年鉴”是静态的研究报告。三者合一，从而形成了推进中国区块链产业创新发展的“三驾马车”。

第四次讨论、修改和变更的书名，是本书的现书名，时间是在2019年4月。提出更改书名的是本丛书发起人和本书领衔作者何五星会长。原因有二：一是在网上和书店里，已经有了类似《2018中国区块链产业发展报告》的文章和书籍，如果不更改，已经滞后和不能适应形势。二是至今还没有出现系统研究和出版“十三五”中期即2016年至2018年整体的区块链产业发展报告。基于这两个原因，现在的书名更改为《“十三五”中期中国区块链产业发展报告》。

（二）本书的图解

本书图解如下：

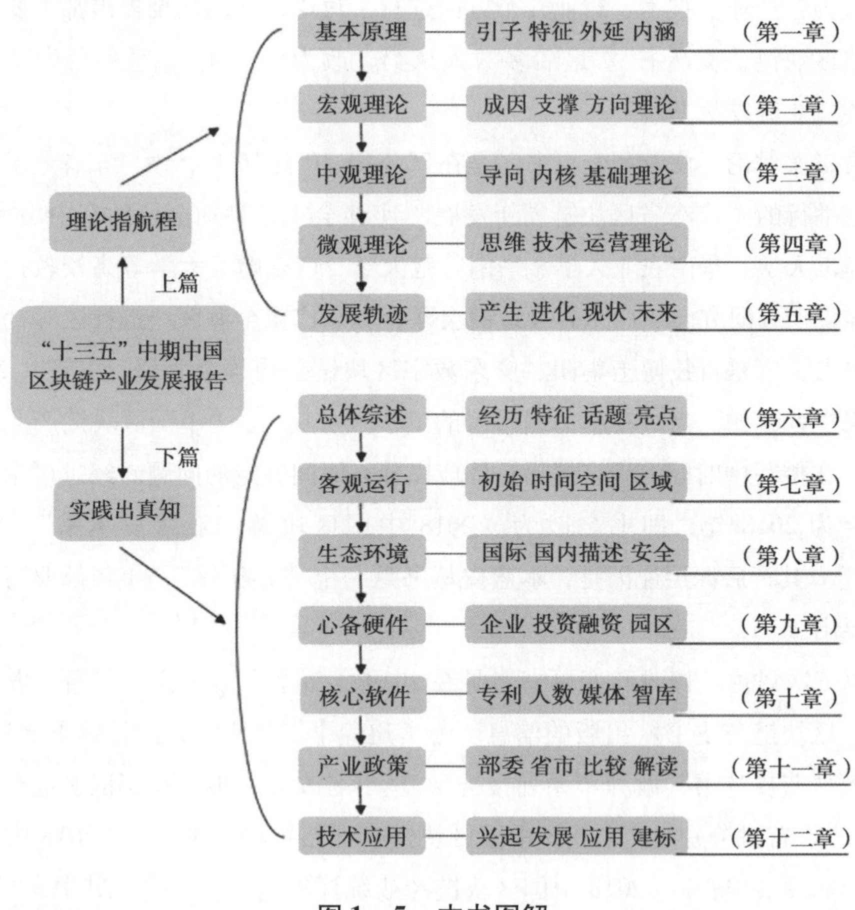

图 1－5　本书图解

资料来源：本书作者

第二节　特征：五花八门的认知

区块链是一个新生儿，对于区块链特征的定位，仁者见仁、智者见智。目前还没有统一的说法。

一、区块链的基本特点与综合界定

（一）区块链的基本特征

对于区块链基本特征的描述，目前比较流行的是：

1. 分布式结构

区块链是分布式数据储存、点对点传输、共识机制、加密算法等计算机技术在互联网时代下的创新应用模式。任一节点停止工作都不会影响系统整体的运作。

2. 去中心化

由于使用分布式核算和存储，不存在中心化的硬件或管理机构，任意节点的权利和义务都是均等的，系统中的数据块由整个系统中具有维护功能的节点来共同维护。

3. 去信任

系统中所有节点之间无需信任也可以进行交易，因为数据库和整个系统的运作是公开透明的，在系统的规则和时间范围内，节点之间无法欺骗彼此。

4. 开放性

系统是开放的，除了交易各方的私有信息被加密外，区块链的数据对所有人公开，任何人都可以通过公开的接口查询区块链数据和开发相关应用，因此整个系统高度透明。

5. 自治性

区块链采用基于协商一致的规范和协议（比如一套公开透明的算法）使得整个系统中的所有节点能够在去信任的环境自由安全的交换数据，使得对“人”的信任改成了对机器的信任，任何人为的干预都不起作用。

6. 信息不可篡改

一旦信息经过验证并添加至区块链，就会永久地存储起来，除非能够同时控制住系统中超过51%的节点，否则单个节点上对数据库的修改是无效的，因此区块链的数据稳定性和可靠性极高。

7. 匿名性

由于节点之间的交换遵循固定的算法，其数据交互是无需信任的（区块链中的程序规则会自行判断活动是否有效），因此交易对手无须通过公开身份的方式让对方产生信任，这对信用的积累非常有帮助。

（二）区块链的核心内涵

相较于传统的中心化方案，区块链技术主要有以下三个核心内涵：

1. 区块链的核心思想是去中心化

在区块链系统中，任意节点之间的权利和义务都是均等的，所有的节点都能适用计算能力投票，从而保证了得到承认的结果是过半数节点公认的结果。即使遭受严重的黑客攻击，只要黑客控制的节点数不超过全球节点总数的一半，系统依然能正常运行，数据也不会被篡改。

2. 区块链最大的颠覆性在于信用的建立

从理论上来说，区块链技术可以让微信支付和支付宝不再有存在价值。《经济学人》对区块链做了一个形象的比喻：简单地说，它是"一台创造信任的机器"。区块链让人们在互不信任并没有政府部门的情况下，能够做到互相协作。这样，打击假币和金融诈骗未来都不会存在了。

3. 区块链的集体维护可以降低成本

在中心化网络体系下，系统的维护和经营依赖于数据中心等平台的运维和经营，成本不可省略。区块链的节点是任何人都可以参与的，每一个节点在参与记录的同时也会验证其他节点记录结果的正确性，维护效率得到提高，成本降低。

一句话概括，区块链触动的是钱、信任和权力，这些人类赖以生存的基础。

（三）区块链的综合界定

（1）区块链本质上是一个去中心化的分布式账本数据库，其本身是一串使用密码学相关联所产生的数据块，每一个数据块中都包含了多次比特币网络交易有效确认的信息。区块链是把加密数据（区块）按照时间顺序进行叠加（链）生成的永久、不可逆向修改的记录。

（2）区块链是一种可以完全改变金融系统底层设计的技术，因为它可以实现对所有市场参与人在市场中持有资产的所有权与交易记录的无差别记录，所以可以完全消灭掉清算和托管这些在交易前中后进行所有权确认的中间环节。另外，区块链作为一种电子信息记录，可以结合计算机算法实现交易的自动化，即智能合约。区块链结合其他金融技术有许多衍生应用，每种均可以将一类市场中介替代。区块链之于金融服务，如同 TCP/IP 之于互联网：一旦底层标准得到认可与普及，类似比特币和 R3 的具体应用将会出现在金融服务的每个角落里。

（3）区块链是一个放在非安全环境中的分布式数据库（系统），区块链采用密码学的方法来保证已有数据不可能被篡改，区块链采用共识算法来使得新增数据达成共识。具有这三个性质的系统，就是区块链。

（4）区块链是指通过去中心化和去信任的方式集体维护一个可靠数据库的技术方案。通俗一点来说，区块链技术是指一种全民参与记账的方式。所有的系统背后都有一个数据库，你可以把数据库看成一个大账本。在一定时间段内，如果有任何数据变化，系统中每个人都可以来进行记账，系统会评判这段时间内记账最快最好的人，把他记录的内容写到账本，并将这段时间内账本内容发给系统内所有的其他人进行备份。这样系统中的每个人都有一本完整的账本。这种方式，我们就称之为区块链技术。

（5）区块链主要的优势是无需中介参与、过程高效透明、成本很低且数据高度安全，所以，如果在这几个方面有需求的行业都有机会使用区块链技术。在改变政府治理、生活方式、传统企业模式和社会、全球性机构上，区块链是剧烈的催化剂。

（6）区块链松开了信任的缰绳，这缰绳曾经牢牢控制在各大中心机构的手中，例如，银行、政策制定者、清算中心、政府、大公司等。区块链让人们摆脱了这些老旧的控制节点。

（7）区块链还是一种后端的基础架构，从理论上讲，它是拥有无限计算能力、永不停机的计算机系统。一旦启动，永远不会停下来，整个体系的弹性容量几近无穷。

（8）区块链是信用机器，信用机制通过代码程序实现，通过确定的算法来计算出真伪，这些算法以强大的加密技术为支撑。从本质上讲，信用就是密码验证，可以由可信计算机构成的网络来管理并保证安全性。而旧方式下，通过单一实体管理信用，则不可避免地要产生额外的成本耗费，以及完全没必要的官僚体系。"中介控制"的信用经常发生漏洞，而在区块链技术的支持下，我们的信用体系将毫无瑕疵。那么，当信用成为"无偿的"（当然可能还是需要去积累信用），情况会如何变化？自然而然地，信用体系所遇的阻力将越来越小，最终去中心化的信用体系将传遍网络的所有地方。

（9）区块链是一种全新的语言，正如互联网、万维网与数据库一样，区块链带来了一种全新的语言。

（10）区块链是信息验证的全新方式，包括验证记录、身份、授权、权限、工作成果、职位、合同以及与有价资产交换相关的流程。一切事物都将拥有数字的所有权证书。如同无法重复使用电子货币一样（感谢中本聪的发明），也无法二次复制或者伪造正式的证书，只要用的是区块链技术。这在信息化革命中一直就是缺失的一环，而现在区块链修补了它。

（11）区块链有在线银行、税务填报、在线购物、股票交易、检查订单等服务形式。与我们访问服务来搜索公共数据库一样，我们通过搜索新的服务形式，来检查区块链以确认信息的真实性。信息访问的实现，还是不够的。我们还要知道访问的正确性，我们还要了解记录是否被更改，我们要求最大的透明性。区块链一出现，便承诺实现最大的透明性。

（12）区块链是互联网历史的构成部分。其重要程度与万维网不相上下，甚至可能将互联网以更合理的方式变得更加去中心化、更加开放、更加安全、更加私有化、更加公平和更加容易访问。一方面，区块链应用将颠覆传统的商业形式；另一方面，区块链应用还将直接替换传统的Web应用。

（13）区块链是一种利用去中心化和去信任方式集体维护数据簿的可靠性的技术方案。该方案要让参与系统中的多个任意节点，通过一串使用密码学方法相关联产生的数据块（Block），每个数据中都包含了系统全部信息交流的数据，并通过生成数据指纹，用于验证信息的有效性与连接下一个数据库块。

（14）区块链技术其实是一类技术解决方案的集合，是一种基于计算机加密技术的信用凭证。区块链支持对资产和价值的交换，帮助人们以一种全新、快速且无需中介干预的方式交换价值。

（15）区块链是分布式储存的数据块，从技术上讲，每一个区块上面都会包含一整条区块链的信息。这就决定了区块链可以在没有可信第三方的条件下，解决两个陌生人之间建立信任机制的问题。

（16）区块链取代第三方，让交易双方面对面。区块链是包含每笔比特币交易历史的数据库。这种分布式账簿可在成千上万的计算机中复制比特币“节点”，它不但对全世界所有人开放，而且是值得信赖的。它通过精妙的数学算法和“共识机制”的强大算力得以运转——在此过程中，节点会通过区块链更新比特币流向的每笔交易。

（17）区块链产品的三个发展方向。一是使用区块链转移各种类型的资产。二是应用于保护土地所有权。使用区块链的应用可视为真理机器，比特币交易与其他信息片段结合在一起，再被嵌入到账簿中，因此可用作细致追踪任何东西的登记表。三是最雄心勃勃的应用，能在正常情况下自动执行的“智能合同”。

（18）区块链与传统相融合，第一是区块链技术与代币发行机制的融合。第二是区块链技术与实体产业的融合。通过区块链技术来为垂直行业服务的平台，推动产业上下游的协助和数据共享。第三个是区块链技术推动多项前沿技术的融合发展和应用。当前科技领域面临着为行业提供能够解决深层次问题的技术方案，而这些深层次问题都不是单一的技术能够独立解决的，这就需要区块链、大数据、人工智能、云技术、物联网等技术的融合。

（19）区块链是全社会各类资产去中心化的网络平台，让不同的交易主体和不同的交易资源类别，有了跨界交易的可能性。而区块链数字密码货币技术保证了资金和信息的安全，并通过互信和价值转移体系，达成此前无法完成的交易。

（20）区块链从某种意义上来说是一个大规模的协作工具，通过这个协作工具可以让很多原来想象不到的东西变成可能。

二、区块链的本质属性是创造了一个去中心化的信任体系

为什么说区块链在去中心化的体系中创造了信任机器呢？可以从以下几个方面来理解。

（一）在交易过程中取代传统中介结构，成为信任机器

人和人之间最核心的经济关系就是交易。

在现实生活中，互不信任的交易双方，要真实可靠地完成一笔交易一般有两种交易方式：一种是现金交易；另外一种是电子交易。

当我们进行现金交易时，没有建立信任关系的双方都信任交易的媒介物现金。现金承载了这个交易过程中的信任。

当我们利用银行转账，利用信用卡、支付宝或微信进行支付时，都属于电子交易。在这个过程中，我们所有的交易信息都会被最终提交到一个第三方中介机构。如果我们用银行或信用卡转账，我们的交易就会被提交到银行或发卡机构；如果我们用支付宝或微信支付，我们的交易信息就会被提交到支付宝或微信。这些中介机构接收到我们提交的交易信息后，会检查我们的账户是否符合规定，是否有足够的余额，只有在判断我们的交易满足条件后才会真正执行这笔交易。因此第三方中介机构在交易过程中起到了核心作用，如果没有它，没有建立信任的双方是无法进行交易的。

当比特币出现后，人们发现承载比特币的区块链技术能够去掉中介机构让没有信任关系的双方进行交易，这个过程实际上是用整个区块链系统代替了传统交易中的中介机构。这个区块链系统是公开、公正并且安全性极高的系统，而传统的中介机构存在道德风险且其信息系统也存在极大的安全隐患。

这样的系统就实现了任何两个拥有账户的用户不受限制，没有任何门槛，无需中介机构，在无需建立信任关系的情况下就能直接进行交易。

那么在这个过程中，区块链系统是如何担负起传统中介机构验证交易的责任的呢？

当系统发起一笔交易时，这笔交易的信息被广播到整个区块链的所有节点。这时所有的节点都会验证这笔交易的有效性，并通过算力竞争，争取把这笔交易信息打包进区块的权利。系统中所有的全功能节点都在一个共同的由算法规定的规则下进行公平竞争，当某个节点抢先拿到打包区块的权利后对信息进行打包，就会得到系统对此项工作颁发的奖励，通常就是系统的代币。这个打包的区块同样也会被广播到全网进行验证，当区块得到验证后就被系统添加到区块链中。这个过程使得系统中参与记账打包的节点不再是固定的某一个节点，并且每次获得记账打包权的节点只有一个。这就是分布式记账。

在区块链系统中，每一个全功能节点都有一个一模一样的区块链备份，也就是说所有全节点保存的账本都是一样的。即便黑客可以攻击其中某些节点并篡改他们所存储的账本，但要修改所有节点的账本，难度就非常大。

区块链系统所维护的区块链，通过加密算法使用哈希值，将这条链上的所有区块前后串联起来。如果黑客要篡改某个区块中的数据，则必须把这个区块后的所有区块全部篡改才能创造出一条新的区块链。

而在传统的交易方式中，黑客只需要集中力量攻击某个单点就可以篡改系统中的数据，其难度大大低于篡改区块链系统中的数据。

因此，区块链系统就是用这样的方式建立了去中心化系统中的信任机器。

（二）分布式记账的不可篡改性，建立了数据信任

传统中心化的信息系统中，所有的数据资源全部由中心化系统保存和维护。这存在两个风险：一是中心化机构本身出于利益关系有篡改数据的道德风险；另一个就是黑客出于某种目的对中心化机构的数据存储发起攻击，篡改数据的风险。

而区块链通过分布式记账，使系统中每个全功能节点都有一模一样的账本。这使得任何对账本上信息的篡改都必须要同时对全网所有节点进行篡改，这个难度将呈指数级增长，在现实中，对大型公有区块链发动这样的攻击几乎是不可能的。

所以，区块链系统对存储在其中的数据建立了数据信任。

（三）公有区块链的代码完全开源，从流程上确立了信任

传统中心化的信息系统绝大部分源代码是不开源的，这使得用户无法从根本上对系统取得信任。

在个人电脑上，我们使用的微软操作系统是闭源的；在手机上，我们使用的苹果操作系统是闭源的。我们无法得知这些操作系统是否安插了后门，是否会窃取用户的信息。因此很多机密部门是不用这些闭源操作系统的，根本原因就是它无法满足用户的信任需求。

在互联网上，我们使用百度搜索的时候，它的算法是不开源的，所以它的计算过程、排序过程是否合理，是否存在人为操纵和刻意的偏向是不得而知的，所得结果的真实性和有效性也就无法得到确认。

这些系统无法取得用户根本信任的原因就是它们是闭源的。而它们也无法通过开源自证清白，因为本质上中心化的系统就是依靠系统的闭源取得的商业优势和竞争优势。一旦系统开源，它的优势和盈利模式就彻底瓦解了。

而公有区块链，无论是比特币还是以太坊，其代码都是完全开源的，是可以向第三方证明的可信计算范式，目的是为了计算过程真实可信，使其承载的业务逻辑能自证清白，为区块链世界带来可信任的计算。

（四）通过去中心化的算法和共识机制，加固了规则信任

从比特币开始，绝大部分公有区块链都以去中心化为基本要求，尽力降低设备的参与门槛，希望尽量多的节点能参与区块链系统的交易和验证。这是传统的中心化系统所不具备的。在传统的中心化系统中，规则只为个别决策者服务。

在区块链系统中，社区的参与极其重要。一个系统参与的节点越多，社区越大，其影响也越大。因此，在区块链系统中如何设计算法和共识机制，激励更多的节点参与到系统中就非常关键。一个好的算法和共识机制必须是尽量公平公正的，只有这样才能取得大众的信任，才能吸引大众的广泛参与。这样一方面使系统更加安全；另一方面也使得系统影响力更广。

如果一个区块链系统参与的节点有很高的门槛导致只有少数人参加，这个系统就难免让人怀疑，信任也会大打折扣，难免会出现中心化系统固有的那些问题。

（五）智能合约执行过程，就是信任的保障过程

到目前为止，区块链技术最具原创性和颠覆性的创新就是智能合约。

智能合约是一种旨在以信息化方式传播、验证和执行合同的计算协议。智能合约允许在没有第三方的情况下进行可信交易，这种交易一旦执行便不可逆转。

智能合约意味着它必须被写成是计算机可读的代码，合约由参与方达成协议，一旦写成，就会由计算机或计算系统自动执行。

智能合约是 Nick Szabo 早在 20 世纪 90 年代就提出的概念，但在实践中一直没有具体的落地应用和成功范例，没有如何将这个概念转换为现实的清晰路径。直到近年，准确地说是具有图灵完备功能的以太坊出现后，才真正让智能合约出现落地应用的案例。

而智能合约目前应用最典型的案例一个是 ICO，另一个是游戏。暂且不论这两个领域给我们造成了什么样的影响，但这两个领域足以证明智能合约的可行性。智能合约向我们展示了在区块链世界，商业逻辑能够自动执行并且不受

外界的干扰和阻碍，执行过程透明、公正且公平。

而在传统中心化系统中，由于数据由中心化组织掌控，业务逻辑由中心化组织设置，算法由中心化组织随时调整，使得其业务逻辑的执行缺乏真正可信的环境。

区块链的出现，解决了传统中心化系统所无法解决的这个问题，取得了执行过程的信任。

三、从不同角度、不同个案分析区块链的特征及其应对措施

（一）从不同思维角度，分析区块链区别于传统互联网的特征和价值所在

西部数码新闻资讯门户网轶名文章指出，传统互联网是信息互联网，区块链是价值互联网。所以，区块链也被认为是互联网的下半场。那么，何为价值互联网？区块链具有哪些价值？文章从思维的角度出发，分析区块链区别于传统互联网的特征和价值所在。

1. 互联网思维特征的内涵与外延及评价

几年前，互联网思维大行其道，各家众说纷纭，这里主要引用赵大伟的观点，互联网思维特征的内涵，即四个核心观点：①用户至上；②体验为王；③免费的商业模式；④颠覆式创新。

互联网思维特征的外延，即九大思维表现形式：①用户思维；②简约思维；③极致思维；④迭代思维；⑤流量思维；⑥社会化思维；⑦大数据思维；⑧平台思维；⑨跨界思维。

互联网思维几乎囊括了最好的商业思维，然而很多实体产业者对此非常不屑，认为过度夸大了互联网而贬低了传统产业。

实际上，很多传统产业或企业也具备这些思维。如宝马汽车为了将汽车做到极致，也是不断迭代更新，迪士尼乐园以流量为王，沃尔玛则利用大数据做供应链管理，无印良品以简约思维做产品，苹果手机则是跨界的产物。

由于传统产业的产业链跨度较大，管控难度也比较大，实体产品高质量量产不易，而互联网产业链短、产品虚拟化、易于管控，以至于相对容易把传统优秀的商业思维落地，故而形成所谓的“互联网思维”。

2. 区块链思维的逻辑特点、基本内容和价值所在

互联网思维可以理解为优秀的商业思维。我们讲区块链思维，也不能把它说得高高在上。与互联网思维一样，区块链思维也是从传统商业社会中延伸出来。区块链依托于分布式账本、加密技术等技术，实现了原有互联网和商业不够重视或无法落地的需求，进而形成了一套商业逻辑。

区块链利用分布式数据存储、点对点传输、共识机制、加密算法等技术，具备去中心化、开放性、自治性、不可篡改、匿名性等特点。这些技术构建起来的商业模式，具备以下思维逻辑：

（1）区块链思维之一：分布式思维

分布式意味着去中心化，但是分布式的表述或许会更为本质。首先，要打掉业内人士的傲气。

如果因为鼓吹区块链思维、去中心化而否定中心化，这是不理性的。否定中心化实际上也是在否定我们的历史。人类社会几千上万年都依赖于中心化并得以生存下来，否则我们的祖先早已消失在洪古荒流之中。恐惧，是人类与生俱来的。为了抵御人性中对自然万象的恐惧，人类从刀耕火种开始寻找并归属于不同的首领、族长、氏族、城邦、国家。

在区块链的世界里，投资人恐惧于投资风险，到处打听并跟随知名投资机构背书项目、大型中心化交易所。

我们需要更加理性地看待分布式思维，分布式思维往往寄托着人类追求自由、民主的美好夙愿，但也不能过分夸大。

在比特币网络中，区块链技术实现了分布式记账，也是第一次大规模实现转账系统的分布式结算、验证以及记账。不过，分布式思维未必完全依赖于分布式数据存储，而是通过技术、协议、制度形成去中心化的商业逻辑。因此，对于传统经济而言，分布式思维依然有它的实际价值。

分布式思维本质上是权责利的去中心化，在传统经济中表现为权责利分布式再造，集权中心往往是分布式改造的重点。以美联储为例。美联储只要 7 名委员就能决定美元的货币政策，决策一旦出现大失误，就会导致全球经济混乱；大型上市公司由董事会决策，董事会决策关系到广大中小投资者、股民的实际利益。

在西方国家，上市公司治理机构也不断地去中心化，大量引进外部董事增加决策的科学性、公开性以降低权力作恶。

现在的经济系统呈现幂律分布、平台化等特点。如，滴滴打车平台掌控着成千上万的出租汽车；P2P 平台交易资金达千亿级别；Facebook 掌控着20 亿用户信息。这些大型平台一旦出现信息泄露、系统故障、风险失控等问题，可能会引发社会混乱。运用分布式思维来构建这些平台，实际上也为这些平台降低因权力集中而带来的风险。

分布式数据存储将从技术层面实现数字资产私有化。从产权理论角度来看，数字资产私有化将极大地推动数字经济发展。

（2）区块链思维之二：代码化思维

在比特币网络中，转账作为交易按分布式记账来处理。按分布式思维，人类所有的行为都可以参照转账作为交易来分布式验证、记账，实现去中心化。以太坊认为，人类的行为极其复杂，不能完全按照交易和记账的方式处理，而应采用协议来完成，在区块链上通过代码来执行协议，智能合约由此诞生。

我们可以看到，比特币网络的思维是人类的交易行为，交易即记账，分布式账本实现去中心化；以太坊网络的思维是人类的合约行为，协议即代码，智能合约实现去中心化。所以，不管是权责分布式还是协议代码化，都是为了实现去中心化，根本上都是解决信任问题，只是思维路径不同。

人类社会在建立信任关系时发明了“契约”，契约精神已经成为今天市场经济和文明社会的灵魂。但是，违约情况依然屡见不鲜。小到个体大到国家，债务违约、公司信用破产、合同纠纷、毁约跑路屡见不鲜。从口头协议，到书面合同，再到电子合同；契约从纸质化、数字化再到数据化，一直在强化信用风险管理。代码化实际上是契约数字化、数据化之后的升级，即通过代码撰写契约，在公开透明的链上自然履行契约，最大限度地降低违约率。

在区块链的世界中，代码即法律，可以理解为协议代码化。通过代码约束协议执行。实际上，人工智能领域也正从数字化、数据化上升到代码化。人工智能正在进入大数据技术的深水区，即通过代码开发来实现大数据模型构建与计算。所以，在数字经济中，区块链将协议上升到代码化，人工智能将计算上升到代码。一个改善信任生产关系，一个提供运算生产力。

现实经济中，协议代码化非常实用。供应链金融、国际贸易融资、银行信贷、私募基金、商品期货期权合约、能源合同管理、零售供应链管理、众包众筹协议等都可以通过协议代码化，增加合作的透明度，提高履约率，降低信用风险。

（3）区块链思维之三：共识性思维

人类纷争、世界动荡、国际矛盾本质是共识的流失、撕裂和瓦解，社会文明、经济繁荣、公民幸福的本质是共识的凝聚、达成和升华。今天反国际化思潮兴风作浪，中美贸易进入战争状态，实际上是主要经济体之间缺乏利益共识。

区块链网络是以共识为基石来构筑的，出发点和落脚点都是共识。区块链思维从共识出发，只有共识才能开启交易、合作与社区，如果共识破裂，区块链也就可能分叉。比特币网络采用 POW 共识机制，主流的还有 PoS、DPoS、PBFT 等。

共识并非只有区块链才有，人类最大的智慧在于寻找共识合作，以抵御自然威胁。但是，人类达成共识的机制有很多，如中心化权威、等价交易、意识形态等等。而区块链的共识更多地以平等、自愿、公平的方式达成，这种共识性思维实际上包含了去中心化的自由信仰。

之所以说“共识性”，是因为共识是相对共识，而非绝对共识。人类总是在感性与理性的智慧中不停地选择，演变成不同的想法和利益追求，共识也在不停地瓦解和进步。

共识性，是最基础的共识，也是市场交易的前提。区块链经济共识性思维给予现实经济更多的指向性。互联网思维里的用户至上、用户思维，实际上是从用户的角度设计产品和服务满足用户需求，本质上是与用户需求达成共识。

在区块链世界中，先与用户达成共识，而后采用产品与服务。这有点像按需生产，用户达成协议先下单再生产。区块链的经济共识性思维，在营销中，是一种提前锁定用户的策略；在商业模式中，是将用户纳入产业链；在管理中，是让用户参与到监管环节。

责权分布式思维、协议代码化思维、经济共识性思维都是从原有的商业思维发展出来的。大数据思维要求大数据运算升级到代码层面，进而出现代码化思维；平台思维的大平台管理遭遇极限挑战，构建分布式管理以实现平台战略；共识性思维是用户思维和流量思维的前站；简约思维、极致思维和迭代思维不仅仅体现在用户界面上，在区块链的开源系统中也展露无疑；社会化思维在分布式社区做得更为彻底；跨界思维在区块“链”上落地。

责权分布式思维、协议代码化思维、经济共识性思维这区块链的三大思维支撑着去中心化的民主思想，推动实体经济向数字化、数字资产私有化转变，推动社会组织向分布式社区制转变。

（二）从金融角度，分析区块链在金融领域的应用特点及政策建议

区块链金融，其实是区块链技术在金融领域的应用。区块链是一种基于比特币的底层技术，本质就是一个去中心化的信任机制。通过在分布式节点共享来集体维护一个可持续生长的数据库，实现信息的安全和准确。

1. 区块链技术在金融领域应用的主要特点

（1）从资源投入看，大部分样本机构重视探索区块链技术在金融领域的应用，逐步加大投入专业人员参与相关研发、应用等工作。

（2）从应用场景看，以信息登记存储溯源、供应链金融、资产交易、保险为主。

（3）从技术架构看，绝大部分以构建联盟链为主。65% 的样本机构采用开源区块链底层平台实现业务搭建以节省研发时间，35% 的样本机构探索开展区块链底层平台自主进行研发创新。

（4）从项目进展看，目前很多区块链金融应用项目是样本机构结合自身业务痛点，基于区块链技术对已有业务进行的改造，多数项目处于启动实验性验证或者小规模试用阶段。

（5）从核心技术看，样本机构使用 PBFT（实用拜占庭容错）的比例达到 55%，成为较主流的共识机制，很多样本机构采用多链架构进行系统设计，从而使其适应更多复杂的金融业务场景，很多样本机构都将提升区块链技术应用的交易吞吐量作为重点技术攻关方向。

2. 区块链技术在金融领域的应用目前存在的主要风险

（1）隐私性有待加强，同时，用于隐私保护的密码学新技术尚不成熟。如组合环签名、零知识证明、同态加密等技术容易造成数据膨胀、性能低下等问题。

（2）由于得不到有效监督，上链前数据的真实性和完整性无法得到验证。

（3）区块链的智能合约存在不确定性，图灵完备的智能合约过于灵活，一旦有漏洞被利用，将会造成不可挽回的损失。

（4）密钥安全是区块链可信任的基石，窃取或删除私钥会危害相关资产或数据所有者的权益。

（5）目前，区块链架构要满足金融系统可用性与业务连续性的要求，还有一定难度。

3. 区块链技术更好更安全地应用于金融领域的政策建议

要使区块链技术更好更安全地应用于金融领域，并解决实际问题和行业痛点，应该凝聚政产学研的多方力量和智慧。

首先，在政策监管层面，应加强研究，密切跟踪、重点关注区块链技术在金融领域应用可能对现有法律体系和监管框架带来的影响与挑战。探索建立对区块链等新兴技术应用的识别、评估和管理机制，对依法合规、风险可控、服务于实体经济的区块链技术创新和发展给予规范引导。对于有违技术发展规律和损害金融秩序的不法行为，应保持高压态势，持续采取措施重拳打击，坚决遏制歪风邪气，将区块链技术发展与此类行为进行有效切割。在行业协会层面，搭建政府和市场之间沟通的桥梁，客观反映问题和诉求，正确解读监管政策，促进双向良性互动。按照"共性先立、急用先行"原则，围绕技术发展和业务场景的重点环节，逐步完善区块链技术和应用标准体系。切实加强公众教育，不断强化公众风险意识和自我保护观念，远离各类打着区块链技术创新等旗号的非法金融活动。

其次，在从业机构层面，扎实练好内功，深入研究区块链底层技术，推进区块链底层平台持续优化。加大区块链人才培养力度，加快形成自主创新体系，不断实现区块链核心技术突破。充分考量金融业务场景实用性，做好产品技术验证和项目推广，逐步走出实验室和内部试点，加快推动区块链技术在金融领域应用的商业落地。坚持走正道，充分考虑监管政策和法律，持续提升风险防范意识。做到风险管控安排与产品服务创新，同步规划、同步实施。

（三）从律师的角度，分析区块链、智能合约、ICO 的特点和法律问题

1. 区块链的特征与法律应用

上海邦信阳中建中汇律师事务所国际业务团队撰文指出，区块链（Blockchain）实质上是一个网络上公开的、分布式记账簿，去中心化和去信任是其核心特征。因为区块链具有安全、透明和高效的特点，它在商业上具有广泛的应用前景。而它在法律事务上的应用也将改变现有的法律服务图景。比如，在区块链上存贮的数据，不会因人的主观意愿而被篡改，所以在区块链上执行合约就能去除人的主观因素的影响，这也会使得人的行为更具有预测性。由此引申开来，在公司治理与法律责任的管理方面，区块链很可能会改变现有的管理模式。

此外，用户只要在区块链上进行注册，就能实现信息公示。这在很大程度上能够取代政府机关、银行、公证机关等政府部门提供的注册服务。但这种注册服务也可能产生其他方面的影响，尤其在发生侵权或违约时，因为区块链上的任何注册信息都是不可撤销的，所以损害一旦造成就难以消除。

2. 法律人眼中的智能合约

（1）智能合约的法律属性。从法律人的角度看，智能合约的称谓具有误导性，因为它并不是法律意义上的合约，而仅是一种执行或履行方式。事实上，智能合约只是一个数字程序（一段代码），而不是合同内容，它缺乏一般合同必备的条款，比如合同所采取的形式、适用法律等条款。

（2）智能合约带来的法律难题。就商业应用来讲，因为运用了区块链的分布式公开记账技术，智能合约能广泛地用于保险、物流行业、商业争议和物联网等方面。但这些应用也会带来新的法律问题：首先是用户隐私问题，因为智能合约上的信息都是公开的，所以就会产生数据的保密与保护难题。其次，智能合约是不可撤销的，而在现实生活中，有时合约是需要被撤销的，所以当用户选择智能合约作为合约的执行方式时，在其需要撤销原合约时，他就需要引入新的智能合约。这个新的智能合约的内容是：如果合同一方违约，则合同另一方有权避开。再次，智能合约可以是匿名的，但匿名的智能合约出现法律争议时，争议另一方的身份无法确定，想通过传统的诉讼方式解决争议将会十分困难。

3. ICO 的监管之路

ICO（Initial Coin Offering，首次代币发行）是指在一些数字代币的交易平台上首次发行数字代币，供该平台上的用户认购与交易。

不同国家的金融监管机构对ICO有不同的态度。美国SEC直接认为ICO是诈骗犯罪的温床，而瑞士、新加坡等国家对ICO采取自由化路径政策，也有对ICO采取保守或谨慎态度的（比如斯诺伐克）——不碰不清楚的事物。造成这种态度差异的原因在于，ICO是一个新兴事物，各个国家没有专门针对ICO的法规。

可以预见，在没有管理法规的情况下，如何对ICO进行规范，大致会有以下几个思路：

（1）遵循“法不禁止即自由”的路径

ICO完全是一些网络平台的自发行为，是一种技术推广，不是金融活动，因此，没有专门监管的必要。我们看到，瑞士和新加坡在很早之前就是遵循这样的路径，所以 ICO 在瑞士和新加坡十分活跃。截至 2017 年 9 月底，世界最大的 6 个 ICO 中有 4 个是在瑞士进行的。

但是，数字代币交易的匿名性，十分有利于犯罪分子从事诈骗和洗钱活动。而且，数字代币的市值波动剧烈，其二级市场极不稳定，发行人也不承担回赎义务，这会给投资者带来巨大的风险。面对这些情况，即使是瑞士和新加坡这些对 ICO 持宽容态度的国家，也在考虑对交易进行监管。

（2）金融监管机构的路径

从法律角度看，金融监管机构只能对金融相关的业务进行监管。因此，为了把 ICO 纳入金融监管，就需要将数字代币认定为证券类产品。对于具体 ICO 中的数字代币是否属于证券类产品，各个国家又有不同的处理方式。

①直接将 ICO 中的代币认定为证券类产品。这是巴西、沙特阿拉伯所采取的路径，因此，这些国家的 ICO 都要接受金融监管机构的审核与持续监管。

②根据 ICO 发行的白皮书的内容，来决定待发行的代币是否是证券类产品。这是荷兰、新加坡、卢森堡、瑞士等国家现在或将来会采取的路径。当 ICO 待发行的代币是一种技术应用时，应不受金融法规的约束和金融监管机构的监管；反之，当代币是一种证券或交易工具时，则要接受相关法规的约束和相关机构的监管。而对于 ICO 待发行的代币是技术应用还是证券，则主要依据于其发行白皮书中的条款与内容来判定。但作判定的人是国家的金融监管机构，为保证判定的透明性，新加坡的 MAS（金融管理局）还专门出版了一份 DTO（数字代币发行）的指南。

（四）从国家权威部门答案，分析区块链的庞氏骗局特征及防范措施

据银保监会消息，2018 年 8 月 24 日银保监会、中央网信办、公安部、人民银行、市场监管总局提示：近期，一些不法分子打着“金融创新”“区块链”的旗号，通过发行所谓“虚拟货币”“虚拟资产”“数字资产”等方式吸收资金，侵害公众合法权益。

上述五部门发布的名为《关于防范以“虚拟货币”“区块链”名义进行非法集资的风险提示》的文章中指出，此类活动并非真正基于区块链技术，而是通过炒作区块链概念进行非法集资、传销、诈骗等活动。

这类活动都有哪些特征？

1. 网络化、跨境化明显

依托互联网、聊天工具进行交易，利用网上支付工具收支资金，风险波及范围广、扩散速度快。一些不法分子通过租用境外服务器搭建网站，实质面向境内居民开展活动，并远程控制实施违法活动。一些个人在社交媒体群组中声称获得了境外优质区块链项目投资额度，可以代为投资，这极可能是诈骗活动。这些不法活动资金多流向境外，监管和追踪难度很大。

2. 欺骗性、诱惑性、隐蔽性较强

利用热点概念进行炒作，编造名目繁多的“高大上”理论。有的还利用名人大V“站台”宣传，以空投“糖果”等为诱惑，宣称“币值只涨不跌”“投资周期短、收益高、风险低”，具有较强的蛊惑性。实际操作中，不法分子通过幕后操纵所谓虚拟货币价格走势、设置获利和提现门槛等手段非法牟取暴利。此外，一些不法分子还以ICO、IFO、IEO等花样翻新名目发行代币，或打着共享经济的旗号以IMO方式进行虚拟货币炒作，具有较强的隐蔽性和迷惑性。

3. 存在多种违法风险

不法分子通过公开宣传，以“静态收益”（炒币升值获利）和“动态收益”（发展下线获利）为诱饵，吸引公众投入资金，并利诱投资人、发展人员加入，不断扩充资金池，具有非法集资、传销、诈骗等违法行为特征。

五部门提示，此类活动以“金融创新”为噱头，实质是“借新还旧”的庞氏骗局，资金运转难以长期维系。请广大公众理性看待区块链，不要盲目相信天花乱坠的承诺，树立正确的货币观念和投资理念，切实提高风险意识；若发现违法犯罪线索，应积极向有关部门举报反映。

四、“十三五”早中期，区块链在不同领域的特点与应用

（一）“十三五”中期，区块链在中国不同领域的应用情况及特点

“十三五”中期，区块链产业在我国20多个领域开始应用。其中，金融、司法、物联网是“十三五”中期区块链产业发展应用的主要领域，应用较为广泛。下面介绍这三个方面的内容，从中可以看到，中国区块链产业时代已经到来。

1. “区块链+金融”：落地规模最大的领域

金融板块正成为区块链应用落地规模最大的领域。一方面，是由于区块链的技术特性，如不可篡改、分布式数据库、弱中心化等特点，保证了金融机构的数据安全性；另一方面，通过区块链进行跨机构间的协作与数据共享，降低信任成本，提高效率。同时还保护了数据的隐私安全，解决数据受益分配问题。

“十三五”中期，“区块链+金融”的热门场景莫过于“供应链金融”。可以说，在众多区块链方案供应商中，只要是涉及金融业务的企业，基本都有供应链金融，不少企业更是将其定为主要业务。

“十三五”中期中国“区块链+供应链金融”主要有三大派系：

第一种是银行系。由银行主导开发并使用的平台，比如平安集团下属的金融“壹企链”智能供应链金融平台，中信银行推出的“信e链-应付流转融通”平台等。

第二种是巨头系。主要有蚂蚁金服的蚂蚁区块链、度小满金融、腾讯区块链、TCL、富士康等。

第三种是创业公司。比如壹诺金融、共赢链、趣链、33复杂美等。

曾一度被视作区块链颠覆对象的银行在区块链的布局上也十分积极。自2016年起，以中国银行、工商银行、建设银行等“四大行”为首的银行在跨境支付、票据、融资、结算、数字积分、资产托管、BaaS等区块链领域开始落地应用。

而贸易金融、跨境转账也是银行区块链落地的主要场景。everiToken创始人兼CEO罗骁对锌链接说道：“传统的跨境支付都十分繁琐，从银行到SWIFT再到银行的过程，时间周期长、手续费高。区块链采用点对点的系统，可以实现来回转账秒到。”

全球在线支付平台Epay（易派）支付，在2017年选择积极拥抱区块链。将主流加密货币引入平台，提供出入金支持。在业务规模迅速扩大后，又于2018年年底发行了应用在其汇款网络中的稳定币Epay USD（EUSD），利用EUSD的加密货币特性开发“低费率快到账”的新型汇款服务。

除了银行，证券领域也是部署区块链应用最火热的地带。目前，包括华泰证券、国泰君安、广发证券和德邦证券等多家券商已在积极布局区块链，尤其是区块链与ABS的结合，正成为资产证券化领域的“新潮”。

将区块链技术运用到金融领域，优化金融机构的各项服务，也是未来金融领域发展的重头戏。

2. “区块链+司法”：或是落地最成功的领域

司法存证或许是区块链迄今为止应用最成功的领域，而获得司法“准入许可”，也为区块链技术正本清源，更有利于其在其他领域应用。

早在2017年12月，亦笔科技联合微众银行、广州仲裁委建立“仲裁链”，并出具了业内首个裁决书。

2018年6月，区块链在司法领域的运用又取得了新突破。杭州互联网法院首次采纳了应用区块链技术存证的电子证据，这是国内法院首次认可区块链存证技术的司法效力。

这股司法区块链之风也席卷到了北京和广州，2018年9月，北京互联网法院推出天平链；广州互联网法院基于区块链技术上线了“网通法链”智慧信用生态系统。

除了利用区块链“不可篡改、可追溯”的技术特性进行存证外，司法领域还围绕互联网法院这一大节点，搭建联盟链，形成多方共同监督的生态圈。

3. “区块链+物联网”：即将开启万物互联时代

物联网与区块链的结合可以形成一个解决方案，应用于不同的垂直行业、场景，例如，智慧农业、智慧城市、无人驾驶、智能家居、航运物流等。在这一方案中，物联网确保了上链数据的真实性，而区块链确保上链后的数据不被篡改，物联网是区块链与物理世界映射的连接器。

在工业应用上，智链万源CEO董宁告诉锌链接，他们正与中远海运、中国移动合作，进行“基于区块链的智能航运管理平台”的开发。是一款在航运行驶中传感器采集的数据通过区块链技术加密分布上链，并通过智能合约分析出危险因素而进行自动报警的管理平台。

此外，在农业领域，基于区块链的可信数据收集也被广泛应用于农业的不同场景，如农产品溯源、农业保险、三农客户融资、农业扶贫等。

在C端业务上，传统家电厂商长虹从2013年开始探索家电的跨平台协同互联，发展“智慧家庭”“智慧社区”和“智慧城市”等业务。在长虹的“智慧业务”中，区块链正逐渐成为物联网安全的基础设施。

“十三五”中期，以区块链为代表的应用密码技术正开始为物联网重构安全边界，建立设备间的信任域，实现安全可信互联。同时，物联网终端去隐私化的关键行为信息上链后，分布式存储在区块链各节点中，保证了数据完整性和可用性，促进构建智能协同的安全防护体系。

（二）"十三五"早期，区块链在国外不同产业领域的应用案例及特点

"十三五"早期，区块链技术在我国大多领域尚处在摸索阶段，而一些起步较早的国家已在诸多领域实现了区块链技术的成功应用。

1. 新加坡：物流领域

Yojee是基于区块链技术之上开发的软件，可以将货物的运输流程清晰地记录到链上，装载、运输、取件、流程清晰可见，以此实现用户优化和车队管理。利用机器学习性能将物流交付工作自动分配给司机，减少对人工调度员的需求，不仅降低了物流供应商的成本，还为客户提供了更便捷的交付服务。

依靠区块链技术，Yojee可以真实可靠地记录卖方、买方、价格、合约条款等相关信息，通过双方以及多方独有的签名进行全网验证，如果全网加密记录一致，则这条数据有效，并且上传到整个网络，实现信息共享。通过区块链记录货物从发出到接收过程中的所有步骤，确保了信息的可追溯性，从而避免丢包、错误认领事件的发生。对于快件签收情况，只需查询区块链即可，这就杜绝了快递员通过伪造签名、冒领包裹等问题，也可促进物流实名制的落实。企业也可以通过区块链掌握产品的物流方向，防止窜货，利于打假，保障线下各级经销商的利益。

针对电子商务公司，Yojee推出了一个名为Chatbot的软件，帮助电商公司在没有人的情况下预订送货。Chatbot可以将客户的详细信息（地址、交货时间等）反馈至系统，然后系统自动安排快递运送。

Yojee的软件对于小型物流公司尤其有价值。小型物流企业由于货量不够大，很难与大型国际公司竞争。所以Yojee在它的平台上将小型物流交付公司捆绑在一起，以便它们能够受益于规模经济。此外，为了让更多小型物流公司加入平台，Yojee在确保物流公司合作的同时，还保护了物流公司的IP、路线和客户信息资源等信息。

Yojee最吸引人的是其自主交付的技术。Yojee支持自主交付车辆，其自动化管理网络和自驾车的结合可以使小型物流公司比大型车队更具优势，这让每家在Yojee注册的公司都可以按需使用自主卡车车队。

2. 美国：主流金融系统

2015 年 12 月 30 日，纳斯达克宣布通过其基于区块链的平台完成了首个证券交易。纳斯达克表示，Linq 区块链账本已经把股票发行给一位不愿意透露姓名的私人投资者，通过去中心化账本证明了股份交易的可行性，而不再需要任何第三方中介清算。这个最初的区块链应用将会让传统繁琐的管理功能变得更加有序和安全。相对于传统人工保存台账的方式，区块链有助于减少交易结算时间，还能够确保交易网络之间资金传输速度更快。

美国还将区块链应用于制造业。区块链技术能够将制造业中的传感器、控制模块和系统、通信网络、ERP 系统等系统连接起来，并通过统一的账本闭合链，形成 M2M 网络，让企业、设备厂商和安全生产监管部门能够长期、持续地监督生产的各个环节，提高生产的安全性和可靠性。同时，区块链的可追溯性和不可篡改性也有利于企业审计工作的开展，便于发现问题、追踪问题、解决问题、优化系统，极大提高生产过程中的智能化管理水平。

穆格是一家 3D 打印机制造商。穆格公司在生产 3D 打印机的同时开发了 Moog VeriPart 系统，在零部件打印过程中，直接将二维码和防伪标识打印到产品上，用户通过手机扫描就能获取所有关于产品的信息。产品在订购、制造、流通、使用、维修、回收等环节的所有信息都会通过区块链技术被同步到各个节点，让这些 3D 打印的零部件在全生命周期内都有迹可寻。比如身处德国的客户可以从美国弗吉尼亚的制造商那里获得飞机零配件的数字图纸，在德国本地打印，省掉仓储、物流等成本的同时，还不需担心产品质量。

区块链能够成为连接数据信息流的安全层和中间件。产品生产所需的所有相关文件，都可以通过智能合约来达成，以此形成信任关系。比如有某个公司需要穆格公司的零件，他们可以在穆格的供应链中诉诸需求，由智能合约生成订单。产品从图纸到成品，区块链会记录下制造的每一个环节，以应对可能发生的任何问题。供应方、需求方甚至监督方都可以随时审阅，当产品完成验收时，由智能合约执行交易。

3. 英国：慈善事业

在国际援助系统中，诈骗一直是很严重的问题。2012 年，时任联合国秘书长潘基文表示，联合国 30% 的发展援助都被腐败行为吞噬了。为了化解这一难题，由 42 家知名慈善机构组成的英国 Start Network 与创业公司 Disberse 建立了合作关系，使用区块链追踪资金的流向。以迅速、透明的方式减少资金损失并降低资金滥用的风险，使慈善资金能够最大限度地发挥其作用。

Disberse 平台通过使用区块链技术来确保减少因银行手续费、低汇率和货币价格波动而造成的资金损失。名为 Positive Women 的英国慈善机构已经完成了一个试点项目，Positive Women 通过使用 Disberse 平台来减少转账费用、提升转账速度，以支持他们在斯威士兰的教育项目。Positive Women 最终通过区块链技术节省了 2.5% 的费用，这笔节省下来的费用可支付三名学生一年的教育经费。下一步，Start Network 还将使用该平台为现有项目处理一系列的小额支出。

4. 德国：电动汽车和共享充电桩

电动汽车快充和共享充电桩是区块链技术在目前能源方面应用最广、操作性较强的领域。2016 年，瑞士银行、德国电力公司莱茵集团（RWE）与汽车技术公司采埃孚（ZF）合作，为电动汽车创造区块链电子钱包。这使得车主的电力收费、停车收费，甚至高速公路收费的身份验证和支付过程都能自动完成，而不需第三方人工确认。2018 年，这项解决方案已经被美国加州初创公司 Oxygen Initiative 引入，并在该州积极推广。

RWE 目前尝试在无人驾驶电动汽车领域应用区块链技术：用户身份信息得到认证后，当车主不需用车时，可将其租出。通过区块链就车的使用达成协议，再将协议编码成智能条约，用车完成后，自动向用车人收取费用，向车主支付费用。无人驾驶电动汽车共享服务的车主和用户间的结算、交易信息将同时更新，这将最大程度降低交易成本，而这一切操作都没有第三方参与。

第三节 外延：三大分类方式和六层基础架构

一、区块链的三大分类方式

（一）根据网络范围，可分为公有链、私有链、联盟链

1. 公有区块链

所谓公有就是完全对外开放，任何人都可以任意使用，没有权限的设定，

也没有身份认证。不但可以任意的参与使用，而且发生的所有数据都可以被任意查看，完全公开透明，比特币就是一个公有链网络系统，大家在使用比特币系统的时候，只需要下载相应的软件客户端，创建钱包地址、转账交易、挖矿等操作，都可以自主完成。

公有链系统完全没有第三方管理，因此依靠的就是一组事先约定的规则，这个规则要确保每个参与者在不信任的网络环境中能够发起可靠的交易事务。通常来说，凡是需要公众参与，需要保证数据公开透明的系统，都适用于公有链，比如数字货币系统、众筹系统、金融交易系统等。

公有区块链是最早、也是目前应用最广泛的区块链。公有区块链是世界上任何个体或团体都可以参与交易，且交易过程能够获得该区块链的有效确认，任何人都可以参与的过程。各大比特币系列的虚拟数字货币均基于公有区块链，世界上有且仅有一条该币种对应的区块链。

优点：公有链最大的特点是不可篡改，匿名公开，技术门槛低，是真正的去中心化。每个参与者都可以看到所有的账户余额和其所有的交易活动。中心化和安全性是它最突出的优点。目前，像一般比较出名的数字货币：比特币、以太币、瑞波币等都是使用公有链来运行的。由此可见，这些数字货币安全性很高。

缺点：尽管公有链很好很安全，但存在太多不可控的节点，这是很难达成共识的，因为有些节点可能随时宕机，黑客也可以伪造虚假的节点。所以，公有链有一套很严格的共识机制。但公有链最大的问题也在于共识机制，共识机制引发了公有链处理数据上的速度问题，转账环节需要较长时间才能完成。

此外，在公有链的环境中，节点数量是不固定的，节点的在线与否也是无法控制的，甚至节点是否属于恶意节点也无法保证。我们在讲解区块链的一般工作流程时，往往会提出这样一个问题：如何知道数据是被大多数的节点写入确认的？实际上，在公有链的环境下，这个问题并没有一个很好的解决方案。目前，最合适的做法就是通过不断地同步，使得网络中大多数节点都同步一致。这些由区块数据所形成的链就是被承认的主链，也被称为最终一致性。

2. 私有区块链

这是与公有链相对的一个概念。所谓私有是指不对外开放，仅仅在组织内部使用的系统，如企业的票据管理、账务审计、供应链管理等，或是一些政务管理系统。私有链在使用过程中，通常有注册要求，也就是需要提交身份认证，而且具备一套权限管理体系。

私有区块链仅仅使用区块链的总账技术进行记账。使用人可以是公司，也可以是个人，独享该区块链的写入权限，本链与其他的分布式存储方案没有太大区别。目前，传统金融尝试实验私有区块链。而公链的应用，如 Bitcoin 已经工业化，私链的应用产品还在摸索中。

完全私有的区块链，是指写入权限仅在一个组织手里的区块链。读取权限或对外开放，但在一定程度上进行了限制。区块链上的读写权限、参与记账权限按联盟规则来制定。整个网络由成员机构共同维护，一般通过成员机构的网关节点接入，共识过程由预先选好的节点控制。这类区块链被认为是“部分去中心化”。

有人可能会有疑问，比特币、以太坊等系统虽然都是公链系统，但如果将这些系统搭建在一个不与外网连接的局域网中，这个不就成了私有链了吗？从网络传播范围来看，可以看成是一种私有链。因为只要这个网络一直与外网隔离着，就只能供自己使用，只不过由于使用的系统本身并没有任何的身份认证以及权限设置，因此，从技术角度来说，这种情况只能算是使用公链系统的客户端搭建的私有测试网络。比如，以太坊就可以用来搭建私有链环境，通常这种情况可以用来测试公有链系统，当然也适用于企业应用。

优点：私有链的特点是可以自己制订策略，因此交易速度极快；同时保护隐私，交易成本极低。在私有链环境中，节点数量和节点的状态通常是可控的，因此，在私有链环境中一般不需要通过竞争的方式来筛选区块数据的打包者，而是可以采用更加节能环保的方式。比如，POS（Proof of Stake 权益证明）、DPOS（DelegateProof of Stake 委托权益证明）、PBFT（Practical Byzantine Fault Tolerance 实用拜占庭容错算法）等。

缺点：相比较而言，私有链不具备去中心化的特性。同时，私有链是可以被操作价格的，也是可以修改代码的，被篡改的风险较大。

3. 联盟链

联盟链是指其共识过程受到预选节点控制的区块链。通过控制区块的根哈希及其 API（应用程序接口）来对外公开，状态信息 API 可允许外界用来作有限次数的查询和获取区块链状态的信息，这些区块链可视为“部分去中心化”。

联盟链的网络范围介于公有链和私有链之间，通常适用于有多个成员的环境中。比如，银行之间的支付结算、企业之间的物流等。这些场景往往由掌握不同权限的成员组成。与私有链一样，联盟链系统一般是具有身份认证和权限设置的，而且节点的数量往往是确定的，对于处理企业或机构之间的事务很合适。联盟链并不一定要完全的管控，比如，政务系统，有些数据可以对外公开的，有些则可以部分开放。

联盟链是“被阉割的公有链”，适用于机构间的交易、结算或清算等b2b场景。例如，银行间进行支付、结算、清算的系统就可以采用联盟链，将各家银行的网关节点作为记账节点。你可以查询，但不可进行交易，系统半开放，需要注册许可才能访问。从使用对象来看，联盟链仅限于联盟成员参与，联盟规模可以是国与国之间，也可以是不同的机构企业之间。这个系统是不完全对外开放的，使用权限也被限制在几个联盟成员之间。因此，加入需要授权的或只允许固定节点加入的区块链系统，就是联盟链。

优点：比公有链处理速度快，因为节点的数量和身份都已经规定好了，所以可以使用相对松散的共识机制，数据的处理速度与公有链相比有较大提高。由于联盟链一般有明确的使用者，因此与私有链一样，节点的数量和状态也是可控的，且通常采用更加节能环保的共识机制。

缺点：并不是完全的去中心化。理论上，联盟之间可以联合起来修改区块链数据。

（二）根据部署环境，可分为主链和测试链

1. 主链

所谓主链，是部署在生产环境内真正的区块链系统。软件在正式发布前会经过很多内部测试的版本，用于发现一些可能存在的漏洞，且能用于内部演示以便于查看效果，直到最后才会发布正式版。主链，也可以说是，由正式版客户端组成的区块链网络，只有主链才能被真正推广使用，它所拥有的各项功能的设计也相对完善。有时候，区块链系统会由于种种原因导致分叉，比如，挖矿的时候产生的临时小分叉，那么此时会将最长的那条原始链条称为主链。

2. 测试链

测试链是开发者为了方便大家学习使用而提供测试的区块链网络，比如比特币测试链、以太坊测试链等。当然，也不是说非得是区块链开发者才能提供测试链，用户也可以自行搭建测试网络。测试链的功能设计与生产环境的主链

可以存在差别，比如，主链中使用工作量证明算法进行挖矿，而在测试链中，我们可以更换算法以更便捷的方式进行测试使用。

（三）根据对接类型，可分为单链、侧链、互联链

1. 单链

能够单独运行的区块链系统都可以称为单链，例如，比特币主链、测试链，以太坊主链、测试链，莱特币主链、测试链，超级账本项目中的 Fabric 搭建的联盟链等。这些区块链系统拥有完备的组件模块，自成体系。

有些软件系统，如基于以太坊的众筹系统或金融担保系统之类，只能算是智能合约应用，不能算是一个独立的区块链系统，应用程序的运行需要独立的区块链系统支撑。

2. 侧链

侧链属于一种区块链系统的跨链技术，这个概念主要由比特币侧链发起。随着技术发展，除了比特币，出现了越来越多的区块链系统，每一种系统都有自己的优势和特点，如何将不同的链结合起来，打通信息孤岛，彼此互补呢？

侧链就是其中一种技术。就比特币来说，比特币系统主要用于数字加密货币，且业务逻辑固化，因此并不适合实现其他的功能，如金融智能合约、小额快速支付等。然而比特币是目前使用规模最大的一个公有区块链系统，在可靠性、去中心化保证等方面具有较大优势，那么如何利用比特币网络的优势来运行其他的区块链系统呢？

可以考虑在现有的比特币区块链之上，建立一个新的区块链系统。新的系统可以具备很多比特币没有的功能，如私密交易、快速支付、智能合约、签名覆盖金额等，这些新功能的使用又通过比特币网络创造出其他应用，并且能够与比特币的主区块链互通。简单地说，侧链是以锚定比特币为基础的新型区块链，目前有 ConsenSys 的 BTC Relay、Rootstock 和 Blockstream 的元素链等。

需要注意的是，侧链本身就是一个区块链系统，且侧链并不一定以比特币为参照链，这是一个通用的技术概念。比如，以太坊可以作为其他链的参照链，本身也可以作为侧链与其他链去锚定。实际上，这就是不同软件互相提供接口，使软件之间的功能互补。区块链系统与侧链系统本身都是一个独立的链系统，两者之间可以按照一定的协议进行数据互动。通过这种方式，侧链能起

到对主链的功能进行扩展。很多在主链中不方便实现的功能都可以在侧链中实现，而侧链再通过与主链的数据交互提高自己的可信度。

3. 互联链

曾经我们的计算机是不联网的，所有软件都是单机运行的。后来有了互联网，各种好玩的、强大的应用像雨后春笋般冒出来，如今我们的生活可以说已经离不开互联网了。互联互通带来的能量是如此巨大。

区块链也是这样，目前各种区块链系统不断涌现，有的只是实现了数字货币功能，有的实现了智能合约功能，有的实现了金融交易平台功能。各种形式的区块链技术，功能各异；各种新奇的应用，不断刷新着应用玩法。

那么，这些链系统如果彼此之间能够互联会发生什么呢？与传统软件不同的是，区块链应用拥有独特的性质，如数据不可篡改性、完整性证明、自动网络共识、智能合约等。从最初的数字货币到未来可能实现的区块链可编程社会，这不单单会改变生活服务方式，还会促进社会治理结构的变革。如果说每一条链都是一条神经的话，一旦互联起来，就像是神经系统一般，将会给我们带来更深层次的发展。

二、区块链的六层基础架构

（一）总体概述

一般来说，区块链系统由数据层、网络层、共识层、激励层、合约层和应用层组成。其中，数据层封装了底层数据区块以及相关的数据加密和时间戳等基础数据和基本算法；网络层则包括分布式组网机制、数据传播机制和数据验证机制等；共识层主要封装网络节点的各类共识算法；激励层将经济因素集成到区块链技术体系中来，主要包括经济激励的发行机制和分配机制等；合约层主要封装各类脚本、算法和智能合约，是区块链可编程特性的基础；应用层则封装了区块链的各种应用场景和案例。在这种模型中，基于时间戳的链式区块结构、分布式节点的共识机制、基于共识算力的经济激励和灵活可编程的智能合约是区块链技术最具代表性的创新点。

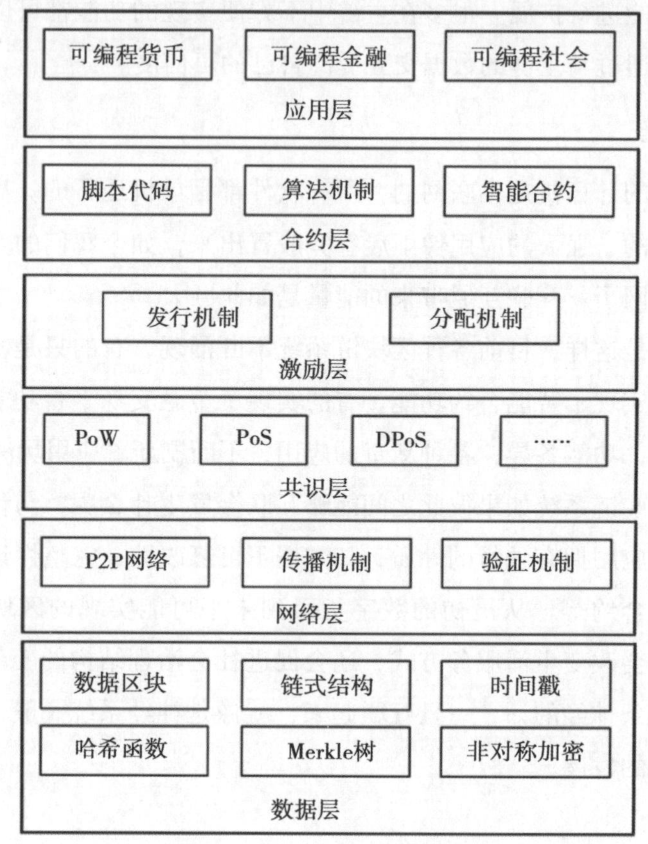

图 1－6　区块链的基础架构

资料来源：网络

（二）数据层

在整个体系结构中，处于最基础、最底层的是数据层。它是描述区块链技术的物理形式。它记录了整个体系的数据和历史记录，是整个区块链体系的基础层。

自中本聪利用个人 PC 挖出创始区块开始，数据层就从创始区块开始记录，它也就构成了区块链的初始链式结构。数据层包含着区块链中的区块数据、链式结构、区块头和区块尾上的随机数、链上的公钥及私钥上做的记录等所有链上相关数据。

数据层封装了底层数据区块的链式结构，以及相关的非对称公私钥数据加密技术和时间戳等技术，这是整个区块链技术中最底层的数据结构。这些技术是构建全球金融系统的基础，数十年的使用时间证明了它的安全性。而区块链，正巧妙地把这些技术结合在一起。

区块链系统设计的技术人员首先建立了一个起始节点——“创世区块”，之后在同样的规则下创建规格相同的区块，并通过一个链式的结构依次将区块相连，组成一条主链条。随着运行时间变长，新的区块通过验证后会不断被添加到主链上，主链也会不断地延长。

（三）网络层

网络层实现区块链网络中节点之间的信息交流。

区块链的网络层使用点对点技术实现分布式网络联络机制，网络层包括P2P组网机制、数据传播机制和数据验证机制。网络中的每一个分布式节点作为系统中单独的个体进行信息接收、处理及反馈。这些节点既接受信息也产生信息。节点之间通过维护共同的区块链来保持通信。同时节点还分成全功能节点和轻节点，全功能节点会将区块链中的全账本下载下来进行维护和保管，轻节点只负责维护信息的完整和数据的更新。在区块链的网络中，全功能节点和轻节点都可以创造新的区块。新区块被创造后会以广播的形式通知其他节点，其他节点会对这个区块进行验证，当区块链网络中超过51%的用户验证通过后，这个新的区块就可以被添加到主链上。

（四）共识层

共识层是让高度分散的节点在去中心化的系统中，高效地针对区块数据达成共识。

共识层封装了网络节点的各类共识机制算法。共识机制算法是区块链的核心技术，因为这决定了到底由谁来进行记账，而记账的方式将会影响整个系统的安全性和可靠性。

共识层能让整个系统中的分布式节点在网络中对同一区块的数据进行有效性判断。

目前已经出现了十余种共识机制算法，其中较为知名的有工作量证明机制（PoW、Proof of Work）、权益证明机制（PoS、Proof of Stake）、代理权益证明机制（DPoS、Delegated Proof of Stake）等。

数据层、网络层、共识层是区块链系统的基本构成要素，这三项全部齐全的时候才能证明目前所使用的确实是区块链技术。

（五）激励层

激励层提供一定的激励措施，鼓励节点参与区块链的安全验证工作。

它将经济因素集成到区块链技术体系中，包括经济激励的发行机制和分配机制等，主要体现在公有链当中。在公有链中必须激励遵守规则参与记账的节点，并且惩罚不遵守规则的节点，才能让整个系统朝着良性循环的方向发展。而在私有链中，则不一定需要进行激励，因为参与记账的节点往往是在链外完成了博弈，通过强制力或是自愿来参与记账。

有币区块链和无币区块链主要的不同就在于激励层，这也是区块链与经济、金融的主要结合点。现在主要的区块链项目都有构建自己的激励层。

激励层主要包括经济激励和 Token 分配制度。主要的作用在于给予网络层各个节点维护区块链的动力，通过制度的约束让维护区块链系统的节点获得经济回报，而破坏区块链系统的节点将受到惩罚。像 ETH 的 Casper 就是对违反共识的节点的一种惩治措施。

（六）智能合约层

智能合约层主要是指各种脚本代码、算法机制及智能合约等，是区块链可编程特性的基础。

在区块链 1.0 时代，也就是 BTC 刚刚诞生不久，合约层的使用并没有受到重视，直到 ETH 的区块链 2.0 时期，才开始将之前就存在的智能合约理念融入区块链的层级结构中。将区块链由一个封装的系统变成一个可以进行二次开发，甚至是智能运行的合约机制，只需在系统中设定条件，让合约自动执行，无需第三方的确认和授权，这也是区块链去中心化及去信任的基础。

比特币本身就具有简单脚本的编写功能，而以太坊极大地强化了编程语言协议，理论上可以编写任何功能的应用。如果把比特币看成是全球账本，以太坊可以看做是一台“全球计算机”，任何人都可以上传和执行任意的应用程序，且程序的有效执行能得到保障。

2017－2018 年出现的区块链“牛市”，部分原因是 ICO 市场的火热，ICO 就是 ETH 智能合约的一个大规模应用。

（七）应用层

这个层面类似于电脑中的各种软件程序，是普通人可以直接使用的产品，也可以理解为 B/S 架构产品中的浏览器端（Browser）。这个层面的应用，目前几乎是空白的。市场亟待出现这样的应用，让区块链技术快速走进寻常百姓，服务大众。大家使用的各类轻钱包（客户端），应该算是应用层最简单、最典型的应用。企业亿书将基于亿书网络推出文档协作工具，这个就是典型的应用层的产品。

应用层封装了区块链的各种应用场景和案例，如搭建在以太坊上的各类区块链应用，而未来的可编程金融和可编程社会也将会是搭建在应用层上。

激励层、合约层和应用层并不是每个区块链应用的必要因素，一些区块链应用并不包含这三层结构。

数据层、网络层、共识层、激励层、合约层是你我现在所看到的，正在发展中的是应用层。而应用层是“十三五”后期，区块链的主要发力方向。像现在的 EOS、ETH3. 0 都在竞争成为这个应用层的低层次公共链；像 EOS 的百万级 TPS 就是为未来的商业化应用搭好底层基础设施。与现在的 10 分钟确认一个 BTC 区块不同的是，未来想要在区块链上进行商业级别的应用落地，秒级的区块确认速度和万级别的 TPS 可能都是必备条件。

互联网是一个大时代，而区块链是开启互联网未来时代的钥匙，之前乃至现在的互联网已经由自由、高效、透明变成集权、缺乏监管，成为可以无死角全方位获取个人隐私的巨大网络。融入区块链的互联网，利用加密技术将个人信息使用权和处置权交还到个人，个人对数据和信息拥有所属权力，或许这才是互联网最初想要成为的样子。

第四节　内涵：四大本质特征和四项核心技术

区块链是一个基于计算机程序的公开账本，是一种广泛参与的分布式记账方式，其本质是通过去中心化和去信任的方式共同维护数据库的可靠性，是帮助人们在彼此并不熟悉的领域内进行协作的工具。区块链的每个参与部门都可以将其记录的信息共享到区块链网络，每个参与维护的节点都有权获得一份完整的数据库信息，这就构成了一个去中心化的分布式结算网络。可以在无需第三方介入的情况下，实现点对点式的信息交换和共享。

一、区块链的四大本质特征

（一）机器信任

1. 解读

过去网络上流行“怎么证明我妈是我妈”的新闻，这其实是一个用区块链就能解决的问题。过去，我们的出生证、房产证、婚姻证等，需要一个中心的节点，如政府背书，大家才会承认。但一旦跨国，你就会遇到无穷的麻烦。跨国后，合同和证书可能失效，因为缺少全球性的中心节点。

区块链技术不可篡改的特性从根本上改变了中心化的信用创建方式，通过数学原理而非中心化信用机构来低成本地建立信用。我们的出生证、房产证、婚姻证就可以在区块链上公证，变成全球信任的东西，当然也可以轻松证明“我妈是我妈”。

人是善变的，而机器是不会撒谎的。区块链有望带领社会从个人信任、制度信任进入机器信任的时代。

2. 意义

回顾历史，人类文明在信任和共识的基础上搭建起合作网络，从而成为地球的主宰。最早的智人为什么能够战胜其他人种，从而统一人类？其实是因为语言的出现和讲故事能力的提升，人们以极其灵活的方式与陌生人进行大规模的协作，而其他人种因为不具备这种能力，所以无法高效地形成团队，于是很快就分崩离析。

今天的互联网也是新一代的“大型合作网络”。互联网上的领袖就是超级信任节点，它们的信任依靠长时间的积累。从个人信任到制度信任是人类文明的一大进步，制度的产生源于降低交易成本的需求。通过对符合制度规定的行为进行认可与鼓励，对违反制度规定的行为进行惩戒，引导人们对自身行为进行约束，从而达到降低交易成本的目的。

制度和国家机器等中心节点建立信用的成本偏高，因为需要很多人来维持这个体系。不管哪个时代，需要大量人力维持的体系成本必然高昂。

区块链技术则用代码构建了一个低成本的信任方式——机器信任，我们只需要知道哪些区块链上的代码会执行，也不需要担心制度是否腐败，就可以做到互相协作，低成本构建大型合作网络。

机器信任其实是无须信任的信任。人类历史将首次以接近零成本的方式建立大型合作网络，这必将是一场伟大的群众运动。

（二）价值传递

1. 解读

人类正经历一场从物理世界向虚拟世界迁徙的历史性运动，不可否认的是，人类的财富也将逐渐往互联网转移，这已成事实。

传统的互联网不是为传递价值而生。互联网的信息传输，本质是信息的拷贝。而现实中的货币流通需要依靠中心化的组织做背书来维护运行，比如微信支付、支付宝、银联等。但有哪家公司能活1000年以上吗？所以，依靠中心化的方式实现价值传递，弊端很多。

而区块链是第一个能够实现价值传递的网络，区块链技术有望带领人类从信息互联网过渡到价值互联网的伟大时代。

2. 意义

在人类社会中，价值传递的重要性与信息传播不相上下。

互联网的出现，使信息传播手段实现了质的飞跃，信息实现了高效流动，但互联网价值传递的效率依然较低。如今，互联网上的电子货币本质上依然是传统纸币，跨国支付依然是个大问题。

而区块链的诞生正是人类构建价值传输网络的开始。它将使人们能够在网络以低成本的方式传递价值，这些价值可以表现为资金、资产或其他形式。

（三）智能合约

1. 解读

区块链的智能合约是条款以计算机语言而非法律语言记录的智能合同。智能合约让我们可以与真实世界的资产进行交互。当一个预先编好的条件被触发，智能合约就能自动执行相应的合同条款。

一个典型案例：爷爷生前立下一份遗嘱，声称在其去世后等孙子年满18周岁时将自己名下的财产转移给孙子。若将此遗嘱记录在区块链上，那么区块链就会自动检索计算其孙子的年龄。当孙子年满18周岁的条件成立之后，区块链会在政府的公共数据库等地方检索是否存在爷爷的一份离世证明。如果这两个条件同时符合，那么这笔资产将会不受任何约束地自动转移到孙子的账户之中，这种转移不会受到国界、外界等各种因素的制约，且会自动强制执行。

智能合约的潜在好处很多，比如，较低的签约成本、执行成本和合规成本等，是低成本的契约实现方式。尤其适用于大量的日常交易，所有需要昂贵的法务或者公证参与的纸质合同和契约，都能用电子化的智能合约来实现。

人类文明已经从"身份社会"进化到了"契约社会"，而区块链有望带领人类从"契约社会"过渡到"智能合约社会"。

2. 意义

智能合约能够替代所有的纸质契约，更重要的是，区块链能够完美地连接物理世界和虚拟世界。比如，要真正地实现所有权与使用权分离的共享经济社会，区块链技术就是最优的解决方案。

利用智能合约，未来我们可以实现可编程经济。比如，一位妈妈想限制未成年儿女的零花钱支出，她可以通过智能合约设置这些支出的规则。如不可以购买垃圾食品、不可以一次性花光等，子女每发起一笔交易便会触发一个智能合约运行，只有符合事先设置条件的交易才可以顺利执行。

（四）共识机制

1. 解读

我们以比特币为例，简单说一下它的共识机制和链的生成与构造。比特币的共识机制叫工作量证明。工作量证明，也就是大家熟悉的挖矿，通过计算出一个满足规则的随机数（获得本次记账权），并发出本轮需要记录的数据，全网其他节点验证后会一起进行存储。

在这种设计里，每次新的交易都会向全网广播，每个节点都将会收到交易信息，并记录到一个区块中，然后链接到现有的区块链上。这是一个动态的过程，整个循环过程中生成的最长的链条就是现在的比特币公链。换句话说，比特币的链就是一个不断增长的账本。

工作量证明只是区块链世界中共识机制的一种，还有权益证明机制（POS）等形式。

2. 意义

共识机制是实现“机器信任、价值传递、智能合约”这三大美好愿景的技术基础。

（1）有利于实现机器信任

共识机制就是构建机器信任的保证。区块链系统中的参与者们，都可以对数据进行核查，也会共同更新账本，按照严格的规则和共识来进行修改。

既然大家都严格遵守规则和共识，加上区块链去中心化、不可篡改等特性，从而构建起信任的基石。区块链能够低成本地建立信任，并构建大型合作网络。

（2）有利于实现价值传递

在互联网上进行价值交换，需解决三个问题：一是如何确保价值交换的唯一性；二是如何确立价值交换双方的信任关系；三是如何确保双方的承诺能够完全依靠网络的自治机制而自动执行，无需可信第三方的介入。

区块链这种新型的去中心化协议，链上数据是不可随意更改或伪造的，因而提供了无需信任积累的信用建立范式。唯一性的问题通过嵌入时间戳和区块链唯一性签名信息就可以解决，而共识机制则保证了网络的自制性。

（3）有利于实现智能合约

智能合约看上去是一段计算机执行程序，满足条件后即自动执行。简单地理解，智能合约是条款以计算机语言而非法律语言记录的智能合同。当一个预先编好的条件被触发时，智能合约就会执行相应的合同条款。同样的，单独一方也无法操纵合约，因为智能合约执行的控制权不在任何单独一方的手中。

二、区块链的四项核心技术和本质内核

（一）区块链的四项核心技术

区块链主要解决去中心化系统中交易的信任和安全问题，因此针对这些问

题提出了四项技术创新：

1. 分布式账本

分布式账本就是交易记账由分布在不同地方的多个节点共同完成，而且每一个节点记录的都是完整的账目。因此它们都可以监督交易，同时也可以共同为所组成的节点作证。

与传统的分布式存储有所不同，区块链的分布式存储的独特性主要体现在两个方面：一是区块链每个节点都按照块链式结构存储数据，传统分布式存储一般是将数据按照一定的规则分成多份进行存储；二是区块链每个节点存储都是独立且平等的，依靠共识机制保证存储的一致性，而传统分布式存储一般是通过中心节点往其他备份节点同步数据。

单一节点不可以单独记录账本数据，从而避免了记账人被控制或被贿赂而记假账的可能。由于记账节点数量多，理论上讲，除非有超过51%的节点被破坏，否则账目不会丢失，从而保证了账目数据的安全性。

2. 非对称加密和授权技术

存储在区块链上的交易信息是公开的，但账户身份信息是高度加密的，只有在数据拥有者授权的情况下才能访问到，从而保证了数据的安全和个人的隐私。

3. 共识机制

共识机制是指所有记账节点之间达成共识，去认定记录的有效性，这既是认定的手段，也是防止篡改的手段。区块链提出了四种不同的共识机制，适用于不同的应用场景，在效率和安全性之间取得平衡。

区块链的共识机制具备“少数服从多数”以及“人人平等”的特点。其中“少数服从多数”并不完全指节点个数，也可以是计算能力、股权数或其他计算机可以比较的特征量。“人人平等”是当节点满足条件时，所有节点都有权优先提出共识结果、直接被其他节点认同后达成共识的结果。

以比特币为例，采用的是工作量证明机制。只有在控制了全网超过51%的记账节点的情况下，才有可能伪造出一条不存在的记录。当加入区块链的节点足够多的时候，这基本上不可能，从而杜绝了造假的可能。

4. 智能合约

智能合约是基于这些可信的不可篡改的数据，可以自动化地执行一些预先定义好的规则和条款。以现实生活中的法律执行为例，如果将法律条款和定义全部写成智能合约，那么将会监控这个系统的一切活动，一旦发现某个活动触犯了法律条款，则会自动调用智能合约进行相关处理。处理过程完全无需外界力量的推动，且完全不会受到外界力量的干扰和阻碍。

（二）区块链的本质内核是分布式数据库

从数据的角度看，区块链本质是一种分布式数据库，这里的“分布式”是指区块链技术利用链式存储结构，不仅解决了分布式数据存储问题，也解决了存储时的分布式一致性问题。区块链技术利用分布式记账簿保证数据的可靠传输和访问，利用可自动执行的智能合约来编程和操作数据。

从分布式数据库的一些基本概念出发，去理解区块链的技术应用。这些概念包括数据存储、点对点可靠传输、存储过程与触发器（智能合约）与数据安全。

1. 分布式数据存储

（1）区块链技术的数据共享是一个分布式的记账簿，交易记录具备多个副本，因此首先要解决分布式数据存储的问题。

区块链存储的基本单元是区块，区块采用链式结构，可以追溯到数据的原始信息。区块标示是区块的哈希值，同时链式结构保留了业务产生的轨迹，可以在新增交易的时候根据前面的记录做校验，保证了区块的内容不会被篡改。

这种模式，我们在传统的数据库设计也会采用，例如，拉链表的形式。每次对数据的更新都采用追加（Insert 而不是 Update）模式，有起始时间、失效时间和是否生效标示，保持全部交易历史。区块链把这一点变成了一种底层固有模式，加入了哈希、时间戳等机制在技术上保证链条的正确性，因此非常有价值。

（2）既然是分布式、多中心的存储方式，就必须解决存储时的分布式一致性问题。

在区块链的前身比特币的应用中，解决这一问题的方式是工作量证明（POW Proof - Of - Work）方式，即通过工作以获得指定成果，用成果来证明曾经付出的努力。这也是接触区块链技术时第一个比较迷惑的地方，为什么一定要用工作量来证明，是不是还有其他方式？区块链技术从比特币中独立出来后，大家把这一问题归结为共识问题，工作量证明是达成共识的一种方式，这样就清晰多了。

于是就产生了权益证明方式，这是一种通过业务规则达成共识的方式；实用拜占庭容错（PBFT Practical Byzantine Fault Tolerance）方式，是一种通过技术规则达成共识的机制。在公有链上，工作量证明（POW）还是最主要的共识方式，不容易被取代。但在联盟链上，完全可以根据自己的情况，创造出新的共识方式。

2. 点对点可靠传输

区块链既然是一个分布式的记账簿，就要解决数据可靠传输问题。包括记账节点（信任节点）之间、非记账节点（非信任节点）、客户端与记账节点（信任节点）之间的数据传输。在以前的方案中，往往通过可靠消息或 P2P 方式解决数据传输问题，这些技术也被用于区块链技术。

必须说明的是，在真实业务场景下，不可能把所有的数据都记录在记账簿中，部分业务数据还是要保存在自己的系统中，这就需要在技术框架上做到本地业务数据与区块链的记账簿保持一致。区块链平台只能保证自身数据之间的一致，业务不能完全依赖区块链平台保证数据一致性。

3. 智能合约：触发器与存储过程

智能合约是指当一定条件满足的情况下，可以被自动执行的数字化合约。实现这一特性，就是由触发器和存储过程完成的。虽然在目前流行的应用架构中，都不建议把逻辑写在存储过程里，但触发器和存储过程还是常用的工具，尤其是在数据迁移相关的运维活动中。区块链技术中的智能合约就是由触发器和存储过程所组成，它是一个在沙箱中运行的脚本，用于执行区块链业务中的业务逻辑，也可以用于各种数据检查。

4. 数据安全

交易数据是透明的，但不是全部透明，而是相对透明。这是区块链技术的一个难点，关键有二：一是如何保护隐私，仅仅只能自己看到可见的数据；二是密钥分配问题，例如，新加入链中的一个节点会被分配一个新的密钥，如何用这个密钥解读以前链中存储的信息。

第二章
区块链与区块链产业的宏观理论

区块链与区块链产业是一项全新的事业和一件新生的事物，没有成熟、固定的理论。本章站在宏观战略层面，在前无古人的前提下，自主创新了三个方面的理论：进化自由理论——区块链的成因理论；复杂系统理论——区块链的支撑理论；科技革命理论——区块链的方向理论。

之所以把以上三种理论称为宏观理论，是因为这三种理论代表区块链和区块链产业发展的“源”和“势”，即源头和源流，大势和趋势。

第一节　进化自由理论：区块链的成因理论

区块链的形成原因，即区块链的诞生背景，有着极其复杂的因素。区块链虽然是一种社会热潮，但它的诞生绝不是偶然。社会学上，区块链的诞生基于生物进化论，经济学上基于自由主义经济学，政治学上基于无政府主义，最重要的是，技术上基于分布式网络技术发展的成熟。

一、社会学背景——区块链的诞生基于生物进化理论

信息社会的进化论不同于工业社会，是基于数字关系，是从控制到失控，从边缘到中心，从他治到自治。

（一）生物进化理论与现代进化理论

1. 生物进化理论

种群是生物生存和生物进化的基本单位，物种中的个体是不能长期生存的，物种长期生存的基本单位是种群。个体是不可能进化的，生物的进化是通过自然选择实现的，自然选择的对象不是个体而是群体。

进化理论的要点和结论：①在种群中一对等位基因的频率之和等于1，基因型频率之和也等于1。②一个等位基因的频率＝该等位基因纯合子的频率＋1/2杂合子的频率。③生物进化的原材料——突变和基因重组。

2. 现代进化理论

（1）现代进化理论的由来

①拉马克进化学说的要点：A. 生物由古老生物进化而来；B. 由低等到高等逐渐进化；C. 生物各种适应性特征的形成是由于用进废退与获得性遗传。

②达尔文自然选择学说主要内容的意义及局限性：过度繁殖，生存斗争，

遗传和变异，适者生存。论证了生物是不断进化的，并且对生物进化的原因提出了合理的解释。但对于未对遗传变异的本质作出科学的解释，对生物进化的解释也局限于个体水平，只强调特种的形成是渐变的结果，不能解释物种大爆发现象。

（2）现代生物进化理论的主要内容和基本观点

种群是生物进化的基本单位，生物进化的实质是种群基因频率的改变。突变和基因重组，自然选择及隔离是物种形成过程的三个基本环节，通过它们的综合作用，种群产生分化，最终导致新物种形成。在这个过程中，突变和基因重组产生生物进化的原材料，自然选择使种群的基因频率定向改变并决定生物进化的方向，隔离是新物种形成的必要条件。

（3）生物进化与物种形成

生物进化是同种生物的发展变化，时间可长可短，任何基因频率的改变，不论其变化大小，引起性状变化程度如何，都属于进化的范围。物种形成是指一个物种发展为另一个物种的过程。必须当基因频率的改变突破物种界限形成生殖隔离时，方可成立。这其中不仅包括漫长的时间、较明显的基因型和表现型变化，还应包括生殖隔离。因此，生殖隔离是物种形成的必要条件，而不是生物进化的必要条件。

（二）交换是人类社会进化到数字货币社会的基石

信息社会的进化论不同于工业社会，是基于数字关系，是从控制到失控，从边缘到中心，从他治到自治。

人类社会最基本的元素是交换。现在的生物学研究表明，距今约七万年前，人类只能依靠社会化的协作，才能在恶劣的自然环境中存活。人类生存的基本资源，是通过社会交换的方式获取的。随着人类技术的进步，社会形态也在不断发生变化。但无论如何变化，人类社会都必须完成两个基本的交换：信息交换和物资交换。

1. 信息交换——人类由此从现实社会迈向数字社会时代

信息交换，是物资交换的基础。因为交换必须要协商，看不到或联系不到交换对象是无法进行交换的。社会的大小就取决于人与人之间的通信效率。过去的人类社会，进化的边界取决于交通工具和通信工具。于是，人类社会从最早的家庭逐步形成部落、村庄、城邦乃至国家。

互联网拓展了人们信息交流的边界，人类社会的信息交换达到了从未有过的效率，通过互联网工具，人们可以光速实现信息交换。互联网是人类社会演进的下一个形态，也是人类历史上边界最大的社会形态，人类由此从现实社会迈向数字社会时代。

2. 物资交换——产生货币并进化为数字货币形态

人类社会的第二个基本交换即物资交换。伴随着物资越来越丰富，以及社会边界越来越大，物物交换这种单一的交换关系，已经很难满足社会的生产关系。于是人们很自然地想到用一个大家公认的商品来充当中间交换物，这便是货币的由来。

很快，人类选择了易开采、产量稳定、性质稳定且易分割的金属——黄金。当黄金充当货币之后，交换频繁且高效。不过随着社会的进化，金属货币越来越显示出其不便利性，于是人们巧妙地设计出了银票这种纸质的代币。这种代币本质上还是黄金，只不过形态上类似于一张借据。虽然是很小的演进，却为交易提供了极大的便利性。

步入互联网时代，纸币也不再满足互联网中的物资交换了，于是有了纸币的电子化。请注意，这个电子化的过程可以类比于当时银票对应的白银，形态上的变化很好地适应了互联网内资本转移的效率。

随着互联网社会的不断扩大，互联网经济交换日益频繁。互联网没有国界的限制，但是电子化的法定货币却有国界。现有的电子化法定货币体系也逐渐暴露出了其局限性，因此在互联网社会中必然会出现类似于当年纸币脱离黄金的那一步——电子化的货币彻底脱离于纸币，这就是数字化的货币。

（三）数字货币进化的三个维度根基是进化理论

2008 年 11 月 1 日一位名叫中本聪的人发布了一篇论文《比特币：一种点对点的电子现金系统》，因此 2018 年也被称为数字货币之年。

2017 年 7 月 20 日，ETH 上的应用 The DAO 发生漏洞攻击事件，由于理念的不和，社区一部分人不同意回滚。于是史上第一次通过硬分叉诞生了以太坊经典（ETC），在同年的 8 月 1 日也同样诞生了大区块的比特币现金（BCH），后来又产生了一系列的 IFO 币；由于 ETH 提供了图灵完备的智能合约机制，

2015年11月诞生ERC20的协议后，直接引发了2017年ICO的大爆发，诞生了上千种基于ERC20协议的通证（Token）。

以上三种不同类型的币或代币反映了数字货币进化的三个维度。也许是巧合，这三个维度，恰好跟生物进化的逻辑相对应：最早的单细胞生物应该也只是一种，然后类似的单细胞生物也必然出现了成千上万种，每种都有各自的不同（这就是第一个纬度的进化）。

细胞分裂的过程会出现变异，有些变异会被淘汰，有些变异会被选择，这种类似于分叉的进化恰似第二个纬度的进化；最终自然选择了两种单细胞生物成为构成现在丰富多彩的生物界的基础，那便是真核生物和原核生物。之后的进化是在由真核生物组成的多细胞生物上展开的，这恰好对应了第三个纬度的进化。

数字货币的市场，也遵循着进化的规律——优胜劣汰。从这个角度来看，数字货币的进化道路上，各种分歧都是必然。谁将成为未来，谁将成为历史，只有市场说了算。就像生物进化一样，我们认为不会出现某个币种进化到异常复杂的情况，而是多个简单的币，或多层简单的技术组合而成复杂的数字货币。类似真核生物由于有了细胞核，从而演化出了多细胞生物。

在数字货币中也有类似的情形吗？ETH的智能合约就是如此。智能合约，可以承载无穷可能的组合。当然，这里说的智能合约，并非一定就是ETH。但是一定会有一天整个数字货币体系将停止币种（主链）的进化，选择最稳定的留下，之后在该链通过组合或分层应用而演化出丰富多彩的数字金融世界。

二、经济学背景——区块链的诞生基于自由主义经济学理论

哈耶克的自由主义经济学提到，要把货币的发行权还给任何个人或机构，即货币非国家化。

（一）哈耶克为首的新自由主义者的货币发行权观点

新自由主义经济学引起世界广泛关注源于20世纪二三十年代的一场关于市场与政府计划的大论战，一方为以奥地利经济学家米塞斯、哈耶克为首的新

自由主义者；另一方为意大利经济学家巴罗纳、波兰经济学家兰格为代表的市场社会主义者，这场论战无果而终，却成为新自由主义登上历史舞台的一个里程碑。其后，新自由主义经济学经过近百年的发展，演绎出众多学派思想和理论体系。狭义的新自由主义主要是指以哈耶克为代表的新自由主义；广义的新自由主义，除了以哈耶克为代表的伦敦学派和新奥地利学派外，还包括以哈耶克、弗里德曼、斯蒂格勒、科斯等为主要成员的芝加哥学派，以弗里德曼为代表的货币主义，以卢卡斯、巴罗为代表的理性预期学派，以科斯为代表的新制度学派，以布坎南为代表的公共选择学派和以拉弗、费尔德斯坦为代表的供给学派等，其中影响最大的是伦敦学派、货币主义和理性预期学派。

（二）哈耶克"货币非国家化"理论为区块链诞生奠定经济学基础

伦敦学派的主要代表人物是哈耶克，哈耶克是当代新自由主义最有代表性的思想家。他从经济自由主义出发，认为竞争是市场机制发挥作用的关键。而政府对于货币发行权的垄断对经济均衡造成了破坏，他通过研究指出竞争性货币制度的可行性和优越性。哈耶克宣称：货币非国家化是货币发行制度改革的根本方向，由私营银行发行竞争性的货币（即自由货币）来取代国家发行垄断性的货币是理想的货币发行制度。因此，他这一主张称之为"货币非国家化"或"自由货币说"。

而哈耶克专著《货币的非国家化》的出版发行和"货币非国家化"理论的盛行，为区块链诞生奠定了经济学基础。从经济学角度看区块链的产生和发展，可以得出以下结论：

（1）货币所遇到的问题（政府垄断、货币不稳定）催生了比特币、区块链，时间点恰好在 2008 年经济危机的时候，中间似乎存在着某种必然的联系。

（2）比特币、区块链的出现似乎验证了哈耶克的"货币非国家化"理论。当然，哈耶克的理论属于实体货币范畴，脱离互联网、大数据等信息技术，也不会出现区块链。

（3）就比特币和区块链的本质来说，与市场经济如出一辙。比特币的本质在于去中心化；区块链的本质则在于通过一系列相关技术来实现去中心化。

（4）各国政府对区块链采取何种态度，以及区块链的前景究竟如何，这在很大程度上取决于市场经济的发展程度，或是政府对市场经济采取何种态度。

三、政治学背景——区块链的诞生基于无政府主义理论

（一）无政府主义的政治理论及利弊

无政府主义（英文：Anarchism），又译作“安那其主义”，是一系列政治哲学思想。其目的在于提升个人自由及废除政府当局与所有的政府管理机构。

无政府主义包含了众多哲学体系和社会运动实践。它的基本立场是提倡个体之间的自助关系，关注个体的自由和平等；其政治诉求是消除政府以及社会上或经济上的任何独裁统治关系。对大多数无政府主义者而言，“无政府”一词并不代表混乱、虚无，或道德沦丧的状态，而是一种由自由的个体自愿结合，建立互助、自治、反独裁主义的和谐社会。

无政府主义的弊端是“群龙无首”。即便社会各个环节都达到了各归各位、互不侵犯、井然有序、调配周全的理想程度，但若没有政府在内部的贯穿链接作用，就难以发挥出社会的整体聚集力量。

（二）无政府主义在数字世界中兴起的最初创造区块链鼻祖——比特币

区块链最初是一些具有无政府主义价值观的人创造出来的。区块链最初的表现形式是中本聪创造的比特币。有人对此进行大肆赞扬，也有人认为“中本聪”创造的比特币是21世纪人类最大的谎言。其理由如下：

（1）比特币的出现一定是某个人牵头，某个团队长期研究开发的结果，它需要长期的测试和推广宣传，才会被社会接纳，那么这个组织、这个人、这个IP地址、发表论文和讨论意见的信箱、实验室等等，怎么可能找不到？

（2）假设这是件完全去中心化的无政府创举，那遭到重挫的首先是国际货币美元以及美国人对美元的依赖，美国就面临破产的危险。这是美国政府和华尔街最恐惧的事情，FBI会第一时间逮捕他。但美国顶层的垄断和对民间自由民主精神的执行，同样会让中本聪现身在某地监狱。

（3）再看看中本聪所谓的创意：“区块链技术、分布式记账、P2P、定量发行”似乎真的比以往的货币公平，“但谁来制定货币的规则和协议？谁来开发钱包并管理维护运营？谁来收取全球的转账费？谁最能了解转账交易那一刻

数据流的动态，从而最容易行使黑客级别的操作？荒唐的匿名性是为了什么，难道是盗取全球的财富而无法被追索吗？"

持这一观点的人认为，中本聪确实创新并绝对地拥有数字货币专利权：发明了区块链技术——将真实挖矿移植到电脑上的区块确认挖矿——获得货币发行的均衡分布性；分布式记录——每个人在自己的电脑硬盘上，记录比特币的全球转账记录，与他人的记录相互印证。但要知道：去中心化不是无政府主义；政府不出台对数字货币财产安全和预防洗钱交易的警惕性管理条例，数字货币就不可能取得通行证，我们今天一切投资只能是算作投机和处在实验阶段。我们绝对不能让泛自由的无政府主义延迟这场伟大革命的进程！

（三）区块链不是无政府主义，而是政府腐败、社会诚信的终极解决方案

政府腐败问题在各国都存在，只是多少的问题。俗语说：只要让（他）有犯错的机会，人们就会犯错。证明了这类问题在人类社会，不管过去还是现在的政治、社会制度下都难以避免，即使有严谨的法律手段，由于维护这些法制和法规也需要很大的成本，所以在操作上也存在困难。而区块链技术也许给我们提供了一个革命性的解决方案。

用通俗的例子来表达区块链技术与我们现有模式的不同，如我们要给某山区小孩发起一次募捐活动，现在的方式是由组织者去收捐款者的现金或银行转账，然后组织者把钱汇总通过银行转给山区那边的一个接款的机构或代表，代表再把钱给小孩的家人或直接帮小孩处理捐款。在整个链条每个过程可能有如下出错机会：

（1）组织者：可能收款统计错误、人为贪污了部分捐款。

（2）银行：有可能因各种系统或人为原因导致款项延迟到账、甚至丢了。

（3）接受方：可能收款后挪用、贪污款项。

过程中涉及的人或机构越多，就越有可能出问题，人会犯错（也可能有意犯错）、IT系统也有被黑或出错的情况。

接下来讲采用区块链后的情况。同样的，我们要给山区小孩发起募捐，在区块链场景下，我们每个人包括组织者、捐款者、受捐者都会有私人钱包，每人都自己保存这个钱包的钥匙。捐款组合者可以创建一个捐款智能合约，该合约是所有人都可以往里面转账捐款（基于区块链技术的加密货币），因为智能

合约已指定了目标，捐款最终会到达受捐者的钱包，过程没有任何人为干预，所有程序都通过算法和加密技术来保证可靠性，因此可以极大提升效率和避免人为干预。

具体对比三个角色的情况：

（1）组织者：任何组织者和机构都不能接触捐款，不管任何情况，由于智能合约明确写明到达方，组织者无法干预过程。

（2）捐款者：因为区块链的匿名性和交易透明性，捐款者可以知道自己捐款是否明确到达收款者的钱包，同时别人不知道自己的交易记录。

（3）银行：在区块链背景下，无需所谓的银行，区块链采用去中心化方式运作，不会因为某些电脑出问题而不能运作。另外，采用的算法技术保证过程无法破解和造假。

（4）接收方：接收方实际上就是受捐者自己，只要他不把自己钱包钥匙告诉别人或弄丢了，任何人都动不了他获得的捐款。

以上是区块链技术最基本的应用场景，其核心通过去中心化的分布式共识来实现信任，不依赖于任何个人或机构、电脑或服务器。

在区块链场景下，理论上不需要银行、红十字会等机构，人们可以自由地交易。这可能会被误解为无政府主义，但现实中也不会往无政府主义方向发展，因为从历史发展看，社会变革不可能短期就发生巨大变化，特别是在社会政治层面。最有可能的方式是在社会运作、业务运作上进行效率提升，这种效率提升一开始可能不是政府驱动的，而是由企业推动的，企业采用区块链技术后能极大降低企业间、企业内的运作成本，从而反向推动政府监管层面进行采用。

政府腐败、社会诚信问题的最重要原因是信息不对称，归根结底是信息不透明和能够被篡改。而区块链技术的不可篡改和交易透明恰好能解决这个问题。传统模式的不透明是人为制造的，因为要满足权力机构或特权人士来管理社会。时代车轮不断向前，技术带来的变革趋势不可逆转。区块链也许是互联网对社会的一个重大变革。

四、理论的背后——区块链的诞生基于分布式网络技术发展成熟

技术背景——分布式网络技术成熟是区块链得以诞生的基础。没有分布式

网络技术，就不可能产生区块链。

（一）什么是分布式网络技术的成熟

区块链又叫做第二个互联网。既然是互联网，也得和网络技术的发展有关系，分布式网络技术的成熟，是区块链得以诞生的一个技术基础。

在这个背景下诞生出来的区块链，虽然是网络技术，但不是Office、Word之类的互联网文字处理工具，它本身就是互联网，而不是互联网上的某个工具。

（二）区块链技术的简单框架

第一个层次，分布式网络。分布式网络的学术名称叫做"一个点对等网络"。它有两个含义：一是分布式网络是点对点的网络，中间不会有别人隔着。二是对等网络。任何一个加入到分布式网络上的节点，权利都是一样的，所以获取信息的权利也是对等的，你能得到的信息别人也能够得到。分布式网络技术最重要的是解决点对点通信问题，包括未来互联网的边缘计算，都是点对点的计算，是分布式的数据库问题。

第二个层次：分布式账本。分布式账本其实就是在分布式网络的基础上加了一层账本体系。分布式网络上不仅可以点对点的通信，还可以记账，之所以可以交易，是因为如果你没有账户体系，或者没有密码地址，你就不可能产生交易，交易是两个账户之间的事。分布式账本最大的特色就是一个共享账本。一件事情不管你有3个参与方，还是30个参与方，大家都在一个账本上记账。所以账本上的任何变动，其中有一个人发生变动，整个网络都会变，所有人是同时得到这个信息，并确认这个信息。

第三个层次，区块链。区块链是在分布式账本上加了3个东西或者2个东西：一是在分布式账本上加了一套系统自我发行数字货币的机制。二是加了一个共识算法。一个是激励机制，一个是治理机制，加了就成了区块链，没加就叫分布式账本。之所以一个区块链要发数字货币，是因为要依靠数字货币发行来建立一个完全自组织的系统，它的激励机制就像比特币区块链。

第二节 复杂系统理论：区块链的支撑理论

一、系统理论

系统论是把事物看作一个整体系统加以研究，指出系统会与外界的环境进行物质、能量、信息的交换，从而演化、变革、发展。系统观点、动态观点、层次观点，是系统论的基本观点。

系统理论最核心的观点，即系统整体功能大于部分功能之和。我们将区块链整体看作一个系统，各个区块链企业是其中的组成部分。虽然从个体分析来看，每个区块链企业都很弱小，市场规模和服务能力有限，但若将这些企业看作一个系统发挥功能，这个系统则会对区块链产业具有系统影响力，为区块链整个行业带来思维方式、服务手段、业务流程、产品创新的巨大改变，并且发挥增强信任、普惠社会的功能。

如果将科技体系看作一个系统，这个系统的属性和功能取决于组成系统的要素性质、数量与比例以及系统内部的结构。从科技体系现有的存量规模和业务范围看，第三次工业革命的科技体系无疑占据核心地位，第四次工业革命的科技体系正在开始形成。在第四次科技革命系统中，区块链作为新的组成要素，其数量和规模比例还很小，然而创新的思维和业务规模决定了其在很长的一段时期内与现有的科技革命系统是主流与支流、主体与补充的关系，区块链技术需要与现有的要素（第三次工业革命）融合发展，区块链技术的创新模式离不开系统的支持。从系统论的角度看区块链的发展，可以得到更为理性的观点。

区块链技术只是新科技革命中的一个子系统，新科技革命比区块链有着更多的子系统。同理，区块链中也有着众多的子项，作为一个个的子系统，具有不同的创新模式和具体内容，不同的子系统处于不同的层次地位，这些子项共同组成新金融的生态圈及生态系统。

目前，区块链革命有八种商业模式：①区块链协作，通过智能合同的模式来创造真正的共享经济；②知识产权创造者，通过区块链的方式赚得更多，也可以通过区块链更好地与平台方进行合作，把内容变成资产；③重新定义中间人，通过区块链技术，减少佣金，我们可以在资产中介方面创造新的价值；④区块链支持供应链，实时数据同步；⑤模拟真实世界，不同设备完成互联，在区块链上可以实现相应的控制；⑥平台创建者，摆脱对大公司平台的依赖；⑦更多更好的数据，夺回用户的数字资产；⑧新的公共部门，改变从政治到社会服务的行事方式。

我们可以把区块链技术上面的各种商业模式看作是一个个的子系统，不同的子系统处于不同的层次地位，区块链协作系统是基础和核心，大数据提供了坚强的后盾和有效的风险控制工具，这些模式共同组成区块链生态圈及生态系统。

系统论不仅是区块链的首要支撑理论，更是分析研究区块链产业指数的首要支撑理论。

二、复杂系统理论

解释区块链世界最好的理论，是复杂系统理论。该理论的基本概念是节点、路径、度的幂率分布、网络聚集度、中枢节点、鲁棒性、脆弱性、网络优化等。可用以解释随机网络、社会网络、互联网和疾病传染等。

小世界理论，简单来说，就相当于跳棋游戏。20 世纪 60 年代哈佛大学斯坦利·米尔格兰姆（Stanley Milgram）做过著名的小世界实验，推断出：世界上任意两个人的平均距离是 6，也就是说，即便你不认识特朗普，最多通过 6 个人你就能成功联系到他，相当于任意位置的跳棋，跳 6 步就一定能到达赢棋点，这就是“六度空间”的由来。有专业人士估计移动互联网最多是四度空间，线下六度到线上四度，时空被指数级凝聚缩小。

互联网使厂商和消费者的距离明显压缩，在去中心化的互联网上，厂商必须争取成为中枢节点。目前，几乎所有互联网企业都处于无尺度网络，解决的是时间上的跨期平滑问题。但在结合数字地图之后，极少领先企业将从无尺度空间转向有尺度空间，有可能解决空间上的产能和商品的有序调度。现在流行的是平台，未来流行的是配对，金融中介将大幅消亡。

从复杂网络系统来说，区块链是很典型的呈现，其中节点就是每个区块链用户，建立节点之间的连接规则是区块链多方之中可建立连接。这样相互连接的点就形成了一个区块链社交网络，这样的网络是无标度的，也就是说节点之间不用考虑距离远近的问题。空港之间用航线相互连接也形成一个复杂网络，但这个网络显然有标度。此外，节点的地位不同，连接到节点越多，这个节点就越重要。所以复杂网络没有中心，但存在聚集度的差异性和重要节点。区块链企业当然要全力争取成为重要节点。

和区块链一样，区块链指数的研究是一项复杂的网络系统，没有中心，只有聚集度的差异性和重要节点。对于分析研究区块链，尤其是区块链产业指数，复杂系统理论同样起到举足轻重的作用，是区块链首要的理论支撑。

三、区块链市场系统的内容分析

考察区块链市场（系统）的经济规律，可以从需求、收入、成本、竞争规则（竞争和稀缺）以及交易费用几个方面去分析。

区块链系统是众多算力资源（计算、存储和网络）支撑的巨大分布式账本体系。从需求角度看，区块链账本以账户通证余额的方式为市场记录系统资源（比如，比特币系统的资源就是现金，房产链的资源就是房产）的权属状态和交易行为。

从成本角度看，算力资源（电力成本占比很大）是矿工的投入成本，POW共识机制采用工作量证明，是对矿工投入成本的最朴素衡量；当然，其他数据（库）资源也是一种成本投入，比如打车链、地图等数据库系统可能不需要上链。

从收入的角度看，矿工的投入是为了换得通证奖励，而通证的价值就是系统资源的价值：比特币的资源是现金，房产链的资源就是房产。

从价值角度看，区块链系统作为一种有价值的资源，其价值的高低（市场价格就是币价）又是如何决定的呢？从经济学本质看，区块链作为一个由众多分布式节点参与的市场，资源如何配置——即，矿工根据什么规则在市场投入算力资源，系统的价值产出（表达为通证）是如何分配的呢？这一切问题的答案，都在共识机制——这是系统运行的竞争约束或者经济规则。

交易费用（制度成本）是极易被忽视的迷雾，干扰人们对区块链进行严谨的经济分析。人们指责 POW 高耗电的同时，也不会忘记 DPoS 系统抵押代币带来的流动性障碍、社区受个别人中心化干扰、投票率过低以及贿选的困扰，这就是 DPoS 的代价，也就是成本（别忘记经济学机会成本的定义：不可避免的最高代价）。这些看似隐形的成本或费用，就是交易费用（也就是制度成本，也是租值耗散，我们在后续文章中会逐步解释清楚），时刻困惑着人们对区块链的经济分析——POW 机制常被苛责是因为矿工花费真金白银去竞争算力，DPoS 机制下没有显性的货币支出，而人们常常忽略后者不可避免的代价（成本）。这些易被忽略的成本，只有在交易费用（制度成本、租值耗散）的理论框架下才能够得到清晰的解释。

四、区块链系统的经济学脉络透视

区块链是去中心化的市场，对区块链的曲解多来自人们经常套用的中心化市场的概念，回归经济学的基本原理，庖丁解牛为良策。

（一）简述经济学分析的框架

区块链的去中心化特征，与传统市场的构成有着明显的区别，需要回到最基本的经济学原理轨道上去分析，以免被经济学或财务学概念混淆。成本、盈利或利润等概念，在财务学和经济学上的意义存在明显差异，区块链作为去中心化的世界，理想情况下是（可以）不存在公司这个市场主体的，这时候盈利就成为一个微妙而尴尬的名词。各位不要忘记，盈利是公司股东（所付出代价）的市场回报，区块链的世界应该存在盈利吗？各位更要谨慎，A 公司投资矿机进行挖矿，获得比特币奖励，作为 A 公司的收入，在比特币的世界，A 公司的利润情况无足轻重，这个利润（盈利）跟区块链系统内部情况完全是不相干的两码事——A 是公司还是个人，都不过是区块链去中心化的节点。

张五常总结经济学分析的理论结构包括：需求定律、成本的概念和竞争的局限三部分。我们看看他在《经济解释》中是如何利用这三个理论进行“经济解释”的：

个人争取利益极大化是经济学的基础假设或公理。这争取要受到局限的约束。约束有多种，可以分类，而类与类之间的划分不容易明确，过界的混淆往往存在。这些混淆不难处理，也可以容许。要避免的是我们不能因为有混淆而重复了局限的引进。

局限转变与行为解释，或解释因为人的行为而导致的现象，基本的经济学法门只有一个。从局限转变推断行为转变，局限不变行为不会变，而不变的行为是无从推断或解释的。推断一个人走东或走西，吃饭或睡觉，都是转变，而推断得准等于解释得出。这里要注意，凡是局限或行为的转变皆属边际性的，这个边际，可大可小。

所有约束人类行为的因素都是局限。局限有多种，有两个方法分类，都对。其一是以价格或代价看为一类，而价格或代价的转变一定是相对性的（见《经济解释·科学说需求》第五章第六节）。这里，推断行为的理论是需求定律。价格或代价之外的局限变动不一定带来相对性的变动，但细心审查通常有。不管是哪种局限转变，我们要设法找寻价格或代价的变动，然后把需求定律放在前面。

我们说价格或代价，前者通常是指市场之价。数之不尽的行为是没有通过市场的。友情、声誉等非金钱物品一般没有市场，鲁滨逊的一人世界没有市场，人民公社时代的中国也少论市场。没有市场，需求定律依然可用，但要以代价替代市价或价格。基本上，处理任何局限转变的原则是：设法把这转变化为代价的转变，然后拿出需求定律。有市场，看市价的变动，需求定律的应用就更为方便了。

所有其他局限及其转变，例如，收入、资源、产权等属第二类。这第二类的局限转变通常以个人争取利益极大化这个公理来处理。因为社会的存在而衍生的局限中，最难处理的是交易费用。广义上，这些应该称为制度费用的局限，不是中间人收取的佣金那么简单。是从人与人之间的互动衍生出来，自私的利益极大化行为可以导致这些费用的减少或增加。

（二）区块链系统的资源要素和市场结构

区块链系统的市场要素包括矿工、消费者和资源供给者，市场结构涉及账本资源、矿工算力两类资源和两个交易市场，区块链系统的资源包括了这两类资源。

区块链账本资源本质上是其系统账本所登记的资源（比如比特币是现金资产、房产链则是房产产权资产），通证（Token）体现了登记资源的价值。区块链系统是众多算力资源（计算、存储和网络）支撑的巨大分布式账本体系，但区块链系统作为资源，指的是其账本登记的资源，而非算力资源——显然，算力资源是市场竞争者（矿工）的投入（财务成本）。这是由区块链去中心化的特征决定的：人与人（账户）之间的账本是一种产权关系（比如房产链，通证代表了房产是产权），并不是物理算力资源。

这一点似乎与互联网软件的价值不同，互联网平台资产的价值包括了软件著作权、物理算力资源和公司整体构架的综合。而区块链账本是去中心化的，节点拥有相同的账本副本，由于其开源特征，软件著作权并不重要——最典型的就是各种分叉币的产生是随意的，价值也高低不一，因为区块链平台的价值原则上是系统共识凝聚的结果。区块链通证的价值显然并不是区块链软件和物理算力资源决定的，而是通证的市场价值。

由于要素不同，区块链市场和传统市场的资源配置和收入分配方式并不相同。当下的传统市场是以公司为中心进行运转的，股东出资成立公司，进行经营，生成要素市场和商品市场。自荷兰东印度公司出现至今，市场几乎都是围绕公司为中心进行运作的。经济学总结收入分配规则是，社会收入划分为四个方面：工资、租金、利息（狭义）、利润，分别对应着四个市场要素——劳动力、土地、资本、企业家才能（股权）——的市场价格（实际上也是四类要素的利息）。

也就是说，这四类市场要素按规则参与市场运作，分别获得了自身应得的回报。这里值得注意的有三点：

一是任何要素获得回报的代价就是（机会）成本，也就是说，没有成本付出，就不会有回报。你不上班，老板自然不会给你发工资。

二是利润作为公司的市场回报，是股东付出（核心是企业家才能）的回报，这跟工资是劳工劳动的市场回报是一回事。

三是张五常认为盈利（收入减去机会成本剩余的部分）在经济学上是不可解释的。简单地说，财务利润是对股东付出的补偿，是对其企业家才能天分的回报，不是盈利，因为从租值的角度讲，劳工的租值就是工资，企业家才能的租值就是利润，都是等价交换回报。

需要时刻记得：所谓盈利（其实是财务上的利润）是公司的市场回报，一个没有公司这类要素的市场，也不存在盈利模式和利润。

再说估值方法，资产定价理论已经实践多年，背后的思想本质来源于欧文·费雪（Irving Fisher）的《利息理论》——即，资产价值为未来收入折现。在涉及公司估值的时候，各类折现方法都是围绕企业经营利润展开的。实际上，公司的估值是针对公司股权进行的。从这个意义上讲，公司估值是对利润进行资本化的过程（折现）。回到区块链通证估值上，最不会出错的认识是：区块链市场没有公司这类要素，其通证的估值可以简单回归到所登记资源的估值。

（三）通证是区块链系统的财富唯一表达，是区块链市场的灵魂

中心化记账有诸多问题（隐私、审查、侵权），为何去中心化系统没有发展起来？一个去中心化记账的市场，需要解决以下三个问题：

（1）技术基础：确保账本数据安全可靠、不可篡改和防入侵。

（2）成本投入协调：全网范围内的人们怎么协调系统的成本投入。

（3）激励：个人没有足够的动力来点对点地组织去中心化系统，中心机构却有动力去组织。

区块链提供了去中心化记账的技术基础，通证（Token）为系统提供了一个高效而成本极低的财富表达方式。一方面，商品服务市场的交易和手续费都是通过通证来表达，矿工投入算力资源最后获得的回报也是通证形式，通证完美地沟通了两个市场的财富流通。

（四）共识机制是区块链系统的竞争约束和经济规则

区块链是一种将数据区块按照时间顺序组合成链式数据结构，并以密码学方式保证的不可篡改和不可伪造的分布式账本。

区块链技术的定义是利用链式数据结构来验证与存储、利用分布式节点共识算法来生成和更新数据、利用密码学的方式保证数据传输和访问安全、利用由自动化脚本代码组成的智能合约来编程和操作数据的一种全新的分布式基础构架与计算范式。

共识机制是生成和更新数据（维护账户账本）的核心规则，这是实现区块链系统价值的核心支撑。

简单来说，区块链就是实现点对点（P2P）交互的网络，这是一个典型的去中心化的系统。区块链最关键的技术是链式哈希结构、密码学原理、共识机制和分布式网络。广义上看，人类诸多社会活动的本质都是记账行为，商业活动要记财务账、互联网服务商要记录用户账户的信息账（你体验任何一个互联网应用的第一步都是注册用户账户）、社会活动（比如选美、选举）记录参与者的表现成绩账。

而一个账本，用户除了数据的安全之外，最关心的是数据的更新，因为这关系到用户账户的最新"余额"。在区块链账本上，最新的账户（交易）信息是记录在最新的区块链中的。

共识机制决定了最新的区块链由哪个节点产生并全网同步，也就是最新区块链就由这个节点挖矿"挖"出来，或者说这个节点争得了记账权，节点会获得通证（Token）作为奖励。这对矿工来说显然是一项十分具有诱惑力的工作：最新的账户信息由你来更新（记假账岂不是很方便），其他节点同步你生成的区块，同时还有丰厚的通证奖励。

共识机制是区块链系统运行的核心经济规则，去中心化共识机制极为罕见。区块链系统是一个典型的点对点（去中心化）的系统，共识机制则是这个系统运转的经济规则。共识机制在去中心化的思想下解决了节点间相互信任的问题，是约束节点之间成本投入和收入分配的核心规则。区块链技术解决了在不可信信道上传输可信信息、价值转移的问题，也就是说，区块链是一个开放系统，参与节点和网络传输都是开放的，区块链技术确保传输过程中的账本安全（防篡改、防伪造、传输访问安全）。而共识机制解决了区块链如何在点对点的分布式网络下达成一致性的问题，这是区块链运行的核心规则。从经济学视角看，共识机制解决的最核心的问题就是信任和激励机制（成本投入和收入分配），一个去中心化的系统，共识机制下的点对点进行交换（资源、物品、数据等），如何确保节点之间的彼此信任以及如何激励节点参与点对点系统。

现代社会，无论是各类实物财产（房、车、证券等），还是互联网数据资产，以及其他社会活动数据账本，都是记录在各类中心机构下的。本质上，金融机构和互联网公司，甚至是政府部门，都是中介服务机构。一国市场的运作，需要国家机器、法律、政策、监管、中介公司等多个中心化机构运作来保障。

（五）区块链市场租值耗散和合约理论视角要点

为何需要从租值耗散和合约理论角度去分析区块链市场？主要基于以下几个要点：

（1）共识机制作为区块链系统内两个市场的约束竞争和界定分配权利的合约，即共识机制约束矿工的竞争规则和分配规则，这是合约理论的范畴。

（2）通证也是一种合约（与货币类似）。

（3）区块链系统涉及算力资源和账本资源，各类公司机制是否存在“浪费”，看似是代价（成本）分析，其本质是分析资源的租值和租值耗散。

（4）一个系统的收入包括系统租值和租值耗散，从这个角度来分析一个去中心化的系统非常方便。

第三节　科技革命理论：区块链的方向理论

科技革命是对科学技术进行全面、根本性的变革。近代历史上发生过三次重大的工业革命。18 世纪末，蒸汽机的发明和使用，引起了第一次工业革命；19 世纪末，电力的发现和使用引起了第二次工业革命；第二次世界大战后，特别是近 30 年来，先后出现了电脑、能源、新材料、空间、生物等新兴技术，引起了第三次工业革命。第三次工业革命无论在规模、深度与影响上都远远地超过前两次。

第一次工业革命是水和蒸汽动力时代，第二次工业革命随着电力的发明而到来，第三次工业革命基于电子、信息技术和互联网。现在，第四次工业革命由区块链、物联网和人工智能所推动，已悄然开始。这种“三位一体”的新技术对消费者和各行业来说都很重要。第四次工业革命带来的自动化和数字化将改变几乎所有行业。

一、前三次工业革命概况

（一）第一次工业革命

第一次工业革命（18 世纪 60 年代 – 19 世纪中期）：资产阶级统治在英国确立，海外贸易、奴隶贸易和殖民掠夺积累了大量资本。圈地运动的进一步推行，造成了大批雇佣劳动力工场手工业的发展，积累了一定的生产技术。18 世纪中叶，英国成为世界上最大的资本主义殖民国家，国外市场急剧扩大。

开始标志：18 世纪 60 年代，蒸汽机的发明和使用。

开始部门：棉纺织业。

完成标志：1840 年前后，大机器生产成为工业生产的主要方式。

历史意义：工业革命创造的巨大生产力，使社会面貌发生了翻天覆地的变化。工业革命以后，资本主义最终战胜了封建主义。率先完成工业革命的西方资本主义国家逐步确立起对世界的统治，世界形成了西方先进、东方落后的局面。

（二）第二次工业革命

第二次工业革命（19 世纪 70 年代开始）：资本主义制度在世界范围内确立，资本积累和对殖民的肆意掠夺积累了大量资金。

开始标志：电力的广泛应用（发电机、电动机）。

开始部门：内燃机和新交通工具的创制（内燃机驱动的汽车、飞机）。

完成标志：新通讯手段的发明（电话、无线电报）。

主要成绩：①科学同技术开始密切结合；②新技术发明几乎同时发生在几个国家；③一些国家两次工业革命交叉进行。

历史意义：①促使生产力迅速发展；②列强加紧瓜分世界，资本主义世界体系最终形成；殖民侵略进入以资本输出为主的时期；③政治经济发展的不平衡加剧，世界力量与格局发生改变；列强争夺与冲突加剧；④无产阶级壮大，工人运动逐渐走向高潮。

（三）第三次工业革命

1. 电脑的广泛应用

第三次科技革命开始的标志是电脑的广泛应用。

历史意义：①科学技术推动生产力的发展，转化为直接生产力的速度加快。②科学技术密切结合，相互促进。③科学技术各个领域相互渗透。

2. 新能源与生物技术

随着因特网的出现和广泛应用，发展新能源被看成是第三次科技革命的核心任务。从战略的眼光来看，新能源本身就是一个经济发展方向，促进新能源经济的发展，可以推进能源结构乃至经济结构的转变，对国民经济产生深远影响，也是未来世界各国的竞争重点，能源工业未来的发展方向将从能源资源型走向能源科技型。

依据20世纪后期曾邦哲的观点，新能源与生物技术是以系统科学的兴起和形成为标志，系统科学、计算机科学、纳米科学与生命科学的理论与技术整合，形成系统生物科学与技术体系。包括系统生物学与合成生物学、系统遗传学与系统生物工程、系统医学与系统生物技术等学科体系。

以生物技术为重点的第三次科技革命，塑料将不以石油为原料而完全以玉米替代；建筑材料将由洋麻等纤维类作物替代；石油的枯竭也变得不再可怕，将用秸秆替代；5亿亩的不毛之地、盐碱地将会成为植物的生长乐园。

3. IT技术和信息通信技术

有人把新能源与生物技术称作第四次科技革命，把IT技术和信息通信技术称作第五次科技革命。事实上，如今我们正处于这次革命的转折点。我们经历了不同阶段的互联，最开始的时候我们是靠固定电话把各种地点连接在一起，如今有了移动通信，每一个人之间都可以实现互联互通。我们的目标是把所有的东西连接在一起，这也就是当下所说的物联网。如今我们就处在创新应用的部署阶段。

开始标志：机器人的广泛应用。

有人认为电子和信息技术的普及应用开启了第五次科技革命之门，而随着互联网技术的普及和移动互联网的发展，不久的将来，移动宽带会覆盖到所有人群。而如今正处于从导入期到拓展期的转折点。“手机就是当年的电灯泡，未来我们可以想象到的，就是几乎所有设备都会接入网络。"爱立信总裁卫翰思（Hans Vestberg）如此说道。

4. 新生物学革命

有人把新生物学革命称为第六次科技革命。从科学角度看，这可能是一次"新生物学革命"；从技术角度看，这可能是一次"创生和再生革命"；从产业角度看，这可能是一次"仿生和再生革命"；从文明角度看，这可能是一次"再生和永生革命"。

在农业时代，人类面临的主要问题是生存压力。这属于基本需求，科技发展主要在于农学、天文学和实用技术等技术上。在工业时代，人类面临不断增长的物质生活需求，这属于基本和中级需求，科技发展主要在于与物质生产相关的科技上。而在知识时代，人类的物质生活已经非常丰富，面临的压力主要是提高生活质量和满足精神生活需要，这属于高级需求，科技发展主要在于与物质和文化生活质量相关的科技上。

二、第四次工业革命出现

世界经济论坛创始人克劳斯·施瓦布（Klaus Schwab）说："自蒸汽机、电力和计算机发明以来，我们又迎来了第四次工业革命——数字革命，而区块链技术就是第四次工业革命的成果。区块链是一项颠覆性技术，极客和银行业都为此兴奋不已。"

那么区块链到底是什么呢？打个比方，它就像是一本不断在更新的销售账簿，记录着交易各方拥有的资产和他们之间的交易记录。几乎所有的东西都能在区块链上存储：物质资产、土地、无形资产、证券交易、衍生品、金融交易以及政府工作。

区块链是由一串使用密码学方法产生的数据块组成的，每一个区块都包含了上一区块的哈希值（Hash），从创始区块（Genesis Block）开始连接到当前区块，形成块链。区块链的账簿是分布式的，每个网络参与者（Miners）都有一份完整的账簿，并进行日常更新。这是为了避免黑客攻击。黑客也许可以修改一台或几台电脑的区块记录，但绝不可能修改成千上万台电脑的区块记录。

世界经济论坛将第四次工业革命描述为技术和工业的新时代，而其中的三项颠覆性技术将推动这场革命的发展：区块链、物联网和人工智能。

（一）物联网：新的网络

物联网（IoT）理论认为，当前许多机器和设备都可以与互联网连接，且彼此间也相互连接。蓝牙诞生意味着我们可以与手机、电脑、音乐系统以及警报和灯泡等家庭技术进行连接。

每个可兼容设备都可以进行通信、指令和活动数据发送，这被称为“物联网”。

从理论上讲，物联网可以通过传感器和互联网将数字技术与物理机械相结合。所有类型的机器和传感器佩带者都可以向计算机及其操作员提供实时信息，以做出更好的决策——甚至让技术为我们做出决定。

物联网在2018年得到了快速发展，各大企业都开始大量采用物联网平台，参与连接的设备或物品数量也翻了一番，全球只有200亿个物联网设备。数百家物联网初创企业筹得了数十亿美元的资金，世界组织和各国政府也采用了智能制造的物联网创新。据厂商评估报告（Forrester Wave）称，超过60%的企业和决策者会在未来两年内计划使用支持物联网的软件应用程序。

（二）人工智能：新的大脑

在人工智能（AI）和机器学习领域，人类正在试图让计算机、软件、设备和机器人进行自主思考，通过带有众多实际经验数据的编程代码和算法教会计算机如何对某些场景进行响应并做出选择和行动。

该技术的目标是通过人工智能软件，向计算机和机器人传入整理后的信息，并使它们可以做出有关情感和直觉的行为。

自动化业务实践或创建新业务模型和生态系统、明确决策和重新定义客户体验的能力只是AI的一些潜在用途。这些创新涵盖了智能零售管理、销售系统、人工智能网络安全系统等各个方面。

AI还可以使机器从过往的分析任务和查询中提取数据，进行学习，从而改善数据分析。

从商业角度来看，AI主要涉及自动化、预防性、预测性和规范性分析以及提高效率和生产力。据 Gartner 称，59% 的组织正在制订人工智能战略，还有部分组织正在采用人工智能程序或进行试点项目。至 2020 年人工智能解决方案的市值预计将达 470 亿美元。

（三）区块链：必不可少的连接性技术

虽然人工智能和物联网本身就是一种颠覆性技术，但区块链所发挥的桥梁作用才真正地使它们构成了一场"革命"。区块链代表了一种存储、数据共享和交易进行的新方式，因为该技术要比当前的互联网更安全。区块链使用加密哈希算法来对数据进行加密，以提供比现有计算机编程和系统更高的安全性。使用此数据加密是无法更改时间和日期信息的，从而使记录没有争议。

区块链技术也是去中心化的。数据被存储在区块链网络中的参与节点或计算机上，而不是存储在中心化计算机或数据场中。去中心化使数据权力远离政府和大型组织，也使黑客无法获取。去中心化网络还能让使用区块链网络的人更快地访问到所需的信息。

（四）三项颠覆性技术联合发展

区块链、物联网和人工智能三者可以完美配合运作。因此，这些技术的集成和互操作性正迅速成为开发人员的首要任务。这三种技术和更多技术最终将流畅地协同工作。例如，物联网将生成有关我们周围的一切数据；人工智能可以根据物联网的数据在没有人提供指导的情况下依据最新信息做出决定；而所有这一切的基础，是通过区块链网络进行保护和传递的。

三、以区块链为代表的新科技革命带来的历史发展新趋势

科技革命是科学革命与技术革命的总称。库恩认为科学革命指的是科学的理论范式发生了根本性变革，技术革命主要指技术体系原理的根本性变革。

科学革命、技术革命与产业革命之间有一定的基本线性关系。一般来讲，科学革命是技术革命的基础与理论前提，科学革命一般不会直接引发产业变革。技术革命则能够直接对生产力与生产方式产生影响，成为推动产业革命爆发的直接驱动力。

所谓21世纪的新科技革命，是当今科技前沿领域最有可能取得突破性进展的成就。目前，有关“新科技革命”的说法已成为学界讨论的焦点。学者们正积极探讨这些变革及其特征属性。中国科学院院长白春礼指出，科技革命处于集中爆发的前夜。中国科学院研究员何传启认为，生命科学将会是新科技革命的基础，并通过融合信息、纳米科技等技术，从而引发新一轮的产业变革。还有人认为，新能源、机器人、3D打印等智能制造技术将会成为第三次工业革命的核心。美国社会学家杰里米里夫金认为，第三次工业革命是以新能源与新型互联网通讯相结合为基点而引发的一系列变革。

而世界经济论坛创始人克劳斯·施瓦布（Klaus Schwab），则把第四次工业革命称为数字革命，把区块链、物联网和人工智能三者融合作为第四次工业革命的成果，把区块链技术作为一项颠覆性的技术。当然，这种划分也存在商讨和争议。但不管能否把区块链划分为第四次工业基础革命，至少它是新科技革命的重要内容之一。

与过往科技革命不同的是，当前兴起的以区块链为代表的新科技革命，在吸收历次科技革命成果的基础上，正发生新变化，涌现新特征。

一是智能化。得益于自动化和大数据等技术的发展，人工智能正迎来发展的新高潮。从智能终端到智能网络，从信息的智能化处理到智能制造、智能物流，新科技革命将不仅更有力地扩张着人类的体力，并更有效地延伸着人类的智力。

二是分散化。与以往工业革命凸显的集中化、批量化、规模化有所不同，随着互联网、物联网、能源互联网、3D打印，尤其是区块链技术等的发展，新科技革命正带来一股分散化的新趋势。分布式能源、分布式制造、公布式记账、个性化定制、众包式研发、共享经济等技术日益模糊着生产者与消费者、创造者与应用者之间的界限，并为个人带来了前所未有的美好体验。

三是高速化。整体而言，每次科技革命的其中一个重点是运输方式的重大变革，人们对更快速度的追求永无止境。随着电力和无线电的出现及广泛应用，能量和信息已实现光速化传输，与之相对的是，物质的移动速度则仍然不高。根据丹尼尔·贝尔在《后工业社会》中的计算和预测，人类目前正处于动力速度发展S曲线的快速跃升期。为实现更广泛的全球化，新科技革命将带来更高速度的新交通、新物流、新信任和新动力。

四是和谐化。第四次工业革命由区块链、物联网和人工智能所推动，并已悄然开始。这种“三位一体”的新技术，对经济社会发展潜在能力的充分开发至关重要。如何进一步提升人的创造力和信誉度，让人们在更加幸福舒适的环境中实现自己的追求是一件很重要的事情。尤其是区块链具有分布式去中心化、无须信任系统、不可篡改和加密安全性、智能合约等颠覆性的技术优势，它所带来的诚信化和数字化将会改变大部分行业。如果互联网彻底改变了信息传递的方式，那么区块链作为构造信任的机器，将彻底改变社会价值传递的方式。充满幸福感和信任度的社会，必将带来整个人类的和谐。

第三章
区块链与区块链产业的中观理论

区块链与区块链产业是一项全新的事业和一件新生的事物，还没有一套成熟、固定的理论。本章站在中观战略层面，自创了三个方面的理论：经济金融化理论——区块链的导向理论；密码学理论——区块链的内核理论；通证经济学理论——区块链的基础理论。

之所以把上面三种理论称为中观理论，是因为这三种理论代表了区块链和区块链产业发展的“道”和“规”，即：智慧和内在规律。

创新和研究区块链与区块链产业的中观理论，旨在指导区块链产业发展的实践。

第一节　经济金融化理论：区块链的导向理论

一、经济金融化理论概念与内涵

（一）经济金融化理论概念

经典经济学理论认为，现代市场经济是典型的产品——货币关系，前者负责生产和提供产品，后者形成购买力。因此，可将整个社会的经济活动分为实体经济与货币经济两大部分。英国经济学家凯恩斯在1936年出版的《就业、利息和货币通论》中首次提出宏观经济管理系统理论，包括宏观经济供求平衡和宏观经济干预政策。其基本原理是：政府可以通过货币量对经济进行调控：当经济增长放缓存时，注入货币刺激经济增长；当经济增长过快时，收缩货币供应量降温。但是，除政府供给的基础货币外，流通中的货币大部分是由金融创造的，主要表现为债务量。如果长期实行扩张性财政政策和宽松的货币政策，债务量超过一定的限量时，金融风险会加大，这也是当前世界经济尤其是中国经济的真实写照。随着货币流通和信用活动的相互渗透，形成了崭新的、不断扩张的金融范畴，经济学理论侧向于将这些非实际的经济领域统称为“金融经济”。因此，经济金融化是实体经济与金融经济相互融合的过程。

与此同时，衡量经济金融化的研究方法也在不断升级。1950年以来，随着金融经济的发展，金融行业的创新改革和非银行金融行业的崛起，传统衡量经济金融化的方法不足以适应时代的要求。1969年，美国经济学家戈德·史密斯开创性地运用金融相关率FIR（金融资产总额与国民生产总值的比率）来衡量经济货币化程度，该指标也是目前运用最广泛的经济金融化计量的方法，具体内容包含：经济货币化、经济信贷化、经济证券化和经济虚拟化的总量替代金融资产总量，以此来衡量、考察实体经济与金融经济的融合程度。

（二）经济金融化理论内涵

所谓经济金融化，是指包括银行、证券、保险、房地产信贷等广义的金融业在一个经济体中的比重不断上升，并对该经济体的经济、政治等产生深刻影响的过程。随着金融业务的创新和非银行金融机构的快速发展，特别是金融衍生工具的迅猛发展，金融经济的覆盖范围愈来愈大，对实体经济影响愈来愈深，金融经济开始呈现脱离实际经济的趋势，这已成为近20年来世界经济的普遍性问题。20世纪80年代初，发达国家的股市市值与其国内生产总值基本相当，而现在的股市市值普遍是国内生产总值的3倍以上。特别是2008年美国次贷引发危机后，人们开始对经济金融化的作用和影响提出质疑。一方面，虽然众多的经济学者通过大量研究后，对经济金融化的贡献给予了高度肯定，他们认为经济金融化有利于促进就业和推动一国经济增长，有利于改善金融资产结构和推进金融创新，有利于发展企业家精神和培育金融人才。

另一方面，他们也对经济金融化的负面影响提出质疑，认为实体经济是国家经济发展的基础，金融经济是为实体经济服务的。因此，金融经济的发展必须与实体经济的发展相匹配，如果不匹配，会让经济金融化过快发展，易引发金融危机。导致这情况发生的原因有五个方面：一是金融部门往往带有投机和赌博的性质，社会经济前行的风险变大；二是金融经济的乘数效应将风险扩大；三是社会收入分配差距扩大，加剧社会的两极分化；四是大量资金从实体经济转向虚拟经济，导致农业、工业等实体经济资金短缺，金融、房地产投资等领域异常活跃，出现产业“空心化”现象；五是过度的经济金融化会使资产价值被高估，从而掩盖资产的真实价值，经济系统中的“泡沫”被越吹越大。当经济“泡沫”过大而破裂时，将严重影响甚至破坏实体经济的运行安全。

可见，我们必须深刻理解和把握经济金融化理论的内涵，要坚持金融经济发展与实体经济发展融合并与之相匹配。特别是当前，中国的经济金融化还处于起步阶段，但金融经济发展呈现偏快的迹象。从长远来看，必须保证金融经济运行的质量和效率，保持金融经济和实体经济的均衡发展，金融经济的发展不宜过快。

之所以把经济金融化理论作为区块链的导向理论，就是要求我们在制定区块链政策运作方案时，要考虑实体经济发展的实际状况，与实体经济步调一致，并以此作为一种指导思想。

二、"新实体经济"才是区块链终极应用

（一）区块链终极性应用是什么

首先要明确的是：区块链是创造新实体经济的技术，互联网、人工智能和区块链"三维一体"，互为条件，正共同改变着人类社会的竞争格局，创造着财富世界的高维空间。

区块链终极性应用：让资产成为数字，让数字成为资产。在数字经济的财富空间里，互联网是"体力"，机器人是"智力"，区块链是"算力"，三者合一，在不同领域挑战着人类智商和寿命的边界，开拓着财富和思想的空间。

具体说来，互联网用来传递信息，智能化处理数据，区块链则交易资产。区块链的终极性应用是在全球化的网络空间开拓资产数字化的市场。越来越多的资产成为数字，越来越多的数字成为资产，二者之间的融合就是资产数字化。

资产数字化是新实体经济，最典型的案例是比特币，尽管人们对比特币的理解各有千秋，但毋庸置疑的是：比特币和黄金具有同一属性——价值存储。然而比特币的"挖矿"成本仅为黄金采掘成本的1/20。

而区块链的这一优势，也在推动它加快融入传统产业。瑞波案例在这方面就很有说服力：据报道，使用了瑞波 XRapid 平台交易的金融机构表示，该区块链平台可让用户节省40% -70%的交易成本。且交易速度也变快了，原本交易时间至少需要2 -3天，而现在仅仅需要2分多钟时间就可以完成。

（二）颠覆以"流程"为核心的思维方式

区块链对实体经济最大的变革是分布式记账。如果说，流水账助推了私营企业，复式记账助推了公众企业，那分布式记账则助推了平台企业。平台型企业一极链接数据，一极链接用户，从而构建了一个实体金融化的企业经营模式：市值导向—成本递减—价值递增—平台扩张。

区块链颠覆了以"流程"为核心的思维方式，取而代之的是以"数据"为核心的设计理念，从而创造了划时代的"算力"空间，创造了革命性的

"共识算法"，开启了分布式的云计算。在数据资源存储的"云端"，人们能够开发利用的资源是可以再生的，就像阿里云、腾讯云、华为云的广告语所言："这是难以计算的价值!"

云端和平台，都是资产数字化的财富空间，以区块链的名义"炒币"和区块链技术没有关系，本质上就是用新概念包装的"庞氏骗局"。而区块链可以构建以数据为核心的资产交易市场，"数据＋网络"通过分布式账本创造信任、创造交易，潜台词就是"人不可信"。基于区块链技术创造的信任可以大大降低资产交易的信任成本和蓄意欺诈，"以密码的名义，信任我!"这才是数字经济时代的"公正"。所以比特币之父"中本聪"销声匿迹，却留下了拉丁文的铭文："信仰公正，追求真理，让自由随风飘荡。"

三、理性看待区块链技术对金融经济发展的意义与作用

（一）区块链技术对金融经济发展的贡献

1. 创造了一种无需中介的支付方式，而支付是金融的基础设施

所谓"金融脱媒"是指在金融管制的情况下，资金供给绕开商业银行体系，直接输送给需求方和融资者，完成资金的体外循环。随着经济金融化、金融市场化进程的加快，商业银行作为主要金融中介的地位在相对降低，储蓄资产在社会金融资产中所占比重持续下降及由此引发的社会融资方式由间接融资为主向直、间接融资并重转换的过程。

金融深化（包括金融市场的完善、金融工具和产品的创新、金融市场的自由进入和退出、混业经营和利率、汇率的市场化等）也会导致金融脱媒。金融脱媒是经济发展的必然趋势。金融脱媒的现象已经出现很长时间了，那么区块链的产生会从支付手段这个基本的基础设施开始变革，使金融脱媒走向进一步的深化。

2. 可以让多种数字资产实现互通，使数字化商品在区块链平台灵活交易

孙正义在2018年1月份发表演讲说，数字资产将成为人类最大的资产。所有的一切都会成为数据，被保存在云端、云技术中，瞬间完成通信的自动翻

译会变成自然而然的事。

3. 通过其独有的信任机制，改变组织模式

区块链技术可以改变生产关系和人类生产的组织模式，并由此带来深刻的企业管理变革。区块链将掀起新一轮管理变革。相对于信息革命推动的企业再造，区块链则是通过其独有的信任机制，从企业的本质开始，重塑企业管理。

（二）正确看待块链技术对金融经济发展的作用

2018 年 11 月央行发布了名为《区块链能做什么，不能做什么?》的论文，指出目前真正落地并产生社会效益的区块链项目很少。除了区块链物理性能不高的原因以外，区块链经济功能存在短板也是重要原因之一，所以不能夸大或迷信区块链的功能。

央行认为，近年的行业实践已经证明一些区块链应用方向是不可行的。当代金融体系在发展过程中会不断吸收着各种创新技术。创新技术只要有助于提高金融资源配置效率以及金融交易的安全性与便利性，就会融入金融体系里。迄今为止，还没有一项创新技术对金融体系产生过颠覆性影响，区块链也不会例外。

具体来讲，加密货币供给没有灵活性，缺乏内在价值支撑和主权信用担保，无法有效履行货币职能，所以不可能颠覆或取代法定货币。比如区块链的匿名特性为金融交易中反洗钱（AML）和"了解你的客户"（KYC）的实施增加难度。但也要看到，我国的一些国情为实践区块链提供了机会，比如数字票据交易平台有助于缓解我国票据市场分散化的问题。

另外，论文还提到区块链应用要立足实际情况，不要拘泥于一些过于理想化的想法或理论。比如，用科技替代制度和信任是非常困难的。再比如，理论上的去中心化与中心化各有适用场景，不存在优劣之分。但很多区块链项目从去中心化出发，后期均或多或少引入了中心化成分，否则就没法落地。区块链外的信息写入区块链内，往往需要一个可信任的中心化机构，完全地去中心化是不可能的。

央行强调，目前区块链投融资领域"泡沫"明显，投机炒作、市场操纵甚至违规违法等行为普遍，特别是涉及公开发行交易的 Token 项目。政府有关部门应加强监管，防范金融风险。

第二节　密码学理论：区块链的本质特征理论

一、密码学是国际研究信息科技的重要基石

密码学是区块链的重要理论基础，具有完备而复杂的知识体系和庞大的知识图谱。数论、线性代数、信息论、通信、近世代数为密码学的发展奠定了基础。这些学科的发展支撑了现代密码学研究的爆发式增长。从密码学研究的趋势来看，零知识、安全计算、黑箱、椭圆曲线、秘密共享是学者关注的焦点。从全局研究热度来看，零知识依旧是研究热度最高的话题，紧随其后的热点研究领域则分别是公钥、密钥分配和哈希函数。

其中，零知识从20世纪80年代后期就受到了学者的高度关注，且在30年内热度不减。从21世纪开始，公钥、密钥分配的发展势头日趋强劲，这与比特币的兴起和区块链的落地有着密不可分的关系。由上文所述，公钥体系的建立对密码学具有革命性的意义，是现代密码学投向应用的重要里程碑。同时，我们也能够清晰地看到，在传统热点之下，许多具有潜力的研究方向也逐渐浮出水面，受到各国学者的密切关注。

目前，人们普遍意识到，计算和通信技术正在以一种超出预想的速度融合。我们正在进入一个高度连接的世界，每个用户都可以看到其他用户的数据。目前维护信息的隐私和完整性最实用的方法就是进行公钥加密。公钥加密技术已经广泛运用在人类社会中。Microsoft浏览器和服务器使用公钥加密技术进行客户端或服务器身份验证和密钥管理。信用卡的安全电子交易标准也运用到了公钥密码技术。今天，数以万计的人们通过互联网从事信贷购车业务，信贷购车网站的数量也在飞速增长，这也与公钥加密技术的使用密切相关。事实上，如果没有公钥加密技术提供的灵活、强大的安全保障，依托于互联网的电子商务交易就难以实现。未来，公钥加密技术将成为各类信息系统中不可分割的重要组成部分。

二、区块链中的密码学演进史

密码学（Cryptology）一字源自希腊文"Kryptós"及"Logos"两字，直译即为"隐藏"及"讯息"之意。

密码学按算法思想可分为：古典密码学、现代密码学、公钥密码学。1949年以前，基于加密算法的保密性，统称为古典密码学。1949年，香农的信息论诞生，其是一种对称加密算法。密码学步入现代密码学阶段。1976年，菲尔德·迪菲（Whitfield Diffie）和马丁·赫尔曼（Martin Hellman）提出公钥密码机制理论，可以在不直接传递密钥的情况下，完成密文的解密。1978年，RSA公钥密码机制出现，公钥密码是非对称加密算法。

（一）古典密码学——古代加密方法

古代加密法大约起源于公元前440年，出现在古希腊战争的隐写术中。当时为了安全传送军事情报，奴隶主剃光奴隶的头发，将情报写在奴隶的光头上，待头发长长后将奴隶送到另一个部落，再次剃光头发。这样，原有的信息就能复现出来，从而实现了两个部落间的秘密通信。我国在古代也早有以藏头诗、藏尾诗、漏格诗及绘画等形式表现的密码，人们将"密语"隐藏在诗文或画卷特定位置中。

20世纪初，意大利物理学家奎里亚摩·马可尼（Goglielmo Marconi）发明了无线电报，让无线电波成为新的通信手段，实现了远距离通信的即时传输。马可尼的发明改变了密码世界。由于通过无线电波送出的每条信息不仅传给了己方，也传送给了敌方，所以必须给每条信息加密。而随着第一次世界大战的爆发，密码和解码人员的需求急剧上升，一场全球秘密通信的战役打响了。

而到了第二次世界大战时期，人们发明各种机械加密设备用来自动处理加密，大多数密码设置是基于转轮的概念。1918年美国人E. H. Hebern造出了第一台转轮机，它是在一台有线连接的早期打字机基础上进行改造，通过产生单字母表替代的，输出是通过原始的亮灯式指示。同年，在德国人亚瑟·谢尔比乌斯（Arthur Scherbius）的努力下，第一台非手工编码的密码机——ENIGMA密码机横空出世了。

（二）现代密码学——对称加密算法

1949 年香农发表的《保密系统的通信理论》，为近代密码学建立了理论基础。从 1949 年到 1967 年，密码学文献近乎空白。在许多年内，密码学是军队独家专有的领域。

1967 年，戴维·卡尔（David Kahn）著作《破译者》的出现，对以往的密码学历史作出了相当完整的记述。《破译者》的意义不仅在于内容相当广泛，它还使成千上万的人了解到什么是密码学。此后，研究密码学的文章开始大量涌现。

20 世纪 60 年代以来，计算机和通信系统的普及，带动了个人对数字信息保护和各种安全服务的需求。IBM 的霍斯特·菲斯特尔（Horst Feistel）在 20 世纪 70 年代初期开始工作，在 1977 年达到顶峰。其研究成果被采纳为美国联邦加密非分类信息的信息处理标准，即数据加密标准 DES，是历史上最著名的密码体制。DES 至今依然是世界范围内许多金融机构进行安全电子商务时使用的标准手段，是迄今为止世界上最为广泛使用和流行的一种分组密码算法。然而，随着计算机硬件的发展及运算能力的提高，DES 已经变得不再安全。

（三）公钥密码学——非对称加密算法

随着 DES 密码法被破译和信息技术的高速发展，密码学进入到第三个发展阶段，出现了非对称密码体制——公钥密码体制。

公钥密码学所作出的最重要贡献之一是数字签名。数字签名的应用非常广泛，签名起到认证、核准和生效作用。在以前，政治、军事、外交等活动中的文件签署，以及日常生活中在书信、银行取款单上签字等，传统上都采用手写签名或印鉴。随着信息时代的到来，人们希望可以通过数字信息网进行快速的、远距离的贸易合同签名。这样数字签名就应运而生，并开始应用于商业通信系统，诸如电子邮件、电子转账、电子商务及办公自动化等。

目前关于数字签名的研究内容非常丰富，包括普通签名和特殊签名。特殊签名分为盲签名、代理签名、群签名。不可否认的是，公平盲签名、门限签名、具有消息恢复功能的签名等与具体应用环境密切相关。数字签名的第一个国际标准（ISO/IEC9796）于 1991 年颁布，它是基于 RSA 公钥方案制定的。而数字签名标准（DSS）由美国国家标准技术研究所于 1991 年 8 月 30 日提出，于同年 5 月 19 日在联邦记录中公布，12 月 1 日被采纳，它是 ElGamal 数字签名方案的一个变形。目前来说，除了 RSA、ElGamal 等公钥体制外，还有其他类型的公钥体制，如基于格的 NTRU 体制、基于多元多项式方程组的 HFE 体制等。

经过长久的发展，密码学已成为由许多人发明特定技术以满足某些特定信息安全需求的技术。近 20 年是密码学从技术到科学的过渡时期，现在已有几个专门研讨密码学的国际会议与一个国际性的组织——国际密码研究协会（IACR），致力于促进该领域的研究。

2008 年，中本聪率先将公私钥体制与 P2P 结合，再衔接上尼克萨博“加密货币”的概念，构建了一个区块链体系，区块链应运而生。

区块链是一个去中心化的分布式记账系统，具有安全、透明、匿名等特点。其中，公钥和私钥的密码学体系，为区块链的数据安全性提供了保障。

三、区块链和密码学之间的关系

密码学底层的算法研究属于数学领域，密码学是数学和计算机科学的交叉学科。它主要有两个方面的应用：加密通信与数字签名。

数字签名跟执笔签名类似，可以用来认证签署人身份。密码学早期主要用于军事领域，随着互联网发展，民用方面如电子商务、银行支付、数字版权等领域也得到应用。最近几年，区块链和加密货币兴起，密码学的发展进入了一个新的阶段。

密码学组成部分：加密、解密、密文和密钥。比如 A 有份秘密文件传给 B，首先通过加密算法把文件转换成密文，密文就是一些看起来不知所云的内容。B 收到密文后，通过对应的解密算法，就可以把密文再转换成数据。

在加密和解密运算过程中有两个要素，一个是算法，另外一个是密钥，英文叫 Key。Key 就是参与加密解密运算过程的一小段数据。目前流行的加密解密算法一般是公开的，因为不公开一般也没人敢用，怕有后门。所以信息的安全完全在于加密人和解密人手里握的 Key。如，“恺撒密码”。恺撒要给他的将军发一封密信，恺撒使用的算法是把字母按照字母表顺序往后移动一定的位数，比如信息本来是 A，现在往后移动三位数，就变成了 D，这样生成的密文就谁也看不懂了。这个过程中算法是“字母偏移”，而 Key 就是 3。将军收到密文后，根据同样的算法和 Key 反推就可以解密。

随着电气革命的兴起，人们发明了专门用于加密的硬件器材。但密码学真正得到发展是在计算机兴起后，尤其是互联网时代的到来。互联网时代，所有信息都是在公共区域进行传输，任何人都可以截取数据，于是在数据传输之前进行加密就显得尤其重要，当代的密码学也是在这个情景下发展的，因此当代密码学被称为“互联网上的密码学”。

世界上没有不可破解的密码。理论上，任何密码都可以通过搜索的方式来破解。互联网上的加密算法都是公开的，所以 Key 的基本特征也是明确的，如密码位数。利用计算机搜索的方式去破解是一种很容易想到的攻击方式。这就给加密算法的设计者提出了一个基本要求，那就是算法一定有足够的计算难度，使得破解密码的时间成本变得更高，如一万年。随着计算机运算速度不断提升，加密算法也需要不断迭代。

当代密码学分为两套系统：对称加密和非对称加密。其中，非对称加密也被叫做公钥加密，是密码学的核心技术。在加密和解密的过程中都有 Key 参与，如果加密和解密使用同一个 Key，这就是对称加密技术，反之是非对称加密技术。具体做法是首先生成一对 Key，其中一个是公钥，公钥是可以公开提供给任何人的，另外一个是私钥，这需要严格保密。发送方首先拿到接收方的公钥，用公钥把信息加密，接收方收到密文后，再用私钥解密获取信息。

公钥和私钥之所以能够这样配合工作，是因为它们两个天生就是一对的，有着天然的数学联系，具体的联系方式与具体所使用的加密算法有关。非对称加密中最著名的算法有两种，一个是 RSA，是非对称加密技术的开山鼻祖；另外一个是 ECC，也就是椭圆曲线算法。ECC 是一种更高效的加密算法，比特币就是使用了这种加密算法。

对称加密是发送方和接收方使用相同的 Key，所以建立安全通信的前提是双方需要拥有共享的 Key。在没有加密通道的情况下，Key 该如何安全地传递给对方呢？这在互联网上是非常有挑战性的。相比之下，公钥加密技术要分享的是公钥，不用担心泄露问题，相对要安全一些，另外公钥加密技术也衍生出了数字签名技术。

当然，公钥加密技术也需要解决如何确认公钥持有人等技术问题，所以发证机构 CA 就此诞生。

总的来说：第一，密码学是在安全通信技术基础上进行研究发展的，需要拥有抵御各种恶意攻击的能力。第二，密码学的根基是数学智论，密码的安全程度取决于加密技术可否，让计算机在规定时间内无法破解密码。第三，当代密码学是互联网环境下的密码学，关键性技术是公钥加密技术。

四、区块链中的密码算法运用

比特币区块链的整个体系中，大量使用了公开的加密算法，如哈希树算法，椭圆曲线算法、哈希算法、对称加密算法及一些编码算法。各种算法在比特币区块链中的作用如下：

（一）哈希算法

比特币系统中使用的两个哈希函数分别是：①SHA－256，主要用于完成 PoW（工作量证明）计算；②RIPEMD160，主要用于生成比特币地址。

（二）哈希树算法

基于哈希值的二叉树或多叉树，在计算机领域，哈希树大多应用于完整性验证处理。在分布式环境下，其进行完整性验证能大量减少数据传输和计算的复杂程度。

（三）椭圆曲线算法

比特币中使用基于 Secp256k1 椭圆曲线数学的公钥密码学算法应用于签名与验证签名，流程一方面可以保证用户的账户不被冒名顶替；另一方面保证用户不能否认其所签名的交易。私钥对应交易信息签名，矿工使用用户的公钥验证签名，验证通过，则交易信息记账，完成交易。

（四）对称加密算法

比特币官方客户端使用 AES（对称分组密码算法）加密钱包文件，用户设置密码后，采用用户设置密码通过 AES 对钱包私钥进行加密，确保客户端私钥的安全。

（五）Base58 编码

Base58 是比特币使用的一种独特的编码方式，主要用于产生比特币的钱包地址，其类似于古典密码学里的置换算法机制，目的是增加可读性，把二进制的哈希值变成了我们看到的地址："177rNLTxYAaXqTrrJPRsQNxvR9a1gF5P3K"。

总之，区块链通常不直接保存原始数据或交易记录，而是保存哈希函数值；哈希树是区块链重要的数据结构，实现快速归纳和校验区块数据的存在性和完整性；采用椭圆曲线公钥密码系统实现区块链的数据签名。

第三节　通证经济学：区块链的基础理论

一、通证经济学的诺奖理论基础

从 1991 年科斯获诺贝尔奖算起，仅凭借研究博弈论和科斯定理这两大方向，而获得诺贝尔经济学奖的学者就达 11 个之多。

通证经济学，可研究的方向绝不仅仅只有比特币的私营货币（Private Money）这一个理论方向，那只是区块链 1.0 时代的研究话题。以太坊诞生后，学界并没有对智能合约（Smart Contract）给予足够的重视。智能合约，就是在加密条件下，在合约订立双方之外不需要公正或担保，就可以自动执行代码的嵌入式合约。在这种执行层面的缔约双方的信任成本几乎为零的情况下，合约理论会如何发展，学界还没有进行过深入的探讨。

随着公链技术逐渐成熟，跨链技术图谱越来越清晰，区块链3.0的萌芽逐渐诞生。在这种人人可发通证的情况下，真正的通证经济生态应如何运行、通证社区应如何治理、通证生态激励应如何相容等问题，都是非常有必要去探讨的。

从经济学理论方向上看，诺贝尔奖大致有两条脉络：一条是"博弈论——机制设计——新制度经济学——激励相容"脉络，用于研究通证经济的生态设计、社区治理及激励问题；另一条是"科斯定理——合约理论——产权理论——交易成本理论的智能合约研究"脉络。对于通证如何估值的问题，传统的估值理论和模型都可以有用武之地。下面汇总1991年以来与区块链存在着联系的历届诺奖得主及其理论。

表3－1　1991年以来与区块链存在着联系的历届诺奖得主及其理论

获奖年份	获奖人物	主要理论	与通证相关度
1991	罗纳德·科斯（Ronald H. Coase）	科斯第一和第二定理	＊＊＊＊＊
1993	道格拉斯·诺斯（Douglass C. North）	产权理论	＊＊＊＊
1994	约翰·纳什（John Nash）、约翰·海萨尼（John C. Harsanyi）、莱茵哈德·泽尔腾（Reinhard Selten）	博弈论	＊＊
1996	詹姆斯·莫里斯（James Mirrlees）、威廉·维克瑞（WilliamVickrey）	信息经济学、激励理论	＊＊＊＊＊
2001	迈克尔·斯宾塞（Michael Spence）、乔治·阿克尔洛夫（George A. Akerlof）、约瑟夫·斯蒂格利茨（Joseph E. Stiglitz）	道德风险、逆向选择	＊＊＊
2005	罗伯特·奥曼（Robert j. Aumann）、托马斯·谢林（Thomas C. Schelling）	非合作连续博弈	＊＊

（续表）

获奖年份	获奖人物	主要理论	与通证相关度
2007	莱昂尼德·赫维奇（Leonid Hurwicz）、埃里克·马斯金（Eric Maskin）、罗杰·迈尔森（Roger B. Myerson）	机制设计、激励相容	* * * *
2009	埃莉诺·奥斯特罗姆（Elinor Ostrom）、奥利弗·威廉姆森（Oliver · Williamson）	社会组织、新制度经济学	* * * * *
2012	埃尔文·罗斯（Alvin E. Roth）、罗伊德·沙普利（Lloyd S. Shapley）	分配理论、市场设计	* * *
2014	让·梯若尔（Jean Tirole）	新产业组织理论、规制与激励、博弈论	* * * *
2016	奥利弗·哈特（Oliver Hart）、本特·霍姆斯特罗姆（Bengt Holmstrom）	合约理论	* * * *

资料来源：本书作者整理

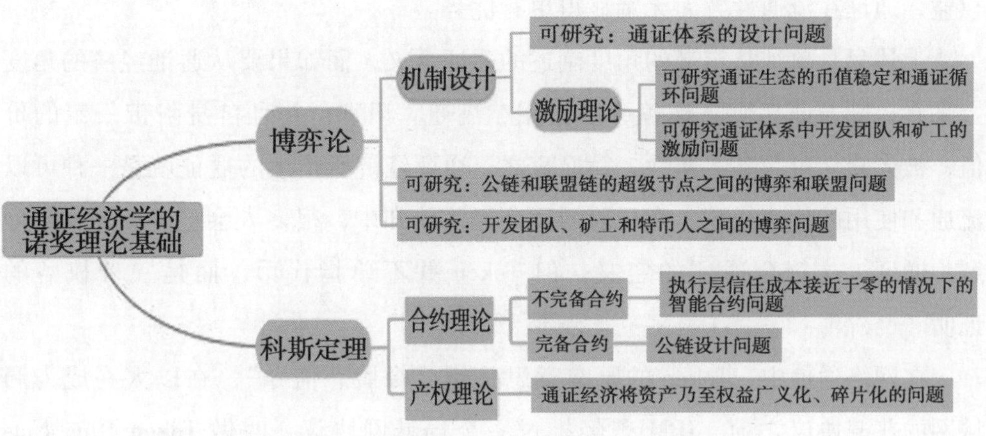

图 3 –1 《通证经济学的诺奖理论基础》

资料来源：金色财经

二、区块链之通证经济

（一）什么是通证经济

通证经济，顾名思义是一种经济模式，如果要用一句话来定义这种全新的经济模式，就是：一种用激励机制来改变生产关系的价值驱动经济模型。通证经济的本质是要通过激励方式，来协调生产关系之间的组织形式，它可以让有钱的出钱、有力的出力，只要你作出了一丁点的贡献，那么你就会得到相对应的奖励以及权益凭证，这就可以极大地调动参与者的积极性和创造性，可以充分激发出经济体的活力与促进经济的增长，这样的经济模式，就称之为通证经济。

在通证经济中，最主要的是"通证"二字。什么是通证？简而言之，就是一种可以流通的凭证。它可以代表一种身份、一种权利、一种价值的载体，或是一种关系的纽带。众所周知，在各种中心化的经济体中，流动成为了价值创造的最大阻碍，如果再加上权力的滥用则会导致各种弊端的出现。而通证化，理论上讲是可以打破任何人设的障碍，可以将任何资产和权益赋予同样的身份和权力，加强流通性，尤其是那些相对稀缺并具有长期存在升值潜力的资产和权益，通证在流通性方面无疑显得更有优势。

上述只是单纯从定义的角度阐述的通证含义，而如果要从通证经济的角度上来看，则通证必须要具备可以使用、流通、识别，并且自身附带一定的价值，被大众认可等基本属性。简而言之，通证经济所指出的通证就是一种可以流通和使用的价值凭证。在目前的通证经济认知中，很多人会把 Token 直接理解为通证，这符合通证的定义，但 Token 并不单指代币，而是一种权益的证明。

在网络通信中，Token 的原本意思是指"令牌、信令"，在以太网成为局域网的普遍协议之前，IBM 曾经推过一个局域网协议，叫做 Token Ring Network，"令牌环网"。指的是网络中的每一个节点轮流传递一个令牌，只有拿到令牌的节点才能进行通信。这个令牌其实就是一种权利，或者说权益证明。随着区块链概念的普及，以及以太坊与 ERC20 标准的出现，任何人都可以基于以太坊来发行自定义的 Token。市面上 Token 被用来做爱西欧是普遍的做法，因此“Token”开始被广泛译为“代币”，并被人们所接受。

其实 Token 可以代表任何权益证明，不仅仅是货币，所以 Token 被译为代币是错误的。Token 可以作为任何权益的证明，所以我们可以用一个更恰当的方式来定义。Token 是可流通的加密数字权益证明，简称通证。

（二）通证和区块链的关系

从定义上来讲，通证和区块链之间是没有关联的，数字代币也是如此。那么为什么通证经济会在区块链领域异常火爆？其原因是通证经济里的通证属性，与区块链的技术特性，有许多相似之处。

第一，区块链是个天然的密码学基础设施。在区块链上发行和流转的数字货币，从 DNA 里就带着密码学的烙印，通证代表着权益，而密码学是对权益最可靠、最坚不可摧的保护。所以区块链上的通证天然就是密码学意义上的安全可信。

第二，区块链是一个交易和流转的基础设施。通证之“通”，就是要具有高流动性、快速交易、快速流转及安全可靠的属性，而这恰恰就是区块链的根本职能。有人说区块链是互联网 TCP/IP 之上的价值交换协议。不管这种说法是否全面，至少准确地把握了一点，那就是区块链天然适合于进行价值交换。

第三，区块链是去中心化的。这使得人为篡改记录、阻滞流通、影响价格及破坏信任的难度大大提升。

第四，通证要有内在价值和使用价值。而区块链通过智能合约，为通证赋予丰富的、动态的功能。

通过上述几点可以看到在通证经济中，通证所具备的可流通、防篡改、共识基础、附带价值等基本属性，可以说完全符合了基于区块链底层技术研发出来的加密数字货币特性。而在整个通证经济体系中，需要一个通证来作为激励机制的奖励和流通。因此，基于区块链技术发行的通证，成为了目前的不二选择。

故此，通证经济在理论上和区块链是两件完全不同的事，但实际上，两者间有着相辅相成的必然联系。区块链技术可以促进通证经济的发展，而通证经济的发展则可以加大区块链技术的使用、加快区块链技术的落地。

通证经济需要区块链技术作为它的完美搭档，但它和币圈思维却有着本质上的区别。通证经济里面的通证，是需要使用、流通起来的，是要赋予其使用价值的，通证倡导的是把各种权益证明，如门票、积分、合同等凭证拿来通证化，放到区块链上流转，同时在现实生活中可以被消费、使用和验证。

而币圈里的通证，大多是没有任何使用价值的，只具备了炒作价值。一个具备使用价值，一个只有炒作价值，这是两者目前最本质的差别。

三、区块链 + 通证经济，重构生产关系

（一）通证经济的基本要素

通证的基本要素包括三个：第一是数字权益证明，通证必须代表某种固有的和内在的价值；第二是加密，通证的真实性、防窜改性等属性通过区块链技术中的密码学加以保障；第三是可流通，通证必须可以在某个网络中进行流通和交易。基于以上三个基本要素，通证在区块链上被赋予了新的价值。

对于企业家或投资者来说，通证就是类商品性的资产。所谓商品性资产，就是在价值网络中流通的数字资产。这里需要关注的是通证是否具有使用价值，如果没有使用价值的通证也就没有交易价值。放到金融概念去讨论，比如股票的价值，就是未来现金流折现出来的价格而已。而当通证没有未来现金流的时候，它是不存在这种所谓的价值。所以我们看到的通证，归根结底还是属于类商品型资产，类商品型资产最后决定价值的基本要素就是它的生产成本。另外，通证需要应用于真正的使用场景，也就是创造真实的场景让通证得以流通，只有这样才会带来合适的场景来进行激励，与此同时也才能发挥通证全球性流通的优势。

简而言之，通证是一个建立在公链和社群基础上的加密权益凭证，要发挥它的作用须关注基础设施和使用场景，如何推动通证的价值流通和通证经济生

态治理机制的建设是通证经济关注的重点。

（二）通证经济与区块链

区块链和通证的关系，需要从两个角度来探讨：一个是区块链为通证提供了信任的基础，作为技术的基础设施提供了可信任的价值流通网络；一个是区块链和通证通过确权来实现虚拟资产和实物资产之间的关联，也就是确权问题是通过通证和区块链共同实现的。

首先，区块链技术作为天然的密码学基础设施，可以为通证提供安全性和保密性，因此使得区块链上的通证具备天然安全可信的特质。在这个基础上，区块链通过去中心的机制使得网络中的信息篡改难以实现，因此通证能够在一个相对安全可靠的网络中实现其交易和流转，这就是区块链技术能够为通证提供的基本职能。换言之，区块链技术作为基础设施赋予了通证其他价值流通物无法具备的特质，这是理解通证和区块链技术的关键。

其次，区块链技术的重要应用场景就是确权，并不是所有的数据和资产都需要确权，只有必要的数据和资产才值得上链成为某种通证，也就是形成数字化资产。通证的核心价值之一就是为在可信网络中充分市场化和自由化的价值提供流通，但是这种流通是有成本的。这个成本不仅仅包括基础设施的成本，也包括整个通证经济设计和运营的成本。因此，如何在充分考虑成本和收益的情况下去构建通证经济的基础设施以及相应的经济生态设计，是非常关键的。

最后，要理解的是通证是需要具备内在价值和使用价值的，区块链通过智能合约可以为通证赋予多样化的用途，但是有必要使用这种方式的应用必须是涉及价值交换的应用，也就是涉及通证的应用。大多数互联网时代的应用，比如社交、游戏等，都没有必要放在区块链上运行，只有需要使用通证化的应用才有必要在区块链网络中去实现。

区块链是互联网的继承，而通证则是基于区块链技术而形成的新的商业生态。互联网公司提供的是数字身份和支付能力，也就是基于信息网络提供的平台。而区块链则是通过共识机制来提供可信的价值网络，在互联网的 TCP/IP 基础上，把点对点的信息交换提升到点对点的价值交换。换言之，区块链从本质上讲是将互联网平台上的数字身份和支付提取出来并开源，成为基础设施的一部分。在这个过程中通过区块链技术的加密和分布式账本来实现私有协议向公开协议的演变，推动互联网再次成为开源和开放的生态。

（三）通证推动公司制度变革

通证经济及区块链对公司制度的影响，有两个基本逻辑：第一，区块链技术去中心化，因此带来了社会治理制度的变革；第二，现代公司制度存在明显缺陷，通证经济在一定程度上可以解决这些问题。

首先，区块链的去中心化并不是通常意义上的去中心化，也就是区块链极客们探讨的每个相关应用都是以去中心化的 DApp 形式存在于区块链上的，这样的理念在实践上是不可能达成的。我们现在的互联网应用是“中心化 + 中介化”的模式，也就是说通过中心化的信息系统和中介化的服务来为用户提供价值，这些应用是目前互联网上主要存在的应用生态，即以服务者为中心、消费者和用户为节点的模型。而区块链提供的去中心化，则是基于价值流通和通证应用的需求，所以形成的是一个相对封闭的生态，因为所有公链上的数据都必须遵循统一的标准和价值衡量，这就是公链发展缓慢的原因之一，因为去中心化的生态系统在传统的商业生态中存在明显缺陷，即无法支撑传统中心化的技术要求。因此，要明确区块链去中心化的内在逻辑和真实应用场景。

其次，区块链技术和通证经济的真正实现是在特定场景下产生的应用新模式，也就是混合应用。区块链能够承载某些特定的信息和价值，并通过通证经济的形式在网络中流转，因此虽然区块链无法取代中心化的支撑性业务模式，但区块链能提供传统的中心化应用无法提供的价值，即通过价值流通解决“信用”和“激励”问题。区块链技术可以通过通证经济的模式最大限度地扩张数字资产的流通性，让数字资产可以突破不同网络的边界，这是通证经济的重要价值所在，也是中心化的应用所无法取代的。

最后，区块链技术与通证经济可以推动现代公司制度变革，在这个过程中，区块链技术和通证经济所起到的作用是不一样的。区块链技术解决的是现代公司制度的效率问题，尤其是解决现代公司制度存在的高昂运行成本和信息不对称问题，降低公司整体的运营成本和交流成本，从而通过技术来实现可信。

而通证经济则通过价值流通的网络来解决企业资产流通限制问题，建立一个更大的生态将现代公司制度的主要回报给用户和所有的员工等群体，而不是给投资者和少数管理人员，这是展望现代公司制度改革的重要趋势。

（四）区块链服务产业的通证经济势在必行

区块链服务产业商业落地的关键路径是构建“通证经济体”，即以通证为核心，通过激励机制、架设投资者、交易环节、区块链应用搭建与用户之间的沟通桥梁，解决价值创造和价格发现的孤立痛点，从而构建产业生态圈。

通证经济新应用是每个通证经济体的核心，既可以通过区块链项目直接实现，也可以把区块链技术应用到传统互联网，实现信息与价值的融合，形成通证交易闭环。而商业公司在其中扮演了重要角色，借助区块链技术和经济手段，通过创建通证经济新应用，打造基于通证经济的产业生态，将会对数字内容、共享经济、新零售、资产通证化等产业领域产生重大变革和深远影响。

作为一种创新的分布式信任技术，区块链将让互联网完成从“信息互联”到“价值互联”的跳跃。但在实际发展中，也逐渐暴露出一些问题。除因高度投机性导致的价格大幅涨跌为人诟病外，主要的问题是，通证表示的数字资产仅能在数字世界中“空转”，不能与普通互联网用户产生关联，无法应用于实体经济。

从比特币到以太坊，尽管实现了从单层通证设计到双层通证设计的飞跃，但其价格发现机制和具体应用是彼此分离的，通证交易和面向用户的核心功能不能进行有机交互，从而成为区块链服务产业商业应用落地的主要障碍。而通证经济的新应用旨在利用通证作为连接媒介，将通证交换、平台功能、产业功能及用户社区融为一体，形成全新的通证产业生态圈。同时，在统一的通证逻辑激励下，实现社区自治和事务治理，从而将互联网平台的核心业务与区块链通证经济融合成一个闭环，让通证融入区块链应用的实际业务流程。

传统世界的流量逻辑和规则由中心化的互联网平台来制订与实现，这也是BAT等平台型巨头在互联网领域快速崛起的核心。而共享经济的出现，虽然在一定程度上解决了信息和资源匹配的问题，但仍无法实现价值的高效流通，相反，中心化平台的整合最终导致利益分配高度集中，个体贡献者并没有得到合理的回报。而借助区块链技术，可以充分实现无需第三方的价值表示和价值转移，大大弱化中心化平台的作用；同时，构建起以价值流通为核心的分布式产业生态，为贡献者提供的激励机制，将会彻底改变依赖于平台流量的传统经济模式。

第四章
区块链与区块链产业的微观理论

区块链与区块链产业是一项全新的事业和一个新生的事物，没有成熟及固定的理论。本章站在宏观战略层面，自主创新了三个理论：底层思维理论——区块链的制胜理论；合约理论——区块链的技术理论；长尾理论——区块链的运营理论。

之所以把上面三种理论称为微观理论，是因为这三种理论代表区块链和区块链产业发展的“术”和“事”，即：技术和道术，做成事和做好事。

创新和研究区块链与区块链产业的宏观理论，旨意在于指导区块链产业发展的实践。

第一节　底层思维理论：区块链的制胜理论

我们知道，区块链的到来，带来了四个维度的影响，分别是：信息技术维度、金融维度、经济维度以及社会维度。区块链时代的来临，使得这四个维度将会以全新的面貌出现在我们面前，即基于区块链的四大理论——数字商业、数字经济、数字金融、数字社会理论。同时，区块链的到来贯穿了四场革命——科技革命、金融革命、商业革命以及社会革命；四场革命的叠加必将掀起一个宏大的浪潮。自1784年科技革命以来，从来没有一项技术涉及范围如此之广，涉及人群如此之多。当互联网迎来黄昏之时，区块链才刚刚向我们走来，代表了一个全新时代的到来。而晨曦之初总是迷雾重重，混沌不堪，如何以开阔的眼光和视野去拨开迷雾与混沌，我们需要以渊博的理论知识为支撑。同样我们也需要掌握更底层和更本质的思维方式，找到开启黎明的支点，方能看到一个全新的世界。因此，本节基于现代自然科学理论的五大思维方式，去打开一扇崭新的大门，去获取区块链的制胜法宝。

一、现代自然科学理论中的底层思维理论之一：量子思维

我们知道，量子力学是一种描写微观物质的物理学理论，是现代物理学的基本支柱，20世纪初由众多科学家共同创立，量子力学的发展使人们对物质结构以及其相互作用的见解发生革命化的改变。量子力学与牛顿的经典力学是相对的，牛顿经典力学认为物质的质量和状态是恒定的，但在量子的世界里对体系进行测量则会改变它的状态，因此永远是“测不准”的。薛定谔的著名思想实验“薛定谔的猫”和海德堡的“测不准”原理阐述了量子的这一特性，量子力学把研究对象及其所处的环境看作一个整体，它不允许把世界看成是由破碎的物质组合而成的，因为物质组成的变化是不确定的，是永远无法被精确测量的。量子世界最基本的原理是“不确定性”和“非定域性”，而区块链所构

筑的分布式世界也遵循同样的原则，当区块链用加密数字的形式把现实世界的资产、财富和价值都量子化之后，世界就不存在一个绝对意义上的中心来掌控整个系统的发展，其中的一切变化都是不确定的，而区块链所构筑的新世界的时空和旧世界的时空亦会有很大的不同，因而建立起基于量子世界的时空观将是我们在区块链时代的重要生存方式。

二、现代自然科学理论中的底层思维理论之二：负熵思维

熵的概念是由德国物理学家克劳修斯于 1865 年所提出，在物理学和化学中被用来计算一个系统的失序现象。著名的热力学第二定律，即熵增定律，一个孤立系统的熵永远不会减少，随着孤立系统由非平衡态趋于平衡态，其熵单调增大；当系统达到平衡态时，熵达到最大值，最终达到热寂状态。但如果一个系统始终保持开放，频繁地与外界交换物质、信息和能量，系统从无序恢复到有序的状态，那么就能使熵趋于减少，即熵减。因此，我们要维持系统的存在并让它持续运行，必须维持它的耗散结构（系统远离平衡状态而演化出的稳定有序的结构），引入负熵机制。对于我们人体而言，我们每天吃的食物、呼吸的空气都是自然赋予我们生存而引入的负熵机制。诺贝尔奖获得者、物理学家薛定谔告诉我们：生命以负熵为食；而对于组织来讲也是如此，组织必须引入负熵机制，频繁和外界交换物质、能量和信息，才能维持组织的良性发展。而区块链就是天然的负熵机制，它的开放性足以把全世界人民连在一起，彼此之间可以不断地基于价值进行物质、能量和信息的交换，不同的区块链组织之间也可以相互进行交换，从而让整个组织的运行趋于有序化，达到系统熵减的目的，维持系统的耗散结构和有序运转。

三、现代自然科学理论中的底层思维理论之三：生态思维

在生态学中，生态系统是指自然界一定的空间内，生物与环境构成的统一整体，在这个统一整体中，生物与环境之间相互影响、相互制约，并在一定时期内处于相对稳定的动态平衡状态。而在现代商业体系中，人们将生态的概念

引入到了现代商业理论中。互联网平台的崛起，加速了组织与组织、组织与人之间的信息流动，打破了原有的信息边界，使个体和平台之间能够达成相互协作，形成一个类似于自然生态系统的有机循环整体。平台所构筑的产业体系被称为产业生态。但互联网本质上只是解决了生态中信息流通的问题，并没有形成一个相互协同、相互制约的有机整体，只是将信息高度集中化，生态高度依赖中心化的互联网平台，因此我们认为这并不是真正意义上的生态。真正的生态一定是相互协同、共同发展、互惠互利、互不可缺，而不是靠生态中某一个群体来主导。随着区块链的应用，我们认为，真正的产业生态是所有参与者依靠其对生态的贡献平等的获取激励，彼此相互协作、共同发展、相互影响、相互制约，从而形成一个真正意义上的有机循环体系和统一而不可分割的整体。因此，产业生态系统将是未来产业的主要存在形式，也是未来商业竞争的主要表现形式，而不同的产业生态之间也将协同进化，最终形成一个能够容纳全人类的产业生物圈。

四、现代自然科学理论中的底层思维理论之四：进化思维

达尔文的《物种起源》告诉我们，物种是可变的，生物是进化的，自然选择是生物进化的动力，物种之间存在天然的生存竞争，而更适合于环境的群体能够生存下来，不适合的群体则被淘汰。万物的进化都是如此，都必须不断改变自身去适应环境。当物种进化成人时，开始衍生出了大脑，并拥有学习和思考的能力。随着外部环境越来越复杂多变，人与人之间的竞争不再是传统意义上的机械式斗争，而是衍生为人类对世界万物本质规律的认知竞争，学习和思考就是人类适应环境和完成自我进化的方式。而区块链世界带来的将是人类前所未有的环境，其复杂程度和流变速度也将比之前更快。因此，我们一定要通过不断地学习来完成区块链时代的自我进化。同样，区块链时代的组织形态和外部环境与原来的世界会存在很大的差异，未来时代的竞争将不再是个体与个体的竞争，而是演化为种群和种群之间的竞争、群落与群落之间的竞争，最终演化为生态系统与生态系统之间的竞争。也就是说，在残酷的自然选择的机制下，未来的竞争绝不再是单一的竞争，就好像刘慈欣在《三体》里所提及的文明之间的战争场景，生态间正在进行的是一种无声无息的、以生存为唯一目标

的、充满了不确定性的演化，这将是未来数字世界组织竞争所要面临的。因而组织需要不断地进化才能适应复杂多变的外部环境，无论是对于个体还是组织而言，只有完成进化的“新物种”才能不被自然选择所淘汰，也才有机会成为新世界的引领者。

五、现代自然科学理论中的底层思维理论之五：边际思维

在当代经济学理论中，边际指的是两个具有因果或相关关系的经济变量之间的动态函数关系。当某一经济函数中的自变量发生一定单位数量的变化时，此经济函数的因变量也因此发生与之对应的单位数量变化值，该变化值被称为该因变量的边际值。而在以市场经济为主要经济制度的环境下，所有经济活动都在追求边际成本的递减和边际收益的递增，成为目前主要的经济增长方式。在工业时代，资本家追求规模效益，以不断扩大生产规模、建立流水线和标准化的作业流程为目的，其核心就是追求边际成本的递减和边际效益的递增。工厂生产第一辆汽车时成本是巨大的，而当规模扩大到可以生产 100 辆汽车的时候，每多生产一辆汽车的成本就会相对较低，而可以生产 10000 辆汽车的时候，每多生产一辆汽车的成本就低得多。同样，在生产规模扩大的过程中，每增加一个生产设备其产出也是巨大的，而互联网时代的来临更加剧了这一过程。互联网的无限扩展性，使得边际成本大幅降低，当一个 App 被开发完成之后，1 个用户下载 App 和 100 个用户甚至 10000 个用户下载 App 对于开发公司来说，其成本的增加相比起用户量的增加是微乎其微的。同时，用户的数据被集中在互联网公司的手中，用户越多，数据就越完善，公司就越能开发出更优秀的产品和打造更好的用户体验，其作用和效益就越来越大，边际效益也被极大地放大。而当区块链的到来促使价值进行无边界扩展和传递，边际成本会进一步降低直至趋近于零，而边际效益会被无限的放大，进而形成一个“零边际成本社会”。那么此时，边际的概念就已经不再重要，经济的增长方式也会发生根本性的改变。因此，只有理解了边际的概念，我们才能进一步理解区块链时代的经济增长方式和新的经济以及社会形态。

第二节 合约理论：区块链的技术理论

一、区块链和智能合约的关系及原理

（一）什么是智能合约

智能合约这个术语的诞生至少可以追溯到1995年，是由跨领域法律学者尼克·萨博（Nick Szabo）提出的。他的定义是"智能合约是以数字形式定义的承诺，包括合约参与方可以执行这些承诺的协议。"

1. 承诺

承诺指的是合约参与方确立的（经常是相互的）权利和义务。这些承诺定义了合约的本质和目的。以销售合约为例子，卖家承诺发送货物，买家承诺支付合理货款。

2. 数字形式

数字形式意味着合约不得不写入计算机可读的代码中。因为只要参与方达成协定，智能合约所建立的权利和义务，就会被计算机或计算机网络所执行。

智能合约的参与方什么时候达成协定呢，答案取决于智能合约实施时间。一般而言，当参与方通过在合约宿主平台上安装合约并执行时，合约就会被实现。

除了需要含有计算机可读的代码外，合约所需要的特定"数字形式"，是依赖于参与方同意使用的协议。

3. 协议

协议是指技术实现，在这个基础上，合约承诺会被实现，或合约承诺的实现被记录下来。并选择哪个协议取决于更多因素，最重要的因素是在合约履行期间，了解被交易资产的本质。

（二）智能合约与区块链的关系

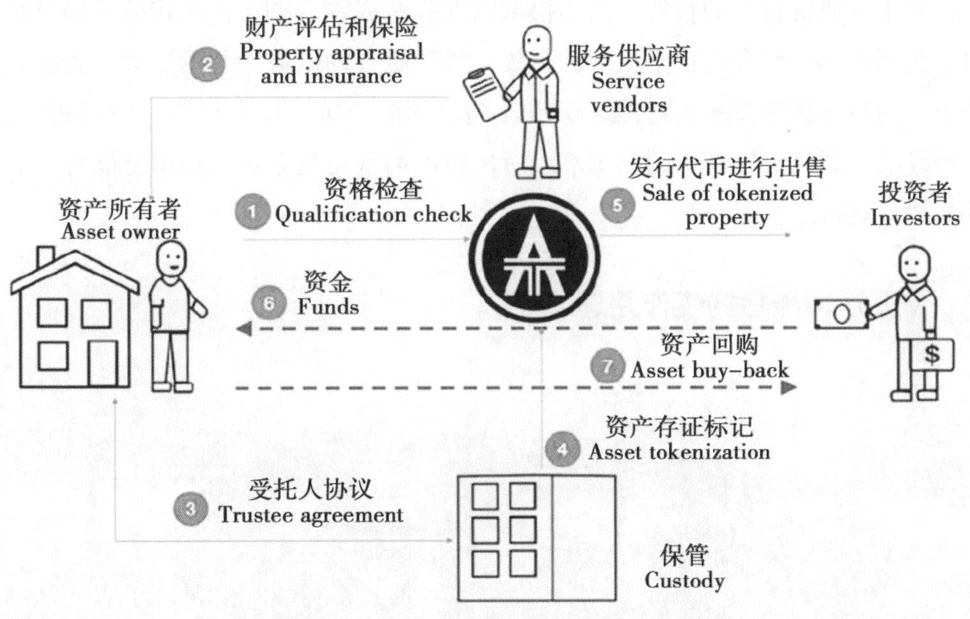

图4－1　智能合约与区块链的关系

资料来源：网络

尼克萨博关于智能合约的工作理论迟迟没有实现，一个重要原因就是缺乏能够支持可编程合约的数字系统和技术。区块链技术的出现解决了该问题，不仅支持可编程合约，而且具有去中心化、不可篡改、过程透明可追踪等优点，天然适合于智能合约。因此，智能合约可以说是区块链技术的特性之一。

如果说区块链1.0是以比特币为代表，解决了货币和支付手段去中心化的问题，那么区块链2.0就是更宏观地对整个市场去中心化（最典型的就是ETH以太坊以及即将上线的EOS），利用区块链技术来转换许多不同的数字资产，而不仅仅是比特币，通过转让的方式来创造不同价值的资产。区块链技术的去中心化账本功能可以被用来创建、确认、转移各种不同类型的资产及合约。几乎所有类型的金融交易都可以被改造，并在区块链上使用，包括股票、私募股权、众筹、债券和其他类型的金融衍生品，如期货、期权等。

智能合约看上去就是一段计算机执行程序，那么为什么用传统的技术很难实现，而需要区块链技术等新技术呢？传统技术即使通过软件限制、性能优化等方法，也无法同时实现区块链的特性：一是数据无法删除、修改，只能新增，保证了历史的可追溯性，同时，作恶的成本将会变得很高，因为其作恶行为将被永远记录；二是去中心化，避免了中心化因素的影响。

基于区块链技术的智能合约不仅可以发挥在成本效率方面的优势，而且可以避免恶意行为对合约正常执行的干扰。将智能合约以数字化的形式写入区块链中，通过区块链技术的特性来保障存储、读取、执行整个环节透明可跟踪、不可篡改。而区块链自带的共识算法所构建出的状态机系统，使得智能合约能够高效地运行。

（三）智能合约工作原理

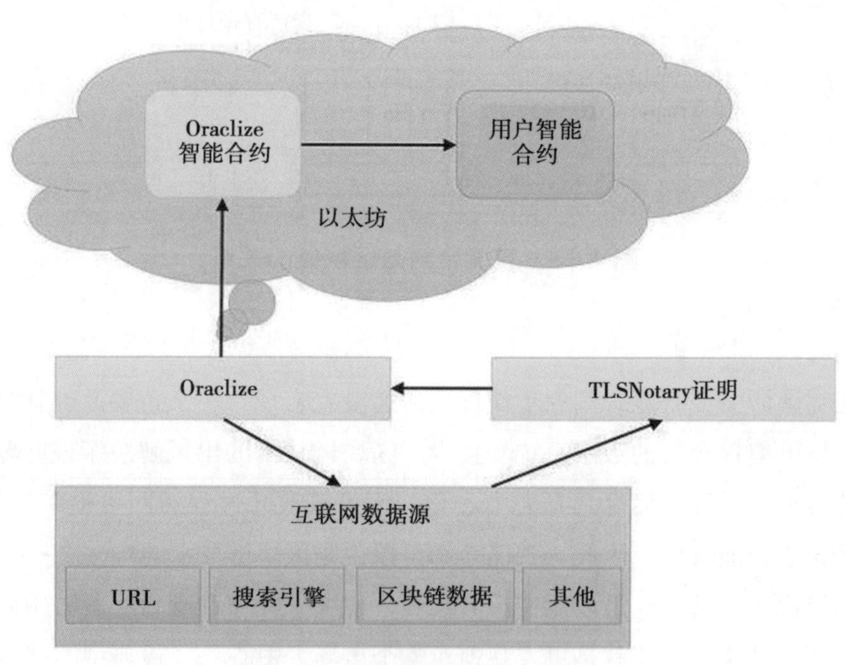

图4－2　智能合约的工作原理

资料来源：网络

智能合约的组成包括事务处理和保存机制，以及一个完备的状态机，用于接受和处理各种智能合约；且事务的保存和状态处理都在区块链上完成。事务主要包含需要发送的数据；而事件则是对这些数据的描述信息。事务及事件信息传入智能合约后，合约资源集合中的资源状态会被更新，进而触发智能合约进行状态判断。如果自动状态机中某个或某几个动作满足触发条件，则由状态机根据预设信息选择合约动作自动执行。

智能合约系统根据事件描述信息中包含的触发条件，当触发条件被满足时，从智能合约自动发出预设的数据资源，以及包括触发条件的事件。整个智能合约系统的核心就在于智能合约以事务和事件的方式经过智能合约模块的处理后，还是一组完善的事务和事件。智能合约只是一个事务处理模块和状态构成的系统，它不产生智能合约，也不会修改智能合约，它的存在只是让一组复杂的、带有触发条件的数字化承诺能够按照参与者的意志，正确执行。

二、去中心化的困惑宜从合约理论找答案

合约是对竞争的约束。经济学家张五常是现代经济学界的“狂生”，其主要贡献是合约理论及分析，业界评价张五常是新制度经济学和产权经济学的创始人。利用合约理论去分析公司的存在、市场的作用以及诸多新型的市场模式。张五常认为，在资源的使用与收入分配这两方面（资源配置），马歇尔传统的经济学分析构架相当完整；在收入分配方面则需要再加上费雪的利息理论。但是在个人争取利益最大化假设下，人类社会还是发生了几次自我毁灭的战争或灾难，这源于制度出了问题，也即是合约安排的问题。在市场（广义市场）竞争中，竞争受到一定的约束，毫无约束的竞争会导致庞大的租值耗散。而这些约束，即是合约安排。这里需要说明一下，经济学理论上，产权（Property）、竞争（Competition）和稀缺（Scarcity）是三个同义词。展开来说，一种经济物品的需求有多于一人的需求，这就是竞争的定义，也是稀缺的表现；而市场竞争的运作是以价高者得为准则，这个准则的前提就是产权。因此，三者是同义词。对竞争的约束，也就是产权的安排，或者说是分配的规则，都是合约。举例来说，明星演唱会门票是按照阶梯定价来分配，但最后还是会出现黄牛市场来满足一部分粉丝的疯狂需求，前者是对竞争的约束，黄牛是突破前者的一个新约束；春运的火车票一直是固定价格的，但总是一票难求，后来铁路局规定人们只能通过先来后到的排队购票方式购得火车票。这是

一种对竞争的约束，但似乎不能够使所有人满足，于是黄牛频频出招。私有产权、论资排辈、管制规例、风俗宗教等制度或风俗习惯，都是对竞争的约束，即是合约安排。

从租值耗散理论分析，市价是唯一没有租值消散的制度，通过改变合约方式可以纠正部分甚至大部分错误，即减少租值消散。这套理论解释的是，如何解开区块链行业对 POW 高耗电以及社区治理等面临的经济学困惑法门，即为什么 POW 机制"存在即合理"？看似高耗电的机制似乎又不得不用的原因是什么？

以合约理论视角分析去中心系统，会得到清晰的经济学认识。合约理论的诞生与公司为何存在的理论关系十分密切。自经济学家科斯在 1960 年发表《社会成本问题》以来，诸多诺奖经济学家围绕社会成本、市场的交易费用、公司为何而存在等相关问题，进行长时间的研究。1967 年，张五常在分析公海捕鱼引起的租值耗散时，发现只要竞争受到约束，租值不可能全部耗散，进而把产权界定、宪法、制度都视作对竞争的约束，即合约安排。合约是对竞争的约束，对竞争约束引起的费用，即合约费用，也是交易费用，也是租值耗散。这里面的思想脉络有些复杂，但总体上说，张五常开启了合约视角理论——即从合约安排角度去看对竞争的约束，去分析各类市场机制的费用（交易费用、租值耗散）。排队购票是合约，孔融让梨亦是合约，合同是合约，POW 机制规定的全部回报只给每个区块出力最大的矿工亦是合约。去中心化系统，在合约视角下，会得到更清晰的分析。

以公司为中心的传统市场，以及去中心化的区块链市场，都是合约的结果。自亚当·斯密以来，市场对公司这种组织形式非常熟悉，甚至还把市场分为生产要素市场和商品市场；在收入分配上，劳动、资本、土地分别获得了工资、利息和租金，而公司获得了利润作为市场回报，这些回报属于股东所有。张五常认为，公司的出现是一种代替小农经济下旧的合约安排（公司约束着四个市场要素的竞争和收入分配权利界定，股权则作为约束股东收入权利界定的合约）。这种合约安排的出现显然是为了降低市场的交易费用（制度费用、租值耗散），是竞争的结果。从这个角度来看，去中心化的区块链系统显然不需要公司这类中心机构，即便有公司组织参与其中（比如挖矿），从整体上来说，这家公司也只是市场的一个去中心化的节点而已。值得注意的是，去中心化意味着市场参与各方的点对点平等。公司参与区块链市场，与区块链市场需要公司组织市场运行是两回事。如果没有公司组织市场活动运行，那么，市场各方按照什么约束进行竞争呢？答案就是共识机制。共识机制是约束点对点各方参与竞争的合约安排。无论是小农经济、小作坊、各类公司等为主导的市场经济，还是区块链这种新型的点对点、看似松散的市场，其实都有各自的合约约束。张五常举了一个生动的例子，香港街边一个擦鞋童在擦鞋的时候，另一个擦鞋童会过来不做声响地擦着另外一只脚，两人不需沟通，默认擦鞋费均分。为何？两个擦鞋童未必相熟，也没有类似公司的组织存在，但是合作分工、服务的产出、收入的分配都按照行规默认。两人之所以不必沟通、争抢，是因为这样可以节省时间去生产更多的“擦鞋服务”，使得彼此收益最大化，这就是一种没有公司存在的合约安排，在竞争下，降低了交易费用。从合约的角度看待市场，点对点的区块链市场虽然没有公司的存在，但依然可以顺利运作。

三、合约理论在区块链系统市场中的作用

共识机制是区块链系统内两个市场的约束竞争和界定分配权利的合约。区块链系统的市场要素跟传统市场的四个要素表现形式不同，但遵循相同的经济规律，即传统市场中，公司作为一种合约形式（或者说市场的制度），决定着收入分配权利的界定（即四个要素分别对应工资、租金、利息和利润）。区块链的市场中，共识机制作为合约，约束着参与要素的竞争和收入分配权利界定，矿工投入算力竞争系统的通证激励（本质是手续费），为消费者和资源供给方提供资源市场的交易记账服务。具体来讲，在 POW 机制下，矿工通过算力竞争来争得记账权，确保账本的安全可信任，代价则是矿工消耗的算力，获得一定的手续费。消费者和资源供给方根据 POW 机制的竞争，实现资源资产的交易。从消费者角度看，资产交易的完成（以记账为准）是需要跟其他消费者竞争手续费来实现优先劣后排序。为了实现点对点的交易，POW 机制设置了 10 分钟一个区块链、难度系数调整、51% 攻击和 6 个区块链确认等一系列的规则来约束各方的竞争。共识机制是点对点的区块链市场约束竞争的合约安排，这种合约安排的目的是在点对点（去中心化）局限约束下，降低系统的租值耗散。

区块链通证是一种合约权利，即系统资源的产权权利关系。从价格理论角度看，通证类似货币，是一种合约权利。因为社会有交易费用，物品的质量有水分，债务履行有违约风险，于是货币作为合约出现，协助市场的贸易流通。纸钞和支票也是这个道理，如美钞上印有"This note is legal tender for all debts"，这就是纸币作为合约的内容。从合约角度看，通证对应了平台资源的债权。而比特币平台本身就是电子现金系统，可以理解为对应消费者的现金债权；如果换做以太坊或者 EOS，则可以理解为 EOS 平台资源的产权（产权具体包括所有权、收益权、使用权、转让权等四权）。区块链通证在财富表达机制上全面超越传统的法币、股权和凭证等。传统的等价交换场区块链世界，财富表达形式是 Token。区块链 Token 有很多名字，从早期的"加密货币"到"代币"，再到基于计算机程序术语衍生而来的"通证"。简单地说，我们可以把 Token 理解为权益的表达机制和形式。通证字面的意思是"可流通的数字权益证明"，Token 在区块链账本网络里是表达了权益的意思，这是合约。区块链的计算机网络里，Token 的鉴权机制是无状态的，这很类似于 Http 协议的无状态，它不需要在服务端去保留用户的认证信息或会话信息。这意味着基于Token认证机制的应用我们不需要去考虑用户在哪一台服务器登录了，这就为应用的扩展提供了便利。区块链的去中心化，实现了全网可以随时随地 Token 鉴权，跨链机制又进一步推动了网络中 Token 之间的交互。Token 的终极支配是通过私钥的控制，客户可自己掌握私钥即掌控 Token 的一切权利。这意味着用户可以在全球范围内随时随地支配 Token，实现对通证财富的支配。

总之，智能合约是区块链最重要的特性之一，也是区块链能够被称为颠覆性技术的主要因素之一。传统合约双方或者多方协议做或不做某事来换取某些物品，每一方都必须信任彼此，并履行义务。而智能合约无须彼此信任，因为智能合约不仅是由代码进行定义的，也是由代码强制执行的，完全自动且无法干预。智能合约意味着区块链交易不仅仅只有买卖货币这些交易，更会有广泛的指令代码嵌入到区块链技术中。特别是目前各国央行正在考虑使用区块链技术发行数字货币，智能合约是可编程货币、可编程金融的技术基础。

第三节　长尾理论：区块链的运营理论

一、长尾理论的定义与实质

根据克里斯·安德森（Chris Anderson）在其著作《长尾理论》（2012 年）中对"长尾理论"下的定义，可以简单概括为"我们的文化和经济中心正在加速转移，从需求曲线头部的少数大热门（主流产品和市场）转向需求曲线尾部的大量利基产品和市场"。

传统的商业逻辑一般针对二八法则，即 20% 的人占有 80% 的财富，其余 80% 的人只占有剩下的 20%；20% 的热卖商品获得整个市场 80% 的销量，其余 80% 的商品只能获得整个市场 20% 的销量，等等。二八法则反映的是大量财富集中在少数人手里，大量销售额集中在同类的小数商品上。如果用一条曲线来描述人们感兴趣的事物，人们只会关注这条曲线获利空间巨大的"头部"（即以 20% 的投入获得 80% 的回报部分）。

但在互联网上，这一模式被颠覆。《连线》杂志主编克里斯·安德森在 2004 年 10 月的《长尾》一文中提出，在网络时代，由于关注的成本大大降低，人们有可能以很低的成本关注正态分布曲线的"尾部"，曲线"尾部"产生的总体效益甚至会超过"头部"。可见，"长尾理论"的实质是对统计学中幂律和帕累托分布特征的一种口语化表达。在正态分布中，曲线的头部代表着重要的人或事（这往往是之前人们所关注的重点），而曲线的尾部，则是需要花费更多精力与成本才能关注到的大数量的人或者事。在之前的黄金"二八理论"中（帕累托，1897 年），20% 的重要部分会引起 80% 的重大影响，可以理解为 20% 的热门产品会创造 80% 的收入。而在"长尾"经济理论中，利润将被一分为三。2% 的大热门产品、8% 的次热门产品以及剩余 90% 的长尾产品创造的 33% 的利润。克里斯·安德森通过大量的数据统计，证明了大热门产品实际上与冷门产品拥有相同的利润创造能力。这就意味着关注"长尾产品"与继续争夺热门产品是可以达到相同的现实意义。

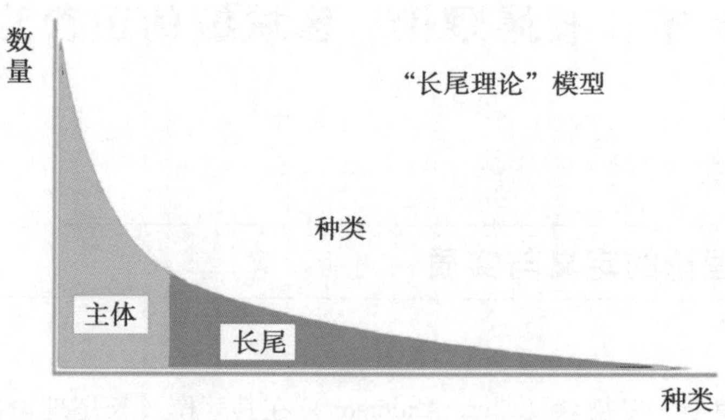

图4-3 "长尾理论"模型

资料来源：360百科

从"长尾理论"模型图中可以发现，红色区域和蓝色区域的面积大约相等。

二、经济学特征是利用"长尾理论"运营

长尾理论的基本原理是聚沙成塔，将传统上的小市场累积创造出大的市场规模。长尾价值重构的目的是满足个性化市场需求，互联网平台经济在创意上具备个性化价值内容的产品更易获得顾客并激发其隐性需求，开创一种与传统大众化完全不同的、面向固定细分市场的、个性化的商业经营模式。在互联网金融时代，传统的增加品种满足小微客户而产生亏损的情况将在大数据和云计算的支持下，演变成利润丰厚的增长点。

传统经济属于典型的供给方规模经济，在资源稀缺假设前提下，表现为帕累托分布的需求曲线前部，实际上购买行为并不完全反映需求，主流产品的销售量大并不等同于客户群或潜在客户群大。随着互联网和移动互联网的发展，多种类商品、细分市场得到满足，这些用户群除共性外还追求个性化需求，企业可以利用大数据满足用户多品种的需求，使之成为自己的目标客户群，电子

商务日益普及并聚集了客户群，大幅度降低了交易成本。

著名的亚马逊网上书店的经营模式就是利用长尾理论的经典案例。在亚马逊网上书店成千上万的图书中，一小部分畅销书占据总销量的一半，在“长尾理论”模型中占据的就是红色的“主体”部分；而另外绝大部分的书比较小众，销量少，但品种繁多，占据了总销量的另一半，即模型中的蓝色“长尾”部分。

百度推出的“竞价排名”也是学习“长尾理论”后作出的决策。一般的广告公司收费高，只需要承接大型公司的广告便可满足一年的盈利，因此众多小公司的广告业务得不到满足。百度新业务的出现使中小企业有机会花很少的钱在百度上做广告，这些看起来起点低、收费低的策略，聚集在一起将非常惊人。

一方面，“长尾理论”是基于互联网技术带来的信息成本的下降；另一方面，互联网经济尤其是区块链的蓬勃发展，正是长尾理论的实际体现。

三、占领“尾巴”——区块链技术应用的正确姿势

关于区块链技术的应用，从金融到国家政务，几乎每个行业都在呐喊区块链技术能为这些行业解决堆积已久的难点、痛点，一时间似乎天降神器，人们对区块链的崇拜如某种狂热的宗教崇拜一般。然而运用区块链技术落地去改革这些行业并非易事，就拿股票交易、审计来说，这些领域的技术和规则是非常成熟的，用户忠诚度也是非常高的。而区块链技术本身却不那么完善，你拿一个不完善的技术去拼一个成熟的市场，想必不会乐观。因此，我们在欢呼区块链技术的高明之处与种种优点时，更需要冷静思考，而区块链技术真正适合落地实施的大方向，则应该体现在长尾理论上。

区块链技术应该先去挖掘各行业领域的长尾部分，去寻找一些以现在的技术无法覆盖的商业应用。如滴滴、爱彼迎和摩拜等共享经济行业领域巨头，已经是发展完善、用户忠诚度高的应用了，贸然使用区块链技术进行翻天覆地的改造或再做一个基于区块链技术的滴滴、爱彼迎和摩拜，投入产出情况没人敢保证。恰恰是其他占据长尾部分市场的小众或发展并不成熟的商业应用才需要区块链技术的助力，解决难点。

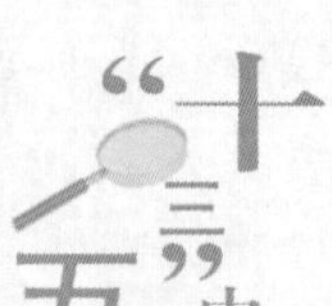

这条长尾的市场份额并不小，根据长尾理论，完全可以和头部市场份额相抗衡。所以说区块链技术不要与已经成熟和高度中心化的这一块市场去竞争，那一部分已经在市场曲线的头部了。拿区块链的股权交易研究方向来说，应该把这些没有上市的中小企业作为服务对象，去服务这些长尾需求，因此，相信很多行业领域都还存在着一片等待区块链去发展的广阔蓝海。

第五章
区块链与区块链产业的发展轨迹

了解和探索区块链与区块链产业的来龙去脉及前世今生，有利于我们更好地总结以往的经验和教训，更好地把握区块链与区块链产业的发展机遇，迎接未来。本章从区块链与区块链产业的出现原因、进化方式、发展现状和未来趋势四个方面，进行系统的探讨分析和全面的论述介绍。

第一节　区块链与区块链产业出现的背景和相关问题

本书第一章第一节，对于区块链的形成原因，即区块链的诞生背景，在理论上作出了较为透彻的阐述和探索。指出了区块链虽然是一种社会热潮，但它的诞生绝不是偶然，区块链的出现背景有着极其复杂的原因，是由于多种因素相互交织在一起而出现的。从社会学的角度上说，区块链的诞生基于生物进化论；经济学上基于自由主义经济学，政治学上基于无政府主义，最重要的是分布式网络技术的成熟发展。

基于理论上已有较详细的论述，本节主要从理论与实践的结合上进行描述和探讨。

一、经济社会背景和相关问题

我国的经济背景和社会背景，是区块链和区块链产业出现的根本原因。

（一）区块链诞生的社会背景和经济背景

使区块链诞生的社会和经济原因有很多，主要是以下三点：

其一，社会的进步。随着社会的进步，社会上逐渐显现出各种弊端，各个行业都在更新和改革。其中区块链的出现，也是由社会问题引发的改革，而区块链这项技术自身拥有很多特性：去中心化、开放性、信息不可篡改和匿名性等，这些特性可以应用到很多领域中。

其二，美国2008年的金融危机。由于当时美国为了解决经济危机，发行了很多美元，造成通货膨胀。假如当初中国拥有1亿美元，美国拥有1亿美元，那这时：中国和美国拥有一样的资产。这时候美国多印了9亿美元，那么中国所拥有的资产就变成了美国的十分之一，这是由于纸币是中心化的。为解决这个问题，中本聪采用区块链技术，以永不增发的制约方式发行了比特币。

其三，重塑社会信任和社会规则。作为一项具有划时代意义的技术，区块链对社会各个领域所带来的影响和所展现出的可能性，远远超出其在技术上的进步。区块链和社会自由的主张相结合，可能会改变社会管理、政府职能等各方面的面貌，成为未来社会关系的基础协议和基本准则。当社会关系的基础协议依赖于可信任的底层技术时，信息和交易都变得开放透明、不可篡改。人们将会重塑对“信任”的理解，社会规则和建立在此基础之上的组织形态也会发生变化。

（二）国外行业大咖：区块链是一场社会运动和经济运动

据和讯科技报道，在 Block. one 的总裁 Brendan Blumber 眼里，区块链是一场运动，一场关于社会与经济的运动。这一项革命性的技术，为打造一个更加透明、高效和协作的世界，提供了希望。

2018 年 9 月 27 日，在伦敦的区块链启动活动上，Brendan Blumber 发表了公开的演讲，与人们分享他对区块链的认识，演讲重点是他对区块链的前世今生和区块链对经济社会的影响力的看法。演讲中的观点我们未必全部认同，但值得借鉴。下面是 EOS42 中国区运营荆凯对原文的翻译。

> 虽然区块链是一项新技术，但它欢迎所有人的加入。无需任何先决条件，而且，它不可避免地成为我们未来生活的重要组成部分。
>
> 就我个人而言，我并不是世界上最懂这项技术的人，但这个行业已经到了这样一个地步：技术讨论已经从最初的辩论变成了一种小众的兴趣，这往往会让区块链与大众的距离变得越来越远。
>
> 区块链是数据存储和传输拥有一致统一性的标准化系统；它是开发人员统一遵守的约束系统程序，以便对等节点之间拥有安全性、可审计性和互操作性。
>
> 区块链之于数据，就像监管制度之于社会。这也许就是为什么区块链超过了技术本身，成为了一场运动，一场关于社会和经济的运动。我们所有人都一致认为，这是一项革命性的技术，它向我们许诺了一个更透明、高效和协作的世界。
>
> 它承诺，有一天，大型组织的运营，将不再只代表股东利益，而是代表着千千万万个用户的利益，保护他们的隐私，并将价值反馈给那些创造价值的人。

它承诺，一个由匿名合作者组成的庞大网络可能会研发出更强大、更有效的成果，突破我们今天所能理解的极限。

它承诺，隐藏的敌人可能不再通过浑水摸鱼而兴旺发达，透明化的社会会有助于开创一个平等、负责的新时代。

正如许多人所熟悉的那样，比特币——最初被设计为拥有数字价值存储特征的数字化数据。它的诞生提升了区块链技术的潜力，可能是第一个以相对公平和透明方式发行的中性"货币"。

它是拥有数字化、无限可分割特性的货币，可以在全球范围内转账、安全性高，不会对任何政府存有偏见，也不会受到中央政府的监管。

我们都知道今天的世界储备货币是美元。美元是由一个叫做美联储的组织印刷和管理的，利用通货膨胀，向所有持有人征收税费。

虽然这已被证明是一个成功的模式，且这种模式在未来的很长一段时间内仍然是我们社会不可分割的一部分。但是，基于区块链的数字货币为我们提供了潜在、中立的价值储藏手段，它不会对任何团体存有偏见或偏好，并致力于开创一个无边界的、价值平等的新时代。

随着区块链应用速度变得更快、开发成本更低和可扩展更具灵活性，程序应用正迅速扩展到金融交易之外，成为数据传输落地实践最佳的一部分。

从结构上讲，区块链促进了新型社区驱动商业模式的形成，它能够自主地奖励开发代码的开发人员和创造价值的用户。

我们会逐渐看到，在未来，Facebook、Uber、Airbnb、GitHub、保险机构，甚至银行本身都可以在没有任何中心化实体的情况下运营生存。

在这种情况下，网络所获得的利润将会被减少到零，任何多余的价值都可能被回馈给那些对项目的建设有所贡献的参与者。

区块链技术支持下的代币化，使项目能够以代币形式启动初始筹资，同时在项目中创建平衡的经济生态系统。

我们正从一个围绕法定货币工作的时代，转向将货币纳入产品设计的时代。

社交网络以代币奖励用户创造内容，并让广告商购买这些代币，形成一个经济闭环，价值回到了用户手里，而不是传统的股东手中。

虽然不同的国家有不同的情况，但今天，大多数的金融投资机会还是只对经过认证的投资者开放。

然而，代币的出现让消费者看见了希望，可以让他们在自己喜爱的项目和服务中存储价值。他们可以积极参与一些项目，来实现个人价值。

我们都有这样的朋友，他们很容易接受新事物。例如，一个不太出名的服装品牌，他们会自豪地展示自己独特的原创风格。

如今，这些“品牌大使”，与他们为之创造了巨大价值的产品之间很少存在财务关联。但在代币经济体中，自发的产品发掘和传播活动，将会成为一种职业。

尽管区块链产业发展迅速，但我们仍处于发展的初级阶段：就像我们第一次发送电子邮件时，不会想到未来一代人是在社交媒体上建立起来，我们或许不能完全理解这项薪新技术的潜力能去到哪里，但我们知道，它将会为我们带来革命性的进步。

（三）中国政府智囊：运用区块链技术创新经济社会运行方式

人类历史上重大技术的应用，都改变了以往的生产方式，创造了新的经济运行方式。种植技术的应用，创造了农业经济模式；机械动力技术的应用，创造了工业经济模式；而区块链技术的应用，将会创新经济运行方式，乃至创新社会运行方式。

如何应用区块链创新经济社会运行方式？国务院发展战略研究中心理事、著名经济学家何学彦博士在接受中国网采访时，谈了自己的看法。

1. 应用区块链创新工业生产模式

区块链技术运用于机器人，在复杂网络环境下进行分布式确权，使工厂生产方式向机器人加工转变。美国、德国的汽车企业已经对外宣称他们的工厂不再需要太多人工即可完成日常生产。这意味着未来更多的工作会交于电脑和机器，则工人着重去完成编码的工作，从而下达指令给电脑和机器。

2. 应用区块链创新商业模式

区块链是价值互联网的内核，能够对互联网中的价值信息和字节进行产权确认、计量和存储。区块链将会在证券交易、电子商务、物联网、股权众筹等经济领域得到应用。

当前的互联网服务平台，本质上是（信任）中介。如淘宝这样的平台，除去线上买方和卖方流量，他们其实解决的是信任、安全和支付的问题，搭建了一个买和卖的网络平台。

在商业上构建区块链的机器信任、价值传递和智能合约，有以下特性：第一，接近零的信任成本。互联网企业构建其信用需要花费的周期极长，而在区块链里，大家信任的是代码、算法和规则，所以信任成本降到极低。第二，搭建和交易资产的边际成本趋近于零。传统的资产想用于交易，需要大量依赖第三方，要投行、银行、证券所等金融机构来包装、背书等，而且费用和门槛极高。有了区块链，这些都不再是问题，且成本极低。区块链的价值传递属性还解决了支付的问题，有支持全球支付服务的条件。

区块链甚至带来一种新的商业文明——“区块链经济”，从传统基于熟人之间信任关系的合作网络，变成了基于透明规则的开放式合作。

3. 应用区块链创新金融模式

目前区块链应用的发展已开始超越比特币（区块链 1.0），进入到区块链 1.5 时代，并向金融领域（区块链2.0）过渡。区块链2.0，第二代可编程区块链，可以允许用户写出更精密和智能的协议。因此，当利润达到一定程度的时候，参与者就能从完成的货运订单或共享证书的分红中获得收益。区块链 2.0 技术越过了交易和中介机构，它们使人们的隐私得到保护，让人们“可以将掌握的信息兑换成货币”，并且能让有能力保护知识产权的所有者得到收益。

传统的互联网是信息的传输，本质是对信息的拷贝。而现实中的货币流通要依靠中心化的组织做背书来维护运行，比如微信支付、支付宝、银联等支付平台。依靠中心化的方式实现价值传递，弊端很多。而区块链是第一个能够实现价值传递的网络，这些价值可以表现为资金、资产或其他形式。区块链技术有望带领人类从信息互联网时代过渡到价值互联网时代。

近期中国央行推动基于区块链开发的数字票据交易平台已测试成功，由央行发行的法定数字货币已在该平台运行。这意味着中国央行将成为全球范围内首个发行数字货币并开展正式应用的国家金融机构。

如果所有的金融系统能够实现去中心化的实时结算和清算，这不仅将极大地提高全球金融效率，还会改变全球的金融格局。

4. 应用区块链创新社会运行模式

未来的 3 –5 年，区块链或许会进入社会公证、智能化领域（区块链 3.0），包括身份认证、公证、仲裁、审计、域名、物流、医疗、邮件、签证、投票等细分领域。

过去，我们的出生证、房产证、婚姻证等部分证明，需要一个中心节点，如政府背书，才能得到认证。但一旦跨国，你就会遇到无尽的麻烦，跨国后合同和证明可能就失效了，因为缺少全球性的中心节点。

若将区块链技术应用到办证服务上，我们的出生证、房产证、婚姻证都可以在区块链上进行公证，获得全球认证。

何学彦说，区块链是一种记账的技术工具，它的量用效果在于使用者的目的取向。运用区块链技术可以创新经济社会的运行方式，促进经济社会的健康发展。

（四）贵阳地方政府：区块链的经济社会价值系列白皮书

2016 年 12 月 31 日，贵阳市人民政府新闻办公室正式发布《贵阳区块链发展和应用》白皮书。2017 年 2 月 10 日，贵阳市政府再次强调区块链技术应用，政府部门直接参与是贵阳区块链应用最明显的特征。

白皮书分为五个章节，即区块链概述、发展基础、总体思路、应用场景和支撑体系。其中第一个章节，从区块链技术概念、区块链的经济意义与区块链的社会意义三个方面阐述贵阳政府对区块链的理解，提出在区块链的发展和推动下，互联网将完成华丽“三部曲”的改变，即信息互联网、价值互联网和秩序互联网。下面摘选有关区块链的经济社会价值白皮书的内容介绍：

1. 区块链与价值互联网：剖析区块链经济学意义

白皮书认为，当前互联网发展从信息互联网迈入价值互联网阶段，人类社会发展进入数字经济时代。在此过程中，区块链技术正推动互联网构建一种新型产权关系，通过分布式账本系统使参与者获利。依托新的价值度量衡、广泛的共识和价值分享，重构线上和线下的价值信用体系，实现互联网的价值自由流动。

2. 区块链与秩序互联网：剖析区块链社会学意义

白皮书认为，未来，随着区块链技术的广泛应用，区块链在不断完善和拓展自身应用领域的同时，也将逐渐建立起新的互联网社会生态和社会秩序。推动不同主权体和不同社会阶层构建规则共识、行为共治和价值共享的信息文明新秩序，进而形成互联网社会新的行为准则和价值规范。构筑人类社会“和而不同"的新型治理结构，构建"秩序互联网"。

近几年，贵阳牢牢抓住大数据时代的发展机遇，全力推进大数据在商用、政用和民用上的创新。提出"块数据"理论并将其应用于具体实践上，努力建设"块数据"城市。发展和应用区块链，将成为贵阳在国家数字经济发展中发挥先行示范的又一创举。

3. 结论

赛智区块链是本次白皮书编写的统稿方，他们认为贵阳政府对区块链与价值互联网和秩序互联网的发展规划阐述非常有前瞻性。从经济价值上看，区块链将重构线上和线下的价值信用体系，实现互联网价值的自由流动；从社会价值上看，区块链将推动不同主权体和不同社会阶层构建基于规则共识、行为共治和价值共享的信息文明新秩序。有了这一认识高度，结合贵阳政府在区块链理论创新、区块链发展顶层设计、区块链应用场景及区块链发展体系构建等方面的探索，将会让贵阳继续保持在大数据产业发展的领先优势，并领跑全国。贵阳政府积极推动区块链应用方案及保障其能切实落地，为全国构建开放、安全、有序的区块链生态作出了贡献。

二、区块链出现的技术原因及相关问题

经济背景和社会背景，这是区块链和区块链产业出现的直接原因和关键性原因。

（一）从根基上解读，区块链出现的技术原因是互联网与"拜占庭将军问题"

1. 区块链技术出现的原因，是基于互联网技术的发展

目前来看，TCP/IP 协议已成为全世界间的"牵手协议"。它将人们一直渴望的"去中心化、分布式"理念变成了一种可执行化的程序，互联网世界由此衍生了许多的类似协议。

然而，回顾互联网技术的发展可以发现，这一代互联网技术虽然成功实现信息的去中心化，却无法实现价值的去中心化。换句话说，互联网上的去中心

化的活动是无需信用背书的活动，需要信用做保证的都是中心化的、有第三方中介机构参与的活动。因此，无法建立全球信用的互联网技术就在前进中遇到了很大的阻碍——人们无法在互联网上通过去中心化的方式参与价值交换活动。

第一代互联网成功实现了信息去中心化，然而无法建立全球信用。随着互联网技术的发展，这种基于信用而存在的第三方中介机构（如银行、结算结构）的运营成本已经大到无法忽视。于是，现今的人们开始尝试新的技术：这种技术在保证人们互相信任的前提下，可以从事价值交换的活动，从而做到真正的去中心化、去第三方中介机构。实现从信息互联网到价值互联网的转变，区块链技术应运而生。

2. 区块链技术的出现，源于“拜占庭将军问题”

互联网生活中，当需要与不熟悉的人进行价值交换活动时，如何才能防止不会被其中的恶意破坏者欺骗、迷惑而做出错误决策？这就是“拜占庭问题”，在缺少可信任中央节点和可信任通道的情况下，分布在网络中的各个节点应如何达成共识？区块链技术可以解决该问题，它提供了一种无需信任单个节点、并能创建共识网络的方法。

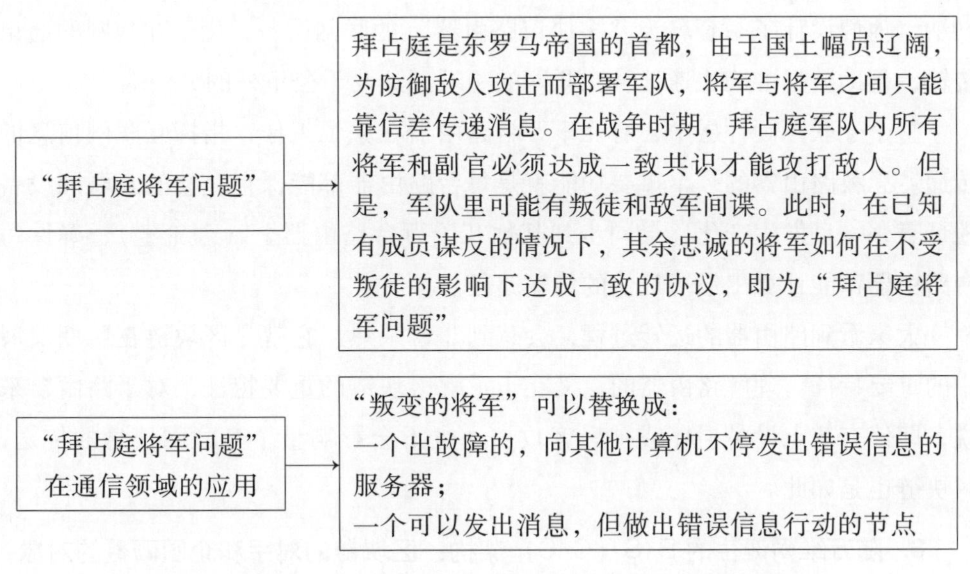

图 5-1 区块链的出现：源于“拜占庭将军问题”

资料来源：电子发烧友

（二）比特币诞生之前：五个对区块链有重大影响的互联网技术

1969 年，互联网在美国诞生，此后对互联网的研究从美国的四所研究机构扩展到全世界。从最早对军事和科研的应用，扩展到现今生活的方方面面。互联网发展近 50 年来，有五项技术对区块链的未来发展有特别重大的意义。

1. 1974 年 TCP/IP 协议的出台：决定了区块链在互联网生态的位置

1974 年，互联网发展迈出了最为关键的一步，由美国科学家文顿·瑟夫和罗伯特·卡恩共同开发的互联网核心通信技术——TCP/IP 协议正式出台。这个协议实现了不同计算机，甚至是不同类型的网络间可以互相传送信息。所有连接在网络上的计算机，只要遵照这个协议，都能够进行通讯和交互。

TCP/IP 协议对掌握互联网和区块链有非常重要的意义。自 1974 年 TCP/IP 诞生之后，互联网的顶层应用层不断涌现出各种创新应用，包括新闻、电子商务、社交网络、QQ、微信等社交媒体，也包括区块链技术。区块链在互联网的技术生态中，是互联网顶层内的应用层的一种新技术。

2. 1984 年诞生的思科路由器技术：是区块链技术的模仿对象

1984 年 12 月，思科公司在美国成立，创始人是任职于斯坦福大学的一对夫妇——计算机中心主任莱昂纳德·波萨克和商学院的计算机中心主任桑蒂·勒纳。他们设计了一套名为"多协议路由器"的联网设备，用于互联网的通讯传输，帮助数据准确快速地从互联网的一端到达几千公里外的另一端。

整个互联网硬件层中，有几千万台路由器在繁忙工作，指挥互联网信息的传递。思科路由器的一个重要功能就是每台路由器都能保存完整的互联网设备地址表，一旦发生变化，会同步到其他几千万台路由器上（理论上），确保每台路由器都能计算出最短最快的传输路径。

大家看到路由器的运转过程，会感到非常眼熟，它就是区块链在后期发展中的重要特征。理解路由器的意义在于了解区块链的重要特征，对于路由器来说，即使有节点设备损坏或被黑客攻击，也不会影响整个互联网信息的传送，区块链也是如此。

3. 随万维网诞生的 B/S（C/S）架构：区块链的对手和企图颠覆的对象

万维网简称为 Web，并分为 Web 客户端和服务器。所有更新的信息只在 Web 服务器上修改，是不会被保留信息的，只有在访问服务器时才获得信息的数据。这种结构也常被称为互联网的 B/S 架构，也就是中心型架构。这种架构是目前互联网最主要的搭建架构，包括谷歌、Facebook、腾讯、阿里巴巴、亚马逊等互联网巨头都采用了这个架构。

理解 B/S 架构，对于理解区块链技术有重要的意义。B/S 架构是数据只存放在中心服务器里，其他所有计算机从服务器中获取信息。区块链技术是计算机没有中心服务器，所有数据会同步到全部的计算机里，这就是区块链技术的核心。

4. 对等网络（P2P）：区块链的“父亲”和技术基础

对等网络 P2P 是与 C/S（B/S）对应的另一种互联网基础架构。它的特征是彼此连接的多台计算机都处于对等的地位，无主从之分。计算机既可作为服务器，设定共享资源供网络中其他计算机使用，又可以作为信息处理工作站。

Napster 是世界上最早出现的 P2P 系统之一，主要用于音乐资源分享，但 Napster 还不能算作真正的对等网络系统。2000 年 3 月 14 日，美国地下黑客站点 Slashdot 的邮寄列表中发布了一个消息，说 AOL 的 Nullsoft 部门已经发放开放源码的 Napster 的克隆软件 Gnutella。

在 Gnutella 分布式对等网络模型中，每一台联网计算机在功能上都是对等的，既是客户机同时又是服务器，所以 Gnutella 被称为第一个真正的对等网络架构。

在互联网发展的 20 年里，一些科技巨头如微软、IBM，也包括自由分子、黑客甚至侵犯知识产权的犯罪分子等群体，都在不断推动对等网络的发展。当然，互联网与那些希望加强信息共享的理想主义者也投入了很大的热情到对等网络。区块链就是一种对等网络架构的软件应用，它是对等网络试图从过去的沉默中爆发的标杆性应用。

5. 哈希算法：产生比特币和代币（通证）的关键

哈希算法是将任意长度的数字用哈希函数转变成固定长度数值的算法。著名的哈希函数有 MD4、MD5、SHS 等，它是美国国家标准及技术学会所定义的加密函数族中的一员。

这组算法对世界的运作有着重要的意义。从互联网应用商店、邮件、杀毒软件到浏览器等应用，他们都在使用哈希算法。它能判断互联网用户是否下载了想要的信息，也能判断互联网用户是否为中间人或网络钓鱼攻击的受害者。

区块链及其应用比特币或其他虚拟币衍生新币的过程，就是用哈希算法的函数进行运算的。在获得符合格式要求的数字后，区块链程序会给予相应的比特币作为奖励。

包括比特币和代币的挖矿，其实就是一个用哈希算法构建的数学游戏。不过因为有了激烈的竞争，世界各地的人们便动用强大的服务器进行计算，以抢先获得奖励。

（三）区块链的始祖：比特币创始人中本聪

区块链的诞生应该是人类科学史上最为异常和神秘的发明及技术。因为除了区块链，到目前为止，现代科学史上还没有一项重大发明是找不到发明人的。

2008 年 10 月 31 号，比特币创始人中本聪（化名）在密码学邮件组发表了一篇论文《比特币：一种点对点的电子现金系统》。在这篇论文中，作者声称发明了一套新的不受政府或机构控制的电子货币系统，而区块链技术是支持比特币运行的基础。

论文预印本地址在 http：// www. bitcoin. org/bitcoin. pdf。从学术角度看，这篇论文远不能算是合格的论文，文章的主体是由八个流程图和对应的解释文字构成的，没有定义名词和术语，论文格式也很不规范。

2009 年 1 月，中本聪在 SourceForge 网站发布了区块链的应用案例，比特币系统的开源软件。据说开源软件发布后，中本聪大约挖了 100 万个比特币。一周后，中本聪发送了 10 个比特币给密码学专家哈尔·芬尼，这是比特币史上的第一笔交易。

（四）区块链技术的拓展：对等网络（P2P）软件应用

1. 区块链在对等网络（P2P）的软件应用

我们在前文提过，在 21 世纪初，互联网形成了两大类型的应用架构。中心化的 B/S 架构和无中心的对等网络（P2P）架构，阿里巴巴、新浪、亚马逊、百度等很多互联网巨头都是使用中心化的 B/S 架构。简单来说，就是和数据放在巨型服务器中，我们普通用户通过手机、个人电脑访问阿里、新浪等网站的服务器。

自21世纪初以来，互联网出现了很多可以自由分享音乐、视频、论文资料等资源的软件应用，他们大部分采用的是对等网络（P2P）架构。但这类应用一直没有流行起来，主要原因是资源消耗大，存在知识版权等问题。区块链是这种领域的一种软件应用。

2. 区块链利用哈希算法产生“通证（代币）”的对等网络（P2P）软件应用

区块链的第一个应用是比特币。讨论比特币时，经常会提到的一个名词就是“挖矿”。那么，挖矿到底挖什么呢？

形象的比喻是，区块链程序给矿工（游戏者）256个硬币，编号分别为1、2、3……256。每进行一次Hash运算，就像抛一次硬币。256枚硬币同时抛出，落地后如果正巧编号前70的所有硬币全部正面向上，矿工就可以把这个数字告诉区块链程序，区块链会奖励50个比特币给矿工。

从软件程序的角度说，比特币的挖矿就是用哈希SHA256函数构建的数学游戏。区块链在这个游戏中首先规定了一种获奖模式：给出一个256位的哈希数，但这个哈希数的后70位全部是0。然后游戏者（矿工）不断输入各种数字到哈希SHA256函数，看用这个函数能不能获得位数有70个0的数字。找到一个，区块链程序会奖励50个比特币给游戏者。实际的挖坑和奖励算法会更复杂，但上面的举例主要是表现挖矿和获得比特币这两个核心环节是如何操作的。

2009年比特币诞生的时候，每笔赏金是50个比特币。诞生10分钟后，第一批50个比特币生成了，而此时的货币总量就是50个。随后比特币就以约每10分钟50个的速度增长。当总量达到1050万个时（2100万个的50%），赏金减半为25个。当总量达到1575万个（新产出525万个，即1050个的50%）时，赏金再减半为12.5个。根据比特币程序的设计，比特币总额达到2100万个。

从上述介绍看，比特币可以看做是一个基于对等网络架构的猜数游戏，每次猜出正确的结果，游戏参与者都会获取相应比特币的奖励，并记录到游戏者的历史数据库中。

（五）区块链技术普及：因比特币兴起而产生的“四大金刚”

区块链技术因比特币的兴起诞生了智能合约、通证、ICO与区块链基础平台。

从上面的介绍看，比特币的技术并不是从天上掉下来的新技术。而是把原来的多种互联网技术，如对等网络架构、路由器的全网同步、网络安全的加密技术等技术巧妙地组合在一起，算是一种组合创新的算法游戏。

由于比特币通过运作可以兑换法币、购买实物，通过升值获得暴利。全世界都不淡定了。抱着“你能做，我也能做”的态度，很多人开始创造了仿比特币软件应用，利用政府难以监管对等网络的特点，各种山寨币与比特币相继出现，并横出的现象，由此产生了“四大金刚”。

1. 区块链基础平台

用区块链技术框架创建货币还是有一定的技术难度，这时以太坊等区块链基础技术平台出现了。普通人也可以创建类“比特币”软件程序，请人入局挖币、炒币，并从中获得利益。

2. 通证或代币

各家“比特币”“山寨币”如果用哈希算法创建了猜数游戏，产生了自己的“货币”时，这个“货币”统称为“通证”或“代币”。

3. ICO

由于比特币和以太币已经可以与各国法定货币兑换，当其他新虚拟币发币时，就只能用比特币和以太币购买发行的新币，这样的发币过程就叫 ICO。ICO 的出现放大了比特币与以太币的交易量，同时因为有很多 ICO 项目是完全建立在虚拟的项目上，所以导致大量欺诈案例频发。

4. 智能合约

智能合约可以看做是区块链上的一种软件功能，是辅助区块链上虚拟币间交易的程序。具体功能就像支付宝的资金托管一样，当一方用户收到货物，在支付宝上进行确认后，资金会自动支付给买家货主。智能合约在比特币等区块链应用上也拥有中介支付的功能。

（六）区块链技术大热：具有深厚的时代背景

区块链作为分布式数据存储、点对点传输、共识机制、加密算法等技术的集成应用，被认为是继大型机、个人电脑、互联网之后计算模式的颠覆式创新，并很可能在全球范围引起一场新的技术革新和产业变革。目前，区块链技术被很多大型机构称为“彻底改变业务乃至机构运作方式的重大突破性技术”。同时，就像云计算、大数据、物联网等新一代信息技术一样，区块链技术并不是单一的信息技术，而是依托于现有技术，加以独创性的组合来进行技术创新的。

尽管区块链技术还存在扩展可行性、隐私和安全、开源项目不够成熟等问题，但我们所使用的一些应用充分证明了区块链的价值。随着区块链技术不断成熟，这些应用将带来以下几个方面的价值：

一是推动新一代信息技术产业的发展。随着区块链技术应用的不断深入，将为云计算、大数据、物联网、人工智能等新一代信息技术的发展创造新的机遇。例如，随着万向、微众等企业不断推动 Baas 平台的探索与应用，必将带动云计算和大数据的发展。有利于信息技术的升级换代，也将有助于推动信息产业的跨越式发展。

二是为经济社会转型升级提供技术支持。随着区块链技术广泛应用于金融服务、供应链管理、文化娱乐、智能制造、社会公益以及教育就业等经济社会的各个领域，必将会起到优化行业的业务流程、降低运营成本、提升协同效率等作用，进而为经济社会转型升级提供系统化的支持。例如，随着区块链技术在版权交易和保护方面应用不断成熟，将会对文化娱乐行业的转型发展起到积极的推动作用。

三是提供新的创业创新机会。国内外现有的区块链应用证明，区块链技术作为一种大规模协作的工具，能推动不同经济体交易在广度和深度上迈上一个新的台阶，并有效降低交易成本。例如，万向将结合“创新聚能城”构建区块链的创业创新平台，这既为个人和中小企业创业创新提供平台支持，又为将来的应用区块链技术奠定基础。可以预见的是：随着区块链技术的广泛运用，会涌现大量新的商业模式，为创业、创新创造新的机遇。

四是为提升社会管理水平提供技术手段。随着区块链技术在公共管理、社会保障、知识产权管理和保护、土地所有权管理等领域的应用，将有效提升公众在社会管理上的参与度，降低社会运营成本，提高社会管理的质量和效率。例如，蚂蚁金服将区块链应用于公益捐款，为提升社会公益活动的透明度和信任度树立了榜样，也为区块链技术在社会管理的应用上提供了实践参考。

随着新一轮产业革命的到来，云计算、大数据、物联网等新一代信息技术在智能制造、金融、能源、医疗健康等行业的作用显得愈发重要。根据“十三五"规划，区块链被确立为七大战略性新兴产业之一以来，我国新一代信息技术发展迅速，逐步成为各行各业信息技术应用深化的方向。从国内外发展趋势和区块链技术发展路径来看，区块链技术和应用的发展需要云计算、大数据、物联网等新一代信息技术作为基础支撑，同时区块链技术和应用发展对新一代信息技术产业发展具有推动作用。

三、政策法律原因及演变史

我国的政策与法律背景，这是区块链和区块链产业出现的前提原因和保障原因。

各国的政策法律，是各国区块链和区块链产业产生和出现的前提条件与基础，也是区块链和区块链产业生存和发展的"护身符"与"生命线"。由于各国对区块链和区块链产业的认识和看法不一致，因此制定的政策法律也不一致，进而其结果也不一样。

（一）各国政府对区块链政策态度不一

区块链技术发展至今，已吸引全球多个国家与公司的关注。各国对于区块链的看法和态度不一，但大多数国家和地区政府，对区块链持积极和支持态度。下面介绍主要国家区块链技术与数字货币法规政策及态度。

1. 主要国家或地区对于 ICO 项目通证资产的态度

目前各国对于 ICO 项目通证资产的态度主要有五种：

（1）明令禁止，认定 ICO 为非法行为，如俄罗斯、中国、韩国。

（2）没有明确禁止，但严格监管。不承认未经注册的 ICO 项目的合法性，如，美国正制订监管 ICO 的具体措施，香港的 ICO 项目必须遵守香港的证券法。

（3）试图将 ICO 纳入监管框架，提倡将 ICO 项目进行分类，分别对应现行的法律法规。与美国不同，以瑞士、德国为代表的欧洲国家没有明确严令禁止 ICO，而是处于默许和严格监管的中间地带。英国、新加坡允许 ICO 项目使用"沙盒机制"，相比瑞士与德国，态度更为开放。

（4）仅发出警告，表态不主张监管 ICO，总体类似于默许，如日本、英国。

（5）积极提倡，支持 ICO，如委内瑞拉。

2. 美国对区块链政策从中立转支持态度

美国鼓励区块链创新技术，但严格监管 ICO 项目。美国商品期货交易委员会、证券交易委员会和美国国税局对加密货币进行了不同的定义，分别将其定义为商品、证券和财产。美国证券交易委员会（SEC，与中国证监会类似部门）最新发布《关于可能违法的加密资产交易平台的声明》，确认数字资产属于证券范畴，因此交易所必须在 SEC 注册或获取牌照。同时 SEC 也公布了已经合法注册的证券交易平台供投资者参考。

3. 俄罗斯对区块链政策从反对转中立态度

俄罗斯对区块链的态度比较谨慎，目前依然禁止 ICO 项目，但支持区块链技术的落地。2017 年 5 月 9 日，俄罗斯联邦信息技术和通信部（Ministry of Communications）宣布计划于 2019 年实现区块链合法化。同年 8 月，普京促成了俄罗斯国家开发银行与以太坊基金会达成战略合作关系。为推动区块链技术在俄罗斯落地，普京还联合以太坊创始人 Vitalik Buterin 与美国、印度、以色列和土耳其在内的 15 个国家的区块链专家讨论未来区块链和加密货币的网络协议。

4. 德国对区块链政策持支持态度

德国是最早将比特币等数字资产认定为私有财产的国家，并且将发展区块链技术作为国家战略。2013 年 8 月德国政府承认比特币的合法地位，并将其纳入国家监管体系。德国也成为世界上首个承认比特币合法地位的国家。德国政府表示，比特币可以当做私人货币和货币单位，个人比特币使用一年内免税，但用作商业用途要征税。2018 年 2 月，德国金融监管机构 BaFin 发布声明，强调 Token 如果被认定为是受监管的金融工具，则其也适用于一般的金融监管规定，无需专门另设一套监管体制。

5. 日本对区块链政策持大力支持态度

作为比特币与区块链技术的“发源国”，日本对于区块链相关数字货币的发展态度较为开放。目前以日元计价的比特币交易值，占到总交易量的 49%，成为全球第一交易大国。但自 2018 年 1 月，Coincheck 被黑客盗取价值 5.23 亿美元的加密货币后，政府对于比特币的监管趋严，对待 ICO 项目只是持默许的态度。目前，日本已将比特币合法化，日本监管机构与交易所也已出台相关政策大力发展数字货币。据悉，日本金融监管机构人员在考虑将比特币等虚拟货币视为与现金等价的货币。此举将强化消费者的保护机制，并铺设一条虚拟经济增长的发展道路。

6. 韩国对区块链政策持支持态度

韩国将区块链发展作为国家级战略，但对数字货币的交易进行积极的监管。在韩国人们可以成立交易所，并允许使用数字货币进行交易，但是禁止ICO。2018 年 1 月，韩国互联网与安全局开始全力构建区块链生态系统，并计划于同年 4 月在物流、能源等核心产业内开展试点项目，并把此技术当做是第四次工业革命。对于 ICO，韩国政府的态度很坚定，2017 年 9 月，韩国金融服务委员会就正式宣布，“禁止通过各种形式的虚拟货币进行筹集资金。”

7. 新加坡对区块链政策持全面积极支持态度

新加坡的区块链政策相对开放，并积极拥抱各种区块链技术创新项目。新加坡对待区块链的态度是在承认其合法性的前提下进行积极监管，允许符合条件的数字货币及 ICO 进行交易。新加坡总理李显龙曾公开督促金融部门要跟上区块链技术的发展步伐，因此，新加坡区块链证券金融创新监管政策的开放程度远超亚洲其他国家。

8. 委内瑞拉对区块链政策持全面积极支持态度

委内瑞拉积极支持与提倡发展数字货币及 ICO。2017 年委内瑞拉发行了全球第一个法币加密货币——石油币，石油币以石油资源作为由委内瑞拉政府基于区块链技术平台发行的主权加密资产。它们既可以用于商品和服务交易、储蓄和投资，还可以用于缴税、捐赠、支付公共服务以及对石油定价等服务。政府还允许把石油币兑换成委内瑞拉法定货币和其他加密货币。

（二）中国政府对区块链技术及应用持支持态度

区块链技术和应用国家给予的支持可以分为三个层面，主要是政府层面、省级和企业层面。

1. 政府层面

在政府部门层面上，对区块链技术一直采取的是积极支持和保护的态度。

2016 年 10 月，工业和信息化部发布了《中国区块链技术和应用发展白皮书》，定义区块链是分布式数据存储、点对点传输、共识机制与加密算法等计算机技术的新型应用模式。并明确提出区块链技术作为“十三五”规划中核心发展计划的一部分。同年 12 月，国务院印发了《“十三五”国家信息化规划》，鼓励针对区块链等战略性前沿技术提前布局，发挥政府先发主导的优势。2017 年 6 月 27 日，中国人民银行下发了《中国金融业务信息技术“十三五”发展规划》通知，强调要加强区块链基础技术研究，开展区块链技术在金融领域的应用研究。2018 年 2 月，《人民日报》发表了专题报道《区块链的三个问题》，进一步突显国家对区块链持积极态度的立场。2018 年 4 月 11 日，中国人民银行行长易纲在博鳌亚洲论坛上表示，国家正在研究如何让数字货币发挥正能量，更好地服务于实体经济。国家审计署也正积极探索区块链的功能，以缓解当前数据基础架构所造成的瓶颈及改进审计实践方式。

2. 省级层面

在地方政府层面，“十三五”中期已有 20 个地方颁布了区块链发展专项政策，主要包括上海市、贵阳市、青岛市、杭州市、广州市和重庆市等地。在区块链技术支持、技术标准的推动、区块链政用和商用等试点与推进方面，为区块链的发展开创了良好的氛围。部分城市已将区块链发展计划列入当地金融业“十三五”的发展规划当中，如北京、深圳、江苏、江西、内蒙古等地将区块链作为金融科技重点布局之一。

3. 企业层面

中国主要大型企业已承诺将区块链技术的开发及采用写入到其运营计算当中。阿里巴巴就是一个很好的例子，在 2017 年提交的 406 项国际区块链相关专利中，阿里巴巴有 43 项，阿里云还与厦门中川物联网产业研究院合作开发针对物联网（IoT）的区块链计划。除阿里巴巴外，一些中国巨头也在其业务中应用区块链技术。京东在其供应链中试行区块链的应用，以追踪和验证进口牛肉产品的真实性。互联网巨头腾讯于 2017 年发表了一份白皮书，详细介绍了区块链服务在名为 TrustSQL 的开放平台上的应用成果。2018 年百度推出了 Totem，这是一个数字图像产权管理平台，通过使用区块链技术来提交时间戳，保护内容创作者免受知识产权侵害。

各地区块链专项政策一览		
地区	专项政策	要点概述
上海	《互联网金融从业机构区块链技术应用自律规则》，上海市互联网金融行业协会，2017年4月	对互联网从业机构在应用区块链技术时所涉及的信息安全、风险管控、信息报备、隐私保护、产融研合作以及人才培养等方面制定了相关规定
浙江	《关于打造西溪谷区块链产业园的政策意见（试行）》，西湖区人民政府金融办，西湖区财政局，2017年5月	为注册并入驻西溪谷区块链产业园区的区块链技术及应用企业（机构）、研究机构、产业基金项目、行业联盟（联合会）等组织，提供企业补助和人才支持政策，打造具有影响力的区块链产业生态系统
贵州	《关于支持区块链发展和应用的若干政策措施（试行）》，贵阳市人民政府办，2017年6月	围绕《贵阳区块链发展和应用》白皮书总体布局，对获得认定或符合相关资质的企业及相关机构，提供主体、平台、创新、金融、人才等全方位的政策支持
山东	《青岛市市北区人民政府关于加快区块链产业发展的意见》，青岛市市北区人民政府办，2017年6月	力争于2020年，形成一套系统的区块链可视化标准，打造一批可复制、可推广的应用模板，努力建设立足青岛、面向全国的区块链产业高地、区块链+创新应用基地——“链湾”
重庆	《关于加快区块链产业培育及创新应用的意见》，重庆市经信委，2017年11月	截至2020年，力争全市打造2－5个区块链产业基地，培育和引进10家以上区块链国内细分领域龙头企业、50家以上有核心技术或成长型的区块链企业。培育和引进500名以上区块链中高级人才，努力将重庆打造成国内重要的区块链产业高地和创新应用基地
广州	《广州市黄埔区广州开发区促进区块链产业发展办法》，广州市黄埔区人民政府办，广州开发区管委会办，2017年12月	对区内经认定的区块链企业或机构在申请新设立培育奖励、成长奖励、平台奖励、应用奖励、技术奖励、金融支持以及活动补贴等方面的补助进行了规定

图5－2　部分省市区块链专项政策一览

资料来源：国内区块链相关政策梳理

（三）中国政府对加密货币持否认态度

自从国务院在“十三五”规划中提出要发展区块链，加密货币市场总量在2017 年增加了 30 倍，区块链和加密货币成为中国 Y 世代的热门话题。企业和公众都被他们并不完全理解的技术所吸引。因此，政府希望通过制定相关框架和标准，加速行业对区块链技术的应用，同时在新生和不受监管的加密货币生态系统中教育和保护投资者。

早在 2017 年加密热潮之前，中国就是最大的加密货币市场。2016 年末的比特币交易浪潮中，人民币占全球比特币交易量的 90% 以上。

然而，追溯到 2013 年 12 月，中国各政府部门已对比特币采取了行动。一份题为《预防比特币金融风险的通知》的官方通知将比特币描述为是具有相当大金融风险的虚拟商品，并概述了金融机构不再允许向人们提供比特币的交易服务的原因。2017 年 1 月政府再次发出类似通知，警告中国公民持有加密货币的风险。2017 年 9 月，发布了一份题为《关于防止发行代币的财务风险的通知》的通知。中国的 ICO 项目被禁止，正在进行中的 ICO 项目被迫向投资者退款，而即将到来的 ICO 项目不得不转移至海外以规避禁令。许多中国虚拟项目交易所，如 BTCC 和 OKCoin 被迫关闭在中国的办事处，并搬迁到支持加密货币的国家，如新加坡和丹麦。使用称为 ASIC（专用集成电路）的专用“计算机”的采矿工厂被迫关闭，这进一步削弱了中国加密货币社区的发展。

自禁令以来，中国人民币的比特币交易量下降至不到 10%，许多人依靠 VPN 和海外账户继续交易，中国当局已加紧冻结中国相关银行账户，并阻止访问任何与加密货币相关的网站。尽管自 2018 年以来打击力度不断加大，依靠 VPN 和海外账户的交易方法逐渐变得不可行，但还是需要一个过程。

（四）中国区块链相关政策法规演变史

中国政府从 2013 年开始关注并出台密码货币与相关区块链的政策，政策环境的发展演化与世界各国情况总体一致，即先态度谨慎、强力监管，然后再逐渐放松。比较鲜明的是自 2017 年以来，政府对密码货币和代币的监管显著增强，而对区块链技术的应用大力支持积极推动，突出表现为对“无币区块链”应用的宣传和推广。

1. 严厉监管：2013 –2014 年

2013 年下半年，中国市场的比特币快速升温，价格快速上涨，掀起了第一轮密码货币投资热潮，中国的比特币中国、OKCoin 和火币网跻身世界比特币交易所前列。百度宣布在其第三方支付中支持比特币，苏宁也考虑接受比特币支付。各大媒体争相报道相关新闻，引发社会广泛关注。

2013 年 11 月，中国人民银行副行长易纲在某论坛上首次谈及比特币。他表示，购买和出售比特币是公民的权利。11 月 19 日，《人民日报》发文《比特币虽火，冲击力有限》，总体表现出政府对比特币审慎但又宽容的态度。2013 年 11 月后，比特币骤涨至 8000 元，这引起了金融监管高层对比特币市场的高度重视。

2013 年 12 月 5 日中国人民银行、工业和信息化部、中国银监会、中国证监会和中国保监会联合印发了《关于防范比特币风险的通知》，强调比特币不是货币，而是一种虚拟商品，普通民众在自担风险的前提下可以自由买卖。金融机构和支付机构不得以比特币为产品或服务定价，不得买卖或作为中央对手买卖比特币，不得承保与比特币相关的保险业务或将比特币纳入保险责任范围，不得直接或间接为客户提供其他与比特币相关的服务。

文件一方面肯定了比特币及其交易作为商品和商品交易的合法性，但明确否定了其货币属性，并禁止金融与支付机构参与其中。这给比特币市场带来了巨大的打击，比特币价格下跌 30% 以上，这也是在比特币市场 2014 年转向萧条的重要原因。

2. 积极应对：2015 -2016 年

受央行监管人民币通道和前全球最大比特币交易所 Mt. Gox 倒闭的影响，比特币在 2015 年初跌至 900 元人民币左右，但并未出现预期的崩盘现象，而是逐渐稳定，国内交易所也逐渐恢复了交易。这显现出密码共识机制这种去中心化经济组织模式的技术优势和机制创新，各国政府开始正视并介入比特币与区块链的发展当中。

（1）央行开始研究法定数字货币的可行性

央行在 2014 年就成立了发行法定数字货币的专门研究小组，以论证央行发行法定数字货币的可行性。2015 年小组对数字货币发行和业务运行框架、数字货币的关键技术、数字货币发行流通环境、数字货币面临的法律问题、数字货币对经济金融体系的影响、法定数字货币与私人发行数字货币的关系及国际上数字货币的发行经验等方面进行进一步的深入研究，并编写成了央行发行数字货币的系列研究报告。这些研究成果，有的已经向国家知识产权局提交了专利申请书，有的则以专题的形式在媒体上发表。

（2）央行召开数字货币研讨会

2016 年 1 月 20 日，央行召开数字货币研讨会，来自中国人民银行、花旗银行和德勤公司的数字货币研究专家分别就数字货币发行的总体框架、货币演进中的国家数字货币、国家发行的密码电子货币等专题进行了深度研讨和交流。周小川在会议中提及纸币将会被数字货币取代，此会议成为央行制定发行数字货币计划的开端。

（3）央行启动数字票据交易平台的研发

2016 年 7 月，央行启动了基于区块链和数字货币的数字票据交易平台原型的研发工作，决定以数字票据交易平台作为法定数字货币的试点应用场景，并借助数字票据交易平台的开发来检验区块链技术。2016 年 9 月，票据交易平台筹备组会与数字货币研究所筹备组牵头成立了数字票据交易平台筹备组，正式启动数字票据交易平台的封闭开发工作。

（4）央行招聘数字货币研究人员并成立数字货币研究所

2016 年 11 月 15 日，央行官网公布了其直属单位 2017 年度工作人员招聘公告，其中有六个岗位为央行数字货币研究所储备技术人才。2017 年 7 月 3 日，中国人民银行数字货币研究所在北京德胜国际中心 C 座 9 楼正式挂牌成立。这意味着央行将成为全球首个发行数字货币并开展应用项目研究的国家银行。

（5）中国互联网金融协会成立区块链研究工作组

2016 年 6 月，中国互联网金融协会召开会议决定成立区块链研究工作组。由全国人大财经委委员、原中国银行行长李礼辉任工作组组长，深入研究区块链技术在金融领域的应用及其影响。

（6）工业和信息化部发布《中国区块链技术和应用发展白皮书（2016）》

2016 年 10 月，工业和信息化部发布了《中国区块链技术和应用发展白皮书（2016）》，白皮书总结了国内外区块链总体的发展现状和典型应用场景，并介绍了中国区块链技术发展路线图以及未来区块链技术发展的方向和进程。

（7）央行将区块链加入“十三五”规划

2016 年 12 月末，国务院印发了《“十三五”国家信息化规划》，其中，《“十三五”国家信息化规划》将“至 2020 年，数字中国总体建设取得显著成效，信息化应用能力跻身国际前列”定为目标，首次将区块链技术列入国家级信息化规划内容。

3. 倡导无币区块链：2017 年后

随着密码货币与区块链技术的意义逐渐被大众所认识，各国政府对区块链的态度变得越来越积极。加密货币市场逐渐升温，尤其是在基于 ERC20 的区块链项目代币公开发行（ICO）后。各国政府政策上除了继续积极支持区块链的应用与创新外，对密码货币和各种代币的监管力度逐渐增强。2018 年更是在政策上明确倡导发展"无币区块链"。

（1）国务院办公厅发布《经济发展新动能意见》

2017 年 1 月，国务院办公厅发布《关于创新管理优化服务培育壮大经济发展新动能，加快旧动能接续转化的意见》。提出区块链技术发展突破院所和学科管理限制，在人工智能、区块链、能源互联网、大数据应用等交叉融合领域构建若干产业创新中心和创新网络。

（2）中国人民银行正式成立数字货币研究所

2017 年 1 月 29 日，中国人民银行数字货币研究所正式成立。该研究所涉及七个研究领域，包括区块链和金融科技领域，将积极开发由区块链提供技术支持的数字货币项目。

（3）全球区块链金融峰会在杭州召开

2017 年 4 月 28 日，全球区块链金融峰会在杭州开幕。这个由杭州市政府主办、金融办承办的峰会，吸引了 2000 多个来自世界各地的区块链爱好者参会，是 2017 年国内举办的最高规格的区块链峰会。同时，杭州还成立了全国首个区块链产业园区，以及杭州区块链技术与应用联合会。

（4）中国互联网金融协会发文提醒 ICO 项目的风险

2017 年 8 月 30 日，中国互联网金融协会发布《关于防范各类以 ICO 名义吸收投资相关风险的提示》。文章指出 ICO 扰乱了社会经济秩序并造成了较大的风险隐患，表示 ICO 相关融资活动未取得任何许可，并涉嫌诈骗、非法证券、非法集资等违法行为。要求中国互联网金融协会会员单位主动加强监管，抵制违法违规的金融行为。

（5）中国人民银行联合七部委发布公告，全面禁止 ICO

2017 年 9 月，央行等七部委（中国人民银行、中央网信办、工业和信息化部、工商总局、银监会、证监会、保监会）发布了《关于防范代币发行融资风险的公告》。文章指出比特币、以太币等所谓虚拟货币，本质上是一种非法公开融资的行为。代币的发行、融资与交易存在多种风险，包括虚假资产风险、经营失败风险、投资炒作风险等，投资者须自行承担投资风险。并要求各组织和个人即日停止各类代币发行融资活动，已完成代币发行融资的应当做出清退等安排。

（6）中国境内的加密货币交易所全部关闭

七部委公告发布后，国内各大交易所紧急撤下各种代币交易，只保留比特币、以太币等主要加密货币。2017 年 9 月 15 日各大交易所同时发布公告，宣布关闭交易所，并给出停止交易和清算的时间安排。至 2017 年 10 月底，各大交易所基本关闭。

（7）加强对加密货币矿场与场外交易的监管

加密货币交易所关闭后，矿场和场外交易成为国内加密货币的主要产业。2017 年年底，央行联合多部委引导境内的数字货币矿场进行“有序退出”。对于支付机构违反规定为虚拟货币场外交易提供服务的行为，政府加大了严查和处罚力度。

（8）央视三问“无币区块链”

2018 年 5 月，中央电视台经济频道连续播出三期关于加密货币、ICO 和区块链的报道，质疑国内交易所外迁、开通场外交易、绕过监管吸引国内投资者进行交易；质疑代币市场乱象横生，交易所挣钱花样多，亟待监管；结合国内微众银行等平台应用，提出无币区块链也能“火”。尽管央视的报道并非政府颁布的正式文件，但具有很强的政策导向性。

第二节　区块链技术及应用的进化方式

一、总体概述：区块链进化的三个阶段及六个时期

（一）区块链进化的三个阶段

1. 1.0：以比特币为代表的货币区块链技术

1.0 建立了一套密码学账本，为我们提供了一套新的记账方法，具备去中

心化、不可篡改、不可伪造、可追溯的特点。主要的应用场景是用于支付和流通，最典型的代表就是比特币，比特币是区块链发展中最为成功的应用。

2. 2.0：以以太坊为代表的合同区块链技术

与1.0最大的不同是在数字货币基础上加入了智能合约，并在此基础上进行其他的应用开发。在区块链2.0中以太坊就相当于一个基础链，以太坊的开发计划是建成一个全球性的大规模的协作网络，让任何人都可以在以太坊上进行运算、开发应用层。

以太坊最大的特点就是加入了智能合约，任何人都可以在智能合约上面编写，也是以代码形式定义的承诺合同。智能合约是一套没有第三方的情况下也能保证合同得到执行的计算机编程，只要条件达成，这个系统会自动执行合同中约定的条款并且不能篡改，这是区块链2.0相对于区块链1.0来说最重要的功能。但区块链2.0也是存在缺陷的，它无法支持大规模的商业应用开发，比如交易速度，比特币的交易速度是每秒7笔，以太坊每秒不超过20笔，会造成网络的堵塞，使用户无法完成交易。

3. 3.0：实现完备权限控制和安全保障的Hyperledger项目代表

区块链3.0是通过区块链构造一个全球性的分布式记账系统。区块链3.0能够对互联网中每一个代表价值的信息和字节进行产权确认、计量和存储，从而实现资产在区块链上可追溯、监控和交易。

区块链3.0会进入社会公证、智能化领域。区块链3.0主要应用在社会治理领域，包括了身份认证、公证、仲裁、审计、域名、物流、医疗、邮件、签证、投票等领域。区块链技术有可能成为"万物互联"中最底层的一种协议。2018年区块链进入3.0阶段，针对区块链3.0进行底层设施开发的项目除EOS外，还有NEO、AE、ADA、VEN等。

区块链技术发展推动整个社会协作网络的发展，这样才能展现区块链的价值。在社会协作中更需要运用技术的力量去掉中介机构所带来信息不对称的现象，实现人与人之间无成本的信任机制，提升核心交换价值。

（二）区块链发展的六个时期

区块链是由一系列技术实现的全新去中心化经济组织模式，诞生于比特币系统的构建。在2017年成为全球经济热点，但区块链的成功应用案例寥寥无几，这个新兴产业还远未成熟。为方便大家了解区块链的历史与发展趋势，我们将它的发展划分为六个阶段。

1. 技术实验阶段（2007－2009 年）

中本聪从 2007 年开始探索利用系列技术创造一种新的货币——比特币，并于 2008 年 10 月 31 日发布了《比特币白皮书》，2009 年 1 月 3 日比特币系统开始正式运行。支撑比特币体系的主要技术包括哈希函数、分布式账本、区块链、非对称加密、工作量证明等，这些技术构成了区块链的最初样貌。2007 年到 2009 年年底，比特币都处在一个极少数人参与的技术实验阶段，并未应用到相关商业活动中。

2. 极客小众阶段（2010－2012 年）

2010 年 2 月 6 日世界上第一所比特币交易所诞生，2010 年 7 月 17 日著名比特币交易所 Mt. gox 成立，这标志着比特币真正进入了市场。尽管如此，了解比特币并进入市场中参与交易的主要是狂热于互联网技术的极客们。他们在 Bitcointalk. org 论坛上讨论比特币技术，在自己的电脑上挖矿获取比特币，在 Mt. gox 上买卖比特币。仅仅四年时间，这些技术宅中就有部分人成了亿万富翁和区块链传奇。

3. 市场酝酿阶段（2013－2015 年）

2013 年年初比特币价格为 13 美元，3 月 18 日金融危机中的塞浦路斯政府关闭银行和股市，比特币价格疯狂飙升，4 月最高升至 266 美元。8 月 20 日德国政府确认比特币的货币地位。10 月 14 日中国百度宣布开通比特币支付。11 月美国参议院听证会明确了比特币的合法性。11 月 19 日比特币价格高达 1242 美元。然而，此时区块链仍不具备进入经济社会的基础，价格飙升包含了过于乐观的预期。中国银行遏制、Mt. Gox 的倒闭等事件触发大熊市，比特币价格持续下跌，2015 年年初一度跌至 200 美元以下，许多企业倒闭，不过经历严冬活下来的企业的确更加强壮了。无论如何，在这个阶段，大众开始了解比特币和区块链，尽管还不能普遍认同。

4. 进入主流阶段（2016－2018 年）

随着世界主流经济发展不确定性因素增多，具有避险功能从而与主流经济呈现替代关系的比特币开始复苏。市场需求增大，交易规模快速扩张，开启了 2016－2017 年的牛市。尽管中国市场受到政策的严厉打击，但韩国、日本、拉美等市场快速升温，比特币价格从 2016 年年初的 400 美元最高飙升至 2017 年年底的 20000 美元，翻了 50 倍。比特币的造富效应，以及比特币网络拥堵造成的交易溢出带动了其他虚拟货币及各种区块链应用的大爆发，出现众多百倍、千倍甚至万倍增值的区块链资产，使比特币和区块链彻底进入了全球视野。芝加哥商品交易所上线比特币期货交易，标志着比特币正式进入主流投资产品行列。

5. 产业落地阶段（约 2019－2021 年）

经过市场狂乱阶段后，2018 年的虚拟货币和区块链市场在监管、认知等方面进行调整，回归理性。2017 年因“造富效应”和区块链热潮而开发的区块链项目中，大部分会随着市场的降温而消亡，只有小部分会坚持下来继续推进区块链应用的落地，今年这些项目会初步落地。到 2021 年，在适宜区块链的技术应用行业中，应该会有部分企业会稳步发展起来。加密货币也会得到较广泛的应用。

6. 产业成熟阶段（约 2022－2025 年）

各种区块链项目落地后，会进入激烈而快速的市场竞争和产业整合阶段。三五年内会出现一些行业龙头企业，完成市场划分，区块链产业格局基本形成。相关法律法规得到基本完善，区块链对社会经济各领域的推动作用会快速显现。加密货币将成为主流货币，经济理论会出现重大调整，社会政治文化也将发生相应变化，国际政治经济关系出现重大调整，区块链对人们的生活会产生广泛而深刻的影响。

区块链的这六个发展阶段还可以再简化一下，前两个阶段可以看成是技术试验阶段，中间两个阶段是主流认知阶段，后两个阶段是产业实现阶段。

二、区块链 1.0——数字货币

（一）基本架构

基本架构如图 5－3 所示。

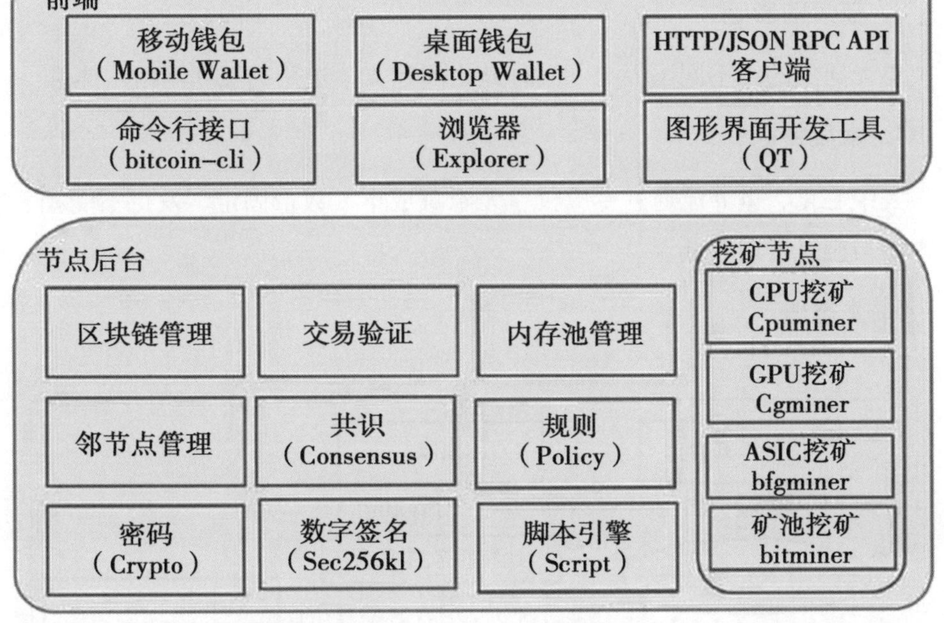

图5－3　区块链1.0——数字货币的基本架构

资料来源：PCB 开门网

（二）BTC（比特币）

1. 基本定义

比特币是以系列概念和技术为基础的数字货币态系统。比特币并不是线下法定货币的替代物，而是非法定货币并由当局发行和管理的。主要模仿黄金的模式，由互联网基础协议和严格的加密技术保护和支持。是一种全新的、去中心化的网络货币（虚拟货币），由此形成了一套不受制于现实社会法律的新型货币规则和体系，并且可以与法定货币进行交易或兑换。

2. 主要经历

诞生时间：2009 年 1 月 3 日。

产生背景：2008 年，全球爆发金融危机。当时有人用“中本聪”的化名发表了一篇论文，描述了比特币的运营模式。

第一次公允汇率：2010 年 5 月，佛罗里达程序员用 1 万枚比特币购买了 25

美元的比萨优惠券。

3. 较大的影响力

史无前例的在不同国界与不同种族之间建立了通用的互联网信用体系。

4. 本质特征

去中心化、世界流通、专属权、无隐藏成本、数量固定、发行不受控、交易方便与交易费用较低。

5. 生态图

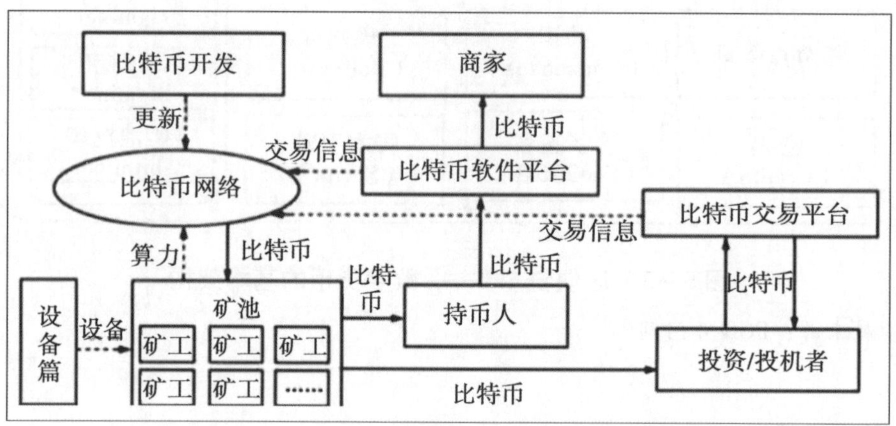

图5-4　区块链1.0——数字货币的生态图

资料来源：PCB开门网

6. 基本概念

（1）区块：区块就是若干交易数据的集合，它会被标记上时间戳和之前一个区块的标记。区块经过哈希运算后会得到作量证明，从而验证区块中的交易结果。有效的区块经过全网络的共识验证后会被追加到主区块链中。

（2）地址（公钥）。比特币地址（例如：1DSrfJdB2AnWaFNgSbv3MZC2m74996JafV）是由一串字符和数字组成，以阿拉伯数字"1"开头。就像是别人给你的电子邮箱发送邮件一样，他可以通过你的比特币地址向你发送比特币。

（3）区块链：区块链是由一连串通过验证的区块组成的，其中的每个区块都会与前面的区块相连起来，直到连上创世区块。

（4）确认：当项交易被区块收录时，我们可以说它是首次确认。每块矿在此区块之后每再产出一个区块，此项交易的确认数就会增加。当确认数达到六级以上时，我们通常认为这笔交易较安全并难以逆转。

（5）难度：整个络会通过调整“难度”这个变量来控制成作量证明所需要的计算。

（6）难度标：使整个络的计算可以每 10 分钟产出一个区块，所需要的难度数值即为难度标。

（7）难度调整：整个络每产 2106 个区块后会根据之前的区块算进难度调整。

（8）矿费：交易的发起者通常会向络缴纳一笔矿费，以处理交易。

（9）矿：指通过不断重复哈希运算来产出作量证明的各络节点。

（10）创世区块：指区块链上的第一个区块，来初始化相应的加密货币。

（11）哈希：进制数据的种数字指纹。

（12）络：特币络是由若干个节点组成的以传播交易信息和数据区块的 P2P 网络。

（13）作量证明：作量证明是指通过有效计算得到的块数据。具体到特币，矿必须要在满全标难度的情况下求解 SHA256 算法。

（14）奖励：每个新区块中都有定量新特币来奖励算出作量证明的矿。现阶段每区块分别有 25 特币的奖励。

（15）私钥：用来解锁对应（钱包）地址的字符，例如：5J76sF8L5jTtzE96r66Sf8cka9y44wdpJjMwCxR3tzLh3ibVPxh。

（16）交易：是指把特币从个地址转到另个地址。每笔“交易”都经过特币络传输，由矿节点收集并封包区块中，永久保存在区块链某处。

（17）钱包：钱包指保存特币地址和私钥的软件，可以用来接受、发送、储存特币。

（18）基本趋势：随着比特币总量的增加，新币的制造速度会减慢，直到 2140 年会达到 2100 万个总量上限。

（19）比特币交易平台：Bitstamp、BTC－e、BTCChina（比特币中国）、OKCoin、火币网、云币网。

区块链 1.0 的局限性：比特币的 1M 的区块大小在交易频次越来越高、需求越来越大的情况下，转账速度会变得越来越慢。这个问题可以由扩容解决，所以出现了比特现金、比特黄金和比特钻石等。

三、区块链 2. 0——可编程区块链

区块链 2. 0 是数字货币与智能合约的结合，是对金融领域更广泛的场景与流程进行优化的应用。

（一）基本架构

基本架构如图 5 -5。

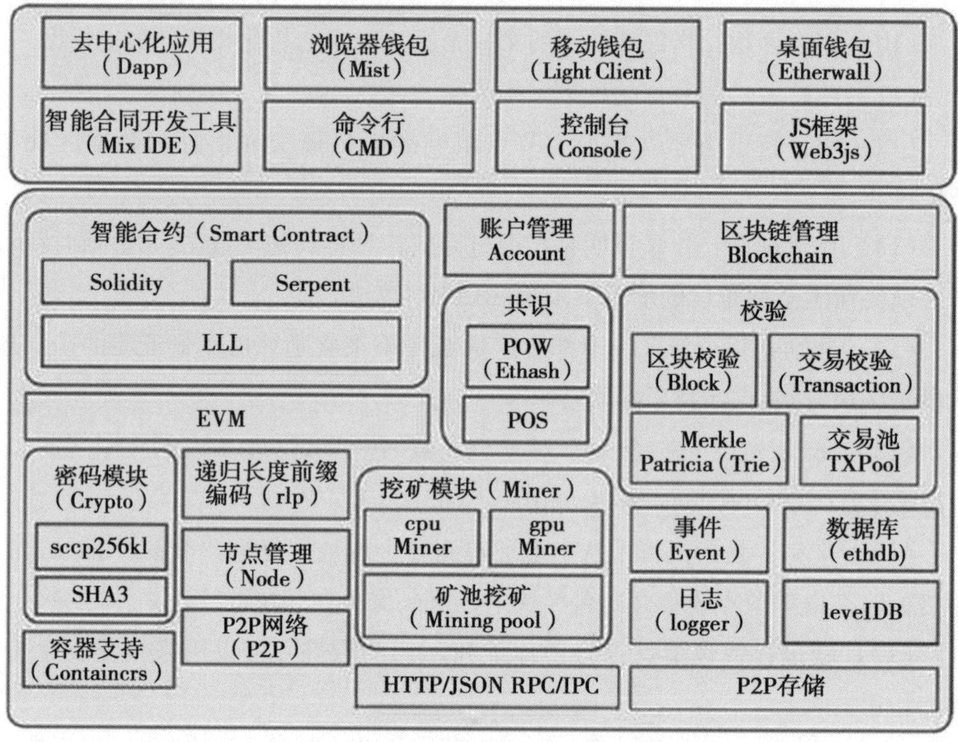

图 5 -5　区块链 2. 0——可编程的基本架构

资料来源：PCB 开门网

（二）以太坊

1. 组成部分

以太坊由数字货币以太币（Ether）所组成，用来构建和发布分布式应用

的以太脚本（EtherScript）。

2. 应用场景

以太坊可以用来创建去中心化的程序、自治组织和智能合约。

3. 特点优势

（1）智能合约。存储在区块链上的程序，由各节点运行，需要运行程序的人支付手续费给结点的矿工或权益人。

（2）叔块（Uncle Block）。将因为运行速度较慢而未及时被收入母链的区块链并入，使用的是有向无环图的相关技术。

（3）权益证明（Proof - of - Stake）。相较于工作量证明，可节省大量在挖矿时浪费的电脑资源，并避免特殊应用集成电路而造成的网络中心化（尚未实现）。

（4）闪电网络（Lightning Network）。可提升交易速度、降低区块链的负担，提高可扩展性（尚未实现）。

（5）开发社区稳固，不断成长，勇于使用硬分叉（Hard Fork）。

4. 专用开发语言

（1）Serpent（类 Python）。

（2）Solidity（类 JAVAScript）。

（3）Mutan（类 Go）。

（4）LLL（类 Lisp）。

四、区块链 3. 0——超越货币、金融范围的区块链应用

区块链 3. 0 - 智能化物联网时代，超出金融领域，为各种行业提供去中心化解决方案。区块链的应用领域扩展到人类生活的方方面面，在各类社会活动中不再依靠某个第三人或机构获取信任或者建立信任，实现信息的共享。包括司法、医疗、物流等各个领域，区块链技术可以解决信任问题，提高整个系统的运转效率。

（一）基本功能和架构

区块链 3. 0 是构建价值互联网的内核。价值互联网的核心是区块链构造的

全球性分布式记账系统，它不仅能够储存金融业的交易，还能以代码形式表达任何事物。

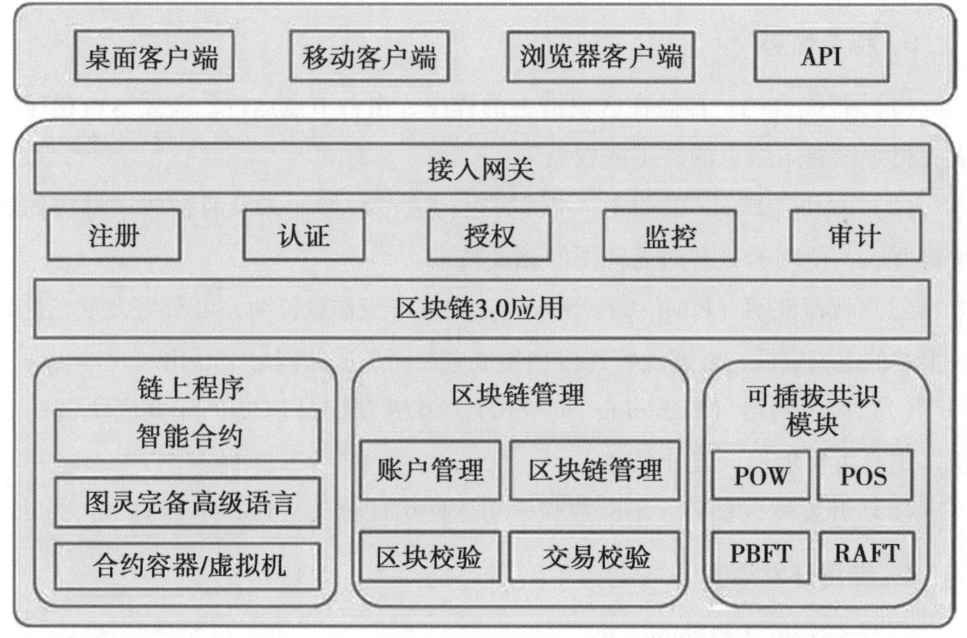

图 5-6 区块链 3.0 架构：超越货币、金融范围的区块链应用

资料来源：PCB 开门网

因此，随着区块链技术的发展，其应用能够扩展到任何有需求的领域，包括审计公证、医疗、投票、物流等领域。

（二）应用场景

区块链会超越金融领域，进入社会公证、智能化领域。区块链 3.0 主要应用在社会治理领域，包括身份认证、公证、仲裁、审计、域名、物流、医疗、邮件、签证、投票等领域，应用范围扩大到整个社会，区块链技术有可能成为“万物互联”的一种最底层协议。

区块链技术不仅可以应用于数字加密货币领域，同时经济、金融和社会系统中也存在广泛的应用场景。根据区块链技术可能会应用的场景，将区块链应用归纳为数字货币、数据存储、数据鉴证、金融交易、资产管理和选举投票共六个场景：

1. 数字货币

以比特币为代表，本质上是由分布式网络系统生成的数字货币，其发行过程不依赖特定的中心化机构。

2. 数据存储

区块链的高冗余存储、去中心化、高安全性和隐私保护等特点使其特别适合存储和保护重要隐私数据，以避免因中心化机构遭受攻击或权限管理不当而造成大规模数据丢失或泄露。

3. 数据鉴证

区块链数据拥有时间戳且不可篡改和伪造，这些特点使得区块链可广泛应用于各类数据公证和审计场景。例如，区块链可以永久地安全存储由政府机构核发的各类许可证、登记表、执照、证明、认证和记录等。

4. 金融交易

区块链技术与金融市场应用有非常高的契合度。区块链可以在去中心化系统中自发地产生信用，建立无区块链市场发展及区域布局中心机构信用背书的金融市场，很大程度上实现了“金融脱媒”。同时利用区块链自动化智能合约和可编程的特点，极大地降低成本和提高效率。

5. 资产管理

区块链能够实现有形和无形资产的确权、授权和实时监控。无形资产管理方面可广泛应用于知识产权保护、域名管理、积分管理等领域；有形资产管理方面则可结合物联网技术发展“数字智能资产”，实现基于区块链的分布式授权与控制。

6. 选举投票

区块链可以低成本、高效率实现政治选举、企业股东投票等应用，同时基于投票特性可广泛应用于博彩、预测市场和社会制造等领域。

五、1976－2017 年区块链技术和应用的进化简史

有关于区块链进化简史的文章很多，书籍也不少。以下内容摘选自上海乐

住科技 CTO 王玮的演讲稿《区块链技术的回顾与展望》，以此来探讨和描述从1976－2017 年区块链 20 年间的发展历程。

（一）史前纪事

"1976 年"

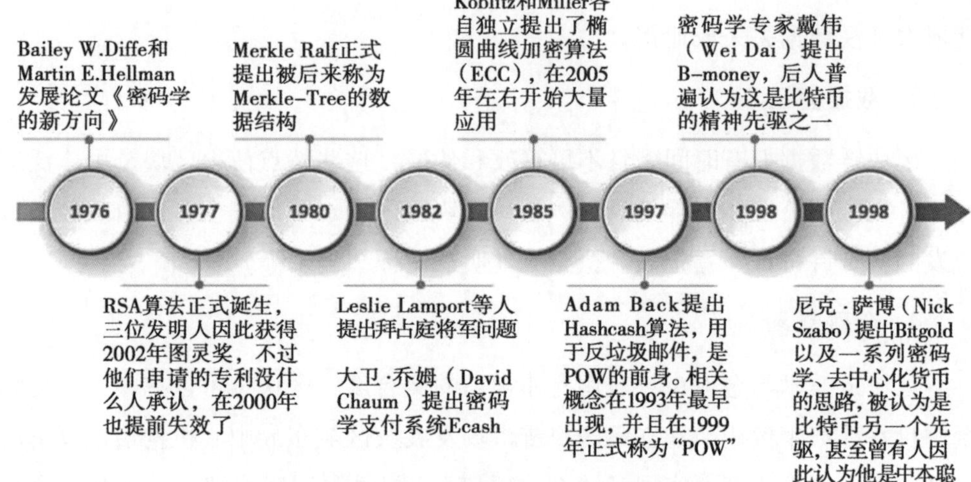

图 5－7　1976－1998 年区块链简史和发生的重大事件

资料来源：渡鸦区块链专栏作者王玮

1976 年，Bailey W. Diffie、Martin E. Hellman 两位密码学大师发表了论文《密码学的新方向》，论文覆盖了未来几十年密码学可能会覆盖的领域，包括非对称加密、椭圆曲线算法、哈希等运算方法。此文奠定了密码学后来的发展方向，也对区块链技术和比特币的诞生起到决定性作用。同年，哈耶克出版了他人生中最后一本经济学方面的专著——《货币的非国家化》。

因此，不少专家学者把 1976 年称作"区块链元年"，密码学时代正式到来。

1977 年，RSA 算法诞生。这应该说是 1976 年《密码学的新方向》的延续，三位发明人也因此在 2002 年获得图灵奖。

1980 年，Merkle Ralf 提出了哈希树数据结构及相应的算法。这种结构主要用途之一是对分布式网络中数据同步正确性的校验，这也是在比特币中被引入用来进行区块同步校验的重要手段。

1982 年，Lamport 提出“拜占庭将军问题”，标志着分布式计算的可靠性理论和实践进入到了实质性阶段。同年，大卫·乔姆提出了密码学支付系统 ECash 理论，ECash 是密码学货币最早的先驱之一。

1985 年，Koblitz 和 Miller 各自独立提出了著名的椭圆曲线加密（ECC）算法。ECC 的提出让非对称加密体系得以被应用。因此，现代密码学的理论和技术基础于 1985 年已完全确立。

1997 年，HashCash 法，也就是第一代 POW（Proof of Work）算法出现了，当时主要用于反垃圾邮件。

1998 年，戴伟（Wei Dai）、尼克·萨博同时提出密码学货币的概念，戴伟的 B－Money 被称为“比特币的精神先驱”。

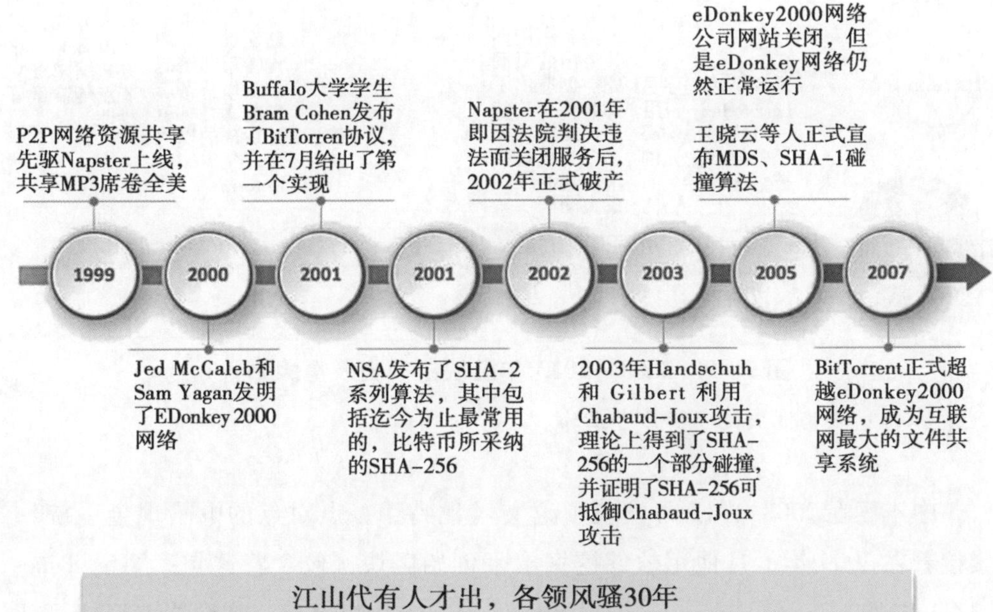

图 5－8　1999－2007 年区块链简史及重大事件

资料来源：渡鸦区块链专栏作者王玮

在 21 世纪到来之际，区块链相关领域又有了几次重大的发展：首先是点对点分布式网络，在 1999－2001 年的三年时间内，Napster、EDonkey 2000 和 BitTorrent 先后出现，奠定了 P2P 网络计算的基础。

2001 年，NSA 发布了 SHA－2 系列算法，其中就包括目前应用最广的 SHA－256 算法，这也是比特币最终采用的哈希算法。

（二）中本魔咒

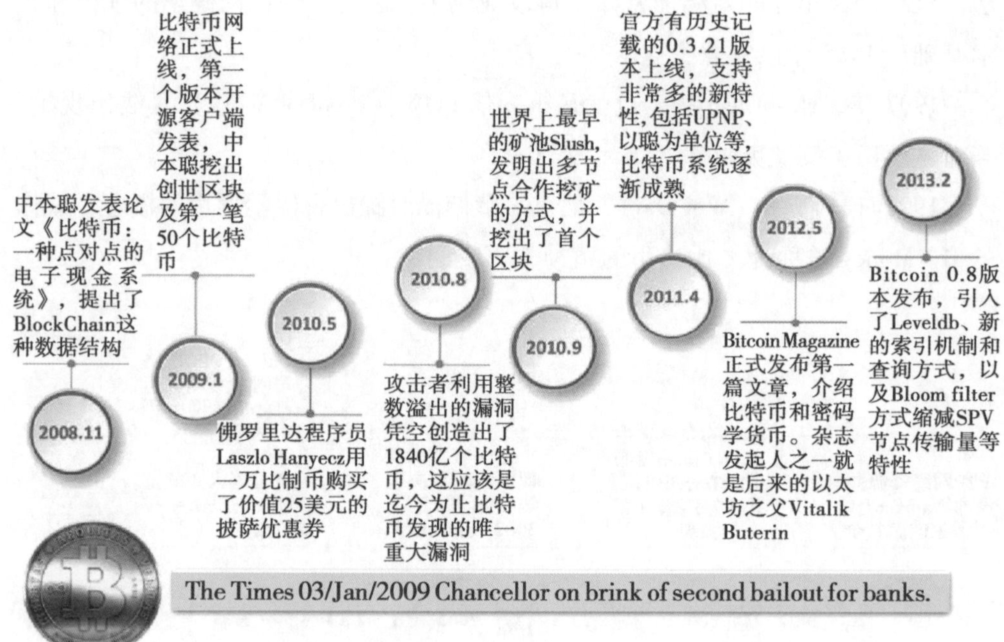

图 5－9　2008－2013 年区块链简史及重大事件

资料来源：渡鸦区块链专栏作者王玮

中本聪在 2008 年 11 月发表了论文《比特币：点对点的电子现金系统》，紧接着在 2009 年 1 月他用软件挖掘出了创始区块，包含着这句：“The Times 03/Jan/2009 Chancellor on brink of second bailout forbanks”，像魔咒般开启了比特币的时代。对于比特币的发展过程，有几个比较重要的时间节点：

2010 年 9 月，第一个矿场 Slush 发明了多个节点合作挖矿的方法，成为比特币挖矿行业开端。要知道，在此之前的 2010 年 5 月，1 万比特币才值 25 美元，如果按照这个价格来计算，全部的比特币（2100 万）也就值 5 万美元，集中投入挖矿显然是没有任何意义的。因此，建立矿池的决定就意味着有人认定比特币未来将成为某种可以与真实世界货币相兑换的，具有无限增长空间的虚拟货币，这无疑是一种远见。

2011 年 4 月，比特币第一个官方版本 0.3.21 发布。这个版本非常初级，然而意义重大。首先，由于它支持 uPNP，实现了我们日常使用的 P2P 软件的功能。其次，在此之前比特币节点最小单位只支持 0.01 比特币，相当于“分”，而这个版本可以支持最小单位“聪”。

2013 年，比特币发布了 0.8 版本，这是比特币历史上最重要的版本，它完善了比特币节点的内部管理、网络通信，实现支持全网的大规模交易。

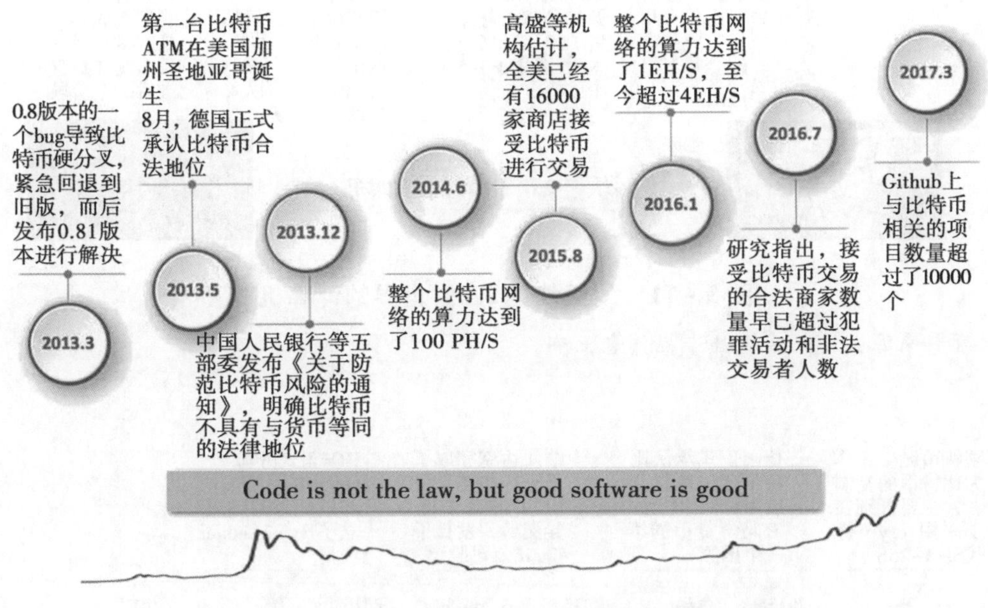

图 5－10　2013－2017 年区块链简史及重大事件

资料来源：渡鸦区块链专栏作者王玮

（三）以太野望

以太坊是 Vitalik Buterin 创立发明的，以太坊的设计目标就是区块链 2.0，一个全球范围内的分布式计算机，有着堪称完美的路线图和系统结构。当然，最终能不能实现其设计目标，还有待于观察。

（四）沧海横流

比特币逐渐成熟之后，密码学货币的概念逐渐被人们所认知和接受。2011 年后，莱特币、Ripple、R3 等数字货币和区块链技术竞相出现。同一时期，德

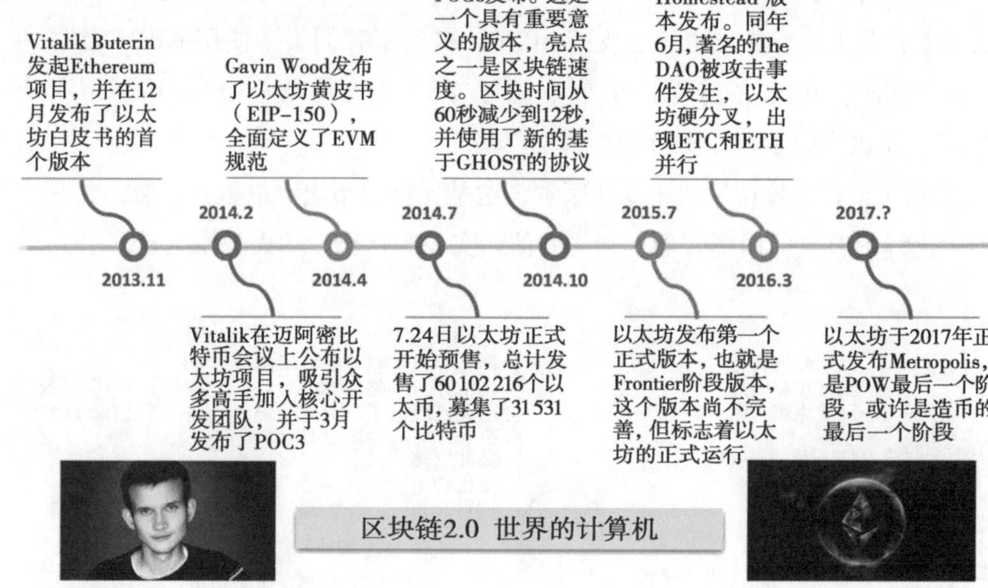

图 5－11　“区块链 2.0，世界的计算机”

资料来源：渡鸦区块链专栏作者王玮

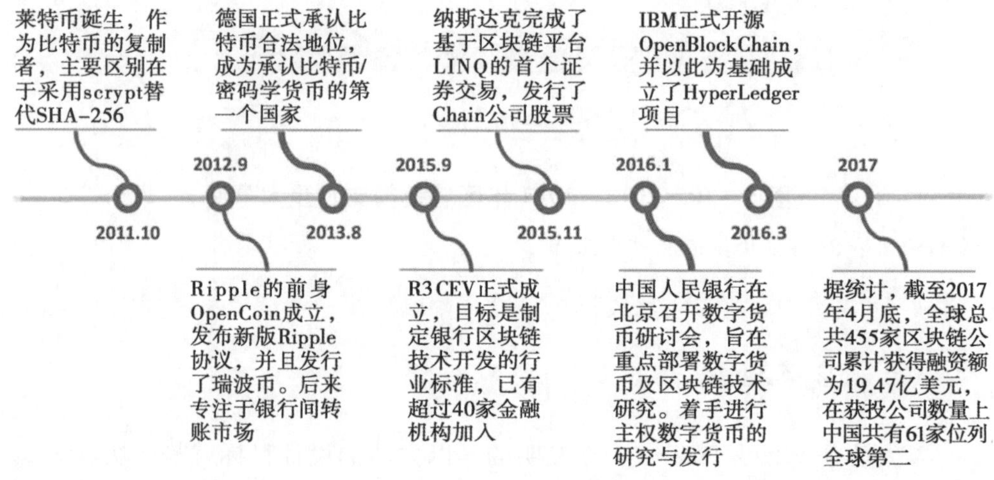

图 5－12　2011－2017 年区块链技术百花齐放竞相出现

资料来源：渡鸦区块链专栏作者王玮

国正式承认比特币，纳斯达克通过自身的区块链平台完成交易，中国人民银行虽然否定了比特币的地位，却是全球唯一一个宣布要做自己的密码学货币/数字货币的银行。据统计，至2017 年4 月，全球已经有455 家区块链公司获得将近20亿美元的投资，其中中国有61家。总体上看，在比特币、以太坊等巨头带动下，全球已经开始了一轮数字货币和区块链的热潮。

通过单纯的时间轴已经不足以描述这个崭新时代的概貌，因此我们把对区块链的分析分为四个维度：技术、行业、政府、社会。

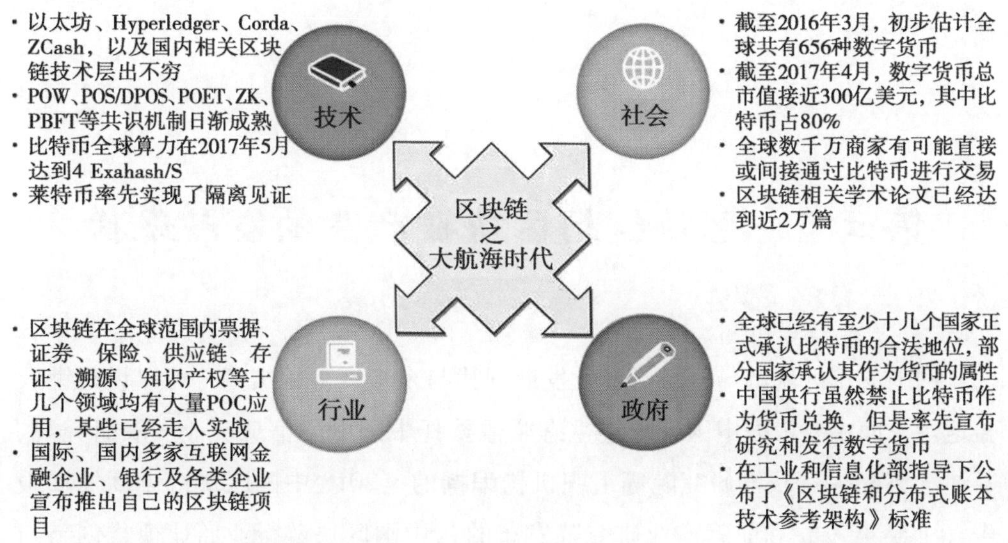

图5－13　大航海时代区块链的四个维度：技术、行业、政府、社会

资料来源：渡鸦区块链专栏作者王玮

技术角度：在区块链沧海横流的时代，以太坊、Corda、ZCash并起。区块链技术的共识机制目前也日渐成熟，而且有非常多的门派和门类。同时也可以看到，比特币的全球算力现在已达到了4EH/S，显示出数字货币和区块链技术进入高速增长的时代。

行业角度：区块链在票据、证券、保险、供应链、存证、溯源、知识产权等领域都有了POC的成功案例，部分已经进入了实践阶段。不仅是独立开发商，国内国际多家大型金融机构、银行、传统企业，也纷纷建立自己的区块链项目。无论是自己研发，还是和第三方合作，行业内区块链技术在行业的应用都呈现火爆的趋势。

政府角度：仅就比特币而言，全球有十几个国家承认它有货币或类似货币的地位，可以进行交易和流通。2017年3月，工业和信息化部还发布了区块链分布式账本的技术参考架构，证明政府的态度对于区块链这件事情还是很支持。

社会角度：初步统计在2016年时，全球已经有656种数字货币，这些数字货币目前还被称作“山寨币”。截至2017年4月，数字货币的总市值达300多亿美元，其中比特币占80%的份额。谷歌学术上区块链相关的学术论文达2万篇。从这个角度也能看出，区块链的技术不再是一个依附于比特币、以太坊或任何数字货币的技术，而是真正作为一种独立的技术被纳入到学术研究领域。

第三节　区块链与区块链产业的发展现状

网上关于区块链与区块链产业发展现状与未来展望的文章，可以说是铺天盖地。下面主要依据中国区块链生态联盟委托中国电子信息产业发展研究院、赛迪（青岛）区块链研究院等组织机构编撰的《2018中国区块链年度发展报告（上半年）》，和前瞻产业研究院发布的《中国区块链行业商业模式创新与投资机会深度分析报告》作为蓝本，进行阐述和介绍。

一、全球区块链和区块链产业发展现状

（一）良好的政策环境基本形成

欧美等西方国家高度重视区块链技术发展和应用，中日等亚洲国家力图通过区块链抢占新兴技术制高点。世界主要国家对区块链技术和应用的态度如表5-1。

（二）标准制定工作开始起步

在密码算法和签名标准方面，国际标准密码算法已较为成熟，代表算法分别有DES、AES、RSA、SHA系列等。在区块链技术标准方面，国内外标准化组织加快了区块链标准化的建设工作。

表 5-1　世界主要国家对区块链技术与应用的态度

国别	倾向	态度要点
美国	中立转支持	美国政府部门积极推动区块链技术开发和应用；美国各州对待数字货币和区块链技术态度存在差异
英国	积极支持	英国政府区块链发展提升到国家战略高度
法国	中立	法国央行推进区块链技术研究
德国	中立	德国央行探讨区块链技术与各行业联系
澳大利亚	支持	澳大利亚政府在教育、金融等领域使用区块链技术
中国	积极支持	区块链被写入国家“十三五”规划，强化战略性前沿技术超前布局
日本	积极支持	日本政府积极探索区块链发展道路
新加坡	积极支持	新加坡政府优先发展区块链，打造政策特区
韩国	积极支持	韩国政府借助区块链技术发展争夺亚洲金融科技中心
印度	支持	印度政府积极与其他国家合作研究区块链
俄罗斯	反对转中立	俄罗斯政府对比特币和数字货币态度严厉，但逐渐接受底层区块链技术；普京已明确发出在严格监管下支持创新

资料来源：赛迪区块链研究院

图 5-14　区块链标准工作动态

资料来源：赛迪区块链研究院

（三）技术体系基本形成

随着社会对区块链技术研究深入，区块链技术在不断升级与发展。当前基本形成了以 P2P 网络、分布式系统、密码学、共识机制为主，多种改良技术为辅的区块链技术体系。随着区块链技术创新发展，区块链技术体系会愈发完善。

图 5 - 15　区块链核心技术体系构成

资料来源：赛迪区块链研究院

（四）产业规模较小但增长潜力巨大

区块链经济当前处于爆发期前夜。金融行业应用相对广泛，其他行业的应用也进入了探索研发阶段。据 Gartner 和 Markets and Markets 等调研机构的数据显示，2017 - 2022 年，区块链直接市场价值将由 4.1 亿美元增长到 76.8 亿美元，复合年均增长率为 79.6%，预计 2020 年各类基于区块链的延伸业务将达到 1000 亿美元。

（五）行业应用领域不断拓展

金融行业率先应用区块链技术，已有较多的金融应用落地。医疗行业是区块链应用重要领域，能够更好保护隐私，提高服务质量和管理效率。社会鉴证对于区块链的需求迅速攀升，用以解决因信息不对称导致的证明问题。区块链技术在通信、供应链等其他领域的应用拓展。

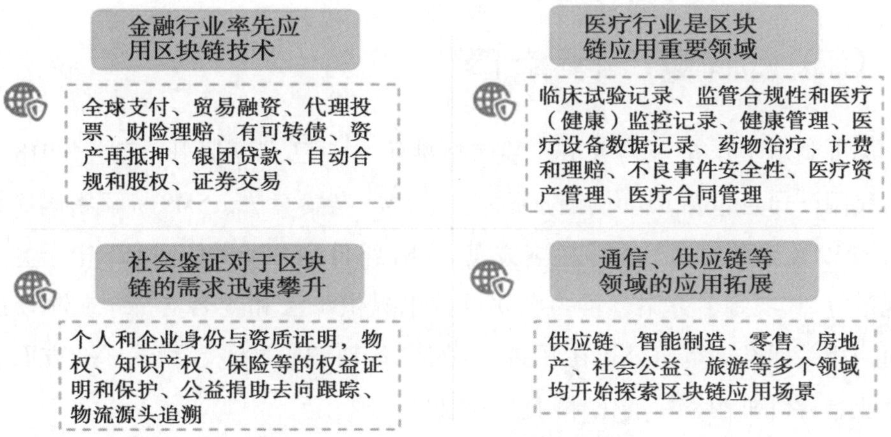

金融行业率先应用区块链技术

全球支付、贸易融资、代理投票、财险理赔、有可转债、资产再抵押、银团贷款、自动合规和股权、证券交易

医疗行业是区块链应用重要领域

临床试验记录、监管合规性和医疗（健康）监控记录、健康管理、医疗设备数据记录、药物治疗、计费和理赔、不良事件安全性、医疗资产管理、医疗合同管理

社会鉴证对于区块链的需求迅速攀升

个人和企业身份与资质证明，物权、知识产权、保险等的权益证明和保护、公益捐助去向跟踪、物流源头追溯

通信、供应链等领域的应用拓展

供应链、智能制造、零售、房地产、社会公益、旅游等多个领域均开始探索区块链应用场景

图 5－16　区块链行业应用场景

资料来源：赛迪区块链研究院

二、中国区块链的发展现状

（一）政策环境显著优化

政策环境的优化体现：一是国家出台相关政策支持区块链研究；二是地方政府从实施层面出台配套政策支持区块链落地；三是相关监管措施及时出台规范和遏制区块链在发展过程中产生的不良现象。

表 5－2　国家、部委相关政策以及国家领导的重要讲话

时间	主体	政策
2016 年 12 月	国务院	《“十三五”国家信息化规划》将区块链技术列为需超前布局的战略性前沿技术
2017 年 10 月	国务院	《关于积极推进供应链创新与应用的指导意见》提出，相关企业研究利用区块链、人工智能等新兴技术建立基于供应链的信用评价机制
2018 年 3 月	央行	于 2018 年开展对各类虚拟货币的整顿清理，同时，扎实推进央行数字货币研发，深入推动钞票处理中心业务和发行库转型等工作
2018 年 5 月	习近平	习主席在中国科学院第十九次院士大会、中国工程院第十四次院士大会上指出，要加速突破区块链、人工智能等为代表的新一代信息技术应用

资料来源：赛迪区块链研究院

（二）标准制定工作逐步开展

标准制定工作在密码算法、签名标准等方面已有序展开，截至 2018 年 6 月，我国已出台包括 SM2 椭圆密码算法、SM3 杂凑算法、SM9 标识密码等算法在内的 19 项密码算法和数字签名方案。PKI 组件最小互操作规范、电子签名格式规范等 20 项签名方案，可为区块链技术提供算法和签名支持。在测评认证方面，相关标准规范研究正在开展。另外，区块链底层平台测试标准方面，国内企业、科研机构和标准化部门也在积极研究制定。

（三）技术能力快速提升

国内的区块链技术研究机构不断增多，技术产品不断取得新进展。2018 年 4 月，清华大学经管学院中国金融研究中心与纸贵科技联手成立“清华大学经管学院区块链金融研究中心”。2018 年 6 月，上海成立区块链技术研究中心，专注于研究区块链的核心技术和创新应用。此外，我国研究团队在区块链技术方面取得了许多重要成果，区块链专利申请走在世界前列，区块链技术研发能力得到提升。

（四）产业实力不断增强

赛迪区块链研究院调研结果显示，截至 2018 年 6 月，我国提供区块链服务，且有投入或产出的区块链企业共有 425 家，区块链产品及解决方案市场规模约为 4. 5 亿元。2018 年，大型 IT 互联网企业纷纷布局区块链，初创企业进入井喷模式，投融资频次及额度剧增。

（五）行业应用持续推进

在区块链企业、互联网企业、行业企业、行业机构等多方的共同推进下，我国区块链应用正持续展开。以合作共建、平台先行为特点的应用模式持续显现。但行业应用仍处在起步阶段，各行业发展不平衡，行业应用水平相对较低。

三、中国区块链产业发展现状

（一）中国区块链产业整体开始迈入 3.0 阶段

经过十年发展，中国区块链行业基本形成较为成熟的产业链。在国家政策推动和下游应用领域需求不断增加的条件下，我国区块链行业市场规模不断发展，地域集中度较高，产业集群效应明显。随着区块链技术不断成熟，区块链产业正整体迈入 3.0 阶段。在金融、物流、版权保护等领域有着良好的表现，为推动我国数字化建设，加快数字中国进程贡献了巨大的力量。

（二）区块链产业链下游应用领域众多，发展潜力巨大

从产业链来看，中国区块链行业包括上游硬件、技术及基础设施，中游区块链应用及技术服务，下游区块链应用领域等环节。

上游硬件、技术及基础设施主要是提供区块链应用所必备的硬件、技术以及基础设施支持。其中，硬件设备包括矿机、矿池、芯片厂商等。通用技术包括分布式存储、去中心化交易、数据服务、分布式计算等等相关技术。

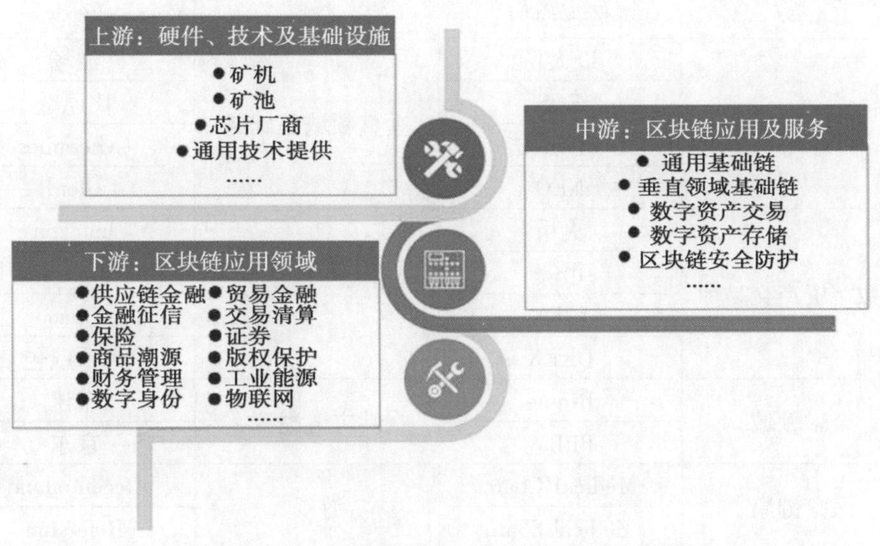

图 5－17　区块链行业产业链分析情况

资料来源：前瞻产业研究院整理

下游应用领域包括应用区块链技术与现有行业的结合，主要包括金融行业、物流行业、版权保护、医疗健康、工业能源等领域。区块链作为新兴技术，下游应用领域众多，发展潜力十分巨大。

中游区块链应用及服务包括基础平台建设和提供技术服务支持，其中基础平台建设分为通用基础链和垂直领域基础链。技术服务支持包括技术支持和服务支持，技术支持与上游相关技术类似，负责为购买者提供区块链安全防护等技术支持。服务支持包括数字资产交易场所、数字资产存储、媒体社区等系列服务。

从各环节上看，上游环节的矿机生产、矿池生产以及芯片厂商竞争格局基本形成。由于行业存在一定的技术壁垒，市场需求将不断向提供优质产品的企业集中，头部效应愈发凸显。

中游区块链底层平台竞争较为激烈，目前至少已有数十个基础链平台项目，市场占有率靠前的有以太坊、EOS、卡尔达诺等老牌企业。作为区块链3.0技术应用的初始阶段，目前区块链垂直应用环节才刚刚开始。各领域龙头企业结合自身优势，将传统模式与区块链技术相结合，创造出适用于本行业的新型模式。如，京东的物流区块链、美国Overstock区块链平台的证券资产化等。

产业链环节	企业名称	产业链环节	企业名称
矿机生产商	比特大陆 嘉楠耘智 亿邦通信	矿池	蚂蚁矿池 ViaBTC 鱼池
通用基础链	以太坊	垂直领域基础链	波场
	EOS		比原链
	卡尔达诺		Cybermiles
	NEO		Ulord
数字资产交易	火币	数字资产存储	Imtoken
	币安		Kcash
	IDEX		Qbao
	QKEX		火币钱包
金融领域	Ripple	供应链溯源	布比
	BitBay		京东
医疗健康	MedicaI Chain	游戏	Decentraland
	Medical Share		Refereum

图5－18　区块链产业链各环节主要企业情况统计

资料来源：前瞻产业研究院整理

到目前为止，基于各种应用的参与方式，区块链主要分为公有链、联盟链、私有链。公有链是最早的区块链，也是目前共识最广泛的区块链。区块链进入2.0时代后，公有链、私有链、联盟链都开始进入区块链的应用范围，3.0时代更多的是跨链通信、多链融合等方面的技术的应用。

（三）政策频出推动行业飞速发展，生态应用助力行业不断前行

虽然我国政府对于比特币持谨慎态度，并相继关停了ICO和人民币比特币交易，但对区块链技术是支持的。2016－2018年，国家出台支持区块链产业发展的政策多达100多条，鼓励区块链技术在各行业进行应用。区块链已被写入了"十三五"规划，相信在"十三五"后期，还会有持续的政策扶持，国家政策频出为区块链行业的发展提供了充足的动能。

各行业应用区块链技术形成新的模式，与区块链技术结合形成新的区块链生态圈也是区块链行业不断发展的主要动力。目前，区块链应用已从单一的数字货币应用，延伸到经济社会的各个领域，如金融行业、版权保护、溯源防伪、能源行业、共享经济、物联网等诸多领域。

金融领域：应用前景最为广阔。虽然长期来看，区块链在很多方面都有应用潜力。但总的来说，目前区块链在金融领域的应用前景最好，相关技术也发展得最快。区块链为金融机构系统性解决全业务链上的痛点和顽疾。

其"系统性"主要体现在三个方面：区块链技术可以应用于不同的银行业务中，从支付结算、票据流转、供应链金融，到更复杂的证券发行与交易等各核心业务领域，均已有金融机构和科技公司积极探索开发。区块链技术带来的收益将惠及所有的交易参与方，包括银行、银行客户、银行的合作方等。

目前金融服务各流程环节存在效率瓶颈、交易时滞、欺诈和操作风险等痛点，大多数有望在区块链技术应用后得到解决。例如，现有流程中大量存在的手工操作、人工验证和审批工作将得以自动化处理，纸质合同将被智能合约所取代。

版权领域：区块链技术破解版权维护难题。随着互联网的发展，数字出版已形成较为完整的产业链，给网络作家等相关参与方带来可观的收入。但另一方面，侵权盗版制约着数字出版的进一步发展。虽然国家出台各种政策解决版权保护难题，但限于技术手段，难以从根本上解决。区块链技术的数学原理解决了交易过程中的所有权确认问题，可以彻底解决版权保护问题。

(四)中国区块链产业市场规模快速扩大，后期增长有望更快

中国区块链行业尚处于起步阶段，但随着国家政策的支持，行业技术的不断进步以及下游应用领域需求的不断加大，中国区块链产业将保持高速增长趋势。据前瞻产业研究院发布的《中国区块链行业商业模式创新与投资机会深度分析报告》统计数据显示，2011 年我国区块链行业市场规模不足 600 万元，截至 2017 年我国区块链行业市场规模增长至 3200 万元，而到了 2018 年我国区块链行业市场规模已达到 0. 67 亿元，始终保持 80% 以上的增长速度。2019 年我国区块链产业市场规模将突破 1 亿元，并预计在 2022 年，在政策支持和下游需求的推动下，中国区块链产业市场规模将突破 4. 5 亿元。

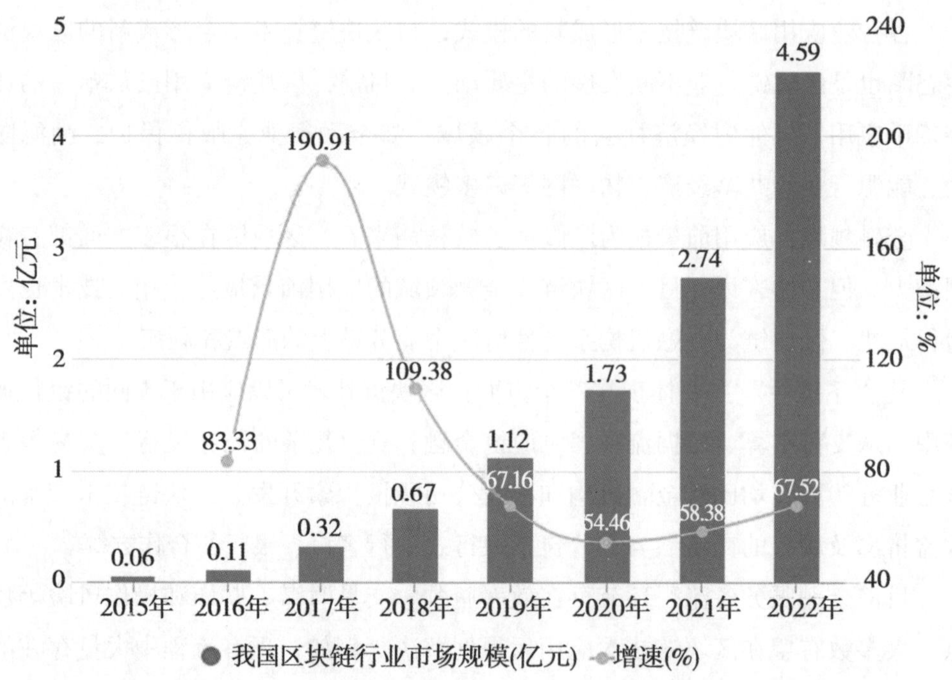

图 5-19　2015-2022 年中国区块链产业市场规模统计及增长情况预测

数据来源：前瞻产业研究院整理

(五)中国区块链产业(企业)初步形成规模，地域、领域分布集中

根据工业和信息化部出版的《2018 年区块链白皮书》数据显示，截至

2018 年 3 月，我国以提供区块链技术或服务为主营业务的公司已经达到 456 家，产业初步形成规模。

1. 公司分布地域：北上广浙合计占比超过 80%

区块链公司地域分布相对集中，产业集聚效应明显。北京、上海、广东和浙江是区块链行业创业的集中地，四地合计占比超过 80%。其中，北京以 175 家公司，占比 38.38% 处于绝对领先地位；上海以 95 家公司，占比 20.83% 位居第二；广东以 71 家公司，占比 15.57% 排在第三。此外，中国区块链行业活跃度前十地区还包括浙江、江苏、四川、福建、湖北、重庆和贵州。

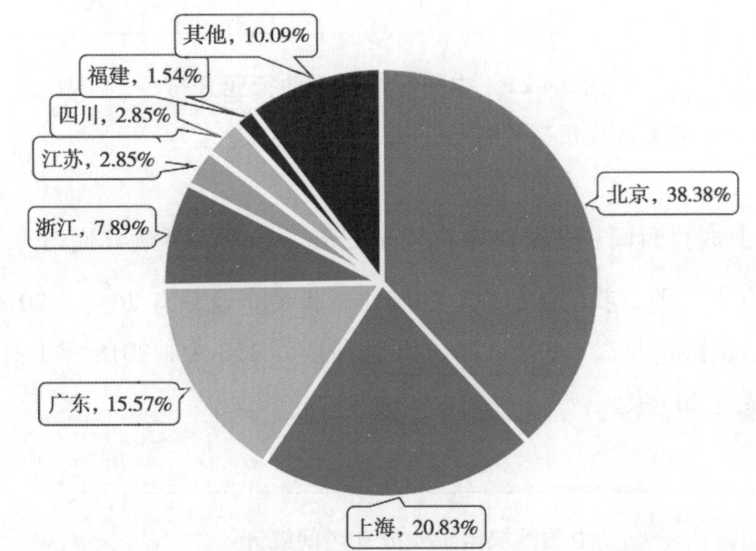

图 5－20　2018 年中国区块链企业地域分布占比情况统计

数据来源：前瞻产业研究院整理

2. 行业分布领域：金融领域最多

行业领域方面，中国区块链企业主要分布在金融、底层公链、企业服务、技术解决方案、数据服务、医疗健康、物联网、交通运输、游戏等领域。其中，从事金融领域的企业有 91 家，占比超过 21%。

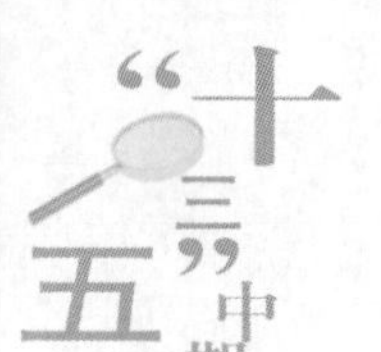

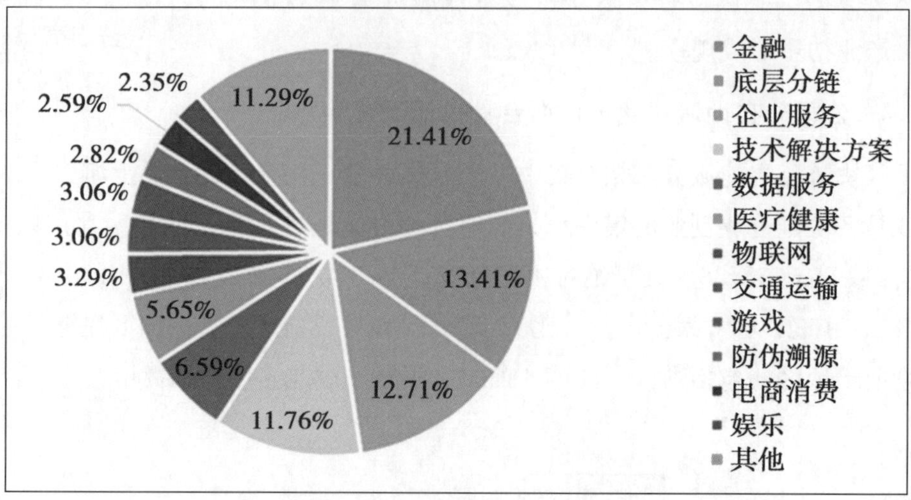

图 5－21　中国区块链企业行业分布

资料来源：赛迪区块链研究院

3. 企业成立时间：主要集中在“十三五”中期，并逐年递增

2013 年及之前，我国注册成立的区块链相关企业只有 26 家。2016 年，注册成立的区块链企业有 116 家，2017 年注册成立 158 家，2018 年 1 月至 11 月底，注册成立 269 家。

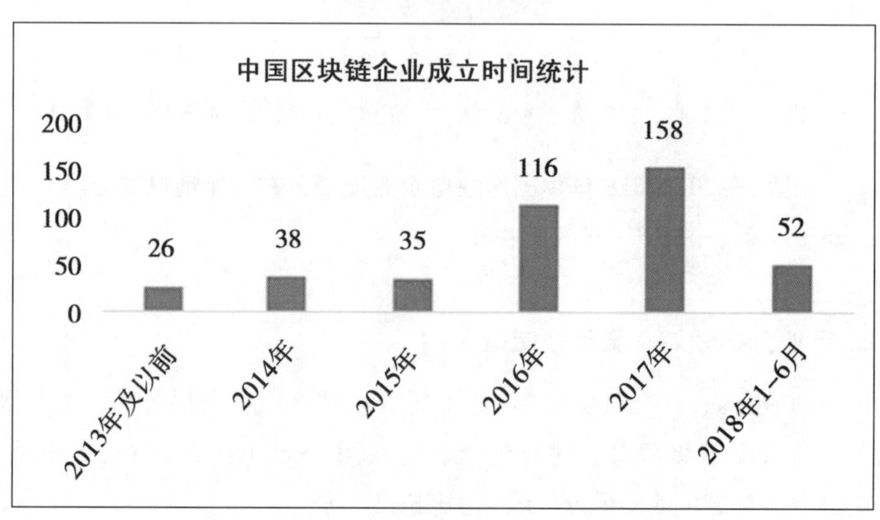

图 5－22　中国区块链企业成立年份统计

资料来源：赛迪区块链研究院

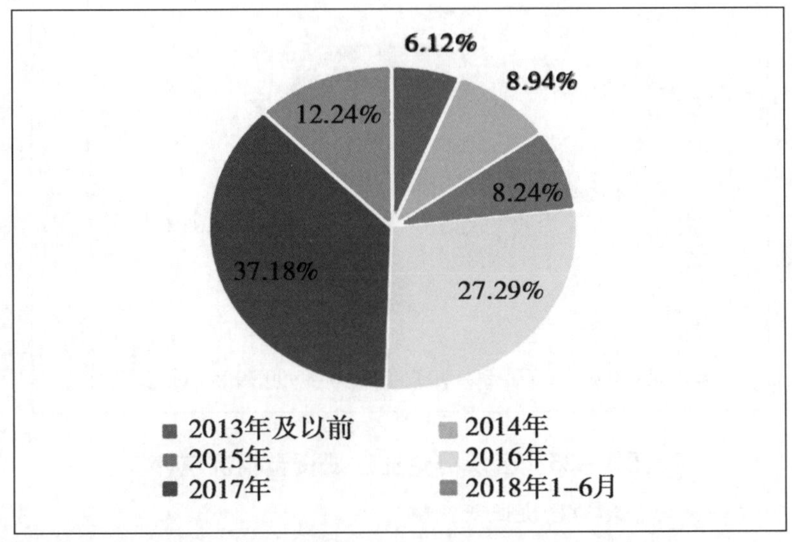

图 5－23　区块链企业成立时间统计比例

资料来源：赛迪区块链研究院

4. 企业注册资金：100 万－1 亿元居多

根据统计，我国区块链企业注册资金在 100 万元以内的企业有 26 家，占比约 6%；注册资金在 100 万元到 999 万元之间的有 197 家，占比约 46%；注册资金在 1000 万元到 1 亿元之间的有 171 家，占比约 40%；1 亿元以上的有 31 家，占比约 7%。

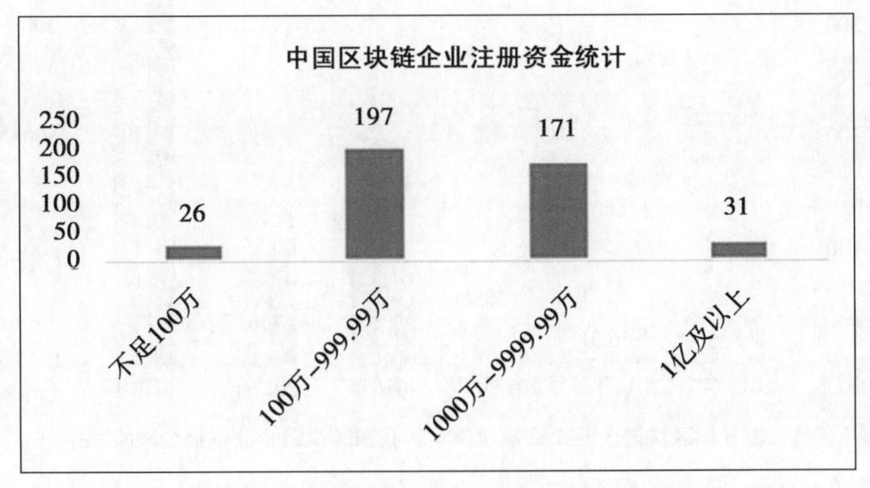

图 5－24　中国区块链企业注册资金情况统计

资料来源：赛迪区块链研究院

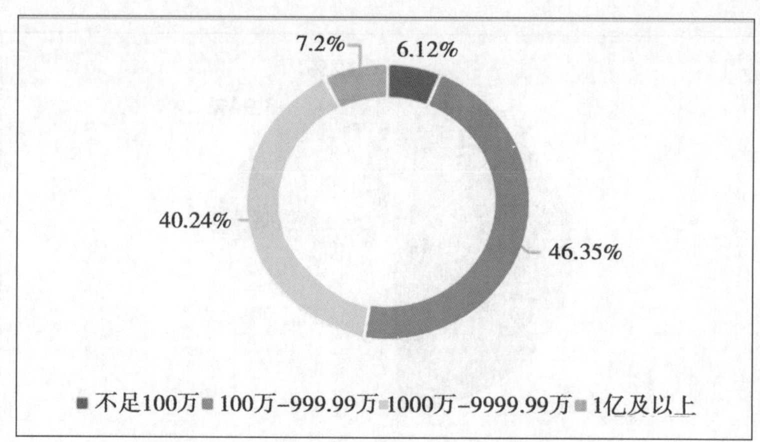

图 5 – 25　区块链企业注册资金情况统计

资料来源：赛迪区块链研究院

（六）资本助力行业发展，融资多数处于初级阶段

1. 从企业获得投资数量以及融资规模看

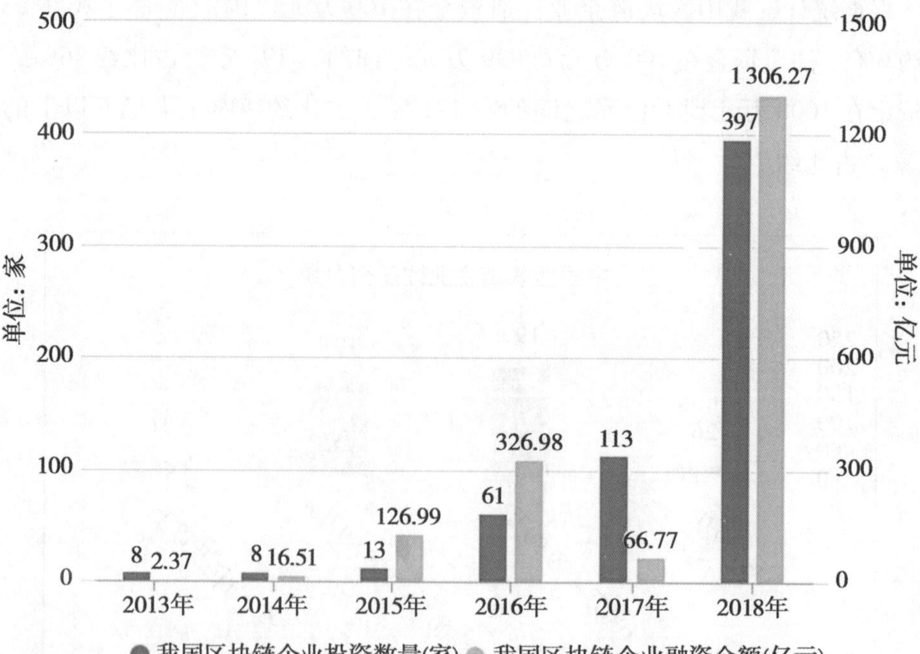

图 5 – 26　2013 – 2018 年我国区块链企业投资数量、融资金额统计情况

数据来源：前瞻产业研究院整理

根据 IT 桔子数据显示，2013－2018 年，我国区块链相关企业获得投资数量以及融资规模均呈上升趋势。2018 年，区块链相关企业获得投资呈现爆发式增长，获投企业数由 2017 年的 113 家增长至 397 家；融资金额从 2017 年的 66.77 亿元增长至 2018 年的 1306.27 亿元。

2. 从投资轮次上看

我国区块链行业整体发展还处于初级阶段，融资轮次也以 B 轮以前居多。2018 年，我国区块链相关企业共计发起 397 次融资，其中种子轮 30 起，占总比例的 7.56%；天使轮 186 起，占据总比例的 46.85%；A 轮（包括 Pre－A、A 轮、A＋轮）共计 69 起，占总比例的 17.38%；B 轮以前的融资合计占比超过 70%，融资多数处于初级阶段。

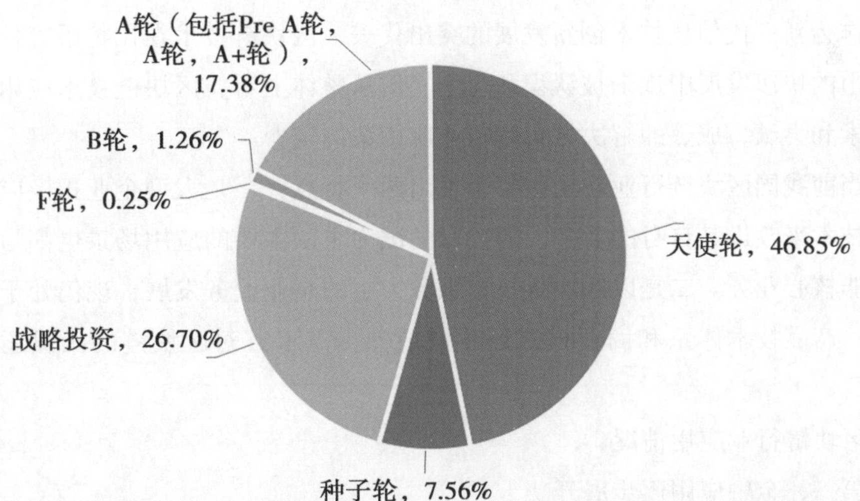

图 5－27　2018 年我国区块链行业投资轮次占比统计情况

数据来源：前瞻产业研究院整理

（七）“十三五”中期区块链产业发展特点

“十三五”中期，尤其是 2018 年以来，我国区块链产业进入快速发展阶段，呈现如下特点。

第一，区块链热度不减，初创企业快速成长。

第二，产业发展不平衡，京沪粤浙等发达地区集中了大部分区块链企业和人才，领跑区块链发展。

第三，区块链技术应用领域趋于多样化。

第四，区块链投融资额急剧攀升。

第五，区块链上下游产业加速融合。

四、中国区块链产业应用和标准化规范建设现状

（一）中国区块链行业应用现状

作为新一代信息技术创新发展的突出代表，区块链技术在比特币等各类数字货币的快速发展中逐渐被认识和应用。但从整体上看，区块链技术应用仍多在探索和尝试，成熟的解决方案和行业应用案例较少。

当前我国区块链行业应用主要呈现出两个特点：一是大型企业积极应用区块链技术来改进其自身的业务，但仍以尝试为主，主要的应用场景也都为企业中的非核心业务。二是以区块链技术服务为主的企业业务发展，现仍处于起步阶段，产品技术体系和商业模式还不够成熟，需求方对区块链的认识还有待提高。

区块链行业应用情况：

第一，金融应用逐步展开。

第二，医疗平台相继启动。

第三，电子存证多点突破。

第四，慈善应用步步为营。

第五，政务服务快速启动。

第六，物流应用还待落地。

第七，征信平台加快建设。

第八，工业应用积极探索。

图 5－28　区块链各领域应用情况

资料来源：赛迪区块链研究院

（二）中国区块链标准规范建设现状

目前，国内外标准化组织、联盟协会、研究机构等组织机构已将区块链标准化提上议事日程，开展了组织建设、标准预研等系列工作，并取得了一定进展。区块链相关标准按照应用对象的不同可分为四大类：密码算法和签名标准、框架技术标准、行业应用标准和测评认证标准。

1. 密码算法和签名标准体系比较完善

目前，我国已经建立较为完善的国产密码算法体系，SM2 椭圆密码算法、SM3 哈希密码算法、SM9 标识密码算法和祖冲之密码算法都可为区块链技术提供核心支持。截至 2018 年 6 月，所制定的相关国密算法标准约达 19 项。

除了加密算法，我国在基于 PKI 体系的数字签名标准制定方面也进行了大量工作，为我国区块链企业开发相关应用提供了坚实基础。截至 2018 年 6 月，国内已颁布实施的数字签名标准约达 20 项。

表 5-3 中国密算法标准情况

序号	标准编号	标准名称	实施日期
1	GM/Z 0001	密码术语	2013-6-20
2	GM/T 0001.1	祖冲之序列密码算法第 1 部分：算法描述	2012-3-21
3	GM/T 0001.2	祖冲之序列密码算法第 2 部分：基于祖冲之算法的机密性算法	2012-3-21
4	GM/T 0001.3	祖冲之序列密码算法第 3 部分：基于祖冲之算法的完整性算法	2012-3-21
5	GM/T 0002	SM4 分组密码算法	2012-3-21
6	GM/T 0003.1	SM2 椭圆曲线公钥密码算法第 1 部分：总则	2012-3-21
7	GM/T 0003.2	SM2 椭圆曲线公钥密码算法第 2 部分：数字签名算法	2012-3-21
8	GM/T 0003.3	SM2 椭圆曲线公钥密码算法第 3 部分：密钥交换协议	2012-3-21
9	GM/T 0003.4	SM2 椭圆曲线公钥密码算法第 4 部分：公钥加密算法	2012-3-21
10	GM/T 0003.5	SM2 椭圆曲线公钥密码算法第 5 部分：参数定义	2012-3-21
11	GM/T 0004	SM3 密码杂凑算法	2012-3-21
12	GM/T 0006	密码应用标识规范	2012-3-21
13	GM/T 0009	SM2 密码算法使用规范	2012-3-21
14	GM/T 0010	SM2 密码算法加密签名消息语法规范	2012-3-21
15	GM/T 0044.1	SM9 标识密码算法第 1 部分：总则	2016-3-28
16	GM/T 0044.2	SM9 标识密码算法第 2 部分：数字签名算法	2016-3-28
17	GM/T 0044.3	SM9 标识密码算法第 3 部分：密钥交换协议	2016-3-28
18	GM/T 0044.4	SM9 标识密码算法第 4 部分：密钥封装机制和公钥加密算法	2016-3-28
19	GM/T 0044.5	SM9 标识密码算法第 5 部分：参数定义	2016-3-28

资料来源：赛迪区块链研究院

表 5－4　数字签名标准情况

序号	标准号	标准名称	实施日期
1	GB 15851－1995	信息技术、安全技术、带消息恢复的数字、签名方案	1996－8－1
2	GB/T 17902.1－1999	信息技术 安全技术 带附录的数字签名 第1部分：概述	2000－5－1
3	GB/T 17902.2－2005	信息技术 安全技术 带附录的数字签名 第2部分：基于身份的机制	2000－5－1
4	GB/T 19771－2005	信息安全技术 公钥基础设施 PKI 组件最小互操作规范	2005－12－1
5	GB/T 20519－2006	信息安全技术 公钥基础设施 特定权限管理中心技术规范	2007－2－1
6	GB/T 21053－2007	信息安全技术 公钥基础设施 PKI 系统安全等级保护技术要求	2008－1－1
7	GB/T 17903.3－2008	信息技术 安全技术 抗抵赖 第3部分：采用非对称技术的机制	2008－12－1
8	GB/T 25061－2010	信息安全技术 公钥基础设施 XML 数字签名语法与处理规范	2011－2－1
9	GB/T 25064－2010	信息安全技术 公钥基础设施 电子签名格式规范	2011－2－1
10	GB/T 25065－2010	信息安全技术 公钥基础设施 签名生成应用程序的安全要求	2011－2－1
11	GB/T 25055－2010	信息安全技术 公钥基础设施 安全支撑平台技术框架	2011－2－1
12	GB/T 28455－2012	引入可信第三方的实体鉴别及接入架构规范	2012－10－1
13	GB/T 25057－2010	信息安全技术 公钥基础设施 电子签名卡应用接口基本要求	2011－2－1
14	GM/T 0029	签名验证服务器技术规范	2014－2－13
15	GM/T 0030	服务器密码技术规范	2014－2－13
16	GM/T 0031	安全电子签章密码技术规范	2014－2－13
17	GM/T 0032	基于角色的授权与访问控制技术规范	2014－2－13
18	GM/T 0033	时间戳接口规范	2014－2－13
19	GB/T 15843.3－2016	信息技术 安全技术 实体鉴别 第3部分：采用数字签名技术的机制	2016－11－1
20	GM/T 0047	安全电子签章密码检测规范	2016－12－23

资料来源：赛迪区块链研究院

2. 底层框架技术标准研究制定工作活跃

我国区块链底层框架技术标准化工作自 2016 年起开始有序展开，目前，在区块链基础标准、可信和互操作标准、过程和方法标准等标准制定方面有一些初步成果。

3. 应用标准研究进展较为缓慢

区块链应用标准主要分为两大类，一类是进行区块链应用开发需遵循的接口标准和数据规范。目前，我国对区块链技术标准的研发仍停留在“基础标准”层级。另一类则是针对具体应用场景开发的区块链应用标准或规范。这一类标准规范目前极少，研发进展缓慢。

4. 测评认证标准研究进展迅速

目前，国内企业和研究机构对此类标准较为重视，研究基础较好。系统密码模块安全测评标准方面，截至本报告发布前，我国已经颁布 11 项与密码模块相关的国家标准或行业标准，这些标准为区块链应用中使用的密码模块测评提供了重要的测试依据。

五、中国区块链与区块链产业发展面临的主要问题

（一）缺乏顶层设计

目前，国家和地方政府已经出台了一些鼓励区块链布局和发展的相关政策。但是，区块链发展中存在技术异构、标准和规范不统一、行业资源配置割裂、投融资扶持政策力度弱、监管有待加强等问题，产业顶层设计、发展路线图、时间表、发展方向等方面有待进一步明晰。

（二）第三方评价机制亟待建立

对于当前区块链发展过程中所涉及的市场重点关切的热点问题，如技术标准、性能和效率、可扩展性、安全性等方面，尚未有通用的评价标准和体系，急需相应的第三方评价机制建立。

（三）核心技术亟待突破

首先，区块链技术的性能无法满足高频交易。在区块链技术中，当交易数据过大，可能会触及区块链性能瓶颈，产生交易拥堵。其次，区块链技术尚不成熟，安全隐患较大。一是区块链技术本身仍存在安全问题，在算法安全方面，目前区块链的算法只是相对安全，随着数学、密码学和计算技术的发展会变得越来越脆弱；二是区块链技术实现上仍存在大量安全漏洞。即使理论上很完备的算法，也会有各种实现上的错误，区块链大量使用各种密码学技术，出现错误也在所难免，交易平台被黑客攻击也都因为其自身实现的缺陷。最后，密钥管理存在隐患。区块链技术的重要特点是不可篡改、不可伪造，但前提是私钥是安全的。私钥是用户生成并保管的，没有第三方参与。私钥一旦丢失，便无法对账户的资产做任何操作。

（四）社会对区块链的认识有待提高

社会各界对区块链的看法不一，多数人对区块链认识不足，有待提高。大量民众对区块链的应用价值往往是一知半解，目前来看，任何期待区块链立刻颠覆现有信息互联网格局的愿景都是不切实际的。从技术维度来看，区块链是在互联网技术应用层的创新，区块链技术是互联网技术的补充。

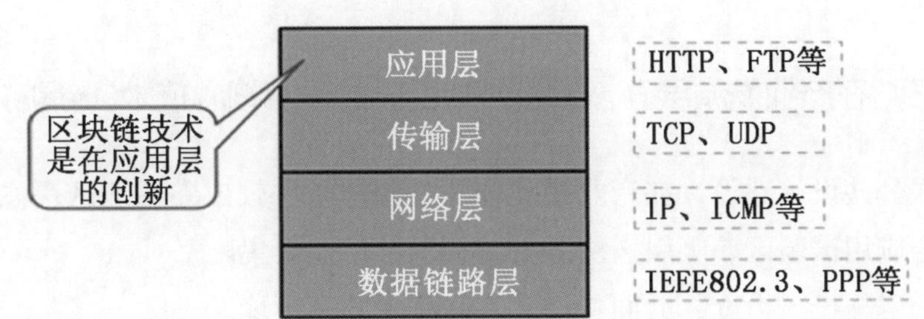

图 5－29　区块链技术与互联网技术关系

资料来源：赛迪区块链研究院

（五）行业人才严重短缺

我国区块链相关人才严重不足。自 2017 年以来，区块链作为新兴领域，初创公司大量涌现，人才需求更加旺盛，而专业培训相对落后，人才不足现象愈加显著。根据塔链和拉勾网数据，2018 年第一季度，区块链相关人才的招聘需求已达到 2017 年同期的 9.7 倍，发布区块链相关岗位的公司数量同比增加 4.6 倍。区块链相关岗位占互联网行业总岗位 0.4%，而区块链技术人才的供需比仅为 0.15∶1，供给严重不足。

六、解决中国区块链与区块链产业存在问题的措施

（一）在顶层设计层面，统筹协调推进

将区块链和区块链产业发展上升至国家战略层面，做好区块链和区块链产业发展的顶层设计和总体规划。明确提出区块链和区块链产业发展的总体方案、路线图、时间表，将区块链和区块链产业发展摆在经济社会发展更加突出的位置。

（二）在标准化建设层面，加快步伐抢占行业发展制高点

制定区块链技术和应用标准发展路线图，根据行业细分领域制定标准、行业应用指南等，逐步完善区块链技术和应用标准兼容体系，探索建立国有公链技术标准。

（三）在产业发展层面，加强公共设施建设和核心技术创新能力培养

加强公共设施建设，在产业基础较好、应用条件较成熟的地区探索建立区块链综合应用试验区，吸引区块链上游和下游产业聚集。

加大资金投入力度，共同建设区块链技术验证环境。

鼓励第三方研究机构和第三方评价机构建设。

支持开源区块链项目发展。

（四）在安全与治理层面，加强对区块链安全及监管问题研究

自主可控、安全可靠是我国发展区块链最需要关注的问题。当前尚未成熟的区块链技术，正面临着平台安全和应用安全等问题的严峻挑战。2016 年 6

月，基于区块链技术的全球最大众筹项目 TheDao 被黑客攻击，导致价值 6000 万美元的 360 多万枚以太币被劫持。与此同时，还应建立起能够促进区块链技术应用发展的监管环境，如果套用传统的监管模式，将有可能遏制区块链应用的创新，使其无法发挥应有作用。

因此，应加强我国对区块链安全问题研究，并根据区块链的技术运行特点，从数据安全、技术安全、场景安全等多个方面完善相关法律法规，防范和降低区块链的潜在风险。此外，还要改进区块链的监管手段和方式，学习借鉴国外的监管经验，实现我国区块链的安全应用。

（五）在技术层面，加大对区块链核心技术的研发力度

我国尚处于区块链研发的初级阶段，要加强对区块链国际发展动态的跟踪与研究，加强我国区块链关键技术的研发力度，加大研发投入，建立区块链技术研发的公共服务平台。注重对区块链底层和基础技术的研发与优化，注重打造自主可控的区块链底层平台，力争在全球区块链核心技术研发竞争中争取更多话语权。

（六）在应用层面，推动区块链在公共服务等领域建设应用试点

区块链在金融、农业、能源、公共服务、医疗、物流、民生等领域具有较为广阔的应用前景。尽管区块链目前存在可扩展性、隐私和安全、开源项目不够成熟等问题，但已有的应用充分证明了区块链的价值。因此，要推动建设区块链典型领域的应用试点，开展试点示范工作。如在公共服务、金融等行业，鼓励行业龙头企业将区块链技术与既有产品和服务进行融合创新，将适合的部门作为区块链的主要节点，参与到区块链网络的运营中。从而能够全面掌握和评估区块链应用的影响和可能出现的风险，实现对区块链安全应用的有效监管。

（七）在人才层面，创新人才培养机制，加快人才队伍建设

支持高校和职业院校设置区块链技术应用相关专业；建立区块链实验室、人才实训基地，加快培养区块链技术应用专业人才；区块链企业、互联网企业和金融企业创办“企业大学”等。

第四节　区块链与区块链产业发展的趋势与应对

一、《2018 年中国区块链产业发展白皮书》提出区块链发展六大趋势

2018 年 5 月 20 日，工业和信息化部信息中心正式发布《2018 年中国区块链产业发展白皮书》，这是国内第一份官方发布的区块链产业白皮书。根据白皮书总结，目前区块链发展有六大趋势：

（一）区块链成为全球技术发展的前沿阵地，开辟国际竞争新赛道

根据 IBM 区块链发展报告数据显示，全球九成政府正在规划区块链投资。在这过程中，公链等区块链底层架构和基础设施的重要性将非同一般，成为竞争焦点。

（二）区块链领域成为创新创业的新热土，技术融合将拓展应用新空间

区块链与人工智能、物联网等新技术融合，不断拓展技术应用新空间。区块链虽然没有区块链资产投资热闹，但敏锐的创业者已纷纷投身其中。

（三）区块链未来三年将在实体经济中广泛落地，成为数字中国建设的重要支撑

白皮书中提到，未来三年将是传统行业与区块链紧密融合的关键时期，会涌现新型的商业模式和监管服务模式。这为实体产业"换道超车"提供机遇，数字资产会成为企业重要资产。对于实体经济而言，这或许是机遇，也是挑战。

（四）区块链打造新型平台经济，开启共享经济新时代

这可以理解为，借助 Token 体系，区块链平台可将用户对平台或社区的贡献量化并自动结算，给予相应奖励，实现用户与互联网平台所有者共享平台价值的增值。

（五）区块链加速“可信数字化”进程，带动金融“脱虚向实”服务实体经济

白皮书提到，金融机构和实体企业之间存在严重的信息不对称，结果是中小微企业融资难、融资贵、融资慢。区块链可以实现实物流、信息流、资金流“三流融合”，推动金融更好地为实体经济服务。实际上，从目前的区块链技术应用看，金融业是区块链有效切入的重点领域。

（六）区块链监管和标准体系将进一步完善，产业发展基础继续夯实

区块链分布式、不可篡改、公开透明等特性可以有效地提升监管的实施效率。未来一段时间，区块链标准化将进入关键发展时期，这或许能为区块链进一步普及打下基础。

二、2019 年区块链发展趋势的十大猜想

经历了动荡的 2018 年之后，每个人都在设想 2019 年区块链未来的发展方向会如何？以下是图灵财经对 2019 年加密经济及更广泛的区块链领域的未来发展趋势的一些猜想。

（一）与 ICO 切割，重塑区块链行业形象

区块链受 ICO 拖累导致声誉受损，造成很多企业对区块链持怀疑态度，也有一些误解，并且不愿意采用这种技术。

预计区块链行业在 2019 年进一步尝试还原其应有形象，并在商业领袖和

智库中将区块链与1CO分开，为区块链技术扬名。

我们也会看到术语的转变。我们甚至预测区块链这个术语将逐渐被另一个更中性的词汇替代：例如，DLT或分布式账本技术。这将向企业内部的区块链方案执行团队发出明确的信号：他们的项目与加密货币和ICO无关。一旦概念的切割得到广泛认知，区块链将能够获得更广泛采用。

（二）分布式应用程序（DApp）将获得资本的青睐

DApp，是搭载在公链的应用程序。与建立在IOS系统或者Aoid系统上的App不同，DApp是建立在底层区块链开发平台和共识机制上的分布式应用，具备区块链去中心化、不可篡改的特征。

2018年，随着加密猫、FOMO 3D、EOS像素以及各种菠菜游戏的火爆，人们对区块链的关注开始从公链转向DApp。

随着企业发展区块链技术将重点从"什么是区块链"转移到"我们能用这项技术做什么"，2019年的一个关键趋势是应用程序更加去中心化，这些是区块链和加密货币更广泛传播的关键，因为它们使区块链更加便宜和可访问。IBM已经开发出一种新的区块链产品，允许初创企业和开发人员构建自己的分布式账本产品。有人预测，2019年将诞生首个百万级别用户的DApp。

2019年将成为DApp的发展元年，随着DApp平台的可扩展性开始提高，投资者的注意力将会从投资基础架构层转向投资构建平台上的应用程序。

（三）区块链的落地应用将越来越广泛

虽然2018年币市遍地哀嚎，但国内外各大公司很早已经开始区块链技术应用的开发，并取得了不错的成绩。

百度、阿里巴巴、腾讯、京东、网易、小米、苏宁等大型互联网企业，早在前几年就已开始了布局区块链开发与应用。我国各大银行、车企等传统行业，都将区块链技术应用在企业管理和产品研发。目前，这些企业在互联网金融、供应链、产品溯源、物联网、保险、医疗保健、版权等领域全面开花。

腾讯公司的首张区块链电子发票在2017年8月10日亮相，12月全国第一单区块链理赔、第一张"一条龙"区块链电子发票就分别在浙江台州、广东广州诞生，背后都是基于蚂蚁金服的蚂蚁区块链技术。

2018年12月19日，由中国信息通信研究院发布“2019－2021年信息通信业（ICT）十大趋势”，其中区块链等成为热点，并指出区块链探索构建分布式信任体系。区块链与云计算、物联网等深度融合和创新突破，将促进其在医疗、司法、工业、媒体等的大规模商业探索应用，构建新型分布式信任体系。预计未来两三年会看到区块链更多的进展和进步，会有更多的实践。

同时，越来越多的各国政府也将区块链技术应用在政府事务的管理中。不可变分布式账本及其安全级别的想法吸引了各国政府考虑使用它来存储系统上的数据。它可以容纳来自世界任何地方的各种数据块。

相信未来，会有越来越多的公司向这一新兴技术迈进，区块链的落地应用将越来越广泛。

（四）区块链技术促进分布式商业模式的发展

在过去的五六年，我们看到一个共享商业的模式逐步浮现，如网约车和共享单车，终端服务能力走上分布式。但这些模式发展基于中心化的平台，还是出现了许多问题。

在未来，这种中心化的平台或许可以通过区块链技术代替，从而形成所谓的分布式商业。

各个参与方是对等参与的位置，大家可以共享价值，而且通过区块链技术实现智能协同，实现价值整合，是完全透明的模式，并且有机会能够让不同企业之间跨界组成商业联盟。

2019年，这种分布式商业模式的发展可能会更具生命力，带来整个经济发展模式的重要改变和创新。

（五）区块链将成为大数据、AI、物联网等技术的融合载体

一个重要趋势是，人工智能、大数据、物联网和生物识别等其他领域的有前景的技术将越来越多地与区块链技术融合。区块链和物联网（IoT）之间的融合已经开始发挥作用。

根据国际数据公司（IDC）的报告，许多物联网公司将把区块链技术融入其产品中。IDC预测，到2019年，20%的物联网服务将安装区块链服务。这样，公司将能够向前发展，创造全新的商业模式以及收入流。因此，预计将出

现全新的区块链融合市场。

在连接到物联网的产品中使用区块链，例如，可穿戴设备和智能设备，这也意味着消费者将无意识中使用该技术。这种可用性将成为鼓励跨行业采用区块链技术的关键因素。

此外，人工智能领域的发展也将改变整个行业，其他领域的区块链和网络安全都得到了发展。公司将使用人工智能来增强客户体验，并降低其运营某些领域的成本。区块链对这些行业也有好处，因为它具有安全的框架且可以自动化数据交换。

（六）更多企业和机构投资者入场

区块链技术在 2019 年将进入一个新时代，许多行业专家预计该技术将被主流公司更广泛地采用。随着越来越多的公司转向这种新兴技术，我们可以预期对该技术的投资将进一步增加。

普华永道（PwC）最近报告称，其许多客户"在区块链计划上花费巨资"，区块链支出应该只会继续增长。根据 2018 年德勤全球区块链调查，40% 的受访者表示他们的组织将在 2019 年投资 500 万美元或更多的区块链技术。国际数据公司（IDC）进行的一项调查发现，该调查的受访者愿意在 2019 年投入数百万美元用于区块链技术。

普华永道（PwC）金融科技与加密业务亚洲主管 Henri Arslanian 也曾表示，2018 年已有许多机构投资者入场，2019 年预计会有更多。"他们中的一部分也许会决定启动自己的方案，或者是与该行业的公司合作，或是投资于这些公司。"

随着 2018 年监管机构对加密货币的监管透明度极大的提升，将会更多地消除机构投资者和其他玩家入场的不安全感。

就像 2018 年大银行进入加密世界一样，2019 年将是加密合作关系更加稳固的一年。2019 年，一些知名公司将与加密货币公司合作，以增加他们的投资组合。

同时，其他人可能会投资加密公司，就像高盛投资加密货币托管机构 BitGo 一样。机构投资者的加入将为加密行业带来许多经验。

（七）区块链生态系统的进化淘汰

区块链生态系统正迅速发展。在 2017 年，主流平台的主导地位，如以太坊、Hyperledger Fabric、R3 的 Corda、Digital Assets 等都是区块链发展的基础。

虽然他们在市场上的主导地位将继续保持，但随着其他行业和细分市场越来越多的应用，新的迟滞平台（例如保险，航空和运输行业）将涌现。竞争力的提高，以及为不同平台和不同类型的区块链网络之间的最佳通信而增加的互操作性和标准化的呼声，区块链行业必然会在 2019 年进行某种整合，而最能满足业务需求的平台将会活下来。

（八）稳定币会变得更稳定

2018 年 USDT 接二连三地出现信任危机，越来越多的人开始意识到 USDT 并非那么稳定，在寻求更值得信赖和透明的稳定币的过程中，许多公司和发行商纷纷进入市场。其中最引人瞩目的是 Gemini Dollar（GUSD）。

更可靠的稳定币必然会与市场上其他同类产品进行竞争抢夺市场份额，成为普遍使用的避险资产，影响人们的交易习惯成为最流行的交易。

人们也开始慢慢地认可这一种资产，接受这种支付方式自然会更多地使用。这个趋势会从圈内蔓延到圈外，只要对美元有需求的人想必都会尝试这种交易方式。到时候会形成庞大的市场，如果某一天稳定币的市值超过比特币也不必惊讶，因为这是一个必然的趋势。所以稳定币交易钱包将会是一个大家都会争夺的市场。

同时，钱包不仅有转账的功能，还有储藏的功能。保管庞大的资产是一项责任重大也是利润巨大的工作，基于稳定币的借贷功能会应运而生。稳定币在加密贷款方面看起来很有前途，因为它们能够以稳定的利率进行数字货币的交易。

它们可以最大限度地降低价格波动并包含小幅波动，从而使得加密支持贷款更容易、更安全。

（九）加密货币将变得更加主流

比特币期货的引入已经被主流接受，因为这种期货让投资者能够做空比特币，并以真实货币结算合约，即使他们实际上并不拥有比特币，也可以进行交易。

比特币期货合约的引入有助于主流市场接纳加密货币。根据旧金山联邦储备银行的一项研究指出，由于 2017 年引入了比特币期货合约产品，让很多不看好加密货币市场的悲观主义者受到鼓励，也纷纷进场。

当一个初中生都知道比特币的时候，毫无疑问，它已经成为了主流。不过，许多新晋投资者仍然难以接受加密货币价格的极端波动，但这并不妨碍其变得更加主流，而且随着越来越多投资者了解加密货币，波动性也会逐渐减小。

（十）区块链回归理性，商业化应用加速

根据阿里达摩院预测 2019 年十大科技趋势，关于区块链技术，表示在各行业数字化的进程中，物联网技术将支撑链下世界和链上数据的可信映射，区块链技术将促进可信数据在流转路径上的重组和优化，从而提高流转和协同的效率。

在跨境汇款，供应链金融，电子票据和司法存证等众多场景中，区块链将融入我们的日常生活。随着"链接"价值的体现，分层架构和跨链互联将成为区块链规模化的技术基础。区块链领域将从过度狂热和过度悲观回归理性，商业化应用有望加速落地。

三、"十三五"后期区块链产业发展十三条预测趋势

（一）区块链将引领全球新一轮技术变革和产业变革

目前，区块链逐渐成为"价值互联网"的重要基础设施，正在引领全球新一轮技术变革和产业变革，正成为技术创新和模式创新的"策源地"。很多国家开始积极拥抱区块链技术，开辟国际产业竞争新赛道，抢占新一轮产业创新制高点，以强化国际竞争力。

根据 IBM 区块链发展报告数据显示，全球九成的政府正规划区块链投资，并在 2019 年进入实质性阶段。

美国作为区块链技术的前沿阵地，将区块链上升到"变革性技术"，成立国会区块链决策委员会，不断完善与区块链技术相关的公共政策。

欧盟努力把欧洲打造成全球发展和投资区块链技术的领先地区，建立"欧盟区块链观测站及论坛"机制，加快研究国际级"区块链标准"，并为区块链

项目提供资金，预计 2020 年将为区块链项目提供高达 3.4 亿欧元的资金。

韩国将区块链上升至国家级战略，全力构建区块链生态系统，推出“I－Korea 4.0 区块链”战略，计划在物流、能源等核心产业内开展试点项目。

随着全球区块链发展的政策、技术和应用环境的不断优化，新兴信息技术的发展和应用不断加速，各国抢占未来前沿领域技术优势的力度空前加大，国际竞争将更加复杂和激烈。区块链技术带动经济和产业格局的重大调整，将是发展中国家实现跨越式发展，在国际分工中占据有利地位的重大转折机遇。

中国区块链行业的技术创新正经历着一个明显加速的过程，并且在一些相关技术上处于领先地位。我国目前已具备较好的区块链产业发展基础和广泛的区块链技术应用落地场景。下一阶段，将继续加快公链等价值互联网基础设施的建设，积极建设具有中国特色的区块链产业生态。

在下一轮国际竞争中，公链等区块链底层架构和基础设施具有较高的重要性，特别是民生领域、公共安全等领域的区块链基础设施，对于保障社会食品药品安全、加快构建社会信用体系、增加人民群众的获得感有重要意义。因此，有必要由国家统一监管，建立公开透明、可溯源、信用可有效传递的基础设施，承载一系列社会性的分布式应用，为加快实现政务信息资源共享、提升政府和企业协同效率、推进国家治理能力和治理体系现代化、建设现代化经济体系奠定基础。

（二）2019 年区块链产业发展趋势 13 条

区块链产业波澜起伏，风起云涌，2019 年是极其重要的一年。中国区块链产业研究院执行院长、《2019 全球区块链产业年鉴》编委会主任、自链学院创始人简金秋在自链财经发布了一篇题为《2019 全球区块链产业发展趋势预测》的文章，引起业内广泛关注和热议。以下为文章中的 13 条预测内容：

第一，全球区块链产业未来社区化将进一步加速。包括区块链技术发展带来新的商业模式和生产关系变革。

第二，全球各国区块链监管政策的进一步细化与完善，将影响数字资产投资用户在区块链上的投资选择，有线下实体产业做支撑的区块链项目和应用场景落地的项目将受到用户热捧。

第三，去中心化运营，建立全球多个超级节点和在社区里直接获取用户转化的模式会更流行，新用户更分散，更喜欢有法币收益驱动的区块链应用产品。

第四，中国的区块链产业投资红利（数字货币投资与区块链创业项目）正在向三四线城市迁移，投资理财核心用户集中，数字资产红利日益稀少。

第五，中老年区块链和数字资产投资的增长比我们想象中更快，不论规模还是消费能力，他们都有可能成为未来红利中最大的一块。

第六，区块链教育培训将迎来井喷发展，更多高校将开设数字货币课程，知识付费红利从互联网从业者转向传统产业从业者，更多新用户在区块链DApp上消费内容、购买服务。

第七，庞大的区块链游戏用户对游戏链DApp产生习惯和依赖。游戏区块链应用不仅为他们提供娱乐，还影响他们的消费和认知，并为他们带来收益增长或亏损。

第八，三、四、五线及以下城市，包括农村和沿海工厂工人，是区块链产业新热土。那里的年轻人同样喜欢接触新事物，更喜欢冒险和投资，比一二线城市的工薪族压力小，拥有比北上广深更多的闲散资金来投资区块链资产。

第九，区块链新技术更加普及和成熟，将在基础层给DApp应用创新提供更高效率，但是突破瓶颈的关键还是发展新用户。

第十，数字货币支付将得到更多推广和普及，线下零售将更多尝试接入区块链支付体系，个别产业逐渐开启链上链下一体化探索。

第十一，轻度娱乐，包括休闲类区块链游戏和低门槛区块链视频DApp应用，在新用户中更易获得认可，未来有更多发展机会。

第十二，“人工智能+区块链”将更加紧密结合发展，大数据、云计算和区块链将为智能硬件赋能，“智能家居+区块链”将迎来新机会。

第十三，区块链公链、媒体、交易所、币种等将大浪淘沙，用户并不喜欢安装一大堆区块链应用。未来，一个应用就解决用户大部分需求的“集群式”产品，有机会崛起。

下篇

实务篇

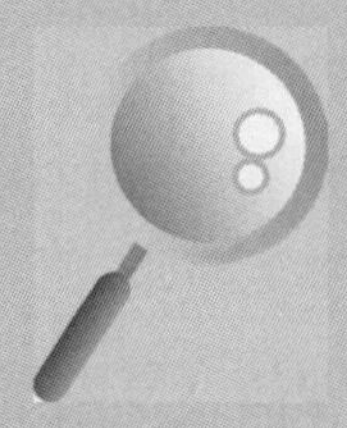

近几年，新一轮科技革命和产业变革席卷全球，大数据、云计算、物联网、人工智能、区块链等新技术不断涌现，数字经济正深刻改变人类的生产和生活方式，成为经济增长的新动能。区块链作为一项颠覆性技术，正引领全球新一轮技术变革和产业变革，有望成为全球技术创新和模式创新的“策源地”，推动“信息互联网”向“价值互联网”变革。2016 – 2018 年“十三五”中期，我国区块链产业初步形成，区块链技术持续创新，开始在供应链的金融、征信、产品溯源、版权交易、数字身份、电子证据等领域快速应用，有望推动我国经济体系实现技术变革、组织变革和效率变革。当然，区块链产业在取得重大成果和突破的同时，也存在较多严重问题和不足。

本篇对“十三五”中期中国区块链产业的发展实践情况进行分析，对区块链产业生态环境、区域运行、企业、投融资、园区、专利、人才、媒体、智库，尤其是产业政策和技术应用情况，进行较为系统的探讨和客观的描述，不仅让读者对中国区块链产业整体发展和各个方面的具体情况，有深入、直观的透视和认知，更重要的是书中总结了经验并指出了不足，提供了诸多区块链创新发展的宏观思路和微观对策，为更好地推进中国区块链产业的前行铺开路基和提供依据，为中国区块链产业持续、稳健、长足发展推波助澜。

第六章

“十三五”中期中国区块链产业发展综述

自比特币诞生以来，区块链及相关产业的发展已有十多年的历史。随着区块链技术的不断普及和数字资产交易的日趋广泛，全球掀起了一场基于区块链技术及应用的创新创业热潮。各国政府在区块链领域积极发力，企图抢占下一个产业创新的制高点。2016 年 12 月，区块链首次被作为战略性前沿技术写入《“十三五”国家信息化规划》。2017 年，国务院在四个发布文件中都提到区块链，浙江、江苏、福建、山东、重庆等十几个省市先后发布区块链指导意见，不少地方还将区块链建设列入“十三五”战略发展规划。2018 年 5 月，习近平主席在中国科学院第十九次院士大会、中国工程院第十四次院士大会上发表讲话，将区块链与人工智能、量子信息、移动通信、物联网等并列为新一代信息技术代表，对区块链技术的前景寄予厚望。据不完全统计，截至 2018 年 11 月底，中国新增区块链创业企业 703 家，融资总额达 75 亿美元，相关专利 1518 项，中国俨然成为全球区块链领域的先行者和引导者。

2016 年是中国区块链和区块链产业兴起的一年，经过三年的发展和发酵，2018 年是快速发展过后深度洗牌的一年，受币价大幅下跌及全球政策趋严的影响，数字货币市场进入熊市。本章从多渠道、多方面收集、整理相关资料和借鉴、摘录已有的研究成果，综合阐述和系统探讨 2016 – 2018 年中国区块链产业实务总体情况。

第一节 "十三五"中期中国区块链产业的主要情况

"十三五"中期，区块链技术在全球范围内受到了极大的关注，中国更是一马当先。从产业发展来看，中国区块链产业发展刚刚起步，企业水平参差不齐，区块链技术还未完全与产业融合，更倾向于一种探索性的试验，潜力还未完全发挥。考虑到涉及区块链产业的内容较多，本书后面的章节有相应介绍，本篇主要根据挖链研究团队通过监管政策、创业企业、投资机构、专利技术四个角度，总结和揭示中国区块链产业的经历和发展现状。

一、监管政策情况

（一）从全球层面看：各国高度重视区块链发展，多持积极开放态度

各国区块链政策态度存在一定的差异，下表对比了美国、欧盟、英国、新加坡、日本、韩国、中国对区块链的政策态度、经济投入、政府应用等情况。

表 6－1 各国区块链政策态度一览

序号	国家	政策态度	经济投入	政府应用
1	美国	积极推进，引领创新，鼓励应用	向研究人员和区块链初创公司提供经费和赠款	公民服务、监管合规身份和管理
2	欧盟	支持看好，为己所用，愈加开放	扶植区块链初创项目	打击网上虚假信息传播
3	英国	态度开放积极	投资区块链项目，为毕业生应聘提供资金福利	基础设施、福利发放、国际援助、市场纠纷、货币、金融业、食品

（续表）

序号	国家	政策态度	经济投入	政府应用
4	新加坡	监管宽松，政策开放，大力支持创新	投资区块链项目	金融科技、金融货币、跨境支付
5	日本	大力支持，尝试落地	投资区块链产业创新	制造业、房地产业、金融业
6	韩国	鼓励探索，接纳引进，大力投入	投资区块链技术企业	证券交易、物流、能源
7	中国	兴趣浓厚，支持技术发展，促进技术突破	扩大区块链领域财政投入，扶植技术研发和区块链企业	金融服务、航运物流、社会治理、民生服务、文化娱乐

数据来源：公开资料，挖链整理

（二）从中央层面看：纳入“十三五”规划，大力推动区块链技术发展

自 2016 年 12 月区块链首次作为战略性前沿技术、颠覆性技术被写入国务院发布的《国务院关于印发“十三五”国家信息化规划的通知》以来，我国对区块链的重视和关注日益提升，越来越多的行业发展规划提到了加速区块链应用，如人工智能、信息化、软件服务业和工业互联网等。主要的政策文件如下：

表 6－2　中国中央政策

序号	时间	部门/机构	文件名称	说明
1	2016 年 10 月	工业和信息化部	《中国区块链技术和应用发展白皮书（2016）》	总结了国内外区块链发展现状和典型应用场景，介绍了区块链技术发展路线图以及未来区块链技术标准化方向和进程
2	2016 年 12 月	国务院	《国务院关于印发“十三五”国家信息化规划的通知》	区块链首次作为战略性前沿技术被写入《国务院关于印发“十三五”国家信息化规划的通知》

（续表）

序号	时间	部门/机构	文件名称	说明
3	2017 年 1 月	工业和信息化部	《软件和信息技术服务业发展规划（2016－2020 年）》	提出区块链等领域的创新要达到国际先进水平等要求
4	2017 年 7 月	国务院	《国务院关于印发新一代人工智能发展规划的通知》	促进区块链技术与人工智能的融合，建立新型社会信用关系，最大限度降低人际交往成本和风险
5	2017 年 8 月	国务院	《关于进一步扩大和升级信息消费持续释放内需潜力的指导意见》	提出开展基于区块链、人工智能等新技术的试点应用
6	2017 年 10 月	国务院	《关于积极推进供应链创新与应用的指导意见》	提出要研究和利用区块链、人工智能等新兴技术，建立基于供应链的信用评价机制
7	2018 年 3 月	工业和信息化部	《2018 年信息化和软件服务业标准化工作要点》	提出组建全国信息化和工业化融合管理标准化技术委员会、全国区块链和分布式记账技术标准化委员会

数据来源：公开资料，挖链整理

（三）从地方层面看：地方紧随中央号召，实质性扶持政策迭出

据不完全统计，截至 2018 年 12 月底，我国北京、上海、广东、浙江等 22 个省份（自治区和直辖市）就区块链发布了超 100 项政策文件。各地区块链企业创业的活跃程度与政策扶持密切相关，从一定程度上可以说明，区块链扶持政策有利于区块链企业的成立与发展。

1. 地方政策文件频发

据不完全统计显示，2016 年第三季度以来，我国共发布区块链相关政策文

件 119 份，2018 年全年共发布 35 份，政策文件的高密度发布显示出我国对区块链技术发展的高度重视。而在各地利好政策的影响下，中国区块链行业获得了良好的发展契机，行业在 2017 年后迎来一场创新创业的热潮。

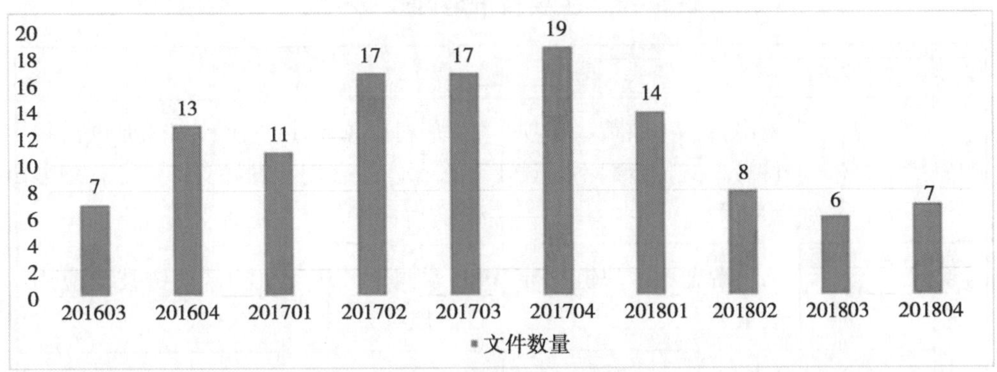

图 6 -1　2016 年以来区块链政策出台情况一览

数据来源：公开资料，挖链整理

2. 经济发达地区政策文件最多

据不完全统计，北京、浙江、贵州发布区块链相关政策文件最多，其次是江苏、深圳、雄安新区等省市，从地区分布看，经济相对发达地区的政策文件数量较多。

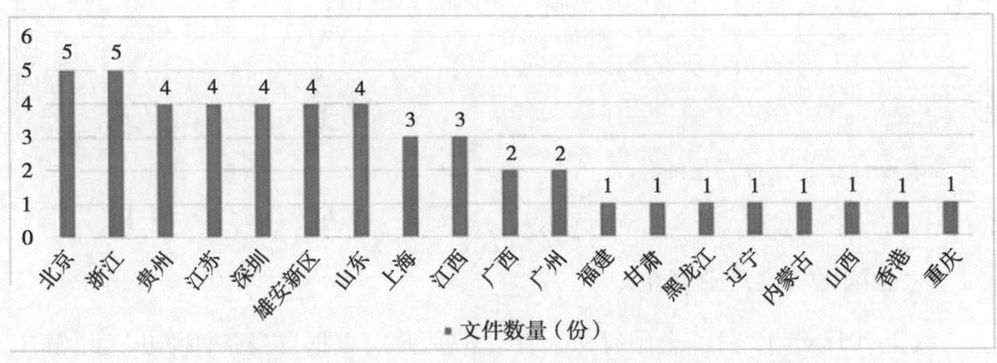

图 6 -2　主要省（自治区、直辖市）区块链政策数量

数据来源：公开资料，挖链整理

3. 主要省市地区政策一览

主要省市政策情况如下表所示：

表 6－3　主要省市地区政策一览

序号	省市地区	概要	主要文件
1	北京	未出台专项政策，单项目最高支付金额不超过500万元	《中关村国家自主创新示范区促进科技金融深度融合创新发展支持资金管理办法》
2	上海	已出台金融区块链指导政策	《互联网金融从业机构区块链技术应用自律规则》
3	广州	每年2亿财政投入扶持区块链产业	《广州市黄埔区广州开发区促进区块链产业发展办法》
4	深圳	未出台专项政策，单个项目资助金额不超过200万元	《市经贸信息委关于组织实施深圳市战略性新兴产业新一代信息技术信息安全专项2018年第二批扶持计划的通知》
5	浙江	将区块链打造成未来产业	《浙江省人民政府办公厅关于进一步加快软件和信息服务业发展的实施意见（代拟稿）》
6	贵州	重点开发区块链项目，已初步形成产业生态	《促进区块链技术创新及应用十条政策措施（试行）》
7	山东	提供专项资金，连续执行五年	《“链湾”白皮书》

数据来源：公开资料，挖链整理

4. 全国区块链产业基金

截至2018年12月，全国有9个省（市）政府根据自身条件推出区块链产业基金，总规模将近400亿元。其中，杭州雄岸全球区块链创新基金是全国最早的区块链产业基金。杭州、南京、河南等地发起的基金项目规模均达到100亿元，是目前规模最大的区块链产业基金。

表6-4　全国区块链产业基金一览

序号	基金名称	基金规模（亿元）	发起方	设立时间
1	北京区块链生态投资基金	首期10	北京金融局	2018.5
2	上海杨浦区区块链产业基金	首期10（共50）	上海市杨浦区人民政府	2018.12
3	深圳区块链创投基金	首期5	深圳市天使投资引导基金	2018.4
4	河南省信息产业发展基金	100	河南投资集团	2018.1
5	南京公链共同体创新投资基金	100	江北新区管委会、北京元道资本、江苏省金茂投资管理公司	2018.7
6	杭州雄安全球区块链创新基金	100	政府引导基金出资30%	2018.4
7	西安链改产业基金	1	陕西省区块链产业联盟	2018.1
8	青岛市市北区区块链产业发展年度专项资金	—	青岛市市北区人民政府	2017.7
9	长沙经济技术开发区区块链产业基金	30	政府、社会联合出资	2018.6

数据来源：公开资料，挖链整理

二、创业企业情况

（一）从企业数量看："十三五"引发创业热潮，2018年第一季度达到顶峰

2016年12月发布的《国务院关于印发"十三五"国家信息化规划的通知》中提到"加强量子通信、未来网络、类脑计算、人工智能、全息显示、虚拟现实、大数据认知分析、新型非易失性存储、无人驾驶交通工具、区块链、基因编辑等新技术基础研发和前沿布局，构筑新赛场先发主导优势"。受此规划影响，我国出现了区块链创业的热潮。

2017年年底，数字货币市场迎来了一波牛市，比特币价格从2017年年初的6949.07元飙升到130581.23元。币价的疯狂上涨，更加激发了创业者的创

业热情，2018 年第一季度新增区块链创业公司 140 家，达到近年来的高峰。

截至 2018 年 10 月底，国内以区块链为主营业务的公司多达 703 家，相较 2016 年涨幅高达 69.53%，产业初步形成规模。

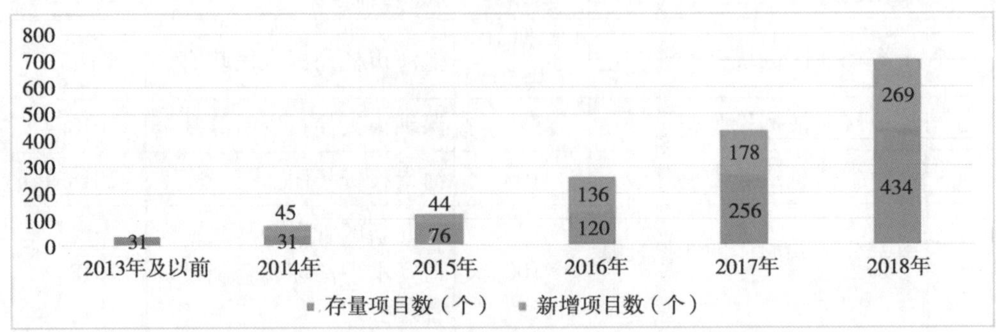

图 6－3　2018 年以来区块链领域创业公司数量变化情况

数据来源：IT 桔子，挖链整理

（二）从行业分布看：公链、区块链媒体、数字货币交易所为创业热点

据数据统计显示，2018 年后新成立的区块链创业公司涉及 30 余种细分领域。其中，区块链媒体占比最高，为 57 家（占比 27%），其次是公链和数字货币交易服务，分别为 32 家（占比 15%）和 23 家（占比 11%）。

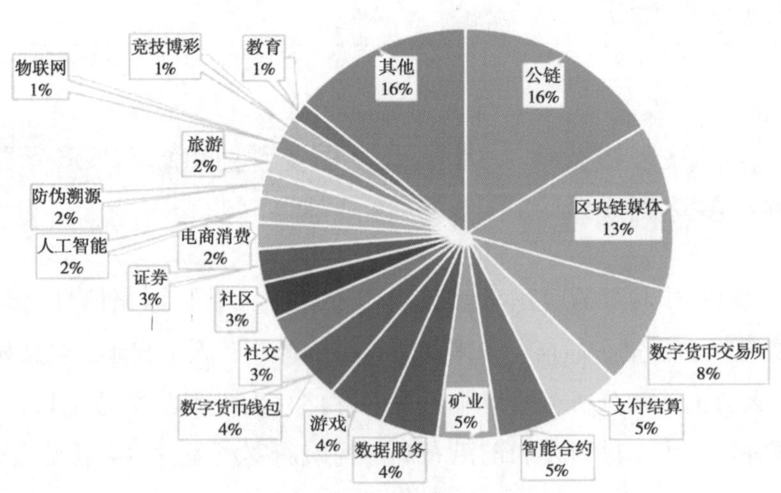

图 6－4　2018 年区块链创业企业行业分布

数据来源：鲸准研究院，挖链整理

（三）从地域分布看：我国区块链创业项目主要集中于经济发达城市

从地域分布看，区块链创业项目主要集中于经济较为发达的一线城市，其中北京区块链创业公司数量最多，达 91 家（占比 27%），其次是上海 57 家（占比 17%），深圳、杭州、广州分别占比 12%、10%、8%。上述五大城市合计占比达 76%，集中趋势明显。

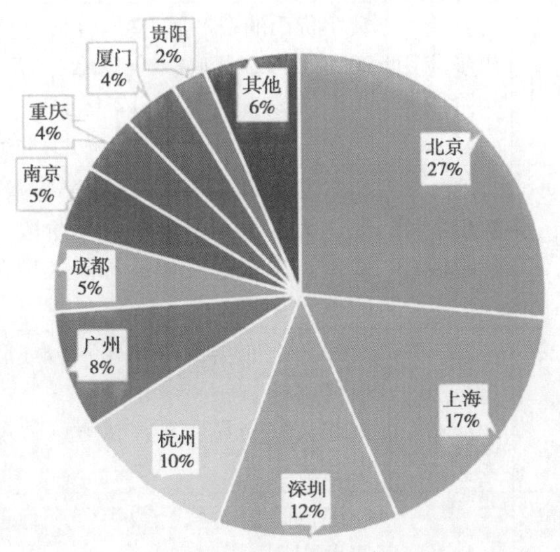

图 6－5　2018 年中国区块链创业公司地区分布

数据来源：天眼查，挖链研究团队整理

（四）从落地情况看：大多处于探索阶段，金融类项目或率先落地

区块链技术在不同场景应用的情况可划分为三类，分别是：

1. 探索阶段

该阶段中，区块链技术在某一场景的应用还未得到充分论证，主要以理论研究为主。

2. 实验阶段

该阶段中，区块链技术已完成部分理论研究，项目方开始从实践角度出发，进一步验证区块链技术的可用性。

3. 初步应用阶段

该阶段中，区块链技术在某场景的应用已初步实现，项目切实落地，且在不断进行迭代优化。

表 6－5　各行业区块链应用情况

序号	应用行业	应用场景	发展阶段	落地情况
1	金融业	数字货币	初步应用阶段	数字货币的资产属性受认可，交易需求日益旺盛；2018 年 12 月底，全球数字货币共 2081 种，24 小时交易量达 137.12 亿美元。数字货币交易所等相关行业同步发展，初步形成产业链
2		支付结算	初步应用阶段	初步实验性应用，部分银行等金融机构开始落地，大部分项目处于研发阶段 钱包技术快速发展，不同类型钱包满足不同用户的差异化需求
3		证券交易	实验阶段	大部分企业借助母公司平台或联合金融巨头尝试项目落地 全球大型交易所正在探索区块链技术在交易系统中的可行性
4		保险	探索阶段	传统保险公司联合数字资产管理平台推动区块链技术应用 互联网保险公司成立区块链技术实验室探索落地场景
5		风险控制	探索阶段	探索在安全性、隐私保护和共享性等方面是否存在应用的可能
6		数字票据	实验阶段	基于数字票据不可篡改的特性，验证区块链技术在解决操作、市场和道德三大风险上的有效性
7	供应链	防伪溯源	实验阶段	制药巨头及零售巨头将区块链技术用于实战
8		物流	探索阶段	探索如何实现物流实名制、智能化运输的路径
9	物联网	工业物联网	探索阶段	部分公司开始该领域内的尝试，落地还需时间
10		去中心化物联网	探索阶段	旨在解决基础设施投入、维护成本高昂与数据安全问题
11	医疗健康	医疗数据管理	实验阶段	部分国家和政府机构热衷于推动项目落地，但仍需时间
12		药品防伪溯源	实验阶段	制药商、批发商及 IT 巨头开展追踪定位的试验，旨在打击伪劣产品的分销和出售

（续表）

序号	应用行业	应用场景	发展阶段	落地情况
13	能源	能源交易平台	探索阶段	试验落地应用范围较小
14	文化娱乐	版权保护	初步应用阶段	初步建立了音乐版权管理平台
15		文化众筹	试验阶段	数字出版平台、IP 数字资产交易平台打造中
16	公共服务	公证	试验阶段	微软在 Office 软件中支持区块链公证服务
17		公益	初步应用阶段	开始适用于公益项目追踪
18	教育就业	教育存证	初步应用阶段	开始用于保护和分析学校记录，核实学位证书、学术成果
19	房地产	房产交易	实验阶段	有公司尝试通过区块链技术记录房产交易过程
20	政府服务	选举投票	实验阶段	在部分社区及公司进行试验
21		数字产权	探索阶段	有国家就土地权、股权等开始研究
22		电子身份	实验阶段	爱沙尼亚建立电子居住权项目

数据来源：公开资料，挖链整理

三、投资机构情况

（一）从参与主体看：大量资本涌入，传统 VC/PE 与 Token Fund 共筑新战场

区块链行业的高速发展吸引越来越多的传统投资机构参与其中，更涌现出一批专注于数字货币投资的 Token Fund。据不完全统计，2018 年 1 月 – 12 月间，我国区块链领域投资事件超 433 起，总投资金额超 135 亿元。从投资项目数看，节点资本、红杉资本中国、了得资本的投资项目数最多，分别投资了 27、24、23 个项目；从投资金额看，红杉资本中国、FBG 基金、节点资本分别排名前三，累计投入资金 22.96 亿元、5.89 亿元和 5.51 亿元。其中，红杉资本中国参与比特大陆 B 轮融资，投资金额高达 21 亿元，占总投资金额 28%。

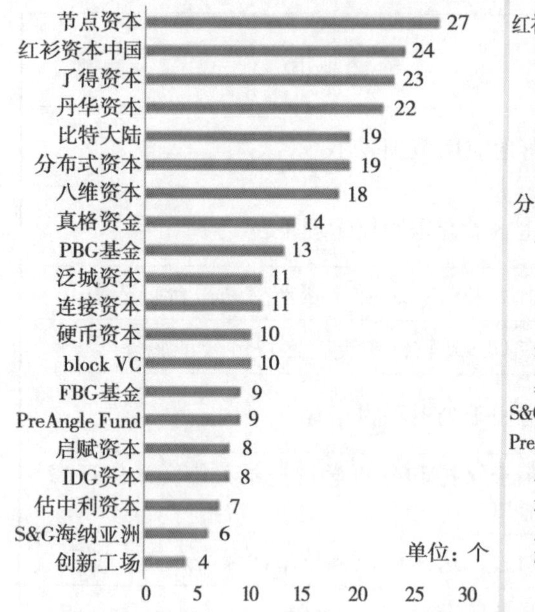

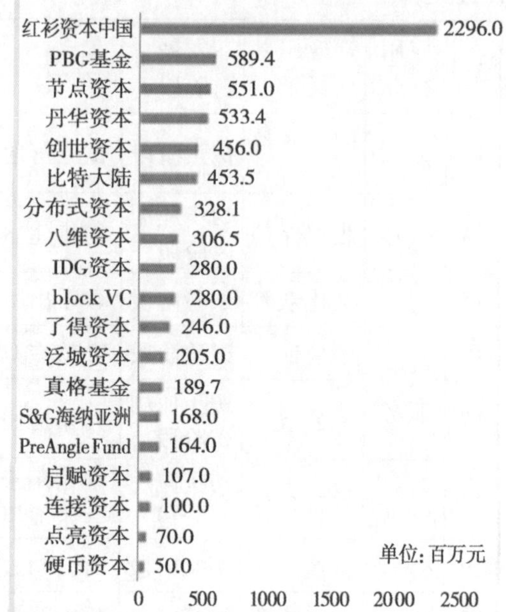

图 6－6　2018 年区块链领域主要投资机构投资情况

数据来源：鲸准研究院，挖链整理

（二）从投资事件看：区块链领域融资事件及金额连年走高

我国的区块链项目成立数量及融资金额自 2013 年以来逐年走高。据桔子 IT 数据库统计，2017 年中国区块链相关项目融资总额超过 44.9 亿元，融资事

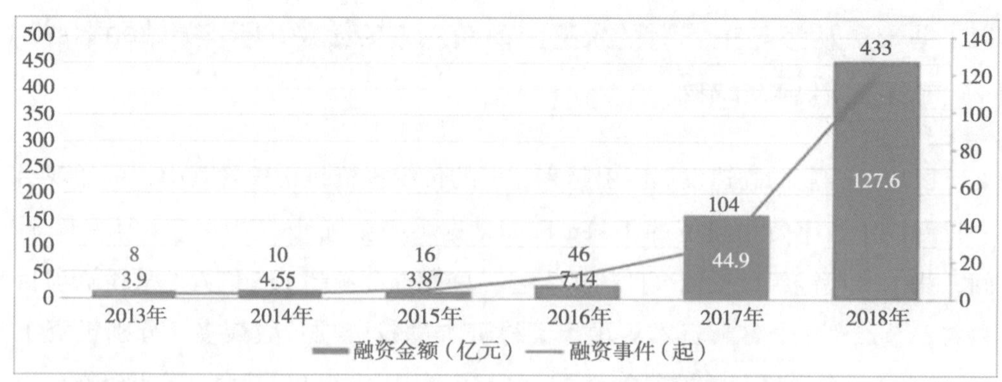

图 6－7　2013 年至今中国获投项目数量金额情况

数据来源：桔子 IT，挖链整理

件104起。截至2018年12月，区块链行业融资额达到127.16亿元，融资事件433起，融资金额和获投企业数量达到历年顶峰。

（三）从投资偏好看：各细分领域受关注度相近，产业各生态齐头并进

截至2018年12月，2018年共成立269家新公司，其中有162家获得投资，占比60.2%，各细分行业间获得投资的比例差异较小。数字货币投资理财、信息安全、数字货币交易服务获得的投资比例最高，分别为71.5%、70.4%和69.9%。

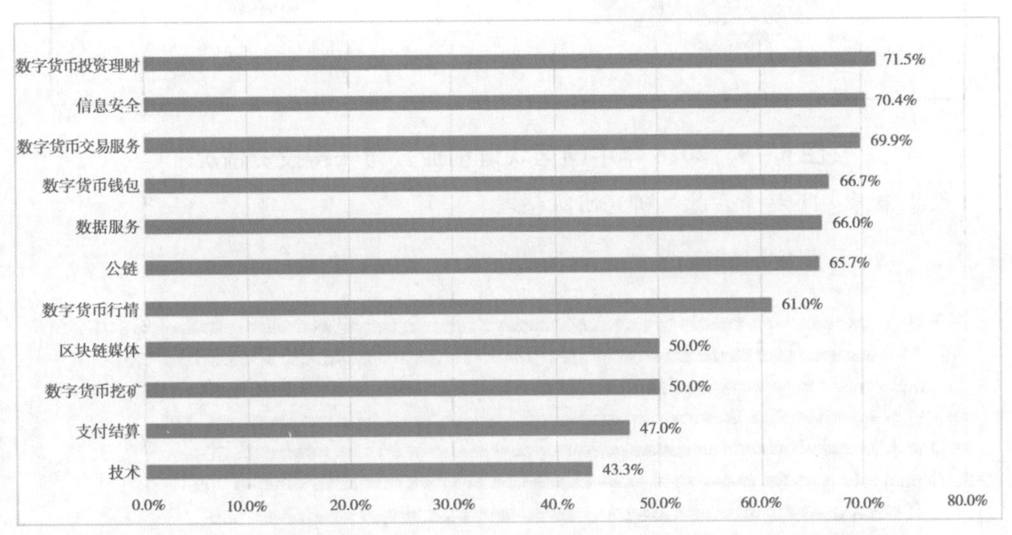

图6-8　2018年中国区块链创业公司细分行业获得投资情况

数据来源：IT桔子，挖链研究团队整理

（四）从投资轮次看：区块链企业受热捧，但多处于项目初创阶段

对收录的703个创业公司按投融资情况划分，除未披露融资情况的创业公司外，共有433家获得投资，占比61.59%。其中，种子轮100个（占比14.16%），天使轮165个（占比23.54%），Pre-A、A轮、A+轮共160个（累计占比22.74%），获得B轮及以上投资的创业公司仅10家（占比1.42%）。

在主流的几大投资机构中，所投项目发行Token比例最高的前三名为蛮子

基金、BlockVC、Pre Angel，比例最低的三家为 IDG 资本、分布式资本、丹华资本。

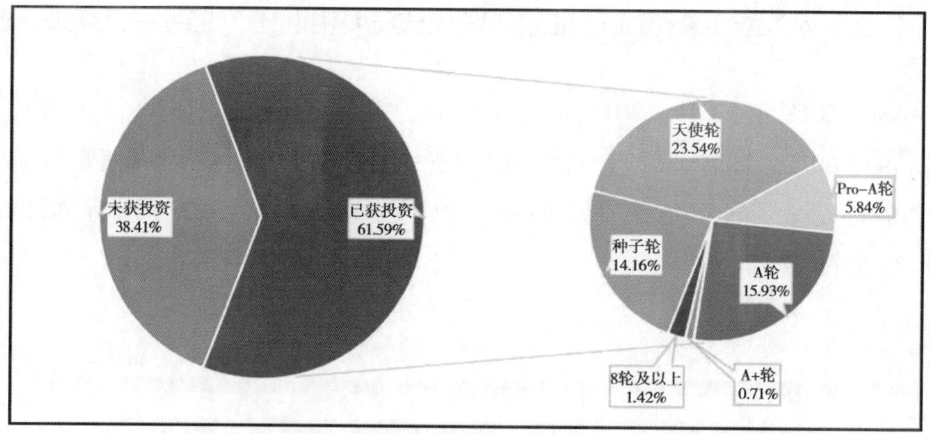

图 6 -9　2018 年中国区块链创业公司获得投资情况

数据来源：IT 桔子，挖链研究团队整理

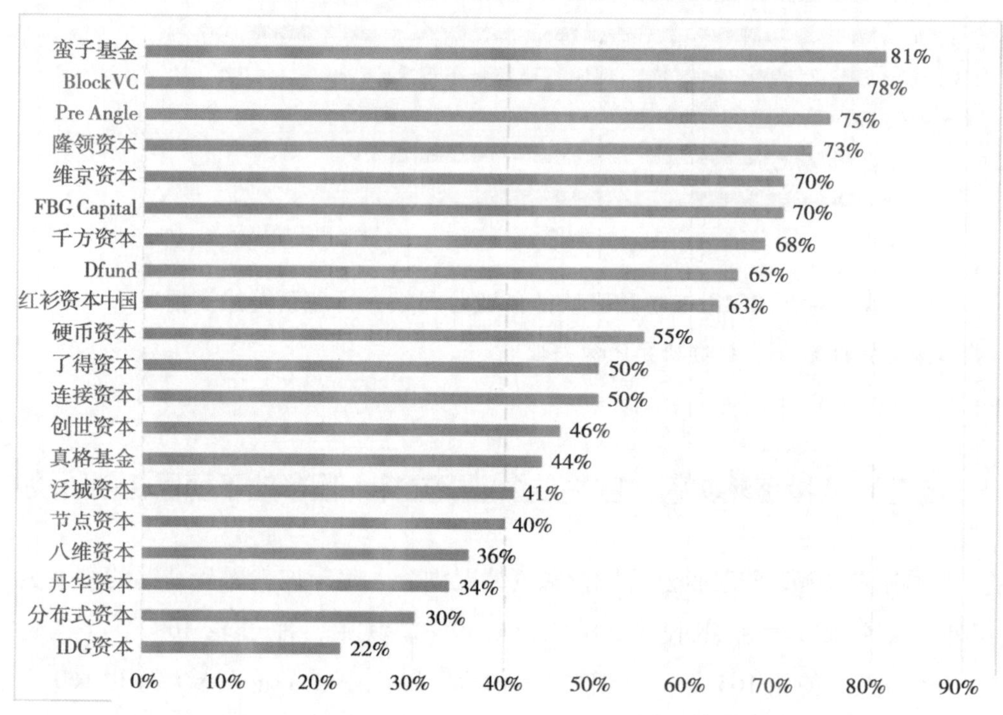

图 6 -10　主流投资机构投资项目发币情况

数据来源：AICoin，挖链整理

四、专利技术发展情况

（一）从专利数量看：我国技术飞速发展，2018 年新增专利数居世界第一

根据中国国家知识产权局统计，2018 年全球区块链新增专利数量为 1688 件，我国区块链专利数量为 713 件，占比 42.26%，位居全球第一。

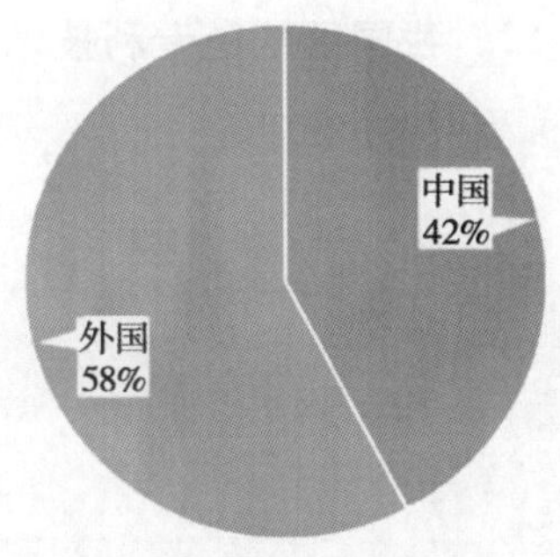

图 6－11　2018 年全球区块链新增专利数量占比

数据来源：国家知识产权局，挖链整理

（二）从技术类型看：专利集中于协议、传输、支付等领域

从专利技术领域来看，区块链主要集中于 H04L29/06、H04L29/08 和 G06Q20/38，反映当前区块链研究热点主要以协议、传输、支付为主，对区块链核心技术密钥分配的研究较少。

（三）从时间分布看：受熊市影响，2018 年专利数量呈下降趋势

截至 2018 年 12 月 31 日，中国拥有的区块链专利累计有 2403 件。2018 年申请的专利共 707 件，各月份新增专利情况如图 6－13：

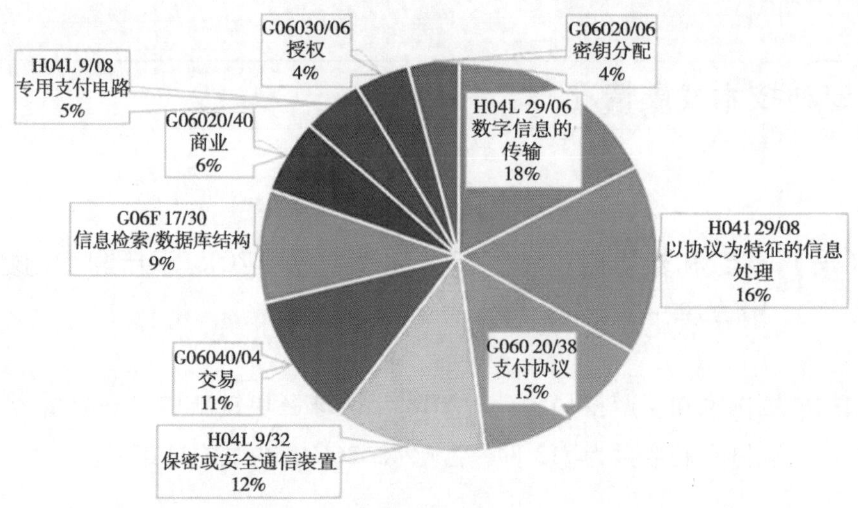

图 6-12　我国区块链专利技术分布

数据来源：国家知识产权局，挖链整理

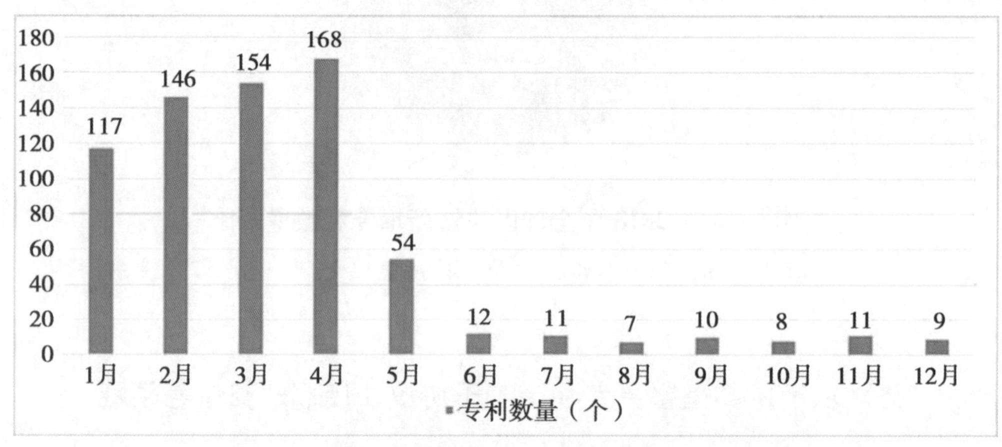

图 6-13　2018 年中国区块链专利申请数量

数据来源：国家知识产权局，挖链整理

（四）从地区分布看：聚集效应明显，"北上广"名列前三

专利的地域分布呈明显的聚集效应，东部地域专利数量远高于中西部地区。据不完全统计，在有专利分布的 26 个省市地区中，北京（594 个）、广东（402 个）、上海（193 个）数量最多。

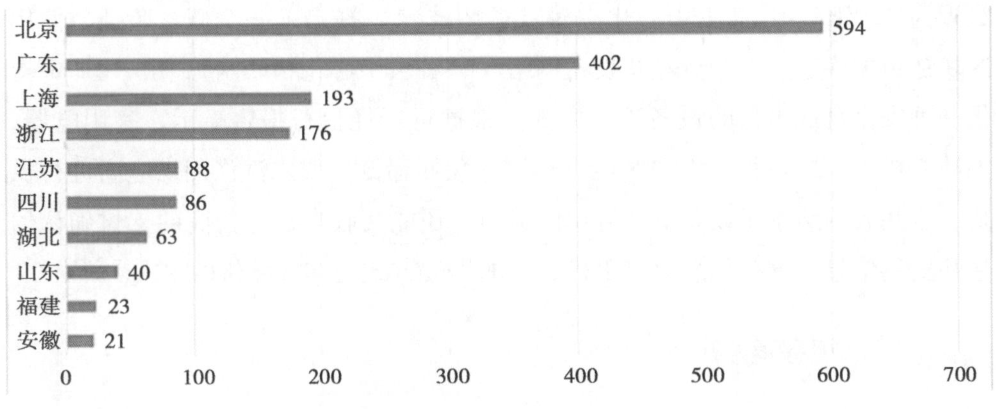

图 6－14　主要地区专利数量

数据来源：国家知识产权局，挖链整理

第二节　“十三五”中期中国区块链行业的十大热门及应用

一、2016 年中国区块链行业的十大热门技术及应用

未央网作者火币区块链研究中心于 2017 年 1 月 4 日发表文章指出，2016 年是区块链技术兴起及普及的重要一年，越来越多的企业开始探索区块链技术的使用方法，越来越多的企业开始研究并落地区块链应用。下面从 2016 年国内外区块链技术的应用场景，挑选十个较为成熟的领域进行盘点，各选出了一个最有代表性的应用。

（一）物联网

区块链在物联网领域有巨大的应用潜力。物联网现存问题，如汽车系统可能会受到恶意攻击，房屋进入系统安全性需要加强，还有互联网的安全挑战等问题都可以很好地利用区块链解决。火币区块链研究中心了解到，IBM 和三星最近为 ADEPT（自动去中心化点对点遥测技术）提出了一个概念验证，使用区块链数据库建立一个分布式设备网络（一种去中心化物联网），由 ADEPT 提供一种安全且成本低的设备连接方式。根据可行性执行报告显示，家用电器，如洗碗机，可以执行一份"智能合约"来发布命令，要求洗涤剂供应商进行供货。这些合约给予了设备支付订单的能力，还能接收来自零售商的支付确认信息和发货信息。这些信息会以手机铃声的提醒方式通知洗碗机的主人。

（二）电子商务

区块链在电子商务领域的应用代表是 OpenBazaar。这是一个开源项目，目的是创建一个使用比特币的去中心化且不受约束的点对点电子商务网络。该平台不同于其他，相对于访问购物网站，该平台能够被下载下来，并直接将用户与其他正在寻找商品和服务的买家或卖家的人连接。火币区块链研究中心了解到，消费者将可以使用除比特币之外的多种数字资产在 OpenBazaar 上进行购物。

（三）身份验证

BitNation（比特币）是一个将区块链技术应用到公民管理问题上的系统。最近，BitNation 宣布使用以太坊智能合约编写了 140 行代码，建立了世界上第一个虚拟的无国界、去中心化的自治国家宪法。该组织由 Susanne Tarkowski Tempelhof 创立，倡导无边界管理，并建立起自己的虚拟国度。为使这种声明合法化，它建立了一套工具以及服务，也许某一天它甚至可以允许人们用区块链身份来取代他们的国民身份。当然，前提是其他地域国家承认区块链作为政府记录安全和合法的存储库，那这种壮举才有机会成为可能。火币区块链研究中心了解到，2016 年 12 月 1 日，爱沙尼亚的一对夫妇不在牧师或者法官面前见证，而是通过全能的区块链，在一种分布式的全球计算和数据存储技术的见证下举行婚礼。

（四）社交通信

区块链在社交通讯领域的代表产品是 Twister，Twister 是去中心化的社交网络——推特的替代品。理论上，没有任何人和机构能够关闭它。而且，在 Twister 上，其他用户不知道你是否在线、你的 IP 地址、你关注了谁，这是保护用户隐私的刻意设计。用户仍然可以使用 Twister 发布公开信息，但是用户向其他人发送的私人信息被加密保护，该加密方法是 LavaBit 公司常用的加密方法。LavaBit 公司是斯诺登使用的电子邮件服务的提供商。火币区块链研究中心了解到，Twitter 和 Facebook 的其他替代品，例如 Pump. io、Identica 和 Diaspora，需要用户自己运行服务器或信任某人运行的服务器。Twister 更像点对点文件分享软件：运行 Twister，它就能够连接到其他用户。不需要中心服务器，有非常好的易用性。

（五）公证防伪

公证通（Factom）利用比特币的区块链技术来革新商业社会和政府部门的数据管理和数据记录方式，也被理解为一个不可撤销的发布系统。系统中的数据一经发布，便不可撤销，提供了一份准确、可验证、且无法篡改的审计跟踪记录。利用区块链技术帮助各种各样应用程序的开发，包括审计系统、医疗信息记录、供应链管理、投票系统、财产契据、法律应用、金融系统等。Factom 说这个区块链系统将会给医护人员和医院带来他们所需要的实时数据。例如，一个医疗专业人员可以通过智能手机获取信息，并查看婴儿的疫苗接种纪录。或者，感染艾滋病毒的人可通过 Factom 区块链访问自己的病毒载量测量结果。

（六）文件存储

Storj 是一种开源对象存储平台，类似于 AWS S3 或微软 Azure Blob 存储。Storj 希望通过直观的工具和文档，一种现代 API 和一种开源先试再买的方法来使对象存储的使用更容易。但事实上，这一切主要来源于区块链的能力。你可以将 Storj 想象为一种分布式云存储网络，适用于存储目前的静态内容，不过未来的存储对象远远不止如此。这种基于区块链的去中心化允许开发者以一种安全的、高性能的和廉价的方式来存储数据，将数据散布在许多节点上。至于数据的安全性，区块链的方法就意味着每一个文件都被切碎，并且使用你自己的密钥进行加密，然后散布在网络上，直到你准备再次使用这个文件。需要检索的时候，这些文件就会被解密，并迅速地无缝重新组装起来。根据定义，Storj 不需要建设或运营数据中心，因此资金支出最小，从而降低存储成本。火币区块链研究中心了解到，Storj 的存储成本是其他云存储竞争对手，如亚马逊网络服务（AWS）的一半。Storj 的点对点架构也可以并行下载来自这些不同碎片的数据，使 Storj 充分利用你的下载连接，而不是依赖效率低下的单源下载。

（七）预测市场

Augur 是建立在以太坊平台上的去中心化预测市场平台。和传统的预测市场相比，Augur 最大的区别是其全球化和去中心化的特性。世界各地的任何人都可以使用 Augur，这将为 Augur 带来空前的流动性、交易量和传统的交易所不曾有过的多种视角和话题。利用 Augur，任何人都可以为自己感兴趣的主题（比如美国大选谁会获胜）创建一个预测市场，并提供初始流动性，这是一个去中心化的过程。作为回报，该市场的创建者将从市场中获得一半的交易费用。火币区块链研究中心了解到，普通用户可以根据自己的信息和判断在 Augur 上预测、买卖事件的股票，如美国总统大选。当事件发生以后，如果你预测正确、持有正确结果的股票，每股你将获得 1 美元，而你的收益是 1 美元减去当初的买入成本。如果你预测错误、持有错误结果的股票，你将不会获得奖励，而你的亏损就是当初的买入成本。

（八）资产交易

2016 年 12 月 16 日，在线零售巨头 Overstock 通过其首创的募资方式——在区块链上发行股票，成功结束了第一轮募资。火币区块链研究中心了解到，本次股票发行共募得资金 1090 万美元，其中 190 万美元来自于 Overstock 子公司 Medici。在区块链上发行股票，一切技术都是建立在分布式、加密保护的账本上，任何人都可以访问和审查这个账本，确保了公平，可以消除传统交易市场上不必要的中间商。在区块链平台中交易的股票能够实现实时结算，而选择传统交易方式的投资者则需要等待三天才能处理流程。区块链股票还能防止第三方插手交易，毕竟他们不是股票持有者。Overstock 已经证明在区块链上发行和交易的股票能够进行实时结算。

（九）跨境支付

用区块链进行跨境支付具有更快、成本更低的优点。基于区块链的跨境支付接近于“实时”，并且是自动的，它可以 7×24 小时不间断服务。汇款方可以很快知道收款方是否已经收到款，从而了解这笔支付是否出现了延迟或者其他问题。区块链技术在b2b跨境支付与结算业务中的应用，将使每笔交易成本从约26美元下降到15美元，其中约75%为中转银行的支付网络维护费用，25%为合规、差错调查，以及外汇汇兑成本。2016年10月，R3区块链联盟中的12家银行曾使用Ripple技术进行跨境支付测试。2017年7月，Ripple曾帮助加拿大阿尔伯塔的ATB银行和德国Reisebank完成全球第一笔基于区块链技术的银行间跨境汇款：ATB在8秒之内将1000美元支付给了Reisebank，在传统模式下需要2-6个工作日，支付完成后，Reisebank收到了一封到账确认邮件。

另一个支付领域的应用，则是在线全球支付平台Epay支付。自2014年创立以来，Epay在全球多个国家开展在线充值、货币兑换和全球汇款等金融业务，币种涵盖英美等多国主流法币以及电子货币。

除法币业务之外，Epay很早就看到了“区块链+支付”的前景，并积极打通已有币种与加密货币的连接通道，为多个知名加密货币交易所提供出入金服务。

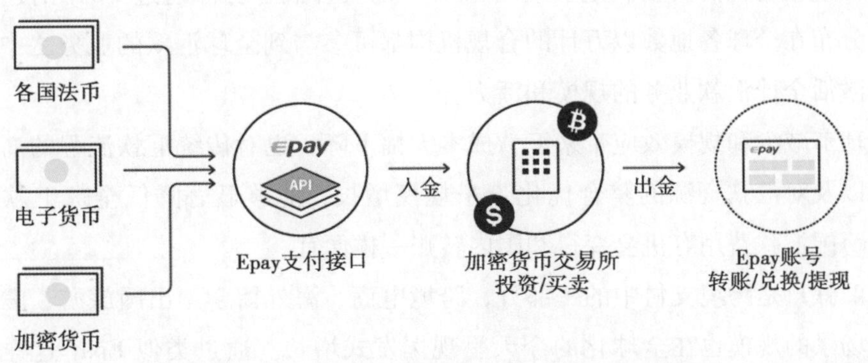

图6-15　已有币种与加密货币的连接通道

资料来源：Epay. com

2017年，Epay已成为当时全球最大的稳定币USDT的出入金通道之一。在2018年，Epay更进一步地推出了自有平台的稳定币EUSD，将之应用于平台的全球汇款网络。

在Epay全球汇款网络的业务场景中，跨境支付由收付目的地两端的易派合作汇款机构及Epay智能撮合系统组成，而交易的“流通货币”就是EUSD。汇款人通过线上支付本地货币给Epay匹配的收款商，随后收款商的EUSD流向Epay匹配的付款商，付款商向收款人支付所在地的当地货币。

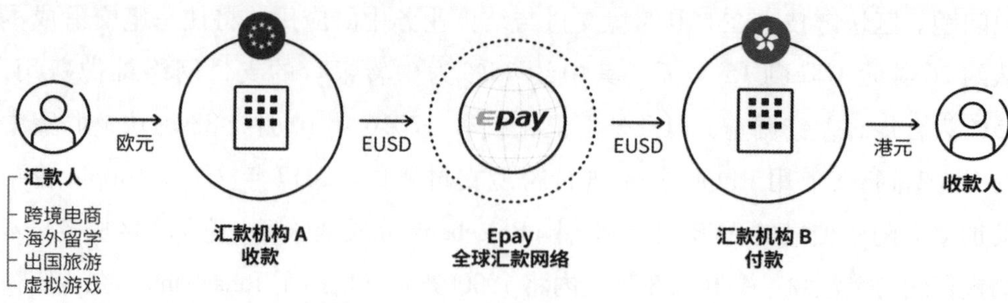

图 6－16　Epay 跨境支付流程图

资料来源：Epay. com

EUSD 不仅拥有锚定美元的稳定性，还具备加密货币效率和成本上的优势。

在这个新型的全球汇款网络中，收付两端的汇款机构只需要通过 EUSD 结算，大大提升了兑换、汇款、结算的速度，省掉了传统银行跨境结算耗费时日的中间环节。

汇款机构只需要在当地拥有合规资质即可开展业务。通过 Epay 的连接服务，分布在全球各地数以万计的合规机构都可参与到全球汇款的业务之中，进一步激活全球汇款业务的规模和活力。

环节减少和规模效应带来汇款成本大幅下降，也对传统汇款流程的高效简化，以及对汇款资源的整合优化带来规模增长，能够显著降低全球汇款的费用，跨国汇款费用有机会变得和国内转账一样便宜。

汇款只是跨境支付中的一部分，跨境电商、海外留学、出国旅游、虚拟游戏等场景的规模也在全球化的今天呈现爆发式增长。通过类似 Epay 这样的支付平台，这些交易正变得更快速、更便宜。

（十）音乐

DECENT 是一个数字内容分发平台，由数据区块链和点对点技术驱动。其目标是减少目前主导市场的营利性公司垄断和寡头垄断所带来的不必要费用和操纵。此平台利用区块链技术促进更快、更直接的付款，并使作者能够控制数据的使用，一旦有违约情况，作者可以灵活执行任何操作。人们通过加密货币将费用按照创作者的参与比例进行分摊。DECENT 是针对创意个人、作者、制作人和出版商及其粉丝开发的协议。该协议可突破国界，对任何文本、图片、视频或音乐内容进行分享。DECENT 是一个资源丰富且独立的平台，DECENT

信息分享不受任何人控制，包括 DECENT 的开发者。它由 P2P 网络驱动，采用了密码和区块链技术进行加密，使信息传播更便捷、更安全。DECENT 重构了整个在线发布的经济体系。

二、2017 年中国区块链行业的十大热门话题及应用

据外汇网 2018 年 1 月 4 日报道，2017 年中国区块链行业具有十大热门话题及应用。

（一）ICO 由狂热趋于平静

2017 年 8 月 30 日，国内 ICO 平台 ICOINFO 宣布主动暂停一切 ICO 业务。9 月2 日晚间，国内三大比特币交易平台之一的比特币中国在其官网上发布公告，称即日起暂停 ICO 币充值与交易业务，并暂停 ICO 币提币业务。9 月 3 日下午，ICOAGE 发布《暂停服务公告》，宣布暂停提供除提币之外的一切服务，并即刻停止接受充币。

2017 年9 月 4 日，多部委联合发布《关于防范代币发行融资风险的公告》，启动了对 ICO 活动的整顿，叫停 ICO。在监管落地之前，比特币价格上涨带来的财富效应让 ICO 活动失控，部分项目甚至涉嫌非法集资和欺诈。截至 2017 年 9 月 4 日，国内平台发起的 ICO 项目募集资金总额在 60 亿 – 70 亿元。数字货币交易平台共计 73 家，累计参与人次达到 10 万人以上。随着监管落地，所有 ICO 项目陆续被关停。在做好监管部门要求的清退和善后工作后，众多 ICO 项目以及虚拟交易所相继出走“海外”。纷纷扰扰、喧嚣一时的 ICO 及数字货币暂时退出中国市场，未来如何还未可知。

（二）国内数字货币交易平台陆续关停，转至海外

继重拳出击 ICO 之后，监管层又对准了比特币交易平台，2017 年 9 月 8 日，监管层强制关停国内数字货币交易所。

中国最大的比特币交易平台比特币中国于 9 月 15 日晚间 7 点发布公告，称该数字资产交易平台今日起停止新用户注册；9 月 30 日数字资产交易平台将停止所有交易业务。随后，该平台上的交易者疯狂抛售数字货币资产，致使数

字货币人民币交易价狂泻。比特币一度大跌32%，莱特币一度大跌57.3%，比特币现金一度暴跌72.32%。

同年10月底，比特币中国、火币网、OKcoin等三大数字货币交易平台相继宣布停止人民币交易，转战海外。

（三）以比特币为代表的数字货币价格突飞猛进

截至2017年12月22日，比特币从年初6949.07元/个飙升到100016.25元/个，最高时更是达130581.23元/个。在不到一年的时间里，从不到1万元上涨至突破10万元，比特币以快速的资产价格涨幅，由一个"圈子化"的数字资产，逐渐成为全世界市场所关注的焦点。分析人士认为，总量恒定带来的投机效应，及比特币期货合约形式登陆芝加哥商业交易所等主流市场等利好消息，成为比特币暴涨的内因之一。

截至12月28日，比特币价格跌破10万元，但仍有众多业内人士认为，这只是属于区间价格涨幅过快，需要短期回调的正常现象。比特币的前景仍然被很多投资者看好。

值得注意的是，比特币价格的快速增长，已经引发很多知名人士的担忧甚至质疑。数字货币的"泡沫论"和"威胁论"甚嚣尘上。

（四）IFO崛起，BCH进入主流数字货币

IFO被称为数字货币首次分叉发行，与IPO、ICO的意义相似，都是第一次发行某种东西。它们的区别是，IPO发行的是股票，ICO发行的是代币，而IFO则发行的是分叉币。BCH是IFO系列最早诞生的，同时也是目前分叉币系列价格最高的。截至12月28日，BCH价格为17399.60元，其价格已经超越以太币成为全球第二大数字货币。同时，相较于比特币，BCH拥有低手续费等优势，被众多业内人士认为是最有可能替代比特币的分叉币。

在比特币现金之后，分叉风气开始盛行，陆续出现了比特币黄金、B2X、比特币钻石、超级比特币等分叉币，都属于IFO。

（五）比特币期货：比特币投资的衍生物

全球最大的期货交易所：芝加哥商品交易所（CME）在美国东部时间2017年12月17日傍晚6点（北京时间2017年12月18日早上7点）推出了

自己的比特币期货合约，并以“BTC”为代码进行交易。虽然在推出2小时后开始下跌，但参与此次交易的人数还是远远超过了芝加哥期权交易所（Cboe）的预期。比特币期货的推出是加密货币发展史上一个重要的里程碑。而包括纳斯达克和Cantor Fitzgerald在内的一些机构巨头也计划推出自己的比特币衍生品合约。

期货（Futures）是与现货相对的，现货是实实在在可以一手交钱一手交货的商品，而期货其实不是“货”，是承诺未来一个时间交“货”（标的）的约定（合约）——期货合约。

（六）各行业对区块链呈现积极态度

2017年，随着区块链技术的发展，越来越多的企业参与到区块链的研发与应用中。

在国内，四大国有银行（中国工商银行、中国农业银行、中国银行、中国建设银行）先后和金融科技公司达成战略合作，建立金融科技实验室，研发区块链技术的落地应用。中国邮政储蓄银行、招商银行、平安银行、中国民生银行等股份制银行则是更进一步，纷纷在跨境支付结算以及票据领域，开始落地尝试。平安保险、新华保险、中国人寿保险等传统保险企业也在2017年开始布局区块链领域，意图改造传统保险业务流程，提升自身保险业务的效率和精准度。蚂蚁金服、百度金融、京东金融、宜信等企业则是重点在供应链金融以及资产证券化等领域陆续落地。阿里巴巴公司宣布将使用名为“法链”的区块链技术，并与微软公司和小蚁AntShares开展合作，推出基于阿里云平台的邮箱存证产品。京东宣布成立“京东品质溯源防伪联盟”，将运用区块链技术搭建“京东区块链防伪追溯开放平台”，逐步通过联盟链的方式，实现线上线下零售的商品追溯与防伪，更有效地保护品牌和消费者的权益，帮助消费者持续提升在京东的品质购物体验。2017年4月，腾讯发布《区块链方案白皮书》，旨在打造区块链生态。同时，越来越多的传统企业开始与区块链创业公司合作，探索区块链在相关领域的应用与发展，优化和改造相关业务流程。

国外方面，纵观2017年，全球范围内金融机构与金融企业之间、金融企业与金融企业之间在区块链领域的合力也愈加频繁。美国方面，纳斯达克在7月与瑞士交易所签署协议，用于进一步推动纳斯达克金融区块链框架的商业化；欧洲方面，英国汇丰银行、荷兰国际集团、百达银行、加拿大皇家银行等九家欧洲银行在 10 月发起了基于区块链技术的股票交易试点 Fundchain；12 月，澳交所正式宣布经过两年的概念验证阶段，基于区块链技术的交易结算系统将正式落地。

与此同时，国际区块链金融应用落地层面，落地领域和产品也愈加多元化。例如在 8 月，法国巴黎银行、纽约梅隆银行、道富银行以及荷兰安智银行等 7 家国际银行联合推出基于区块链技术的银团贷款产品"Fusion Lender Comm"；10 月，日本金融服务管理局对外宣布与三菱东京 UFJ 银行、瑞穗银行和三井住友银行进行合作，联合开发测试基于银行和金融机构之间的即时共享个人信息平台。

（七）医疗区块链蓄势待发

2017 年，区块链在医疗领域同样发挥了巨大作用。目前，医疗数据安全和患者隐私保障仍是医疗行业的核心问题。区块链因其区高冗余、无法篡改、低成本和能进行多签名复杂权限的管理能力，成为了医疗数据保管的最佳方案。

随着越来越多的医疗企业将研究重点瞄准在区块链上，可以判断，区块链技术正在改变全球医疗行业。相信用不了多长时间，会有更多的患者和医疗服务机构享受到区块链技术所带来的便利。

（八）基于区块链的宠物养成游戏风靡世界

2017 年 11 月 28 日，基于以太坊的养猫游戏 CryptoKitties 问世，且在不到一周的时间里风靡全世界。CryptoKitties 的猫咪生成、繁殖和交易功能，全部基于以太坊，每只虚拟猫，其实在以太坊区块链平台上都是一条代码。每一条代码都是独特的，按照 CryptoKitties 的开发算法，对应成每一只猫独特的外观特征和属性。理论上，一只猫不可能和另一只猫同时具备相同的外观特征和特性。

（九）Bithumb 和 Youbit 事件，安全问题依然严峻

安全问题是每一项技术诞生后永远的焦点，也是决定技术能达到何种高度和下限的关键，区块链也不例外。技术安全问题制约着区块链技术的发展。

2017 年 12 月，韩国著名数字货币交易所 Youbit 受到黑客袭击，最终宣布破产。与此同时，据韩国媒体网站 MBC 报道，由于近期韩国比特币交易所被黑客袭击频繁，当局政府已经聘请了一家安全公司来测试包括 Bithumb 在内五

家韩国比特币交易所的安全性设置，但结果令人堪忧。该安全公司称，他们能够成功入侵所有五个目标平台，获取用户数据和资金。该安全公司测试了韩国最大的数字货币交易所——Bithumb 的安全性，结果成功侵入。据称，这家接受韩国政府代理委托的安全公司利用黑客工具获得了“用户名和密码”，甚至绕过了双重身份验证。这不禁给人们敲响了警钟。

（十）法定数字货币计划

2017 年，随着区块链与数字货币的飞速发展，越来越多的政府和监管当局开始正视数字货币的存在和价值，也逐渐看到数字货币底层区块链技术的真正价值。2017 年 2 月，中国人民银行旗下的数字货币研究所正式挂牌成立；10 月，俄罗斯总统弗拉基米尔·普京（Vladimir Putin）正式对外宣布，该国将发行其自有的“加密卢布”。除了中、俄两国以外，日本、澳大利亚、哈萨克斯坦、乌拉圭等国都正式对外宣布正在研究各自的法定数字货币计划和方案，其中乌拉圭已经将该国的数字货币——数字化比索投入测试阶段。

三、2018 年中国区块链行业的十大热门产品及应用

对于区块链行业来说，2018 年是逆风前行的一年。面对经济下滑，投资大幅缩水，媒体监管趋严，怀疑论充斥等外部环境唱衰与内部行业隐患的双重考验时，区块链行业看似渐入寒冬深处，实则是技术上的一次砥砺前行。如今，越来越多的企业开始探索区块链技术，研究并积极落地区块链应用。回顾全年，虽然区块链的应用还处于探索实验、小范围落地阶段，但仍被监管与市场所看好，在行业中诞生了一批具有代表性的应用产品。下面以时间为顺序，先后挑选了 2018 年十个区块链领域热度较高的代表性应用，并进行点评。

（一）网易星球

时间：2 月 9 日。

事件：网易星球由网易研究开发，是基于区块链技术的生态价值共享平台。通过对区块链技术的应用，网易星球记录用户的信用数据、浏览踪迹以及购物、娱乐、出行等行为，同时结合区块链加密存储技术帮助用户更好、更安

全地管理行为数据，以去中心化的方式实现价值提升，为用户提供一个生态圈。

应用领域：文娱应用。

点评：国内首个区块链游戏，是利用区块链技术重构商业价值与生态的一次尝试。

（二）百度图腾

时间：4 月 11 日。

事件：百度图腾是由百度自主研发的数字版权内容服务平台，是超级链首个落地应用的产品，搭载区块链、人工智能以及大数据三大核心技术，为原创作者和机构提供版权存证、转载监控到一键维权的一站式版权保护，提升产业链各环节效率，帮助版权内容生产者创造更多价值。目前，合作伙伴已经覆盖陈漫、孙郡等国内知名摄影师，视觉中国等国内大型图库。

应用领域：版权保护。

点评：以 100% 中国自研的区块链操作系统超级链为技术基础，对原创内容进行版权保护，确保优质内容生产者的权益。

（三）"可信身份链"

时间：5 月 16 日。

事件："可信身份链" 是由公安部第三研究所指导下的 eID 网络身份运营机构与公易联共同研发的新一代电子认证服务平台，采用区块链技术增加 eID 的服务形式、扩大 eID 的服务范围、提高 eID 的服务能力，加速身份认证服务从单点在线服务向联合在线服务的转变。

应用领域：政务应用。

点评：在确保身份唯一性的同时，保障身份的隐私性，为社会安全稳定提供保障。

（四）百科上链

时间：5 月 28 日。

事件：在信息溯源领域，百度百科上链，使用百度超级链技术。百度百科平台可以通过时间戳、哈希算法对百度百科上的每次编辑进行确权，从而记录百科词条的历史版本和作者、编辑时间，实时记录词条的全部变化，达到存证目的。

应用领域：信息溯源。

点评：依托百度的平台优势，对信息来源进行跟踪，保证信息的正确性，为用户提供一个健康、良好的信息获取平台。

（五）腾讯区块链电子发票

时间：8 月 10 日。

事件：由腾讯区块链与智税创新实验室共同研发。经营者可以在区块链上实现发票申领、开具、查验、入账；消费者可以实现链上储存、流转、报销；税务监管方或管理方的税务局可以达到全流程监管的科技创新，实现无纸化智能税务管理。

应用领域：政务应用。

点评：可追溯发票的来源、真伪和入账等信息，解决发票流转过程中一票多报、虚报虚抵、真假难验等现存难题。

（六）百度大闸蟹溯源

时间：8 月 18 日。

事件：在商品溯源领域，基于超级链技术以及百度领先的人工智能技术，百度联合大闸蟹知名品牌蟹状元，推出大闸蟹区块链溯源小程序。在蟹农捕捞大闸蟹之后，采集厂商对大闸蟹产地、照片和蟹商认证蟹号进行采集，将信息透明、安全地储存在百度超级链上，消费者在收货时可以通过溯源工具将大闸蟹信息与链上记录的信息进行对比，确保每一只品牌大闸蟹和产地等信息的前后一致性。

应用领域：商品溯源。

点评：结合节日热点，并充分利用“AI + 区块链”的双重技术，为区块链技术的落地提供又一落地情景。

（七）“不动产区块链电子凭证”

时间：9 月 26 日。

事件：湖南省娄底市发放首张不动产区块链电子凭证。在此基础上，湖南智慧政务区块链科技有限公司落地实施的娄底市不动产区块链信息共享平台项目则成为首个落地应用场景。此举的主要目的是实现不动产登记与国土、税务、房产等政府职能部门数据上的互联互通。

应用领域：政务应用。

点评：国内首个不动产区块链电子凭证，打破部门和层级障碍，打通信息共享和管理协同的“最后一公里”。

（八）“农民工普惠服务平台”

时间：10 月 31 日。

事件：“农民工普惠服务平台”由中国建设银行广东省分行携手建信开太共同发布，以供应链金融为基础，通过劳务分包商对建筑企业的应收工资款提前变现，在不增加农民工任何费用的前提下，实现工资全流程、全线上定向发放、及时到账。

应用领域：民生应用。

点评：聚焦社会民生问题，为农民工群体的权益提供可行措施。

（九）“双十一”海外货品追踪

时间：11 月 11 日。

事件：在 2018 年“双十一”盛典中，蚂蚁金服采用联盟链，将生产企业、海外质检机构、物流企业、消费者纳入商品溯源链路，保证产品的溯源信息不被篡改。

应用领域：商品溯源。

点评：蚂蚁区块链首次参战“双十一”，覆盖全球 1.5 亿件货品的跨境商品溯源。

（十）“天平链”

时间：12 月 22 日。

事件：由工业和信息化部安全中心、百度、信任度等国内领先区块链产业企业形成联盟共建的区块链电子证据平台，采用中国自研的百度超级链作为底层技术，具有支持混合架构，融合多链的技术优势以及信任度科技的区块链产品的技术特色。同时，可作为可信的证据存储、调用、检验、归档电子数据中心，为当事人提供数据固化存证功能。

应用领域：司法应用。

点评：“区块链 + 司法领域”的应用范本，推动区块链技术在司法领域的大范围普及和应用。

2018 年币圈陨落的背后并不是整个区块链行业的下沉，而是技术的崛起。从如今覆盖政务、版权、公益、保险等多个生活领域的区块链应用来看，区块链技术的日趋成熟，为各行业提供了去中心化的解决方案，令其焕发更多的生机与活力。

未来，相关的监管部门将继续加速“良币驱逐劣币”的行业净化过程，为区块链技术提供更多的落地支持条件，加速区块链 3.0 进程。

第三节　2018 年中国区块链产业的八个风口和“四季”泡沫

每一年，都会有无数企业、产品、概念诞生、发展、变革和死亡，2018 年也不例外。这一年，被万众期待的区块链仍在缓慢前进，虽然没能迎来真正意义上的“大爆发”，但是，在创新发展和政策监管双管齐下的作用下，赶走了炒作者和投机者，留住了技术和人才。风向明确之后，曾经低调布局的巨头们纷纷亮出了成果，保证了区块链领域即使进入“寒冬”，也不会停止技术的创新和产业的发展。与此同时，地方政府则趁势转身，奔上了赛道：从白皮书空谈概念到实际落地，从空中楼阁到实体支撑，人们对 2018 年末的区块链，认知更加理性了。下面从 2018 年中国区块链产业的八个风口和区块链数字通证的“四季”泡沫两个方面，进行剖析和总结，从中悟出和找到中国区块链产业发展的轨迹和真谛。

一、2018 年中国区块链产业的八个风口

在 2018 年这一年里，ICO、出海、牌照、交易即挖矿、稳定币、币改、链

改、STO、菠菜游戏、DApp 等概念轮番上阵，成为区块链领域名噪一时的风口。回顾和总结 2018 年，哪些风口概念让人扶摇而上？又有哪些极速掠过，徒留一地鸡毛？这对于我们进一步认清区块链产业的特征和内在发展规律，是有惠益的。

（一）风口一：ICO——盛极必衰

从宠儿到弃儿，是 ICO 在 2018 年一年内大起大落的命运。ICO，全名 Initial Coin Offering，中文名是首次代币发行，源自股票市场的首次公开发行（IPO）概念，是区块链项目募集比特币、以太坊等数字货币的融资行为。

ICO 一度引发币圈狂欢。从 2016 年开始受到关注，在 2017 年引来大爆发，ICO 的融资金额从 2. 28 亿美元迅速增长至 26 亿美元，融资项目数量翻了 4 倍。虽然 2017 年 9 月被国内监管机构叫停，但沉寂一段时间后，ICO 在 2018 年年初再次喜迎新高峰。

据普华永道咨询公司和瑞士加密谷协会发布的一份联合报告显示，在 2018 年前 5 个月，ICO 的规模已是 2017 年全年的两倍，ICO 数量达到历史新高。根据这份报告，截至 2018 年 5 月，注册发行 ICO 的企业共 537 家，筹集资金超过 137 亿美元。其中 Telegram ICO 筹集了 17 亿美元，而 EOS 则筹集了 41 亿美元的资金。

不过，随着加密货币行情持续大跌，投资者对 ICO 的热情骤冷，ICO 很快从被众人追捧到逐渐冷场，既失去了合法的土壤，也失去了生长的空间。对于依靠 ICO 在 2018 年暴涨的以太坊而言，也因为 ICO 的没落陷入了漩涡。

（二）风口二：交易即挖矿——刹那花火

交易即挖矿，只要用户产生“交易”行为，便可获得“平台币”收益，交易越多，收益越多。这种做法鼓励用户多交易，以得到更多的平台币，实现平台与用户的“利益共享”。这种模式，在早期被认为是践行 Token 经济最好的方式。

2018 年 3 月，交易所 FCoin 打出“交易即挖矿、收入分红”的口号，在早期参与者巨大利益回馈的刺激下，FCoin 一时成为交易所“黑马”，一度成为全球交易量最大的交易所之一，效仿者蜂拥而上。据不完全统计，大批新交易所、二三线交易所纷纷基于 Fcoin 推出“改进版”交易挖矿和收入分红模式，如 Bigone、Coinex、币为、Bitz、opone、Bkex 币客、AAC、Coineal 奥特曼、Coinpark、满币 Coinbene、OCX 等数十家交易所。

事实上，“交易即挖矿”并非 2018 年才出现的新概念。2017 年，一家名为龙网的交易所已经打着交易赠送平台币 DT 的概念，规定每日根据平台收益给持币者分红（当时还号称是唯一具有分红属性的平台代币），不过该玩法并没有被平台大肆宣扬。

不过，成也萧何败也萧何，因为“交易即挖矿”崛起的 FCoin 并没能持续多久。由于设计机制的缺陷，FCoin 的平台币 FT 很快迎来断崖式砸盘，一蹶不振，而采用“交易即挖矿”运作模式的其他交易所，也很快失去热度。

但“交易即挖矿”还是刮起了一阵“挖矿”风，甚至衍生出大量荒诞的挖矿方式。正常一点的如游戏即挖矿、阅读即挖矿、投票即挖矿，完全无厘头的如畅饮即挖矿、爆仓即挖矿、尽调即挖矿、群聊即挖矿、投保即挖矿，等等。

“××即挖矿”，注定成为 2018 年区块链领域的一个重要风口。

（三）风口三：稳定币——随波浮沉

稳定币，全称是“稳定型加密货币”，它基于某条公链开发，与其他加密货币一样，具备了不可篡改、可扩展等特性，但价格相对稳定。稳定币与黄金、法币等具有稳定价值的资产挂钩，如果按照稳定币背后的资产抵押类型分类，可以将稳定币分为：以法币作为抵押品，以数字资产作为抵押品，以及由算法控制的无资产抵押三大类。

正因为“锚定物”的特殊性，稳定币的价格，能在波动极大的数字货币市场中保持相对稳定，不仅成为用户心中的避险港湾，也成为沟通现实法币与虚拟货币的桥梁。

2018 年，出现了大量稳定币概念，比如 EUSD、PAX、WIT、USDC、GUSD、ZenGold 等，百“币”争鸣。目前应用范围最广泛的 USDT，自上线以来，价格基本保持在一定水平上，波动极小。

但 2018 年 10 月 15 日，USDT 罕见地出现了异动，上演了一场让投资者“空仓也被割”的大戏，其他稳定币则开始伺机发展，市场开始呈现更多样的竞争态势。

（四）风口四：币改/链改/票改/共票——花样翻新

币改最早兴起于 FCoin 开设的试验区。在“交易即挖矿”模式过时后，

FCoin 开始寻找新的玩法。

2018 年 7 月 5 日，FCoin 宣布启动一个叫“主板 C”的新交易区，即“币改”试验区，给实体业务公司提供通证化经济改造，完成后，直接在 FCoin“主板 C”上币交易。一个月内，FCoin 就发起了 14 个币改相关通告，这场宏大的币改实验还有名声在外的通证派人物孟岩参与。

不过，看似热闹的币改试验并没有迎来圆满的结局。8 月 3 日，Bizkey 在上线前一天突然宣布退出币改这场试验。此前一天，Fcoin 宣布一个名为“QOS”的 Token 项目先于“Bizkey”上线试验区。

作为 Fcoin 第一个公示的币改项目，Bizkey 的退出被认为是“币改试验失败”的开始。但类似“××改”的玩法接连而上。“票改”发起人，青藤链盟研究院院长钟宏解释称：“票改是指基于区块链 3.0 技术，将实物资产与发行在区块链上的 Ticket 一一对应。让这种票证可流通。”

另一位发起“链改”的王学宗则表示，对传统股份制企业进行区块链经济化改造，让其上链经营，成为区块链经济组织，就是链改。它为传统公司制企业赋能，是一种供给侧结构性改革。链改的定义比币改要宽容一些，因为 Token 不一定只是币那么简单；多数 Token 都不是币。

人大国发院金融科技与互联网安全研究中心主任杨东则提出“共票”概念。“共票”，一即“共”，凝聚共识，共筹共智，是能真正共享的股票，符合“共产主义理想”；二即“票”，支付、流通、分配、权益的票证。

层出不穷的“××改”概念，在行情惨淡的 2018 年，掀起了好几波热潮。

（五）风口五：STO——言出法不随

在币改、链改等模式相继行不通后，最先在海外热闹的 STO 突然在国内流行起来。

STO，全名 Security Token Offering，即证券化代币发行，作为一种新的融资方式，有人称 STO 是“低配版 IPO”，有人认为它是“有监管的 ICO”。

2018 年 10 月有消息称，美国纳斯达克拟推出证券型代币平台，该消息一度雄踞当月业界话题热点榜。美国、英国、德国、瑞士、加拿大、新加坡、印度、巴巴多斯等国均已开始 STO 的尝试。

近日，Bvaluate 发布一份统计报告，数据显示，目前全球共有 56 个 STO 项目，主要集中在 18 个国家。其中，美国一家独大，共有 26 个，占全球总量的一半。瑞士和开曼群岛也相对较多，各有3个。英国、德国、新加坡、马其他等四国各有两个，印度、俄罗斯、以色列等10国各有1个。

就在海外众多项目、机构开始摩拳擦掌谋划如何开展STO的时候，国内传出消息，STO归入违规融资范围。

12月1日，北京市地方金融监督管理局局长霍学文在演讲中告诫STO从业者，如果在北京开展活动，政府将视同非法金融活动予以驱离。

12月4日，北京市互联网金融行业协会发布《关于防范以STO名义实施违法犯罪活动的风险提示》称，目前仍有部分机构或个人以STO名义继续从事宣传培训、项目推介、融资交易等相关活动。

12月8日，中国人民银行副行长、国家外汇管理局局长潘功胜表示，随着全球对ICO活动的管控加强，一些机构又在忽悠STO（Security Token Offering）。在中国，其本质上仍是一种非法金融。

发展不过几月的STO，还在大雾中摸索前行。

（六）风口六：超级节点——尘埃不落地

2018年，ICO的公链相继迎来落地，采用DPoS挖矿协议的公链项目推出“超级节点”。其中，又以EOS的“超级节点竞选”声量最大、波及最广。

2018年3月，EOS超级节点竞选拉开帷幕，众多参选节点竞选21个超级节点席位。一旦竞选成功，他们将获得EOS每年增发5%的收益中的大部分，大约每节点每年可获得238万个EOS的收益。如果按照EOS最高价21美元计算，他们每年可拿到近5000万美元的收益。整个竞选过程持续了数月，长时间充斥着节点贿选、大户操控、不是真正的区块链、中心化等质疑。

在EOS推出“节点竞选”玩法后不久，更多的项目开始推出类似玩法，包括波场Tron、CberMiles、井通等在内的公链。

另外，超级节点的玩法也开始延展到交易所、媒体。火币、ZB、EXX等交易所纷纷推出全球超级节点计划，同年6月底，火币超级节点还上演了一场“节点退出”的纠纷，节点资本、DFund等多家机构纷纷站队，质疑Hadax的公正性。而媒体、各种机构也开始以“超级节点”的名义，招募城市合伙人。

一场关于“超级节点”的旋风席卷区块链圈。

（七）风口七：DApp——爆发前夜

DApp，是搭载在公链的应用程序。与建立在IOS系统或Aoid系统上的

App 不同，DApp 是建立在底层区块链开发平台和共识机制上的分布式应用，具备区块链去中心化、不可篡改的特征。

随着 FOMO 3D、EOS 像素，以及各种菠菜游戏的火爆，人们对区块链的关注开始从“公链”转向 DApp。据统计网站 DappReview 的数据，截至 2018 年 12 月 10 日，基于以太坊开发的 DApp 共计 1391 个，单个 DApp24 小时内最高活跃用户为 754。

而 2018 年 6 月底刚刚上线主网的 EOS，DApp 数量则呈现迅猛增长的态势，目前链上 DApp 项目超 250 个；另据 IMEOS 统计，EOS 上排名前六的菠菜类 DApp，周流水额均超过百万 EOS。

在漫漫熊市中，DApp 的火热给予开发者们为数不多的温暖。据 31QU 了解，整个 DApp 生态日趋健全，包括公链核心团队、钱包、投资者、超级节点等在内的生态主体均在积极拓展 DApp 落地。

（八）风口八：分叉——算力大战

区块链网络发生永久性分歧，分裂为两条独立运行的链，而其中产生的新币种就称为分叉币。

继 2017 年年末出现数十种比特币分叉币及 IFO 概念盛行后，分叉币曾沉寂了一段时间。但 2018 年 11 月中旬，比特币现金（BCH）分叉事件再次将“分叉”带入人们的视野。

由于对 BCH 发展路径的认知差异，2018 年 11 月初，以比特大陆 CEO 吴忌寒为首的 BCH ABC 和以 BSW 为首的 BCH SV 两大分叉方案开始角逐。这两大阵营掀起的算力大战，一度被认为是引发 11 月中旬比特币暴跌的“罪魁祸首”。

分叉，本质上是共识的分裂。在大战尘埃落定后，无论哪一方是赢家，最终支离破碎的是整个 BCH 社区。

（九）风口结束语：回望 2018——难忘的现实印象

一是公链项目，尤其是 EOS、波场等项目的崛起，带火了超级节点、DApp、IBO、RAM 等概念，无论是早期被热炒的公链 Token，还是 DApp 的火爆都与之相关。

二是新玩法频出。在交易所赛道，出现了交易即挖矿、分红等新玩法，

“同款”交易所批量出现。另外，在ICO玩法过世后，衍生出STO、币改、链改等新玩法。

三是区块链行业风起云涌。FCoin依靠新玩法瞬间成为交易所“黑马”，不过风头很快就被其他热点取代，币改、链改等玩法也只是热炒了一段时间，很快就销声匿迹了。

总体而言，进入2018年后，区块链圈开始狂吹概念，进入到拿出落地成果的阶段，大浪淘沙之下，一大批“空气币”项目原形毕露。

区块链总是在追随和拥抱变化，即便是“大熊市”的2018年，仍能看到大量概念轮番上阵，无论是热炒概念、换个马甲收割韭菜，还是诞生的新式玩法，无不显示出区块链这个领域正焕发着旺盛的生命力。

二、2018年中国区块链数字通证的“四季”泡沫

2018年全年区块链行业总市值距高点缩水80%以上。下面将揭示缩水80%以上的来龙去脉，总结2018年区块链发生的、投资者需要了解的重要信息，作为对区块链投资注意风险的一次提示，也作为对中国2018年区块链产业深层了解的一个补充。

（一）区块链数字通证泡沫的“四季”特征和“四阶段”划分

1. 泡沫的“四季”表现

2018年，中国区块链数字通证的泡沫风险，经历了春夏秋冬四个季节。2018年春：平台通证的萌芽期，FT“交易即挖矿”模式陨落；2018年夏：EOS主网上线，世界杯带来博彩类DApp热潮，SEC（美国证券交易委员会）再次拒绝多例ETF申请，数字通证衍生品市场合规化遥遥无期；2018年秋：STO昙花一现，USDT因托管银行破产传言陷入信任危机，稳定通证百花齐放；2018年冬：BCH分叉带动市场跳水，一场没有硝烟的算力战打响，丧钟又为谁而鸣，寒冬临近，比特大陆IPO之梦几近破灭。

据Coinmarketcap统计，2018年1月7日，区块链行业总市值创下8285亿元的高点。在之前的八年时间里，BTC价格从不到1美元上涨到最高点近2万美元，涨幅超过两万倍。一时间，区块链成为人人谈论的焦点，由玉红创建

的、聚集了红杉资本沈南鹏、360 董事长周鸿祎等圈内多位知名人士的"三点钟无眠区块链"群在一周之内发出百万元红包，甚至传统行业的上市公司也纷纷打起了区块链的擦边球，希望以这种方式在资本市场上吸引投资者的眼球。

但市场往往是残酷的，当最后一批"韭菜"加快速度跑步入场时，就是早起埋伏的大资金收割的时候。2018 年全年区块链行业总市值距高点缩水 80% 以上，当泡沫破灭时，人们才明白，"这次不一样"是投资中最贵的一剂药。回想起人类历史上的著名泡沫，从南海公司、郁金香泡沫到 2007 年的 A 股，无一不在向我们提示周期的力量。

2. 泡沫的四个阶段划分

（1）隐匿期：对新趋势、新技术怀有期望或敏锐嗅觉的人提前进行布局，而普通人却毫不知情。由于未来的不确定性，这些聪明的投资者往往也要承担较高的风险。

（2）觉醒期：当新技术的应用得到确认，越来越多的人注意到它。额外的资金投入推升了价格，早起的投资者有些获利退出，有些继续投入资金，造成一浪高过一浪的上涨。

（3）狂热期：资产的价格已明显偏离其实际价值，但人们都认为这样的疯狂会继续下去，相信自己不是接力的最后一棒。"一夜暴富"的传说吸引着对此领域不甚了解的普通人跑步入场，加剧了泡沫的产生。

（4）破灭期：泡沫破灭，市场信心产生拐点，早期投资者与机构离场。资产价格剧烈下跌。后入场的投资者要么被套牢，要么承受亏损离场。

（二）泡沫之春

1. 泡沫破裂前兆，春寒来袭

2018 年 1 月 12 日，中国互联网金融协会在其官网发布《关于防范变相 lCO 活动的风险提示》，称随着各地 lCO 项目逐步完成清退，一种名为"以矿机为核心发行虚拟数字资产"的模式值得警惕，存在风险隐患。这为狂热的投资者敲响一记警钟。此后的一个月内，BTC 价格由 1.3 万美元下跌到最低 6100 美元，这个点位也成为此后近 9 个月的大底部。

2018 年 3 月，SEC 确认数字通证属于其管辖范畴，并提出数字通证交易平台需要提交注册申请，并不排除将通证融资纳入监管的可能性。

2. 平台通证的萌芽期，“交易即挖矿”模式陨落

继中国、美国对数字通证的监管态势趋严之后，包括日本、英国、欧盟在内的全球各地区对区块链行业的监管逐渐落地，但另一方面，国内的监管政策对交易所发行通证的限制并不明确。Binance 是第一个发行平台通证的交易所，2017 年 7 月，BNB（Binance Token）以 0.00005BTC（约 0.14 美元）的价格进行首轮融资，并在 2018 年初创下了百倍的神话，国内各大交易所纷纷效仿。

2018 年 1 月 24 日，火币发行其平台通证 HT（Huobi Token）；三天后，ZB 交易所发行 ZB 生态通证；3 月，OKEX 交易所发行 OKB。这些平台通证在发行后通常都有一定的涨幅，受此吸引，交易所的交易量也有一定提升，其余小交易平台也纷纷仿效。2018 年 5 月 24 日，FCoin 横空出世，喊出了“交易即挖矿”的口号，称 51% 的 FT（FCoin Token）将通过交易“挖矿”返还给用户，80% 的交易所收入返还给 FT 持有者，以及邀请奖励。三大奖励吸引了大批的投资者，FT 上线后最高被炒作到 1.2 美元，FCoin 成交量一度位居全球交易所榜首，但随后却是漫无止境的下跌之路，一路跌至 0.015 美元，期间再无反弹。“××即挖矿”的口号一度在圈子里流行起来，但最终还是沦落为自嘲的用语。

数字通证交易所同时具备数字通证开户、撮合交易和结算等功能，类似传统券商和交易所的结合体。平台通证的这种特征使得其具备强周期属性，牛市的戴维斯双击效应、熊市的戴维斯双杀效应尤其明显。平台通证的价值以其业绩作为基础，一味地通过变相返利、无限制上币等手段吸引用户并不是长久之计，FCoin 的模式也被业内人士指出有违规风险。

（三）泡沫之夏

1. EOS 主网上线，世界杯带来 DApp 浪潮

2018 年 6 月 1 日，EOS 结束了为期一年的众筹。EOS 的共识机制与超级节点引起社区对其背离去中心化原则的批判，但其性能与交易速度的优势却让 EOS 在 DApp 领域后来居上。CryptoKitties（加密猫，迷恋猫）是 ETH 链上的现象级 DApp，但受 ETH 的性能限制，迷恋猫一度造成 ETH 网络的拥堵，用户体验总的来说不能算出彩。而借着世界杯的东风与 EOS 主网的上线，一大批菠菜类 DApp 流行了起来。传统菠菜应用有庄家抽水比例高、赔率可能不透明等

问题，但所有数据在链上计算、公开透明的智能合约却恰好可以解决这一痛点。随着 DApp 的流行，黑客攻击智能合约的事件也频频发生，区块链加密技术也因此得到了发展，可验证随机数、区块链预言机等被运用到 DApp 中。

2. SEC 再次拒绝多例 ETF 申请

2018 年 8 月 23 日，SEC 以申请不符合《证券交易法》的要求，特别是关于防止欺诈和操纵行为的规则为由，拒绝了包括 ProShares、Direxio 公司等在内的 9 例 BTC ETF 申请，同时，SEC 也对 BTC 衍生品市场是否有能力抵抗“价格操纵”表示担忧。

（四）泡沫之秋

1. STO 昙花一现

STO 是早在 2017 年就被提出的一个概念，但由于 ETH 作为一种便捷的融资工具，各大初创项目普遍使用 ETH 进行公开募资。随着各国政府对通证融资活动严加监管，STO 又悄悄浮出了水面。

由于各类项目肆意融资，缺乏监管，导致严肃的机构投资者难以参与区块链项目的投资活动。STO 则提供了与现行监管相衔接的途径，让区块链项目可以在监管之下发行通证融资。另一方面，典型的区块链项目并不与实体资产相联系，且 STO 被认定为证券发行活动，必须适应发行所在国家法律的特点，也造成了通证跨境流通受到阻碍。目前 STO 仍处于探索阶段，一些称通过了 STO 融资的项目，如贾跃亭的 FF 汽车，也不过是借炒作博人眼球。

2. USDT 陷入信任危机，稳定通证百花齐放

2018 年 10 月 15 日，主要受到前托管银行 Noble 濒临破产传言的影响，稳定通证 USDT 兑换美元的汇率一度由 1∶0.97 下跌到 1∶0.85，而相对的 BTC 对 USDT 交易对的价格则暴涨 20%。稳定通证是一类通过特定机制锚定其价值的数字通证，以 USDT 为代表的挂钩现实资产——美元则是当今使用最广泛的稳定通证类别。挂钩美元的模式要求发行方有足够的美元资产以保证能随时以约定的比率满足投资者在稳定通证和法币之间的兑换需求，相当于“完全准备金制度”，即稳定通证不应有创造货币的能力。而 USDT 的发行方 Tether 的主要托管银行陷入破产传言，人们对其偿付能力出现质疑，加上大资金抛售，才造成了这一次风波。

虽然最终 Bitfinex 与 Tether 以出示储备的加密通证资产的方式化解了这次危机，但人们也认识到了，稳定通证并不稳定，仅靠单一公司发行稳定通证进行资产配置是无法解除非系统性风险的。USDC、TUSD 等稳定通证纷纷借此机会崭露头角，在几家交易所站稳了脚跟。

（五）泡沫之冬

1. 一场没有硝烟的算力战打响，丧钟为谁而鸣

在 BTC 扩容之争，BCH 以分叉的方式诞生一年之后，BCH 本身也没能逃脱被分裂的命运。BCH 原本计划每六个月进行硬分叉升级，但 BCH 社区对原定于 2018 年 11 月 15 日进行的一次常规升级产生了分歧。在 Bitcoin ABC 发布了此次硬分叉的方案之后，以中本聪为首的反对派提出了不同的意见，认为 Bitcoin ABC 作出的升级使 BCH 不再是“纯粹”的 BTC，发布了另一个独立的 BitcoinSatoshi Vision（BSV）版本，并声称要以算力战的方式让对手屈服。

但投资者对双方进行算力战的行为“用脚投了票”。出于对双方抛售 BTC 以换取算力战所需资金、转移 BTC 算力的担心，分叉前夕，BTC 价格击破重要支撑点位 6000 美元大关，一路下跌几近腰斩。而 BCH 由分叉前炒作的 600 美元高位下跌 85% 以上，可谓血流成河。而算力战也以 BSV 加入重放保护，两条链共存为结局。BSV 借由这次分叉获得了独立的机会，而代价则是给本已冷清的市场又一记当头棒喝。

2. 寒冬临近，比特大陆 IPO 之梦几近破灭

2018 年 12 月初，BTC 创下了年度新低 3215 美元（Bitfinex 价格）。包括 AntS7、S9 之内的几乎所有的矿机都触及了关机价格，这意味着继续挖矿所获得的 BTC 已不能覆盖所耗费的电力支出成本，更别谈矿场的维护、管理费用。一台台废弃的旧矿机以一年前十分之一的价格被当成“电子垃圾”处理，这些专门用于挖矿计算的 ASIC 矿机也并无其他价值。曾于 2018 年 9 月在港交所提出 IPO 申请的全球矿机制造厂商龙头——比特大陆的主营业务收入和主要资产也因 BTC 的大幅下跌而大打折扣，在港交所总裁发表有关“上市适应性”的讲话暗指矿机厂商之后，比特大陆成功 IPO 的希望已经渺茫。

第四节　"十三五"中期中国区块链产业的十件大事

一、2016 年中国区块链产业的十件大事

2016 年，国内区块链发展受到了越来越多的关注。央行在 2016 年年初对区块链等数字货币技术的肯定，成为了政策风向标，为备受瞩目的区块链科技添了一把火。在这一基调下，国内与区块链发展相关的各类组织如雨后春笋般建立了起来，其中还不乏各行业的顶尖巨头。当然，种种乐观迹象的背后，仍有不少未知的疑问，比如：区块链在中国如何因地制宜发展、如何从制度和法规上确保区块链的正向发展，等等。在这里，梳理出了在 2016 年里，国内区块链发展的十大重要事件。

（一）央行首次将发行数字货币作为央行的战略目标

2016 年 1 月 20 日，中国人民银行召开数字货币研讨会，探讨了数字货币和区块链等技术。不久，央行官网发布会议公告，对区块链等数字货币技术给予了高度肯定，表示将会积极研究、探索央行发行数字货币的可能性，并且首次将发行数字货币作为央行的战略目标。这为数字货币和区块链技术在中国的发展释放了积极信号。

央行调查统计司司长在 6 月 24 日召开的首届大数据金融论坛中回应：未来的央行数字货币可能是基于区块链技术、具有分散式账簿特点的本位币；未来的央行数字货币可实现"点对点"支付结算，不需要借助第三方中心化机构。

到 11 月，央行已经完成两轮数字货币原型修订，未来有望在票据市场等相对封闭的应用场景先行先试，但暂未制订明确的时间表。

时评：央行一直被认为是货币政策的风向标，因此，此次央行对数字货币表现出的态度，意义尤为重大。而未来的央行数字货币有很大的可能是基于区块链技术的本位币。这为区块链技术在数字货币上的应用奠定了基石。相信未来国内区块链技术在数字货币领域的开发将拥有更广阔的前景。

（二）中国分布式总账基础协议联盟成立

2016 年 4 月，专注于分布式账本及其衍生技术研究的中国分布式总账基础协议联盟（简称“ChinaLedger 联盟”）在北京成立。

ChinaLedger 联盟的主要工作是共同合作研究区块链技术，结合中国政策法规和中国金融行业独特的业务逻辑，使得区块链技术符合中国的政策法规、国家标准、业务逻辑和使用习惯。据悉，未来 ChinaLedger 联盟的区块链底层技术协议将会是开源的，各界可以在这个基础协议上搭建具体的应用场景。

同年 10 月，ChinaLedger 发布了其首版白皮书。白皮书阐述了其设计理念、现阶段使命及未来愿景。

时评：目前，国际上的 R3、Hyperledger 联盟是区块链行业广受关注的巨头联盟。而在国内，成立专业且具规模的区块链行业联盟同样有必要。联盟内成员的长久合作和互相促进，对于加速国内区块链技术研究与应用开发都具有深远助力。ChinaLedger 的成立也为后续国内其他区块链联盟或机构的建立提供了借鉴与指向。

（三）中国机构及企业受 R3 等国际区块链联盟青睐

2016 年，中国平安、招商银行、民生银行成为中国加入 R3 区块链联盟的传统银行机构。台湾中国信托商业银行、香港友邦、中国外汇交易中心（CFETS）也纷纷加入 R3。它们将与联盟成员一起开发区块链应用，搭建金融市场的基础设施和区块链应用平台。

此外，还有两家中国区块链企业加入了超级账本（HyperLedger）项目。5 月 29 日，HyperLedger 的官网宣布了新一批的加入者，其中就包括北京艾亿新融资本管理有限公司和来自上海的区块链初创企业 Onchain。

时评：随着中国在国际舞台上扮演越来越重要的角色，具体到区块链领域内，中国同样是一个不可能跳过去的对象。虽然目前国内的区块链发展刚刚开始，但国内一些走在前列的机构已经受到了国际重要联盟的重视。这必将在较大的程度上给予国内的区块链发展者信心和鼓舞。国内投身区块链的研究者与发掘者也有必要以更积极的姿态向外探索与交流，获得更多国际助力。

（四）31 家国内金融企业共同成立金融区块链合作联盟

2016 年 5 月，31 家国内金融企业共同成立了金融区块链合作联盟，其中包括平安集团、腾讯子公司等。这是继万向区块链实验室参与投资 ChinaLedger 项目之后，国内第二个成立的区块链联盟。金融区块链合作联盟旨在整合研究资源、形成研究合力、提高区块链技术研发能力、探索区块链在金融领域的应用场景。

时评：前有中国分布式总账基础协议联盟这样的综合性区块链研究联盟，后有金融区块链合作联盟这样的细分行业领域内的区块链联盟。虽然目前区块链与金融的结合是被谈及得较多的话题，但区块链实际上在众多行业内都具有应用空间和潜力。来自金融领域的区块链联盟，相信会激发更多行业对区块链技术的觉醒，也为其他行业的区块链合作与研究提供了参照。

（五）中国互联网金融协会成立区块链研究工作组

中国互联网金融协会于 2016 年 6 月 15 日宣布成立区块链研究小组，由全国人大财经委委员、原中国银行行长李礼辉任组长。成员来自各大传统金融机构、新兴互联网金融企业、金融基础设施机构和科研院所。这一组织旨在广泛调动产业生态链，搭建完整的研究网络，研究区块链的应用及问题，培养复合型专业人才。该组织在区块链技术的应用和学术交流中具有很高的代表性。

时评：中国互联网金融协会对区块链的关注，预示着传统金融机构、新型互联网金融机构都将与区块链有着更大的联姻空间。而专业科研力量的介入，为建立区块链研究后备军，培养行业新生力量提供了坚实后盾。显然，研究力度与人才队伍对于前沿技术的发展必不可少。

（六）IDG、百度等向 Circle 投资 6000 万美元

基于区块链的支付应用公司 Circle 于 2016 年 6 月 22 日宣布获得由中国财团提供的 6000 万美元 D 轮投资。领投方为 IDG，Breyer Capital、General Catalyst Partners、百度、中金甲子（CICC ALPHA）、光大控股、万向和宜信也参与了跟投。该公司同时宣布在中国成立子公司 Circle China。Circle 已经在逐步实

施真正的全球支付应用开发任务，未来，美国、欧洲和中国用户都可以通过短信来交换价值。

时评：如今中国投资者已经把视野投向海外，不断关注全球优秀区块链投资项目。以 Circle 为代表的重要区块链项目对中国资金的吸纳、并在中国建立子公司，展示出了国际区块链领军团队对中国市场的热情与重视。这种正向交流与合作是吸引国际先进技术，高效扩大国内区块链研究步伐的有效手段。国内的投资者可以积极寻找此类投资机会，或以海外市场作为敲门砖，建立成熟的区块链应用场景，佐以适当模式落地国内。

（七）第二届区块链全球峰会在沪上举行

2016 年 9 月 22 日到 24 日，2016 年第二届区块链全球峰会在上海举行。这是全球规模最大的区块链盛会。800 多名全球与会代表、十多家监管机构、逾 38 名著名机构演讲嘉宾等参与了峰会。这次峰会从全球趋势话题切入，解答了如何让区块链从概念落实到技术层面，给从业者指引方向，从实质上推动中国区块链产业的发展。

在这次峰会上，万向区块链实验室提出将联合多家跨国巨头及众多区块链创新企业和机构，共同开发和建设 10 平方千米的杭州萧山万向创新聚能城。这一消息成为峰会上的重磅信息。

时评：区块链全球峰会是国际区块链业内的一项盛事。国际大牛的云集，对于形成国内区块链探讨的舆论氛围与环境有着直接的利好影响。区块链究竟有哪些可能的应用场景、区块链在发展过程中需要预防哪些风险……各类与区块链相关的议题都在这场会议中进行了探讨。对于区块链研究者和爱好者来说，这场会议提供了可借鉴的视角。

（八）中国区块链技术和产业发展论坛成立大会召开

2016 年 10 月 18 日，中国区块链技术和产业发展论坛成立大会暨首届开发者大会在北京召开。论坛发布了《中国区块链技术和应用发展白皮书（2016）》。白皮书提出，可以借鉴发达国家和地区的先进做法，结合我国区块链技术和应用发展情况，及时出台区块链技术和产业发展扶持政策，重点支持关键技术攻关、重大示范工程、“双创”平台建设、系统解决方案研发和公共服务平台建设等。

时评：由于目前区块链技术在国内还没有形成爆炸式的研究与应用，因此组织这一类型的交流会议十分有必要。尤其是对于区块链关键技术的分享来说更是至关重要。而工业和信息化部对该会议的支持，体现了政府层面对区块链的重视，对于区块链技术标准与应用研究的提升是个积极信号。

（九）区块链监管议题获得进一步重视

2016年6月，中国国家立法机关全国人民代表大会发布了《中华人民共和国民法总则（草案）》文本，将赋予数字资产法律意义。中国立法者还需要时间对数字货币进行分类，期待未来与美国、澳大利亚、英国等国的监管机构一样，在数字货币监管问题上取得进展。

11月，《区块链应用在金融领域的法律政策研究报告》在"2016中国经济媒体领袖秋季峰会"上发布。这本白皮书集结了国内顶尖研究中心、监管、法律和技术领域专家的共同研究成果，聚焦互联网和区块链的技术应用和探索创新。

时评：尽管区块链技术的应用前景被各界看好，但是其发展风险同样需要被关注。人大对数字资产赋予法律意义是个重要起点，也是一个好的开始。当然，国内对区块链监管的探讨还在起步阶段，尚未形成一定体系。不过这也为区块链从业者赋予了更多使命与责任，任重而道远。

（十）国务院将区块链写入"十三五"规划

2016年12月27日，中央人民政府网上发布了《国务院关于印发"十三五"国家信息化规划的通知》（国发〔2016〕73号文件）。本规划是指导"十三五"期间各地区、各部门信息化工作的行动指南，其中就提到了区块链一词。

规划中提到："物联网、云计算、大数据、人工智能、机器深度学习、区块链、生物基因工程等新技术驱动网络空间从人人互联向万物互联演进，数字化、网络化、智能化服务将无处不在。"

时评：立足国情，我国正面向世界科技前沿、国家重大需求等主要领域迈进，在战略、前沿、安全等导向上作出调整。在前沿科技大潮中，区块链显然是难以回避的一项重要技术，其对金融、能源、物流等领域都将产生颠覆性影响。而以国务院层面发布的这一规划，更预示着区块链在我国重点超前布局前沿技术、颠覆性技术的进程中，受到了极大的重视与关注。

二、2017 年中国区块链产业的十件大事

（一）成立重大的区块链应用智库机构和实验室

2017 年 1 月 29 日，中国人民银行正式成立数字货币研究院。这一成立标志着企业和金融机构开始了新的征程。从实验室阶段走进现实，同时实现标准化、解决监管和安全性问题。

2 月 26 日，中国区块链应用研究中心（上海）正式揭牌成立，进一步健全了区块链技术的法制：1. 是区块链和商业交易规则的变化。2. 是区块链和社会治理的变化。3. 进一步确定了区块链现实上应用。

8 月，工业和信息化部成立了一个名为“可信区块链开放实验室”的研究机构，以支持该技术在中国的持续发展。

（二）签署重要区块链合作和发布白皮书，为实体经济服务

2017 年 3 月 24 日，阿里巴巴与普华永道签署了一项跨境食品溯源的互信框架合作，将应用“区块链”等新技术共同打造透明可追溯的跨境食品供应链，搭建更为安全的食品市场，让购物过程更透明，消费者更安心。8 月初，腾讯在一次会议上宣布与跨国科技巨头英特尔开展区块链研究合作。

4 月 24 日，腾讯 FIT、腾讯研究院正式发布腾讯第一份区块链方案白皮书。腾讯第一次走出社交平台，依托腾讯在区块链技术，主打支付与金融应用的腾讯互联网金融业务，带来不一样的区块链体验。

此外，支付巨头中国银联也为基于区块链的 ATM 网络申请了专利，而电器制造商美的集团则为使用家用物品挖比特币的方法申请专利。

（三）举办全球首个“区块链大农场”推介会

2017 年 4 月 25 日，首个“区块链大农场”推介会在上海举办。这是全球第一区块链大农场，开创了区块链与农场的先河，主要用于农业物联网、农业大数据及区块链技术，提出了“平台 + 基地 + 农户”的管理模式。

（四）成功举办 G20 峰会会场，开创区块链上一个里程碑式的盛会

2017 年 5 月 14 日 –5 月 16 日，G20 峰会在杭州国际博览会中心成功举办。这次峰会的成功举办，不仅仅是探讨区块链应用发展面临的机遇与挑战，更是搭建一个区块链领域的技术创新平台和专业人才培养，也是我国在区块链上一个里程碑式的盛会。

（五）迅雷在区块链的成功引来暴风

2017 年 8 月，迅雷推出了新一代智能硬件"玩客云"，到 11 月 6 日叫停玩客币。"玩客云"更名为"链克"。再到 11 月 28 日，迅雷内讧，迅雷公司发布了公告，任命王川为公司董事长。

迅雷在区块链的成功引来暴风、快播也搭上区块链的快车。

（六）多部委联合发布《关于防范代币发行融资风险的公告》

2017 年 8 月 30 日，国内 ICO 平台 ICOINFO 宣布主动暂停一切 ICO 业务。9 月 2 日晚间，国内三大比特币交易平台之一的比特币中国在其官网上发布公告称，即日起暂停 ICO 币充值与交易业务，并暂停 ICO 币提币业务。9 月 3 日下午，ICOAGE 发布《暂停服务公告》，宣布将暂停提供除提币之外的一切服务，并即刻停止接受充币。

9 月 4 日，多部委联合发布《关于防范代币发行融资风险的公告》，启动了对 ICO 活动的整顿，叫停 ICO。在监管落地之前，比特币价格上涨带来的财富效应让 ICO 活动加速失控，部分项目甚至涉嫌非法集资和欺诈。数据显示，截至 2017 年 9 月 4 日，国内平台发起的 ICO 项目募集资金总额在 60 亿 –70 亿元。数字货币交易平台共计 73 家，累计参与人次达到 10 万以上。随着监管落地，所有 ICO 项目陆续被关停。在做好监管部门要求的清退和善后工作后，众多 ICO 项目以及虚拟交易所相继出走"海外"。纷纷扰扰、喧嚣一时的 ICO 及数字货币暂时退出中国市场，未来如何还未可知。

（七）国内数字货币交易平台陆续关停，转至海外

继重拳出击 ICO 之后，监管层又对准了比特币交易平台。2017 年 9 月 8

日，监管层强制关停国内数字货币交易所。

中国最大的比特币交易平台比特币中国于9月15日晚间7点发布公告，称该数字资产交易平台今日起停止新用户注册；9月30日数字资产交易平台将停止所有交易业务。随后，该平台上的交易者疯狂抛售数字货币资产，致使数字货币人民币交易价狂泻。比特币一度大跌32%，莱特币一度大跌57.3%，比特币现金一度暴跌72.32%。

10月底，比特币中国、火币网、OKcoin等三大数字货币交易平台相继宣布停止人民币交易，转战海外。

（八）腾讯云发布区块链金融及解决方案推动区块链技术全面商业化

2017年11月，腾讯云在2017腾讯全球合作伙伴大会上正式发布区块链金融级解决方案BaaS（Blockchain as a Service）。这套构建在腾讯金融云之上，整合了腾讯在支付、社交网络、媒体网络、征信平台等众多领域资源在内的解决方案，将在智能合约、互助保险、大数据交易及资产交易、供应链金融与供应链管理、跨境支付、清算、审计等场景下，为金融用户提供安全、可靠、灵活的区块链服务。

（九）全球首款区块链——赣南脐橙首度上市试销

2017年11月20日，全球首款区块链——赣南脐橙首度上市试销。在中粮旗下我买网平台甫一上市，5万斤“链橙”瞬时脱销，这一现象再一次印证了区块链技术打造的可溯源、可追踪食品防伪信息的赣南脐橙，得到大家的认可。

（十）各行业对区块链呈现积极态度

2017年随着区块链技术的发展，越来越多的企业参与到区块链的研发与应用中。四大国有银行先后和金融科技公司达成战略合作，建立金融科技实验室，研发区块链技术的落地应用。中国邮政储蓄银行、招商银行、平安银行、民生银行等股份制银行则是更进一步，纷纷在跨境支付结算以及票据等领域，开始落地尝试。平安保险、新华保险、中国人寿保险等传统保险企业也在2017年开始布局区块链领域，意图改造传统保险业务流程，提升自身保险业务的效率和精准度。

蚂蚁金服、百度金融、京东金融、宜信等企业则是重点在供应链金融以及资产证券化等领域陆续落地。阿里巴巴宣布它将使用名为"法链"的区块链技术，并与微软公司和小蚁 AntShares 开展合作，推出基于阿里云平台的邮箱存证产品。京东宣布成立"京东品质溯源防伪联盟"，将运用区块链技术搭建"京东区块链防伪追溯开放平台"，逐步通过联盟链的方式，实现线上线下零售商品追溯与防伪，更有效地保护品牌和消费者的权益，帮助消费者持续提升在京东的品质购物体验。2017 年 4 月，腾讯发布区块链方案白皮书，旨在打造区块链生态。同时，越来越多的传统企业开始与区块链创业公司合作，探索区块链在相关领域的应用与发展，优化和改造相关业务流程。

三、2018 年中国区块链产业的十件大事

（一）"十三五"中期区块链技术上升为科技强国战略的重要部分

2018 年 5 月 28 日，在中国科学院第十九次院士大会和中国工程院第十四次院士大会上，习近平总书记指出："以人工智能、量子信息、移动通信、物联网、区块链为代表的新一代信息技术加速突破应用……世界正在进入以信息产业为主导的经济发展时期。"这是"区块链"第一次出现在国家最高领导人的讲话中，肯定了区块链技术是新一代信息技术的发展方向，是科技强国战略的重要组成部分，标志着"区块链中国共识"的正式达成。

2018 年 3 月，为尽快推动形成完备的区块链标准体系，工业和信息化部发布公告表示，信息化和软件服务业司（以下简称为"信软司"）将筹建全国区块链和分布式记账技术标准化技术委员会。同时，信软司将从组织建设、标准体系、重点标准、推进国际化进程、开展应用示范、培育团体标准、实施动态管理等七个方面推进信息化和软件服务业标准化工作，持续推进云计算和区块链等领域的标准研制，围绕企业上云以及云服务测评等重点，进一步加强云计算开源标准研究工作。

随后，各地政府也从产业高度定位区块链技术，政策体系和监管框架逐渐发展完善。政策框架的形成与完善为资本和创业者的涌入提供了足够的空间。在所谓的"寒冬"到来之前，政策已经开始鼓励并推动区块链产业和技术的发展，技术落地的目标十分明确。

（二）乱象频发币圈狼藉监管筑篱

2018年是区块链行业逐步走向规范的一年。全年各路资本涌入不停，各种蓝图描绘不完，各种美梦也不断破灭……比特币、以太坊市值大面积缩水，新上交易所项目破发率达98.8%。

自2017年9月4日中国人民银行、中央网信办等七部委发布《关于防范代币发行融资风险的公告》后，2018年8月24日，中国银行保险监督管理委员会（以下简称“银保监会”）等五部委发布《关于防范以“虚拟货币”“区块链”名义进行非法集资的风险提示》，再次提示ICO非法集资风险。地方上，北京、深圳、海南、上海等地也相继发布了关于虚拟货币非法集资的风险提示，主动抵制和防范以“虚拟货币”“区块链”“ICO”及其变种名义进行非法集资的行为和活动，期望逐步消除以ICO或区块链名义行圈钱之实的乱象。

在“沾链就火”的资本市场，《证券日报》记者对此进行了专门统计并发现，80家区块链概念股中，23家被监管问询，占比达三成，记者初步测算，约有2/3的问询发生在第一季度，上述23家被问询的公司中13家至今无区块链落地成果，超半数被问询公司有炒作概念之嫌。

2018年以来，从中央到地方，监管部门重拳出手，打击ICO，提示风险，规范市场秩序，力度空前，从而规范了资本市场“炒链”行为，严厉惩治ICO，打击变相荐币的区块链自媒体。从中央到地方，掀起防范以“区块链”名义进行非法集资的高潮，不断为区块链“排毒瘦身”。

而“瘦身”后的区块链产业也正逐步回归理性——币圈萧条，市场开始重新审视以比特币为代表的加密数字货币的价值与意义；去芜存菁，越来越多的企业转向技术应用开发；人才成本也挤出“泡沫”，回归同行业正常水平。

（三）地方政府部门争夺打造区块链之城

从大数据到人工智能，每一个新技术的萌芽或新风口的兴起，都有地方政府的拥抱与争夺，试图将其作为城市的经济增长点与形象名片。伴随着政策的春风与国际范围内对区块链的重视，地方政府纷纷响应号召，都想把区块链与其城市的名称绑定在一起，打造区块链之城。

从建设之初，一砖一瓦砌成的实体雄安和数字网络搭建的虚拟雄安齐头并进，区块链融入了雄安这座城的基因。千年秀林工程、城市截洪渠工程、黄河污水库治理工程等都采用了基于区块链技术的项目集成管理平台，与工程相关的千家企业已经全部上链。

10 月 8 日，海南省工业和信息化厅（以下简称“工信厅”）正式授牌海南生态软件园设立“海南自贸区（港）区块链试验区”，是目前国内正式授牌的首个区块链“试验区”。海南自贸区（港）开放的政策优势，对于区块链这样一个高度国际化的产业来说有着更大的吸引力。

杭州有阿里巴巴、浙江大学，而杭州市政府的嗅觉甚至比链圈媒体还要敏锐。9 月 19 日，中国首个区块链监管沙盒——杭州湾产业园暨杭州大湾区区块链产业园成立，这是中国区块链监管沙盒委员会、中国电子商务协会批准的第一个产业园。

错过了互联网的上海，不可能再错过区块链。5 月 25 日，国家技术转移东部中心区块链产业中心落户上海临港，随后上海各区争相跟进，出台了区块链政策。随着 9 月 6 日“杨浦会议”的召开，上海在区块链领域的布局进入了快车道。

深圳是腾讯、华为的大本营，这里创业氛围浓厚，从不吝惜对前沿科技的投入。深圳已成立 5 家区块链研究院，并出台 6 项与区块链相关政策进行扶持。4 月 22 日，深圳区块链创投基金成立，这是国内第二个由政府主导的区块链基金。

作为传统工业重镇，重庆是全球最大的笔记本电脑生产基地和全国最大的汽车制造基地，2018 年 6 月《以大数据智能化为引领的创新驱动发展战略行动计划实施方案》落地后，重庆以五大举措推动区块链产业发展，渝中区聚焦发展区块链等六大数字产业，打造重庆“链岛”。

如今的成都，带不走的除了你，还有区块链。最早一批挖矿者进入四川之后，就拉开了成都打造区块链之城的序幕。

（四）企业巨头们高调进场

当区块链风口到来时，巨头们显得过于低调，一方面是由于监管界限尚不清晰而谨小慎微，二是因为体量较大的企业难以轻易转身。而在 2018 这一年里，各巨头终于开始高调展示在区块链领域的布局，而手握人才、资本与市场的巨头到底是巨头，一出手就是研究成果与应用落地。实际上，这些大企业入局的时间点比大部分人想象的还要早。

1. 腾讯

2018年两会期间，全国人大代表、腾讯公司董事会主席马化腾在答记者问环节，首度谈论区块链，同时也透露了腾讯在区块链布局的一些情况——2017年完成底层技术完整积累，目前已进入商业应用阶段，进入供应链金融、腾讯微黄金、物流信息、法务存证、公益寻人等多个领域。

4月，腾讯研究院、腾讯金融科技智库与腾讯FiT联合对外发布了《智慧金融白皮书》，从智慧金融概述、我国智慧金融地域发展情况、智慧金融产业的立体图景、智慧金融发展趋势、智慧金融监管与合规五个章节阐述了腾讯提出的“智慧金融”理念。

2. 阿里

5月16日，马云在第二届世界智能大会上语出惊人：“区块链不是泡沫，比特币是泡沫。”他解释称，区块链不是一个巨大的金矿，而是一个解决方案，是解决数据和隐私安全的方案，是用来为社会创造价值的。

虽然今年才开始披露，但阿里巴巴对区块链技术的布局很早，而且低调。在把阿里巴巴推向“2018年全球区块链专利企业排行榜TOP100”榜首的90项区块链相关专利申请中，有8项是在2018年获得的。其他专利申请时间集中在2017年以后，研究方向更倾向于底层技术的开发，包括共识机制、跨链交互、节点通信等，几乎没有涉及任何与数字货币相关的内容。

阿里巴巴在区块链技术方面布局的另一证据是2018年9月阿里达摩院区块链实验室的成立。官方信息显示研究院致力于“区块链中共识协议、密码学安全、跨链协议等技术的研究和应用，以商业与金融等应用场景为突破口，率先实现有自主权的工业级/金融级区块链系统”。

手握诸多区块链技术落地的应用场景，目前阿里巴巴的区块链应用主要集中在区块链+保险、慈善公益、公共服务、商品溯源等四个领域。在9月的云栖大会上，阿里发布了BaaS平台、MORSE安全计算平台和可信存证平台三大产品，是其技术积累的又一次展示。

3. 百度

区块链开启了移动互联网的下半场，在上半场中高调入局、后程乏力的百度嗅到了新的机会。虽然市值上越来越难与阿里巴巴、腾讯并列，但百度的技术实力与转型魄力不容小觑，上一次是AI，这次是区块链。

2018 年 7 月，百度区块链开放平台 BaaS 更名为“度小满金融区块链开放平台”，这是百度在区块链领域的首次尝试。6 月，百度发布了区块链行业解决方案：“超级链”，是区块链技术在扩展性方面的新突破。8 月底，百度成立分公司“度链”，专门探索区块链技术。

4. 京东

京东运用区块链技术搭建“京东区块链防伪追溯平台”，从解决商品的信任痛点出发，精准追溯到商品的存在性证明特质，让所有生产、物流、销售和售后信息分享进来，共同搭建完整且流畅的信息流，且采用区块链技术来解决 ABS 参与各方的信任问题，在区块链的系统架构上完成交易，确认资产的权属和资产的真实性。

巨头涌入给我国区块链产业发展注入了新动能，产业蓄势待发，并将借着这股趋势快速崛起。

（五）银行巨头入局更早

作为金融业的巨头，面对颠覆金融的区块链技术，全球范围内的银行都展示出了积极拥抱的态度。早在 2017 年，中国银行业就纷纷展示了在区块链方面的布局成果。进入 2018 年，应用落地继续加速。

2018 年 4－7 月，中国工商银行接连公布了三项区块链专利，从不同角度切入“区块链＋银行业”解决方案的探索。此外，还建立了区块链实验室，并与京东金融合作推出了三款区块链相关产品。

中国建设银行曾在 2017 年年报中提到，中国建设银行主动探索“区块链＋贸易金融”技术。今年 1 月，中国建设银行首笔国际区块链交易落地，后于 3 月宣布探索“区块链＋贸易金融”技术，并参与雄安的住房租赁区块链平台建设。

2018 年 8 月，中国农业银行贵州分行以一块土地为质押，通过区块链技术完成 30 万美元贷款，在区块链技术落地方面已经走在同行前列。8 月 1 日，中国农业银行总行上线了基于区块链的涉农互联网电商融资系统，并于 8 月 1 日成功完成首笔线上订单支付贷款。这是国内银行业首次将区块链技术应用于电商供应链金融领域。

相比科技巨头，银行巨头的业务聚合性更高，加上布局更早的优势，其落地成果已走在前列。各大银行在技术与应用领域的布局成果展示，为金融业转型展示了清晰的方向。

（六）中国区块链专利申请大爆发

谁在真正研发区块链技术，谁只是虚晃一枪？谁能站在区块链的制高点，成为区块链世界中掌握话语权的国家？通过专利可以窥一斑而知全豹。

根据佰腾系统统计，以申请日为准，2018 年中国区块链专利申请量达到了 2913 件，较 2017 年的 1351 件增长 115.6%。值得注意的是，除了中国，其他国家或地区 2018 年区块链专利申请总量都不如 2017 年。中国区块链专利申请量领跑全球。

1. 中国区块链专利逆市大幅增长及其原因

中国国家知识产权局统计，2017 年中国发明专利申请 138.2 万件，同比增长 14.2%，2018 年中国发明专利申请量为 154.2 万件，同比增长 11.57%。而区块链的发明专利在 2018 年继续井喷，申请量达到了 2913 件，同比增长 115.6%，较之四年前的 2015 年，增长超过 100 倍。

这一趋势跟国际实际上是相反的。互链脉搏在佰腾平台搜索“Blockchain” 2018 年，国际区块链发明专利申请数 556 件，较之 2017 年的 987 件出现明显下跌，跌幅 43.66%。

之所以出现国内区块链专利申请发展趋势和国际不太一样，主要原因是中国对区块链更重视。区块链对于美国人而言，是一项技术，或是一个哲学实践。但区块链对中国人而言，是换道超车的机会。

诚如海南省人民政府企业家咨询会议上，阿里巴巴集团董事局主席马云称，利用区块链技术，建设数字政府、城市大脑，让贸易简单、便利、现代、普惠，让海南换道超车。不少中国企业、项目团队都寄希望于通过区块链这场技术革命，追赶发达国家。因为在区块链面前，中国并不落后那么多。

2. 区块链技术百花齐放，区块链专利百家争鸣

具体到专利申请人，据互链脉搏统计，阿里巴巴集团 2018 年申请区块链专利 83 件，总计申请专利达到了 145 件。总数目前仍排在全国乃至全球第一名。但中国联通在 2018 年开始发力，当年申请区块链专利 91 件，超过了阿里巴巴，总计专利数达到了 123 件，在中国相关专利申请中排名第二。

2018 年中国区块链专利申请呈现出一些新特点。2018 年专利数量前十强中，崛起了"四虎"，分别是深圳元征科技、百度、奇虎 360 以及迅雷集团旗下的网心科技。这四家公司在 2018 年之前，都未查询到有关区块链的专利申请，却在 2018 年大批量申请专利并冲进十强。另外，除了元征科技是做汽车诊断的，其他三家都是老牌互联网公司。它们还在 2018 年区块链落地应用方面多有建树。

百度开发了百度链，网心科技开发了迅雷链，两条链都具有超越同行的性能，前者 10 万 TPS，后者 100 万 TPS。

从专利 10 强的所在区域观察，北京、深圳、杭州分布占据 4 席、4 席、2 席。这样的占比也和行业的感知是一致的。这三个城市是区块链重镇。

另外值得一提的是，不少中国企业也着手国际专利的布局——在 WIPO（世界知识产权组织）申请 PCT 专利。这当中，深圳一家人工智能公司前海达闼申请量最多达到 20 件，超过了阿里巴巴的 19 件。华为、腾讯也分别有 12 件、10 件的申请量。

中国区块链专利申请情况呈现出一起跑就领先全球的状况，传统科技公司是当中的主力。2019 年，中国区块链发展会和落地应用更加紧密，也会产生出更多的创新。

（七）区块链教育和研究机构兴起

在区块链"寒冬"中有一个奇特的现象，创业公司倒闭潮和裁员潮为行业持续降温，而试图挨过寒冬的企业又纷纷抱怨人才供不应求。实际上，目前区块链的人才储备是严重供不应求的，2018 年向区块链相关岗位投递简历的人数达到行业整体需求的三倍以上，但真正的存量人才仅占需求量的 7%。要弥补巨大的人才缺口，最终还要落实到教育上。

2018 年全球有 33 所高校设立区块链相关课程，其中来自中国的高校有 14 所，位列首位，名单上包括中央财经大学、清华大学、上海交通大学、浙江大学等。

此外，据 4 月底的统计数据，中国已有 62 家区块链研究院（中心、实验室），形成了政、校、企多元化布局的特点。中国人民大学大数据区块链与监管科技实验室、北大光华区块链实验室等由各高校创办；中钞区块链研究院、天府区块链创新实验室、百度金融区块链实验室等则由机构或企业牵头组织。

进入2018年，各大高校与机构单位纷纷成立区块链研究院，这才是区块链技术在日后真正爆发的根本条件。总体而言，区块链研究院的核心业务分为区块链底层技术、监管或政策法规研究、区块链＋金融、人才培养培训、区块链项目测评五类，为区块链技术与人才的原始积累迈出了具有实际意义的一步。

（八）自媒体整顿关停有望新发展

2018年8月21日晚间，包括“火币资讯”“币世界快讯”“深链财经”等在内的多家区块链自媒体微信公众号被封。腾讯方面表示，部分公众号涉嫌发布ICO和虚拟货币交易炒作信息，违反《即时通讯工具公众信息服务发展管理暂行规定》，已被责令屏蔽所有内容，账号被永久封停。

此后，还有多家曾在以“参会频率”为排名指标的榜单上名列前茅的区块链自媒体销声匿迹。在“关停风波”的第二天，北京市朝阳区金融社会风险防控工作领导小组办公室发布了《关于禁止承办虚拟币推介活动的通知》，要求各商场、酒店、宾馆、写字楼等地不得承办任何形式的虚拟货币推介或宣讲活动。

10月19日，国家互联网信息办公室发布关于《区块链信息服务管理规定（征求意见稿）》公开征求意见的通知。《征求意见稿》落实了监管主体：“国家互联网信息办公室依据职责，负责全国区块链信息服务的监督管理执法工作”；明确了备案机制：“备案区块链信息服务提供者应当在提供服务之日起十个工作日内通过国家互联网信息办公室区块链信息服务备案管理系统填报《区块链信息服务备案登记表》”。

值得一提的是，对于大量的区块链媒体，文件也设立了准入门槛，不仅网信办会监管，其他相关主管部门也会监管：“基于区块链从事新闻、出版、教育、医疗保健、药品和医疗器械等互联网信息服务，在履行备案手续前，应当依法经有关主管部门审核同意”。

潮水退去之后，裸泳的人自然退场，靠发快讯、洗稿、蹭会甚至以写黑稿为生的自媒体终于失去了立足之地。这一轮“牵筋动骨”的整改，或许是币圈“寒冬的导火索”，因为炒币者和被割者都失去了“指路人”。而在整改之后，真正沉下心来的区块链媒体反而有更充足的发展空间和更明确的发展方向。

（九）矿机市场洗牌，交易所趋向多样化

1. 矿机市场洗牌

2018年1月5日，一份互联网金融风险专项整治工作领导小组办公室牵头

的文件陆续下发至各地的金融办。内容主要针对虚拟货币挖矿企业的引导和防控风险，文件中提及要积极引导辖内企业退出"挖矿"业务，并要求各地统计从事"挖矿"企业的有关情况，其中包括企业基本情况、营收情况、享受优惠情况等。各地政府被要求通过调整电价、土地、税收和环保方面的政策等措施，收缩此前的优惠。

从2018年年初开始，比特币价格大幅下滑，币市行情持续低迷，直接导致挖矿收益降低与客户数量减少，矿机价格跳水，矿机行业的利润被一再压缩，挖矿产业面临着严峻的洗牌。

2. 交易所多样化

在数字货币产业链中，交易所处于核心环节，其在打通区块链投资的一、二级市场，链接项目方与普通投资者方面的作用不可替代，占据了得天独厚的资源优势。而在熊市之下，曾经站在币圈食物链顶端的交易所们也承受了最大的冲击，继2017年"9·4"被迫出海之后，在2018年迎来了新一轮洗牌。

2017年年初，人民币对比特币的交易额曾占全球法币交易额的90%。而在2018年年初，OKCoin、火币、BTCC等国内交易所或关闭，或出海求生，市场份额随之大幅下降。8月，曾靠交易挖矿一炮打响的FCoin网站经常出现无法正常访问的情况，其创始人张健陷于"疑似跑路"的传言。OKEx也曾在3月和10月陷入维权事件。而在出海之后，这些交易所的日子也不好过，有数据显示，数字货币交易者更倾向于使用本国交易所。

目前，已有交易所开始了多样化、生态化转型，打造区块链一站式服务。对于手握技术、资源、用户、流量的交易所来说，这不失为一种既拥抱监管又拥抱市场的好路子。

（十）国际合作趋势初显

在目前的区块链领域，合作的形式主要是官方与企业或企业之间的合作，政府之间达成的国际合作尚不多见。这就形成了当前各国区块链领域团队各自为战、急需共同标准与深层沟通的情况。而2018年以来，各国政府逐渐放出了在区块链领域开展国际合作的口风。

4月11日，中俄在博鳌论坛上签订"国际合作中心—远东健康科技创新产业城"战略合作框架协议，双方将共同建设国际科技创新城。俄方表示，将筹建远东经济特区并鼓励区块链产业在该区域快速有序发展，不仅提供了政策扶植，也加强了产业规范。

9 月 30 日，据一位驻英国的中国外交官称，区块链技术可能成为未来几年中英合作的一个亮点。中国驻英国大使馆商务部部长参赞鲍玲则在中英区块链合作研讨会上表示："英国在区块链研究方面具有独特优势，并聚集了大量专业人才。英国发达的金融技术和广阔的金融市场为区块链孵化提供了良好的环境。"

10 月 30 日，意大利国家部长会议主席秘书长西蒙·瓦伦特（Simone Valente）在"中国—欧美产业投资对接会"上表示，区块链是意大利近期发展的重点，需要各方面的合作，而在这些领域，中国是最理想的合作伙伴。

第五节　"十三五"中期世界区块链产业的十件大事

"他山之石，可以攻玉。"区块链首先是在国外发生和兴起的。因此，介绍和总结 2016 - 2018 年这"十三五"中期世界区块链产业每年发生的十件大事，对于中国区块链产业的创新发展，是有借鉴和参考作用的。

一、2008 - 2018 年，全球区块链产业十年发展的大事记

据金色财经报道，从 2008 年到 2018 年，全球区块链经历了三次重大的改变，也就是我们听到的关于区块链的 3 个版本：从以比特币区块链网络为代表的 1.0 阶段；到以以太坊区块链网络为代表的 2.0 版本；最后是如今以应用落地区块链网络为代表的 3.0 版本。区块链从技术先驱发展到生活中的落地应用，经历了大大小小的事件，那么有哪些是值得我们回顾的呢？下面从全球区块链发展的整体脉搏，展示这十年间所发生的主要大事。

（一）2008 - 2013 年：区块链登上了世界舞台

2008 年的 11 月，中本聪发表了一篇名为《比特币：电子现金》的文章，阐述如何建立一套新的现金系统：完全实现点对点，同时除去第三方。根据中

本聪的观点，现金系统可以通过点对点（个人对个人）完成交易，从而除去金融机构等多个中心，其中还包含不可篡改、高透明、溯源等特性，然而比特币就是区块链技术中首个应用。随后几年，多种加密货币（莱特币、狗币、无限币）等多种电子货币现身市场，区块链技术也备受关注。

表 6－6　2008－2013 年全球区块链事件

时间	区块链事件
2008 年 11 月 1 日	中本聪发表著名的论文《比特币：点对点的电子现金系统》，针对第三方平台的不透明、不可控、花费高的缺点，提出了区块链技术模型：去中心化、不可增发、无限分割
2009 年 1 月 3 日	中本聪用他编写的第一版挖矿软件挖掘出了创世区块，并在创世区块里留下一句永不可修改的话："The Times 03/Jan/2009 Chancellor on brink of second bailout for banks."（翻译：《泰晤士报》，2009 年 1 月 3 日，财政大臣正站在第二轮救助银行业的边缘。）
2010 年 2 月 6 日	世界上第一个比特币交易所 Bitcoin Market 创立
2010 年 7 月 17 日	交易所 Mt. Gox 成立，标志着比特币正式流入市场
2011 年 6 月 29 日	比特币支付处理商 BitPay 推出了第一个用于智能手机的比特币电子钱包
2012 年 11 月 28 日	区块奖励首次减半，从之前的每 10 分钟 50 枚比特币减至 25 枚比特币
2013 年 10 月	比特大陆成立，并迅速成长为全球最大的比特币矿机制造商
2013 年 12 月 5 日	中国人民银行等五部委发布《关于防范比特币风险的通知》，明确比特币不具有与货币等同的法律地位，不能且不应作为货币在市场上流通使用
2013 年 12 月 18 日	中国两大比特币交易平台比特币中国和 OKCoin 发布公告宣布暂停交易

资料来源：金色财经

（二）2014－2015 年：V 神诞生

说到 2014 年的币圈大事，莫过于 19 岁的以太坊创始人 V 神的诞生，以太坊的出现，意味着一个巨大的创新，也意味着一个非常具有标志性的去中心化应用平台出现以太坊、智能合约等相关出现使区块链的应用从货币体系发展到了股权、债券登记，转让各种执行手段和防伪应用，大大地扩展了区块链技术的应用。

表 6 - 7　2014 - 2015 年全球区块链事件

2014 - 2015 年	
时间	区块链事件
2014 年 1 月 23 日	以太坊创始人维塔里克·布特林（Vitalik Buterin）发布了以太坊初版白皮书《以太坊：一个下一代加密货币和去中心化应用平台》，首次公开提出了以太坊相关概念
2014 年 2 月 28 日	Mt. Gox 交易所正式申请破产保护
2014 年 7 月 24 日	以太坊开始进行为期 42 天的以太币预售
2015 年 7 月 30 日	以太坊项目成员 Stephan Tual 在官方博客上正式宣布了以太坊网络正式诞生
2015 年 8 月 5 日	零售业巨头 Overstock 在纳斯达克活动上推出区块链交易平台项目tØ. com
2015 年 9 月 10 日	首届 Coindesk“共识大会”在纽约时代中心召开
2015 年 9 月 15 日	R3 联盟成交
2015 年 10 月底	纳斯达克（Nasdaq）在拉斯维加斯的 Money20/20 大会上，正式推出区块链产品 Nasdaq Linq
2015 年 12 月	由 Linux 基金会牵头的超级账本（Hyperledger）联合项目成立

资料来源：金色财经

（三）2016 年：区块链重点布局区块链技术

到 2016 年，全球十几亿美元投入了区块链领域的创业公司和项目，并随着区块链产业迅速发展，中国发布了《区块链技术和应用发展白皮书》，区块链与人工智能、物联网、机器人等新兴技术相结合，成为了国家重点的关注对象，国家对区块链给予各种政策的同时，监管也一并进行。

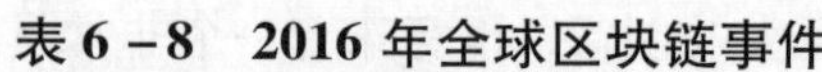

表6－8　2016年全球区块链事件

2016年	
时间	区块链事件
2016年4月30日	基于以太坊的项目应用 The DAO 开始为期28天的众筹
2016年6月17日	黑客发起针对 The DAO 智能合约多个漏洞的攻击，并向一个匿名地址转移了360万以太币
2016年6月30日	以太坊创始人 Vitalik Buterin 提出硬分叉设想
2016年7月21日	超过85%的算力支持硬分叉，以太坊发生硬分叉，产生了 ETH（以太坊）和 ETC（以太经典）两条独立的区块链
2016年10月18日	由工业和信息化部指导的中国区块链技术和产业发展论坛成立大会暨首届开发者大会正式召开，会议发布《中国区块链技术和应用发展白皮书》
2016年11月30日	R3 开源了独创的分布式账本平台 Corda
2016年12月27日	国务院印发《"十三五"国家信息化规则》，区块链与大数据、人工智能、机器深度学习等新技术，成为国家布局重点
2016年12月15日	央行数字票据基于区块链的全生命周期的登记流转和基于数字货币的票款对付（DVP）结算功能已经全部实现，显示数字货币在数字票据场景的应用验证落地

资料来源：金色财经

（四）2017年：区块链技术落地元年

2017年，随着比特币用户上升，以太坊智能合约系统逐渐完善，区块链技术已经开始落地使用，开启了区块链3.0时代。无论是商业还是公益运用，区块链的发展都可以说是锋芒毕露，蚂蚁金服、百度金融、京东金融、宜信各种公司争相利用区块链技术建立新项目，进行业务改革，流程优化流程，同时被倒逼改革的金融机构不甘落后，争相与区块链公司合作，朝更加多元化的方向发展。

表 6－9　2017 年全球区块链事件

2017 年	
时间	区块链事件
2017 年 1 月 3 日	浙商银行基于区块链技术的移动数字汇票产品正式上线并完成了首笔交易，标志着区块链技术在银行核心业务的真正落地应用
2017 年 2 月 26 日	中国区块链应用研究中心（上海）正式揭牌成立，进一步健全区块链技术法制
2017 年 3 月 24 日	阿里巴巴与普华永道签署了一项跨境食品溯源的互信框架合作，将应用“区块链”等新技术共同打造透明、可追溯的跨境食品供应链，搭建更为安全的食品市场
2017 年 3 月 1 日	企业以太坊联盟（Enterprise Ethereum Alliance，EEA）宣布成立
2017 年 4 月 24 日	腾讯正式发布了区块链方案白皮书，阐述了区块链的底层技术及五大场景解决方案
2017 年 6 月 8 日	京东宣布成立“京东品质溯源防伪联盟”，将运用区块链技术搭建“京东区块链防伪追溯开放平台”
2017 年 6 月 25 日	EOS 开始上线众筹，时间为一年
2017 年 7 月	全球主要证券交易市场之一的纳斯达克（NASDAQ）与瑞士主要证券交易所运营商达成合作，将区块链技术整合到场外（OTC）产品服务中
2017 年 8 月 1 日	BCH（Bitcoin Cash，比特币现金）在比特币区块链的一个硬分叉之后诞生
2017 年 8 月	法国巴黎银行（BNP Paribas）、纽约梅隆银行（BNY Mellon）、道富银行（State Street）以及荷兰安智银行（ING）等七家国际银行联合推出名为 FusionLenderComm 的基于区块链技术的银团贷款产品
2017 年 9 月 4 日	央行第七部委联合发布《关于防范代币发行融资风险的公告》，称 ICO 是未经批准非法融资行为
2017 年 9 月 12 日	腾讯（Tencent）和英特尔（Intel）宣布签订合作协议，共同进行区块链技术方面的研究

（续表）

2017 年	
时间	区块链事件
2017 年 9 月	日本软银集团和美国行动通信运营商 Sprint 共同成立了电信运营商区块链联盟（Carrier BlockchainStudy Group，CBSG）
2017 年 10 月	日本金融服务管理局（FSA）对外宣布与三菱东京 UFJ 银行（MUFJ）、瑞穗银行和三井住友银行进行合作联合开发测试基于银行和金融机构之间的即时共享个人信息平台
2017 年 10 月 19 日	卢森堡基金联合汇丰、荷兰国际集团、百达银行、加拿大皇家银行等九家银行发起基于区块链技术的股票交易试点 Fundchain
2017 年 10 月 31 日	国内三大比特币交易所均发布公告，宣布停止人民币和比特币交易，中国境内的比特币交易所全面谢幕
2017 年 11 月 8 日	阿里巴巴集团、蚂蚁金服集团与雄安新区签署战略合作协议，阿里巴巴与蚂蚁金服将承建数字雄安区块链实施平台
2017 年 11 月 28 日	基于以太坊的养猫游戏 CryptoKitties 问世
2017 年 12 月	金融行业业内著名的新闻和百科类网站 Investopedia 发布的 2017 年热搜榜中，比特币和区块链分列冠、亚军

资料来源：金色财经

（五）2018 年：走向更加务实的一年

随着各种区块链行业报告的出现，提出了区块链正发生的大转变，企业开始运用区块链技术，可随着区块链技术实际运用增多，噱头多于实际，各种打着“区块链”名义的“撸羊毛公司”出现，因此国家加强了对区块链技术的监管，颁布各种政策以保证群众的利益。当然，第一批进入区块链领域并且存活的公司也得到了丰厚的回报。

表 6－10　2018 年全球区块链事件

2018 年	
时间	区块链事件
2018 年 1 月 23 日	科技巨头微软和区块链联盟超级账本（HyperLedger）宣布加入基于区块链的数字身份项目——ID2020 联盟
2018 年 2 月 27 日	菜鸟与天猫国际共同宣布，已经启用区块链技术跟踪、上传、查证跨境
2018 年 3 月 1 日	GE 运输系统集团已经宣布加入全球区块链货运联（BiTA），一家全球化的区块链教育和标准开发行业组织
2018 年 3 月	EOS 创始人 BM 宣布发起超级节点竞选
2018 年 3 月 30 日	华为云区块链服务 BCS 正式对外开放
2018 年 4 月 14 日	西班牙桑坦德银行推出基于瑞波公司区块链技术的国际跨境汇款新业务
2018 年 4 月	亚马逊发布 AWS 区块链模块
2018 年 5 月 8 日	在西弗吉尼亚州举行的初次选举投票环节结束，标志着美国历史上首次由政府运作、而基于区块链技术进行的投票结果
2018 年 5 月 20 日	工业和信息化部信息中心正式发布《2018 年中国区块链产业发展白皮书》，这是国内第一份官方发布的区块链产业白皮书
2018 年 6 月 15 日	EOS 主网正式上线
2018 年 6 月 25 日	蚂蚁金服在香港上线全球首个基于区块链的电子钱包跨境汇款服务
2018 年 8 月 10 日	深圳国贸旋转餐厅开出了全国首张区块链电子发票，宣告深圳成为全国区块链电子发票试点城市，也是全国首张区块链电子发票
2018 年 8 月	德勤公司发布《2018 年全球区块链调查》报告
2018 年 8 月 17 日	京东自主研发的区块链服务平台——智臻链（JD Blockchain Open Platform）正式发布
2018 年 8 月 21 日	区块链媒体金色财经、币世界资讯、深链财经、火币资讯等大批媒体公众号账号被封
2018 年 8 月 24 日	银保监会等五部委联合发布《关于防范以“虚拟货币”“区块链”名义进行非法集资的风险提示》

资料来源：金色财经

二、2016 年世界区块链产业的十件大事

2016 年经常被人们称为区块链元年，因为在这一年，区块链技术的价值才真正被世界所认可。各国政府开始研究发行自己的数字货币，超过 50 家世界级银行组成联盟研发区块链银行间服务，上千家区块链行业的创业公司如雨后春笋般兴起。下面摘编云币网亿欧编辑提供的这一年来区块链产业发生的十件大事。

（一）各国央行认可区块链价值，正在研发法定数字货币

2016 年 1 月 20 日，中国人民银行召开数字货币研讨会，来自人民银行、花旗银行和德勤公司的数字货币研究专家分别就数字货币发行的总体框架、货币演进中的国家数字货币、国家发行的加密货币等专题进行了研讨和交流。

消息一经发布，比特币应声上涨。24 小时内，比特币价格从 2539 元上涨至 2810 元，涨幅近 10%。本次会议被认为是我国对于区块链及数字货币价值的认可，对于整个区块链和比特币行业的信心起到了重要的提振作用。在接下来的一年中，包括英国、瑞士、丹麦、印度在内的多个国家，都相继宣布加紧研发国家数字货币。

基于数字货币的特性，数字货币带给各国央行的直接好处不仅仅是节约纸币发行、流通和结算成本，还增强了央行对于资金的掌控能力。数字货币的"留痕"和"可追踪性"能够提升经济活动的便利性和透明度。同时，数字货币还可以有效防止洗钱、逃税、漏税等多项经济违法行为。

（二）以太坊智能合约开启区块链应用之路

2016 年 1 月，以太坊这个名不见经传的区块链品种，总市值仅有 7000 万美元。在短短两个月之后，以太坊市值最高上涨到 11.5 亿美元，涨幅达 1600%。而此时，大家才慢慢发觉以太坊这个区块链底层应用平台的真正价值。

以太坊在比特币的区块链技术中添加了智能合约功能。所谓智能合约，其本质是"合同 + 仲裁者"的合体。传统意义上的合同，仅规定了合同的内容，而合同中所规定的权利义务则由执法机关保护。而由于智能合约使用代码的方

式，保证了合同的条款的强制执行力，若将智能合约与区块链相结合，使得合约的条款一旦设定，就没有第三方可以篡改。

以太坊的智能合约技术，为现实世界中缺乏信任和仲裁的应用场景提供了便捷的开发工具。基于以太坊平台，当前正在研发的区块链应用超过 328 种，其中涵盖了金融服务、预测市场、电子竞技、彩票和云算力等多个领域。

虽然在 2016 年一年中，以太坊受到 DAO 被盗事件的影响，市值有所折损。但以太坊技术的追随者们仍对 2017 年以太坊的表现充满信心。

（三）DAO 众筹创纪录后遭遇黑客盗窃，智能合约遭到质疑

DAO 是“去中心化自治组织”的简称。其目的是为规则制定者以及决策机构编写智能合约，从而节约人工和管理成本，创建出一个去中心化的自治管理架构。

“THE DAO”是一个特定 DAO 组织的名字，由德国初创公司 Slock. it 背后的团队构想并创建而成。用户可以通过参与 THE DAO 众筹的方式，获得 DAO 代币。THE DAO 筹集的资金用于投资使用 DAO 模式创立的项目，持有 DAO 代币的用户有权对其上项目的运行决策进行投票。

2016 年 4 月 30 日，THE DAO 项目开启众筹，在短短 28 天时间里，累计筹集了超过价值 1. 5 亿美元的 ETH，成为历史上最大的众筹项目，而众筹时所有的以太币都存在于同一地址中，这也为接下来的盗窃事件埋下了隐患。6 月 18 日，黑客利用 THE DAO 程序中“递归调用漏洞”，成功盗取了 360 万枚以太币，价值超过 5000 万美元。

由于 THE DAO 使用了以太坊的智能合约方式，它的运行规则在合约创建时被固化，不受任何决策者的决定。因此，在被盗取的 ETH 被锁定的 28 天内，以太坊只能通过分叉的方式，尝试追回被黑客盗取的 ETH。

（四）以太坊硬分叉造就大小“姨太”，社区分裂，攻击不断

2016 年 7 月 20 日，在区块链世界里第二大市值的货币——以太坊硬分叉完成。出于为用户追回被盗资金的考虑，以太坊在区块链第 19. 2 万个区块处进行分叉。分叉后的以太坊区块链上执行了一个新的智能合约，用户可以使用自己手中的 The DAO 代币按照 100∶1 的比例，换回 ETH。从而可以从 The DAO 项目中取回资金，这其中也包含了被黑客盗走的价值约 5000 万美元的以太币。

21 日，有超过 85% 的以太坊全网算力支持以太坊硬分叉，以太坊硬分叉成功。这场出于道德底线而改变（有漏洞的）智能合约规则的解决办法，似乎已经宣告了胜利。

令人意想不到的是，有一群秉承着"区块链不可被篡改"理想的人们，在分叉的时刻秘密地挖掘着分叉后的另一条链，他们将其称为 Ethereum Classic（ETC）。7 月 25 日，全球最大的 ETH 交易所 Poloniex（以下简称"P 网"）宣布上线 ETC 交易。一个本来毫无意义，本已经被人们废弃的品种，被 P 网赋予了价值。由于以太坊区块链的特殊性，所有在分叉前持有 ETH 的用户，都持有相同数量的 ETC，有的用户将其戏称为"以太坊的 10 送 10"。因此，所有上线 ETH 的交易所，都必须同期上线 ETC 交易，否则他们将会面临来自用户的巨大舆论压力。P 网的行为被认为是对全世界交易所的一次蓄谋攻击。与此同时，全世界的交易都在不知情的情况下被攻击，损失了大量的 ETC。

ETC 区块链将始终使用 PoW 共识机制，这代表着矿工的利益实现最大化，因此受到了大量矿工的拥护与支持。以太坊社区快速分裂成两派，一派是由核心开发者领衔的 ETH 社区，一派是由矿工领衔的 ETC 社区。

在之后的几个月中，两条区块链都受到了频繁的网络攻击，造成区块链上的交易难以正常进行，两条区块链的总市值已经下降到分叉前的一半以下。在开发者的努力下，ETH 区块链完成了四次硬分叉以解决交易网络问题。ETH 团队表现出的执行力，得到了用户的支持。

（五）英国退欧，印度废除纸币，全球金融动荡加剧，比特币避险

2016 年 6 月 24 日，英国举行全民公投，有 51.59% 的英国公民支持退出欧洲，英镑在退欧当天的最大跌幅为 11.11%，英国全国上下的资产，当天便缩水了十分之一。与之形成鲜明对比的是，比特币这一全球性货币在英国退欧公投的 24 小时中需求量猛增，比特币价格上涨 8%。

11 月，印度宣布废除 500 元和 1000 元纸币；委内瑞拉为应对国内金融危机也宣布废除 100 元纸币。比特币在印度和委内瑞拉供不应求，领先全球市场 1000 元的溢价带动比特币市值一路上涨。

而随着美联储在最近两年的两次加息，美元再次扮演了全球主流货币收割机的角色。在 2016 年，全球主流货币对美元均存在着不同程度的贬值，欧元兑美元贬值 5%，人民币兑美元年度贬值 8%，英镑兑美元贬值超过 11%。

相比较来看，比特币对美元全年升值超过100%，成为2016年最佳保值资产之一。在特朗普总统上台后，全球金融市场将动荡加剧，比特币是否还将继续充当全球避险资产的角色，非常值得期待。

（六）比特币经历第二次减半，四年时间造就货币传奇

2016年7月9日，在区块链高度42万处，比特币经历了历史上第二次产量减半。第一次减半发生在2012年12月，与第一次减半相比，比特币的世界发生了如下的变化（以减半时刻的数据为基准计算）。

货币供应：每个区块的挖币奖励由25个减少到12.5个。减半时刻市场上被开采出的总币量为15 750 000，减半后年通胀率由8.4%下降至4.2%。

货币市值：比特币上次减半时的价格为12美元，本次减半价格660美元，上涨5400%。上次减半总市值1.28亿美元，本次减半总市值100亿美元，上涨8000%。

货币使用：两次减半，日均链上交易次数由3万次上升至20万次；链上交易额由300万美元上升至2亿美元；接受比特币的商家由1000家上升至10万家；最大规模的接受商由WordPress转变为Microsoft。

行业投资：上次减半前，比特币及区块链行业投资210万美元；本次减半前，比特币及区块链行业投资11亿美元。单笔最大投资，上次减半150万美元（BitInstant），本次减半1.16亿美元（21 Inc.）。

（七）Gatecoin、Bitfinex接连被盗，比特币遭遇黑天鹅

2016年5月14日，香港数字货币交易所Gatecoin被黑，价值超过200万美元的以太坊相关资产被盗。

2016年8月4日，全球最大比特币对美元交易平台Bitfinex被黑，12万枚比特币被偷走，价值超过7200万美元。

在最大的美元市场遭遇被盗后，比特币市值反映剧烈，6小时内下跌了25%。在事件发生后的一周时间里，关于交易所透明性、资金安全性、风险控制等方面的问题受到了圈内外的广泛关注。虽然，Bitfinex交易所在之后承诺将使用债转股的方式偿还用户损失，但这样的决定确实很难让交易者满意。

在区块链和数字货币行业监管还未成熟的今天，只有透明、诚信和负责的交易所才能够受到越来越多用户的青睐。

（八）区块链峰会盛况空前，ICO 市场喜忧参半

2016 年 9 月 19 日，由万向区块链实验室主办的区块链峰会在上海召开，同时进行的还有第二届以太坊开发者大会。在这场全球最大的区块链行业盛会上，世界各地逾 1200 名技术开发者、IT 极客、投资人、区块链初创公司齐聚上海，倾听来自政策制定者、金融投资机构、知名学府专家学者、全球主流底层技术平台以及跨国巨头的分享，共同探讨区块链未来的发展方向和落地应用。

随着区块链应用技术的起步，初始代币发行 ICO 的模式也是本年度热门词之一。ICO 是指使用虚拟货币去投资并支持一些早期项目，而作为回报，项目方则以较为低廉的价格为早期投资人发放项目代币。不可否认的是，以 ETH 与 REP 为代表的早期 ICO，在项目获得认可后，参与 ICO 的投资者赚取了超过 10 倍的回报。然而，在 2016 年下半年进行的大部分 ICO 中，由于监管缺失、不设资金上限、夸大宣传等问题的存在，不少项目的 ICO 或上线就破发，或因筹集不到下限而宣告失败。ICO 市场似乎比 2016 年的冬天还要冷。

（九）Zcash 上线创纪录，隐私保护增强区块链金融服务能力

2016 年 10 月 29 日，由美国密码学科学家们研发的，首个使用“零知识证明”技术开发的匿名密码学货币——Zcash 发布了创世块。随后，Zcash 迅速登录国内外各大交易所。Poloniex 数据显示，一枚 Zcash 的单价最高达到 3000BTC。有的用户戏谑道：“比特币喊了好几年的十万刀，Zcash 在上线第一天就被实现了。”

Zcash 所使用的零知识证明技术，能够保证证明者在不向验证着提供身份信息的情况下，使验证者相信某个论断的正确性。而针对 Zcash 使用场景，也就是保证了交易的匿名性。这项突破性的技术，解决了比特币本身的可替换性问题。这项功能有利于大型金融服务行业更好的使用区块链技术，保护用户个人隐私。

据国外媒体报道，Zcash 目前已经成为除比特币和以太坊外，关注度第三高的区块链品种。虽然，随着 Zcash 货币被不断地挖掘，其货币单价有所下降，但 Zcash 的总市值表现出稳中有增的趋势。也许，对于一个仅有 900 万美元市值的货币来说，大型的金融服务还无法使用，但我们有理由相信，Zcash 会在区块链行业占有相当重要的地位。

（十）比特币转账遭遇瓶颈，扩容之争困难重重

2016 年全年，关于比特币扩容的争论从来没有停歇。比特币的 1MB 区块，已经严重限制了比特币在全球的实际使用。用户如果想让自己的交易尽快被确认，则需要向这个网络支付至少每笔 0.001 个 BTC 的手续费，否则交易将被无限期延后。转账手续费过高，转账过慢，严重限制了比特币在中小型商家中的受欢迎程度。

有关比特币扩容方式的争论，早在一年前就已经开始。但由于比特币具有相当高的去中心化程度，扩容方案一直悬而未决。当前负责比特币核心代码开发的 Bitcoin Core 团队，给出了隔离见证和闪电网络的软分叉扩容方案，但这些提案并未得到大部分矿工的支持。只要矿工不运行包含隔离见证的新版软件程序，软分叉的扩容方案就不能进行。对于大部分矿工而言，他们更倾向于使用更大尺寸区块的硬分叉扩容方案。

三、2017 年世界区块链产业的十件大事

2017 年全球范围内的区块链技术如何发展，出现了哪些创新应用，发生了哪些值得铭记的里程碑事件？网信集团总结和描述了 2017 年世界区块链产业的十项大事件。

（一）ICO 由狂热趋于平静

2017 年 8 月 30 日，中国 ICO 平台 ICOINFO 宣布主动暂停一切 ICO 业务。9 月 2 日晚间，中国国内三大比特币交易平台之一的比特币中国在其官网上发布公告称，即日起暂停 ICO 币充值与交易业务，并暂停 ICO 币提币业务。9 月 3 日下午，ICOAGE 发布《暂停服务公告》，宣布将暂停提供除提币之外的一切服务，并即刻停止接受充币。

与此同时，很多国家已经开始认识到 ICO 存在的风险及问题，认为 ICO 存在不受监管、无投资保障、价格波动大、存在欺诈风险、信息披露不足等多项风险。

美国、日本、俄罗斯等国一边在提醒投资者相关风险的同时，也在积极制

订相关的监管思路，促使 ICO 能够在合法合理的前提下健康发展。当下监管思路分为两大类：一类是以法国、新西兰、加拿大为代表，意图通过制定新的监管规则对 ICO 进行监管。另一类是以美国、日本、澳大利亚、新加坡为代表，希望确定每个 ICO 项目性质，然后通过相应性质来对应现有的项目进行监管。

（二）比特币期货：比特币投资的衍生物

全球最大的期货交易所：芝加哥商品交易所（CME）在美国东部时间 2017 年 12 月 17 日傍晚 6 点（北京时间 2017 年 12 月 18 日早上 7 点）推出了自己的比特币期货合约，并以"BTC"为代码进行交易。虽然在推出 2 小时后开始下跌，但参与此次交易的人数还是远远超过了芝加哥期权交易所（Cboe）的预期。比特币期货的推出是加密货币发展史上一个重要的里程碑。包括纳斯达克和 Cantor Fitzgerald 在内的一些机构巨头也计划推出自己的比特币衍生品合约。

（三）IFO 崛起，BCH 进入主流数字货币

IFO 被称为数字货币首次分叉发行，其中，BCH 是 IFO 系列最早诞生的，同时也是目前分叉币系列价格最高的。截至 2018 年 12 月 28 日，BCH 价格为 17399.60 元，已经超越以太币成为全球第二大数字货币。同时，相较于比特币，BCH 拥有低手续费等优势，被众多业内人士认为是最有可能替代比特币的分叉币。在比特币现金之后，分叉风气开始盛行，陆续出现了比特币黄金、B2X（BitcoinX）、比特币钻石、超级比特币等分叉币，都属于 IFO。

（四）法定数字货币计划

2017 年，随着区块链与数字货币的飞速发展，越来越多国家及地区的政府和监管当局开始正视数字货币的存在和价值，也逐渐看到数字货币底层区块链技术的真正价值。2017 年 2 月，中国人民银行旗下的数字货币研究所正式挂牌成立；10 月，俄罗斯对外宣布将发行其自有的"加密卢布"。除了中、俄两国以外，日本、澳大利亚、哈萨克斯坦、乌拉圭等国正式对外宣布正在研究各自的法定数字货币计划和方案。

在法定数字货币环境下，预计未来可通过预设可靠的程序与算法规则，在

保证币值稳定的前提下，由经济系统自发、内生地决策货币供应量，自动发行和回收货币将成为可能，中央银行的角色或许不仅仅是货币发行量的决策者，还是货币发行算法规则的设计者。

（五）ICO 纳入监管

2017 年 9 月 4 日，中国人民银行联合六部委（中央网信办、工业和信息化部、工商总局、银监会、证监会、保监会）联合发布《关于防范代币发行融资风险的公告》，启动了对 ICO 活动的整顿，叫停了 ICO。

美国证券交易委员会（SEC）也对 ICO 发出过正式警告；印度政府继续对虚拟货币持中立态度，建议投资者谨慎投资并且声明任何损失都由投资者自己承担。尽管各个国家对加密货币的态度不甚相同，但有一件事是肯定的，没有一个国家忽视加密货币可能带来的巨大破坏性及其不确定性。

（六）Bithumb 和 Youbit 事件，安全问题依然严峻

2017 年 12 月，韩国著名数字货币交易所 Youbit 受到黑客袭击，最终宣布破产。随着数字货币价格的日益高涨，数字货币交易所被攻击的频率也越来越高。解决好日益严重的技术安全问题，是保障数字货币未来发展的重要课题。另外，区块链的技术安全问题也应受到金融机构的重视。随着更多的金融企业将相关业务与区块链技术相融合，数字货币交易所出现的数据被盗、信息泄密等问题将是前车之鉴。

（七）首个区块链基础标准

2017 年 5 月 16 日，在工业和信息化部信息化和软件服务业司指导下，中国区块链技术和产业发展论坛公布了《区块链和分布式账本技术参考架构》（以下简称“《参考架构》”）标准，这也是首个在政府指导下的国内区块链基础标准。《参考架构》给出了区块链相关的重要术语和定义，在国际上填补了区块链参考架构标准的空白。其规定了区块链和分布式账本技术的参考架构、典型特征和部署模式，系统描述了区块链的生态系统，对各行业选择和应用区块链服务、对建设区块链系统等具有重要指导意义。目前，除研究制定了《参考架构》外，还有《区块链和分布式账本技术数据格式规范》等标准。

（八）医疗区块链趋势待发

2017 年 5 月，医疗区块链解决方案供应商 Patientory 正式开启了代币销售，这是医疗保健领域的第一个加密代币区块链项目。2017 年 9 月，Change Healthcare 宣布推出首个用于企业级医疗保健的区块链解决方案，将使消费者和服务供应商提高收入循环效率，改进实时分析，削减成本并改进服务。2017 年 10 月，诺基亚和芬兰最大的金融服务集团之一的 OP Financial Group 联手推出了一个新的医疗区块链试点项目。2017 年 11 月，Health Wizz 宣布推出了一款移动平台，利用区块链体系移动技术和数据管理技术，帮助患者整理病历数据，让患者可以随时随地安全访问自己的数据库。随着越来越多的医疗企业将研究重点瞄准在区块链上，区块链技术有望改变全球医疗行业体系，将有更多的患者和医疗服务机构享受到区块链技术所带来的便利。

（九）基于区块链的宠物养成游戏风靡世界

2017 年 11 月 28 日，基于以太坊的养猫游戏 CryptoKitties 问世，且在不到一周的时间内风靡全世界。CryptoKitties 的每只虚拟猫，其生存、繁殖和交易功能，其实都是以太坊区块链平台上的一条代码。每一条代码都是独特的，按照 CryptoKitties 的开发算法，对应成每一只猫独特的外观特征和属性。

加密猫的特别之处在于它完全由个人拥有，无法复制，也无法带走、销毁。这个养猫游戏也是世界上第一个基于区块链的宠物游戏，全世界的任何人都可以用以太坊购买虚拟猫。

（十）区块链＋金融势不可挡

2017 年随着区块链技术的发展，越来越多的企业参与到区块链的研发与应用中。在中国，四大国有银行先后和金融科技公司达成战略合作，建立金融科技实验室，研发区块链技术的落地应用。邮储银行、招商银行、平安银行、民生银行等股份制银行则纷纷在跨境支付结算以及票据领域等领域，开始落地尝试。传统保险企业也在 2017 年开始布局区块链领域，意图改造传统保险业务流程，提升自身保险业务的效率和精准度。主流的金融科技企业在供应链金融以及资产证券化等领域陆续落地。

四、2018 年世界区块链产业的十件大事

2018 年度，万众期待的区块链经历了由狂热到理性的转变，中间起起伏伏，发生了一系列的重大事件，火币区块链研究院筛选了认为最具影响力的 10 大事件，进行了盘点和点评，具体如下。

（一）EOS.IO 掀超级节点竞选热潮，DPOS 机制受热捧

EOS. IO 被认为是区块链 3. 0 的代表，致力于为商业级分布式应用提供底层设施。其主要通过“DPOS”共识机制提升区块链平台的扩展性和吞吐量，并以独特的“超级节点”模式席卷了整个市场，吸引了大量资金。区块生产者（俗称超级节点）总计 21 个，通过投票从所有候选人中选出，可分享每年 EOS. IO 网络增发的 5% EOS 通证中的一部分（目前为 21 个节点平分 0. 25% 部分，及所有候选人平分 0. 75% 部分）。但作为交换，节点需为整个网络提供算力，投入足够的服务器硬件，承担收集、验证网络交易信息并进行记账和维护账本的职能。

以“代议制”这种间接式的民主，通过 21 个代理人实现小范围达成共识，是这种机制最为核心的特性，其以牺牲一定的去中心化为代价，实现了相对更高的效率。而继 EOS 之后，包括以 Tron、Cybermiles 和 Ontology 为主的公链项目都纷纷开始模仿并推出了自己的节点竞选计划，同时为鼓励更多参与，或多或少降低了竞选门槛，一时间，DPOS 这种“效率—去中心化”妥协均衡模式受到了市场追捧。

（二）“交易即挖矿”模式的兴与衰

“交易挖矿”模式始于新加坡数字资产交易所 DragonEX，其于 2017 年 11 月发行平台通证 Dragon Token，但真正被热捧始于 2018 年 6 月 Fcoin 交易所的横空出世。仅仅半个月时间，Fcoin 成为了全球交易量最大的交易所，并带来了一大波的模仿者，主要包括进行交易挖矿改造的交易所和新兴设立的挖矿交易所两类。

然而经过一段时间后，“交易即挖矿”模式难以为继，很大一部分挖矿交

易所均出现了交易量、平台通证价格双跌的死亡螺旋。从本质来看，在"交易挖矿+手续费分成"模式下，通证具有类股权性质，价值主要源于可获得的预期手续费分成的折现。可以说，交易挖矿更适合短期的冷启动或营销，可若持续运作，长期来看，在机制上还是存在极大不确定性和风险的。

（三）EOS Ram 启示，人机交易/IBO 雏形，但并未如期爆发

RAM 全称 Random Access Memory，即随机存取存储器，可通俗称为"内存"。EOS RAM 是 EOS. IO 中基础资源的一种。在 EOS. IO 中，RAM 主要用于存储账户信息和智能合约执行信息等数据，需要通过交易和购买获取。而与传统的人与人之间发生交易不同的是，RAM 的交易被设置成人机模式，设计原理参考了 Bancor 算法。简单来说，RAM 剩余量越少，RAM 的价格越高，RAM 的价格是严格按照公式推导计算出来的，这保证了交易的即时性和深度，并为市场提供了近乎无限的流动性。此计一出，引发了市场对这样一种公平、透明、自做市的人机交易模式的极大期待，认为 RAM 实质上奠定了人机交易的雏形，甚至衍生出了名为"IBO"的一种必须质押资产才能发行新资产的模式。

然而事实上，以 RAM 为首的人机交易，在经历了前期的火爆后，并未持续下去。RAM 本质上是系统内的资源，更多代表的是使用型需求，而其前期的火爆，更多是市场资金看到其未扩容情况下的炒作空间所带来的一种结果，当 RAM 持续扩容后，炒作空间不再，便回归了常态，与 DApp 的生态发展本身挂钩。

（四）Fomo3D 引发 DApp 游戏思考

2018 年 7 月，一款基于以太坊的 DApp－"Fomo3D"火遍全网。从 7 月 4 日正式上线，至 7 月 21 日活跃度达到顶峰，Fomo3D 创下了逾 1 万的日活跃用户和逾 4 万以太坊的日流水（按当时以太坊价格为近 1900 万美金）巅峰成绩，并引发了 DApp 的热潮和讨论，而这皆源于其"博弈""分红""推荐奖励""抽奖"四大创新游戏机制，以及其无限重复的对人性的持续诱导和刺激。四大游戏机制分别对应了其游戏中的玩法，并成为了之后 DApp 竞相模仿的对象。

而 EOS 以及后续 TRON 的崛起，为 DApp 和区块链游戏带来了新鲜血液，也诞生了新的玩法，除了沿用上述四大重要游戏机制外，大部分 DApp 还加入

了“挖矿机制”，即玩家可以在游戏之中获取 DApp 的通证，而持有通证可以获得 DApp 收入的分成，以此作为冷启动和刺激玩家的重要手段，EOS 和 TRON 之上的 DApp 生态亦快速繁荣了起来。

但由于目前数字资产用户量少，DApp 的开发成本和门槛仍较高，这导致了多数开发者选择了一条偏向于快速回收成本的道路，大部分 DApp 依旧具有较强的资金游戏性质。

（五）传统巨头开始布局区块链、数字资产领域

2018 年，对于整个数字资产、区块链领域最有风向标意义的，或是传统领域的认可以及巨头的加速布局，这体现在两个方面：一是传统金融机构加速布局交易所、托管等领域；二是传统科技公司积极探索区块链领域应用。

在传统金融机构加速布局交易所、托管等领域方面，除了纽交所母公司 ICE 集团发起的 Bakkt 交易所、纳斯达克投资的 ErisX 交易所等加速数字资产方面的布局外，也有高盛、纽约梅陇银行、野村控股宣布适时将提供数字资产托管业务的动态，上述公司借助其在客户资源、金融风控、资本实力方面的优势，将会为市场注入不一样的血液和驱动力，并加速投资市场的合规化、机构化发展。

在传统科技公司探索区块链领域应用方面，Facebook 互联网社交网络企业、网易、华为、微软等公司，本身拥有庞大的用户群体，2018 年正借此逐步接触、参与区块链和数字资产，有望大幅加速区块链市场的扩大，并能让区块链真正与应用深度融合。

（六）区块链公司拥抱传统资本市场及传统金融工具

区块链、数字资产领域与传统领域的交融，不仅体现在传统巨头的加速布局，也体现在区块链公司同时拥抱传统资本市场，包括了三个方面：一是区块链公司寻求上市；二是收购上市公司进行资本运作；三是并购产业链上下游优质资产。

2018 年，我们看到了三大矿机厂商——比特大陆、嘉楠耘智和亿邦国际冲击 IPO 上市，数字资产投资公司 Galaxy Digital 登陆加拿大多伦多证券交易所创业板，还有美国数字资产交易所 Coinbase 对 IPO 上市亦跃跃欲试。而与直接上市不同，也有部分区块链公司以收购上市公司的形式拥抱传统金融市场。最典

型的是，包括区块链公司 Penta Global Blockchain Foundation 首创的用其发行的通证 PNT 以每股 0.02 澳元的价格收购澳大利亚物联网上市公司 CCP Technologies Limited 的 2800 万股，获得了澳大利亚证券交易所的认可，另外也包括火币集团以均价每股 2.27 港元的价格，合计耗资 6 亿港元获得了桐城控股的控制权，以及 OK 集团收购香港上市公司前进控股。另外，区块链公司通过并购的方式获取产业链优质资产的案例也开始出现，2018 年 7 月，波场基金会以 1.4 亿美元收购 BitTorrent。

（七）USDT 面临信任危机，合规稳定币出世，而算法稳定币出师不利

稳定币源于泰达公司发行的美元稳定币 Tether USD（以下简称“USDT”），其价值锚定 1 美元，自 2015 年 2 月推出，于 2017 年下半年开始快速扩大规模，成为各大主流交易所的核心交易和市值排名前十的数字资产。然而一路走来，由于其在透明性、监管背书性等方面存在一定弱势，USDT 面临了较多的争议和不信任。2018 年 11 月 15 日，USDT 价格出现波动，出现了较大幅度的下跌，并一度使得各大交易平台上 BTC/USDT 的价格大幅上涨。

USDT 的改良版 PAX、GUSD、TUSD 和 USDC，便是在这一种环境下获得了发展空间，且与其说是在合规性、透明性以及美元储备安全性上做了优化，不如说是其可赎回性获得了市场的认可，USDT 的市场份额，正有一部分被上述改良版法定货币抵押稳定币占领。

而除了法定货币抵押稳定币外，致力于通过其他模式实现价值稳定的稳定币也在 2018 年不断涌现。其中，算法调节稳定币，凭借其完全独立性，不依赖外部信用，成为了最受瞩目的品类，Basis、Carbon、Terra、uFragments、Reserve 均是这一波稳定币浪潮中的崛起者。然而，12 月 13 日，起步较早的 Basis 项目宣布项目终止，算法稳定币出师不利。

（八）监管不再限于纸面，落地执行开始，并以美国为典型

2018 年起，各国、地区除了在数字资产、区块链监管体系上不断完善，另一个很重要的变化是监管不再限于纸面，而是开始落地执行，这体现在部分国家、地区监管机构开始对违规项目进行追溯、调查和处理，以美国 SEC 为典型。而 SEC 在这一轮执行浪潮中，也从对欺诈违规行为的处罚，转向包含对非欺诈型违规行为的处罚。“处置 + 整改”并行，已能明显感知到美国监管态度

的强化。

以 11 月 16 日对 Paragon Coin 和 CarrierEQ（又称“Airfox”）项目的处罚决定为例，SEC 认定上述数字资产发行属证券发行，并认为其并不符合豁免证券注册的条件，处置决定包含了罚金，要求重新进行证券注册和后续向 SEC 进行持续信息披露，以及赋予投资者按法定货币退回当初的款项附加利息的权利。

以 11 月 8 日对中心化交易平台 Etherdelta 的处罚决定为例，SEC 认定该平台未注册为“全国性证券交易平台”或获得相应豁免，擅自为包括美国公民提供部分已被认定为证券的 ERC20 通证撮合交易，处置决定包含对其创始人的罚金。

以 9 月 27 日对比特币经纪商 1Broker 的处罚决定为例，SEC 认定该平台未注册为证券经纪商，擅自在全球各地招揽包括美国用户在内的客户到其平台用比特币购买证券掉期类衍生品，处置决定包含永久关停、没收所有非法所得以及罚金。

2018 年 11 月 16 日，SEC 发布《关于数字资产证券发行与交易的声明》，则是继 2017 年 7 月 27 日著名调查报告“DAO Report”之后，SEC 再一次地对数字资产监管态度的重申，即 SEC 对数字资产的监管参考的仍是传统的联邦证券法体系，只要数字资产符合联邦法律定义的“证券”，即被纳入全面监管。而判别是否会被纳入监管，除判断是否属于“证券”外，还有三大重要原则，均源自“DAO Report”：第一，只要涉及向美国公民销售证券或提供相关服务，即受监管；第二，去中心化组织亦可以成为证券发行或相关服务主体，并受监管；第三，以法定货币或数字资产形式销售证券或提供相关服务，并不影响监管效力。

（九）谁是真正的信仰者，从 BCH 分叉看公链治理

2018 年，BCH 社区最知名的开发团队之一，“Bitcoin ABC”提出在 11 月 15 日进行一次“硬分叉式”的客户端升级。原本是 BCH 的例行升级，但因为 BCH 社区另一知名开发团队“NChain”（即“Bitcoin SV”）提出的另一种提案而陷入不确定之中，两者主张的分歧在于，区块大小的制订、若干个新的 Opcodes 以及对待智能合约的态度。这一分歧，直接导致了后来 BCH 的分叉。

然而本次分叉与以往的硬分叉的区别在于，短期内两条链无法“共存”：由于客户端没有重放攻击保护，区块链有遭遇重放攻击的危险。在 ABC 版本

链上的交易，也可以在 SV 版本链上重新广播并打包，部分持有者可能会出现 Token 被故意取走的情况。这意味着两条链关系会趋向于激烈竞争而非各自独立，直到一方加入新的重放攻击保护机制才能结束。因此这次硬分叉会引发“算力大战”，BCH 矿池、矿工以及比特币的算力持有者和租借者都算是参与者。

从结果来看，双方都有不同程度的损失，BCH－SV 由分叉中新生，但为了实现其愿景，仍有很长的路要走。

（十）安全、黑客事件频发，区块链安全机遇显现

2018 年，区块链安全事件从上半年开始随着数字资产行情的涨落而变得频繁。以密码学作为底层逻辑的区块链和加密数字资产在 2018 经历了交易所、公链底层平台、合约/DApp、钱包、矿池等多个维度上的重大攻击，使很多人对区块链产生担忧。

在区块链生态暴露巨大的安全风险的同时，2018 年安全防护方面也显露出了巨大的机遇。不少在信息安全方面具有丰富经验的技术专家、白帽子等纷纷成立了区块链安全公司，开始从事区块链方面的安全审计工作。尤其是智能合约的审计服务，已基本成为区块链安全公司的标配。2018 年上半年，就有慢雾、PeckShield、链安、降维科技等专注区块链安全领域的公司成立并迅速发展，在信息安全范畴内细分出了一个新的行业垂直领域赛道。

与此同时，一些已具规模的安全公司也嗅到了区块链安全的巨大商机，开始布局区块链安全业务。其中，最典型的是 360 公司在 2018 年 5 月发现 EOS 漏洞后，进而宣布进军区块链安全领域，主打区块链安全与开放平台。其他目前已提供区块链安全服务的公司还包括猎豹区块链安全、长亭科技、知道创宇等。

第七章

“十三五”中期中国区块链产业的运行情况

“十三五”中期中国区块链产业是怎样运行的？2016－2018年每年运行情况有什么特点？又发生了什么重大事情？本章将分别从兴起及运行情况、时空运行情况和区域运行情况，分年度进行探讨和阐述。

第一节 2016 年中国区块链产业的区域兴起及运行情况

一、总体情况：行业高呼、资本热捧，但实情是雷声大雨点小

2016 年最火的是 FinTech（金融科技），而金融科技非区块链莫属。

这个从比特币中涅槃而生的创新技术，被认为可以重塑金融和生活架构。

而 2016 年，被称为"区块链元年"，因为这一年，区块链技术的真正价值开始被关注和挖掘。

2016 年，资本热捧，巨头入场，行业高呼，行业峰会不断。和热络的呼声不同的是，区块链项目实际落地寥寥无几，大多号称做区块链的公司，只停留在概念和实验阶段。

2016 年中国区块链行业雷声大雨点小。

二、政策加持：政府部门开始对区块链技术抛出橄榄枝

2016 年，区块链之火到达了一个不可思议的地步。民间和官方将其奉为第四次工业革命的核心技术。而政府部门也开始对区块链技术抛出橄榄枝。

（一）工业和信息化部发布《中国区块链技术和应用发展白皮书》官方指导文件

10 月 18 日，在工业和信息化部信息化和软件服务业司以及国标委指导下，中国区块链技术和产业发展论坛编写的《中国区块链技术和应用发展白皮书（2016）》正式亮相，区块链技术终于迎来了第一个官方指导文件。

《中国区块链技术和应用发展白皮书（2016）》的主要内容如下：

一是国内外区块链发展现状的研究分析。研究区块链技术和应用发展的演

进路径，提出区块链的发展生态结构，盘点了七类典型参与者，包括开源社区、产业联盟、骨干企业、初创公司、投资机构、金融机构和监管机构的区块链实践进程。梳理了英国、美国、俄罗斯等国家的相关机构对区块链的认识和态度，分析了区块链与云计算、大数据、物联网、下一代网络、加密技术和人工智能等六大类新一代信息技术之间的关系。

二是区块链典型应用场景及典型应用分析。通过分析全球200多个应用案例，提出区块链的典型应用场景，列举了六个应用相对成熟、应用前景广阔或具有潜在应用价值的应用场景，并展望了区块链的应用价值。

三是提出我国区块链技术发展路线图的建议。通过对区块链技术发展现状的分析，提出由七个主要技术特征构成的区块链通用技术需求和典型的区块链技术架构，分析了共识机制、数据存储、网络协议、加密算法、隐私保护和智能合约等六类核心关键技术，以及区块链治理和安全问题。最后，结合国内外发展趋势，提出了我国区块链技术发展路线图建议。

四是首次提出我国区块链标准化路线图。结合区块链应用场景和技术架构，提出区块链标准体系框架建议。通过分析国际标准化发展趋势，以及区块链技术和应用发展需求，提出了基础、业务和应用、过程和方法、可信和互操作、信息安全等五类标准，并初步明确了21个标准化重点方向和未来一段时间内的标准化方案。

（二）央行频频提及数字货币计划，区块链也是其实现的技术之一

中国人民银行早在2016年就对外发布了博士后工作站的公开招聘，对外公开招聘研究方向为“分布式数据库、区块链技术等在征信领域中的应用研究(IT方向)”的博士后。

2016年1月20日，中国人民银行数字货币研讨会在北京召开，会议要求人民银行数字货币研究团队要积极吸收国内外数字货币研究的重要成果和实践经验，在前期工作基础上继续推进，建立更为有效的组织保障机制，进一步明确央行发行数字货币的战略目标，做好关键技术攻关，研究数字货币的多场景应用，争取早日推出央行发行的数字货币。

2月，中国人民银行行长周小川在谈到数字货币相关问题时，谈及人民银行已部署重要力量探究区块链应用技术，尽管对区块链当下的规模化应用能力存在质疑，但认可区块链技术是一项可行的技术。

9月9日，人民银行副行长范一飞在银行科技发展奖评审领导小组会议上指出，各机构应加强对区块链、人工智能等新兴技术的持续关注，不断创新服务和产品，提升普惠金融水平，助力国家经济结构调整和转型升级。

（三）杭州、北京等市和央行纷纷成立区块链实验地、研究院

自2015年12月20日在杭州成立了中国区块链应用研究中心后，2016年，北京、苏州、深圳、贵阳等市纷纷成立区块链实验地、研究院。2016年11月份，中国人民银行也成立了数字货币研究所。

（四）国务院印发《"十三五"国家信息化规划》，区块链成为布局重点

2016年12月，国务院印发了《"十三五"国家信息化规划》，鼓励针对区块链等战略性前沿技术进行提前布局，发挥先发主导优势。区块链首次被作为战略性前沿技术写入《"十三五"国家信息化规划》。

三、资本版图：区块链投资主要来自金融方面的三大投资者

2015年，区块链成为了美国创投中获得融资最高的板块，突破10亿美元。

2016年，在中国，投行、金融巨头、互联网巨头全都磨刀霍霍，融资和关注度空前盛大。

表7－1　2016年中国十大区块链大买家VC

排名	大买家	投资项目
1	Idg	Circle
2	中国信贷	Bitfury
3	万向分布式基金	网录科技、布比、钜真金融
4	光速安振创投	BTCC、Blockchain
5	曼图资本	Chronicled、OKCoin
6	经纬中国	SFARDS
7	创业工场	OKCoin
8	比特币大陆	Simplex、币香
9	联创策源	OKCoin、Melotic、可零可零
10	维港投资	Bitpay

资料来源：一本财经

表 7-2　2016 年中国金融界巨头布局区块链

公司	区块链项目名称 \ 应用场景
中国平安	资产交易和征信
中银香港	按揭区块链应用
台湾地区的中国信托商业银行	区块链实验室
浙商银行	区块链移动数字汇
中国银联	跨行积分兑换系统
万向集团	万向创新聚能城
阿里巴巴	与以太坊合作公共金融云、联合法大大推出区块链邮箱存证
百度	战略投资 Circle
蚂蚁金服	区块链公益平台
京东金融	数字票据和 ABS 云
微众银行	基于腾讯云的联盟链云服务
万达集团	合作推出大力神项目
乐视金融	与 Stellar 合作跨境支付、用户信用监控系统
汇银集团	2000 万美元建立区块链风险投资子公司
中国证券登记结算公司	与俄罗斯 NSD 达成区块链合作
众安科技	安链云网络

资料来源：一本财经

2016 年投资区块链的主要有三方面的投资者。

（一）投行：成立专门区块链投资基金

着力金融科技领域的投资机构，自然对区块链技术持续关注。

万向集团，中国最大的汽车零部件制造商之一，在 2015 年 9 月成立了中国第一家区块链技术专业机构——万向区块链实验室，并设立了专项投资区块链基金，共 5000 万美元。

以实业投资为主的汇银集团，成立了一家专门的比特币投资基金——汇银区块链投资，管理资金规模达到 2000 万美元。

（二）金融巨头：从担忧到拥抱

区块链是分布式记账技术，有不可篡改的特性，降低了金融领域的价值交换成本和信用的成本。这意味着，金融链条中，所有的中介机构，都将面对"被革命"的命运。

2015 年，美国区块链融资 10 亿美元中，投资最多的反而是传统的银行机构，譬如摩根大通银行、花旗银行等巨头。

银行动作频频，开启防御型进攻：与其被革命，不如自我革命。

2016 年，国内银行也开始区块链落地的尝试：

中国平安在资产交易和征信领域嫁接区块链。

中银香港推出按揭区块链应用。

浙商银行推出基于区块链技术的移动数字汇票平台。

中国邮政储蓄银行的区块链的资产托管系统，已经在 2017 年年初正式推出。

（三）互联网巨头：金融科技重点布局

国内互联网巨头在扩展自身业务版图的同时，把区块链技术作为提升自身金融科技实力的勋章。

因拥有雄厚的技术团队，巨头们往往亲自上阵，组建联盟、测试场景，一举一动都受到行业关注。

四、巨头布局：区块链在各大行业遍地开花

2016 年以前，区块链技术还是极客世界中"自由"的代名词；到了 2016 年，中国企业界的巨头们纷纷开始宣布涉足这一领域。

中国平安成为国内首家加入 R3 区块链联盟的机构，2016 年已在资产交易和征信两个场景中上线了区块链技术。

万向集团，中国最大的汽车零部件制造商之一，成立了万向区块链实验室和设立 5000 万美元区块链基金。

中国银联与 IBM 合作，预演"使用区块链技术的跨行积分兑换系统"，该系统允许跨行、跨平台兑换奖励积分。

百度与 Circle 达成战略合作；阿里巴巴的蚂蚁金服将打造基于区块链技术

的公益平台；腾讯牵头设立的微众银行，加入金融区块链合作联盟，推出基于腾讯云的联盟链云服务。

与此同时，万达网络、乐视、众安科技、玖富也纷纷推出区块链发展计划，搭上了区块链驶往未来的列车。

与其他创业公司相比，巨头拥有更雄厚的资金和研究团队，也有更丰富的、可供区块链技术落地的场景。但他们并没有贸然尝试在核心领域运用区块链技术，而是先从一些外围场景试水。

一时间，区块链在各大行业四处开花——就像当年追捧大数据一样，大家都喜欢给自己贴上一个“区块链”的标签。

五、行业爆火：背后的落地场景成为最大掣肘

每隔几天，就有一场区块链峰会召开，就有一家企业声称涉足区块链，行业爆火却掩盖不了难以落地的尴尬。

布比创始人兼CEO蒋海认为，目前区块链技术虽火，但却没有一款应用能爆发，“区块链是一个偏底层的技术，本身是没有业务模式和商业模式的，无论把区块链应用到哪一个场景，区块链仅仅是这个应用场景中的一部分而已”。

这意味着，没有合适的落地场景，光环万丈的区块链技术也只是空中楼阁。

在巨头生态体系中，合适区块链的场景确实不少。《区块链在腾讯的可能性》一文，就列举了区块链技术在腾讯的六大应用场景，例如公益、钱包、汇款、保险、信用平台等应用。

不过，侃侃而谈容易，区块链的真正落地还是有许多现实阻力。

而对于刚起步的创业公司而言，找到一个合适的场景，并非易事。

涟漪资本夏翌表示，如果创业者只标榜自己是“区块链技术公司”，那么基本没什么想象力。

经过一年的沉淀，行业的共识是场景要比技术更重要。

因为，只提供技术供应，很难完全走通，毕竟百年只有一个蓝色巨人（IBM）。

六、比特币的价格跌宕，三大交易平台被约谈

2016年业内公认的是，比特币是当时最成熟的区块链产品。

2016 年，比特币搭上了区块链火热的列车，价格一路飙升。

5 月、6 月，比特币经历了一波 25% 涨幅，“比特币产量减半”是主要推手；在短暂的价格波动后，8 月起，比特币价格势如破竹，最终定格在 6800 元左右，与年初 2351 元相比，翻了一倍多。

人们普遍认为，2016 年国际形势动荡，如英国退欧，印度、中国等国家的资本外汇限制等，是比特币价格持续上涨的重要原因之一，比特币成为名副其实的避险货币。

2013 年 11 月，比特币价格达到第一个 8000 元顶峰。紧接着，中国人民银行联合五部委发布《关于防范比特币风险的通知》：比特币不具备与货币等同的法律地位，不能且不应作为货币在市场流通使用。当天，比特币价格在 40 分钟内跌了 35%。比特币的第一场狂欢，戛然而止。

2016 年年初，比特币价格在短时间内突破 8800 元，因价格动荡引起监管层注意。

政策高压跟进，央行北京、上海分支机构约谈火币网、币行、比特币中国三大比特币交易平台负责人。

以火币网、币行、比特币中国为代表的国内比特币交易平台，这几年来都处在风口浪尖。

一方面，他们盘活了整条比特币产业链，占据全球 90% 以上的比特币交易量；另一方面，刷单、洗钱等负面新闻也甚嚣尘上。

他们在灰色地带中，提供杠杆利器，搭建了供比特币玩家厮杀的宏大战场，见证了比特币的疯狂与残酷。

他们建立起中国地下的一个巨大的“灰色”股市，这里没有监管，没有怜悯，只有金钱和赤裸的利益诱饵。

比特币的价格跌宕对区块链有何影响？

部分业内人士表示，比特币的火热能促进区块链技术的普及；而另一部分人认为，如果价格过于癫狂，比特币将沦为投机工具，与区块链“信任机器”的初衷背道而驰。

冷静的未来技术和癫狂的比特币市场，在交易所产生剧烈碰撞。

七、“币圈”流行 ICO，一块监管空白的“地下股市”

区块链玩家创造了一种独特的融资方式——币众筹。他们模仿 IPO，创造了 ICO（Initial Coin Offering）。

但ICO这种融资模式，在国内外饱受争议，搭着区块链的火热浪潮，ICO也变得炙手可热——有成功案例，也有投机骗局。

对于这些发布ICO的区块链公司来说，这是一个新的融资渠道，也是一个比“VC投资”更好操纵的游戏。

专业VC，不好糊弄；而散户投资人，往往不容易分辨项目好坏。

“开启ICO就是为了融资。”业内人士表示，对于创业者而言，ICO模式一是不需要出让股权，二能在短时间内筹得千万资金，是理想的融资方式。

然而一个秘而不宣的原因是因为这里还是一片蛮荒之地，ICO顺利绕过了区块链、股权众筹、非法集资、非法发行股票等多项监管，成了“三不管”的擦边球。

这是一块监管空白的“地下股市”，在这里，只需几百万元就可轻易坐庄，操控价格的疯狂涨跌；“伪创业者”编个故事、拼凑个白皮书，便可搭建起一个ICO，大捞一笔；甚至，一群高智商的骗子，披上“区块链的外衣”，设下庞氏骗局。

第二节　2017年中国区块链产业的时空区域运行情况

不管是币圈的种种动荡，还是基于区块链本身的种种去中心化优势，抑或是不断产生的零星应用基础框架，2017年都称得上是区块链的一个动荡的进击元年。

本节从时空观的角度描述2017年区块链在国内的发展情况。从时间上考察，2017年区块链的走势，基本可以分为上半年和下半年两个阶段。上半年：热度不纯，自身地位掺杂着虚拟货币的热度推动；下半年：去除浮躁，逐步回归本质，实现与上层应用互动。从空间上考察，2017年区块链的特征是：地域空间上来说，中心城市独占鳌头广泛应用；领域空间上来说，金融领域一枝独大的优势明显。

一、上半年：热度不纯，自身地位掺杂着虚拟货币的热度推动

谈及2017年的区块链，就不得不说以其为底层协议的比特币。与国内比特币偃旗息鼓的态势相比，国际上的比特币正如日中天，连续攀升至多个历史最高位，庄家进场、离场，几番风雨，硬生生将其做成了"福利局"。

2017年上半年，区块链的火热程度与比特币在国内投资市场的受青睐程度呈现正比。基于比特币的ICO自带稀缺属性，一经问世，便引得市场资金蜂拥而至。这里面没有VC，也没有天使，更没有PE，有的只是一群散户，但就凭着这一波韭菜，ICO完成最初的冷启动，正式走向人们视野。

之所以说区块链的热度不纯，是因为区块链在2017年本来就已经上升到国家的战略层面、市场的落地层面，而ICO仅是为其加了一把虚火。

2017年5月，在工业和信息化部信息化和软件服务业司指导下，中国区块链技术和产业发展论坛公布了《区块链和分布式账本技术参考架构》（以下简称"《架构》"）。这是首个政府指导下的国内区块链基础标准。《架构》给出了区块链相关的重要术语和定义，规定了区块链和分布式账本技术的参考架构、典型特征和部署模式，描述了区块链的生态系统。2016年，工业和信息化部还发布了区块链白皮书。

由此可见，在顶层设计的架构里，区块链是被认可的，市场上的追逐也是正当的、合理的。但相比之下，2016年上半年以比特币为核心框架的ICO却大幅度地霸占了人们的认知。市场的疯狂延伸到区块链上，物极必反，在ICO被定性之后，区块链的市场教育之路在某种程度上也受到了挫败。

2017年上半年，ICO对市场而言是矛盾的，既有资本泡沫所带来的社会动荡与资本损失，但也不乏布局未来的机会。过度膨胀的泡沫和过度压抑的环境融合在一起，为中国区块链行业带来重重矛盾与考验。

二、下半年：去除浮躁，逐步回归本质，实现与上层应用互动

在暴利至上的2017年上半年，没有人会在意区块链的本质，人们对区块链的了解不过在于其是虚拟数字货币的基础，除此之外，别无他想。很明显，

这暴露了区块链的一个时代短板：群众认知度与接纳度不够。

总体而言，2017 年下半年，特别是在 9 月份，ICO 被定性之后的一段时间内，整个区块链行业开始归于理性，少了投机的意味，多了些本质的需求，实现了与诸多上层应用的互动与链下的连接。

实务界行动起来，成立了区块链研究联盟，探索研究前沿应用；大企业行动起来，成立内部实验室，尝试对现有业务流程进行改造……其中，迅雷的"玩客云"是令市场眼前一亮的落地应用，其本质上也算是另一种意义上的服务兜售，不过，相较于 ICO，它做得比较好的地方在于它在设计架构伊始就交由政府监管，所以它的方向性不会偏离太远。因为不涉及一、二级发行市场，所以不会产生形同 ICO 的黑色地带。借着区块链的热度，迅雷的股价回升明显，这也代表冷静下来的市场对区块链作出友好姿态。

与其说 2017 年下半年国内的区块链是在慢慢沉淀，不如说是去伪存真，将虚拟货币回归其本来的职能。尽管链圈的很多人不同意将币圈、链圈一起谈论，但不可否认的是，两者是相互依存、相互被需要的。虚拟数字货币作为虚拟世界的金融，它是全部架构运转的润滑剂。即便比特币在当下的国内市场不被允许流通，但从长远来看，必定还会有一种虚拟货币出现在市面上，只不过这个时间还得看监管的延伸和市场的需求。

三、地域空间：中心城市独占鳌头，广泛应用

（一）2017 年中心城市在区块链产业中具有独占鳌头的地位

从区块链企业数量看，根据公开资料显示，2017 年中国区块链企业数量为 434 家，排名前三的城市为北京、上海、深圳。至 2018 年增加 22 家，排名前三的城市依次为北京、上海、深圳。其中，北京以 175 家区块链企业排名第一，上海 95 家，深圳 56 家，三座城市区块链企业总数量为 326 家，占中国区块链企业总数（456 家）的 71.4%。

从区块链投融资情况看，截至 2017 年年末，中国共有 168 家区块链企业获得融资，地域分布上呈现东强西弱的发展态势，东部地区中仍以北京、上海、深圳、广州领先，四个城市合计占比超过 70%。2017 年中国区块链的融

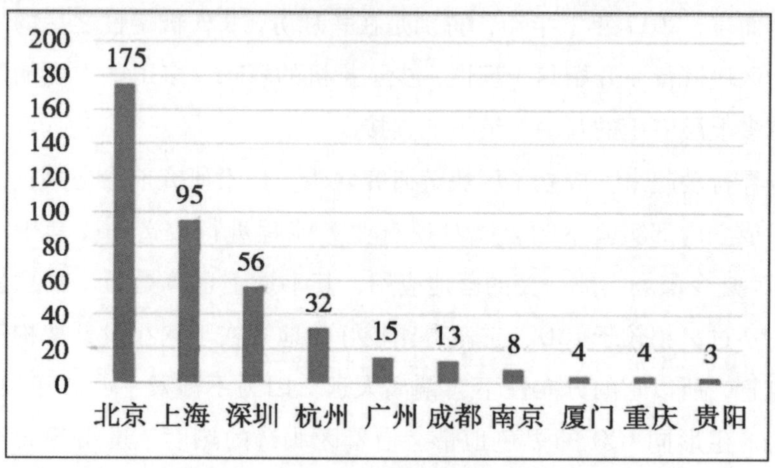

图 7－1　中国区块链企业数量分布图

资料来源：中国信息通信研究院整理

资频次为 96 次，96 次融资频次占据全球同期（168 次）的 57%。其中，92%来自北京、上海、深圳、广州、杭州。2018 年上半年，北京市投融资频数高达277，高据全国第一。中心城市投融资金额也占绝对优势，如上海、北京、杭州三座城市，其投融资金额 121.7 亿元，占据全国总额的 90%。

从区块链专利数量看，2017 年中国区块链专利申请 1351 件，占据全球首位。其中，93%以上的专利申请来自北京、上海、深圳、杭州、广州五座城市。国外权威机构发布"2017 全球区块链企业专利排行榜（前 100 名）"显示，中国入榜的企业占了全球企业数量 49%，全部来自中心城市，且专利增速远超美国。其中，仅北京市就有 12 家企业上榜，占美国区块链企业专利排行榜总和（33 家）的 37%。

从区块链人才数量看，据智联招聘发布的信息，2017 年区块链人才基本上集中在城市。而城市分布，主要集中在上海、北京和深圳，这三个城市分别占比全国区块链人才的 38%、37%、12%。此外，杭州占 6%、广州占 5%，其他占 2%。

从区块链教育情况看，据亿欧智库统计，截至 2017 年年底，中国有五所高校开设区块链课程或设立区块链培训班，其中北京 2 所，上海 2 所。2018 年9 月底，全球共有 33 所高校开设区块链课程或设立区块链培训班，中国高校最多，为 14 所，其中北京 6 所，上海 4 所，西安 2 所，郑州和杭州各 1 所。

（二）2017 年区块链热度城市指数排名——北京领先

百度指数搜索了中国区块链热度指数，关键词依次是：区块链、数字货币、虚拟币、ICO。搜索时间范围是 2017 年 1 月至 2017 年 12 月。

以“中国区块链发展”百度相关关键词的检索结果汇总：2017 年，按照省份划分，广东省为最；按照区域划分，华东区为最；按照城市划分，北京市为最。

以“区块链”关键词，搜索结果排名前三依次是：北京、广东、上海；

以“数字货币”关键词，搜索结果排名前三依次是：广东、山东、北京；

以“虚拟币”关键词，搜索结果排名前三依次是：江苏、浙江、广东；

以“ICO”关键词，搜索结果排名前三依次是：广东、北京、上海；

综合四个关键词的搜索结果可以发现（前三名）：广东省出现四次，综合实力最强；北京市出现三次；上海市出现两次；江苏省，浙江省、山东省各出现一次。

按中心城市 2017 年度区块链热度指数排名，前十座城市分别是：北京、杭州、苏州、深圳、上海、无锡、南京、广州、成都、贵州。

四、领域空间：金融领域一枝独大，优势明显

（一）金融行业与区块链有着天生密不可分的依赖性特点

区块链是一种分布式数据库技术，构建了一种以低成本建立信任的机制。相较于传统的数据库技术，区块链从集中式记账演进到分布式记账，从增删改查到不可篡改，从单方维护到多方维护，从外挂合约到内置合约，其独有的信任建立机制切中了传统行业的痛点，是未来发展数字经济、构建新型信任体系不可或缺的关键技术。区块链与新兴技术交叉演进，协同驱动，形成未来智能社会基础架构，重构数字经济发展生态。

风险控制是金融行业的核心，是各项金融业务展开的根本。金融行业快速发展的同时，资产现金流管理有待完善、底层资产监管透明度和效率亟待提高、资产交易结算效率低下、增信环节成本高昂的问题也逐渐暴露出来。由于信用评估代价高昂、中介机构结算效率低下、监管方式有限等原因，一直以来，传统的金融服务手段难以有效解决行业长期存在的问题，诸如运营成本

高、风险成本高、从业人才稀缺、基础设施不够完备等。

上述问题可以总结为以下三点：

第一，信用评估代价高昂。传统的金融商业格局中，信任的建立依托于中介机构。价值创造和价值交易均经过中介机构。中介机构根据法律和协议，提供可信的交易场所，集中进行清算等服务。由于中介机构的局限性，信任被局限在一定范围，中介机构信息的处理取决于人工，且需经过多道人工之手，从而使得每一笔汇款所需的中间环节消耗了大量资源。

第二，中介机构结算效率低下。金融机构的现有基础设施存在弊病。金融领域的登记、清算和结算涉及多个参与主体。各个主体之间的标准不统一，因此，拥有一个可信任的跨境交易中介非常重要。

第三，互联网金融领域监管困难。随着互联网技术的快速发展，互联网金融发展中的隐患逐渐显露。首先，易受技术攻击，大数据模式下的数据安全存在隐患。随着数据量的增长，庞大的数据库在数据安全性上面临挑战。其次，互联网金融领域的信用中介并非绝对可信。P2P 借贷平台中，若发生违约事件，客户的资金将面临极大风险，发生损失之后追责也并不容易。

金融的本质是风险控制，风险控制的基础是有效数据。区块链技术其特有的数据确权溯源、普适性的底层数据结构、合约自动高效执行等特性，为金融领域的深刻变革孕育了强大的发展潜力。首先，区块链有助于解决金融数据的安全问题。区块链通过 P2P 网络中多个参与计算的节点来共同参与数据的计算和记录，并且互相验证信息的有效性。这样既可以进行信息防伪，又提供了可追溯路径。把各个区块的交易信息串起来，就形成了完整的交易明细清单，每笔交易的来龙去脉非常清晰、透明。其次，区块链有助于解决金融领域的信任难题。区块链技术可以让所有市场参与者均可无差别获取市场中所有交易信息和资产归属记录，可以有效降低企业间的信任成本，区块链技术的实时结算也降低了支付结算环节的出错率，同时可以监控任何一笔资金的上链信息。

综上所述，区块链正在重构数字经济的发展生态。区块链的分布式、匿名化和安全可靠的特征，其环环相扣的数据逻辑、难以篡改的记录方式，使各种交易变得更加透明，为构建新技术条件下的去中心化信任体系提供了手段，也将使基于互联网的信息传递演变为基于技术背书的价值传递，从而改变诸多行业的应用场景和运行规则，在银行、保险、证券等金融领域得到小范围的探索应用，未来还将衍生出更多新模式、新业态，对完善数字经济发展生态具有重要意义。

（二）区块链技术在金融领域的应用

1. 2017 年国内区块链技术在金融领域的应用

2018 年年初，京东金融和中国信通院发布《区块链金融应用白皮书》，前言中指出："我们总结出已经落地、经过实践检验的，或条件成熟、未来将付诸实践的十个金融场景中区块链技术应用。这十个场景应用以联盟链为主，体现了区块链在物流、信息流和资金流等多方面的支撑作用，既涉及 C 端也涉及 B 端，既涵盖场内也涵盖场外，既有国内实践也有国际应用，既能实现对传统流程的改造也能服务于创新，是对当前金融区块链应用做的一次全面梳理、归纳和展望。"

可以看出，区块链在金融领域的应用并非简单的线下流程线上化，也非耸人听闻的对传统业务的颠覆和取代，而是对行业的赋能和增效。区块链技术与金融领域结合的深度和广度还远未饱和，应用前景广阔。但也不可否认，区块链技术还存在诸如安全稳定性风险、交易风险、数据信息安全风险、信用的技术背书风险、扩展应用的安全漏洞风险等，其在金融领域的进一步推广取决于网络安全、业务处理性能、交易一致性等方面的改善。

2017 年十大区块链金融应用场景：资产证券化；保险；供应链金融；场外市场；资产托管；大宗商品交易；风险信息共享机制；贸易融资；银团贷款；股权交易交割。考虑到内容甚多，在此不展开。

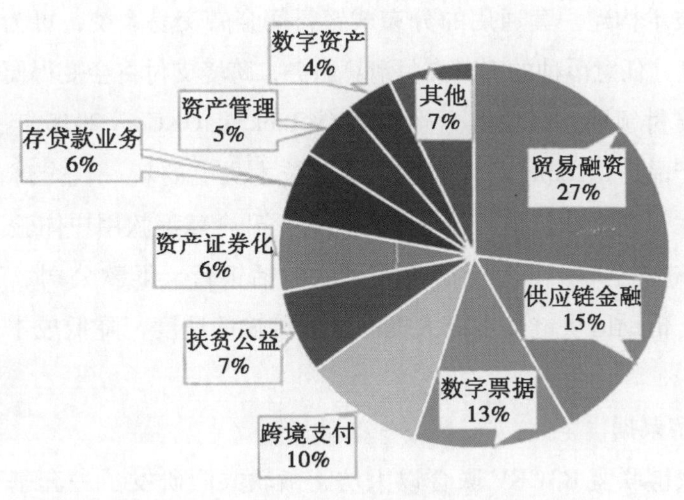

图 7－2　银行区块链技术场景分布情况

资料来源：挖链网

银行在区块链领域的探索主要集中在贸易融资、供应链金融、数字票据、跨境支付、扶贫公益等场景。

2. 2017 年国外区块链技术在金融领域的应用

2017 年发达国家的清算所、存托所、交易所、投资银行、商业银行、经纪商等金融机构，纷纷开始在跨境支付、证券交易结算和证券发行等领域推进应用区块链，其中主要有以下七个方面。

（1）数字货币

比特币是目前区块链技术最广泛、最成功的运用。而在比特币的基础上，又衍生出了大量其他种类的去中心化数字货币，统称为“竞争币”或“山寨币”。

（2）支付清算

商业贸易的交易支付、清算都要借助银行体系。这种传统的通过银行方式进行的交易要经过开户行、对手行、清算组织、境外银行（代理行或本行境外分支机构）等多个组织及较为繁冗的处理流程来实现。在此过程中，每一个机构都有自己的账务系统，彼此之间需要建立代理关系；每笔交易都需要在本银行记录，与交易对手进行清算和对账等，导致整个过程花费时间较长、使用成本较高。

与传统支付体系相比，区块链支付可以为交易双方直接进行端到端支付，不涉及中间机构，能大幅提高速度和降低成本。尤其是在跨境支付方面，如果基于区块链技术构建一套通用的分布式银行间金融交易系统，可为用户提供全球范围的跨境、任意币种的实时支付清算服务，跨境支付将会变得便捷和低廉。

在跨境支付领域，区块链金融网络 OKLink 是 OKCoin 2016 年推出的区块链技术应用产品，OKLink 是构建在区块链技术之上的新一代全球金融传输网络，致力于在提高全球价值传输效率的同时提升全球汇款用户体验。

OKLink 链接全球中小型金融参与者，包括银行、汇款公司、互联网金融支付平台等，借助区块链技术极大提高价值传输的速度，降低成本，增加透明性及安全性。

（3）数字票据

国际区块链联盟 R3CEV 联合以太坊、微软共同研发了一套基于区块链技术的商业票据交易系统，高盛银行、摩根大通银行、瑞士联合银行、巴克莱银行等著名国际金融机构加入了试用，并对票据交易、票据签发、票据赎回等功能进行了公开测试。与现有电子票据体系的技术支撑架构完全不同，该种类的数字票据可在具备目前电子票据的所有功能和优点的基础上，进一步融合区块链技术的优势，形成了一种更安全、更智能、更便捷的票据形态。

区块链由于具有不可篡改的时间戳和全网公开的特性，一旦交易完成，将不会存在赖账现象，从而避免了纸票“一票多卖”、电子票打款背书不同步的问题。而系统的搭建、维护及数据存储可以大大降低成本。采用区块链技术框架不需要中心服务器，可以节省系统开发、接入及后期维护的成本，大大减少了系统中心化带来的运营风险和操作风险。

（4）银行征信管理

商业银行信贷业务的开展，无论是针对企业还是个人，最基础的考虑因素都是借款主体本身所具备的金融信用度。商业银行将每个借款主体的信用信息及还款情况上传至央行的征信中心，需要查询时，在客户授权的前提下，可从央行征信中心下载信息以供参考。这其中存在信息不完整、数据更新不及时、效率较低、使用成本高等问题。

在征信领域，区块链的优势在于可依靠程序算法自动记录信用相关信息，并存储在区块链网络的每一台计算机上，信息透明、不可篡改、使用成本低。商业银行可以以加密的形式存储并共享客户在本机构的信用信息，客户申请贷款时，贷款机构在获得授权后可通过直接调取区块链的相应信息数据完成征信，而不必再到央行申请征信信息查询。

（5）权益证明和交易所证券交易

在区块链系统中，交易信息具有不可篡改性和不可抵赖性。该属性可充分应用于对权益的所有者进行确权的行为。对于需要永久性存储的交易记录，区块链是理想的解决方案，可适用于房产所有权、车辆所有权、股权交易等场景。其中，股权证明是目前尝试应用最多的领域。股权所有者凭借私钥，可证明对该股权的所有权，股权转让时通过区块链系统转让给下家，产权明晰，记录明确，整个过程也无需第三方的参与。

2017 年，欧美各大金融机构和交易所纷纷开展区块链技术在证券交易方面的应用研究，探索利用区块链技术提升交易和结算效率，以区块链为蓝本打造下一代金融资产交易平台。在所有交易所中，纳斯达克证券交易所表现得最为激进。其中已正式上线了 FLinq 区块链私募证券交易平台，可以为使用者提供管理估值的仪表盘、权益变化时间轴示意图、投资者个人股权证明等功能，使发行公司和投资者能更好地跟踪和管理证券信息。此外，纽约交易所、澳大利亚交易所、韩国交易所也在积极推进区块链技术的探索与实践。

（6）保险管理

随着区块链技术的发展，未来关于个人的健康状况、发生事故记录等信息可能会被上传至区块链中，使保险公司在客户投保时可以更加及时、准确地获得风险信息，从而降低核保成本、提升效率。区块链的共享透明特点降低了信息的不对称性，还可降低逆向选择风险。而其历史可追踪的特点，则是有利于减少道德风险，进而降低保险的管理难度和管理成本。

英国的区块链初创公司 Edgelogic 正与 Aviva 保险公司进行合作，共同探索对珍贵宝石提供基于区块链技术的保险服务。国内的阳光保险采用区块链技术作为底层技术架构，推出了“阳光贝”积分，使阳光保险成为国内第一家开展区块链技术应用的金融企业。“阳光贝”积分应用中，用户在享受普通积分功能的基础上，还可以通过发红包的形式将积分向朋友转赠，或与其他公司发行的区块链积分进行互换。

（7）金融审计

由于区块链技术能够保证所有数据的完整性、永久性和不可更改性，因而可有效解决审计行业在交易取证、追踪、关联、回溯等方面难点和痛点。

（三）国内四大行 2017 年金融科技盘点：区块链金融云风头最盛

据中国电子银行网报道，中国工商银行、中国农业银行、中国银行、中国建设银行四大国有银行，2017 年在金融科技领域迈出了坚实的实践与创新的步伐，其中区块链金融云风头最盛。

1. 中国工商银行：e－ICBC“三步走”战略盘点

中国工商银行在金融科技领域较为清晰的发展脉络可以从 2015 年年初开始。3 月，工商银行在国内商业银行中第一次完整发布了“e－ICBC”互联网金融品牌。同年 9 月 29 日，中国工商银行正式发布互联网金融升级发展战略——e－ICBC 2.0。2017 年 8 月的中期业绩发布会上，中国工商银行董事长易会满宣布正在推进 e－ICBC 从 2.0 到 3.0 的方向转变，目前中国工商银行也正处于 e－ICBC 3.0 的探索与建设阶段。

从中国工商银行金融科技战略演进三个阶段的具体实施举措来看，最初的 e－ICBC 1.0 首先布局了“融 e 购”“融 e 行”“融 e 联”三大平台，服务涵盖电商、电子银行和即时通讯，其中“融 e 购”电商平台在上线 9 个月内用户规模便已跻身国内十大电商平台之列。其次，e-ICBC 2.0 在初期布局三大平台的基础上增加了“一个中心”的构建，即 2017 年 9 月 29 日于合肥市正式挂牌成立的网络融资中心，并贯彻了“金融为本，创新为魂，互联为器”的金融科技升级发展理念，正式构筑覆盖、贯通金融服务、电子商务、社交生活的互联网金融整体架构。

中国工商银行高层将最新的 e-ICBC 3.0 发展规划定位为“智慧银行”，目标是进一步构建开放、合作、共赢的金融服务生态圈，建设智能化的营销、产品服务、风控体系，最终构筑起服务无所不在、创新无所不包、应用无所不能的智慧银行生态，直面智能化时代金融行业的新竞争。

2. 中国农业银行：区块链技术应用方面扩展金融科技服务“三农”的想象

基于服务农村金融的基本使命，中国农业银行通过多年实践，总结了互联网“三农”金融服务的五个模式：电商加涉农、商业银行线上化服务、农业产业链加在线金融、农产品交易市场加供应链金融，以及 P2P、众筹等边缘类金融服务模式。年报显示，中国农业银行 2017 年全年在金融科技创新和试点方面做出了一系列尝试，

在区块链技术应用方面，中国农业银行在国内银行业中首次将区块链技术应用于电商供应链金融领域，上线涉农互联网电商融资产品“e 链贷”，以此作出解决长期以来困扰涉农信贷业务的信息不对称、管理成本高、授信和用信场景线上化难度大等问题的尝试。该业务已于 2017 年 8 月 1 日成功完成首笔线上订单支付贷款。

同时，中国农业银行与百度在 2017 年下半年达成合作，联合孵化智能银行项目，发布农行“金融大脑”，确立了以客户画像、精准营销、信用评价、反欺诈、智能客服、智能投顾等六大重点领域为落地场景的长远战略，据称已具备为行内各业务线提供智能化服务的基础能力，将推进智能风控、需求智能匹配、智能客服等方面的有效实践。

3. 中国银行：区块链助力跨境服务升级

中国银行在 2017 年参加了 SWIFT 组织全球支付创新平台项目，同步推出了“中银全球智汇”国际汇款产品，显著提升了客户的跨境支付体验，保持着全球领先地位。

同时，中国银行对于区块链技术的应用进行了宝贵的探索。2017 年 1 月，中国银行上线了区块链电子钱包 BOCwallet（iOS 版），8 月，加入 SWIFT gpi 区块链概念验证，9 月 28 日，首次向国家知识产权局提交了名为"一种区块链数据压缩方法及系统"的专利申请，在区块链领域的发力布局可见一斑。

4. 中国建设银行：率先建成国内最大金融私有云

中国建设银行 2016 年在国内同业中率先制订大数据应用战略实施规划（2016－2020），试图建成完整的大数据工作机制和制度体系。2017 年，中国建设银行依托新一代核心系统建设搭建了国际领先的数据管理和应用体系，形成了数据资源管控、数据价值挖掘和数据成果共享三大核心能力和机制，企业级整体数据能力居于国内同业领先行列，为全行战略转型提供了有力支撑。

同时，中国建设银行在业内率先建成了国内最大的金融私有云，搭建了业界领先的基础框架平台，融汇了云计算、大数据等领域的最新成果，采用了组件化、参数化的架构设计，保证了未来良好的扩展性，其可信度、业务服务能力等方面在业界均具有较大优势。

（四）2017 年区块链技术在金融领域应用的特点、风险及对策

在由人民网、人民创投等主办的 2018 全球链界科技发展大会上，中国互联网金融协会战略研究部负责人肖翔表示，2017 年很多区块链金融应用项目是样本机构结合自身业务痛点，基于区块链技术对已有业务进行改造，多数项目处于启动实验性验证或者小规模试用阶段。他对 2017 年中国区块链技术在金融领域应用现状、风险与对策等问题，结合样本机构调研情况，总结为五个特点，五个风险，三个建议。

1. 区块链技术在金融领域应用的特点

（1）从资源投入看，大部分样本机构重视探索区块链技术在金融领域的应用，逐步投入更多专业人员参与相关研发、应用等工作。样本机构中，从事金融领域区块链技术应用的人员超过 10 人的机构（部门）占比近 70%，超过 30 人的占比近 45%。同时，样本机构相关人才中，信息技术类专业人才占比达到 77%，经济金融专业类人才占比为 17%。

（2）从应用场景看，应用场景比较多元，主要聚焦在满足潜在市场需求和解决金融行业痛点。样本机构中，应用场景以信息登记存储及溯源、供应链金

融、资产交易、保险为主，机构占比分别达到67%、56%、33%和30%。同时，在监管科技这一场景探索应用的机构比例也达到30%。

（3）从项目进展看，目前，很多区块链金融应用项目是样本机构结合自身业务痛点，基于区块链技术对已有业务进行改造，多数项目处于启动实验性验证或者小规模试用阶段。总体而言，区块链技术在金融领域的应用已经取得了一定进展，形成了一些初步成果，但现阶段区块链技术要在金融领域大规模商用仍有较长的路要走，距离真正融入人们的日常生产、生活和社会治理体系还需要较长时间。

（4）从技术架构看，首先，绝大部分样本机构以构建联盟链为主，主要由于当前金融场景集中在供应链金融等b2b领域，需要具备准入访问机制的区块链服务，因而更适合使用联盟链。其次，65%的样本机构采用开源区块链底层平台实现业务搭建，以节省研发时间，从而将更多精力聚焦于业务场景落地。最后，有35%的样本机构探索开展区块链底层平台自主创新研发。同时需要指出的是，区块链底层平台自主创新研发仍面临着时间周期长、专业人才缺、技术成熟度低等问题，还需要各方沉下心，稳扎稳打，以期逐步取得成效。

（5）从核心技术看，一方面，样本机构使用PBFT（实用拜占庭容错算法）的比例达到55%，成为比较主流的共识机制。需要指出的是，经典PBFT算法流程相对复杂，共识过程容易受网络波动影响，对网络带宽及质量要求较高。因此，当前多采用并行共识、混合共识等方法对PBFT进行定制开发和适当优化。另一方面，很多样本机构采用多链架构进行系统设计，保证账本数据完全隔离，提高数据隐私保护能力、系统容错能力、交易并发处理能力，从而适应更多复杂的金融业务场景。此外，受交易吞吐量制约，区块链技术在金融领域多用于低频交易类系统。因此，很多样本机构都将提升区块链技术应用的交易吞吐量作为重点技术攻关方向。

2. 区块链技术在金融领域应用的风险

一是金融业务重视隐私保护，在现行共识机制下，部分敏感信息透明可见，缺乏隐私性。同时，用于隐私保护的密码学新技术尚不成熟，如组合环签名、零知识证明、同态加密等容易造成数据膨胀、性能低下的问题，距离实际应用还有一段距离。

二是由于得不到有效监督，上链前数据的真实性和完整性无法保证，在将区块链技术用于各类资产溯源时，难以真正形成闭环以降低风险、减少投机，反而可能会因信息失真或扭曲而造成潜在损失。

三是区块链智能合约存在不确定性，图灵完备的智能合约过于灵活，一旦有漏洞被利用，将会造成不可挽回的损失。同时，区块链防篡改特性将对业务逻辑修正、合约升级形成一定的障碍。

四是密钥安全是区块链可信的基石，窃取或删除私钥会危害相关资产、数据所有者的权益。同时，私钥的唯一性使得其丢失、被窃等情况难以补救。

五是目前区块链架构要满足金融系统可用性与业务连续性要求还有一定难度。同时，信任机制、数据保存方式等仍需获得主流金融机构的接受和认可。

3. 区块链技术在金融领域应用的对策建议

防范和化解上述风险，需要政产学研用多方共同努力。

首先是政策监管层面，应该加强研究，密切跟踪，重点关注区块链技术在金融领域应用可能对现有法律体系和监管框架带来的影响与挑战；探索建立对区块链等新兴技术应用的识别、评估和管理机制，对依法合规、风险可控、服务于实体经济的区块链技术创新和发展给予引导规范和适度包容；对于有违技术发展规律和损害金融秩序的不法行为和乱象，应保持高压态势，持续采取措施，重拳打击，坚决遏制歪风邪气，并切实引导，将区块链技术发展与此类乱象有效切割。

其次是行业协会层面，要搭建沟通桥梁。在政府和市场之间，行业协会要客观反映问题诉求，正确解读监管政策，促进双向良性互动；按照“共性先立，急用先行”原则，围绕技术发展和业务场景重点环节，逐步完善区块链技术和应用标准体系；切实加强公众教育，使公众能够正确认识和客观理解区块链技术，对缺乏理性、跟风炒作现象适时进行风险提示，不断强化公众风险意识和自我保护观念，远离各类打着“区块链技术创新”旗号的非法金融活动。

最后是从业机构层面，扎实练好内功，深入研究区块链底层技术，推进区块链底层平台的持续优化，加大区块链人才培养力度，加快形成自主创新体系，不断实现区块链核心技术突破；充分考量金融业务场景实用性，做好产品技术验证和项目推广，逐步走出实验室测试和内部试点，加速推动区块链技术在金融领域应用的商业落地；坚持走正道，充分考虑监管要求和法律适用问题，持续提升风险防范的意识和能力，做到风险管控安排与产品服务创新同步规划、同步实施。

第三节　2018年中国区块链产业的区域运行情况

2018年是区块链出现后的第十个年头，区块链已经从一项技术发展为产业、行业的一个重要领域。由于中国地大物博，地区之间经济、社会和文化、科技发展不平衡，区块链运行水平不一，有待我们进行深层研究探讨，找出地区间的差异和各自的优劣势，因地制宜，扬长避短，发挥优势，共同推进。本节以区域划分为基点，对2018年中国区块链产业的区域运行情况作简单的描述。

一、2018年中国区块链区域运行总体情况

有人把区块链产业比喻为一个人，认为政策法律是区块链产业的大脑，技术是骨架，企业是肌体，资金是血液，专利是手足，媒体是喉舌，人才教育是体魄，应用落地是生命，发展是目的，安全是保障。基于此，考察分析和测算评价一个区域的区块链产业运行总体情况，主要考核指标是区块链出台的政策法规、企业数量及质量、投融资的金额和频数、区块链的专利、人才、技术、安全和应用等指标情况。

（一）2018年中国区域区块链产业整体概况

依据影响和决定区块链的主要因素是政策出台、企业规模、专利数量、投融资、项目、人才及教育等硬性指标，下面从这些主要方面进行阐述。

区块链政策层面，据清华大学互联网研究院链塔智库对2018年前三季度区块链行业发展进行调研的资料显示，截至2018年9月底，我国有24个省区共发布112条区块链相关扶持政策。其中，2018年全年新出台的区块链政策35条。

区块链企业层面，根据工业和信息化部下属的赛迪区块链研究院调研结果显示，截至2018年6月，经工商部门登记注册的区块链相关企业共9000余家，具有投入产出且具有商标的区块链企业有425家，我国区块链产业规模约4.5

亿元，区块链相关产品交易、教育等衍生产业的规模约为20亿元。

区块链专利层面，据国家知识产权局统计，截至2018年10月17日，我国公开的区块链专利申请书达到2538件；2018年中国区块链专利公开数量为1551件，远超2017年的860件。2018年中国区块链专利申请量全年高达2913件，较2017年的1351件增长115.6%。较之2015年，增长超过100倍。

区块链投融资层面，据前瞻产业研究院发布的《区块链行业商业模式创新与投资机会深度分析报告》统计数据显示，2018年1－9月中国区块链的投资频数是2017年全年的3倍多，投资金额高达113.81亿元，单笔平均投资额为0.35亿元，而2017年仅为0.15亿元。特别是2018年上半年，区块链领域融资额约107亿元，较2017年同期增长率达1426%。

区块链新增人才层面，据智联招聘发布的《2018年区块链人才供需与发展研究报告》显示，以2017年第三季度的人才需求量为基数，2018年第二季度的区块链人才需求较2017年第三季度暴增636.83%。

截至2018年9月底，全球共有33所高校明确开设区块链课程或设立区块链培训班，中国高校最多，为14所（其中2018年开设有9所），中国高效数量占全球高校的27%。

（二）按三大经济区域划分，2018年中国区块链分布情况

由于涉及区块链产业的事项和内容较多，加上统计数据的获取不易，表7－3列出一些三大经济区域区块链核心数据。

表7－3　2018年三大经济区域区块链核心数据统计表

项目	东部地区		中部地区		西部地区		合计	截止时间
	数量	占比（%）	数量	占比（%）	数量	占比（%）		
历年出台政策（件）	75	67	11	10	26	23	112	2018年9月
今年出台政策（件）	24	69	6	17	5	14	35	2018年12月
企业总数（个）	390	92	8	2	27	6	425	2018年6月
新增项目（个）	161	95	1	1	7	4	169	2018年9月
专利申请（件）	2178	88	111	4	195	8	2484	2018年11月
高校课程（个）	11	79	1	7	2	14	14	2018年9月

数据来源：本书作者综合整理

（三）按七大地理区域划分，2018 年中国区块链产业分布情况

1. 中国区块链产业七大地理区域的划分

七大自然地理分区的基本依据，一是中国自然地理区划方面众多权威专家多年的科研成果，二是全国高校地理专业师生普遍使用的《中国自然地理》教材，三是根据长期以来中学地理教材《中国地理》编写中形成的共识。

中国区块链产业七大地理区域分为：华东（上海市、江苏省、浙江省、安徽省、江西省、山东省、福建省、台湾省）、华北（北京市、天津市、山西省、河北省、内蒙古自治区中部）、华中（河南省、湖北省、湖南省）、华南（广东省、广西壮族自治区、海南省、香港特别行政区、澳门特别行政区）、西南（重庆市、四川省、贵州省、云南省、西藏自治区）、西北（陕西省、甘肃省、青海省、宁夏回族自治区、新疆维吾尔自治区、内蒙古自治区西部阿拉善盟）、东北（黑龙江省、吉林省、辽宁省、内蒙古东部）。

2. 2018 年中国七大地理区域区块链分布情况

表 7－4 总结了中国七大地理区域区块链总体情况，列出核心数据及其截止时间。

表 7－4　2018 年七大经济区域区块链核心数据统计表

项目	华东	华北	华中	华南	西南	西北	东北	合计	截止时间
历年出台政策（件）	34	19	6	22	21	5	5	112	2018 年 9 月
今年出台政策（件）	19	7	0	10	5	1	2	35	2018 年 12 月
企业总数（家）	153	157	5	79	23	5	2	425	2018 年 6 月
新增项目（个）	45	73	0	42	5	2	2	169	2018 年 9 月
专利拥有（件）	716	795	90	667	167	28	21	2484	2018 年 11 月
高校课程（个）	5	6	1	0	0	2	0	14	2018 年 9 月

数据来源：本书作者综合整理

（四）从 2018 年中国 25 座城市区块链三梯队划分看区域分布情况

2018 年 12 月 7 日，赛迪（青岛）区块链研究院发布了《中国城市区块链

发展水平评估报告（2018 年）》（以下简称"《报告》"），《报告》从政策环境、科研实力、产业基础及资本支持四个方面进行统计，对城市进行了排名。

《报告》综合考虑城市分布、行政地位、经济和科技发展水平，同时兼顾数据的可获得性和来源一致性等因素，选取政策有优势、经济有潜力、科技较领先的 45 座重点城市作为评估对象，包括 4 个直辖市、15 个副省级城市、16 个省会城市、9 个重要经济城市、1 个国家级新区。根据《报告》评估模型对我国 45 座城市的区块链发展水平进行评估，列出得分前 25 名的城市排名情况。其中，按三大经济区域划分，东部地区有 17 座城市，中部地区有 5 座城市，西部地区有 3 座城市。按七大地理区域划分，华东地区有 9 座城市，华北地区有 4 座城市，华中地区有 3 座城市，华南地区有 5 座城市、西南地区有 3 座城市、西北地区有 1 座城市，东北地区为 0。

表 7－5　中国 25 座城市区块链发展水平排名

排名	城市	政策环境	科研实力	产业基础	资本支持	总分
1	北京	15.80	28.55	43.26	20.31	107.92
2	杭州	23.85	18.53	34.72	28.55	105.66
3	上海	28.13	20.04	31.97	22.85	103.00
4	深圳	14.30	14.49	43.41	21.07	93.26
5	贵阳	35.30	17.19	16.52	16.04	85.06
6	广州	25.11	15.62	21.94	19.34	82.01
7	长沙	30.61	13.86	16.69	18.00	79.16
8	青岛	24.90	15.53	17.08	14.07	71.58
9	重庆	23.70	14.49	18.19	14.04	70.41
10	佛山	26.83	13.55	14.16	13.94	68.49
11	南京	14.80	14.80	19.02	18.22	66.84
12	苏州	21.53	13.78	13.61	15.78	64.70
13	成都	14.30	15.89	17.51	15.64	63.35
14	武汉	12.80	14.49	18.04	14.39	59.71
15	西安	12.83	15.62	16.82	13.85	59.12
16	宁波	17.72	13.55	13.67	13.52	58.46

（续表）

排名	城市	政策环境	科研实力	产业基础	资本支持	总分
17	无锡	12.80	14.49	17.16	13.91	58.36
18	珠海	17.98	13.55	13.35	12.74	57.62
19	厦门	12.73	13.86	15.85	15.16	57.61
20	海口	12.85	15.11	15.54	13.62	57.11
21	赣州	18.13	13.43	12.83	12.44	56.83
22	合肥	12.71	13.56	15.71	13.96	55.94
23	福州	14.29	13.38	13.75	13.60	55.02
24	郑州	12.79	13.94	14.68	13.58	55.00
25	天津	12.71	13.55	13.69	14.74	54.68

资料来源：赛迪（青岛）区块链研究院

从表7－5可以看出各地发展水平差距较大，被评估城市区块链发展水平具有明显的“阶梯化”特征。赛迪（青岛）区块链研究院依据评分排名结果，又将这25个城市划分为三个梯队。

第一梯队为综合指数得分高于100分的3座城市，即上海（107.92）、杭州（105.66）、北京（103.00）。这3座城市全部在东部地区。

第二梯队为综合指数得分高于60分、低于100分的10座城市，即深圳、贵阳、广州、长沙、青岛、重庆、佛山、南京、苏州、成都。这10座城市中7座在东部地区，3座在西部地区，中部地区为0。

第三梯队为综合指数得分低于60分以下的12座城市，即：武汉、西安、宁波、无锡、珠海、厦门、海口、赣州、合肥、福州、郑州、天津。这12座城市东部地区6座，中部地区5座，西部地区1座。

虽然不能说《报告》完全正确，更不能说评估结果测算精准和三梯队排名准确，但从整体上判断和基本主体的测算及其三梯队排名，应该说大体上还是符合实际情况的。也就是说，2018年我国区块链产业的政策环境、科研实力、产业基础及资本支持四个方面，主要集中在东部地区。

此外，《报告》还指出，我国基本形成了四大区块链产业区聚集区。随着四大区块链产业聚集区内重点城市进一步加快推动区块链产业生态发展，区块链技术、人才、资金等要素资源将迅速汇聚，向周边地区辐射的能力将进一步

增强，有助于促进区域协同发展，挖掘区块链产业生态发展巨大潜力，实现经济提质增效。

二、东部地区占据绝对优势，但实际效果还不理想

（一）区块链政策出台内涵有进步，但问题仍然较多

据清华大学互联网研究院链塔智库调查显示，从2016－2018年11月底，全国各省、市出台有关区块链的政策112条。其中，东部地区出台有关区块链的政策75条，在全国出台政策总量中占比67%。据挖链研究团队发布《2018年中国区块链行业发展蓝皮书》中指出，据不完全统计显示，2018年全年中国共发布35份关于区块链相关政策的文件，其中，东部地区24条，占比69%，较之前三年略有上升。与此同时，2018年出台的有关区块链的政策在质量上较之往年有了较大改变和进步，突出的是在区块链产业监管上，力度明显加大，在有关区块链产业政策扶持上也有较大加强。

在出台区块链政策方面，2018年东部地区出台的区块链政策内涵上有所丰富，但也存在较多问题：

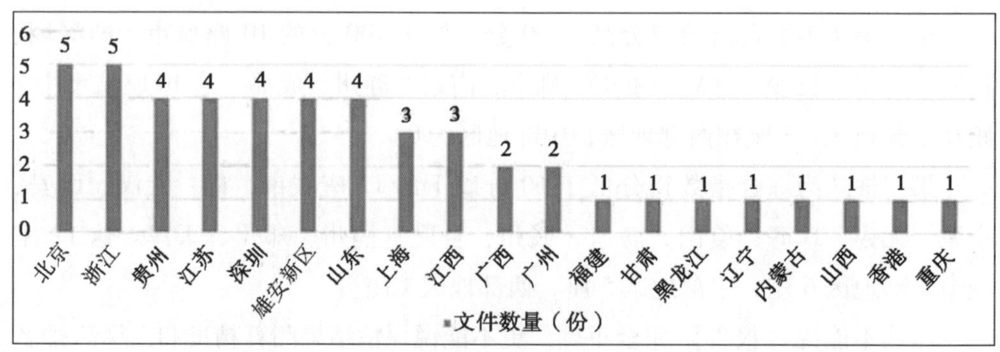

图7－3 2018年全年中国各省市区新出台的区块链政策数量

资料来源：挖链网

一是省份仍然存在不平衡。从2018年东部地区发布的区块链政策分布状况分析，省份间存在较大的差距。如广东省、浙江省和上海市政策出台频繁，行动大干快上。其中，广东省2018年9月前出台有关区块链政策16条，浙江

省10条，上海市8条，仅此3省、市出台区块链政策占比全国总量的30%以上。

二是出台政策内容仍然存在同质化现象。从2018年东部地区发布的政策情况看，其内容大都一样，以说教式、概念性、喊口号式的内容居多。发展区块链产业大多通过建立产业园、创新基地吸引区块链企业，设立政府基金扶持区块链企业，通过研究平台推动区块链技术产学研用相结合等。多数政策并没有与当地实际结合，没有因地制宜地引导区块链技术在当地的落地应用。

三是政府层面政策扶持力度有待加强。东部地区出台的有关区块链的扶持政策数量虽然数量多，但真正有重大“含金量”的政策并不多，而且多数扶持政策不是专门针对区块链产业下发的政策，只是在科技创新政策中统一提出而已。

四是2018年上半年东部地区出台的区块链政策在加强监管防范区块链风险上力度较大，成效显著。下半年逐步转向加强实体经济服务和区块链场景应用落地方面，大方向是对的，但效果不明显。

（二）区块链企业数量占比92%，但增长幅度明显减弱

根据赛迪区块链研究院调研统计结果，截至2018年6月，全国区块链企业425家，东部地区区块链企业390家，东部地区占全国区块链企业总数92%。其中，聚集在北京、上海、广东、浙江、四川、江苏的企业有385家，占总数的90%以上。

另据亿欧智库统计，2017年中国新成立区块链企业230家，2018年可能会出现下滑。截至2018年9月底，全国新增区块链企业仅141家，新增区块链企业数量大大减少，主要集中在东部地区。同时，2018年东部地区区块链初创公司分布极不均衡，主要集中在北京市。

（三）区块链投融资增速迅猛，但不健全

据前瞻产业研究院发布的《区块链行业商业模式创新与投资机会深度分析报告》统计数据显示，2018年上半年中国区块链领域融资额约107亿元，较2017年同期同比增长率达1426%；区块链领域的投融资事件数量达到205件。前瞻产业研究院发布的《区块链行业商业模式创新与投资机会深度分析报告》还指出，2017年中国区块链市场支出规模仅为0.83亿美元，2018年中国区块链市场支出规模达1.6亿美元，增长速度近一倍。

2018 年，东部地区区块链投融资增速迅猛，但仍然存在底子薄、发育不够健全的问题。东部地区各省市投融资频数极不均衡。2018 年上半年，北京市投融资频数高达 277 次，远远越过全国其他地区。投融资金额占比也不均衡，如上海、北京、杭州三座城市的投融资金额为 121.7 亿元，占据全国总额的 90%。东部地区真正专注于区块链投资机构少之又少，大多数投资机构都参与到区块链私募股权投资市场，有些投资机构仅投资过一家区块链企业，有的甚至为零。东部地区融资笔数较多，但是金额较少，远远低于国际平均水平。

（四）区块链专利申请数量占比全国 88%，但专利质量欠佳

据《新京报》智慧城市研究院的报道，按照地区划分，2018 年 11 月中国区块链专利数据库 2484 件专利中，有 2178 件来自东部地区，其中华北、华东和华南地区，分别为 795 件、716 件和 667 件。城市则主要集中于环渤海、长三角、珠三角和北部湾区域。

东部地区区块链专利数量占全国总数的 88%，西北和东北地区的区块链专利数量之和仅占全国的 2%，东西部地区差距十分明显。可见，在区块链领域的科技研发和应用上，东西部地区的创新速度存在显著差别。

《新京报》智慧城市研究院收集区块链专利只包含发明专利的申请和授权两种类型，然而 2484 件专利中仅有 18 件是发明专利的授权数。根据专利权授权需要 18 个月的国际惯例，我们通过国家知识产权局综合服务平台，进一步追溯了我国 2015 年和 2016 年的区块链专利数据，分别为 47 件和 521 件，粗略估计专利权的授权比率在 3% 左右，也实属小概率。

由于东部地区区块链专利数量占全国总数的 88%，全国区块链专利质量欠佳，也同时说明东部地区区块链专利质量欠佳。

（五）东部地区新增区块链项目占据全国市场份额 95%，但总体上新增加项目呈下降趋势

据清华大学互联网研究院链塔智库的统计数据，2018 年 1－9 月，全国新增区块链项目共计 169 个。东部地区 161 个，占据 95%。其中，北京市 2018 年 1－9 月新增加区块链项目 72 个、广东省 26 个、上海市 23 个、香港 12 个、浙江省 9 个、福建省 7 个、广西壮族自治区 3 个、福建省和辽宁省各 1 个。

总体来看，2018 年 1－9 月区块链新增项目数量呈下降趋势。第一季度新

增项目197个，第二季度新增项目128个，环比下降35.02%；第三季度新增项目36个，环比下降71.88%。中国区块链新增项目呈下降趋势，主要体现在东部地区。

三、中部地区开始热气腾腾，但存在“三不”现象

按照最新国家行政区划分，中国中部地区包括山西、河南、安徽、湖北、江西、湖南六个省份。

从整体上考察，2018年中国中部地区区块链发展状况落后于全国平均水平。这主要体现在“三不”方面。

（一）总体水平不适应自身经济实力和社会地位

按照中国经济区划，中部地区九个省区的经济实力和科研水平及社会发展状况，应该接近全国的三分之一。但是在2018年区块链产业发展方面远远不够，差距很大，不能适应。

从表7-3分析，从中部地区的主要五项指标占比来看，除了出台政策数量占比超过10%，其他指标都不到10%。特别是企业总量数仅占全国2%，新增区区块链项目仅占1%，专利申请量仅占4%，高校课程仅占7%。

（二）中部地区内部省份发展不平衡

在山西、河南、安徽、湖北、江西、湖南六个省份中，湖北省、湖南省和河南省三省区块链发展的总体水平，相对又要强于山西省、安徽省和江西三省。

同时，中部地区各省区发展也不平衡，特别是在具体某一项指标上发展不平衡。比如，在出台区块链政策方面，2018年全年全国共发布35份关于区块链相关政策的文件，其中，江西省有3份，而其他五省没有。这说明发展不平衡。又如在区块链发明专利方面，据国家知识产权局统计数据，截至2018年10月17日，中国区块链专利公开数量为1551件，其中，湖北省63件，安徽省21件，江西省20件，湖南省9件，河南省8件，山西省2件，各省水平极不平衡。

（三）中部地区区块链产业发展硬件不过硬

何谓区块链产业发展硬件？前面已经有形象的比喻，区块链产业犹如一个人，企业是肌体，资金是血液，项目是骨架，技术是细胞，这四个方面相对地讲是“硬件”。而专利是手足，媒体是喉舌，人才教育是体魄，政策法律是大脑，是指挥系统，这些都非常重要，但可以归纳为“软件”。

从整体上相对而言，在区块链产业发展的 2018 年，中部地区的“软件”相对要强于“硬件”。这不仅是“软件”与“硬件”之间的不平衡、不协调，更主要表现在“硬件”过弱，发展力不从心，急需加大力度。比如，在区块链企业数量上，据工业和信息化部官方公布的数量，2018 年上半年中部地区仅 8 家，仅占全国的 2%；而在新增加区块链项目上更是仅有 1 项，占比不足全国的 1%。

四、西部地区观望与参与均半，省际发展不均衡

西部地区包括四川、贵州、云南、西藏、陕西、甘肃、宁夏、青海、新疆九个省、自治区。这一地区因开发较晚，经济发展和技术管理水平与东部差距很大，特别是在区块链发展水平上，差距更大。

西部地区在区块链发展水平状况上不仅与东部地区差距极大，与中部地区整体水平上也有一定有差距。其中，最大的差距就是中部地区所有省区基本上都在行动，至今还在观望的基本上没有。西部地区共有九个省区，其中西藏、甘肃、宁夏、青海四个省区还在观望，不论政府部门，包括企业及其他部门，2018 年这四个省区基本还没有介入区块链领域。

另一方面，西部地区的四川省、贵州省、陕西省三个省区的区块链产业，2018 年在政策环境、企业规模、资金实力、创新能力、产业应用等综合方面，处于全国中上等水平，特别是四川省和贵州省，基本上可以进入全国前十名省市，而中部地区基本上没有一个省区进入前十名。这也与工业和信息化部下属的赛迪（青岛）区块链研究院发布的《中国城市区块链发展水平评估报告（2018 年）》的评估结果一样，贵阳、成都、重庆这三个西部城市被测算入选为第二梯队，而中部地区没有一个城市入选第二梯队。

第八章

“十三五”中期中国区块链的生态情况

生态环境是区块链生存和壮大的前提条件，是实现区块链创新发展的土壤和根基所在；而安全则是保证生态的主要手段和根本途径。本章在对区块链产业生态进行概述与全球区块链生态概况进行介绍的基础上，系统地探讨和论述了“十三五”中期中国区块链产业宏观和微观生态情况，并针对存在的问题，提出了对策思路和政策建议。本章还对“十三五”中期中外区块链产业的安全情况进行了阐述，并提出了宏观思路和微观对策。

第一节　区块链产业生态概述与全球区块链生态概况

一、区块链产业生态概述

（一）区块链产业生态是一项开放系统，应用场景极其广阔

生态就是指一切生物的生存状态，以及它们之间和它们与环境之间环环相扣的关系。生态的产生最早是从研究生物个体而开始的，"生态"一词涉及的范畴也越来越广，人们常常用"生态"来定义许多美好的事物，如健康的、美的、和谐的等事物均可冠以"生态"修饰。本章采用区块链产业生态，就是如此。

区块链产业生态和其他生态一样，是一项系统，且是开放系统，为了维系自身的稳定，生态系统需要不断输入能量，否则就有崩溃的危险。同时，区块链产业生态系统的范围可大可小，相互交错。

区块链的应用场景是极其广阔的，可以深入到生活中的方方面面，未来的应用趋势是"各种技术 + 区块链"的方式，例如，区块链和人工智能、大数据、物联网和云计算等新技术的联合。截至 2018 年 4 月 20 日，BlockData 已经收录 18 个细分行业的 1242 个区块链项目，而且这个数字每天都在增长。这都与区块链产业相关联，都属于区块链产业的生态系统范畴。

（二）区块链产业生态有广义和狭义、宏观和微观之分

区块链产业生态系统有广义和狭义之分，也有宏观和微观之分。一般来说，广义的区块链产业生态系统大多是宏观的，而狭义的区块链产业生态系统大多是微观的。

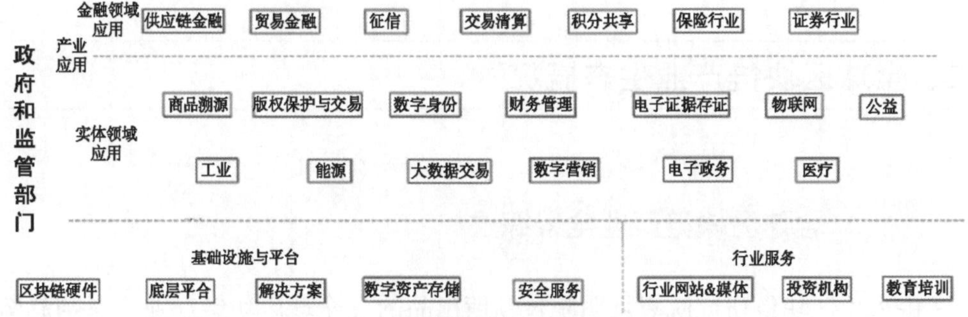

图 8-1　区块链产业生态地图

数据来源：链塔智库、中商产业研究院整理

广义的区块链产业生态系统，包括区块链产业的主体和客体、宏观和微观、直接和间接等各个方面的对象、范围和内容。仅从区块链产业链条上考察，从上游的硬件制造、平台服务、安全服务，到下游的产业技术应用服务，到保障产业发展的行业投、融资，媒体，人才服务，各领域的公司，等等，都属于区块链产业的要素，都需要完备、协同有序，才能推动产业不断前行。

狭义的区块链产业生态系统，主要指涉及区块链产业主体方面最直接的、微观的对象和内容。比如，与区块链产业直接相关的政策，企业，园区，社区，投、融资，专利，人才，教育，媒体，智库，技术，实用等具体内容。又如，金融、企业服务、文化娱乐、研究院、区块链概念上市公司等五个领域，是区块链创业集中度最高、资本最集中、落地应用最多的领域。

2016 年赛智时代发表《2016 中国区块链产业发展报告》对区块链产业的生态描述是："基于已有的区块链的特点、应用的发展历程和区块链的类型，区块链的产业生态主要分为基础设施和服务、中间服务层、应用服务层和辅助服务四部分。其中，基础设施和服务，主要提供数据存储与全世界传输、安全体系、算法与协议、硬件设置和矿工及设备等服务，包括部分产业联盟和研发平台。中间服务层，主要提供区块链软件基础服务等，包括区块链服务和 API 及其他。应用服务层则把区块链技术应用在不同场景，包括金融、数字资产、存证应用等。辅助服务则是新闻资讯和孵化等，包括咨询、社区平台和孵化器等。"

二、全球区块链产业生态概况

（一）全球区块链产业全景综述

由火币区块链研究院袁煜明院长领衔出品的《全球区块链产业全景与趋势年度报告》中指出，"十三五"中期系数字资产市场由狂热到理性时期，尤其是2018年，二级市场各项数据均大幅下滑，并传导至一级市场。同年，比特币链上活跃度亦大幅下跌。但算力、挖矿难度等核心指标依旧健康，仅有年底受市场破位下跌带来部分矿工离场所导致的小幅下滑，整体全年仍呈波动上涨态势，熊市更多是就"市场"层面而言。

"十三五"中期也是全球数字资产市场转型时期，尤其是2018年，五大转型正在发生：①资产发行主体由民间扩大到国家；②资产发行合规化，证券类通证发行目前领先DAICO；③交易市场类金融化，交易标的向衍生品、指数化产品拓展；④清结算向稳定币方式转变；⑤市场参与者主体机构化。

"十三五"中期还是数字资产市场合规化时期，尤其是2018年，三种态势正在形成：①监管体系逐步明朗，"牌照＋沙盒＋行业自律"雏形初现；②"分类监管"正逐步让位"无差别监管"；③联合监管从以欧盟为首的区域经济体开始。以合规交易所、合规托管、证券类数字资产、稳定币为支柱的"合规基础设施"发展迅速。

区块链产业板块的变化：①硬件与基建层：新纳米矿机销售不理想，矿场、矿池面临盈利压力，部分PoW币种算力下降威胁区块链安全；②平台与基础层：公链降温，市场对TPS追求回归理性；③通用技术层：公链生态推进带动开发者工具发展，其中EOS发展迅速；④垂直应用层："区块链＋"逐步开展，并在构建信任、数据自治与价值化及通证激励等场景加速落地；⑤周边服务层：交易平台社区化管理模式、云交易所开始出现，钱包交易所雏形显现。

区块链技术层面的变化：①2018年系扩展性解决方案大年，形成了Layer0、Layer1和Layer2的三层模型；②隐私性解决方案方面，基于MimbleWimble的匿名货币Grin和Beam大热，部分新的加密智能合约、密文数据计算项目出现；③2018 年，跨链功能已成公链项目标配，跨链资产互换也正向跨链资产转移发展，另外，主动型跨链、被动型跨链开始落地；④以 DAG 为首的其他分布式账本技术领域，开始积极探索融合智能合约等可编程功能的可能性。

《全球区块链产业全景与趋势年度报告》对 2018 年十大重要事件做了盘点：①EOS. IO 掀超级节点竞选热潮，DPOS 机制受热捧；②“交易即挖矿”模式的兴与衰；③EOS Ram 启示，人机交易/IBO 雏形，但 IBO 未如期爆发；④Fomo3D 引发游戏 DApp 思考；⑤传统巨头开始布局区块链领域；⑥区块链公司拥抱传统资本市场；⑦USDT 面临信任危机，合规稳定币出世，而算法稳定币出师不利；⑧监管不再限于纸面，落地执行开始，并以美国为典型；⑨谁是真正的信仰者，从 BCH 分叉看公链治理；⑩安全、黑客事件频发，区块链安全隐患显现。

《全球区块链产业全景与趋势年度报告》还对 2019 年作出了十大预测：①缺少造富效应，融资项目出清，2019 年市场寻底后将宽幅震荡；②ETF 不会一帆风顺，但个性化衍生品将持续涌现；③公链改良循序渐进，然性能已非痛点，有效场景才是；④一站式区块链部署或成新宠，跨链互通催生区块链落地多样性；⑤Web 3. 0 到来，5G 和基于 IPFS 的分布式存储成重要推动力；⑥矿业金融化变革推动洗牌，改弦更张者上位，抱残守缺者离场；⑦传统应用掀 DApp 化浪潮，崭新流量世界将浮出水面；⑧资产通证化案例涌现，通证锚定权利逐渐丰富，但规模化仍存障碍；⑨稳定币从交易转向应用和支付，基于稳定币的“PayPal”将会出现；⑩主流国家监管持续优化，示范效应引多国效仿，牌照、沙盒将普及。

（二）全球政府针对加密货币的监管态度

随着区块链快速发展，新业态层出不穷，由此带来的金融风险和监管不匹配等问题逐渐显现，如何平衡区块链创新和监管成为各国面临的难题。目前具有示范性的三类监管方式，分别是沙箱制度、代币分类监管以及行业准入资格管理。

1. 监管沙箱制度

率先采取监管沙箱的国家包括英国、新加坡、澳大利亚，三个国家在具体实行时又有其各自的特点。监管沙箱本质上是金融产品创新的测试机制和消费者保护机制以及激励机制的结合体，具体运作过程总体上分为申请、评估和测试三大流程。在监管沙箱制度下，企业首先要进行沙箱申请，通过评估后再进入监管沙箱测试，即在市场隔离的条件下小范围进行消费推广。但通过测试并不意味着产品或服务可以直接进入市场，若企业想要全面推广其产品或服务，仍需要获得监管许可并符合诸多监管标准。

	英国	新加坡	澳大利亚
特点	注重创新和消费者保护（不仅限于金融科技）	打造Fintech生态	注重时间效率和风险控制
监管主体	FCA：金融行为监管局（不仅限于证券）	Mas：金融管理局（不仅限于证券）	ASIC：证券投资委员会
沙箱周期	FCA在1-3月答复申请，要求有3-6个月测试期	收到申请后的21个工作日内审核，评估后测试	提交书面申请后公示，收到通知14天后测试
风险控制	发放限制性金融牌照保留中止测试的权力	提供明确的空间和时间要求有适当的保障措施	

图 8－2　实行监管沙箱的典型国家

资料来源：《全球区块链产业全景与趋势年度报告》

英国金融行为监管局（FCA）在2016年最早提出“监管沙箱”，拟在限定的范围内简化市场准入标准和流程，在确保消费者权益的前提下允许金融科技创新企业或业务快速落地运营，并根据测试情况决定是否准予推广。

监管沙箱这一工具建立时并不是专门用于区块链监管。监管沙箱能够降低创新测试门槛，并确保创新测试带来的风险不从企业传导至消费者，对于监管区块链这种新型的颠覆式创新特别适用。继英国之后，新加坡和澳大利亚也开展了监管沙箱的方式，并公开接受区块链项目的测试申请。

从隔离测试的程度来说，英国沙箱的测试周期虽然长达3－6个月，但是有利于保护消费者。英国FCA要求进入沙箱的企业必须对客户履行信息披露义务，并保证消费者享有服务补偿计划（FSCS）和金融申诉服务（FOS）的保护。在申请阶段，企业还需要向FCA证明拥有客户偿付的资金实力。

各国沙箱的相同之处在于，监管主体都是当地金融监督管理部门，主要依照金融产品和服务测试的标准开展工作。不同之处在于，各国在各操作流程的监管强度不一。澳大利亚的模式最为宽松和灵活，整个流程周期也最短，申请者以书面进行项目说明后，信息会在ASIC网站上公示，并由ASIC书面通知测试开始的日期。在发送通知的14天后企业就可以开始测试，企业只需要在测试结束后提交报告并被ASIC确认可行就可以推广。相较而言，新加坡的沙箱审核周期介于英国和澳大利亚之间，对企业的测试期也有时间要求，侧重于Fintech应用。

2. 按项目属性分类监管

分类监管是指将不同形态的区块链应用，按照其不同的业务属性，厘清其金融业务的本质，有针对性地建立不同的监督体系。瑞士、新加坡和美国都采纳了分类监管的制度，构建具有层次的区块链监管环境。

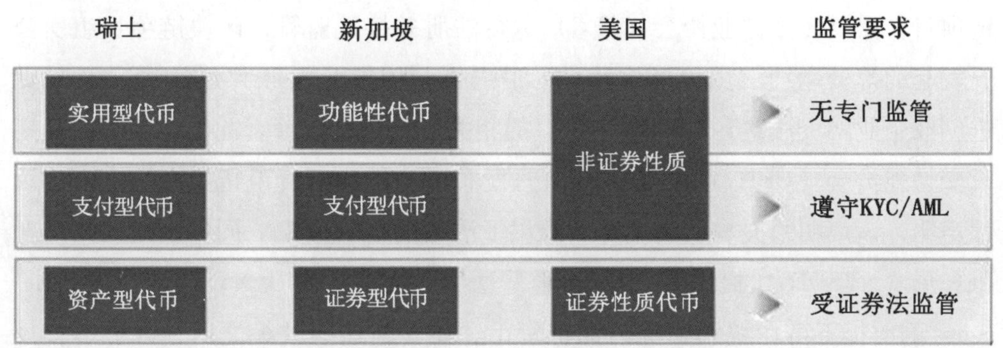

图8-3 代币发行的不同类型和监管要求

资料来源：《全球区块链产业全景与趋势年度报告》

根据瑞士、新加坡的代币管理规定，代币具体可以划分为三类，即支付用途的代币、实用类型的代币和证券属性的代币。实用类代币意于提供对应用或服务的数字化获取渠道的代币，若不构成投资行为，不作特别监管；而支付类代币作为货物、服务的支付手段，或货币、价值转移的方式，需要受《反洗钱法》的监管；资产类代币是监管得最严格的，因为其代表了发行方的债券或股权，受《证券法》的监管。

虽然多国都采用了分类监管机制，但是在代币的具体管理上，各国监管态度又略有不同。分类监管最明晰的是瑞士。除了对代币分类有明确的定义之外，瑞士金融市场监督管理局（FINMA）发布的ICO指导文件还基于分类定义规定了各类别代币的监管要求，并且还特别说明，虽然划分了三种类型，但也可能存在混合形式的代币。新加坡最为灵活，官方表示，目前还没有证券型的代币出现，无需进行监管。美国则主要侧重于对证券性质代币的测试，一旦加密货币构成证券法所规定的产品，则数字代币的发售或发行就必须遵守所适用的证券法，并依法完成信息披露、注册和获得监管方许可的义务。

3. 行业准入资质管理

资质管理是指对于要进入流通的加密货币项目，当局要求其在满足准入门槛，并获得经营资格后，再进入市场。特别是确定分类管理适用的监管框架后，对其进行信息披露、注册批准环节的监管覆盖是保护市场各方参与者权益的必要条件。资质管理制度在美国、日本等严格监管的国家发展得较为成熟。

美国由宽松转向严格管理最突出的变化，就是对市场主体的准入资格提高了要求。区块链项目发行首先要通过证监会的测定，被认定为证券性质的区块链项目，需要在证券业协会（SEC）进行注册并接受监管，区块链项目组所公开发起的筹资邀约、竞价形式及交易退出机制均参照《联邦证券法》及《促进创业企业融资法案》（JOBS 法案）的相关规定进行监管。此外，美国商品期货交易委员会（CFTC）在 2018 年 5 月发布了一份加密货币衍生产品上市建议性声明，该声明给交易所和结算所提供了清晰的监管信息。同年，纽约州金融服务局（NYSDFS）提出 BitLicense 监管法案，交易所在从 NYSDFS 获得 BitLicense 的前提下可在纽约州交易加密货币。在实施这些政策之后，许多不合规的交易所和欺诈性的项目都因为不符合监管部门的要求而被强制下架了。

日本国会的《资金结算法》修正案也限定了严格的市场准入条件。修正案规定，任何主体未经监管当局注册登记，不得开展加密货币交易服务，否则将受到罚金或有期徒刑的刑事处罚。在申请人出现法定的不适当事由时，监管当局应当拒绝注册登记申请，修正案和配套法令规定的拒绝注册登记事由包括：不满足审慎性条件——具体要求为资本金不低于 1000 万日元且净资产额不为负，以及提交的资料形式不适当、主体资格不适当、内部体制不足以实现合规等。

采取行业准入资质管理的国家，通过立法要求明确了加密货币合法的业务范围和经营资格，从而更好地规范了行业生态。这一制度对比监管沙盒更为严格，更适用于市场创新涌现、亟待增强监管的国家。

以实际应用来看，行业监管在相应的阶段上会进行动态调整。以新加坡货币管理局为例，其在动态监管上的经验值得借鉴，其监管政策的发展经历了初期试水、正式出台和全面认识三个阶段。初期试水阶段，新加坡货币管理局（MAS）学习了英国的监管沙箱制度，对金融创新给予了极大力度的支持，给区块链企业提供了创新空间。在正式出台声明阶段，当局要求申请方依据《证券期货法》和《财务顾问法令》获取相应牌照，并符合反洗钱、反恐怖融资的要求。全面认识阶段，政策表明只对证券类货币监管，给功能性加密货币放行。但也会评估项目不同类型的风险，思考相应的监管措施，确保不扼杀创新。

第二节 “十三五”中期中国区块链产业宏观生态情况

一、2017 年前中国区块链产业宏观生态情况

（一）区块链成为全国上下关注的热点，总体发展态势迅猛

2017 年前，中国政府、金融、互联网、农业、IT 和制造业等积极投入区块链技术的研发和应用推广，主要原因基于以下三点。

1. 国家层面高度关注

中国首次将区块链技术作为战略性前沿技术列入《“十三五”国家信息化规划》，其中明确提出：“要加强区块链等新技术基础研发和前沿布局，构筑新赛场先发主导优势。”2014 年，中国央行成立专门的关于发行法定数字货币的研究小组。直至 2016 年年初，央行在数字货币研讨会上首次对外公布发行数字货币战略，减少非法定数字货币对中国货币体系乃至金融体系稳定性的冲击。2017 年年初，央行取得重大阶段性成果。央行研制的基于区块链的数字票据交易平台测试成功，旗下的数字研究所也将正式挂牌。2016 年 10 月，工业和信息化部发布了《中国区块链技术和应用发展白皮书（2016）》，从国家层面为我国区块链技术和应用发展指明方向。

2. 部分城市积极尝试一些特色试点行动

贵阳发布《贵阳区块链发展和应用白皮书》；广东佛山打造了全国首家基于区块链的电子政务服务平台；中国首个区块链金融产业沙盒园落户赣州。

3. 区块链在公众社会各领域关注度逐渐提高

如图 8 -4，2014 至 2017 年 8 月期间，区块链用户搜索数据逐渐上升，区块链传播范围突破早期行业的小众市场，真正进入公众和社会各领域的视野中。

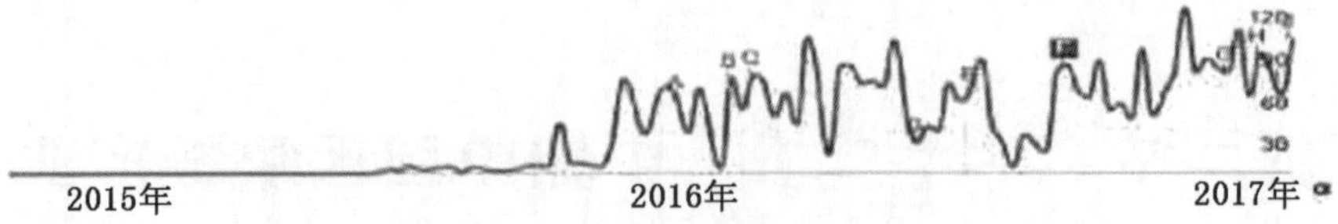

图 8 -4　2015 -2017 年区块链舆情分析媒体指数

资料来源：百度指数 2017. 08

（二）产业呈现高速发展，企业数量快速增加

截至 2017 年年底，我国以区块链业务为主营业务的区块链公司数量已达 434 家，初步形成产业规模。

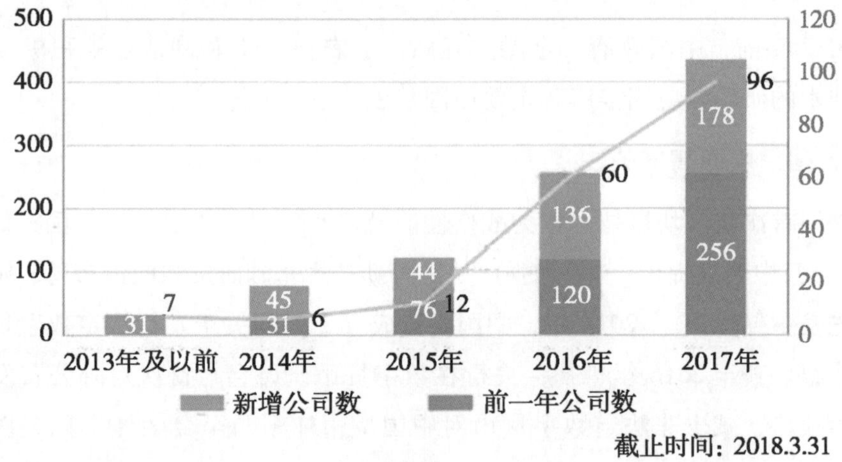

图 8 -5　2013 -2017 年中国区块链产业新成立公司数量

资料来源：工业和信息化部信息中心

从中国区块链产业新成立公司的数量变化来看，2014 年该领域的公司数量开始增多，而 2016 年新成立公司数量显著提高，超过 100 家，是 2015 年的三倍多。2017 年是近几年的区块链创业高峰期，由于区块链概念的快速普及和技术的逐步成熟，很多创业者涌入这个领域，新成立公司数量达到 178 家。

股权投资情况可以较好反映社会资本对于产业的关注和支持力度。涉及区块链公司股权投资事件数量为249起。从2016年开始，区块链领域的投资热度出现明显上升，投资事件达到60起，是2015年的五倍。2017年是近几年区块链投资的高峰期，投资事件数量接近100起。

（三）政策扶持力度加大，推动区块链产业发展

据链塔智库联合清华大学互联网产业研究院不完全统计显示，2016年第三季度至2017年年底，我国共发布区块链相关政策文件84份。其中，2016年20份，2017年64份。政策文件的高密度发布显示出国家对区块链产业发展的高度重视。

1. 中央政府直接支持区块链的相关政策

表8－1　2016－2017年国家部委发布的区块链相关政策

序号	时间	部门/机构	文件名称	说明
1	2016年10月	工业和信息化部	《中国区块链技术和应用发展白皮书（2016）》	总结了国内外区块链发展现状和典型应用场景，介绍了区块链技术发展路线图以及未来区块链技术标准化方向和进程
2	2016年12月	国务院	《国务院关于印发“十三五”国家信息化规划的通知》	“区块链”首次被作为战略性前沿技术写入《国务院关于印发“十三五”国家信息化规划的通知》
3	2017年1月	工业和信息化部	《软件和信息技术服务业发展规划（2016－2020年）》	提出区块链等领域创新达到国际先进水平等要求
4	2017年7月	国务院	《国务院关于印发新一代人工智能发展规划的通知》	促进区块链技术与人工智能的融合，建立新型社会信用体系，最大限度降低人际关系成本和风险
5	2017年8月	国务院	《关于进一步扩大和升级信息消费持续释放内容潜力的指导意见》	提出开展基于区块链、人工智能等新技术的试点应用
6	2017年10月	国务院	《关于积极推进供应链创新与应用的指导意见》	提出要研究利用区块链、人工智能等新兴技术，建立基于供应链的信用评价机制
7	2018年3月	工业和信息化部	《2018年信息化和软件服务业标准化工作要点》	提出推动组建全国信息化和工业化融合管理标准化技术委员会、全国区块链和分布式记账技术标准化委员会

资料来源：链塔智库

2. 国家部委出台支持区块链产业的政策

表 8 – 2　2016 – 2018 年国家部委发布的区块链相关政策

时间	政策名称	相关内容
2016 年 12 月 15 日	关于印发《“十三五”国家信息化规划》的通知	加强量子通信、未来网络、人工智能、全息显示、虚拟现实、大数据认知分析、新型非易失性存储、无人驾驶交通工具、区块链、基因编辑等新技术基础研发和前沿布局
2016 年 12 月 18 日	关于印发《软件和信息技术服务业发展规划（2016 – 2020 年）》的通知	人工智能、虚拟显示、区块链等领域创新达到国际先进水平。加快无人驾驶、虚拟现实、3D 打印、区块链、人机物融合计算等领域技术研究和创新
2017 年 1 月 13 日	《关于创新管理，优化服务，培育壮大经济发展新动能，加快新旧动能持续转换的意见》	创新体制机制，突破科研院所和学科管理限制，在人工智能、区块链、能源互联网、智能制造、大数据应用、基因工程、数字创意等交叉融合领域，构建若干产业创新中心和创新网络
2017 年 1 月 17 日	《关于进一步推动国家电子商务示范基地建设工作的指导意见》	推动示范基地创业孵化与科研院所技术成功转化有效结合，促进大数据、物联网、云计算、人工智能的发展
2017 年 1 月 19 日	关于印发《商贸物流发展“十三五”规划》的通知	推动使用自动识别、电子数据交换、货物跟踪、智能交通、物联网等先进技术装备，探索区块链技术在商贸物流领域的应用，大力发展智慧物流
2017 年 3 月 30 日	关于印发《云计算发展三年行动计划（2017 – 2019 年）》的通知	通过举办创客大赛等形式，支持中小企业、个人开发者基于云计算平台，开展大数据、物联网、人工智能、区块链等新技术、新业务的研发和产业化
2017 年 7 月 8 日	关于印发《新一代人工智能发展规划》的通知	促进区块链技术与人工智能的融合，建立新型社会信用体系，最大限度降低人际交往成本和风险
2017 年 7 月 26 日	《关于开展 2017 年电信和互联网行业网络安全试点示范工作的通知》	应用云计算、大数据、人工智能、区块链、机器学习以及安全可靠的密码算法（如 SM 系列算法）等技术，明显提升网络安全防护、威胁预警、事件处置的效果

（续表）

时间	政策名称	相关内容
2017 年 8 月 11 日	《关于开展供应链体系建设工作的通知》	重点推进二维码、无线射频识别（RFD）、视频识别、区块链 S1、对象标识符（OID）、电子结算和第三方支付等应用，推动追溯系统创新升级
2017 年 8 月 13 日	《关于进一步扩大和升级信息消费持续释放内需潜力的指导意见》	鼓励利用开源代码开发个性化软件，开展基于区块链、人工智能等新技术的试点应用
2017 年 9 月 18 日	关于印发《偿二代二期工程建设方案》的通知	跟踪云计算、大数据、人工智能、区块链等金融科技的发展趋势，开展监管科技的应用研究，积极探索新科技条件下新型的保险业审慎监管
2017 年 10 月 5 日	《关于积极推进供应链创新与应用的指导意见》	研究利用区块链、人工智能等新兴技术，建立基于供应链的信用评价机制
2017 年 11 月 19 日	《关于深化“互联网 + 先进制造业”发展工业现代互联网的指导意见》	促进边缘计算、人工智能、增强现实、虚拟现实、区块链等新兴前沿技术在工业互联网的应用研究与探索
2017 年 11 月 21 日	关于印发《网络零售标准化建设跨境工作指引》的通知	根据网络零售快速创新和跨界经营的特点，加强对分享经济、电商、社交电商等新模式，人工智能、虚拟现实、区块链等新技术，无人商店、无人机送货、近场支付等新服务的前瞻性研究，推动形成研究成果
2017 年 12 月 20 日	《关于推进邮政业服务“一带一路”的建设指导意见》	发挥行业内国家工程实验室科研机构作用，与沿线国家交流邮政业和互联网、大数据、云计算、人工智能及区块链等融合发展的经验，联合开展科技应用示范
2018 年 1 月 17 日	关于印发《知识产权重点支持产业目录(2018 年本)》的通知	确定了 10 个重点产业，细化为 62 项细分领域，明确了国家重点发展和急需知识产权支持的重点产业
2018 年 4 月 13 日	关于印发《教育信息化 2.0 行动计划》的通知	积极探索基于区块链、大数据等新技术的智能学习效果，记录转移、交换、认证等有效方式，形成泛在化、智能化学习体系，推进信息技术和智能技术，深度融入教育、教学全过程，打造教育发展国际竞争新增长

资料来源：链塔智库

3. 各地政府根据自身特点布局区块链

据不完全统计，截至2017年年底，中国一共有北京、上海、广东、浙江等18个省份（自治区和直辖市）发布了64条区块链政策（不含监管政策），远远超过2016年出台的24条。这些区块链扶持政策，极大地推进了区块链产业的创新成长和区块链企业的成立与发展。

4. 赋予区块链技术战略地位

2016年12月，国务院将区块链技术上升至国家战略层面，明确提出需加强区块链等新技术的创新、试验和应用，以实现抢占新一代信息技术主导权。目前，各地政府也纷纷从产业高度定位区块链技术。

表8－3　与区块链技术相关的政策

时间	政策名称	级别
2016年12月	《国务院关于印发"十三五"国家信息化规划的通知》	国家
2017年6月	贵阳市人民政府下发支持区块链发展和应用的试行政策措施	地方
2017年9月	关于印发《重庆市"十三五"信息化规划》的通知	地方
2018年2月	关于印发《河北省战略性新兴产业发展三年行动计划》	地方
2018年4月	国务院批复了《河北雄安新区规划纲要》	地方

资料来源：链塔智库研究

5. 推动区块链技术标准的统一

表**8－4**　推进区块链技术标准方面的尝试

时间	内容
2016年10月1日	工业和信息化部《中国区块链技术和应用发展白皮书》 首次提出我国区块链标准化路线图。结合区块链应用场景和技术架构，提出了区块链标准体系框架建议和技术发展路线
2017年5月1日	《区块链参考架构》发布 中国电子技术标准化研究院主导编制并发布了《区块链参考架构》，具体规定了四项内容： 对区块链参考架构涉及的用户视图和功能视图；用户视图所包含的角色、子角色及其活动以及角色之间的关系；功能视图所包含的功能组件及其具体功能以及功能组件之间的关系；用户视图和功能视图之间的关系。被认为是区块链领域的重要基础性标准，帮助行业参与者树立对区块链的共识，对推进国内区块链的标准化应用具有重要作用

（续表）

2017 年 9 月	区块链技术评测标准发布 中国信息通信研究院发布了可信区块链标准，共包括三个部分内容：《区块链技术参考框架》《总体要求和评价指标》和《评测方法》
2018 年 3 月 1 日	工业和信息化部信息化和软件服务业司发布公告将筹建全国区块链和分布式记账技术标准化技术委员会 目前公示期已结束，正在进入后续流程

资料来源：链塔智库研究

（四）区块链技术不断变革，基础产业规模日趋扩大

区块链作为一种颠覆性技术，正引领全球新一轮技术变革和产业变革，应用场景已从数字货币、矿机制造向金融、供应链、版权、医疗等领域渗透，推动“信息互联网”向“价值互联网”变迁。据中国电子学会数据统计，2017 年，全球区块链产业规模约为 52 亿美元，同比增长 136. 36% 。

中国《“十三五”国家信息化规划》中把区块链作为一项重点前沿技术，明确提出需加强区块链等新技术的创新、试验和应用，以实现抢占新一代信息技术主导权。截至 2017 年年底，中国区块链技术持续创新，区块链产业初步形成，2017 年年底，以区块链为主营业务的区块链公司数量达到 434 家，2017 年产业规模超过 20 亿美元。

2017 年中国区块链技术收入达到 0. 29 亿元，增长率达到 163. 6% ；随着区块链行业快速发展，包括百度、阿里巴巴、腾讯和京东在内的中国科技公司以各种方式利用区块链技术。

与此同时，区块链与人工智能、物联网等新技术的融合，不断拓展技术应用新空间，进一步释放创新创业活力。人工智能的发展要以海量大数据为基础，区块链可以确保数据的安全性和可信性。两者结合，逐步产生了更多新的应用，提供更广泛的智能应用。另一方面，中国区块链产业正处于高速发展阶段，创业者不断涌入，区块链应用加快落地，助推传统产业高质量发展，加速产业转型升级。区块链技术正衍生为新业态，成为发展的新动力，推动着新一

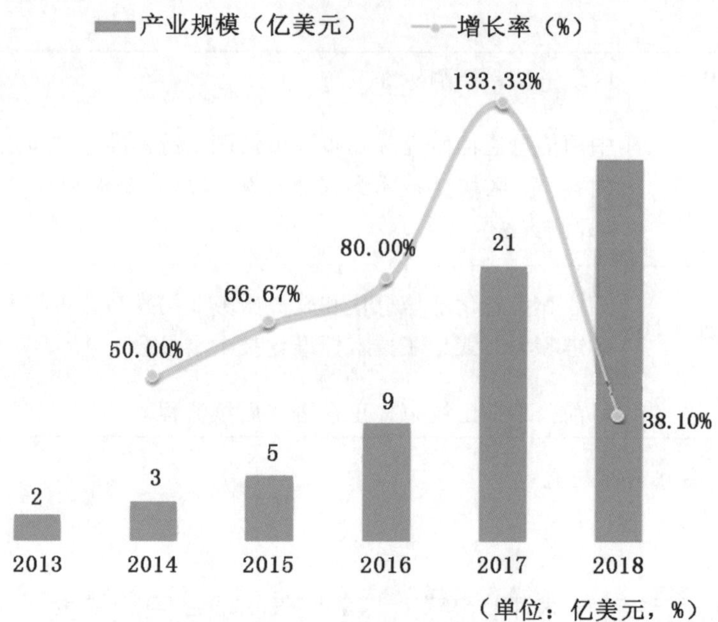

图 8－6　2013－2017 年中国区块链产业规模

资料来源：前瞻产业研究院

轮的商业模式变革，成为打造诚信社会体系的重要支撑。此外，此期间各地政府积极从产业高度定位区块链技术，政策体系和监管框架逐渐发展完善。

二、中国区块链生态初步形成

《经济日报》2018 年 5 月 31 日刊文称，截至 2018 年 3 月底，我国区块链产业生态初步形成，我国区块链产业链条已初步形成。2018 年 5 月 20 日，工业和信息化部信息中心发布《2018 年中国区块链产业发展白皮书》，白皮书深入分析了我国区块链技术产业发展现状，总结了我国区块链产业的发展特点，深入阐述了区块链在金融领域和实体经济的应用落地情况，并对产业发展趋势进行了展望。

（一）客观现状：区块链全产业链条已初步形成

截至 2018 年 3 月底，我国以区块链为主营业务的区块链公司数量达 456

家，从上游的硬件制造、基础设施、安全服务，到下游的产业技术应用服务，以及保障产业发展的行业投融资、媒体、人才服务，各领域的公司已经基本完备，协同有序，共同推动产业不断前行。

从公司的地域分布状况来看，地域分布相对集中，产业集聚效应明显。北京、上海、广东、浙江依然是区块链创业的集中地，四省市内的区块链企业占比超过80%。除此以外，中国区块链创业活跃度前十名的省份还包括江苏、四川、福建、湖北、重庆、贵州。

从区块链产业细分领域分布状况来看，截至2018年3月底，区块链领域的行业应用服务类公司数量最多，主要为金融行业应用服务的公司，数量达到86家，主要为实体产业应用服务公司数量达到109家。此外，区块链解决方案、底层平台、区块链媒体及社区领域的相关公司数量均在40家以上。

从融资轮次分布状况来看，区块链产业目前还处于早期阶段。有接近90%的投资事件集中在早期阶段（A轮及以前），另外有9%的投资事件属于战略投资，B轮融资及以后的投资事件占比仅为2%，区块链产业发展方兴未艾。

（二）当务之急：助推传统产业高质量发展

当前，区块链应用加快落地，助推传统产业高质量发展。我国区块链应用呈现多元化，从金融延伸到实体领域都有落地应用，涵盖供应链金融、贸易金融、征信、交易清算、积分共享、保险、证券等金融领域，以及商品溯源、版权保护与交易、电子证据存证、财务管理、精准营销、大数据交易、工业、能源、医疗、数字身份、物联网、公益、电子政务等实体产业领域。

实体经济产业领域是区块链技术应用落地的“主战场”，区块链技术的价值也将集中体现为落地产业场景后带来的价值增量。区块链技术已经开始与实体经济产业深度融合，并形成了一批“产业区块链”项目，迎来产业区块链“百花齐放”的大时代。

基于区块链系统数据可以被有效地确权，且数据要被多方验证，同时不可篡改的属性，可以较为有效地保障数据的真实性。这种数据上链的过程，称为“可信数字化”，有助于加速实现“产业协作环节信息化”。区块链技术为传统的实体产业提供了直接实现“可信数字化”的机遇。

（三）务必关注：区块链产业风险不可忽视

尽管区块链技术的正向价值逐步显示，但产业发展过程中仍然伴随着系列不可忽视的风险，亟需加以防范。

目前，区块链行业主要面临两类风险：一类是合规性风险。在区块链发展的早期阶段，出现了一批通过ICO（首次代币发行）进行非法集资、传销甚至是欺诈的项目。还有一些项目，本质上并没有真正利用区块链技术，只是打着区块链的旗号，获取与实际价值完全不相符的估值。另一类是技术层面的风险，诸如攻击、私钥和终端安全、共识机制安全，以及传统的网络攻击造成网络堵塞、分叉等，进而导致整个区块链系统的可信性受到质疑，给网络参与者造成严重损失。

此外，网络参与主体责任划分、账本数据最终归属、成本偏高、交易区块具有选择性等问题，也导致区块链技术落地应用时会面临较大风险。

（四）展望未来：区块链将成为建设"数字中国"的重要支撑

作为"价值互联网"的重要基础设施，区块链正引领全球新一轮技术变革和产业变革。我国区块链行业的技术创新正在加速，且在一些相关技术上处于领先地位。

下一阶段，我国将继续加快公链等价值互联网基础设施的建设，积极建设具有中国特色的区块链产业生态。区块链领域也随之成为创新创业的聚集地，技术应用在未来三年将在实体经济中广泛落地，成为建设"数字中国"的重要支撑。

此外，区块链将打造新型平台经济，加速"可信数字化"进程，带动金融"脱虚向实"，服务实体经济。同时，区块链监管和标准体系将进一步完善，违法违规的项目将会受到严格监管，从而共同创造出良好的发展环境，为产业区块链项目深入服务实体经济提供有力保障。

三、2018年中国区块链产业宏观生态情况

2018年，我国区块链行业政策环境显著优化，技术能力快速提升，行业应用逐步拓展；我国区块链行业秩序日趋规范，社会认识明显提高，区块链技术与产业进入快速发展时期。尽管如此，仍需关注区块链安全风险突出、核心技术亟待突破、区块链技术有待与实体经济深度融合发展、区块链人才缺口较大等问题，从而更好地推动区块链技术与产业健康、有序发展。

（一）2018 年中国区块链生态发展情况

1. 区块链技术创新不断涌现

2018 年，区块链技术尚不成熟，仍处于发展早期。关于区块链性能、隐私安全、可扩展等方面的技术创新正不断涌现。针对区块链性能问题，出现如下几类创新解决方案。一是并行的方式。例如，以太坊分片技术、墨客 MOAC 子链技术、Fabric 多通道技术。二是 DAG（有向无环图）方式。例如，区块链与物联网创新项目 IOTA 采用 DAG 技术使得区块链系统的可扩展性不再受到区块大小限制，仅取决于网络带宽、CPU 处理速度和存储容量等限制。三是优化共识算法的方式。例如，PoS 共识算法通过保持多中心情况下减少参与共识的节点的方式以获取性能的提升。四是链下扩容方式。例如，闪电网络、雷电网络等创新技术提高区块链处理交易能力，实现即时确认、低费用、高吞吐量的支付。针对区块链技术中隐私保护问题，业界提出了混币、环签名、同态加密、零知识证明、多方安全计算等创新技术方案。针对区块链可扩展和互联互通问题，业界提出了跨链的解决方案。主流的跨链技术有侧链/中继、公证人机制和哈希锁定三种方式，代表项目分别有 COSMOS、Ripple、Lightning network。随着学界和业界对区块链研究不断深入，区块链技术创新成果将不断落地。

2. 区块链底层平台竞争日趋激烈

根据赛迪全球公有链评估指数，仅作为评估对象的全球主流公有链平台已超过 30 个。实际上，全球公有链项目远超过这个数目，且数量上还在不断增加。不同区块链平台之间在设计理念和实现方面不尽相同，在区块链底层架构的标准尚未达成共识之前，区块链平台技术与应用的竞争日趋激烈。公有链方面，以以太坊、EOS 为代表的区块链平台在全球范围内具有极强的影响力，其技术与应用生态得到市场的认同。国内 NEO、公信宝、星云链等公有链项目提出了各自基础架构设计理念并予以实现，同时积极推进开源社区建设和应用生态完善。但相比国外优秀公有链项目，国内公有链平台仍处于跟随状态。联盟链平台方面，IBM 的 Fabric 已成为联盟链技术平台的典范。基于 Fabric 的行业解决方案已在金融、供应链、存证、物流等诸多领域得到广泛应用。国内微众银行、万向区块链及矩阵元三方共同开发了 BCOS 区块链开源平台，提供企业级应用服务。区块链 BaaS（区块链即服务）平台方面，国内互联网巨头纷纷进行战略布局。2017 年 4 月，腾讯发布区块链白皮书并推出可信区块链 Trust SQL；2018 年 3 月，京东全面启动了区块链技术在业务场景中的应用探索与研发实践；2018 年 8 月，阿里云宣布发布企业级 BaaS 平台，支持一键快速部署区块链环境，实现跨企业、跨区域的区块链应用。据不完全统计，截至 2018 年 11 月，已有 9 家大型互联网企业发布 BaaS 平台。

3. 区块链相关标准加快推出

我国在区块链相关标准建设方面已有一定基础，部分标准化组织、联盟协会、研究机构已将区块链标准化提上议事日程，开展了组织建设、标准预研等一系列工作，并取得了一定进展。在区块链技术架构标准方面，首个区块链标准《区块链参考架构》于 2016 年颁布。在 2017 年 11 月 ISO/TC 307 第二次会议上，在国际标准化组织（ISO）有关区块链术语和概念、参考架构、分类和本体等八项国际标准立项中，我国分别承担了分类和本体的编辑以及参考架构的联合编辑职务。同时，由中国主导，开展名为区块链和分布式记账技术中的数据流动和数据分类的新工作项目研究。2018 年 1 月，《信息技术区块链和分布式账本技术参考架构》作为区块链领域的首个国家标准获批立项。区块链安全标准方面，2018 年 4 月，全国信息安全标准化技术委员会开展了对《区块链安全技术标准研究》项目的立项评审工作。2018 年 11 月，《区块链平台安全技术要求》行业标准立项并起草，将明确区块链平台面临的主要威胁和安全体系架构。

4. 区块链应用效果逐步显现

随着区块链技术不断发展，产业链不断完善，社会认知逐步提高，场景日益丰富，区块链应用效果逐步显现，这主要体现在两个方面。一是区块链率先应用于如跨境支付、数字内容版权、电子存证等天然数字化的场景之中。跨境支付方面，支付宝推出首个基于区块链的跨境汇款服务；数字内容版权方面，百度、360 分别上线基于区块链技术的原创图片认证平台——图腾、图刻；纸贵科技构建了专业的全类型版权存证平台；腾讯基于区块链技术，实现游戏道具等虚拟数字资产确权和保护。电子存证方面，杭州上线全国首个电子证据平台和司法区块链，解决电子证据存取证难题；北京互联网法院在受理著作权权属、侵权纠纷的案例中使用了区块链取证存证技术。二是区块链应用于传统行业多方协作场景中。区块链技术实现数据公开、透明、不可篡改和可追溯，降低参与各方的信任成本，提高了协作效率，在供应链金融、溯源等需要多个参与方协作的业务领域得以深入应用。例如，腾讯推出了区块链供应链金融解决方案，并已经有多个项目落地。京东“跑步鸡”项目，利用区块链等技术溯源跑步鸡养殖、屠宰、检验检疫、仓储、运输全程信息，并可通过 App 查询，形成全流程追溯信息数据闭环。

5. 区块链产业规模快速增长

根据赛迪区块链研究院调研相关厂商和业内专家，同时对国家工商总局企业信息查询平台中专业从事区块链底层技术、应用产品、技术服务方面的企业进行查询统计，2018 年上半年，我国提供区块链专业技术支持、产品、解决方案等服务，且有投入或产出的区块链企业共 425 家（除去加密数字货币相关企业、大型企业在各地注册的子公司，不以区块链技术服务为主营业务方向的公司，以及注册后尚未有投入产出的公司等），产业规模达到 4.5 亿元。2018 年，大型 IT 互联网企业纷纷布局区块链，初创企业进入井喷模式，投、融资频次及额度剧增。随着国家有关部委规范行业发展的相关文件相继出台，全国各地政策支持力度加大，区块链技术与产业发展的良好氛围逐步形成。

随着区块链技术的应用场景迅速拓展，人才、资本和技术资源向区块链行业不断汇聚，预计 2019 年具有投入产出的区块链企业超 600 家，产业规模有望超 8 亿元。

（二）需要关注的几个生态环境问题

1. 区块链安全问题日益突出

区块链核心技术、机制和应用部署等方面均存在诸多安全隐患，不法分子利用相关漏洞实施攻击，安全风险事件频出。本报告将区块链安全问题分为区块链技术安全、区块链生态安全、区块链使用安全和区块链信息安全四类。区块链技术安全方面，主要是区块链本身核心技术或机制不完善造成的，包括共识机制和智能合约逻辑漏洞、密码算法安全、P2P 网络机制安全等。由此带来的安全攻击有 51% 攻击、女巫攻击、双花攻击、日食攻击等。2018 年 5 月，比特币黄金（BTG）遭遇 51% 双花攻击，损失 1860 万美元。同月，360 公司 Vulcan（伏尔甘）团队发现了区块链平台 EOS 的系列高危安全漏洞，引发市场哗然。区块链生态安全方面，主要是指区块链产业生态中各种安全问题。例如，加密数字货币交易所、矿池、网站遭受 DDoS 攻击，钱包面临 DNS 劫持风险，以及交易所安全管理策略不完善或不当导致的各种信息泄漏、被钓鱼、账号被盗等。2018 年 3 月，世界大型交易所的"币安"被黑客攻击，大量用户账户被盗。区块链使用安全，主要是指用户使用区块链应用面临的潜在安全问题。例如，私钥管理不善，遭遇病毒木马、账户窃取等。区块链信息安全方面，主要是不法分子利用区块链技术不可篡改特性将非法信息或文件上链所导致的安全监管问题。2018 年 4 月，北大网友将颇具争议的公开信《向校方申请公布涉性侵丑闻的教授沈阳调查的少量问题》永久性记录至以太坊，引发社会关于区块链信息安全监管讨论。总的来看，区块链安全事件呈高发态势，需要格外引起注意。

2. 区块链关键技术亟待突破

中国区块链企业主要吸纳国外开源社区的区块链研究成果，自主研发的区块链平台并不多，仅有国内少数企业自主研发出 CITA、Bubichain、BROP、BCOS、ChainSQL 等平台，多数企业基于比特币、以太坊、超级账本等国外开源区块链产品进行开发和完善。尽管 2018 年中国区块链专利位列世界第一，但整体价值不高，大部分企业围绕加密数字货币、钱包、存证溯源等应用层开展研发工作，较少涉及区块链关键技术。实际上，区块链平台性能不足、安全不够、难以互联互通等问题对共识算法、密码学、跨链等关键技术的突破提出了更高的要求，从目前区块链最新技术理念和解决方案来看，如 PoS、DPoS 共识算法，分片、零知识证明、DAG、侧链、闪电网络等技术方案，大多数是由外国技术社区提出，国内技术社区进行跟随和模仿，极少属于中国自主原创或提出。中国亟待在区块链关键技术方面有所突破，进而推动区块链技术在更大规模的商业场景中落地。

3. 区块链有待与实体产业深度融合

一是区块链基础设施尚未完善，尚未真正诞生诸如微信、支付宝等杀手级应用。社会大众对区块链的认知仅停留在比特币等加密数字货币层面，在实际生产、生活中接触较少，导致区块链对人们生产、生活方式影响程度较低。二是未能真正发挥区块链在技术、理念、模式等方面的创新优势。当前，多数区块链应用主要在区块链数据不可篡改这个特点上做文章，对于区块链去中介化、可追溯、去信任、共协作、激励机制等方面的创新探索，以及对"区块链其他新兴技术”融合应用发展的研究还远远不够。实际上，对于上述关键点的研究和探索，有助于区块链技术找到与实体产业深度融合的新逻辑、新方法和新模式，解决实体产业存在的痛点。三是由于区块链系统开发、推广、部署等成本较高，相关安全评估、检测等技术手段不完善，存在一定安全风险隐患，区块链仅在部分行业得以小规模应用，尚未形成大规模应用趋势。

4. 区块链人才缺口较大

我国区块链相关人才严重不足，尤其是2018年以来，区块链作为新兴领域，初创公司大量涌现，人才需求更加旺盛，而专业培训相对落后，人才不足现象更加显著。根据各大招聘网站招聘和信息咨询业界权威人士，初步估算，我国在区块链技术研发、产品测试、应用推广、销售及综合管理等方面的人才缺口数达十万人。当前全国仅有清华大学、北京航空航天大学、浙江大学、上海财经大学、同济大学、西安电子科技大学等少数高校开设区块链相关课程。实际上，区块链知识体系覆盖网络技术、密码学、数据库、经济和金融等多个领域，国内尚未形成行之有效的人才培养体系，导致人才总量和结构远远不能满足市场需求。既懂区块链底层技术，又懂区块链架构和经济模型设计的复合型、专业型、创新型人才严重缺乏。

（三）应采取的对策建议

1. 加强安全技术研究，构建区块链安全风险应对能力

（1）提高区块链安全风险防范认识，组织力量对区块链安全风险问题展开持续性和常态化研究。根据区块链技术特点和发展变化，对区块链技术、应用潜在风险，以及不断变化的攻击手段和方式，展开持续性跟踪和分析，研判安全风险发展趋势，增强安全风险防范意识。

（2）研究制订区块链技术、平台、应用生态的安全技术要求、安全标准。明确区块链技术、平台、应用生态面临的主要威胁，以及相应的安全体系架构，针对各关键模块提出安全技术要求，形成区块链安全标准体系。

（3）深入研究区块链安全风险检测和应对技术。针对区块链核心技术与机制、平台架构、应用部署等不同类型的潜在安全问题，研究覆盖区块链编码、运行、部署和管理各个环节的应对解决方案。如智能合约代码审计、漏洞检测、入侵行为分析等安全技术手段。

2. 提升自主研发实力，加速区块链核心技术突破

（1）集聚产学研用等多方资源，支持高校和科研院所建设区块链创新实验室和研究中心，密切跟踪国际区块链技术的发展前沿动向，建设基础性的区块链技术研发平台，加快推进非对称密码技术、共识算法、分布式计算与存储等核心技术的创新演进，降低区块链技术应用落地难度。

（2）支持开源区块链项目发展，引导企业加大对全球区块链共性基础技术资源的整合和利用，支持我国企业或组织主导全球区块链项目创新发展。

（3）加大资金投入力度，支持区块链、软件和信息技术服务、互联网企业和研究机构的联合创新，加强区块链核心技术研发攻关，推动区块链核心技术突破。

3. 加强试点示范，促进区块链与实体产业深度融合

积极开展区块链产业试点示范工作，树立典型，形成示范效应，促进区块链技术与实体产业融合发展。

（1）组织开展面向金融领域的区块链技术应用示范，探索在加密数字货币、跨境支付、票据管理、供应链金融等领域形成安全可靠的解决方案，形成一批可复制、可推广的典型案例。

（2）在农业、能源、物流、制造等领域以产品溯源、确权认证、供应链管理等方向为突破口开展行业专项应用试点示范，提升区块链技术的行业应用水平。

（3）在民生服务、社会治理领域开展区域性示范工程，培育形成社会服务和管理的新模式、新手段。

（4）重点面向数据开放与交易、权力运行与监督、个人隐私与保护等应用场景，组织实施具有代表性的区块链技术应用工程，形成可复制、易操作的区块链技术应用示范平台。

（5）鼓励行业龙头企业加强区块链技术与既有产品或服务的融合创新，构建成熟的区块链应用产品体系及行业解决方案，带动上下游企业提高区块链技术应用的积极性。

4. 完善区块链人才培养机制，建设区块链人才队伍

目前我国区块链人才严重短缺，亟待完善区块链人才培养机制，加快人才队伍建设。

（1）围绕区块链技术发展和应用需求，构建深层次、多渠道的区块链人才

立体引进网络，支持高校和职业院校设置区块链技术应用相关专业，依托区块链实验室、人才实训基地，加快培育区块链技术应用专业人才。

（2）依托科技园区、创业创新基地，针对科研人员、高校学生，特别是高层次人才，鼓励开展区块链技术应用孵化项目，加速区块链技术应用的实施落地。

（3）注重高端技术人才培养，与国外著名高校、科研机构、知名企业等联合培养区块链硕士、博士等高层次人才，推进中外合作人才培养和引进项目。四是鼓励实力雄厚的区块链企业、互联网企业和金融企业创办“企业大学”，借助企业对区块链和新兴信息技术已有的基础，加快培养区块链系统架构师、开发工程师、测试工程师等实用型区块链技术人才。

第三节　“十三五”中期中国区块链产业微观生态情况

“十三五”中期，区块链技术逐渐从金融领域向非金融领域渗透，不断尝试与各种业态结合，现已应用于金融、游戏、公益、社交等多个行业。根据企业数量和成熟程度，本节以挖链网选择的金融、数字身份、游戏、溯源、公益、社交等六大行业来介绍区块链生态的发展现状。

图 8－7　区块链＋生态全景图

数据来源：Wind 资讯，挖链整理

一、区块链 + 金融

（一）行业背景：区块链与金融有天然联系，最有机会率先落地

2018 年世界经济论坛在一份报告中表示："科技革新在过去 50 年里大幅推动金融服务业的变革，区块链是开启下一次金融科技革命的领导型技术之一。"而在早前的一份报告中称："区块链技术在 2025 年前将带来超过 1 万亿美元的全球贸易融资额。"在金融领域中，区块链技术消除了交易中介存在的必要性、降低了交易成本；交易的结算与账本更新几乎是实时进行的，提高了交易效率；通过智能合约以及链外交互机制，带来了防窜改的自动化处理流程；而去中心化的存储及账本则成为保存数据的良好载体。金融领域无疑是区块链的最大应用场景，"区块链 + 金融"在过去一年中也取得长足的进展。

（二）从银行业看：我国银行业率先拥抱区块链技术，已有多个项目落地

1. 从发展规划看：多家银行迎合时代浪潮，积极推动区块链技术

根据不完全统计，12 家银行披露了当前与区块链的对接情况，其中有七家表示已有区块链项目落地，这也说明金融行业成为了率先拥抱区块链的行业之一。

表 8－5　12 家银行对接区块链一览

公司名称	公告	有无项目落地	公司对于区块链言论
北京银行	2016 年度股东大会会议材料	未披露	加强对互联网金融、大数据、区块链、投资联动等前沿领域的研究，进一步提升董事会决策的前瞻性、科学性和有效性，为打造百年老店夯实发展根基
中国太保	2016 年度股东大会会议材料	未披露	探索布局健康医疗、车联网、区块链等与保险主业相关的新技术、新模式

（续表）

公司名称	公告	有无项目落地	公司对于区块链言论
中国民生银行	2016 年年度股东大会、2017 年第二次 A 股类别股东大会和 2017 年第二次 H 股类别股东大会会议文件	未披露	面对移动互联、大数据、区块链、云计算等新技术带来的机遇，董事会高度重视信息科技的影响，主动拥抱新技术、新思维。董事会将下大力气进行互联网战略的整体部署
			从宏观、中观、微观三个层面全方位开展研究，聚焦行内业务发展，前瞻性地开展了商业银行系统性风险管控、利率汇率走势研判、区块链等新兴科技对银行业的影响等五项重大课题研究以及 60 多项专题研究，促进了董事会科学决策和科学发展
中国银行	2017 年半年度报告	有	积极适应数字化时代发展浪潮，开展人工智能、生物识别、区块链、量子通讯等新兴技术发展与应用研究
			进一步加强金融科技创新力度，成功推出贸易融资区块链，并完成首宗应用案例
中信银行	2017 年半年度报告	有	积极探索智能化服务、营销及风险模式，加强大数据、区块链等新技术前沿研究和深层应用。2017 年上半年，本行成功推出基于区块链的国内首个信用证信息传输系统，与百度合作研发网点智能机器人
			积极推动金融科技创新，上线国内信用证信息传输系统，首次将区块链技术用于信用证结算领域，改变了银行传统信用证业务模式，在提高信用证业务处理效率的同时，利用区块链技术特点提高了业务的安全性
			积极拥抱金融科技发展，加速云计算、区块链、机器学习和大数据分析等新技术的研发与应用，持续推进分布式数据库研发，借力金融科技创新，不断改善金融服务体验
光大银行	2017 年半年度报告	有	应用区块链技术，研发推出用于“母亲水客”公益慈善项目的区块链公益捐款系统
中国农业银行	2017 年半年度报告	未披露	建立常态化新技术研究及应用机制，持续跟踪区块链、云计算、人工智能等新技术发展及行业应用

（续表）

公司名称	公告	有无项目落地	公司对于区块链言论
兴业银行	2017 年半年度报告	有	积极探索金融科技在银行经营管理中的应用，主动拥抱移动互联网、大数据、云计算、区块链等新科技手段，创新管理工具，提升资源配置效率
			在新技术应用上，注重对大数据、云计算、区块链等新技术的研究和应用，增强自身数字化经营能力和提升客户体验
			成功上线区块链防伪平台，已应用于合同防伪与票据见证代管业务，获得业内广泛关注与好评；继续用于 Gartner 专家资源，组织参与六次业务创新发展交流会，探讨区块链应用、人工智能发展、财富管理实践、核心系统数字化转型等主题
招商银行	2017 年半年度报告	有	报告期内，本公司通过促进金融科技创新，积极提升金融科技能力，推动移动互联、云计算、大数据、人工智能、区块链等新兴技术的创新应用，明确定位"金融科技银行"，对标金融科技企业，加快向"网络化、数据化、智能化"目标迈进
			已上线国内及亚太地区首个区块链跨境领域项目——跨境直联支付区块链平台，同时以移动支票打造企业移动支付结算业务新生态，截至报告期末，移动支票有效交易笔数 674.59 万笔，同此增长 443.94%，交易金额 3 324.64 亿元，同此增长 373.49%
			国内首单区块链跨境支付业务落地前海蛇口白贸区，标志着公司区块链技术研发进入实际应用阶段
工商银行	2017 年半年度报告	有	利用区块链技术打造贵州脱贫攻坚基金区块链平台，透明运作扶贫项目用款审批

数据来源：Wind 资讯，挖链整理

2. 从实践数量看：银行在区块链领域的探索逐年增加

据不完全统计显示，2016 年至今，各大银行不断提高在区块链领域的探索及实践，并于 2018 年 8 月达到近年的顶峰，当月累计实践行为数量 11 起。

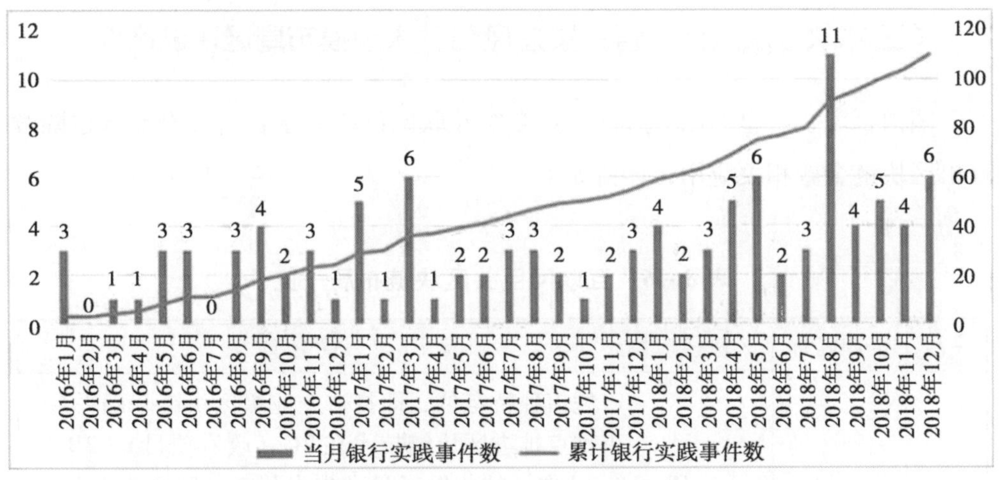

图 8－8　2016－2018 年银行区块链技术实践情况

数据来源：公开资料，挖链整理

3. 从场景分布来看：银行对区块链的探索主要集中于金融领域

银行在区块链领域的探索主要集中在贸易融资、供应链金融、数字票据、跨境支付、扶贫公益等场景。

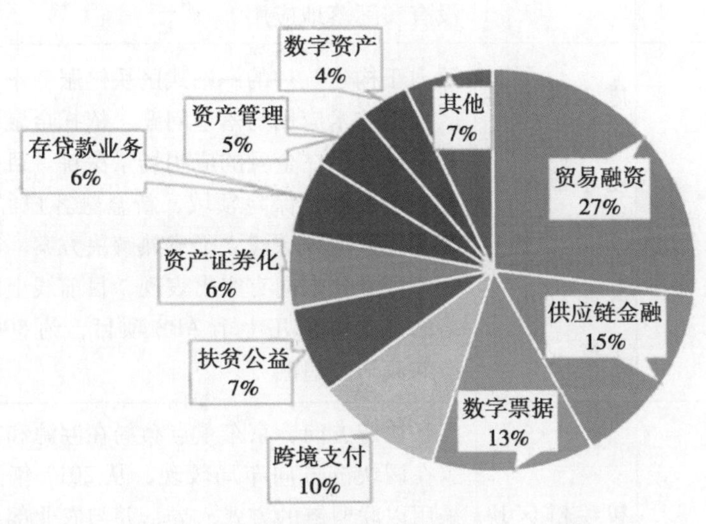

图 8－9　银行区块链技术场景分布情况

数据来源：公开资料，挖链整理

（三）从互联网巨头看：紧追风口，大规模布局区块链产业

国内百度、阿里巴巴、腾讯、京东等互联网巨头基于自身金融业务也陆续推出区块链金融相关应用，详情如下：

表8－6　互联网巨头区块链布局一览

序号	企业名称	区块链应用	简介
1	腾讯	Trust SQL平台	凭借独特定位，即打造企业级区块链基础平台，重点推进区块链技术在2G（政府项目）、2B和2C领域的落地场景和先发优势，联合生态各方多行业布局已初见成效。腾讯的着力点首先锚定区块链金融方向，基于腾讯云的联盟链BaaS搭建与其他金融应用合作平台
2	阿里巴巴	阿里云BaaS平台	作为目前全球拥有区块链技术专利最多的公司，阿里巴巴在电商、新零售、金融三方面进行布局。在金融方面，蚂蚁区块链主要以联盟链为主，致力于突破商业与金融场景的边界，实现自主权的工业级与金融区块链系统，金融方面暂时没有实际落地应用
3	百度	度小满BaaS服务平台、度小满公有链BaaS平台、度小满联盟链应用平台	致力于构建统一的一站式区块链服务平台，解决区块链技术应用与落地问题。依托金融级区块链资源设施，在金融的应用场景深耕。目前已在消费金融领域、保险领域、新金融客户经营领域、金融大数据领域建立了成熟解决方案。其中，在资产证券化方向有突出表现，目前线上区块链网络已经支持了几十个ABS项目，约500亿元资产的流转和追溯
4	京东	智臻链区块链服务平台	在区块链方向，京东重点布局在溯源和物流。京东在区块链方向布局较晚，从2017年开始，多采用以联盟链的方式入局，并与农业部、国家质检总局、工业和信息化部等部门建立合作关系。并在2018年2月推出一个新的人工智能和区块链初创公司加速器计划AICatapult Accelerator

数据来源：公开资料，挖链整理

（四）典型案例

典型区块链金融项目如下：

表 8－7 典型区块链金融项目一览

序号	所属领域	项目名称	简介
1	支付结算	Ripple	Ripple 致力于提供新一代全球金融结算的解决方案，实现银行之间无需通过代理行直接进行转账，并及时、确定地结算，降低结算总成本
2		OKLink	OKLink 希望通过区块链跨境支付网络来解决这个问题。主要面向客国持牌的支付和汇款公司提供 b2b 的服务，加入 OKLink 网络的金融机构可以向联盟中的成员实现点对点的货币支付和兑换
3		支点链	支点链是票据资产交易平台碰碰票的区块链项目，作为基于区块链的票据数字资产交易平台，致力于为短期票据兑现提供一站式解决方案。目标解决的主要问题包括：银票市场贴现利率高、不可拆分，一般投资人无法直接参与等问题。区块链技术使得票据的拆份确权以及自动回款成为可能
4		浙江金融资产交易中心	浙江金融资产交易中心于 2018 年年初开展区块链发审系统项目合作，为参与发审的各部门、机构搭建一套数据实时同步、防篡改、可溯源的发审联盟链系统。目前该系统已与浙金中心风控系统对接，并接入多家外部会计事务所、律师事务所、评级机构等发审参与方，为金融产品的发行审核提供有利依据与保障
5	供应链金融	平安银行 SAS	2017 年平安银行在保理云平台基础上上线供应链应收账款服务平台（SAS），不仅提供融资双方对接的平台服务，其自身也是重要的放贷资金来源
6		共赢链	共赢链基于“自金融”理念，致力于使核心企业认识到自身主导供应链金融的价值，向核心企业集团提供以基于区块链的应收账款流转平台为核心的解决方案
7		秒钛坊	秒钛坊作为供应链金融服务平台，不依赖于核心企业的信用背书，直接面向中小企业进行供应链融资服务。其通过对接供应链管理公司、b2b 电商平台来获取供应链四流信息，进行特定产业场景的信贷风控数据分析

（续表）

序号	所属领域	项目名称	简介
8	供应链金融	水滴互动	水滴公司扮演的角色是个人医疗资金提供商，旗下包括网络捐款业务水滴筹、健康互动平台水滴互动、保险分销平台水滴保和水滴公益四类。会员如果不幸患病或遭遇意外可按照"一人患病、众人均摊"的规则获得最高30万元的健康互助金
9	供应链金融	相互宝	相互宝起初是蚂蚁金服与信美相互合作推出的一款团体重疾险，于2018年10月正式上线，当参与该计划的群体中，有用户患病需获得经济支持，其他成员共同分担费用。相互宝"出险"之后相应的赔付信息会上传至区块链上，保证了所有赔付案例能受到广泛监督，避免造假
10	供应链金融	保交链	保交链是上海保交所区块链团队打造的区块链技术平台，保交所本身就是一个集中、公开、标准化的保险市场，保交链的研发正是为了进一步提高保险市场交易效率，成为保险行业标准化交易的底层基础设施
11	供应链金融	公信宝	公信宝团队打造了一条基于Graphene底层架构的公有链GXChain（公信链），以DPoS作为共识机制，试图实现每秒10万次交易吞吐量，满足商用场景高并发、高吞吐需求
12	供应链金融	LinkEye	LinkEye链上的信用数据均来自于其审核通过的联盟成员（中小型信贷机构为主）。联盟成员之间以掩码形式实现了脱敏数据的黑名单共享，任何机构都可通过LinkEye进行模糊查询，在支付LET通证后可获取详细征信结果

数据来源：公开资料，挖链整理

二、区块链+数字身份

（一）行业背景：传统数字身份技术不健全，隐私数据易泄露

身份的属性种类繁多，不同场景的数据需求不同，因此当前身份系统较为

凌乱，未能实现统一协调管理。同时，由于身份认证手段较为简单，不良利益集团可利用大数据等技术手段，精准追踪某一用户，对其进行作业诈骗等犯罪行为。

表 8-8　近年来重大数据泄露事件

时间	机构	事件
2017 年 9 月	Equifax	遭黑客入侵，近半用户信息泄露
2017 年 10 月	雅虎	30 亿元账号泄露
2017 年 11 月	Uber	Uber 隐瞒大规模数据泄露，付黑客 10 万元“封口费”
2007 年 11 月	亚马逊、美国国防部	五角大楼 AWS S3 配置错误，意外泄露 18 亿公民信息
2018 年 3 月	Facebook	扎克伯格听证会面临 44 名参议员问答，涉及数据泄露用户达 300 万人

数据来源：公开资料，挖链整理

在这一背景下，区块链具有的分布式存储、点对点传输等特性，为数字身份的实现提供了一种可信的技术方案，能有效地解决身份验证和操作授权等问题。其优势如图示：

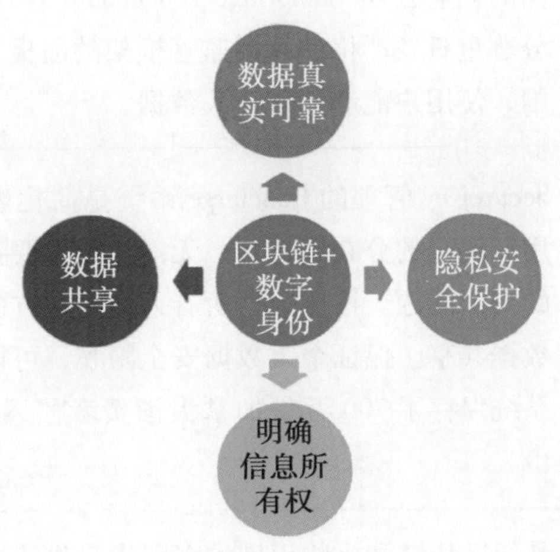

图 8-10　区块链 + 数字身份的优势

数据来源：公开资料，挖链整理

（二）典型案例

目前，全球已兴起多个基于区块链技术+数字身份认证项目，详情如下：

表8-9　区块链数字身份项目一览

序号	项目名称	主要内容
1	Thekey	Thekey基于区块链的动态多维身份识别技术（BDMI）和身份识别（IDV）工具，旨在建立一个"不可抵赖"和"不可篡改"的身份识别结论，进而建立一个互信的互联网世界
2	微软DID	去中心化身份识别系统
3	Indy	Indy和Sovirn基金会发起，现已宣布将在"超级账本"联盟进行孵化
4	Uport	基于以太坊的数字身份项目，它可以进行用户身份验证并与以太坊其他应用进行交互，共通数据
5	Evernym	旨在相互交易的个人、组织之间建立信任系统
6	Luxtrust	Luxtrust是由卢森堡政府支持的数字身份公司，目前在与美国的创业公司Cambridge Blockchain合作开发新平台，在充分尊重日益严格的欧洲监管框架的前提下，扩大身份验证范围，使用户能够共享个人数据
7	Concierge	SecureKey管理的Concierge系统是简化客户生活的方式，利用区块链的分布式特性，无需担心重要数据集中在一处存放的安全问题。按照数据所有人与请求方的需要，实现有限的数据共享。保证个人数据安全隐私，可以掌握资金流向。该系统保存了700万份加拿大消费者档案，每个月新增25万份
8	Civic	基于区块链和生物识别的多因素身份认证系统，可以在移动端无需用户名和密码的情况下进行准确安全的用户身份识别

（续表）

序号	项目名称	主要内容
9	AirPlatform	高度安全的数字身份平台，建立在“超级账本”区块链项目之上，它采用一种创新的方式，用户可以通过微支付的便捷方式参与其中，从而允许其他各方增加定向内容，并增加用户参与互动
10	Hyper Iedger Indy	提供了工具、程序库和可重复使用的组件，用于提供基于区块链或者其他分布式账本的数字身份，从而让它们跨管理域、跨应用和其他 Silo 进行互操作
11	SelfKey	一个点对点的数字身份生态系统，由系统中原始的 Key 代币提供系统运行的燃料，授权并激励生态系统里的数字身份的参与方，在这个生态系统里，用户可以通过叫 Key 的代币进行价值的转移
12	ShoCard	一个使用区块链技术而构建的移动身份平台，该平台在保护用户稳私的同时提供了一个简单而直观的移动应用程序，用于进行明确的身份验证
13	elDledger	北京公易联科技有限公司旗下项目，项目依托于 elD 技术产业联合实验室、数学身份技术应用联合实验室等多家重点实验室的相关技术经验积累，是在公安部第三研究所指导下的 elD 网络身份运营机构与公易联共同研发的新一代电子认证服务平台。旨在为各类应用系统提供有等级、分布式、防篡改、防抵赖、抗攻击、抗勾结、高容错、安全高效、形式多样、保护隐私的可信身份认证服务，将身份证认证服务从单点在线服务向联合在线服务推进

数据来源：公开资料，挖链整理

三、区块链 + 游戏

（一）行业背景：游戏作为虚拟资产，具有比实物更轻便的上链过程

区块链游戏，主要是指 DApp 中属于游戏类的区块链应用，需要和各种区

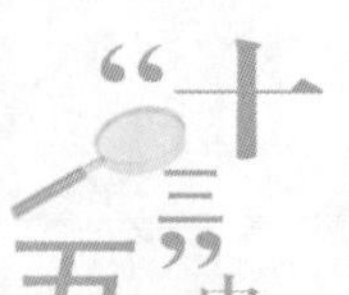

块链公链有一定程度上的交互。区块链游戏从 2017 年 11 月开始逐渐兴起，发展历史极为短暂，与成熟游戏相比，目前的玩法也相当简单。调研分析了近百款区块链游戏后，挖链发现区块链游戏确实有着独特的优势：

第一，较高的信任度：通过开源合约快速建立信任，使用过程完全透明，信息完全对称。

第二，公正性：可以做到数据无法篡改、规则永远不变。

第三，资产属于玩家个人：玩家资产不会随游戏的衰落而流失。

第四，具有极强的社区属性：区块链本身具有较强的交易和社区属性。

根据 Cryptogames 的分类，目前上线的区块链游戏中，击鼓传花、收藏交易、菠菜和卡牌是最主要的游戏玩法。数量最多的要数击鼓传花类游戏，共 72 款。收藏交易类有 39 款，居第二，主要代表作为 CryptoKitties（加密猫）。菠菜类共 21 款，居第三，明星产品分别为 EtherRoll 和 Etheremon。

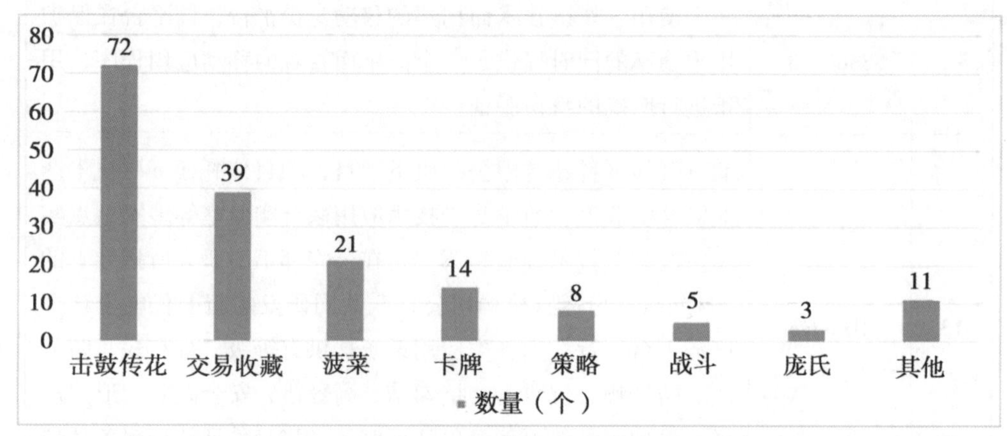

图 8－11　2018 年区块链游戏类型分布

数据来源：Cryptogames，挖链整理

（二）发展历程：游戏玩法不断迭代，从“收藏交易”到“多机制结合”

区块链游戏发展历程如图 8－12：

区块链游戏1.0时代
•时间：2017年11月到12月
•主要玩法：收藏+交易
•代表作：CryptoKitties、CryptoPunks

区块链游戏2.0时代
•时间：2017年12月到2018年1月
•主要玩法：类Ponzi
•代表作：Ether emon

区块链游戏3.0时代
•时间：2018年1月
•主要玩法：固定售价、强制涨价的hot potato模式
•代表作：CryptoCelebrities，CryptoCoutries

区块链游戏4.0时代
•时间：2018年2月
•主要玩法：多种机制结合
•代表作：World. Mycolloct，Cryptocities

图 8－12　区块链游戏发展历程一览

数据来源：公开资料，挖链整理

（三）典型项目

典型区块链＋游戏项目如表 8－10 所示：

表 8－10　典型区块链游戏项目一览

序号	项目名称	简介
1	CryptoKitties	玩家使用以太坊进行电子猫的购买、喂食、照料等行为
2	Etheremon	玩家可以捕捉、交易小怪兽，怪兽进化后可与对手战斗
3	Ether Goo	玩家经营一家生产 Goo 的工厂，用猫咪来守卫、攻击
4	HyperDragons	玩家饲养、训练斗龙进行战斗并不断晋级
5	Ether Online	基于以太坊的 MMOPPGs 之一
6	CryptoStrikers	区块链股票游戏
7	CryptoCities. net	玩家分析并交易村庄、城市，可以征服领土，建立帝国
8	Fishbank	玩家收集、攻击和培养加密鱼，并获得奖励
9	PepeDapp	收藏游戏，每张卡都是完全原则的
10	Ether World Cup	预测世界杯并下注

数据来源：公开资料，挖链整理

四、区块链 + 防伪溯源

（一）行业背景：假冒伪劣大行其道，消费者期待区块链重构信任

商品溯源是指对农产品、工业品等商品的生产、加工、运输、流通、零售等环节的追踪记录，通过产业链上下游的各方广泛参与来实现。近年来，"山寨""假货"在商品市场上极为普遍。据工商总局发布的《2014 下半年网络交易商品定向监测结果》显示，京东的正品率为 90%，略高于天猫的 85.71% 和 1 号店的 80%。其中，京东和 1 号店的非正品均来源于非自营的商家。淘宝网的正品率则仅为 37.25%。

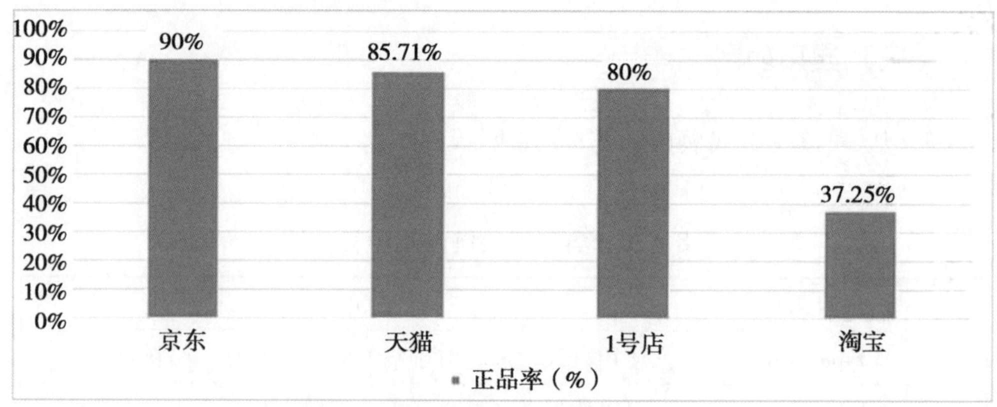

图 8－13　主要电商正品率一览

数据来源：《2014 年下半年网络交易商品定向监测结果》

溯源的本质是信息传递，而区块链本身也是信息传递，两者刚好完美契合。因为链上信息不能随意篡改，所以商品从生产到运输再到最后销售，每一个环节的信息都要被记录在区块链上，以此确保商品的唯一性，所以假货信息就无法进入到区块链系统中。除非链上某个厂商（节点）故意用假货替换正版商品，即使这样，被替换的正版商品也将无法销售，这样做对厂商来说反而会产生负收益。

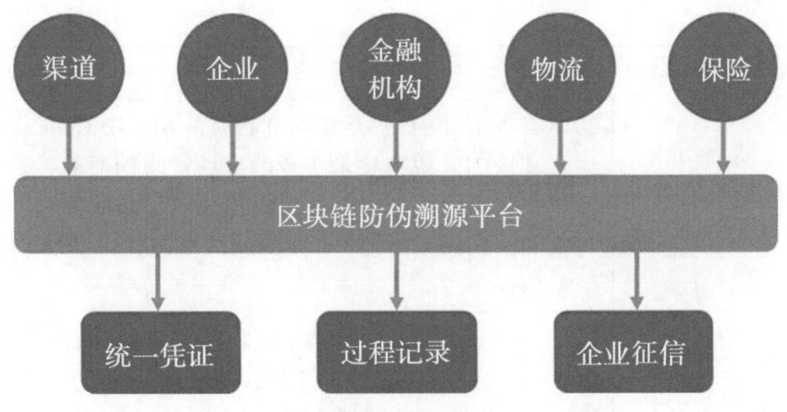

图 8－14　区块链防伪溯源示意图

数据来源：公开资料，挖链整理

（二）典型项目

主要区块链＋防伪溯源项目如下表所示：

表 8－11　主要区块链防伪溯源项目一览

序号	项目名称	简介
1	马士基航运	2017 年 3 月，IBM 与马士基合作从鹿特丹港到新泽西纽瓦克港的运输。IBM 通过区块链技术提高各个环节数字化管理效率，大幅度降低纸质文件、集装箱错配或空置、中间环节欺诈等问题，提高资源利用率的同时优化管理结构，帮助马士基降低成本超 20%
2	Blockchain & Watson IoT	2017 年 6 月 21 日，IBM 与哥伦比亚物流解决方案提供商 AOS 宣布达成合作关系，共同为物流企业开发一种建立在 IBM Cloud 上的 Blockchain 和 Watson IoT，以提高全国各地的物流和运输行业的效率。IoT 传感器将跟踪发货流程以及货车的可用空间，并将数据记录在区块链上以便所有相关方能够访问
3	沃尔玛商品物流	IBM 和沃尔玛两家公司携手共进，帮助沃尔玛提高在中国市场的供应链追踪能力。沃尔玛将通过区块链技术连接自动送货车，把客户的家设置为授权准入区域，这些自动送货车便可以进入“客户家中”（“受限区域”），完成包裹配送服务，预计送货时间将缩短到 1 天之内

（续表）

序号	项目名称	简介
4	京东防伪溯源平台	2018 年 5 月 29 日，京东在其召开的 618 JD Cube 大会上介绍，其运用区块链技术搭建的区块链防伪追溯平台，已超过 400 家国内外品牌合作，实现 11000 多种重点商品全程可追溯，超过 10 亿件追溯商品，通过技术让零售生态更值得信任
5	Ever Iedger	Ever Iedger 开发了一种基于区块链技术的钻石防伪验证数字账本。因为没有两颗钻石是完全一样的，所以 Ever Iedger 的软件通过测量成品钻石上 40 个点的数据来生成一个钻石的“数字指纹”，再将信息上链。所有的钻石都有真实的流通记录，保证所有钻石都有来源信息
6	Wine Chain	Wine Chain 底层基于量子链 QTUM 平台，能追踪辨别红酒的生产地点、生产时间、运输直到销售终端的整个过程，消费者能在手机上查看每一瓶酒的信息
7	Skuchain	SKUChain 通过在货物包装上装配二维码、NFC 芯片或 GPS 定位设备，使商品的流转能够自动被记录到 SKUChain 上。同时，通过把银行发行的信用证数字化，资金流和物流能够同时无缝地在 SKUChain 上流通
8	BlockVerify	BlockVerify 是一家基于区块链技术的防伪方案服务商，目前主打药品的追踪溯源。除了药品之外，它还能够对奢侈品、钻石提供防伪服务。公司提供的服务包括：真伪验证，帮助专家验证产品真伪等。Block Cerify 提供的鉴别类型包括伪造品、调换品、被偷商品、虚假交易等
9	唯链（Vechain）	唯链基于区块链技术致力于推动 BaaS 的理念，即把区块链当成一个基础设施，并在上面搭建各种满足着普通用户需求的应用，运用区块链技术在物流管理、商品防伪、商品溯源、制造管理、行业协同等领域深度结合后产生更为真实可靠、高效便捷的企业管理服务
10	TAC 溯源链	TAC 溯源链利用区块链独特的不可篡改的分布式账本记录特性，构建溯源云平台，通过落地项目的子链及对应 DApp 应用未解决企业在商品生产、流转、分销、终端消费过程中的信息溯源，防伪验真，移动营销难题，为技术开发者提供快捷高效的开发云服务集合，为品牌企业和消费者解决信任难题

数据来源：公开资料，挖链整理

五、区块链+数据

（一）行业背景：区块链技术的引入或助力行业“颠覆式”升级

数据行业是指以数据为核心衍生的上下游产业链，包含数据搜集、数据存储、数据清洗、数据分析、数据服务、云存储、大数据等多个行业环节及概念。根据IDC研究显示，2009年以来互联网上的数据量以每年50%的速率增长，预计到2020年数据总量将达到40ZB。随着互联网从流量红利步入数据红利阶段，一方面，C端用户的增长逐渐趋缓；另一方面，经历十年发展的移动互联网以及嵌入式计算所产生的大量“小数据”难以被整合使用，其价值仍有待挖掘。在这样的背景下，区块链技术通过去中心化的机制，以及隐私计算、分布式存储的发展，将为数据行业带来颠覆式影响。

区块链在数据领域的应用，目的是解决数据作为互联网原生资产的归属权问题，由于数据具备的无限可复制性，使得行业内部的数据难以信任、难以共享、难以确权，数据资产的应用价值从未被真正地充分利用，数据资产的价值体现需要海量数据的流通融合，条块分割下的数据资产并不具备完整的产业价值。而通过区块链技术解决数据的流通问题，将是未来数据资产价值体现的基础。

（二）典型项目

典型区块链+数据项目如表8-12所示。

表 8-12 典型区块链+数据项目一览

序号	细分领域	具体场景	典型代表	技术特点
1	数据确权	个人身份、机器权限认证	华为、KT、SK	区块链上存储的身份信息确保了各个节点可随时共享，获得身份认证权限后可简化在其他系统的认证过程
2	数据流通	点对点分布式文件传输	IPFS	区块链的 HTTP，赋予每个文件内容独特的哈希值，用基于内容的地址替代基于域名的地址
3			MaidSafe	用完全去中心化架构来取代互联网的数据中心，建立一个任何人都可以访问的去中心化储存平台
4			Storj	奖励用户分享剩余空间和流量，每个文件在加密后被分解为多个部分通过网络分发，只有数据拥有者才有访问密钥，安全性高
5	数据存储	去中心化的云存储、数据库	Siacoin	基于 POW 的区块链去中心化存储机制，上传的文件分成许多小块并把它们存放在不同的节点上，文件上传者可以自由选择节点，安全性高
6			Lambda	将不同类型的数据在不同的链和块上分开存储，通过经济系统对不同类型资源按照隐私等级和冷热程度分别进行处理。实现了数据完整性证明、多链数据协同存储、跨链数据管理、数据隐私保护
7			Bluezello	区块链的 Oracle，针对 DApp 开发者。动态调整数据分片的位置和数量，提高读写性能和速度
8			Genaro	第一条结合去中心化存储网络的图灵完备公有链，开发者可以同时在 Genaro 部署智能合约并处理用户数据
9	数据分析交易	通过智能合约提供数据用、分析交易	Scry. info	双链结构，一条专注于数据，一条专注于合约结算，提供应用于各种商业数据场景的智能合约
10			Bottos	将 AI 的数据通过点对点网络进行登记、交易，通过智能合约帮助 AI 项目快速获取训练数据

数据来源：公开资料，挖链整理

六、区块链＋社交

（一）行业背景：区块链技术的应用有望改善社交行业痛点

当前社会是一个以信息和数据为中心的社会，大众对社交媒体的依赖增强，同时，社交媒体带给大众的信息安全威胁也在增多。目前社交平台的痛点体现在以下三个方面：一、隐私得不到保护；二、发布内容得不到产权和收益保障；三、没能真正实现言论自由。

通过运用区块链技术，有望改善以上痛点。

1. 在隐私保护方面

区块链利用分布式网络取代集中式的数据服务器群，通过将数据所有权归还给用户，来剥夺社交媒体巨头的权力。在普通的社交媒体平台上，用户必须以牺牲数据为代价获得“免费”服务，而区块链媒体平台用户的数据信息是以公开形式在区块链网上受到保护，并不为任何后台所用，能在较大程度上保护用户隐私。

2. 在产权利益方面

区块链技术能改善社交平台盘剥内容创作者收益的问题。区块链拥有类似Token的激励机制，创作内容和贡献算力的用户都可以获得奖励。同时，用户也可以自行创建频道，获得内容创作的收益。

3. 在言论自由方面

区块链社交网络带给用户安全感和归属感。同时，这个高效、自由、轻松的社交环境，更吸引注重体验、渴望自由的用户。用户拥有言论自由，不受到平台的影响。

当然，网络匿名的形式不可避免地催生网络暴力和虚假的东西，用户失去了信任，也就无所谓社交了。区块链基于点对点的沟通方式，去中心化的网络结构存在不可篡改的特性，当运用到社交平台后能够重新建立人与人之间的信用体系。

（二）典型项目

典型区块链+社交项目如下表所示：

表 8-13　典型区块链社交项目一览

序号	项目名称	项目简介
1	Telegram	基于云计算、聚焦安全性和速度的移动及桌面应用软件。通过区块链技术对聊天内容进行加密。保证用户的隐私安全，并保证永久免费使用，不插入移动广告
2	Yeechain	试图建立一个基于区块链的云通讯网络和去中心化的社交生态系统
3	Line	2018 年，Line 对外提出通证经济愿景，5 个月来密集推出了交易所、主链 LINK chain、通证 LINK 和 5 个试用版 DApp

数据来源：公开资料，挖链整理

第四节　“十三五”中期中外区块链产业安全情况

一、安全已成区块链技术的重大挑战

区块链技术作为一种新兴技术，安全性威胁已是其面临的最重要的问题之一。2018 年 5 月 8 日，“安全赢未来——2018 区块链安全高峰论坛”在北京召开，会上白帽汇安全研究院发布《区块链产业安全分析报告》，并同时推出区块链安全网站（https://bcsec.org）。

白帽汇安全研究院负责人邓焕表示，信息经济价值不断上升，促使攻击者利用各种攻击手段获取更多敏感数据。《区块链产业安全分析报告》显示，

2011 年到 2018 年 4 月，全球范围内因区块链安全事件造成的损失多达 28.64 亿美元。值得注意的是，损失额度从 2017 年开始呈现出指数上升的趋势，仅 2018 年以来，损失金额就高达 19 亿美元。

国家信息技术安全研究中心主任俞克群表示，区块链技术作为一种分布式数据存储、点对点传输、共识机制、加密算法等技术的新型集成应用，被认为是新一轮技术创新和产业变革，具有去中心化、开放性、自治性、防篡改、匿名性等特点。可以说，区块链技术发展可能会成为我国掌握全球科技竞争先机的重要一步。

美国科学院院士、中国科学院外籍院士张首晟表示，互联网第一阶段的需求是交换信息，到了第二阶段，需求升级为交换价值，而价值的核心则是大家的共识。一旦有了共识，就会产生一种信任，人和人之间出现新的合作机会。而在新时代，信念建筑在数学算法之上。这样我们就不再需要中心化平台，而是通过透明的算法来定义游戏规则，进而引发一个新的互联网革命。

中国云体系产业创新战略联盟秘书长、云安全联盟（CSA）大中华区秘书长沈寓实表示，如果说代币是区块链 1.0 版本，那么区块链在金融领域应用的拓展则是 2.0 版本，而延展至实体经济，则是区块链的 3.0 版本。他认为，随着区块链技术广泛应用于金融服务、供应链管理、文化娱乐、智能制造、社会公益以及教育就业等经济社会各领域，将降低运营成本、提升协同效率，进而为经济社会转型升级提供系统化的支撑。

但需注意的是，区块链并非完美无缺的，安全问题上已存在诸多挑战。俞克群指出，区块链还处于初级阶段，存在密码算法安全性、协议安全性、使用安全性、系统安全性等诸多挑战，风险不仅来自外部实体，也有可能来自内部参与者的攻击。如何围绕物理、数据、应用系统、加密、风险控制等构建安全体系，是我们面临的重要问题。

中国信息安全测评中心主任助理李斌表示，以安全为核心的区块链技术安全问题不断引人瞩目。“一行代码，打倒一种代币”“一个漏洞，摧毁一类智能合约”，区块链技术的安全风险需要社会的力量共同面对。

“自 2017 年开始，安全漏洞所造成的损失呈现出指数上升的趋势。”邓焕表示，每年由区块链安全漏洞造成的损失高达数十亿美元，攻击者主要选择保护相对薄弱的合约层和业务层进行攻击，该技术层也是目前攻击者最佳变现的场景。从本次报告中也可以看到，目前攻击者主要采用拒绝服务攻击、木马劫持攻击、支付漏洞等手段对业务层进行破坏。区块链作为底层技术基础，支撑着整个系统。如底层出现安全问题，必将导致依托于此的上层受到影响。因此，在系统设计之初就应加入安全性设计。为给相关企业起到较好的参考作用，此次同时推出的区块链产业安全网站便会分为安全事件收集、事件分析以及区块链生态监控等栏目，其将对整个区块链生态安全进行分析跟踪，不定期更新区块链产业安全分析报告。同时，对目前区块链发生的相关安全事件进行收录和分析。

邓焕称，华顺信安区块链的全新解决方案可以贯穿区块链生态产业，从区块链底层到业务层，再到交易平台，以及生态中的各种节点场景。除提前防御外，华顺信安还将利用网络空间测绘技术，快速获取区块链威胁情报，及时发现安全问题，以助区块链企业及时作出响应。

北京华顺信安科技有限公司 CEO 赵武表示，区块链技术的底层机制、算法是区块链最核心的地方，是保障区块链稳定运行的根本。但通过近段时间的安全事件不难发现，区块链的安全问题已经延伸到传统的网络安全、基础设施、移动信息安全等问题。所以在谈及区块链安全的时候，不应该仅仅局限于区块链本身，它的使用者以及衍生的东西都是需要我们重点关注的。

李斌也指出，区块链技术基于安全特性所导致的漏洞需要得到高度重视。尤其是在底层算法的稳定、系统漏洞的加固、基础架构的保障、应用环境的安全等方面，必须得到整个信息安全行业的群策群力。

"建立良好的区块链安全生态需要平衡好科技发展和网络安全的关系。"俞克群强调，自主可控的区块链网络，意在技术上不能受制于人，同时也可以促进区块链的健康发展。安全是区块链未来的生命，只有本身的安全才能确保区块链技术落地。这就要求我们发展区块链技术的同时，其他安全属性也必须并重发展，甚至是超前发展。

二、"十三五"中期区块链安全事件频发

（一）"十三五"中期区块链安全事件表现

由于区块链技术拥有全球性、去中心化、匿名性等特点，目前在资本行业

被大量使用，其中用于投资的场景越来越多。正因为这些特性与场景结合，随之而来的各类攻击也开始不断增多，从之前的区块链底层安全技术研究曝光，到后来越来越多的虚拟货币被盗、交易所被攻击。

具体数据显示，早期区块链安全事故年均10起以下，而2017年却达到了15起。

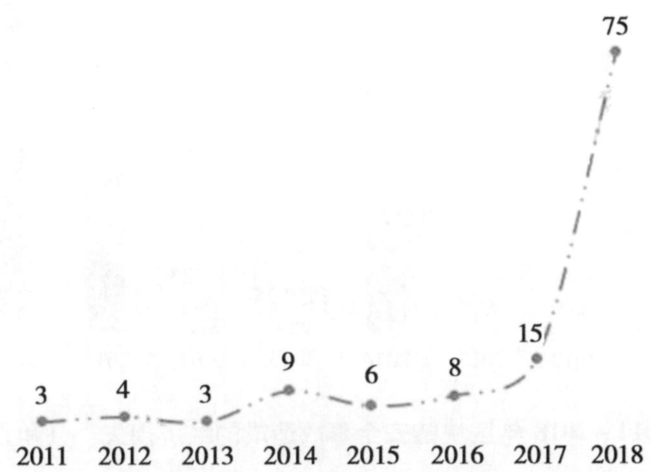

图8-15 2011-2018年区块链重大安全事故数量统计 （单位：起）

资料来源：前瞻产业研究院（注：2018年非全年数据）

其中，最易受攻击的板块主要集中在交易平台、智能合约、普通用户，分别为42、26、22次，占比34%、21%、18%。

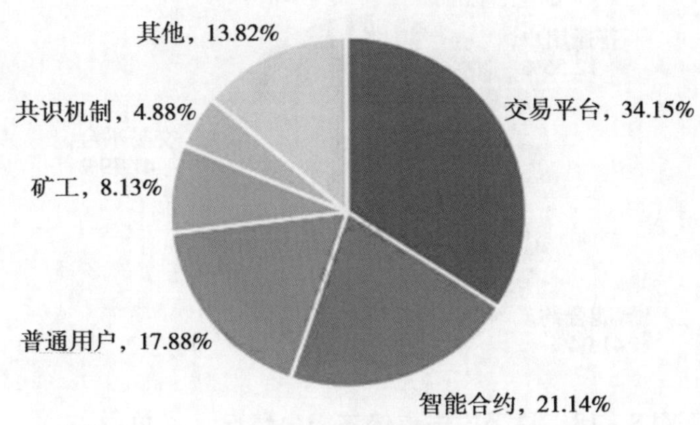

图8-16 易受攻击点分布情况 （单位:%）

资料来源：前瞻产业研究院（注：2018年非全年数据）

随着引发的安全事件不断上升，所造成的经济损失也在显著增加。2017年，因安全问题所造成的经济损失已达6.34亿美元。

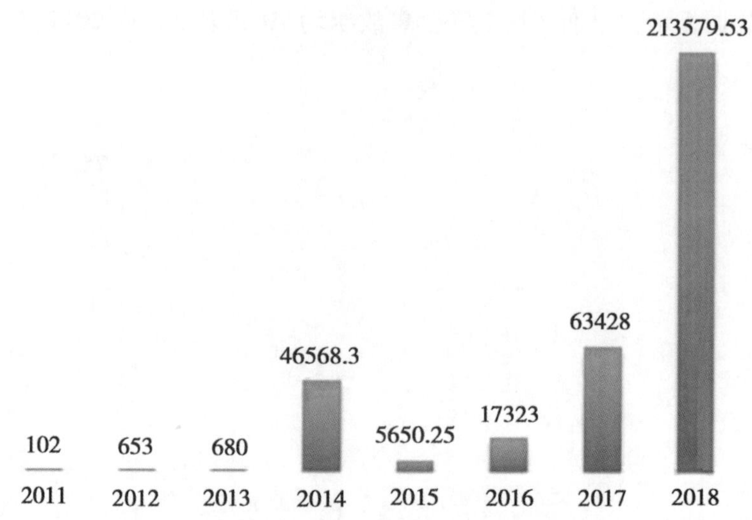

图8－17　2011－2018年区块链安全事故造成的经济损失　（单位：万美元）

资料来源：前瞻产业研究院（注：2018年非全年数据）

这其中，又以交易平台和智能合约所遭受的损失居多，两者共计损失28亿美元，均占比41%；普通用户的经济损失也较多，占比约为12.55%。

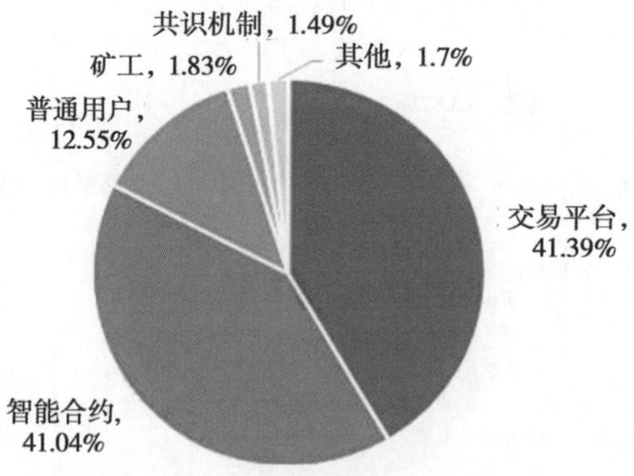

图8－18　易受攻击点经济损失情况　（单位：%）

资料来源：前瞻产业研究院（注：2018年非全年数据）

（二）从交易所和用户使用习惯看区块链安全难点

1. 从交易所安全看：交易所安全事件频发，用户信任度降低

据不完全统计显示，超过 70% 的私钥由数字货币交易所掌握，仅有 20% 的私钥由用户自行控制。而数字货币交易所作为大量数字资产的聚集地，近年来成为黑客的重点攻击对象，风险事件频发，且有愈演愈烈的趋势。

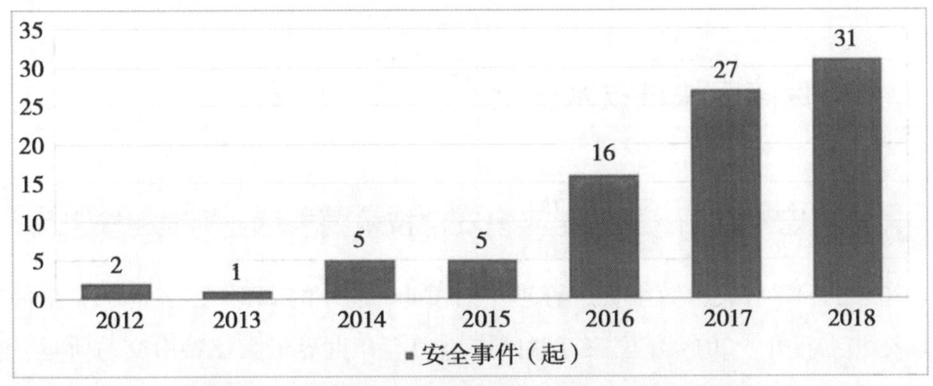

图 8－19　2012－2018 年各年度安全事件统计

数据来源：公开资料，挖链整理

2. 从用户使用习惯看：私钥保管难度大，遗失后几乎不可找回

自比特币诞生以来，由于私钥保管不当所造成的钱包失窃现象屡见不鲜。据数字取证公司 Chainalysis 发布的报告显示，截至 2017 年 12 月底，全球已经

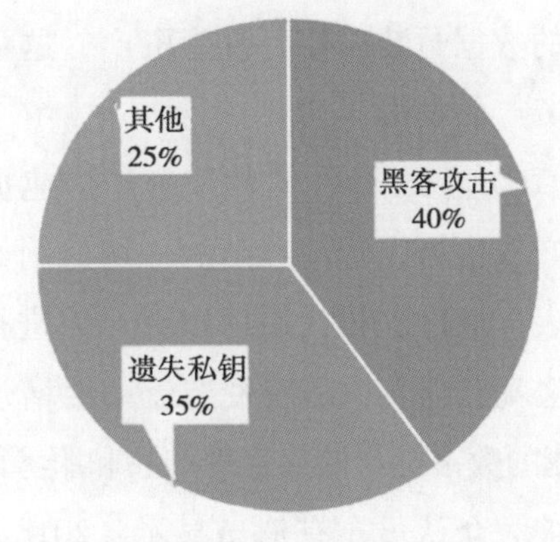

图 8－20　2017 年数字货币遗失情况

数据来源：公开资料，挖链整理

有 278 万 –379 万个比特币永远消失，对应当时比特币总数的 17% –23%，其中黑客攻击和私钥保管不当导致的损失分别占比 40% 和 35%。

综上所述，频发的安全问题已经严重影响了行业参与者的数字资产安全，这会影响投资者的信心与体验，行业中的各项基础设施也无法稳步推进；同时，对于行业外的人进入区块链行业也会有很大影响，从而导致整个行业陷入沉寂。因此，在行业良性发展的同时，针对行业中安全问题频发的板块，采用技术手段做到治理与防范，是这个行业的重要任务之一。

三、如何保障区块链技术安全

（一）宏观方面：区块链平台安全技术要求行业标准尽快出台

2018 年 12 月，由数字资产管理平台 Cobo 主办的 2018 数字资产安全高峰论坛在北京召开。2014 年国家互联网应急中心，世界最大比特币交易所运营商 Mt. Gox 宣布其交易平台的 85 万个比特币被盗，随后宣布破产。后来执法部门调查发现，所谓被盗的 85 万比特币中，其实只有 7000 个比特币因黑客攻击而失踪，其余的都被平台内部人员盗取了。

近年来信息交互流动加速，数字资产的外延也从数字货币的概念向外快速拓展，安全储存和管理数字资产的需求大大提升。

工业和信息化部中国电子技术标准化研究院区块链研究室主任李鸣表示，区块链是一种基础技术，它的作用是将数据价值最大化。随着数据不断增多，价值不断提升，有价值的数据封装后便可视为资产，这可以是原生态下的数字化资产，也可以是实物资产的变形。

Cobo 联合创始人、CTO 蒋长浩说："数字资产快速扩张，未来数据将回归个人，个人通过数字资产钱包可以管理自己的一切，例如，一枚独特的代币或将成为你个体的所有代表，通过这枚代币可以让对方进行认证，而不用让其知道你的具体个人信息。这就意味着，随着资产流动性增强，交易效率将极大提升，用户对于安全和便捷的数字资产储存管理产品和服务的需求也会大大提升。"

数字资产价值逐渐被大众认可。有消息显示，2018 年 11 月 2 日，非洲数字资产框架（ADAF）启动，其任务是促进非洲大陆的加密货币贸易，其联合创始人 Felix Macharia 表示，ADAF 是一个开源软件平台，旨在为加密货币和区块链技术创建跨境标准。它还将补充非洲联盟的单一非洲数字市场倡议，该倡议利用技术促进数字化经济一体化。

中国人民银行参事盛松成此前曾表示，区别于已有的电子形式的本位币，安全芯片、移动支付、可信可控云计算、区块链、密码算法等技术是将来数字资产可能涉及的领域。

这就意味着，安全将成为数字资产存储的“命脉”。吴震表示，目前数字货币面临风险集聚，除了数字货币交易、经济损失等事件引起的群体性社会事件外，更重要的是，其技术风险更为严峻。

技术风险，如逻辑风险，包括51%的攻击、区块截留、自私挖矿等和代码漏洞、交易所被盗、密匙窃取等。“例如2013年，Mt. Gox交易所丢失85万个比特币，造成企业破产；2016年，香港Bitfinex交易所遭黑客入侵，丢失12万个比特币；2017年，韩国Youbit交易所遭黑客入侵，公司申请破产；2018年，日本Coincheck交易所丢失5.2亿个新经币，损失5.4亿美元。”对此，吴震表示，对区块链技术攻击的手段日益升级，损失不断增加，随着区块链应用的范围和深度逐渐扩大，安全是必须重视的课题。必须加强区块链安全威胁分析和检测手段建设，提高防护水平。

“区块链发展不能脱离以技术为核心。”李鸣说，区块链相关团体标准将逐步出台，其中安全层面标准也将是重中之重。

（二）基础入手：从应用层到底层开始

白帽汇安全研究院发布了《区块链产业安全分析报告》，报告详细分析了区块链在实际运用中存在的安全问题。白皮书大部分内容在描述区块链对象分析、安全风险与攻击事件，如图8－21。

由图8－21可见，上述每个节点都可以出现攻击。

区块链技术的底层机制、算法是区块链最核心的地方，白皮书梳理了近段时间的安全事件，不难发现，安全问题越来越趋向于用户、平台层面，区块链的安全问题已延伸至传统的网络安全、基础设施、移动网络安全等问题。所以在谈论区块链安全的时候，不应该仅仅局限于区块链本身，它的使用者以及衍生的东西都需要我们的重点关注。

当前的攻击主要是区块链应用层攻击，然而应用层安全机制的不断加强，让用户钱包、账户攻击成为一个值得注意的趋势。

图 8－21　区块链技术安全风险与攻击部位

资料来源：区块链产业安全分析报告

（三）找准重点：三大板块、三个方面

一般认为，区块链较为安全。一方面，比特币的加密算法 SHA256 保证了

私钥的难攻破性；另一方面，区块链中拥有更多的节点，保证了即便单一节点被攻破，仍然有其他节点保护整个数据库的安全性与完整性。

但这两种特点并不能代表区块链全部内容的安全，区块链是一个庞大的生态，用户作为市场的参与者与投资者，需要对数字货币进行买卖与使用。这涉及从钱包、交易所、私钥保存到共识机制、协议及整个系统的安全性，在这些方面，区块链安全问题依然没能得到很好的解决。

目前，区块链安全事故主要集中在三大板块，即区块链自身机制、区块链生态安全、区块链使用安全。

由区块链自身机制所引发的安全问题主要体现在三个方面，分别是加密算法的安全性、协议安全性、系统安全性。首先，随着计算能力的提高以及量子计算机的发展，加密算法存在着被破解的可能性，不过目前来看可能性较低；协议安全性主要是指该区块链所依托的协议层存在被攻击的可能；系统安全性是指区块链的智能合约在创建以及编写的过程中会存在一些安全漏洞，这些漏洞会给黑客留下攻击的空间。

涉及区块链安全的几大生态主要包括交易所、矿池、钱包、服务性网站等，在使用加密货币的过程中难免会将自己的资产托管到这些环节中，而这些涉及数字货币交易与存储的地点也是安全攻击的重灾区。例如，交易所钱包被盗。主要是指中心化的交易所和钱包，去中心化交易所及钱包由于私钥在使用者手中，属于使用安全序列。另一种被盗情形是指黑客通过修改交易所后台数据，给自己账户增加币，然后提币盗取。

使用安全是指个人在使用和交易数字货币的过程中遭遇数字货币私钥、账号被窃取的情形。造成这种情况的主要原因在于被钓鱼、植入木马、私钥保管不删、被欺诈等情况。

（四）多管齐下：保障区块链数据安全

安全问题在信息化社会始终是主旋律。有人提出云计算的口号：“使用计算和存储就像水和电一样”，但现在还没有人愿意将自己隐私的内容放到云上，这是因为安全性的问题没有得到最终解决，区块链也是这样。有人说区块链的问题是“没有杀手级应用”，但到后面会发现，制约区块链发展的最重要原因很可能是安全问题。

区块链是一个分布式账本，是一种通过去中心化、去信任的方式集体维护的可靠数据库的技术方案，比特币就是基于区块链技术存在的一种电子货币。电子货币是未来货币无纸化的希望，但当基于区块链的电子货币成为国家法定货币的时候，安全性必须得到保障。

因此，安全性威胁是区块链迄今为止所面临的最重要的问题之一。从安全性分析的角度，区块链面临着算法安全性、协议安全性、使用安全性、实现安全性和系统安全性的挑战。

算法方面，目前区块链的算法是相对安全的。但是，随着数学、密码学和计算技术的发展会变得越来越脆弱。据估计，以目前“天河二号”的算力来说，产生比特币 SHA256 哈希算法的一个哈希碰撞大约需要 248 年，但随着量子计算机等新计算技术的发展，未来非对称加密算法具有一定的破解可能，这也是区块链技术面临的潜在安全威胁。

协议方面，基于 PoW 共识过程的区块链主要面临的是 51% 攻击问题，即节点通过掌握全网超过 51% 的算力就有能力成功篡改和伪造区块链数据。最开始创建比特币系统时，51% 算力是考虑到电子货币中攻击者用更大代价的货币来换取较小价值的比特币是不划算的。但区块链应用前景广阔，不排除攻击者为了某种目的不惜成本地攻击，且理论上技术手段可实现。

使用安全性方面，区块链技术的一大特点就是不可逆、不可伪造，但前提是私钥是安全的。私钥是用户生成并保管的，没有第三方参与。私钥一旦丢失，便无法对账户的资产做任何操作。

实现方面，由于区块链大量应用了各种密码学技术，属于算法高度密集工程，在实现上比较容易出现问题。历史上有过此类先例，比如 NSA 在 RSA 算法实现中埋入缺陷，使其能够轻松破解别人的加密信息。一旦爆发这种级别的漏洞，可以说整个区块链的基础将轰然倒塌，不会有一个幸存者。

系统安全性为黑客通过利用上述安全漏洞，达成攻击目的威胁。目前，黑客攻击已经对区块链系统安全性造成很大影响。

面对区块链系统的各种安全性挑战，应考虑综合运用密码学、拟态防御等网络安全技术，从算法、协议、使用、实现和系统等方面提高区块链的安全性，应对现存的安全性挑战。比如，尽早设计适合区块链系统的抗量子攻击算法、拒绝算力超过 40%（或更低）的节点加入整个网络、使用可有效防御黑客网络攻击的拟态防御技术到区块链系统，来应对区块链系统所面临的系统安全性挑战等。

第九章
“十三五”中期中国区块链企业、投融资、园区、社区情况

企业及园区、社区是区块链产业的肌体，而资金是区块链产业的血液。企业及园区、社区和投融资，是区块链兴起和发展的主体支撑和根本所在。

区块链作为全新的技术和新兴的产业，其出现时间并不长，但由于其解决了无信任个体之间在无须建立信任的前提下进行通信和价值转移的问题，迅速由小众的极客群体扩散到信息行业的从业人员，引起广泛的关注。同时，由于我国政府陆续出台了一系列产业扶植政策，且这些政策在不断细化和明确。在种种内部原因和外部环境的催生下，我国各行各业的人士源源不断地加入到区块链这个行业，其中最为显著的就是区块链注册企业和区块链领域的投、融资在近些年数量猛增，产业初步形成规模。当然，在快速发展的背景下，也存在分布不平衡、内在质量不高等问题。

第一节　"十三五"中期中国区块链企业情况

一、2017 年前中国区块链企业情况

总的来讲，中国区块链企业是从 2013 年开始出现，随着创业者和资本不断涌入，企业数量逐年增加。进入 2016 年，产业呈现高速发展，企业数量快速增加，整个行业进入快速发展阶段。参考中国报告网发布《2018 年中国区块链市场分析报告——行业深度分析与发展前景研究》，截至 2017 年年底，我国以区块链业务为主营业务的区块链公司数量已达 434 家，产业初步形成规模。

（一）2013 -2017 年我国新增区块链公司数量

据投中信息数据终端 CVSource 数据显示，截至 2017 年年末，中国市场在营的区块链企业已达 434 家，且 2012 -2017 年连续六年保持增长。增长量最大的年份分别出现在 2014 年和 2017 年，原因在于 2013 年起比特币市场行情火爆，区块链技术的应用进入人们的视野，一大片"币族"区块链创业公司顺势成立；2016 年新成立公司数量显著提高，超过 100 家，是 2015 年的三倍多。而在经过 2016 年区块链技术元年的洗礼后，2017 年区块链的概念更加成熟且再次被炒热，初创企业数量更是直线攀升。2017 年是近几年的区块链创业高峰期，由于区块链概念的普及，以及技术的逐步成熟，很多创业者涌入区块链领域，新成立公司数量达到 178 家。新增企业的所有地仍以北京、上海两地为主，但值得注意的是，浙江地区特别是杭州新设企业的增速飞速提升，正逐渐缩小与北京、上海和广州等一线城市之间的差距。

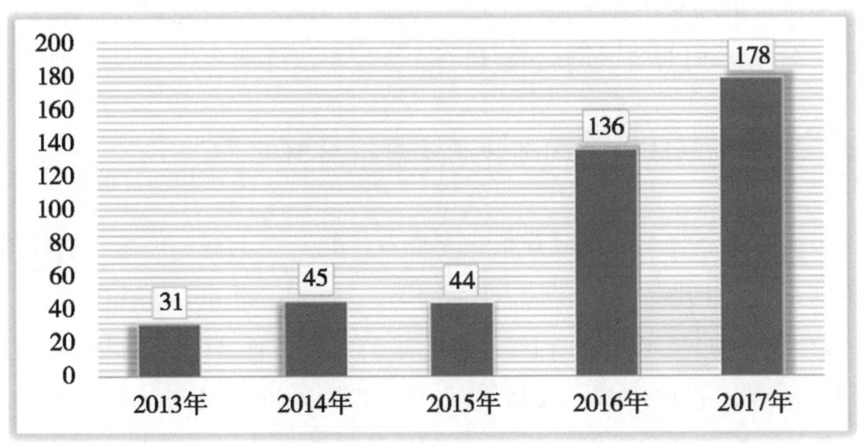

图 9-1　2013-2017 年我国新增区块链公司数量

数据来源：观研天下数据中心整理

（二）2013-2017 年我国新增区块链公司数量股权分类

股权投资情况可以较好反映社会资本对产业的关注和支持力度。涉及区块链公司股权投资事件数量为 249 起。从 2016 年区块链领域的投资热度明显上升，投资事件达到 60 起，是 2015 年的 5 倍。2017 年是近几年以来的区块链投资高峰期，投资事件数量接近 100 起。从发展趋势来看，由于区块链技术的落

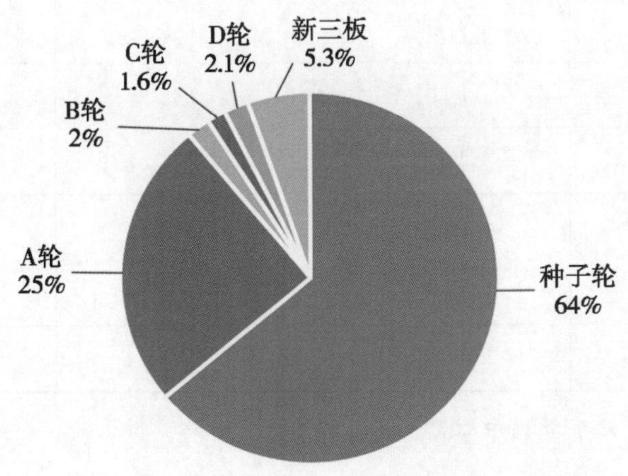

图 9-2　2013-2017 年我国新增区块链公司数量

数据来源：观研天下数据中心

地速度加快，市场开始趋于理性，股权投资人更愿意投资能看到具体落地场景的项目，预计几年以后区块链领域将会迎来投资高峰期。

（三）中国区块链公司创业活跃度省份 TOP 10

从中国区块链公司的地域分布状况来看，北京、上海、广东、浙江依然是区块链创业的集中地，四地合计占比超80%。其中，北京以175家公司，占比38%，处于绝对的领先地位；上海以95家公司，占比21%，位居第二；广东省以71家公司，占比16%，位居第三；浙江省以36家公司，占比8%，位居第四。此外，中国区块链创业活跃度前10名的省市还包括江苏、四川、福建、湖北、重庆和贵州。

表9-1　2013-2017年我国新增区块链公司数量

中国区块链创业活跃度省份 TOP10			
排名	省市	公司数	占比
1	北京	175	38%
2	上海	95	21%
3	广东	71	16%
4	浙江	36	8%
5	江苏	13	3%
6	四川	13	3%
7	福建	7	2%
8	湖北	4	1%
9	重庆	4	1%
10	贵州	3	1%

数据来源：观研天下数据中心

二、2018 年中国区块链企业情况

关于 2018 年中国区块链企业发展情况，总的结论是：区块链企业数量仍在快速增加，但第三季度出现负增长；同时，区块链企业在区域和行业中的分布仍然极不均衡。

1. 2018 年区块链企业数量在增加，但增速季度发展极不平衡

据挖链网报道，2017 年年底数字货币市场迎来了一波牛市，比特币价格从年初的 6949.07 元飙升到 130581.23 元。币价的疯狂上涨，更激发了创业者的热情，2018 年第一季度新增区块链创业公司 140 家，达到近年来的高峰，占据 2016 年的总增长数量和 2018 年全年增幅的一半以上。但由于国家出台抵制炒作虚拟货币系列政策并采取相关措施，第三季度新增企业数出现负增长。截至 2018 年 11 月底，国内以区块链为主营业务的公司数量达到了 703 家，比 2017 年增长 269 家，增幅达 69.53%，产业初步形成规模。

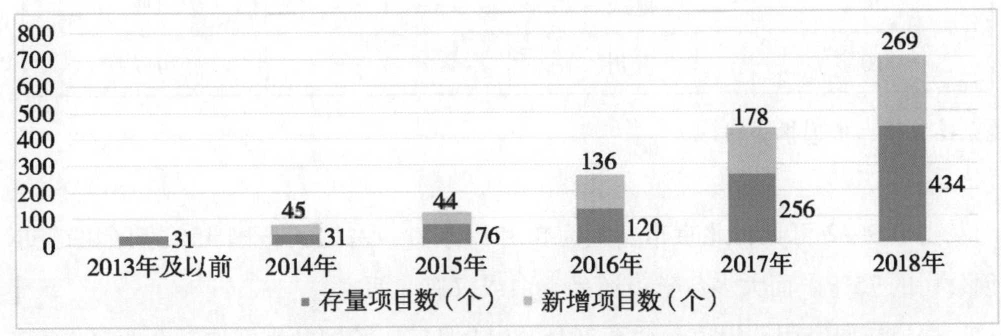

图 9－3　2018 年以来区块链领域创业公司数量变化情况

数据来源：IT 桔子，挖链整理

2. 区块链初创公司区域分布不均衡，主要集中于经济发达城市

2018 年我国区块链初创公司分布极不均衡，以两组数据和两个例子说明。

据中国信息通信研究院报道，截至 2018 年 7 月底，我国共有区块链企业 456 家。北京、上海、广东、浙江依然是区块链创业的集中地，四地合计占比超 80%。其中，北京以 175 家公司，占比 38%，处于绝对的领先地位；上海以

95 家公司，占比 21%，位居第二；广东省以 71 家公司，占比 16%，位居第三；浙江省以 36 家公司，占比 8%，位居第四。我国前 10 个省市区块链初创公司分布如表 9－2 所示：

表 9－2　2018 年 7 月我国 10 家省区区块链初创公司分布表

排名	省份	公司数	占比
1	北京	175	38%
2	上海	95	21%
3	广东	71	16%
4	浙江	36	8%
5	江苏	13	3%
6	四川	13	3%
7	福建	7	2%
8	湖北	4	1%
9	重庆	4	1%
10	贵州	3	1%

资料来源：中国报告网

由表 9－2 可见，北京市、上海市和广东省，占据了全国 456 家区块链初创公司的 75%。而大多数省市还是空白或仅有一两家。

据挖链研究团队报道，截至 2018 年 11 月底，我国共有区块链企业 703 家。从地域分布看，区块链创业项目主要集中于经济较为发达的一线城市，其中北京区块链创业公司数量最多，达 91 家（占比 27%），其次是上海 57 家（占比 17%），深圳、杭州、广州分别占比 12%、10%、8%。上述五大城市合计占比达 76%，集中趋势明显。

创业公司的行业分布主要以媒体、公链、数字货币交易为主，实体经济少。据挖链网数据统计显示，2018 年新成立的区块链创业公司涉及 30 余种细分领域。其中，区块链媒体占比最高，为 57 家（占比 27%），其次是公链和数字货币交易服务，分别为 32 家（占比 15%）和 23 家（占比 11%）。

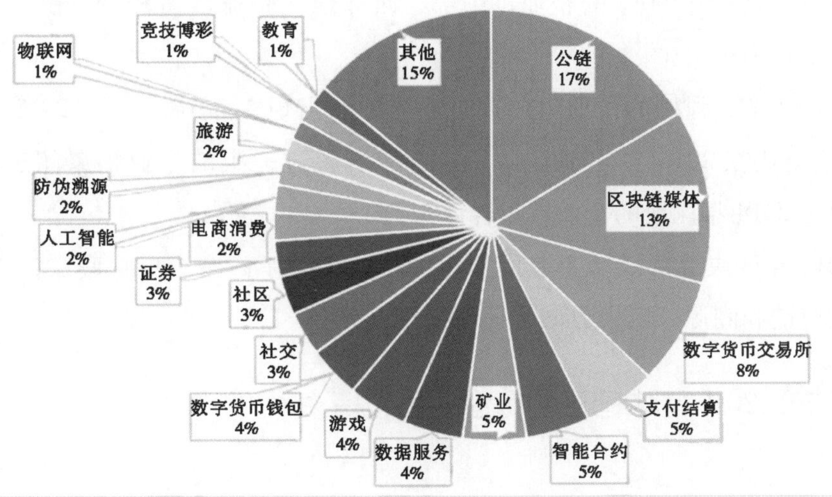

图 9－4　2018 年区块链新增企业行业分布

数据来源：鲸准研究院，挖链整理

三、2018 年中国区块链企业百强榜

由清华大学互联网产业研究院联合链塔智库 BlockData、赛迪（青岛）区块链研究院共同主办的“第一届中国区块链产业经济发展年会”在清华大学经济管理学院举行，会上发布了《2018 年中国区块链企业百强榜》，杭州云象网络技术有限公司、北京阿尔山金融以及位于深圳网心科技有限公司占据百强榜三甲位置。

（一）榜单解读

中国区块链生态联盟、赛迪区块链研究院从全国数千家区块链企业中，去伪存真，筛选出 400 多家区块链企业，再从企业的团队建设、技术创新、产品竞争力以及商业运营情况等方面考察其综合竞争力，最终，评选出 100 家优秀区块链公司。

从地区分布来看，北京以 36 家企业的数量处于绝对领先地位；深圳、上海、杭州紧随其后，分别拥有 18 家、16 家、8 家企业，处于第二梯队。东部地区拥有百强榜中90%的企业，中部、西部地区企业数量较少，仅为11%，落后情况较为严重。

从区块链百强榜的注册时间来观察，波峰出现在2016年，有29家企业；另28家企业在2016年之前注册，这意味着超过一半的企业积累超过两年。2017年、2018年注册的企业数量合计43家。

2018年区块链百强榜企业所分布的行业集中于四个方向：底层技术、金融、供应链和溯源。四大方向合计占比接近60%。

（二）2018年中国区块链企业百强榜

表9-3　2018年中国区块链企业百强榜

公司名	公司名	公司名
杭州云象网络技术有限公司	成都千氪网络科技有限公司	北京诚品溯源科技有限公司
北京阿尔山金融科技公司	微位(深圳)网络科技公司	深圳数脉分布科技有限公司
深圳市网心科技有限公司	北京磁云唐泉金服科技公司	北京网录科技有限公司
北京天德科技有限公司	北京能链众合科技责任公司	北京壹金链科技有限公司
复杂美科技有限公司	北京科达众连区块链公司	深圳创客区块链技术公司
北京聚农科技有限公司	河南中盾云安信息科技公司	深圳链为科技有限公司
迪肯区块链科技有限公司	北京光合信诚科技有限公司	共赢链信息科技(深圳)公司
杭州趣链科技有限公司	泰链(厦门)科技有限公司	尚阵科技(广州)有限公司
北京太一云技术有限公司	北京好扑信息科技有限公司	北京前沿环宇教科有限公司
重庆金窝窝网络科技公司	智链数据科技(南通)公司	上海掌御信息科技有限公司
北京泛融科技有限公司	北京孚链科技有限公司	重庆小犀智能科技有限公司
上海点融信息科技有限公司	杭州米客思科技有限公司	湖南天河国云科技有限公司
北京蓝石环球区块链公司	上海分布信息科技有限公司	贵州远东诚信管理有限公司
布比(北京)网络技术公司	湖南宸瀚信息科技责任公司	深圳积分墙区块链有限公司
北京库神信息技术有限公司	深圳市先河系统技术有限公司	上海边界智能科技有限公司
上海朝夕网络科技有限公司	浙江数秦科技有限公司	北京天下链科技有限公司
北京丁牛科技有限公司	佛山市智链互联科技公司	深圳埃代克思区块链公司
深圳市优权天成科技公司	北京投肯科技有限公司	深圳市亚来科技有限公司

（续表）

公司名	公司名	公司名
北京众享比特科技有限公司	北京亦来云科技有限公司	上海高弘信息技术有限公司
广州市云润大数据服务公司	黑湃科技（北京）有限公司	上海腾翀网络科技有限公司
北京磁云数字科技有限公司	上海祺鲲信息科技有限公司	上海旺链信息科技有限公司
杭州存信数据科技有限公司	无锡井通网络科技有限公司	北京优码源创信息技术公司
区块链（深圳）研发中心	苏州超块链信息科技公司	上海塔链网络科技有限公司
杭州秘猿科技有限公司	北京方圆友情网络科技公司	青岛乔链技术有限公司
北京溯安链科技有限公司	深圳市银链科技有限公司	上海福闰源信息科技公司
北京枫玉科技有限公司	北京知帆科技有限公司	江苏耐思捷智慧信息公司
大唐云链（青岛）科技有限公司	西安纸贵互联网科技公司	米特区块链科技（大连）公司
阿莫斯（北京）科技公司	井通至尚区块链科技公司	深圳前海云城信息技术公司
北京哥伦布时代科技公司	深圳共营区块链有限公司	上海物融智能科技有限公司
中链科技有限公司	北京直立人科技有限公司	贵阳融都科技有限公司
广州炒米信息科技有限公司	深圳博洛科技有限责任公司	上海深聪网络科技有限公司
成都链安科技有限公司	北京智源环链科技有限公司	链圈（上海）技术有限公司
杭州微链区块链科技公司	上海赢幄网络科技有限公司	
哈希未来（北京）科技公司	青岛墨一客区块链有限公司	

资料来源：《2018 年中国区块链企业百强榜》

第二节　“十三五”中期中国区块链投融资情况

一、2017 年前中国区块链领域投、融资情况

关于 2018 年中国区块链领域投、融资发展情况，总的结论是：区块链产业投融资增速迅猛，但发展还欠健康。

（一）2013－2017 年中国区块链领域投融资总体情况

1. 企业投融资规模直线快速增长

在企业融资规模方面，2013－2017 年来一直保持持续性增长，融资总额近 20 亿美元，年均增长率达到 56.66%。与融资频次变动趋势相符，融资规模涨幅的峰值同样出现在 2013－2014 年间，高达 316.09%。随着融资频次呈现下降趋势，企业的单笔融资金额也在不断扩大。

2. 企业融资频次与新增公司数量同样呈快速上涨态势

2012－2017 年全球区块链领域共发生融资事件 695 起，单个年度的融资频次从 2012 年的 7 件上升到 2017 年的 168 件。中国区块链起步晚，单个年度的融资频次从 2013 年的 7 件上升到 2017 年的 96 件，其中 2017 年的 96 件融资频次占据全球同期 168 件的 57%。与此同时，2013－2017 年，中国区块链产业融资事件数和新成立公司数量一样，快速增长。

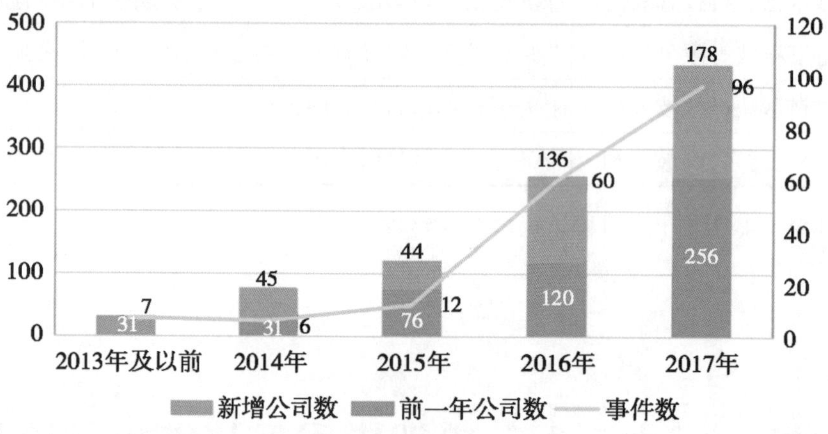

图 9－5　2013－2017 年中国区块链产业新成立公司数量和融资事件数变化

资料来源：起风财经

3. 融资轮次逐步后移，持续经营仍是难题

在投资轮次方面，机构投向的阶段逐渐后移，从初创期延伸至成长期和成熟期。2012－2017 年，种子轮和天使轮仍然是最受投资机构青睐的投资阶段，但该阶段的比例已由 100% 降至约 50%。投资轮次后移意味着投资机构的目光

不仅仅聚焦于区块链项目的创新性，也在区块链产业聚集。然而区块链企业获得后轮融资的比例要远低于其他类似的新兴技术企业。2CB Insights 数据显示，2013－2014 年间，共有 103 家区块链企业获得种子轮或天使轮融资，但仅有 29%左右的企业获得次轮融资，至 D 轮时仅剩一家企业硕果仅存。“易创立，难存续”成为区块链企业的特征。

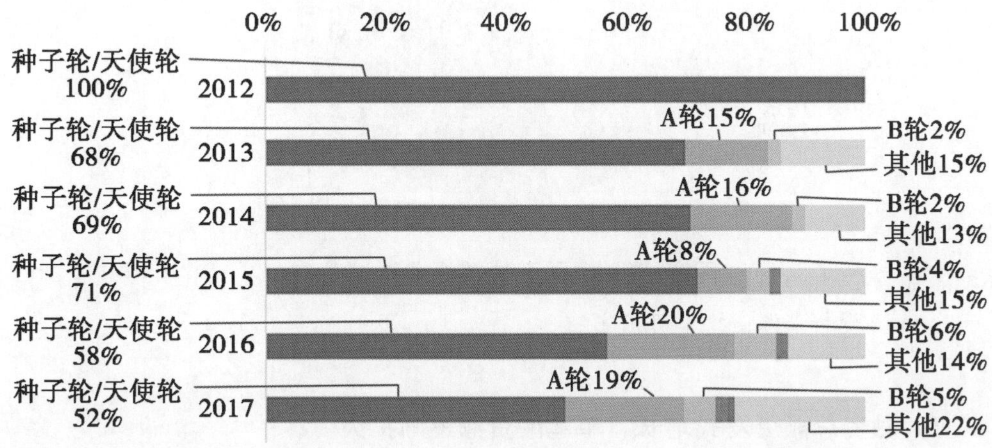

图 9－6　2012－2017 年全球区块链企业融资轮次分布

资料来源：投中研究院

4. 融资地域分布上呈现出东强西弱的发展态势

据投中信息数据终端 CVSource 数据显示，截至 2017 年年末，中国共有 168 家区块链企业获得融资，地域分布上呈现出东强西弱的发展态势。东部地区中仍以北京、上海和广东居多，三地合计占比超过 70%。东部地区的强盛依赖于政策导向和创业氛围的构筑：北京是我国的政治中心，行业资源丰富，政策扶持力度大，吸引了更多的创业者入驻，使北京区块链企业数遥遥领先，占比达 40.38%；上海作为金融中心，市场前景较其他城市更为广阔，紧随其后，约占 19.87%；广东和浙江得益于浓厚的创新氛围和开放性思维，区块链产业融资情况也有良好的表现，分别位列第三、第四位。但随着区块链技术的不断发展及企业的创立，东部地区的竞争将会趋于激烈，企业未来应用市场的开发也将会逐步向中西部地区扩张。目前陕西、河南、四川、重庆等地已经有少数企业获投，相信随着时间的推移，地区之间的不平衡问题会逐渐得到缓解。

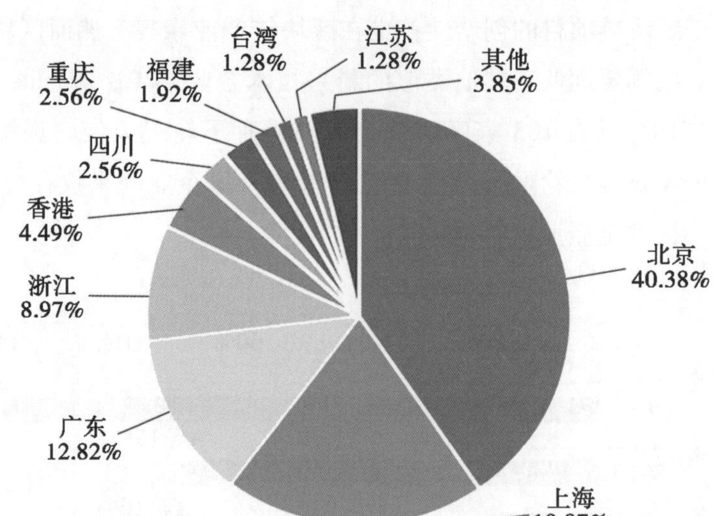

图 9－7　中国区块链企业地域分布

资料来源：投中研究院

5. 融资总额爆发式增长，单笔融资额逐渐扩大

2013－2017 年，中国区块链企业融资总额和融资频次呈现同步发展的趋势，除 2015 年有所下滑外，总体呈现出爆发式增长。从融资规模来看，2013 年融资总额仅有 1.74 亿元，截至 2017 年已攀升至 13.58 亿元，年均增长率达到 50.81%。从融资事件数量来看，2013－2017 年从 19 件激增到 72 件，年均

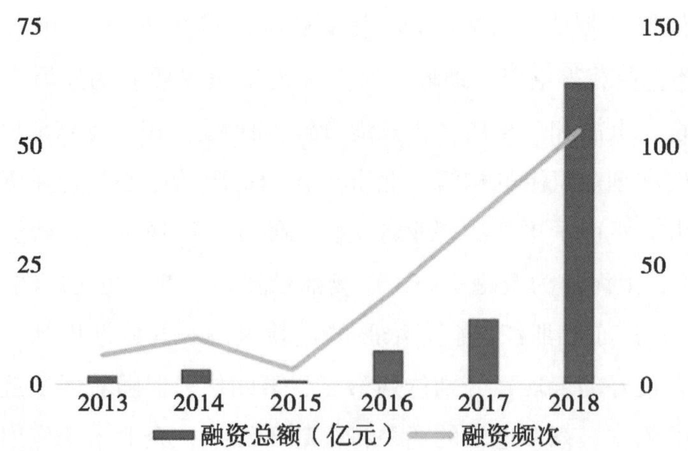

图 9－8　2013－2018 年中国区块链融资总额和融资频次

资料来源：投中研究院

增长率 30.53%。投中研究院认为，2015 年融资情况的回落可能源于对区块链技术应用的监管之争，后期行业监管的渐渐成形从侧面进一步推动了区块链行业的蓬勃发展。

6. 融资轮次后移，初创期投资仍占半壁江山

在融资轮次方面，中国区块链企业近年来的融资轮次也在逐步后移，与国际趋势趋同。但种子轮及天使轮的占比仍然保持在 60% 以上，获得 D 轮以上融资的企业屈指可数，"生存难" 同样是中国区块链企业亟待解决的问题。但随着区块链日益受到关注与重视，相关部门也在积极推动国内区块链的相关领域研究、标准化制定以及产业化发展，力促区块链企业健康有序发展。截至 2017 年年底，国内共有浙江、江苏、贵州、福建、广东、山东、江西、内蒙古、重庆等多个地区就区块链发布了指导意见，多个省份甚至将区块链列入本省 "十三五" 战略发展规划。

（二）2017 年前国内外区块链投资赛道情况

据投中信息数据终端 CVSource 数据显示，区块链技术三层架构中的垂直应用层是众多投资人布局的集中点，而基础设施层投资力度相对较弱。2015 - 2017 年间全球发生的 459 笔投资交易中，投向金融、企业服务和文化娱乐三个

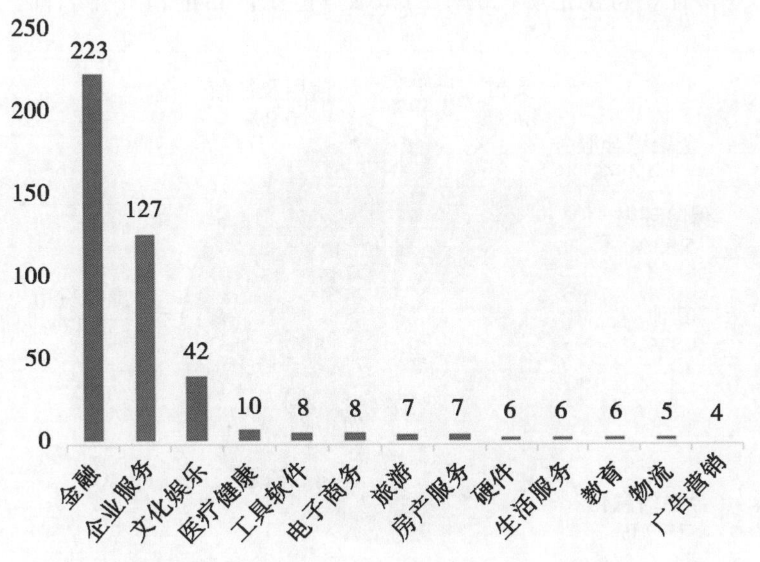

图 9 - 9　2015 - 2017 年获投企业行业分布

资料来源：投中研究院

方向的投资人数最多，特别是金融领域投资数量相当于其他行业的总和。其中复杂度低但周转频率高的项目更加受到投资人的青睐，如支付转账、证券发行过户交易、标准化资金清算结算等。细分领域方面，相较于2017年之前，投资人最大的变化在于更看好虚拟货币和区块链的中小媒体在未来三年的发展前景。

1. 金融板块

223笔投资金融领域的交易大致可分为八个方向。其中虚拟货币的渗透率名列榜首，比重达到52.47%。一直以来，虚拟货币都是区块链技术最大也最具知名度的应用市场，国内外专注于虚拟货币的机构和企业比比皆是，相关投资者数量正迅速增加。根据AppBi发布的中美App Store中区块链App报告显示，中美两国应用市场上和区块链相关的App共2993款，其中中国930款，美国2063款；从涉及区块链的不同业务模式来看，主要涉及虚拟数字钱包、区块链资讯、虚拟数字货币行情服务等三个方面，虚拟货币及其相关生态仍具备相当广阔的辐射范围。

在虚拟货币的细分领域中，货币交易所和矿机日趋成熟。国际市场上，韩国虚拟货币交易所Bitplus为提供安全、迅速的交易服务，开设线下虚拟货币交易所；日本加密货币交易所BITPOINT马来西亚站在2018年5月上线；微软正计划从数字黄金、智能合约以及小额支付三个方向入场。国内企业在虚拟货币方面也不遑多让，特别是矿机的生产和维护链条。目前世界排名前三的数字货

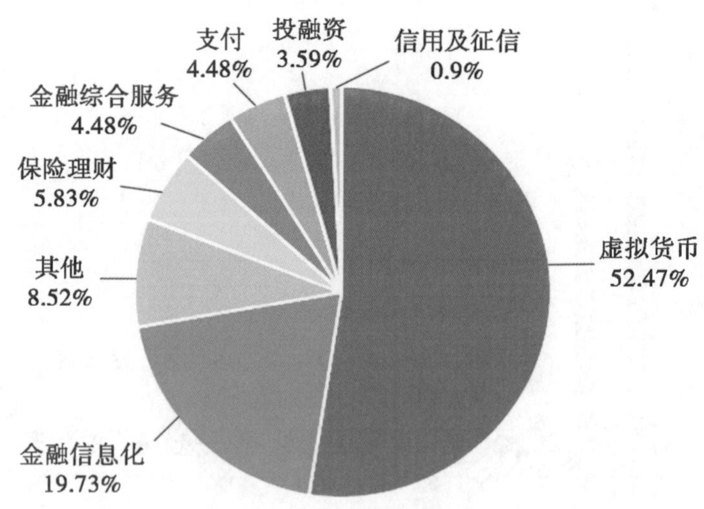

图9－10　2015－2017年金融板块获投企业细分领域分布

资料来源：投中研究院

币矿机生产商分别为比特大陆、嘉楠耘智和亿邦科技。

2. 企业服务板块

随着大众对区块链接受度的提高和区块链技术研发步伐的加快，区块链技术在企业服务方向上的应用越来越多样化。从 2015 年到 2017 年间，数据、信息安全、财税、法律等企业服务投融资交易逐渐增加。值得一提的是，“区块链 + 人才经济”的模式逐渐走入投资人的视野，在企业服务中的占比已达 3.15%。人才在市场经济竞争中的作用举重若轻，然而随着需求的增加，招聘行业同样出现过度竞争、不实内容、信息不对称等问题。“区块链 + 人才经济”的模式能够创建甲、乙双方同时维护的平台，让每一个参与的用户都享有公平的数据所有权，打通招聘市场的壁垒，提高人才与岗位的精准适配率。同时随着人才信任体系的建立，全球人力资本流动在数据、信任和支付体系上成为可能。

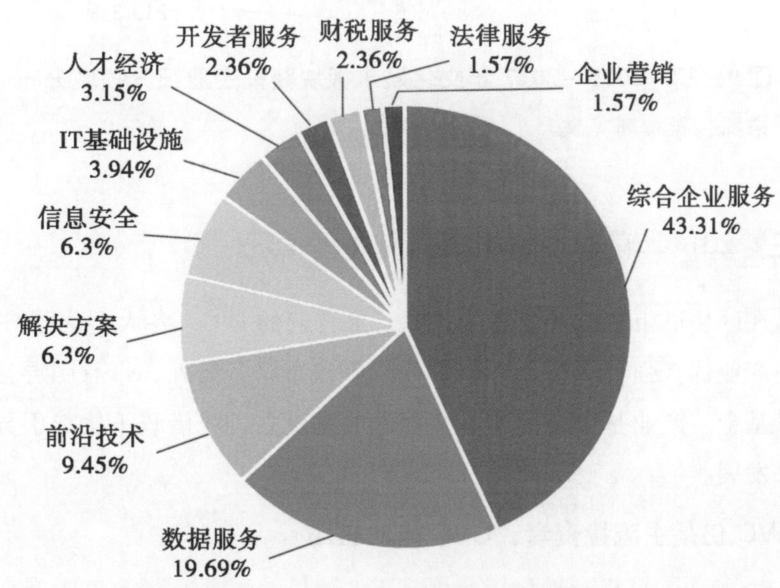

图 9－11　2015－2017 年企业服务板块获投企业细分领域分布

资料来源：投中研究院

3. 文化娱乐板块

投中研究院认为，区块链媒体的崛起首先来自于产业发展的客观需要。媒体作为信息的传递者，能够及时迅速地为相关利益方提供智力支持，促进市场信息的流动，为投资者与企业构建畅通的沟通桥梁。其次，区块链媒体的快速发展也得益于媒体资源的权威性。优质的、客观的媒体资源可以反作用于区块链企业，为其业务发展提供高可信度的背书。

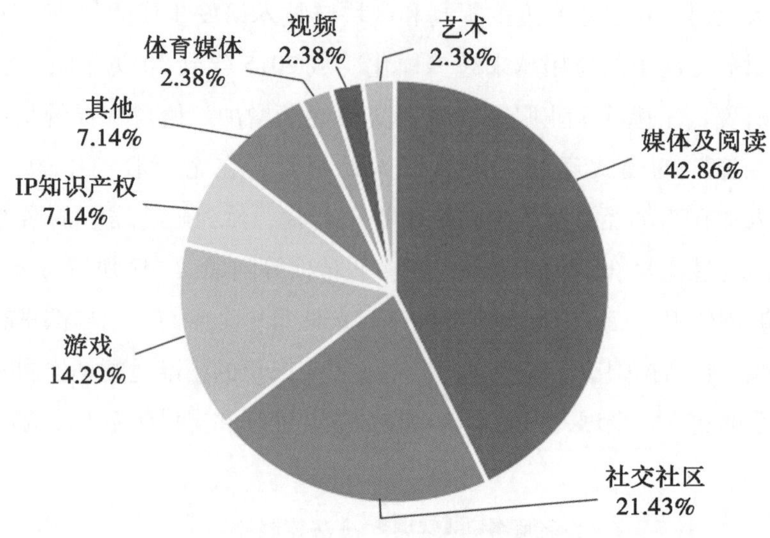

图 9－12　2015－2017 年文化娱乐板块获投企业细分领域分布

资料来源：投中研究院

（三）2017 年前区块链投资机构类型情况

活跃在区块链市场的投资者中，除了最普遍的 IVC，各大型集团 CVC 也带着自己的产业优势强势入场，不断进行试点和布局。另外，带有引导社会资本作用的母基金、产业基金与专项基金等也加速设立，凭借政策优势引导区块链产业有序发展。

1. IVC 仍是主流投资者，CVC 抢滩布局

据 CB Insights 和公开数据透露，自 2012－2017 年末，区块链领域中活跃的传统风险投资机构（IVC）总量从 6 家增长至 141 家，年均增长率高达 69.24%，总体呈现上升趋势。2014－2016 年间活跃机构数量增速放缓甚至稍有回落，但随即又在 2017 年超过 140 家，增速高于 2013－2014 年间。据投中 CVSource 数据显示，2016 年新设立活跃机构约占活跃机构总数量的 13.04%，2017 年该比例上升至 17.80%，投资机构对区块链领域产生了强烈的兴趣。但是作为技术驱动型行业，目前区块链底层技术仍处于探索阶段，距发展成熟还需要一定的时间，这在一定程度上限制了区块链大型应用的开发与落地，短期

内难以达到一定规模。由此，头部 VC/PE 机构对待区块链投资保持高度的理性，在项目的选择上相对保守，而成立时间相对较短、专注于投向区块链行业的众多新兴机构则表现出更高的活跃度，投资频率也相对较快。总体而言，投资于区块链的 CVC 与 IVC 在近六年的变动趋势趋同，呈现出曲折上升的状态，其中传统的 IVC 数量相较于 CVC 有着绝对优势。这可能源于 IVC 对市场风险的预测和调度经验更为丰富，以及 CVC 的发展，特别是在中国地区的发展还相对滞后，但两者之间的差距近年来也在不断缩小。CVC 综合了传统大型企业的研发中心和 IVC 的优势，未来可能与 IVC 等传统机构平分秋色。

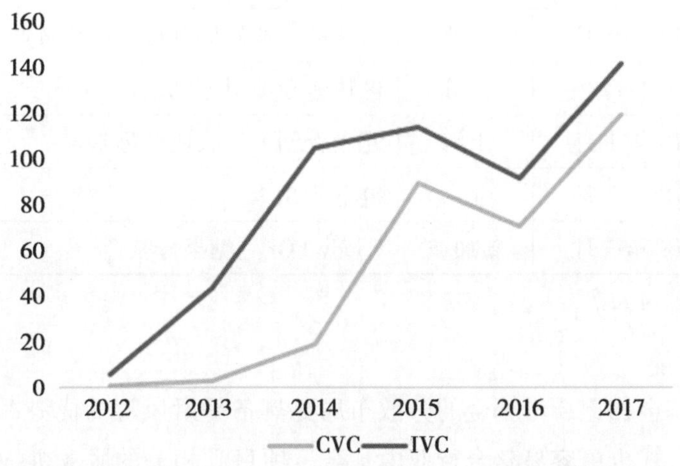

图 9-13　全球区块链行业活跃 CVC 与 IVC 变化趋势

资料来源：投中研究院

CVC 的崛起令人耳目一新。据投中研究院不完全统计，2012 年区块链领域活跃 CVC 数量仅有 1 家，截至 2017 年年末已升至 119 家，其中 2014-2015 年是 CVC 的高速发展期，增速高达 394.44%，这一现象极大程度上源于区块链技术的创新性与可持续性。区块链技术领域的研究和探索是一项长期战略性投入，BAT 等互联网巨头及 CVC 能够利用企业的技术场景优势，赋能区块链生态，在继续加速区块链技术应用落地的同时，为更多合作伙伴输出区块链技术解决方案，实现合作共赢。但区块链技术的日益成熟使得更多的利益相关者纷纷到场，CVC 的战略布局更应该侧重区块链技术的杀手级应用开发及落地。

2. 母基金及专项基金纷纷成立

随着区块链热度不断上升，市场化母基金及引导基金的设立速度也随之加快。自2017年4月起，浙江、江苏、贵州、江西、广东、北京、上海等多个省市已有数十支市场化母基金或引导基金正式成立。2018年新设区块链母基金和引导基金的数量及频率与往年相比有明显提升，市场化机构和国有资产蓄势待发。特别是区块链投资专项基金的纷纷亮相，为精准投资区块链技术助力。

表9-4　2017-2018年新设母基金及专项基金一览

序号	成立时间	成立地点	名称
1	2017年4月	浙江	区块链产业园
2	2017年5月	贵州	区块链小镇、区块链政府引导母基金
3	2017年6月	江西	区块链产业发展基金、区块链产业园
4	2017年12月	江苏	区块链专项引导基金
5	2018年1月	上海	元素青创1号区块链母基金
6	2018年2月	北京	链上FOF
7	2018年3月	新加坡	Candy FOF-糖果母基金

资料来源：投中研究院

与单一基金相比，母基金的分散布局更具备平滑风险的优势，大体量、多渠道的配置方式也更容易整合行业内基金、项目和相关的服务机构，降低项目的准入门槛，形成完整的投资生态圈，加速资本的流通。除市场化机构外，国有资本的加速入场也为区块链行业的发展助力。一方面，国有资本的权威性能够为区块链企业吸引人才提供支持和背书，缓解区块链行业人才短缺的窘境；另一方面，国有资本流通及使用过程中的制度性和规范性能够有效影响区块链企业的规范化发展，提升行业合规水平，使区块链行业在资本和人才的双重推动下实现高效、正规、有序发展。

二、2018年区块链产业投融资发展情况

（一）2018年区块链产业投资增速迅猛

据亿欧智库报道，投资频数方面，2010-2018年第三季度，中国私募市场

中的区块链投资频数持续走高。2018 年 Q1 – Q3 的投资频数是 2017 年全年的三倍多。

投资金额方面，2010 – 2018 年第三季度持续上升，2018 年投资金额高达 113.81 亿元。从单笔平均投资额来看，2016 年为 0.14 亿元，2017 年为 0.15 亿元，2018 年 1 – 9 月为 0.35 亿元，持续升高。

从中国区块链公司融资轮次分布状况来看，目前有接近 90% 的投资事件集中在早期阶段（A 轮及以前），另外有 9% 的投资事件属于战略投资，B 轮及以后的投资事件占比仅为 2%。因此，区块链产业目前还处于早期阶段。

在股权投资方面，从 2016 年开始，区块链领域的投资热度出现明显上升，投资事件达到 60 起，是 2015 年的 5 倍。2017 年是近几年的区块链投资高峰期，投资事件数量接近 100 起。在 2018 年第一季度，区块链领域的投资事件数量就达到了 68 起。随着整个产业的高速发展以及项目落地速度的加快，融资轮次将逐渐往后延伸，未来将出现更多进入中后期阶段的项目。区块链市场的潜力极为巨大，其发展方兴未艾。

（二）区块链投融资增长快速，但发育欠成熟

1. 区块链投融资金额虽然增长较快，但发展不平衡

区块链投融资频数不均衡。DC《全球半年度区块链支出指南》数据显示，2017 年中国区块链市场支出规模约为 8300 万美元，预计 2018 年中国区块链市场支出规模达 1.6 亿美元。现阶段，区块链的总体市场规模较小，这是因为市场上的区块链项目多处于尝试阶段，投入不大。

各省市投融资增长幅度不均衡，投融资金额占比差距过大。如上海、北京、杭州三座城市，其投融资金额 121.7 亿元，占全国的 90%。

2. 真正专注于区块链投资的机构少

中国共有 608 家投资机构参与到区块链私募股权投资市场。其中仅投资过一家区块链企业的机构共有 473 家，占到总数的 78%；剩余的 135 家投资机构中，投资频数 2 ~ 4 次的机构共 94 家，其余仅有 41 家机构投资过 4 家以上企业。由此可见，中国区块链投资市场中，真正专注于区块链投资的机构仅占少数。

3. 投融资主要集中在金融领域，有待分散

全国 615 家区块链企业主要分布在基础设施层、技术扩展层、行业应用层以及媒体及社区四大部分，其中，行业应用层企业最多，有 366 家企业；其次为媒体及社区，共 119 家企业。在行业应用层中，区块链渗透最多的行业为金融，占比最大达到 50%。其次为娱乐和企业服务、法律、医疗等领域。在技术扩展层，共有 96 家企业，涉及解决方案、数据服务、智能合约、BaaS 等七大领域。其中，解决方案领域企业最多，共 39 家；其次为数据服务，共 17 家。

4. 融资笔数较多，但是金额较少

2018 年，中国共有 266 笔融资，总额为 154.7 亿元，笔均 0.6 亿元；而美国共获得 80 笔融资，共计 114.7 亿元，笔均 1.4 亿元，高于中国的一倍多。

第三节 "十三五"中期中国区块链产业园区情况

一、"十三五"中期中国区块链产业园区总体情况

在中国互联网发展过程中，产业园的发展模式算得上一个成功并有特色的经验之一，而这一经验也被应用到区块链产业领域中，成为具有中国特色的区块链产业孵化基地。互链脉搏的金走车根据公开资料梳理，截至 2018 年 12 月底，中国各地设立了 20 个区块链产业园。这 20 家产业园发展情况如何？对区块链项目都有哪些扶持措施？互链脉搏通过公开信息，统计各地的区块链产业园区的数据，从支持机构、园区规模、资金扶持、政策扶持、入驻机构等方面对全国 20 家区块链产业园进行梳理。

（一）区块链园区数量：浙江为冠，沪湘粤紧随

截至 2018 年 12 月底，互链脉搏统计全国各地的区块链产业园区共 20 家。

从地理区域划分的角度来看，区块链产业园区相对集中于华东、华中、华南地区，尤其是沪杭及周边地区。

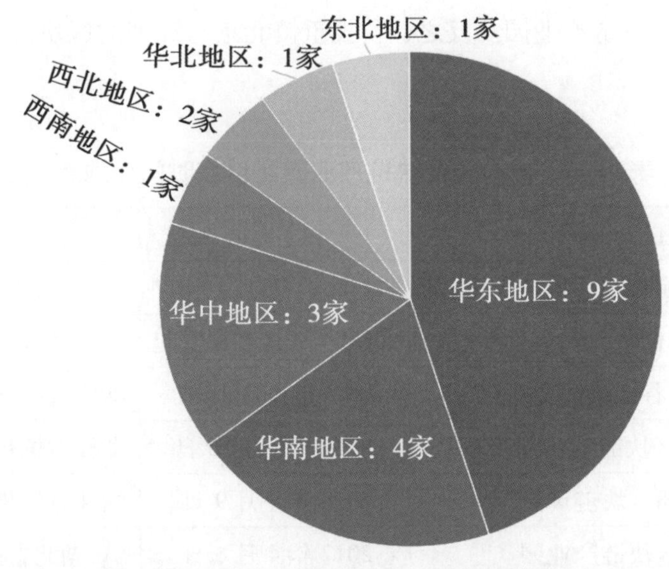

图9－14　全国各地区块链产业园区数量及分布

资料来源：互链脉搏

其中，浙江省共有四家区块链产业园区，位列全国区块链产业园区数量首位。浙江省杭州市更是基于互联网时期积累的产业、资本、人才优势，着力发展区块链，成为区块链发展“四大重地”之一，并陆续在西湖区、萧山区、余杭区创建区块链产业园。

上海是区块链行业最早的聚集地，早在2011年时，中国第一家比特币交易平台比特币中国便在上海创立。2015年，在上海举行的第一届区块链全球峰会，更促进了“区块链”概念在中国的传播。因而在区块链产业园区建设方面，上海也是一马当先，2016年上海创建了国内首个应用区块链孵化基地。

在沪杭两地的带动下，江苏苏州、浙江宁波等周边省市也陆续进行区块链园区建设。

与此同时，广东作为互联网企业相对集中的地区，同样于2017年展开了区块链产业园的布局，分别在广州市越秀区、广州市黄埔区成立了两个区块链园区。

而湖南作为区块链领域的后起之秀，2018年创立了两家区块链产业园区。

在全国区块链产业园区数量排名中排第二，成为区块链领域不可小觑的"湘军"。

此外，值得关注的是新疆、辽宁等在互联网领域不具明显优势的地区，也陆续开始布局区块链产业园。反之，科技重镇北京与深圳的区块链产业园数量为零。

表9-5　国内各区块链产业园区创立时间、地点

区块链产业园区	创立时间	园区地点
上海智力产业园天空区块链孵化基地	2016年11月18日	上海市宝山区
区块链技术创新与产业化基地	2018年9月6日发起	上海市杨浦区
杭州西溪谷区块链产业园	2017年4月28日	浙江省杭州市西湖区
中国(萧山)区块链创业创新基地	2017年5月16日	浙江省杭州市萧山区
中国杭州区块链产业园	2018年4月9日	浙江省杭州市余杭区
武汉区块链产业园	2017年4月6日	湖北省武汉市
南昌先锋军民融合创新基地区块链技术与应用研发中心	2017年6月5日	江西省南昌市
山东青岛"链湾"	2017年9月13日	山东省青岛市市北区
越秀国际区块链产业园	2017年10月10日	广东省广州市越秀区
广州区块链国际创新中心	2017年10月10日签约	广东省广州市黄埔区
重庆市区块链产业创新基地	2017年11月2日	重庆市渝中大石化新区
苏州区块链园区"链谷"	2017年12月	江苏省苏州市高铁新城
海口区块链产业园	2018年4月	海南省海口市
湖南娄底国家级区块链研究和应用示范区暨娄底市区块链产业园	2018年5月15日	湖南省娄底市万宝新区
宁波保税区金融科技(区块链)产业园	2018年6月6日	浙江省宁波市保税区
辽宁龙城区块链大数据产业园	预计2018年8月底投产运营	辽宁省朝阳市龙城区
曹妃甸大数据区块链产业园	2018年10月12日	河北省唐山市曹妃甸区
中国东盟区块链产业园	2018年10月22日签约(暂未建成)	广西壮族自治区南宁市
长沙区块链产业园	2018年11月23日	湖南省长沙市高新区
新疆伊宁区块链产业基地	暂未建成	新疆维吾尔自治区伊宁市

资料来源：互链脉搏

从园区成立的时间来看，上海区块链园区成立的时间最早，引领了随后2017年区块链园区建设的高潮。互链脉搏统计，在20家区块链园区中，1家成立于2016年，9家成立于2017年，其余10家成立于2018年（6家已经确定落地，4家签署了合约）。

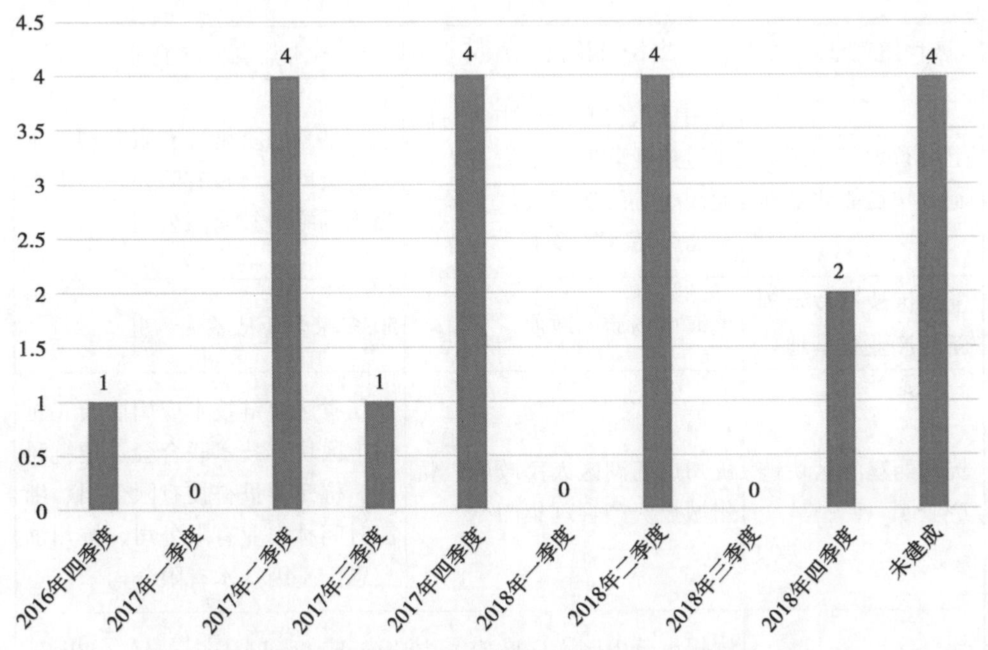

图9－15　各季度区块链产业园成立数量

资料来源：互链脉搏

互链脉搏还观察到，以季度为单位进行划分，区块链产业园区集中于第二季度成立，2017年、2018年的第一季度都没有区块链园区成立。

（二）各园区入驻企业与区块链相关性较高

互链脉搏检索公开信息，20个区块链产业园区中仅有海口区块链产业园、中国（萧山）区块链创业创新基地是企业发起的项目。其余的园区基本上是由当地政府主导，并得到各地优秀企业、联盟的支持。

北京虽未进行区块链园区建设，但在中关村管委会指导下的中关村区块链产业联盟积极支持了上海、青岛区块链园区的建设。

据观察，除去三个暂未建成的区块链园区，以及南昌先锋军民融合创新基地区块链技术与应用研发中心、海口区块链产业园、辽宁龙城区块链大数据产业园三个未检索到入驻信息的园区，其余的14个园区都有较多的入驻企业，且入驻企业开展的业务与区块链的相关性较高。

表9－6　国内各区块链产业园区支持机构、入驻机构

区块链产业园区	支持机构（组织）	入驻机构（企业）
上海智力产业园天空区块链孵化基地	宝山区人民政府、中关村区块链产业联盟、上海智力产业园、上海纺织发展总公司和庙行镇人民政府	上海瑞紫投资管理有限公司、上海快贝网络科技有限公司、上海喵爪网络科技有限公司
上海区块链技术创新与产业化基地	上海市杨浦区政府	50多家企业拟签约入驻
杭州西溪谷区块链产业园	杭州市西湖区人民政府、杭州城投资产管理集团	浙江省区块链技术应用协会、杭州市区块链技术联合会、趣链科技、杭州羿贝科技有限公司、浙江时间林农业有限公司、杭州浙大恩氏基因技术有限公司
中国（萧山）区块链创业创新基地	杭州市萧山区人民政府、中国电子技术标准化研究院、中国万向控股有限公司	brainbot technologies AG、Blockchain at Berkeley、易能智链科技（广州）有限公司
中国杭州区块链产业园	杭州市余杭区人民政府、未来科技城管委会、杭州墩澜投资管理有限公司	币印、COCOS－BCX、DGDATC、FCC（社区引擎）、FOX. ONE、IOCT、嘉富科技、空天区块链、智子科技、区块链治理相关研究课题组
武汉区块链产业园	武汉市人民政府	华中科技大学、武汉大学、纽约大学布法罗分校，以及美国硅谷、澳大利亚等12家世界一流大学和机构的顶级技术团队
南昌先锋军民融合创新基地区块链技术与应用研发中心	先锋集团、上海快贝网络科技有限公司	/

（续表）

区块链产业园区	支持机构（组织）	入驻机构（企业）
山东青岛“链湾”	青岛市市北区人民政府、中关村区块链产业联盟、青岛链湾区块链研究院	乔链技术、布比公司、众签科技、数链科技等知名企业在内的区块链企业36家；清华大学互联网研究院、央财金融保险研究院、中检联检验检测认证中心、大学联盟中英金融孵化器等
越秀国际区块链产业园	广州市越秀区人民政府、中链区块链科技有限公司	北京壹购电子商务有限公司、中铁建业集团有限公司、中矿投资（北京）有限公司、大业堂教育培训股份有限公司
广州区块链国际创新中心	广州市黄埔区人民政府、百达丰实业有限公司	闪链公司、广州蓝石信息技术有限公司
重庆市区块链产业创新基地	重庆市经济信息委、渝中区政府	贝东科技、小犀智能科技、黑条科技、印链科技、帮帮链智能科技、众仁科技等11户区块链企业；重庆邮电大学、重庆市云计算和大数据产业协会、重庆市软件行业协会
苏州区块链园区“链谷”	苏州高铁新城政府、同济大学	阅链、雷盈、莱泽、云链科技公司等16家“原住民”企业
海口区块链产业园	BEECOOL创始人朱潘，联合金色财经创始人杜均，创世资本联合创始人孙泽宇、朱怀阳共同发起	/
湖南娄底国家级区块链研究和应用示范区暨娄底市区块链产业园	娄底市政府、市国有资本投资运营有限公司	湖南可信区块链研究院、湖南区块链联盟（筹）、湖南链想科技有限公司、湖南智慧政务区块链科技有限公司、北京金股链科技有限公司
宁波保税区金融科技（区块链）产业园	宁波保税区政府	狐狸金服、网易金融、布比区块链、六点整北斗智能车险、旺链科技

（续表）

区块链产业园区	支持机构（组织）	入驻机构（企业）
辽宁龙城区块链大数据产业园	辽宁省朝阳市龙城区、中腾时代集团有限公司、浙江数秦科技有限公司、浙江鲲鹏资产管理有限公司、离长控股股份有限公司	/
曹妃甸大数据区块链产业园	曹妃甸新城、北京创到科技有限公司	华为
中国东盟区块链产业园	广西市政府、云体系联盟、齐迹集团、南宁创新创业联盟	暂未建成
长沙区块链产业园	长沙市人民政府	搜云科技、创发科技、中芯供应链、中移电商、孚利购、易宝云征信、中证数登、华中区块链技术研究院等50多家企业
新疆伊宁区块链产业基地	新疆伊宁市政府	暂未建成

资料来源：互链脉搏

上海：上海智力产业园天空区块链孵化基地，是中关村区块链产业联盟与上海智力产业园共建中关村区块链产业联盟上海协同创新中心时，同时成立的园区。

已披露的三家入驻企业均从事与区块链相关业务。上海瑞紫投资管理有限公司将区块链应用于金融领域，号称是“金融界区块链产业的领跑者”；上海快贝网络科技有限公司的主要业务是与区块链相关的虚拟货币业务；上海喵爪网络科技有限公司的“喵爪星球”项目用区块链构建定制化教育，同样运用了区块链技术。

在2018年9月举行的中国区块链技术创新峰会上，杨浦区宣布拟在湾谷科技园建成一幢“区块链大厦”，建筑面积达1.9万平方米。

杭州：杭州的三个区块链产业园不同程度地获得地方政府的支持。但从成立主体来看，只有中国（萧山）区块链创业创新基地是企业成立的区块链园区。

三个园区都吸引了较多区块链企业、区块链项目。杭州西溪谷区块链产业园区成立时间较早，成立于2016年的趣链科技、羿贝科技等区块链“原住民”企业都进驻此园区。

中国（萧山）区块链创业创新基地更多是通过比赛的方式，面向全球进行项目招募，获选项目会在萧山的创新聚能城落地试点。

而位于余杭区的中国杭州区块链产业园，不仅得到政府的支持，更得到了暾澜投资管理有限公司的资金支持。园区初期入驻的企业均是与区块链紧密相关的项目。

武汉：武汉区块链产业园是由武汉市人民政府主导创建的园区，其合作对象主要是创业团队、成熟企业和风投机构，入驻机构多为高校的技术团队。

青岛：“链湾”作为山东青岛着力打造的区块链企业聚集地，得到了政府的大力支持，入驻的企业和机构有布比、众签等知名的区块链企业，以及清华大学互联网研究院、央财金融保险研究院等平台。

苏州：北有“链湾”，南有“链谷”。青岛的“链湾”与苏州的“链谷”均是对标“硅谷”。苏州区块链园区得到高铁新城政府的支持，且已有阅链、雷盈、莱泽、云链科技公司等16家“原住民”企业入驻。

重庆：相较于上海、杭州等“先行者”，重庆市区块链产业创新基地成立得并不算早，但在重庆市渝中区政府的支持下，已吸引了小犀智能科技、印链科技等一批区块链企业的入驻，且有重庆邮电大学、重庆市云计算和大数据产业协会、重庆市软件行业协会等机构进驻。

广州：广州市成立的越秀国际区块链产业园，由中链区块链科技有限公司提供运营支持。互链脉搏检索几家已与中链区块链签约的企业，但目前并无相应的区块链项目披露。

位于广州市黄埔区的广州区块链国际创新中心，由百达丰实业投资建设，并得到当地政府的大力扶持。其入驻企业均是与区块链相关企业。其中，广州蓝石信息科技更是由中国科学院郑志明院士领衔，致力于自主安全可控的区块链底层公链技术研发、行业应用、人才培养、项目孵化等生态的构建。

曹妃甸：曹妃甸大数据区块链产业园目前已有华为等几个大数据公司入驻，唐山市的政务都已放在华为云上。

娄底市区块链产业园、宁波保税区金融科技产业园、长沙区块链产业园也均有与区块链相关的企业入驻。

（三）华东地区对区块链园区扶持力度最大

政府对区块链园区的扶持是促进园区企业抱团发力的关键。这些扶持政策一般分为场地、资金、人才等，有些地区还会针对区块链园区发布专项的扶持政策。

但部分园区的场地信息并未披露，因此，互链脉搏从资金、人才、专项政策三方面对区块链园区进行评定。

表 9－7　国内各区块链产业园区扶持政策

区块链产业园区	园区规模	资金扶持	人才扶持	专项扶持政策
上海智力产业园天空区块链孵化基地	所在的板块总建筑面积 9.7 万平方米	√	√	√
上海区块链技术创新与产业化基地	建筑面积达 1.9 万平方米	√	√	√
杭州西溪谷区块链产业园	互联网金融小镇一期 1.8 万平方米、二期 3.5 万平方米的配套物业	√	√	√
中国（萧山）区块链创业创新基地	万向创新聚能城 8.42 平方公里	√	√	/
中国杭州区块链产业园	5000 平方米	√	√	/
武汉区块链产业园	建筑面积超过 3 万平方米	/	√	/
南昌先锋军民融合创新基地区块链技术与应用研发中心	/	/	/	/
山东青岛"链湾"	4 万余平方米	√	√	√
越秀国际区块链产业园	/	√	√	√
广州区块链国际创新中心	建筑面积 61307 平方米	√	√	√
重庆市区块链产业创新基地	/	/	√	√
苏州区块链园区"链谷"	/	√	√	√
海口区块链产业园	共计 1.2 万平方米	/	/	/

（续表）

区块链产业园区	园区规模	资金扶持	人才扶持	专项扶持政策
湖南娄底国家级区块链研究和应用示范区暨娄底市区块链产业园	2000平方米精装修空间	√	/	/
宁波保税区金融科技（区块链）产业园	首期规划面积3万平方米	√	√	/
辽宁龙城区块链大数据产业园	总建筑面积8.6万平方米	/	/	/
曹妃甸大数据区块链产业园	/	√	√	√
中国东盟区块链产业园	/	√	/	/
长沙区块链产业园	/	√	√	√
新疆伊宁区块链产业基地	/	√	/	/

资料来源：互链脉搏

上海智力产业园天空区块链孵化基地、上海区块链技术创新与产业化基地、杭州西溪谷区块链产业园、山东青岛“链湾”、越秀国际区块链产业园、广州区块链国际创新中心、苏州区块链园区“链谷”、曹妃甸大数据区块链产业园、长沙区块链产业园共九个园区，在资金、人才及专项政策方面，均得到政府政策的扶持。

这九个园区中有五个园区位于华东地区，且相对集中于沪杭及周边。

上海：上海智力产业园园区会给入驻的区块链企业提供一定比例的地方税收的扶持。同时，在园区成立后的2017年3月，上海市宝山区发展和改革委员会印发的《宝山区2017年金融服务工作要点》提到跟踪服务庙行区块链孵化基地建设。

在上海区块链技术创新与产业化基地成立的同时，杨浦区发布了《杨浦区促进区块链产业发展的若干政策规定（试行）》，为给相关入驻企业和人才降低运营成本，杨浦区对于入驻集聚载体的区块链企业给予开办费补贴；对注册在杨浦区的区块链企业给予房租补贴；对重点引进的区块链技术核心专业高层次人才给予租房补贴；同时，鼓励区块链企业发明专利，享受专利奖励。

杭州西湖区：在杭州市原有政策福利的基础上，2017 年 5 月 9 日，西湖区人民政府金融工作办公室、西湖区财政局发布了《关于打造西溪谷区块链产业园的政策意见（试行）》，文件提到了对区块链企业、人才的大力扶持。

青岛：2017 年 7 月，山东省青岛市市北区人民政府印发了《关于加快区块链产业发展的意见》，其中包括设立区块链产业专项资金、扶持区块链人才等内容。

2017 年 9 月，青岛发布了"链湾"白皮书，并通过税收优惠、房租补贴等吸引区块链企业入驻。

广州：广州市成立越秀国际区块链产业园时，配套落地了广州市越秀区"钻石 29 条"政策扶持体系，整体扶持资金过亿元。

广州市黄埔区的广州区块链国际创新中心更得到著名的"区块链 10 条"的扶持。黄埔区、广州开发区出台的"区块链 10 条"扶持政策，针对区块链产业的培育、成长、应用以及技术、平台、金融等多个环节给予重点扶持，可以说是目前国内支持力度最大、模式突破最强的区块链扶持政策。

苏州：主要集中在高铁新城进行区块链布局，还专门出台了被称为"苏九条"的区块链政策，具体细分为落户扶持、经营扶持、人才扶持、平台扶持等九条内容，并设立了 10 亿元规模的引导基金。

曹妃甸：在曹妃甸大数据区块链产业园创建后的 2018 年 10 月 23 日，曹妃甸区人民政府印发了《关于推动科技创新与新兴产业发展的若干意见》，对入驻园区的企业提供租金、用地、研发创新、人才等方面的扶持，且多项优惠政策可以叠加享受。

长沙：在长沙区块链园区揭牌仪式上，正式发布《长沙高新区促进区块链产业发展的若干政策》（以下简称"《政策》"）正式发布。从应用场景创新、总部引进、独角兽培育、产业支持、房租补贴、平台建设、人才引进等方面对区块链企业的发展进行扶持。

《政策》表明，综合考虑项目产生的经济效益和社会效益，按照应用场景创新项目投入最高不超过 50% 的比例给予资金补贴，单个区块链企业和机构补贴最高不超过 2000 万元。

杭州萧山区：作为支持机构的万向集团投入 2000 亿元建设萧山区区块链园区。当地政府表示积极发展"区块链 + 产业"，并出台了《萧山区工信经济新兴产业三年行动计划 2017 – 2019 年》《萧山区智能制造三年行动计划 2017 –

2019 年》。

杭州余杭区：在中国杭州区块链产业园启动仪式上，雄岸全球区块链创新基金成立，其中，政府资助资金占 30%，社会募集资金占 70%，基金总规模达到 100 亿元。

但据悉，后因金融形势发生变化，余杭区产业基金整体布局发生调整，余杭区政府和未来科技城管委会未实施该意向的出资计划，并于 2018 年 9 月终止与雄岸基金的合作。

宁波：在宁波保税区金融科技（区块链）产业园成立前，2018 年 3 月，宁波保税区便出台了《金融科技（区块链）产业政策》。针对扎根金融科技（区块链）的企业和机构，宁波保税区提供了落户奖励、成长奖励、平台奖励、技术奖励、应用奖励、金融支持、人才保障七大产业扶持政策。

重庆：2017 年 11 月，重庆市发布了《关于加快区块链产业培育及创新应用的意见》，围绕区块链关键技术和产品研发、重点领域应用、产业培育、人才培养、安全防控等方面，提出系列指导性意见。

武汉区块链产业园、娄底市区块链产业园、中国东盟区块链产业园、新疆伊宁区块链产业基地共四个区块链园区，都仅在三项区块链扶持措施中占一项。

武汉：据了解，产业园的合作对象主要是创业团队、成熟企业和风投机构，并分别提供了补助与补贴。而武汉虽表示要在财力、物力和人力等方面给予支持，却未有政策方面的实质性鼓励。

娄底：湖南省娄底市政府较重视区块链在政务领域的应用。园区成立后，入驻企业湖南智慧政务区块链科技有限公司，实施了娄底市不动产区块链信息共享平台项目。其后，娄底市不动产区块链信息共享平台正式上线，全国首张不动产区块链电子凭证在娄底发放。

娄底市万宝新区也为园区建设提供 2000 平方米精装修空间，但未检索到其他的区块链扶持政策。

广西：广西民族大学华南区块链大数据法治战略研究院院长齐爱民，作为中国东盟区块链产业园的产业顾问，曾表示："如果广西动作快的话，中国东盟区块链产业园投资将达到百亿元，将是最大的一个区块链产业园。"但广西壮族自治区人民政府并未针对区块链领域发布专项的扶持政策，多是在其他发展政策中提及。

南昌先锋军民融合创新基地区块链技术与应用研发中心、海口区块链产业园、辽宁龙城区块链大数据产业园3个产业园，互链脉搏未检索到相关的扶持措施。

南昌：南昌区块链园区并未披露过多信息，扶持政策也没有更多显示。

海口：海口区块链产业园的建立更多的是民间行为，政府未设立专项的扶持政策。

辽宁：园区将由中腾时代集团有限公司、浙江数秦科技有限公司、浙江鲲鹏资产管理有限公司、高升控股股份有限公司四家公司共同投资建设，计划投资20亿元。地方政府方面并未出台相关的扶持政策。

二、2018年中国10省市区块链产业园区情况

《2018最新全国区块链产业园汇编》对全国的区块链产业园发展进行了详细梳理和深入分析。从公开信息来看，截至2018年10月，我国有10个省市共形成18个区块链产业园区。2017年是这些园区集中问世的时间，其中11个区块链产业园区在这一年成立。区块链产业园大部分是由政府运营或主导，只有上海协同创新中心和武汉区块链产业园没有政府相关部门的参与，完全由企业自主运营。

从地域分布来说，绝大部分区块链产业园都分布在南方，其中广东和浙江分别拥有4个和3个区块链产业园而名列前两名。对10个省市区块链产业园招商和入驻情况进行调研和分析后发现，尽管这些省市高度重视区块链，并相继出台了相关政策鼓励发展，但绝大部分园区的区块链企业入驻情况都不尽如人意，大部分园区的企业入驻量不足，甚至有些入驻的企业有滥竽充数之嫌。这也反映出，被各地政府视若上宾的区块链产业园处境颇为尴尬。

（一）浙江省

浙江省是国内最早关注区块链技术的地区之一，早在2016年就在由浙江省人民政府出台的《关于推进钱塘江金融港湾建设的若干意见》中提出要"有效聚集……区块链等金融科技类企业"。该省的区块链产业发展主要集中在杭州市，该市西湖区在2017年开始率先打造区块链产业园并出台针对园区发展的专项扶持政策，更在2018年将区块链写进杭州市政府工作报告。

杭州市已创建3个区块链产业园——西溪谷区块链产业园、区块链创业创新基地和中国杭州区块链产业园，分别位于杭州市的西湖区、萧山区和余杭区。

在全国有规划区块链产业园区的九个省市中，浙江省出台的区块链相关政策是最多的，同时，该省设立的区块链产业园区在时间和数量上也位于前列，可见当地政府对区块链的重视和扶持力度。

但是，从已知入驻企业来看，情况并不尽如人意。首先，西溪谷区块链产业园和区块链创业创新基地两个园区都没有对外公布企业的入驻情况，园区运营信息较为封闭；其次，中国杭州区块链产业园虽有官方公布的入驻企业名单，但在已知的14家入驻企业中，有1家企业查不到任何相关信息，6家企业显示所营业务与区块链无关，2家企业区块链业务不明确，仅有5家企业能查到具体的区块链产品和服务。并且在中国杭州区块链产业园的成立仪式上，官方曾声称已经有10家企业签约入驻，但随后有媒体进入产业园探访时发现园区内并没有任何企业入驻，该园区所公布的信息不禁让人怀疑。

（二）江西省

江西省是国内较早关注区块链的省市之一，区块链产业发展集中在赣州市。赣州区块链金融产业沙盒园是国内设立最早的区块链产业园区之一。该园区于2017年设立，由政府主导运营了一年之后，在2018年7月宣布由企业进行园区的建设、招商等运营工作，希望用市场化的运营方式提高园区的效率。

赣州市虽然不是江西省的省会城市，但它被称为“江西省的南大门”，也是该省重点培育和发展的三大都市区之一，曾在2017年被评为“江西省发展最快的城市”。该市的迅速发展除了优越的地理条件外，和当地政府领导积极推动发展新兴产业不无关系。区块链的兴起和火热，对一个地区的经济发展来说是一个机遇，赣州市政府正是抓住了这个机会，率先关注并发展区块链产业，使其成为该市一个新的经济热点和经济增长点。

但是，对于园区的已知入驻企业，和杭州区块链产业园情形类似，15家企业中，只有5家企业可以明确地从企业信息中看到区块链的相关业务。

（三）广东省

虽然从政府层面来看，广东省的首个区块链专项扶持政策《广州市黄埔区广州开发区促进区块链产业发展办法》（以下简称“广州区块链10条”）在

2017 年年底出台，但其发布之时便受到各界的关注，被认为是当时"扶持力度最大、模式突破最强"的地方区块链政策。

同时，广东省也是全国区块链产业园区数量最多的地区，主要集中在广州市，分别是广州城投 · 中关村 e 谷区块链产业园、广州越秀国际区块链产业园、广州区块链国际创新中心和蚁米区块链众创空间。

据零壹财 · Binary 数字资产研究院联合发布的国内区块链公司发展普查报告显示，截至 2018 年 5 月 3 日，我国共有 8672 家公司的名字或经营范围中含有"区块链"字样，另外还有 1213 家公司的简介中含"区块链"的字样，合计将近 10000 家。其中，从注册数量来看，广东省以 6873 家居全国之首。

和其他地区不同的是，广东省的四个产业园区均享有政府发布的区块链企业扶持或园区建设的专项政策。对于园区的建设，当地政府给予了极大的支持，但并不是直接参与，而是由企业主导并运营。但从园区的企业入驻情况来看，同样存在问题。广州城投 · 中关村 e 谷区块链孵化园官方对外公布的 18 家入驻企业中，仅有 4 家企业有区块链业务的相关介绍，其他 14 家企业要么不存在、查不到任何信息，要么没有明确显示相关的区块链产品和服务。

（四）山东省

山东省的区块链产业主要集中在青岛市市北区。青岛"链湾"是山东省青岛市不遗余力推进的一个项目。从 2017 年到 2018 年，不仅在《青岛市市北区人民政府关于加快区块链产业发展的意见（试行）》和《2018 年青岛市市北区政府工作报告》中强调了"链湾"的建设，还专门编写发布了《中国链湾白皮书（2017）》，可见青岛市政府对"链湾"的重视程度。

这是一个将区块链产业发展和技术研究相结合的区块链产业园区。园区由政府主导和运营，同时设立青岛"链湾"研究院。另外，根据官方消息，还有来自中国科学院、中国人民大学和清华大学的相关研究院和实验室入驻，并计划引入产业基金。由此看来，当地政府是要借助"链湾"这个平台，打造一个区块链"政产学研 + 资本"的生态。

（五）重庆市

重庆市区块链产业园区的建设集中在渝中区。2017 年年底揭牌成立重庆区块链产业创新基地，开始投入打造区块链产业园区。2018 年提出要打造"重庆链岛”，作为包括重庆区块链产业创新基地在内的智能产业聚集地。

从已公布的信息来看，重庆区块链产业基地有它自身的发展优势：该产业基地的入驻企业从数量上看虽然不是所有产业园区中最多的，但却是相对优质的。首先，体现在已知的 9 家入驻企业，其中 8 家企业有明确的区块链业务；其次，从这些企业的注册时间上来说，到目前为止，所有企业均有一年以上的运营时间，且包括万达网络、太一云、小犀智能科技等在内的知名企业。

（六）江苏省

江苏省苏州市正在加快布局区块链产业。自 2017 年以来，该市发布“苏九条”区块链专项扶持政策、建设打造苏州“链谷”并对外开放大量区块链应用场景，每一件事都引起业内人士的极大关注。

苏州“链谷”位于苏州高铁新城，是江苏省唯一一个区块链产业园区，也成为苏州甚至是整个江苏省的区块链产业发展状况的体现。与其他区块链产业园区相比，苏州链谷有几个显著的特点：一是依托高校的人才和科研力量，由政府和高校合作设立，其运营主体苏州同济区块链研究院也是由同济大学和苏州市政府联合打造，并且在后期还举办了“链谷杯”高校区块链应用创新大赛。二是大量开放应用场景，为区块链的创业提供广阔的产业环境，在链谷的揭牌仪式上开放首批 15 个应用场景，2018 年 6 月又承诺在未来三年内开放 100 个应用场景。三是突破地域限制，除了在苏州本地建设“链谷”，还在北京设立离岸孵化器“链谷 · 北京”，扩大“链谷”的辐射范围，借助北京的产业优势推动苏州“链谷”的发展。

由此可见，苏州“链谷”的建设方式，是通过大力支持区块链人才培养、鼓励和扶持区块链创业，以此吸引企业入驻，形成产业聚集效应。但从官方公布的企业入驻情况来看，因为并未公布这些企业的完整名称，大部分难以找到详细信息。

（七）湖南省

湖南省长沙市和娄底市的区块链产业园几乎是同时投入建设中，长沙市在 2018 年 6 月 22 日，《长沙经济技术开发区关于支持区块链产业发展的政策（试行）》发布后开始扶持和引进区块链企业，并于 8 月 26 日正式落地星沙区块链产业园；娄底市区块链产业园在 2018 年 5 月 15 日正式成立。

从对外公布的时间来看，娄底市区块链产业园的成立时间更早；从官方公布的入驻企业来看，娄底市的区块链产业园已知的入驻企业也更多。长沙市星沙区块链产业园位于湖南省的省会城市，有长沙市经开发区发布的区块链企业专项扶持政策，其所在的星沙产业基地早在2009年就已成立，拥有成熟和专业的园区运营经验。因此，娄底市区块链产业园实际上是湖南省的“首个区块链产业园”，但相比之下，星沙区块链产业园具备更好的发展条件。

（八）上海市

上海是国内较早关注区块链技术的地区之一，作为我国的经济中心，上海也是区块链创业、区块链大会举办的集中地之一。但在其他地区政府纷纷入局、大力推动当地区块链产业发展时，上海市政府一直少有动作。

直到2018年9月6日，上海市杨浦区才发布上海的首个区块链专项扶持政策，鼓励上海市区块链产业的发展，同时宣布将在杨浦区建成首个由政府主导的区块链大厦，作为上海市区块链技术创新与产业化的基地。

上海协同创新中心由上海智力产业园主导成立并运营，但它没有政府的站台，也没有政府出台的相关扶持政策。因此，和其他区块链产业园区相比，它的影响力和对区块链企业的吸引力度都有所欠缺。虽然仍在正常运营中，但成效并不明显，目前只有三家区块链企业入驻。

区块链大厦作为首个由上海市政府主导的区块链产业聚集地，在建设期间就已引起各方关注和重视，同时上海市首个区块链专项扶持政策也重磅发布，这都意味着上海市政府正式入局区块链。上海本身具备经济和科研优势，为区块链这一高新技术及其产业的发展提供了肥沃土壤，如今再加上政府力量的推动和扶持，无疑成为国内区块链产业最具发展优势的地区之一。

（九）湖北省

工业和信息化部发布的《2018年中国区块链产业发展白皮书》显示，从我国区块链公司的地域分布情况来看，湖北省的区块链创业活跃度在全国排名第八。但是从政府的反应程度来看，并没有那么活跃，至今政府都没有发布区块链相关的指导扶持政策，只在2018年5月14日发布的《加快推动高质量发展的实施意见（征求意见稿）》中提到区块链：“培育新一代人工智能、北斗+、VR/AR、网络安全、智能网联汽车、区块链等新业态。”而湖北省唯一的区块链产业园——武汉区块链产业园也不是由政府主导，而是由企业设立并运营的。

武汉区块链产业园是由武汉的一家区块链企业单独设立的，并成立了武汉区块链产业园有限公司来作为园区的运营单位，园区的联系方式也是根据相关工商信息查询平台从该公司的信息中获取的。因此，与其说这是一个区块链的产业园区，不如说是一个由企业建成运营的孵化平台。

（十）河北省

2018 年，河北省的首个区块链产业园在曹妃甸新城宣布成立。随后不久，京津冀大数据教育区块链试验区在河北廊坊开发区正式启动建设。

河北省是北京非首都功能疏解的重要承接地。其中，位于河北省唐山市曹妃甸协同发展示范区是四大战略合作功能区之一。河北省的首个区块链产业园落户在曹妃甸，靠近北京、处于京津冀协同发展的规划之中，使其具备明显的区位优势和政策优势。曹妃甸区政府也表示："将全面支持符合国家政策的区块链公司入驻，入驻支持包括公司名称、区块链经营范围、资质审批、空间补贴，等等。"

但同时，相关产业基础薄弱等因素也是该产业园在引进区块链企业时的短板。首先，曹妃甸的科技氛围和人才优势并不突出，相关产业的基础设施还有待完善。另外，在《关于加强京津冀产业转移承接重点平台建设的意见》的规划中，曹妃甸协同发展示范区是作为引导钢铁深加工、石油化工等产业及上下游企业的集聚区，而不是科技企业的承接平台。

第四节 "十三五"中期中国区块链社区情况

一、区块链社区是什么和有什么作用

（一）区块链社区是什么

社区相当于是一个圈子，在这个圈子中要有一定数量的粉丝，并且有相同

的爱好以及一定的基础设施方能集合而成的一个集体。那么“区块链社区”是什么呢？

在区块链社区中的都是因相同爱好聚集一起的用户，在社区中，大家可以互相学习和分享关于区块链的一些内容并进行互动。区块链社区的稳定也是需要一个相互互动的场景，并且是有共同属性的，“区块链社区”也是这几年才出现的词汇，但表达的意思其实非常宽泛。

凡是产品都需要运营，区块链同样如此。区块链社区就是一个衍生品，因为区块链的火热，所以讨论区块链话题的人也变多了，大家在一起互相讨论，并建立了一个社区。这些社区不仅能分享，有些时候区块链社区也是项目社区，内容基本是围绕一个项目而展开，就像比特币社区一样。

区块链社区中包含了开发的组织、项目方、志愿者以及投资者，如果区块链项目已经进行到开源了，那么这个区块链技术开源社区本身的意义就是区块链社区了。比特币是最早的数字货币，所以最早的区块链开源社区就是比特币。

区块链社区和网络社区的区别之一就是它没有边界，它就像一个宇宙，由一个点爆发和膨胀，有限而无边界，正如它的核心技术 P2P 一样，可以在任何时候自由加入、自由退出。

在 P2P 对等网络中，每个节点都具有高度自治的特征。节点之间彼此可以自由连接，形成新的连接单元。节点与节点之间的影响，会通过网络而形成非线性因果关系。这种开放式、扁平化、平等性的组织结构，使得每一个社区成员均成为了一个微小且独立的贡献者，参与到区块链项目的发展中来。

（二）区块链社区分类及案例

一般而论，区块链社区分为几种：区块链应用社区、区块链学习社区、区块链博客社区。

1. 区块链应用社区

（1）区块链应用社区概念：区块链公司基于区块链技术建立一个新的生态社区。

（2）区块链应用社区案例：

区块链社区 CROS 声称将用区块链共同打造出一个有温度的社区，以成都锦江区三个社区作为实验田，打造出一个最接地气的区块链应用。

主要思路：创建一个区块链平台，然后发布到社区 Token，最后引导本地化的消费，从而激励社区各居民增加彼此之间的互动。具体的方法是从需求交易入手，让社区居民的各种交易需求在小区内就得到满足。在一个小区之内，所有居民的交易需求主要是在生活方面的。

禅城“社矫链”平台：禅城“区块链＋社区矫正”应用正式落地，建成“社矫链”平台，该区块链社区平台以禅城区 IMI 身份认证平台为支撑，横向打通与社区矫正相关的公、检、法、司等部门的信息壁垒，使各部门的信息从“条数据”变成“块数据”，以安全有效的方式畅通沟通渠道，纵向对接禅城区自然人数据库，建立纵横联动共享工作机制，让数据多跑路，让人少跑腿。

2. 区块链学习社区

（1）区块链学习社区概念：学习平台汇集区块链爱好者，普及区块链技术，交流区块链技术，追踪区块链行业应用的新闻。

（2）区块链学习社区案例：

巴比特区块链论坛是区块链交流社区。论坛聚集区块链开发者，介绍区块链基础知识和原理，分享对区块链的理论、去中心化思想、编程开发及未来发展趋势的见解。

智趣链是集区块链金融、区块链应用、区块链大会、区块链学习知识等的一站式平台。该平台致力于区块链行业内知识经验和区块链应用案例传播，让更多人能便捷学习区块链。

3. 区块链博客社区

（1）区块链博客社区概念：很多大型博客开设区块链栏目，自媒体人和博客人能够交流学习区块链的技术和经验。

（2）区块链博客社区案例：

链圈——关注区块链技术的自媒体博客社区：该平台成立于 2018 年，是提供区块链知识、资讯、行情分析及问答的行业自媒体博客社区。

（三）为什么区块链项目需要社区运营

1. 区块链技术门槛高

目前众多区块链项目在营销上也是微博、微信、社区三驾马车并进。社区建设对区块链项目来说至关重要，这是由产品决定的。区块链技术涉及分布式数据存储、点对点传输、共识机制、加密算法等，使用门槛非常高，用户难以通过微博或微信了解产品如何使用，而官网文档又很难做到尽善尽美，这个时候，社区就是一个很好的平台。

2. 一个成功的区块链项目，需要更多的团队参与进来

目前的区块链项目远未达到应用落地的条件，正处于底层公链之争。底层公链相当于苹果的 Ios 或安卓的 Android 操作系统。需要代码开源，让更多的 DApp 应用上链，才能使整个生态圈生生不息。

3. 举例说明

区块链技术是一种通过去中心化去信任的方式来集体维护一个可靠数据库的方案。目前的区块链项目都有自己的一套运行机制。2018 年上半年十分火爆的 EOS 超级节点选举，EOS 采用的 DPOS 共识机制，需要 21 个超级节点做出块者（也可以理解，是这 21 个超级节点来维护网络秩序的），而每个节点需要耗费大量精力，财力来维护，这是一个无比浩大的工程。

这个时候，就可以发挥社区的作用了。社区成员积极报名参加超级节点选举，参选者需要提供：①公共网站和社交网站账号；②组织的名称、所在位置，服务器类型、位置；③到 2018 年 6 月 3 日之前的预算支出以及技术方案；④2018 年 6 月 3 日之后的硬件扩容计划；⑤社区支持计划；⑥电报和供社区成员测试的节点。当然，入选之后，这些超级节点，也会获得巨额奖励。

由此可见，区块链社区提供了一个互动的环境，而且在这个环境中也是良性循环，社区中的参与者都可以获得想要的实惠，项目开发的进展也会更加顺利，且从产品宣传来说，也是一个捷径，可以不需要花费更多的成本。

二、"十三五"中期中外区块链社区发展情况

通常来说，行业联盟——尤其是新兴行业的联盟——都是在用"洪荒之力"制订行业标准，因为行业发展初期会遇到一系列的选择和问题。具体到区块链行业，未来区块链金融科技公司、大型银行以及监管机构将极大影响区块链的应用方向及标准。

（一）“十三五”中期国外有影响力的区块链联盟

区块链技术向各个领域，特别是金融领域迅速渗透，利用区块链技术打造互联互通的基础设施已被全球很多国家提到战略高度，而由全球性的金融机构组成的跨境区块链联盟已积极行动，成为推动区块链产业发展的重要社会因素。那么，世界上有哪些有名的区块链联盟，都有什么特点呢？

1. R3 区块链联盟

（1）R3 区块链联盟简介

R3 区块链联盟于 2015 年 9 月份成立，目前已有约 42 家国际银行组织加入，成员几乎遍布全球，包括富国银行、美国银行、纽约梅隆银行、花旗银行等。其主要致力于为银行提供探索区块链技术的渠道以及建立区块链概念性产品。R3 使用以太坊和微软 Azure 技术，将 11 家银行连接至分布式账本。2016 年 4 月，R3CEV 与微软正式建立合作关系，研究实验区块链应用，并推出了他们专门为这一目的建立的最新分布式私人账本 Corda。

中国平安于 2016 年 5 月 24 日宣布加入区块链顶级联盟 R3，成为其第一位

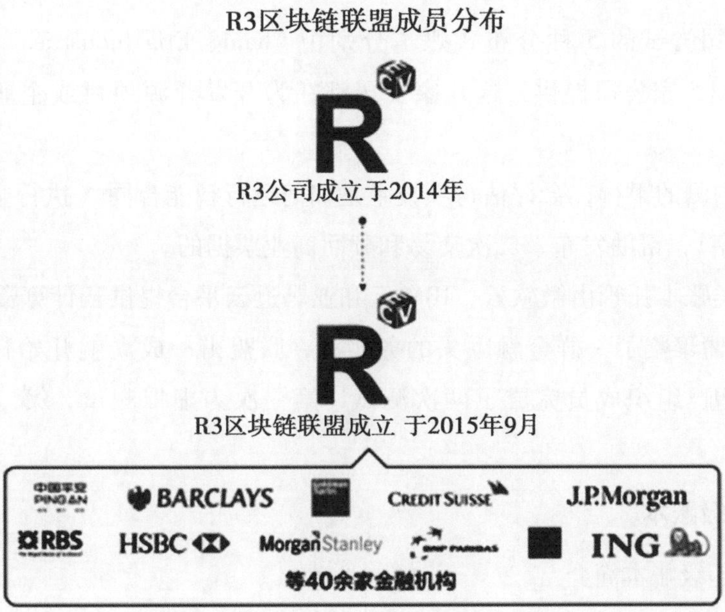

图 9－16　R3 区块链联盟成员分布

资料来源：DT 财经据公开资料整理

中国成员。6月3日，友邦保险（AIA）也宣布加入这个联盟。这使得R3联盟突然成为中国FinTech圈内的“网红”。

据相关资料显示，这个R3联盟不愧是世界顶级俱乐部：2015年年底，互联网金融科技公司R3 CEV聚集了一个由42家知名银行组成的联盟，致力于研究和发现区块链技术在金融业中的应用。世界顶级金融机构的联盟成员汇集智力，思考区块链在金融业的应用。

（2）“内测”区块链交易

该联盟成立半年多来，做得最多的工作，可能就是“内测”区块链交易了。

2016年1月20日，R3联盟宣布进行了首个区块链实验。R3称，实验参与者探索了区块链技术在全球私有网络中实时执行金融交易的可能性。这次实验是这么玩儿的：参与者用标记化了的资产在一个分布式账本上进行交易。实验由以太坊技术提供支持，Microsofte Azure提供云服务。这样交易不用借助于一个集中的第三方就能完成，此乃区块链交易之要义也。

2016年3月3日，R3公司宣布其40家银行成员已经测试了5种不同的区块链技术，用于发行、交易和赎回固定收益产品。这被认为是区块链技术在金融市场中最大的一次真实试验。

R3公司尝试的5种分布式账本分别由Chain、Eris Industries、Ethereum、IBM和Intel 5家公司提供，这几家公司都在为开发开源项目或企业研究这类技术。

参加内测的银行，会评估每项技术是如何运行智能合同（执行金融交易的计算机程序），帮助发布、二次交易和赎回商业票据的。

分布类账本托管由微软云、IBM云和亚马逊云平台提供云计算资源。

R3联盟聚集了一群金融巨头的务实派，联盟甫一成立就开始行动了。半年来，联盟已组织成员完成了两次测试，第一次为虚拟测试，第二次为真实测试。

2. 超级账本

（1）超级账本简介

超级账本是一个技术驱动型组织，由Linux基金会于2015年12月发起，目的是共同建立并维系一个跨产业的、开放的、分布式账本技术平台，满足来自多个不同行业各种用户的案例，并简化业务流程，使区块链技术不仅仅应用于金融领域，也转向制造业、银行、保险等行业。超级账本的项目成员中，科技公司、金融机构以及各类区块链公司是主流，包括荷兰银行、埃森哲等十几个不同利益体；核心成员中科技公司占据六成以上，将超级账本打造成为一个与众不同的技术驱动型组织。

表 9-8 国际代表性区块链联盟组织

序号	成立时间	联盟名称
1	2015 年 9 月	R3 区块链联盟
2	2015 年 12 月	超级账本
3	2016 年 7 月	俄罗斯区块链联盟
4	2017 年 2 月	企业以太坊联盟
5	2017 年 10 月	区块链专利共享联盟
6	2018 年 1 月	华尔街区块链联盟

资料来源：DT 财经据公开资料整理

此外，大型集团更是以联盟形式进军区块链产业。例如，Ripple 吸引盟友加盟实时支付平台；Barclays 和 Safello 联盟，提供 POC 机制；Gemalto 和 Symbiont 合作，用区块链提升数字网络安全等。

（2）Hyperledger Project，技术驱动型组织

如果说 R3 联盟研究的是区块链在金融这个细分领域的应用，那另一个组织——超级账本则更偏技术派的区块链联盟。这个项目的目的是要共同建立并维系一个跨产业的、开放的分布式账本技术平台。

Linux 基金会表示，区块链可共享、透明化、去中心化的特性，不仅可以应用于金融领域，在制造业、银行、保险、物联网领域等各行业的应用空间也十分广阔。

Hyperledger Project 官网展示的项目成员中，科技公司和金融机构各占三成，另有超过两成的成员是区块链公司。其核心成员中，科技公司更是占了六成以上，足见 Hyperledger Project 是一个“技术驱动”的联盟。

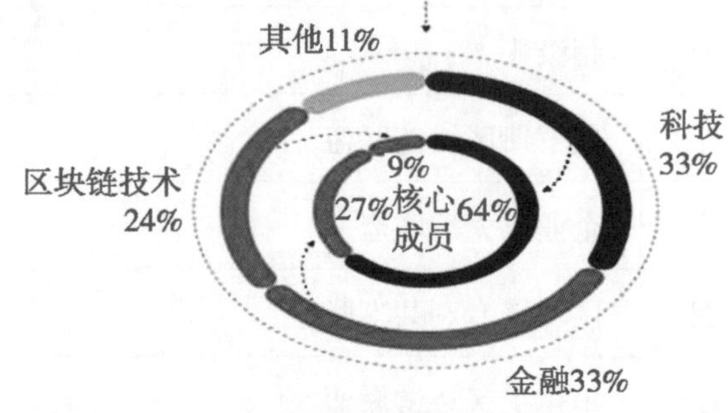

图 9－17　区块链联盟 Hyperledger 成员分布

资料来源：DT 财经据公开资料整理

目前，超级账本已是发展最快的 Linux 基金会项目之一。这个项目的首要任务是，为分散式分类帐技术建立跨产业的开放标准，让任何数字化的价值交换，如房地产契约、能源交易、结婚证明等，都可以具有经济成本效益且以安全的方式进行交易及追踪。

从项目资产构成来看，Hyperledger Project 的初创成员为这个开源社区提供了包括代码、项目名称等重要资源。从项目管理层来看，这些对项目作出巨大贡献的人都在担任重要的管理角色。从这两点判断，Hyperledger Project 是一个成员联系紧密、共生共享关系明显的社区。

（二）“十三五”中期中国有影响力的区块链联盟

据投中研究院不完全统计，自 2016 年至 2018 年年初，中国成立的区块链相关的行业协会或联盟近 20 个。联盟、协会的成立可以为区块链行业相关机构和人员提供一个专业领域的交流及合作平台，对于中国区块链行业的长期、健康发展发挥有益的作用。

从各联盟的分布地域看，区块链联盟主要位于北京、上海、深圳等一线城市，部分二线城市也逐渐开始引入，但仍处于起步阶段，数量较少；东部地区发展较中西部地区具有明显优势，但中西部地区也呈现多点开花的局面。

表9－9　“十三五”中期中国有影响力的区块链联盟分布

序号	成立时间	成立地点	联盟名称
1	2016年1月	北京	中国区块链研究联盟
2	2016年2月	北京	中关村区块链产业联盟
3	2016年4月	北京	中国分布式总账基础协议联盟
4	2016年4月	深圳	金融区块链联盟（金链盟）
5	2016年6月	上海	中国互联网金融协会区块链研究组
6	2016年7月	北京	区块链微金融产业联盟（微链盟）
7	2016年8月	深圳	前海国际区块链联盟
8	2016年8月	上海	银行间市场区块链技术研究组
9	2016年8月	北京	电子存证区块链联盟（法链）
10	2016年9月	上海	国际文玩区块链产业联盟
11	2016年10月	上海	陆家嘴区块链金融发展联盟
12	2016年11月	大同	中国区块链技术创新与应用联盟
13	2017年2月	上海	中国区块链应用研究中心（上海）
14	2017年3月	北京	全球区块链商业理事会（GBBC）中国中心
15	2017年5月	北京	中国区块链基础保障联盟
16	2017年6月	成都	中国西南区块链创新发展联盟
17	2017年11月	青岛	中国区块链生态联盟
18	2017年11月	北京	中国电子学会区块链专委会
19	2018年1月	北京	可信区块链联盟

资料来源：投中研究院据公开资料整理

（1）中国区块链研究联盟

中国区块链研究联盟是专业的区块链学术研究平台，主要研究区块链技术的市场应用，推动具体应用规则规范化、标准化，进行项目落地与路演，形成区块链研究领域具有高端学术品位和较强国际影响力的中国特色新型智库。中国区块链研究联盟的参与机构多为金融机构，包括厦门国际金融技术有限公司、中国保险资产管理业协会、万向控股、包商银行、营口银行等。

（2）中国分布式总账基础协议联盟

中国分布式总账基础协议联盟是由中证机构间报价系统股份有限公司等11家机构共同发起的区块链联盟，致力于开发研究分布式总账系统及其衍生技术，其基础代码将用于开源共享。主要有四个目标：聚焦区块链资产端应用，兼顾资金端探索；构建满足共性需求的基础分布式账本；精选落地场景，开发针对性解决方案；基础代码开源，解决方案在成员间共享。联盟成员涵盖国企和民企，包括中证机构间报价系统股份有限公司、浙江股权交易中心、招银前海金融、厦门国际金融资产交易中心、大连飞创、通联支付、矩真金融、万向区块链实验室等。

（3）金融区块链联盟

金融区块链联盟的目标是在3－5年内研发一条或多条金融区块链，推出多种广受欢迎的区块链终端应用，制订高水平联盟标准，申请一批区块链专利技术。目前研究方向包括：基于区块链的场外股权交易市场平台、区块链底层技术平台、区块链云服务、区块链理财产品一二级市场、区块链信用服务、区块链在积分领域的应用、区块链票据应用数字资产登记和转让等。金融区块链联盟的参与成员多样化，有腾讯、华为等大型集团，也有京东金融、招商证券、安信证券等金融机构，同时还有区块链领域内的优质企业。

（三）区块链技术的应用改善社交行业痛点和案例

当前社会是一个以信息和数据为中心的社会，大众对社交媒体的依赖渐进增强，同时，社交媒体带给大众信息安全的威胁也在日益上升。

1. 目前社交平台的痛点

目前社交平台的痛点主要有以下三个方面：隐私得不到保护；发布内容得不到产权和收益保障；未能真正实现言论自由。

2. 运用区块链技术，有望改善以下痛点

（1）在隐私保护方面：区块链利用分布式网络取代集中式的数据服务器群，通过将数据所有权归还给用户，来剥夺社交媒体巨头的权力。在普通的社交媒体平台上，用户必须以牺牲数据为代价获得“免费”服务，而区块链媒体平台用户的数据信息是以公开形式在区块链网上受到保护，并不为任何后台所用，能在较大的程度上保护用户隐私。

（2）在产权利益方面：区块链技术改善了社交平台剥夺内容创作者收益的问题。区块链拥有类似 Token 的激励机制，创作内容和贡献算力的用户都可以获得奖励；同时，用户也可以自行创建频道，获得内容创作的收益。

（3）在言论自由方面：区块链社交网络带给用户安全感和归宿感。同时，高效、自由、轻松的社交环境，更吸引注重体验、渴望自由的用户。用户拥有言论自由，不受到平台的影响。

当然，网络匿名的形式不可避免地催生网络暴力和虚假的东西，用户失去了信任，也就无所谓社交了。区块链基于点对点的沟通方式，去中心化的网络结构以及不可篡改的特性，运用到社交平台能重新建立人与人之间的信用体系。

3. 典型项目

“典型区块链 + 社交”项目如表 9 - 10：

表 9 - 10　典型区块链社交项目一览

序号	项目名称	项目简介
1	Telegram	基于云计算、聚焦安全性和速度的移动及桌面应用软件。通过区块链技术对聊天过程进行加密。保证用户的隐私安全，并保证永久免费使用，不插入移动广告
2	Yeechain	试图建立一个基于区块链的云通讯网络和去中心化的社交生态系统
3	Line	2018 年，Line 对外提出通证经济意愿，5 个月来密集推出了交易所、主链 LINK chain、通证 LINK 和 5 个试用版 DApp

数据来源：公开资料，挖链整理

三、“十三五”中期中国区块链社区存在的问题和改进的方向

（一）区块链生态中社区建设的十大痛点及应对方略

社区建设无论是在整个区块链生态中，还是在未来的Token经济中，都扮演着重要的角色。那么我们也敏锐地发现，随着区块链生态的不断成熟，越来越多的用户开始关注区块链和数字货币，形成了许多由区块链机构主导或是个人自发组织的社区。

1. 区块链生态中社区建设的十大痛点

目前区块链社区的建设尚存在很多痛点，制约着区块链社区的发展。归纳起来主要有以下十个方面：

痛点一：用户的增速赶不上区块链机构的增速

区块链机构如雨后春笋般增长，每个区块链机构都在努力获取用户。但是大多数人还不了解区块链和数字货币。区块链技术爱好者和数字货币投资者的增多需要一个过程，需要有布道者去宣扬和推广。缺乏良好的激励机制和载体，制约了区块链技术和数字货币投资布道者的动力，导致目前区块链和数字货币受众增速远远赶不上区块链机构增速的现状，机构纷纷在存量市场争夺用户，这不是区块链生态良性发展的状态。

痛点二：用户被不断增加的区块链机构剥离分散

不对称的市场环境，导致了有限的区块链和数字货币受众成为各个区块链机构争夺的目标，每个区块链机构都拥有一部分用户，这些用户又被分散在各种社区载体上，使其组织行为和互动受到了严重制约，无法形成高效的流动性和合力，从而限制了整个区块链社区生态的发展。

痛点三：现有社区平台的局限性和单一性

现有社区平台有Telegram、Twitter、Reddit、Facebook、微信、微博、论坛、各类区块链机构App等，各平台存在的局限性和单一性已远远不能满足日趋发展迅猛的区块链生态对社区载体的需求。有的平台有社交属性没有社区属性，有的平台有媒体属性没有互动属性，有的平台有学习属性没有活跃属性。有限的区块链用户被各区块链机构分割，又被各种不同属性的平台再次分割。

现有社区平台的局限性和单一性无法从根本上解决社区建设问题。

痛点四：区块链用户和互联网用户基数相差太大

根据 We Are Social 和 Hootsuite 披露的数据，全球互联网用户数已突破 40 亿大关，然而全球区块链用户才刚刚突破 1000 多万户。对于区块链社区建设而言，不是没有用户，而是用户不属于区块链，庞大的互联网用户群体无法和区块链机构产生关系。如何把庞大的互联网用户培养成区块链用户，是当前区块链社区建设重要的核心。

痛点五：社区中间力量表现疲软

社区建设是一个庞大且琐碎的工作，仅仅依靠区块链机构无法做好社区建设的工作，需要依靠更多的社区中坚力量来共同完成社区建设。然而当下很多社区中坚力量表现疲软：社区管理经验缺乏；社区管理系统和载体不完善；用户增长速度缓慢；付出多回报少动力不足。未来社区生态中一定需要更多区块链的布道者，更多社区中坚力量。如何培养更多的社群节点人、社区创建者共建社区生态，如何激发并帮助社区共建者快速增加社区用户和管理社区，是社区生态建设的关键。

痛点六：各社区组织之间没有把能量聚合起来

现在区块链社区组织不少，有的社区规模较大，有的社区规模小得甚至只是一个群。社区大小不是最重要的，毕竟所有的社区都还处在发展的状态中。如果各社区之间能做到良好的互动交流、资源聚合、互帮互助，整体社区的发展和力量会变得更强更好。当下各社区组织之间大多相互不认识，相互没有太多的联系和互动，也没有一个载体能把社区组织聚合在一起。

痛点七：社区无法有效甄别区块链项目的好坏

随着区块链技术的成熟和普及，越来越多的企业和个人加入到区块链行业中，各种区块链项目纷纷出炉，这里面有很多优质区块链项目，也充斥着各种用心不正、团队实力不强、无法落地的劣质项目。社区受到信息不对称等各种因素的影响，没有有效的方式来甄别区块链项目的好坏，也就直接影响到社区参与优质区块链项目的机会和动力。

痛点八：社区用户和区块链机构黏性不强

由于区块链的落地应用大都尚未成熟，加上缺乏有效的信任和互动机制，同时还受到目前的社区载体功能所限，区块链机构与其社区成员的凝聚力和黏性不强。社区成员和区块链机构较难建立信任关系，导致社区成员对区块链机构缺乏忠诚度，频繁更换、关注其他区块链机构。

痛点九：社区用户有数量没质量没活跃度

在目前的社区载体中，区块链机构自己的 App、微信群、电报群、论坛等活跃度普遍不高，导致社区发展的正向用户行为很少，社区载体很容易沦为广告集散地。很多区块链机构通过各种平台能够快速地建立属于自己的社区，人数看似很庞大，但是没有质量，也没有活跃度。很多社区的建立都是为了凑数而已，进入社区的用户对该区块链机构并不了解，也并不感兴趣，也不看群里信息，也就是我们俗称的"僵尸粉"。

痛点十：社区成员的权益无法保障

互联网发展到一定阶段后，大量应用开始出现。未来随着区块链技术的不断成熟，大量区块链落地应用会不断实现。社区用户参与应用落地和任务执行过程中，用户的权益无法保障，目前和互联网一样依托于机构和中间商的诚信。

区块链技术的核心是一种去中心化的代码信任机制。区块链和数字货币受众作为这种技术的"拥趸"，更是信奉"代码及合约、共识即法律"的准则。但目前的社区载体仍然是一些中心化的工具，社区成员的权益保障依赖于社区管理者和区块链机构的诚信，这与区块链领域的世界观并不相符。

2. 解决社区建设中痛点的基本方略

未来的区块链发展需要更好的社区生态，社区生态的建设需要更全面的解决方案，社区链（Community Chain）就在这种大环境下应运而生。社区链将打造一个基于区块链的全球社区用户共建自治的生态社区平台，利用区块链技术和智能合约致力于解决社区建设和应用落地问题。

只有解决社区建设中目前存在的十大痛点，区块链社区生态才能得到更好的发展。社区链提出了社区建设的十大理念，同时通过一系列产品功能和区块链技术解决目前存在的痛点问题。

以下是帮助社区创建者更好地创建社区的基本方略：

（1）通过先进的社区管理系统更好地管理社区，提高社区黏性，提升社区活跃度；

（2）通过智能合约和区块链底层技术，保障社区用户权益，增强社区信任度，解决应用落地；

（3）通过 Token 激励模式聚合培养更多社区创建者和社群节点人共建生态社区，最终通过流量变现和生态消费实现商业回报。

（二）区块链社区建设难：难在项目自身，也难在社区载体

众所周知，生态社区越来越成为区块链项目的核心竞争力之一。无论任何项目，它们都需要社区力量加入项目建设进程，为项目方的开发、运营与营销出谋划策乃至身体力行，而社区成员可以从中分享项目发展的红利。这是区块链项目相比互联网企业的本质区别与重要优势之一。

社区对区块链项目乃至整个区块链行业的重要性已经形成了基本共识，几乎每个项目方都在想尽办法壮大社区、激发社区活力，并将此作为重要的宣传点。事实上，目前在区块链行业拥有重要地位的极少数项目几乎都在社区建设方面取得了一定成绩，但绝大多数区块链项目在社区建设方面表现糟糕，其中主要原因在于项目质量差与团队能力低，但这与社区载体也有关系。当前的社区载体已经对区块链生态社区构建造成了一定的制约。

如今大多数区块链项目都在 Telegram、Twitter、Reddit、微信等平台建设生态社区，但这些中心化平台都存在各自的功能局限性和定位单一性的问题。例如只有单独的聊天功能、发帖讨论功能等，缺乏多层级、高效率的社区管理机制与激励机制。

基于上述的缺陷，当前很多区块链社区面临管理混乱无序、用户缺乏黏性与活跃度等问题，而这些问题又很大程度上制约了项目的进一步发展。

夸张点说，在 Telegram 等平台上建设生态社区如同在一块并不扎实牢固的土地上建设房屋，注定会面临许多额外的困难挫折。因此，上述平台远远不能满足项目建设生态社区的需求。

更重要的是，Telegram 等平台都是互联网发展逻辑的产物，数亿用户的聚集造就了这些平台的崛起神话，但绝大部分用户并没有享受到平台发展的红利，这对用户并不公平，也与区块链精神相悖。

也就是说，一个符合区块链精神的社区平台，应当向每一位社区成员赋予相应的价值回馈，同时这种回馈可以实现较高程度的自由流通。

因此，一个基于区块链技术与精神、具有丰富功能与价值的生态社区的诞生与发展是区块链行业继续良好发展的内在需求与必然要求，而这类平台未来可能会成为更多人进入区块链世界的主入口，具有相当高的行业意义与价值。

目前，区块链行业已经诞生多个以解决前述社区问题为己任的区块链项目，比如 QUNQUN、美丽链（HEY - Chain，以下简称“HEY”）等，它们都

提出了各自的解决方案。

据链捕手了解，HEY 的定位是一个基于区块链的全球社区用户共建自治的生态社区平台，一定程度上可以理解为社区建设与管理工具，它试图利用区块链技术和智能合约解决社区建设和应用落地问题。

相比之下，QUNQUN 的经济生态体系是由平台方、用户、群主、应用方和广告商共同建立，角色层次更加清晰扁平化，但一定程度上也弱化了项目方的建设与管理职能。

长期来看，优质的社区平台将承载数以万计的各类区块链社区，形成巨大的网络效应，并对区块链行业的持续发展形成巨大的正向反馈，许多项目方或许都能凭此扭转社区建设难的窘境，进而利用社区力量加速项目发展。

当然，对于如何设计更好的社区激励模型、如何保证用户贡献更有实际价值的行为、减少“羊毛党”们的牟利行为等行业性问题仍有很大的探讨空间，但也更有赖于各方的实践摸索，共同寻找更为有效的解决方案。

如今区块链项目的社区载体局限性已经暴露无遗，虽然它们的确是项目方宣传推广的重要环节，但并不能成为社区建设的最佳载体。未来，项目方社区从 Telegram、Reddit 这些平台向更好的区块链社区平台转移或将是大势所趋。

（三）工业和信息化部释放重要信号：推动建设区块链开源社区

在 2019 年中国国际大数据产业博览会“区块链——数字文明的基石”高端对话现场，工业和信息化部信息化和软件服务业司副司长李冠宇就区块链的发展发出重要的政策信号。

李冠宇表示，作为行业管理部门，工业和信息化部将努力推动区块链相关产业研究、技术研发和应用推广等工作，营造良好的发展环境，释放区块链的价值，推动建设区块链开源社区，促进区块链产业健康发展。

第十章

“十三五”中期中国区块链专利、人才、媒体、智库情况

区块链是一项前无古人的新事业，是一项重大的新技术革命。专利是制胜法宝，不仅起着牵引的作用，也是内核的推动力，尤其是在区块链初始兴起和初步发展阶段。人才是推进区块链发展的第一资本和第一生产力，而教育则是人才产生的摇篮和培育成长的前奏。媒体宣传和智库智力，对于事物的兴起发展，尤其是对于新生事物区块链的推进，有着重要的宣传鼓动和推波助澜之作用。本章将从专利、人才、媒体、智库这四个方面，对“十三五”中期中国区块链的实践进行探讨、总结和展示。

第一节 "十三五"中期中国区块链专利情况[①]

在一项技术真正进入市场之前，各家企业想要保护自己在新技术开发领域的创意，势必要迅速采取行动，即使部分专利可能并不会带来可行的产品或案例。中国是区块链专利申请最活跃的国家，中国科技和金融服务集团竞相申请一些技术的排他性权利，这意味着区块链技术会给金融和其他供应链带来革命性变化。

一、2017 年前中国区块链专利基本情况

随着区块链产业的快速发展，全球区块链专利数量不断攀升，"十三五"中期，中国区块链专利数量的增长速度迅猛，区块链领域的专利申请经历了几波井喷式的增长。

（一）总体概况：专利态势持续向好，专利风险仍需警惕

1. 专利态势持续向好

中国区块链的知识产权发展驶入快车道，专利申请势头迅猛，专利布局领域不断拓展，专利申请人数量不断增多。从专利视角看，区块链仍处于技术生命周期的快速发展期。区块链专利主要分布在北美洲的美国和加拿大、亚洲的中国和韩国、欧洲的英国。其中，美国、中国、加拿大和英国是区块链产业融资最多的几个国家。

① 说明：本节在介绍 2017 年中国区块链专利数字时有三个不同数字：一个是世界知识产权组织数据为 406 项（世界公认的）；二是中国国家知识产权局的统计（中国官方的），公开的区块链专利数 2017 年为 860 件；三是知乎统计的为 1091 项（含国外机构和个人在中国的申报）。

据国外媒体报道，世界知识产权组织数据显示，2016 年中国区块链专利申请为 59 项，美国则为 21 项；而 2017 年全球共有 406 项与区块链有关的专利申请，其中，中国以 225 项区块链项专利稳坐头把交椅，美国以 91 项位列其次，澳大利亚 13 项居第三。根据中国国家知识产权局的统计，公开的区块链专利 2017 年为 860 件，位居全球第一。

公司是全球区块链专利申请的主要力量。2017 年在全球区块链专利申请中，公司提交的专利申请占比 75%，申请量遥遥领先于研究机构、个人和政府机构，这反映出区块链技术的产业活跃度较高。紧随其后的是个人和科研院所，各占 10%。我国区块链专利布局竞争激烈，不仅百度、阿里巴巴、腾讯等互联网企业积极申请相关专利，而且 360、浪潮等安全、软件企业也注重区块链的专利申请。

数据显示，在区块链领域，通过《专利合作条约》（PCT）途径提交的专利申请达 1102 件，且申请量呈逐年上升趋势。一方面，源于专利申请人数量增多，另一方面，源于申请人海外风险防御意识增强。

需要提出的是，尽管中国区块链专利申报数量在世界各国中遥遥领先，但在区块链专利授权量上并非如此。2017 年全球区块链专利授权量不多，大多处于公开和审查阶段。2017 年在全球 771 件授权专利中，其中发明专利有 524 件。美国、韩国和中国分别为 273 件、136 件和 53 件，位居授权量前三位。以中国为例，在 53 件区块链发明专利中，拥有专利数量在两件及以上的权利人主要是深圳壹账通智能科技有限公司、北京众享比特、腾讯、中科院合肥物质科学研究院等企业和科研院所。

2. 专利风险仍需警惕

随着区块链领域的专利数量逐渐增多，产业应用逐渐成熟，区块链领域的知识产权风险也将随之增加。尽管区块链专利数量一路攀升，但不能单纯以区块链专利数量判断技术创新的价值高低，还要进一步判断企业产品的商业应用，技术创新创造的市场价值，以及专利的同族、法律状态等多种因素。

2017 年前，虽然区块链专利侵权风险没有爆发，但使用开源区块链技术存在一定知识产权风险。比如，开源模式可以广泛地汇聚产业的力量，有力推动了区块链技术发展，但开源特殊的产权模式，会使得开源区块链技术的知识产权问题更为复杂，因为开源软件的产权共享、厂商之间的利益冲突等可能会在未来带来开源厂商与闭源厂商及二次开发者之间的知识产权纠纷。

因此，政府相关部门应做好行业监管监督和专利质量提升工作；企业应提升知识产权保护意识和风险防御意识，避免在区块链领域出现盲目跟风投资、大量申请价值不高的专利等现象。

同时，区块链相关企业在专利布局时应尽早开展专利保护工作，如在技术构思时进行专利申请，考虑在商业模式下引入具有创新点的技术，尽量避免以纯粹算法、纯粹商业模式等技术提交专利申请，而应当对于自己特有的业务逻辑和算法结构及早提炼、鉴别，并进行专利保护，这样既构建起竞争壁垒，又可以争取更大的竞争筹码。在提交专利申请前应做好检索工作，申请中注重撰写质量，尊重开源协议规定，并做好侵权风险防御。

（二）2017 年全球区块链企业专利排行榜中国领先，阿里巴巴排名第一

据全球影响力的知识产权产业媒体 IPRdaily 联合 incoPat 创新指数研究中心发布的“2017 年全球区块链企业专利排行榜（前 100 名）”，中国区块链专利的增速远超过美国。在前 100 名中，中国入榜的企业占比 49%，其次为美国，占比 33%；其中，阿里巴巴以 49 件的总量排名第一。

表 10－1　2017 年全球区块链企业专利数量/件

排名	申请人	国别	2017 全球专利数量/件	全球专利总量/件
1	阿里巴巴集团控股有限公司	中国	43	49
2	BANK OF AMERICA CORPORATION	美国	33	44
3	中国人民银行数字货币研究所	中国	33	33
4	NCHAIN HOLDINGS LIMITED	安提瓜和巴布达	32	34
5	北京瑞卓喜投科技发展有限公司	中国	26	27
6	MASTERCARD INTERNATIONAL INCORPORATED	美国	25	45
7	江苏通过盾科技有限公司	中国	23	23
8	中国人民银行印制科学技术研究所	中国	22	22
9	深圳前海达闼云端智能科技有限公司	中国	17	17
10	中国联合网络通信集团有限公司	中国	16	19
11	杭州趣链科技有限公司	中国	16	18

（续表）

排名	申请人	国别	2017 全球专利数量/件	全球专利总量/件
12	ACCENTURE GLOBAL SOLUTIONS LIMITED	爱尔兰	15	15
13	FMR LLC	美国	15	15
14	THE TORONTO DOMNION BANK	加拿大	15	15
15	杭州云象网络技术有限公司	中国	14	22
16	北京众享比特科技有限公司	中国	13	14
17	北京天德科技有限公司	中国	13	14
18	中钞信用卡产业发展有限公司北京智能卡技术研究院	中国	13	13
19	国家电网公司	中国	11	12
20	中国银行股份有限公司	中国	11	11
21	北京汇通金财信息科技有限公司	中国	11	11
22	无锡井通网络科技有限公司	中国	11	11
23	腾讯科技（深圳）有限公司	中国	11	11
24	杭州复杂美科技有限公司	中国	10	20
25	ЕРМОЛАЕВ ДМиТРий СЕРгЕЕВич	俄罗斯	10	16
26	BRITISH TELECOMMUNICATIONS PUBLIC LIMTED COMPANY	英国	10	12
27	中链科技有限公司	中国	10	11
28	现在（北京）支付股份有限公司	中国	10	11
29	COINPLUG INC	韩国	9	14
30	北京云知科技有限公司	中国	9	13
31	深圳市樊溪电子有限公司	中国	9	11
32	众安信息技术服务有限公司	中国	9	9
33	布比（北京）网络技术有限公司	中国	8	20
34	NASDAQ INC	美国	8	11
35	INTERNATIONAL BUSINESS MACHINES CORPORATION	美国	8	10
36	广东网金控股股份有限公司	中国	8	9
37	日本电信电话株式会社	日本	8	9
38	上海亿账通区块链科技有限公司	中国	8	8
39	上海点融信息科技有限责任公司	中国	8	8

（续表）

排名	申请人	国别	2017 全球专利数量/件	全球专利总量/件
40	联动优势科技有限公司	中国	8	8
41	飞天诚信科技股份有限公司	中国	8	8
42	CIVIC TECHNOLOGIES INC	美国	7	7
43	北京金股链科技有限公司	中国	7	7
44	天津米游科技有限公司	中国	7	7
45	杭州秘猿科技有限公司	中国	7	7
46	SPONDOOLIES TECH LTD	以色列	6	9
47	深圳前海微众银行股份有限公司	中国	6	9
48	济南浪潮高科技投资发展有限公司	中国	6	8
49	MANIFOLD TECHNOLOGY INC	美国	6	7
50	NOKIA TECHNOLOGIES OY	芬兰	6	7
51	中金云金融（北京）大数据科技股份有限公司	中国	6	7
52	THE BANK OF NEW YORK MELLON	美国	6	6
53	SONY CORPORATION	日本	5	6
54	捷德（中国）信息科技有限公司	中国	5	6
55	GSC SECRYPT LLC	美国	5	5
56	NETSPECTIVE COMMUNICATIONS LLC	美国	5	5
57	R3 LTD	美国	5	5
58	先锋支付有限公司	中国	5	5
59	北京里仁宝科技有限公司	中国	5	5
60	武汉风链科技有限公司	中国	5	5
61	迅鳐成都科技有限公司	中国	5	5
62	INTEL CORPORATION	美国	4	12
63	BLACK GOLD COIN INC	美国	4	7
64	SKUCHAIN INC	美国	4	6
65	合肥维天运通信息科技股份有限公司	中国	4	6
66	光载无限（北京）科技有限公司	中国	4	5
67	武汉斗鱼网络科技有限公司	中国	4	5
68	AVAYA INC	美国	4	4
69	BUNDESDRUCKEREI GMBH	德国	4	4
70	CAMBRIDGE BLOCKCHAIN LLC	美国	4	4

（续表）

排名	申请人	国别	2017全球专利数量/件	全球专利总量/件
71	D + H USA CORPORATION	美国	4	4
72	GUARDTIME IP HOLDINGS LIMTED	美国	4	4
73	深圳市淘淘谷信息技术有限公司	中国	3	9
74	DIGITAL ASSET HOLDINGS	美国	3	7
75	深圳市易成自动驾驶技术有限公司	中国	3	5
76	FUJITSU LTD	日本	2	8
77	RIVETZ CORP	美国	2	6
78	惠众商务顾问（北京）有限公司	中国	2	6
79	OX LABS INC	美国	2	4
80	北京太一云科技有限公司	中国	1	7
81	SHOCARD INC	美国	1	6
82	BLOCKCHAIN TECHNOLOGIES CORPO RATION	美国	1	5
83	VIRTUAL ELECTRIC INC	美国	1	5
84	APPLE INC	美国	1	4
85	DELL PRODUCTS L P	美国	1	4
86	GOLDMAN SACHS CO	美国	1	4
87	COINBASE INC	美国	0	11
88	NEC CORP	日本	0	9
89	QUAL COMM INCORPORATED	美国	0	9
90	MOMEGRAPH INC	美国	0	8
91	21 INC	美国	0	7
92	招商银行股份有限公司	中国	0	7
93	BLACKHAWK NETWORK INC	美国	0	5
94	MALHOTRA KAMALINI	澳大利亚	0	5
95	WILDTANGENT INC	美国	0	5
96	久昌金融科技股份有限公司	中国台湾	0	5
97	宁圣金融信息服务（上海）有限公司	中国	0	5
98	CASERO FERNANDEZ MONTES JULIAN	西班牙	0	4
99	EITC HOLDINGS LTD	英国	0	4
100	OKI ELECTRIC IND CO LTD	日本	0	4

资料来源：incoPat 全球科技分析运营平台

此次数据采集范围为2017年1月1日至2017年12月31日，全球公开公告的专利数量，包括发明申请、实用新型、外观设计专利。

（三）区块链技术专利申请人情况

据知乎报道，据林炮勤区块链专利专题调研分析，以2018年8月1564件区块链技术专利为基数，替专利申请人画像。其中，在对中国由超过近500个申请人所申请，对属于同一集团公司的申请人进行合并后，排名前30的申请人，按申请量依大至小排序如下：

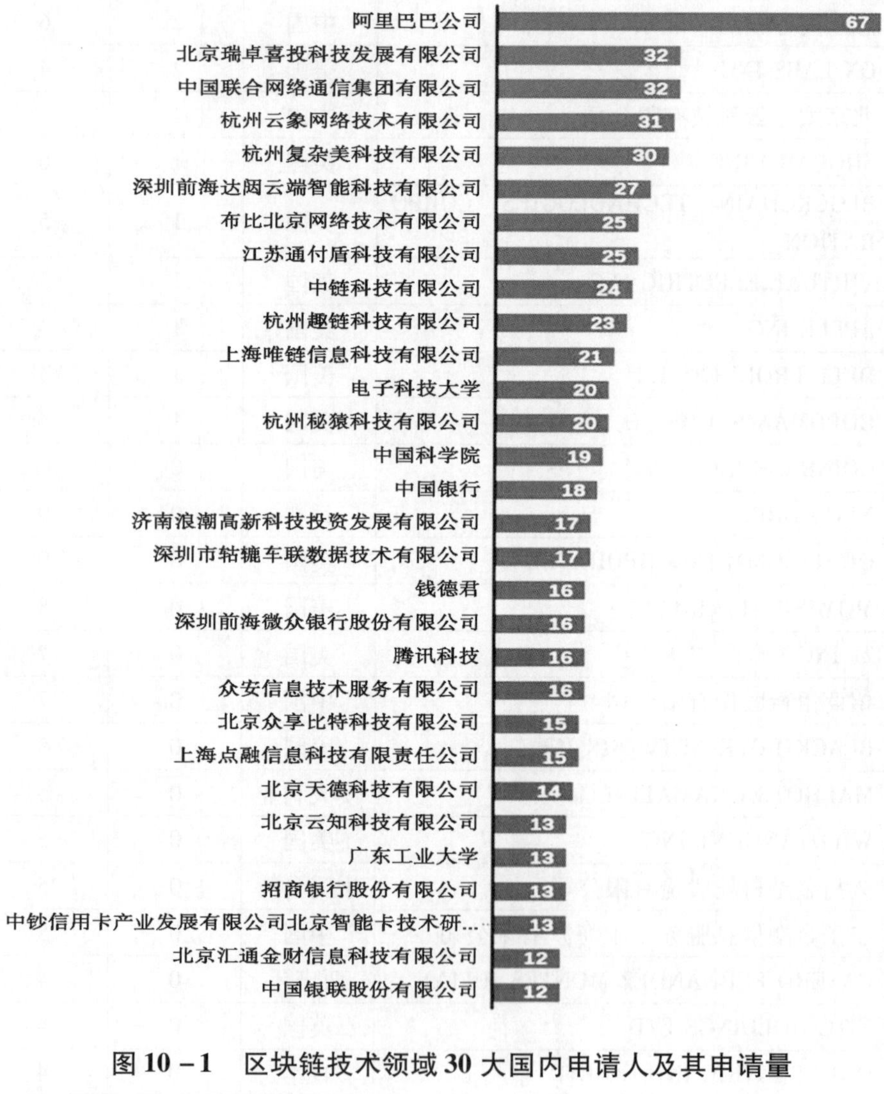

申请人	申请量
阿里巴巴公司	67
北京瑞卓喜投科技发展有限公司	32
中国联合网络通信集团有限公司	32
杭州云象网络技术有限公司	31
杭州复杂美科技有限公司	30
深圳前海达闼云端智能科技有限公司	27
布比北京网络技术有限公司	25
江苏通付盾科技有限公司	25
中链科技有限公司	24
杭州趣链科技有限公司	23
上海唯链信息科技有限公司	21
电子科技大学	20
杭州秘猿科技有限公司	20
中国科学院	19
中国银行	18
济南浪潮高新科技投资发展有限公司	17
深圳市轱辘车联数据技术有限公司	17
钱德君	16
深圳前海微众银行股份有限公司	16
腾讯科技	16
众安信息技术服务有限公司	16
北京众享比特科技有限公司	15
上海点融信息科技有限责任公司	15
北京天德科技有限公司	14
北京云知科技有限公司	13
广东工业大学	13
招商银行股份有限公司	13
中钞信用卡产业发展有限公司北京智能卡技术研…	13
北京汇通金财信息科技有限公司	12
中国银联股份有限公司	12

图10－1　区块链技术领域30大国内申请人及其申请量

资料来源：知乎@林炮勤

由图 10－1 可以看出，在区块链领域的专利申请上，各申请人普遍较为分散，2017 年前未有一家专利申请数量超过 100 件以上，排名第一的阿里巴巴与区块链相关的专利申请也仅为 67 件，并未与其他公司拉开明显差距。

（四）区块链技术专利申请地域分布

从图 10－1 所示的排名前 30 名的公司看，杭州、北京、深圳、上海四地占据了相对的优势。

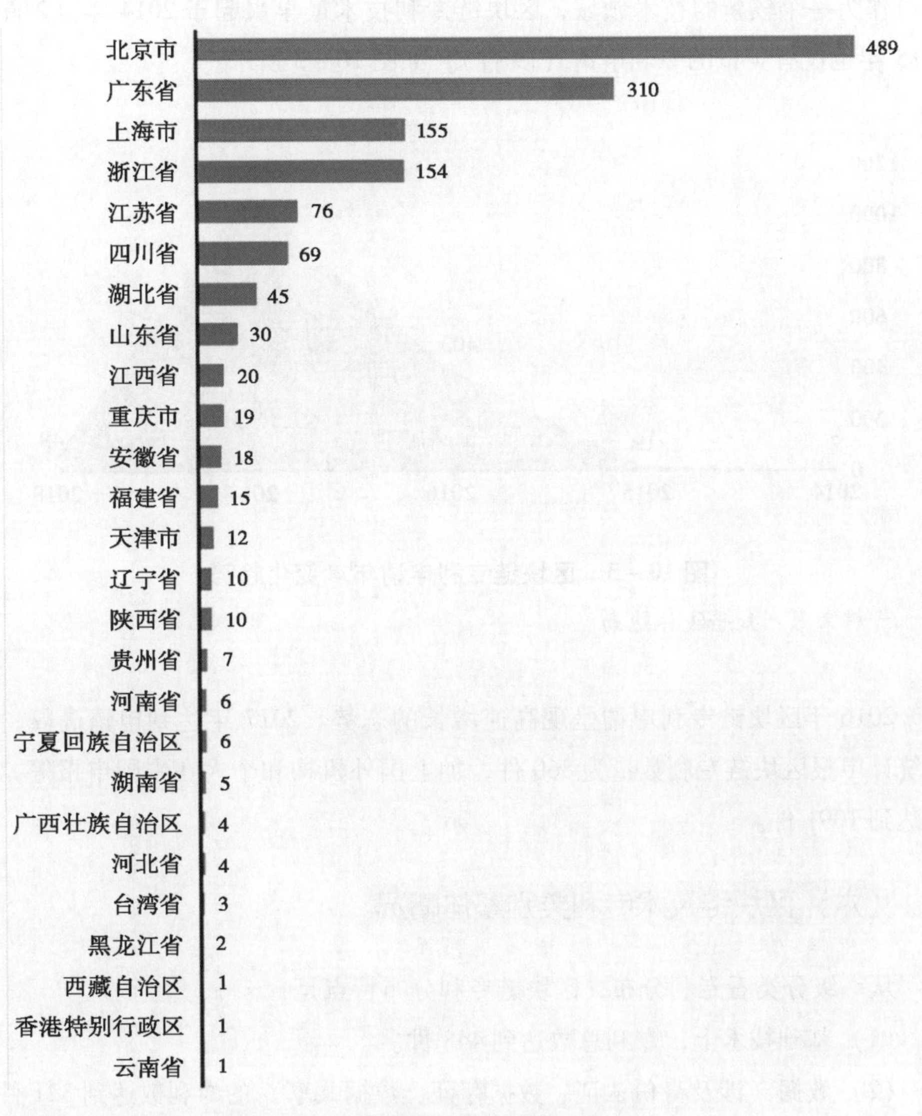

图 10－2　区块链专利技术中国省份分布

资料来源：知乎@林炮勤

对比图 10－2，可以看出两者仍然匹配，即区块链专利技术主要集中在北京、广东（主要是深圳）、上海、浙江四地。

除了中国本土企业占据申请的主体外，国外公司在中国也有少量的申请，实际共计 37 件，其中，美国 18 件，日本 9 件，英国、萨摩亚、爱尔兰分别为 5 件、3 件和 2 件。

（五）区块链技术专利申请时间轴分布

作为一个较新的技术领域，区块链专利技术最早兴起于 2014 年（2 件），2015 年也仅有少量的专利申请（19 件），如图 10－3 所示。

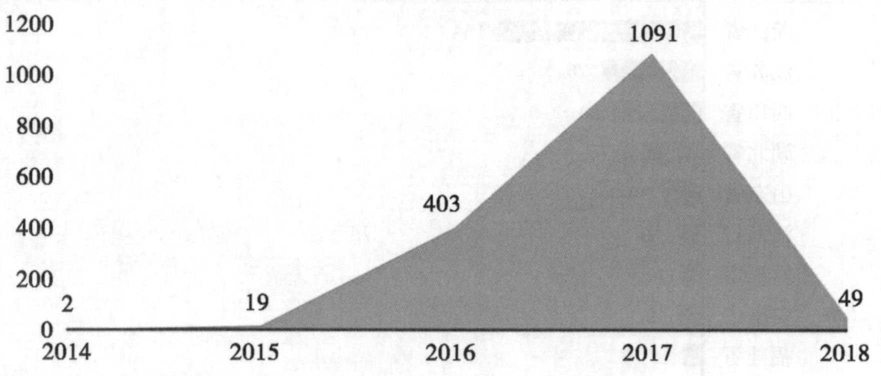

图 10－3　区块链专利申请年度变化趋势

资料来源：知乎@ 林炮勤

2016 年区块链专利申请呈现高速增长的态势。2017 年达到申请高峰，国家统计申报区块链专利数量为 860 件，加上国外机构和个人在中国申报等，实际达到 1091 件。

（六）区块链技术专利类别整体情况

从一级分类看专利分布，区块链专利分布特点是：

（1）基础技术上，专利总数达到 448 件。

（2）数据（涉及身份认证、数据存证、数据共享）的专利数达到 321 件。

涉及具体领域技术应用的专利占据了区块链专利总数的接近一半，集中在三方面，包括：

（1）互联网应用，包括电子商务、游戏、云计算、登录验证、版权、共享经济、网络投票、通信、信息安全、搜索、社交等，共计专利 240 件。实际上，互联网公司是区块链专利申请最积极的参与者。

（2）金融相关领域，包括银行、保险、证券、数字货币、审计等，共计专利 227 件。

（3）IOT（Internet of Things）物联网，供应链、车联网、智能家居、智能制造、新能源等，共计专利 206 件。

（七）关键专利列表及总结

1. 专利具有的共性特征

“十三五”中期 1564 件中国区块链专利中，业界普遍认同的重要专利，其具有的共性特征包括：①专利在业界申请的时间较早；②专利的同族专利数目较多；③专利被引证数目较高；④专利取得了授权。

2. 对 1564 件中国区块链专利总结

（1）相对于 1564 件的中国专利总量，44 件专利授权（发明仅 32 件）所占比例非常低，这也从一个侧面看出区块链这个领域专利申请时间的集中性。

（2）从发明授权的角度看，北京众享比特科技有限公司有 4 件专利获得授权，深圳壹账通、上海亿账通、英国电讯有限公司三家公司分别有 2 件专利获得授权。

（3）共检索到 12 件实用新型专利（授权），但从其主题看，专利只是引入了区块链的概念到装置（结构）中，并未实质涉及对区块链技术本身的改进。

（4）区块链在 2014 年及 2015 年两年分别有 2 件及 19 件专利申请。其中，2014 年日出科技及上海奇博自动化分别申请了一件区块链相关专利，主题分别为“区块挖掘方法和装置”“云计算环境中一种去中心化的计费结算方法”。2015 年，布比（北京）网络技术有限公司集中申请了 7 件专利，中兴通讯也申请了 2 件专利。两年间仅网易申请的主题为“一种保存文件信息的方法和装置”的发明专利获得了专利授权。从申请人所在国别看，早期的专利申请，主要以国内公司为主。

二、2018年中国区块链专利情况

（一）中国区块链专利逆市大幅增长，全球遥遥领先

根据国家知识产权局的统计，截至2018年8月，2018年世界主要国家的区块链专利数为1300多件，我国年度公开的区块链专利数已达1065件，剔除外国公司在我国申请的专利数量，本土企业、单位和个人公开的专利数为1001件，远超2017年全年860件的专利量，中国区块链专利数量占世界主要国家区块链专利数量的77%，位居全球第一。

根据中国国家知识产权局统计，2017年中国发明专利申请138.2万件，同比增长14.2%；2018年中国发明专利申请量为154.2万件，同比增长11.57%。

而区块链的发明专利在2018年继续井喷，申请量达到了2913件，同比增长115.6%，较之四年前的2015年，增长超过100倍。

这一趋势与国际实际上是相反的。互链脉搏在佰腾平台搜索"Blockchain"，2018年国际区块链发明专利申请数556件，较之2017年的860件出现明显下跌。

（二）中国区块链专利分布情况

据国家知识产权局统计，截至2018年10月17日，我国公开的区块链专利书达到2538件；中国区块链专利公开数量为1551件，远超2017年同期的860件。下面以此数据从我国区块链专利技术领域、地域分布、企业情况四个方面进行分析。

第一，从专利技术领域来看，区块链专利主要集中于H04L29/06、H04L29/08和G06Q20/38，占据半壁江山。这也反映出当前区块链研究热点主要是以协议为特征的传输控制流程和支付协议，而对区块链核心技术密钥分配等研究较少。

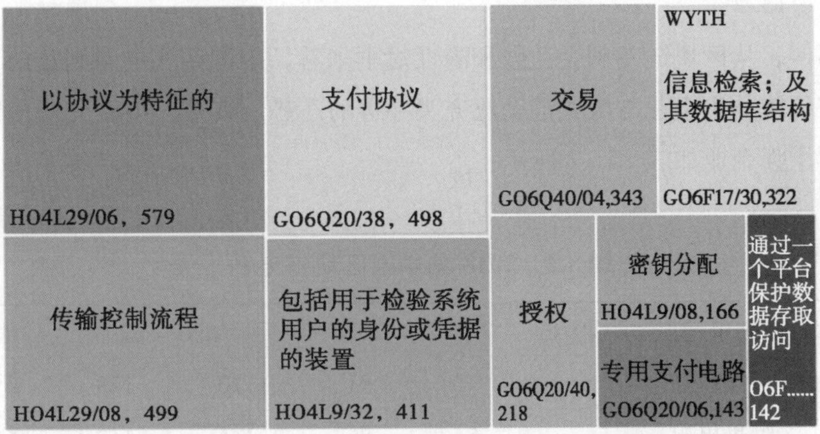

图 10－4　区块链专利技术领域分布

资料来源：国家知识产权局

第二，从区块链专利地域分布来看，区块链专利地域分布呈现出明显的集聚效应，东部地区的区块链专利数量远远高于中西部地区。根据亿欧智库统计，中国区块链专利分布在 26 个省份，北京、广东、上海合计占比 65%。

据统计，中国区块链专利数量最多的十大省份为：北京（594 件）、广东（402 件）、上海（193 件）、浙江（176 件）、江苏（88 件）、四川（86 件）、湖北（63 件）、山东（40 件）、福建（23 件）、安徽（21 件）。

第三，区块链专利城市分布呈现“北深上杭广”新格局。链塔智库发布《2018 年区块链专利报告》中显示，区块链专利的城市分布打破传统的“北上广深杭”格局，呈现“北深上杭广”的新格局。

截至 2018 年 8 月，北深上杭广的区块链专利数量分别为 277 件、212 件、125 件、80 件和 47 件。北京依托政策、产业基础远远领先于其他城市；深圳因拥有良好的制造业基础，也在区块链领域名列前茅；上海作为全国的金融中心，金融业也成为区块链最多的落地场景，因此区块链专利也较多；杭州则因由较好的互联网基础，政府也大力扶持区块链企业；广州在区块链的布局则较为滞后，与前四名拉开了较大差距。同时，川渝地区在区块链领域的表现也较为抢眼。

另外，区块链专利数量呈现明显的区域集聚效应，经济发达的东部地区专利数量远远高于经济落后的西部地区。北京、广东、上海的专利数量过百，分别拥有专利数量 322 件、225 件、132 件，分别占全国专利数量的 32.2%、

22.5%、13.2%。

第四，从区块链专利企业数和隐性冠军来看，中国区块链专利数前十企业呈现出传统龙头企业与区块链企业齐头并进的态势。其中，2018 年中国区块链专利前十强企业如表 10-2 所示：

表 10-2　2018 年中国区块链专利十强

序号	专利申请人	2016	2017	2018	三年合计	总计	地点
1	中国联通		32	91	123	123	北京
2	阿里巴巴	7	54	83	144	145	杭州
3	深圳元征科技			63	63	63	深圳
4	复杂美	9	14	61	84	87	杭州
5	腾讯	1	14	56	71	71	深圳
6	百度			56	56	56	北京
7	奇虎 360			55	55	55	北京
8	众安科技		11	41	52	52	深圳
9	京东集团		3	39	42	42	北京
10	网心科技			39	39	39	深圳

数据来源：佰腾

可以预见，区块链公司在专利申请赛道上你追我赶，瞄准更多专利授权，未来将会见到更多区块链领域的专利大牛浮出水面。

（三）2018 年中国区块链专利百花齐放出现新特点

2018 年中国区块链专利申请呈现出一些新特点。具体到专利申请人，阿里巴巴集团 2018 年申请区块链专利 83 件，总计申请专利达到了 145 件。总数目仍排在全国乃至全球第一名。但中国联通在 2018 年开始发力，当年申请区块链专利 91 件，超过了阿里巴巴，总计专利数达到了 123 件，在中国相关专利申请中排名第二。

2018 年专利数量前十强中，崛起了“四虎”，分别是深圳元征科技、百度、奇虎 360 以及迅雷集团旗下的网心科技。这四家公司在 2018 年之前，都未查询到区块链的专利申请，但均在 2018 年大批量申请专利并冲进十强。另外，除了元征科技是做汽车诊断的，其他三家都是老牌互联网公司，并在 2018 年区块链落地应用方面多有建树。百度开发了百度链，网心科技开发了迅雷链，两条链都具有超越同行的性能，前者 10 万 TPS，后者 100 万 TPS。

从专利十强的所在区域观察，北京、深圳、杭州分布占据 4 席、4 席、2 席。这样的占比也和行业的感知是一致的。这三个城市是区块链重镇。

值得一提的是，不少中国企业也着手国际专利的布局，在 WIPO（世界知识产权组织）申请 PCT 专利。这当中，深圳一家人工智能公司前海达闼申请量最多达到 20 件，超过了阿里巴巴的 19 件。华为、腾讯也分别有 12 件、10 件的申请量。

中国区块链专利的整体情况呈现出一起跑就领先全球的状况，传统科技公司是绝对主力。

（四）区块链专利缺少创新，价值度较低

据赛迪区块链研究院 & 链塔智库统计，截至 2018 年 8 月 27 日，我国区块链专利超过 220 项的有 H04L29/06 和 G06Q20/38，占比约为 34%，这表示当前区块链技术领域的研究热点是以协议为特征和支付协议；G06Q20/06 和 H04L9/08 的专利量较少，占比约为 8.6%，说明专利支付电路和密钥分配领域的创新较为薄弱，区块链企业可加强在支付电路、密钥分配等领域的技术布局。

整体看来，大多数区块链专利价值度在 43 - 50 分（总分 100）之间，专利价值较低，这是由于经济价值和法律价值较低导致，这说明大多数的专利并没有被广泛应用，具有较大的经济价值空间，专利拥有者可以加大对拥有专利的产品进行市场化推广、法律保护，提升专利的价值度。

三、“十三五”中期中国区块链专利在国际上的地位

（一）2016 - 2017 年全球区块链专利中国排名第一

据国外媒体报道，汤森路透（Thomson Reuters）利用世界知识产权组织（Wipo）数据库整理的数据显示，在 2017 年提交的 406 项与区块链有关的专利

申请中，超过一半来自中国。

中国2017年申请了225项区块链项专利，为全球最多，2016年为59项；其次是美国，2017年为91项，2016年为21项；第三为澳大利亚，2017年为13项，2016年为19项。专门跟加密货币相关的专利申请（不包括在区块链专利类别中）在2017年增长了16%，达到602项。

在2012－2017年期间申请区块链专利最多的9家机构中，有6家来自中国。总部位于美国的支付巨头万事达（MasterCard）是同期最活跃的公司，提交了25项申请，而列支敦士登的nChain Holdings提交了18项申请，该公司自称是“区块链技术研发的全球领导者”。

（二）2016－2017年中国区块链专利比较和在全球中的位置

中国信通院官网发布的《区块链专利态势白皮书》显示，目前区块链专利主要分布在北美洲的美国和加拿大、亚洲的中国和韩国、欧洲的英国。其中，从2013年至2018年12月20日，中国有4435件区块链专利，全球占比48%，专利数量显著超越美国；第二名美国有1833件区块链专利，全球占比21%。

中国区块链专利数量的高速增长，不仅代表着我国区块链的活跃度、对高新技术的重视和发展，也预示着在区块链领域，我国将掌握更多话语权，国际地位进一步提升。

图10－5是2017年10月和2018年10月世界主要国家和地区区块链专利数量的对比图：

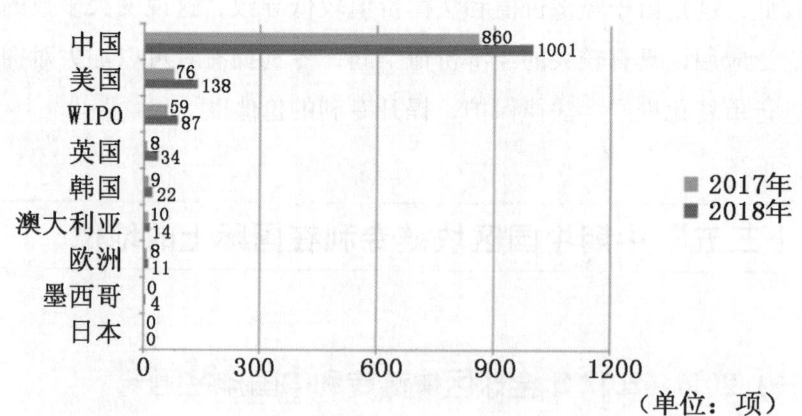

图10－5　2017年10月与2018年10月世界主要国家和地区区块链专利数量对比

资料来源：赛迪区块链研究院与链塔智库联合制作

（三）中国区块链专利飞速发展原因

“十三五”中期中国区块链专利在全球名列前茅，特别是根据佰腾系统统计，2018 年中国区块链专利申请量达到 2913 件，较 2017 年的 860 件增长 238.9%。除了中国，其他国家或地区 2018 年区块链专利申请总量均不如 2017 年。中国区块链专利申请量领跑全球。

中国区块链专利逆市大幅增长，发展趋势和国际不太一样，有以下几个原因：

1. 商业规则不同

观察中国和国际区块链专利的大户，都是传统企业而非公链。事实上，以太坊、比特币等全球知名公链是没有什么专利的。这些公链开发组织倾向于认为专利是不道德的，甚至认为专利就是国家授予的垄断，或是创新的障碍。全球主要公链中，只有 EOS 的 BM 声称要申请投票专利，但也被同行所怼。在原生区块链思想中，公链意味着开放，人人可以参与代码的创作，公链的商业价值来自代币，而不需要靠专利来保护。

但中国代币交易被定性为违规后，区块链需要依托传统的商业法则生存。因此专业壁垒变得更加重要。无论公链、许可链都倾向于申请更多专利。

2. 中国对区块链更加重视

区块链对于美国人而言，是一项技术，或是一个哲学实践。但区块链对中国人而言，是换道超车的机会。

诚如海南省人民政府企业家咨询会议上，阿里巴巴集团董事局主席马云所说，利用区块链技术，建设数字政府、城市大脑，让贸易简单、便利、现代、普惠，让海南换道超车。不少中国企业、项目团队都希望通过区块链这场技术革命，追赶发达国家。因为在区块链领域，中国并不落后那么多。

（四）2018 年全球区块链专利企业排行榜，中国占据半壁江山

据全球知识产权产业科技传媒公司 IPRdaily 正式对外公布的“2018 年全球区块链专利企业排行榜 TOP100”，前 100 名中，中国入榜的企业占比 49%，其次为美国占比 33%，剩余 18% 为其他国家。

中国公司占据半壁江山，百度、阿里巴巴、腾讯、华为均入榜。其中阿里

巴巴以90件专利数排名第一，IBM和MasterCard分别以89、80件专利数排榜单第二、第三名。腾讯科技进入前10位，列第8，拥有40件专利，百度则排在第40位。

截至2018年8月10日，在调查中排名前10的公司中，有5家是中国公司，3家是美国公司，2家是韩国公司。其中区块链专利申请量达到20件以上的企业有36家。中美两国企业几乎各占半壁江山，百度、阿里巴巴、腾讯悉数入榜，阿里巴巴作为中国企业的代表一骑绝尘，领跑榜单。

表10－3　全球区块链专利企业排行榜

排名	公司名	数量	排名	公司名	数量
1	阿里巴巴	90	21	比特大陆	26
2	IBM	89	22	Guardtime	25
3	MasterCard	80	23	Intel	25
4	Bank of America	53	24	Visa	24
5	中国人民银行	44	25	秘猿科技	24
6	Nchain	43	26	Sony	23
7	Coinplug	41	27	国家电网	23
8	腾讯科技	40	28	趣链科技	23
9	复杂美科技	39	29	British Telecom	23
10	唯链	38	30	Google	22
11	Accenture	37	31	中国银行	22
12	瑞卓喜投	36	32	众享比特	22
13	中国联合网络通信	34	33	The Toronto－Dominion Bank	21
14	布比北京网络	33	34	Walmart	21
15	云象网络	31	35	FMR	20
16	轱辘车联数据	31	36	浪潮	20
17	达闼科技	31	37	欧链科技	小于20
18	中链科技	30	38	Medici Venture	小于20
19	通付盾科技	30	39	中国银联	小于20
20	金融壹账通	30	40	百度	小于20

资料来源：IPRdaily、中商产业研究院整理

第二节　“十三五”中期中国区块链人才情况

一、“十三五”中期中国区块链人才情况

多方数据显示，“十三五”中期区块链人才市场存在严重的供不应求情况；另一方面，求职者被高薪吸引，却发现面对较高的技能门槛，人才市场存在泡沫，招聘质量受到影响，影响行业发展。

链塔智库 BlockData 携手拉勾网发布的《2018 年中国区块链人才现状白皮书》报告显示，全球对于区块链人才的需求量从 2015 年开始出现增长，且在 2016 - 2017 年经历了大规模爆发。行业发展引起人才需求变化，对人才的供需两侧及相关多方都会造成更多不确定性。

报告指出，2018 年中国区块链人才市场出现五个特点：一是区块链行业人才供需严重失衡；二是各地政府都在全力吸引区块链人才；三是区块链企业招聘需求旺盛；四是区块链人才主要靠周边行业流入；五是计算机专业人才占比大。

在报告的结语部分，链塔智库对区块链人才市场作出以下判断：①中国区块链产业初具规模，且发展迅猛，人才将从行业初创红利中获益；②区块链更需要复合型人才及国际化人才；③区块链从相关行业吸收人才的过程，会产生价值增长点；④区块链人才需求会从技术岗位向运营等周边岗位蔓延，薪资水平也会进一步趋向合理化。

二、2017 年前中国区块链人才情况

（一）2017 年前中国区块链人才行业分布情况

从区块链浸透的重点行业结构来看，中国区块链人才主要分布行业是互联

网、电子商务、IT（系统/数据/维护）、计算机软件、金融（银行、基金、证券、期货、投资、保险）、网络游戏、专业服务（咨询/财会/法律/人力资源等）及其他（跨领域经营/通信/电信/网络设备/媒体/出版/影视/文化传播等）。

（二）2017 年前中国区块链人才城市分布情况

区块链人才城市分布主要集中在上海、北京和深圳，分别占比 38%、37%、12%；此外，杭州占比 6%、广州占比 5%，其他城市占比 2%。

（三）2016－2017 年区块链人才供需结构

1. 区块链人才供应量充足，但拥有技能的人十分稀少

2017 年向区块链相关岗位投递简历的人数远高于行业整体需求，是需求的 3.6 倍，从数量上看，供给十分充足，人们对这个新兴领域的向往可见一斑。但具备区块链相关技能和工作经验的求职者，也就是存量人才，仅占需求量的 7%。

2. 区块链的人才需求主要集中在计算机、金融行业

区块链职位最为集中的行业主要为互联网行业，占比 35.2%，居首位；IT 服务行业，占比 20%；计算机软件行业，占比 10.8%；基金证券行业，占比 8.3%；网络游戏行业，占比 5.2%。需求结构与区块链技术落地的实际应用场景相关，业务发展速度较快的领域赢得更多青睐。

3. 算法工程师和软件工程师是紧俏岗位，供给端基本空白

在企业需求方面，算法工程师是需求最多的岗位，占比 10.9%，但投递量却很低；从存量人才结构上看，在核心技术岗位上的占比并不高，当前管理人员占比较高。

4. 区块链人才招聘需求集中在一线、新一线城市

区块链人才招聘需求，北京、上海和深圳位于第一梯队，职位占比分别达到 24%、20% 和 10%。杭州和广州紧随其后，分别占 7% 和 5%。无一例外，北京、上海、广东、江苏、浙江和山东等省市，均颁布了区块链相关优惠政策

和发展规划，为区块链相关产业在当地创业和发展给予产业加持，带动了对区块链人才的需求。

（四）2016－2017年区块链人才供需薪酬结构

1. 区块链职位薪酬持续走高

需求的高速增长，加上满足条件的人才稀缺，企业想到的第一个手段就是高薪揽才。从薪酬分布区间来看，区块链招聘职位分布最多的区间为10001－15000元/月，占比23%；区间为15000－25000元/月，占比29.2%。

2. 企业高薪抢人

智联招聘2018年第二季度全国37个主要城市的平均招聘薪酬为7832元/月，而区块链招聘职位中，8000元以上的高薪职位却占据了主流。可以看出，该领域的工资水平远超全国平均招聘薪酬，为了吸引有限的相关人才，企业不惜高薪抢人。

3. 企业难以找到合适的人才

从投递简历人群看，他们当前薪酬主要集中在10001－15000元/月的区间，占比20.5%；6001－8000元/月区间占比19.1%，整体薪酬区间偏低，他们向往更高的薪酬。但从整体技能上来看，追求高薪确实存在挑战，这也导致虽然市场上有数倍于需求的人才供应量，但企业依然难以招到合适的人才。

（五）中国区块链人才市场“十三五”后期发展态势展望

1. 短期内熊市依旧

人才需求转向“少而精”，专业人才服务机会凸显。

2017年年末，随着全球经济的不景气，区块链及数字资产市场也开始进入寒冬，部分头部区块链企业开始进行战略调整，减少大规模的成本投入，同时开始优化人员结构。可以预见，人才需求将随着企业成本的缩减而缩减，但关键岗位的人才预算仍将保留，区块链企业将更加有的放矢地招募人才，且招募标准将更加严苛。另一方面，由于区块链优秀人才目前仍处于紧缺状态，为了更精准地招募到人才，区块链企业将比从前更加需要专业的人才服务，使得人才服务机构的机会凸显。

2. 游戏或成为最重要人才需求方向

我们认为，区块链游戏将会是行业中落地最快的应用。在目前来看，越来越多的区块链游戏，特别是竞猜类的游戏，被部署在 EOS、以太坊等公链上。当游戏的玩家数量和赚钱效应增加时，项目方也会扩大对软件开发/区块链工程师等人才的需求。与此同时，运营类的人才也是一个好的区块链项目中必不可少的一部分。像市面上一些竞猜游戏的流水已经过亿。这样的趋势会使更多的传统行业人才流入区块链行业，加速项目的开发，使项目方更愿意高薪聘请传统互联网行业的运营人才。

3. 研发、测试、运营类人才将是需求下降最缓慢的类别

虽然整个区块链及数字资产行业进入寒冬，一些区块链企业相继暂停部分发展较慢的业务线、暂停开拓新的业务线，各类需求可能都将下滑，但各家区块链企业的主营业务同样需要研发和运营类人才来维持，整个行业的不景气对这类人才需求的冲击也较小。另一方面，由于行业增长开始变慢，投资回报降低，投资类人才需求将显著下降，甚至可能将出现负增长。

4. 1-3 年内区块链行业人才紧缺情况还将持续

比特币自诞生以来也不过十年之久，区块链行业更是处在发展初期。在经历了几次牛、熊市更替，特别是 2017 年和 2018 年的动荡后，行业的泡沫慢慢消失，人才市场也逐渐趋于理性。随着行业的进一步发展，我们相信在未来会有更多公司涉及区块链的业务，这也意味着市场对于人才的需求会进一步增加。

5. 政策吸引区块链人才

各地政府纷纷出台政策吸引区块链人才，其他行业人才有望陆续进入区块链行业，从而增加区块链人才的供应。各地区政府出台政策大力支持区块链企业注册本地，吸引区块链人才落户和工作，如上海、香港、杭州、重庆、贵阳等城市均已明确发布人才引进政策，对于来本地工作的高端技术人才给予丰厚的奖励，以及各项补贴福利政策。这些政策将使得与区块链行业相关的周边行业，如计算机、互联网等人才，优先进入区块链行业。而区块链行业应用落地最快的，如游戏行业、征信等传统行业人才转行进入区块链行业，致力于区块

链应用的落地。目前区块链已成为经济发展的重要影响因素，可以预见，未来政府还将出台相应政策，通过区块链发展当地经济，进一步促进区块链人才的供给。

6. 教育资源增加

各国高校目前都在积极开展区块链与加密技术相关的课程，将加快人才的供给增速，但高端人才的培养仍需要时间。区块链本身是一门综合性学科，单从区块链技术上来说，就包括了数学、密码学、分布式数据库等学科，需要学会 C + + 、Go 等编程语言；区块链人才更是复合型人才，除需掌握区块链技术外，还需掌握社会学、金融学、经济学等跨学科知识。在以往的大学教育中，这样的复合型人才是比较少见的，且课程的开设需要一定规模的师资和合理的课程设计，而大学生的培养至少需要四年时间。目前，美国在区块链教育方面处于领先优势，中国高校的区块链课程设置起步较晚，但可以预见，数字经济区块链人才培养将更体系化，以行业头部企业引领其产业人才培养的“产教融合”将带动高校和社会重视区块链领域数字化人才的培养。其中，高校仍然是区块链人才的重要输出渠道。除了高校，企业与产业园区也会加大在教育资源上的投放力度，一方面，为企业培养人才，另一方面，也为园区人才生态作出贡献。

7. 长期供需失衡会被缓解，需求拉动供给

短期内区块链行业人才供给增速将增加，各地政府纷纷出台政策吸引区块链人才，加之全球各高校制定区块链课程相关体系，区块链人才培养将更体系化，人才的供应逐步增长，预计将来人才供需失衡状况将有所缓解。长期内，随着行业饱和人才供给增速将放缓。

三、2018 年中期中国区块链人才情况

（一）区块链技术人才总体供需情况严重失衡

2018 年被称为“中国区块链元年”，随着区块链的火爆，相关企业对区块

链人才也是极度渴求的，但和所有的新型行业一样，区块链行业也呈现出人才匮乏，后续储备严重不足的特点。

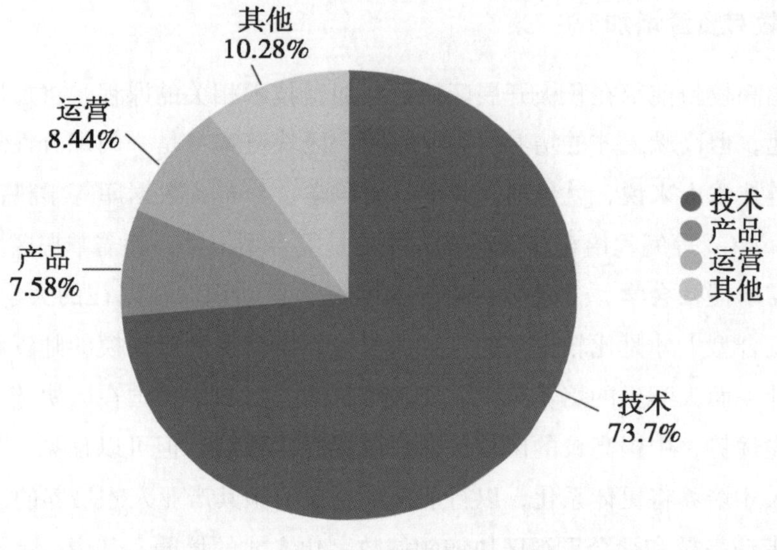

图 10－6　2018 年区块链相关职位分布

资料来源：链塔智库

2018 年第一季度，区块链相关人才的招聘需求已达到 2017 年同期的 9.7 倍，发布区块链相关岗位的公司数量同比增长 4.6 倍。虽然人才供应量同比增加 235%，增速虽高于其他同类行业，但存量仍远低于实际需求。截至 2018 年第一季度，区块链相关岗位占互联网行业总岗位量的 0.4%，但专业区块链技术人才的供需比仅为 0.15:1，供给严重不足。

有业内人士估计，如果以底层技术开发作为核心技术人员的区分标准，国内的核心区块链人才约为区块链技术人才总数的 2%。在区块链相关的招聘中，技术岗大概占了 70%，其中核心岗位基本上都要求有 2－5 年区块链开发经验，这对于一个新兴行业从业人士来说难度较高。

（二）2018 年中国区块链人才供需变化情况

据智联招聘发布的《2018 年区块链人才供需与发展研究报告》，2018 年以来，区块链人才需求增长迅猛。以 2017 年第三季度的人才需求量为基数，2018 年第二季度的区块链人才较 2017 年第三季度暴增 636.83%。从季度数据看，区块链人才的需求变化有逐步扩张的趋势，但波动较大，随概念的热度呈现起伏态势。

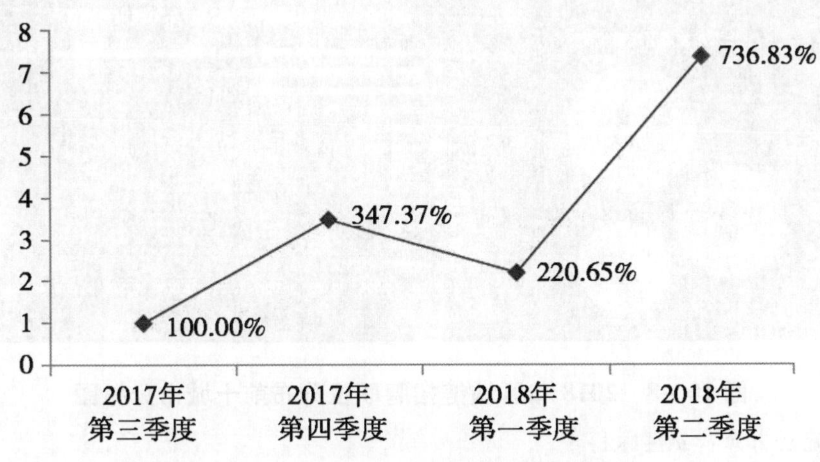

图 10－7　区块链人才需求增长幅度

资料来源：智联招聘

2018 年中国区块链人才现状是：一边裁员忙，一边人才荒。火币中国携手国研智库等机构联合发布的《报告》显示，截至 2018 年第三季度，受行业快速发展以及政策驱动的影响，区块链人才需求旺盛，供不应求。但到了第四季度，受行业大环境影响，岗位招聘需求有所回落，企业开始优化组织架构，冻结招聘甚至裁员。但开发人才仍然供不应求，十分紧缺。

值得注意的是，2018 年前三季度，中国对区块链人才需求同比增长了六倍，美国同比增长了三倍。区块链人才需求与供给严重失衡，有效人才供给总量较少，仅占需求量的 7%。国内核心达标人才总数才不到 200 人，呈“重灾人才荒”。

（三）北上深杭区块链人才需求最旺

从地域分布来看，区块链人才招聘职位主要集中在一线和准一线城市，其中，北京、上海和深圳需求最旺。三个城市发布的招聘区块链数量占比达到了 77.6%，杭州、广州和成都紧随其后，占比分别为 6.9%、4.1% 和 3.2%。

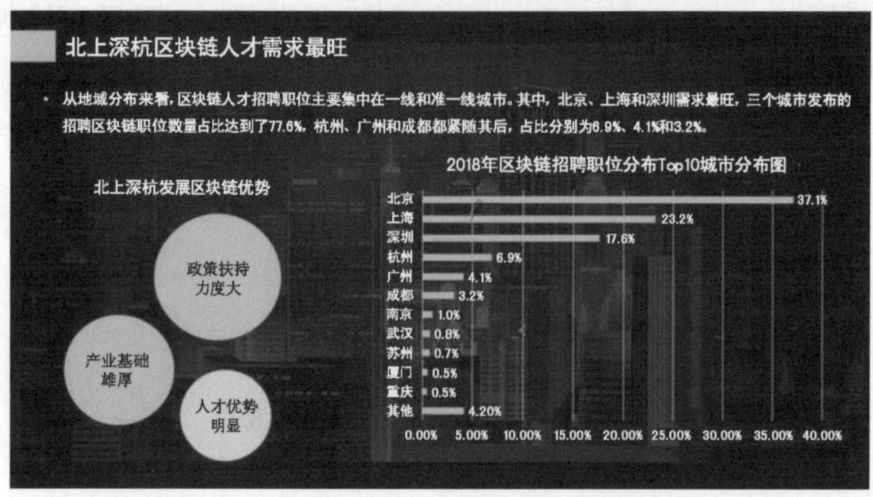

图 10－8　2018 年区块链招聘职位分布前十城市分布图

资料来源：互链脉搏

（四）中小规模企业是招聘区块链岗位的主力军

在 2018 年参与招聘区块链的企业中，规模在 100－499 人的企业最多，占比 32%，而规模在 499 人以下的企业占比高达 72%。中小规模企业成为 2018 年区块链岗位招聘的主力军。

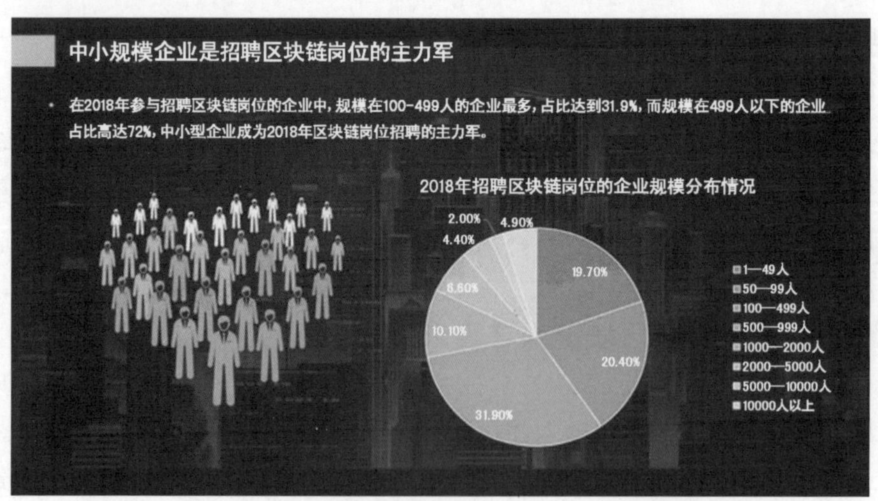

图 10－9　2018 年招聘区块链岗位的企业规模分布情况

资料来源：互链脉搏

（五）区块链人才主要依靠周边行业流入

区块链行业处于发展早期，行业尚未形成人才聚集效应，主要通过吸引传统行业人才实现人才流入。

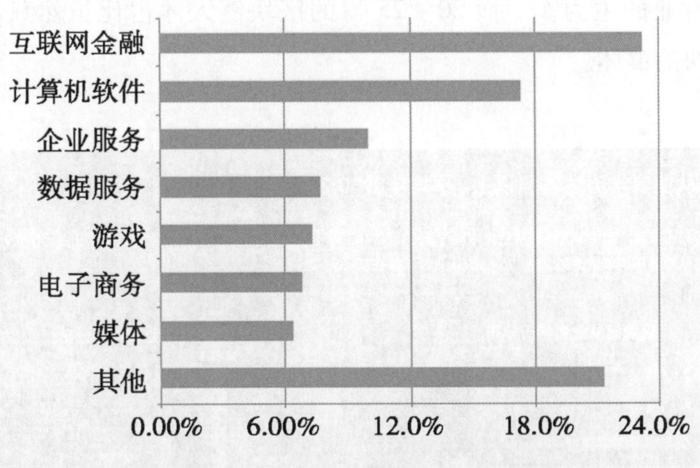

图 10－10　区块链人才流入占比

资料来源：链塔智库

从人才来源上看，区块链人才较多从互联网金融和计算机软件行业流入，总占比超过40%。而这两个行业的人才对于编程技能、算法设计等技能的需求较高，正好契合区块链行业对相关技术类人才需求最多的情况。其他行业的流入占比超过了20%，说明存在一定的人才泡沫。

（六）区块链人才专业背景多与计算机专业相关

链人国际的调研数据显示，区块链从业人员大多来自互联网金融与计算机软件行业，基本为行业内技术开发人员。其特点是以男性为主，集中在80、90后，学历以本科居多，岗位主要以市场、运营和内容工作者为主，占比65%，而技术人员十分稀少，仅占7%。这符合需求方职位分布中技术类职位占比超过70%的情况，供需比较匹配。一定程度反映了目前市场处于特定的产业阶段。

(七)区块链从业者本科学历占比最高，30 岁左右人才最多

就区块链行业从业者学历角度来看，本科学历的从业者最多，占比63%。与传统的互联网本科率持平，这也与区块链大部分从业者从传统互联网注入有关。

根据猎聘网提供的公开数据，25 - 35 岁的区块链人才占比达到70%以上，成为区块链行业的主力军。而 20 - 25 岁的区块链人才占比虽然只有 11.9%，却是增长最快的群体。

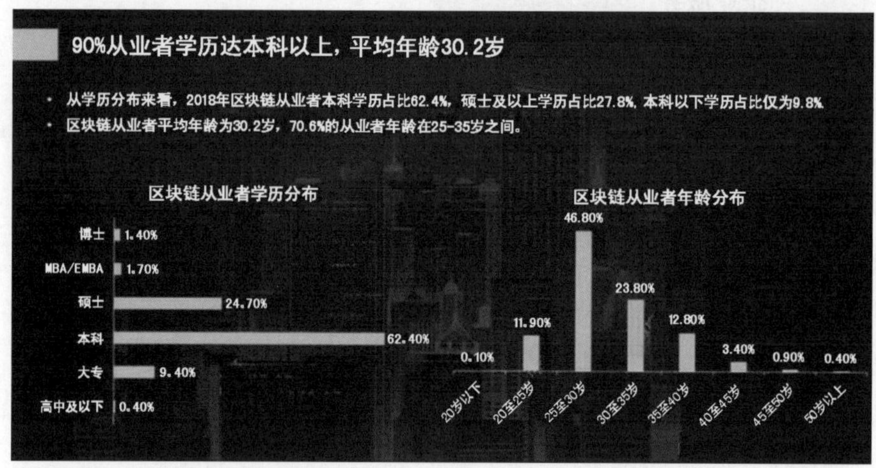

图 10 - 11 2018 年招聘区块链岗位从业者学历和年龄分布情况

资料来源：互链脉搏

(八)区块链成高薪行业：平均薪资是互联网行业的 1.9 倍

根据猎聘网数据显示，2018 年区块链行业技术革新开发类职位平均年薪为 38.4 万元，远高于互联网行业的 20.1 万元；而区块链产品/运营类职位平均年薪为 39.1 万元，同样高于互联网行业的 19.8 万元。但进入 2019 年，区块链市场低迷，区块链行业整体薪酬下降压力大于互联网行业。

(九)区块链平均薪资城市排名：北杭上位居前三甲

根据猎聘网的统计数据，2018 年区块链行定的平均薪资，北京、杭州和上海三个城市在全国最高，平均年薪分别为 35.96 万元、34.85 万元和 34.06 万元。

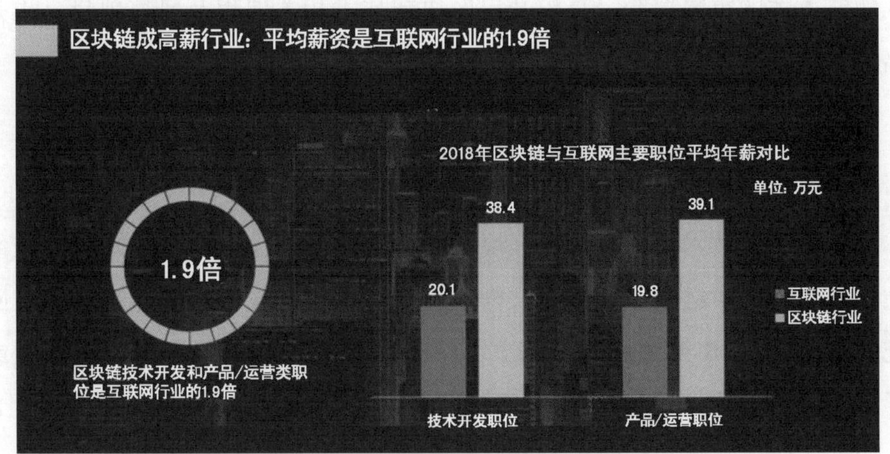

图 10－12　2018 年区块链与互联网主要职位平均年薪对比

资料来源：互链脉搏

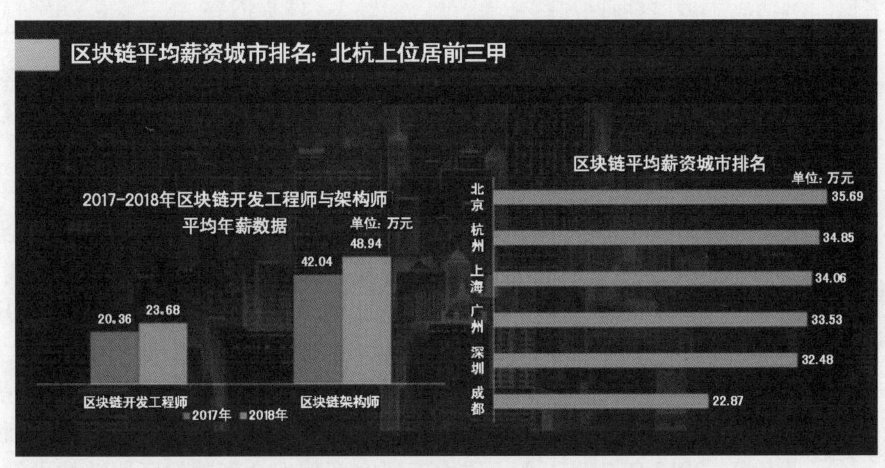

图 10－13　2018 年区块链平均薪资城市排名

资料来源：互链脉搏

四、"十三五"中期，区块链人才成为高校的培养重点

亿欧智库对可获取毕业院校信息的 137 名创始人进行统计，列出排名前十位的大学院校。以中国高等院校，如北京大学、清华大学居多。高等院校是培

养区块链人才的重要摇篮。高校开启区块链技术相关课程及研究项目，也是在为培养区块链新一代的中坚力量打下基础。

（一）大学开设区块链专业和课程

随着区块链技术快速发展，区块链专业人才供不应求，全球知名高校纷纷抓住机遇开设区块链专业和课程，构建良好的区块链人才培养体系。据亿欧智库统计，截至2018年9月底，全球共有33所高校明确开设了区块链课程或设立了区块链培训班，中国高校开设得最多，为14所，其中北京6所，上海4所，西安2所，郑州和杭州各1所。

表10－4　中国高校区块链课程介绍

学校	地点	开设时间	课程内容
中央财经大学	北京	2016年7月	与世纪互联设立了国内第一个基于区块链的校企联合实验室，9月，作为国内首家高校开办区块链相关课程
清华大学	北京	2016年9月	开设学分课程："超越学科的认知基础"，全面讲述区块链原理，课程设计目标是帮助学生树立分布式整体性世界观；2017年9月再次开设研究生学分课程"赛博智能经济与区块链"
上海交通大学	上海	2017年7月	与阔悦科技成立上海交大区块链技术联合创新中心，致力于研究新型安全高效的区块链技术解决方案
同济大学	上海	2017年8月	开设教练式区块链培训班，课程包含五个模块，分别是：区块链技术与行业发展、以太坊、超级账本、POC"教练式"开发实战和TOP区块链公司参观交流
北京邮电大学	北京	2017年8月	与区块链通设立区块链及安全技术联合实验室，主要研究区块链核心技术原理、安全支撑技术、电商平台应用、追踪溯源技术、隐私保护技术及应用创新技术

（续表）

学校	地点	开设时间	课程内容
解放军信息工程大学	郑州	2018 年 3 月	设立区块链研究院，是以核心加密技术和可信原理为核心技术的区块链应用研究机构。在可信计算理论指导下，主要从事区块链底层核心技术研究及场景应用研究
上海财经大学	上海	2018 年 4 月	上海财经大学继续教育学院日前对外开放区块链实用培训课，并联手挖链网共同打造区块链投资与发展高级研修班
西安电子科技大学	西安	2018 年 4 月	开发区块链本科课程——《区块链技术原理与开发实战》，主打“理论 + 实战”的理念，从区块链原理、开发基础、应用与创新等方面逐渐深入课程
对外经济贸易大学	北京	2018 年 4 月	签约引进慧科集团“区块链 +”学程教育解决方案，将把“区块链 +”学程教育解决方案嵌入共建的大数据分析与应用、“互联网 +”与战略决策专业体系中
北京航空航天大学	北京	2018 年 4 月	将区块链课程纳入本科生的培养计划，开设《区块链原理与技术》和《区块链实验与工程实践》，作为已经掌握计算机、密码学基础知识，了解经济学常识性概念的大三学生的选修课程
复旦大学	上海	2018 年 6 月	成立区块链技术体系及开发能力研修班，旨在培养一批懂得区块链技术原理，又能够投入开发实践的技术人才
浙江大学	杭州	2018 年 9 月	面向部分高年级本科生和研究生，开设《区块链与数字货币》课程，着力于培养区块链技术高端人才
中国政法大学	北京	2018 年 9 月	开设创新课程《区块链与数字经济》，旨在积极推动通证金融和区块链技术的前沿理论研究和政策引导，帮助扶持区块链这个行业的健康发展
西安交通大学	西安	2018 年 9 月	开设《区块链原理与应用》课程，由 Node 区块链加速器组织实施，旨在以专业、严谨、全面的课程内容让学生真正理解区块链

资料来源：亿欧智库

（二）大学成立区块链研究中心，培养高层次人才

链向财经报道，作为当前最具革新性的计算机技术之一，区块链技术在金融服务、贸易、医疗和供应链等领域发挥着越来越重要的作用。国内各大高校也纷纷成立研究中心、开设相关课程，旨在培养未来区块链领域的现代化高层次、复合型人才。

1. 西安交通大学

2018 年 1 月，西安交通大学电子与信息工程学院成立智能区块链技术研究实验室。实验室下设区块链技术研究项目组、区块链智能合约研究项目组、区块链架构研究项目组、跨链研究项目组、区块链应用项目组，以及区块链技术成果转移等多个实验项目组。

2. 浙江大学

2018 年 6 月，浙江设立研究中心推动区块链等技术研究和人才培养，将推动浙江大学开展区块链、大数据、云计算等未来新兴技术的基础研究和新型信息技术领域的人才培养。

3. 南开大学

2018 年 7 月，南开大学金融学院金融科技研究中心在天津成立。该中心内设南开大学金融学院金融科技创新实验室，对金融以及人工智能、大数据、区块链等科研课题进行深入研究，推动与在金融科技领域全球领先的机构和专家广泛合作，培养出优秀的研究人才和产业人才。

4. 清华大学

2018 年 7 月，清华大学经济管理学院决定成立数字金融资产研究中心，旨在开创数字金融资产新兴领域的学术研究，整合世界顶尖的业界和学术资源，为数字金融资产领域的健康发展和制度设计搭建全球领先的研究平台。

5. 人民大学

2018 年 8 月，重庆市渝中区将建设重庆区块链测试中心，与重庆经济和信息化委员会组建区块链产业发展专项创投基金，与北航蓝石实验室合作建立区块链技术研究中心，与中国人民大学法学院合作建立区块链监管科技实验室。

近几年，国内外名校纷纷成立区块链研究实验室，国外有牛津大学、马尼拉雅典耀大学、斯坦福大学、西班牙阿利坎特大学等重点名校，国内有西安交通大学、浙江大学、南开大学、清华大学、北京大学、中国人民大学等，纷纷布局区块链教育领域，培养人才，推动区块链发展。

五、“十三五”后期，区块链人才市场发展趋势和急需的人才

（一）区块链人才市场“十三五”后期发展趋势

1. “高薪泡沫”加速挤出

随着区块链行业回归理性，“十三五”后期区块链人才薪酬对比 2018 年年初呈现下滑态势，尤其是运营、市场、投资及媒体等岗位薪酬下降压力最大。

2. 区块链应用领域人才需求增加

“十三五”后期区块链人才重点将转向应用，更多企业将涉足区块链领域，应用领域对于提供技术支持、工具开发、解决方案、培训、咨询服务等方面的人才需求，将逐渐增加。

3. 中长期人才缺口巨大

受高薪吸引，2017 年下半年、2018 年上半年区块链人才蜂拥而上，但留存率低。随着区块链行业人才流失率增加。从中长期来看，区块链行业人才缺口仍然巨大，尤其是复合型、掌握区块链核心技术的人才非常稀缺。

（二）“十三五”后期区块链行业急需复合型、国际化人才

区块链行业是个特别需要复合型、国际化人才的行业。与互联网行业对比，区块链拥有的热门技能与互联网人才所拥有的技能有所重合，如 JAVA、顾客服务、战略规划等。不同的是，区块链行业是一个国际化的产业，整体处于发展早期阶段，新型的市场需要融资，同时高质量的公链离不开社群服务等，因而更加需要商业构建、社群运营以及懂外国语言的人才。

排名	互联网行业	排名	区块链行业
1	互联网行业	1	C + +
2	项目管理	2	GO
3	领导力	3	JAVA
4	JAVA	4	路演推介
5	社交媒体	5	白皮书撰写
6	JavaSctipt	6	落地场景设计
7	Linux	7	生态构建
8	营销	8	社群运营
9	顾客服务	9	多国语言
10	战略规划	10	战略规划

图 10－14　互联网行业与区块链行业人才需求比较

资料来源：链塔智库

(三)“十三五”后期注重人才的硬实力：编程语言

根据区块链行业职位需求统计数据，大多数区块链行业企业发布的职位需要区块链人才掌握三项及以上硬实力技能。要求最多的三项技能分别为 GO、C + +、JAVA，均为程序语言。

除此之外，区块链人才可能还被要求对以太坊、超级账本、共识算法、智能合约等区块链相关知识有足够的了解。

第三节 “十三五”中期中国区块链媒体情况

一、“十三五”中期中国区块链媒体总体情况

（一）区块链媒体发展处于“良莠不齐，泥沙俱下”的现状

“区块链媒体数量占据整个区块链机构总量比例的14%”。如果不是在2018年7月下旬举办的全球媒体区块链峰会上公布这一数据，恐怕很多人不会想到区块链媒体在区块链生态中已占据了一片江山。

《每日经济新闻》记者注意到，此前区块链媒体很大程度上依赖代投业务盈利，但随着代投机构化，其盈利能力面临挑战。数据显示，眼下有50%的区块链媒体尚未获得投资，未来行业的分化和洗牌或将加速。

BOSS直聘数据显示，2018年前两个月，区块链相关人才的招聘需求较2017年同比增长9.7倍。与此同时，一批瞄准区块链或向区块链转型的媒体平台也如雨后春笋般涌现。在全球媒体区块链峰会上公布的一组数据显示，区块链媒体数量占据整个区块链机构总量的比例达14%，其中既有做深度内容的媒体，也有主攻快讯的平台。

“区块链媒体有一些乱象和泡沫，实际上正是生命活力的一种呈现，它需要有这样的一个东西。如果一潭死水，这是生命力衰退、衰亡的象征。”北京师范大学新闻传播学院执行院长喻国明表示：“形成更加健全、良好的传媒生态，也是必需的。”

即便区块链媒体竞争激烈，并被业界视为“一种生命活力”，但行业的问题也不容忽视。全球媒体区块链联盟（BIMG）高级研究员、“明镜台”创始人齐稚提到，现在行业中存在“一两个人办一个公众号”“没有新闻专业知识出来写文章”的现象。2017年年中的时候，区块链专业媒体很少，但短短一年

的时间已经成长到几百上千家媒体。

此外，根据 IT 桔子数据显示，"十三五"中期中国区块链媒体里尚未获得投资的比例占据 50.31%，获天使轮融资的比例占据 25.16%，获 A 轮融资的更少，仅为 8.81%。BIMG 高级研究员齐稚提到，区块链媒体处于"良莠不齐，泥沙俱下"的境地。

（二）盈利堪忧，市场淘汰加速

福布斯中国 CEO 李思卫在 2018 年全球媒体区块链峰会上介绍，2018 年中国步入"区块链元年"，目前从事区块链相关业务的企业超过 2000 家。他认为，高歌猛进后的区块链产业，正进入相对理性时期和存量博弈阶段，未来行业集中度有所提升。

"有没有接受真正的媒体培训？有没有想着怎么去为行业从业者发声？怎么从投资者利益保护出发？"节点资本创始合伙人杜均则认为，思考这些问题的人才称得上是真正的媒体，目前很多区块链媒体都算不上媒体，充其量是一个资讯平台或数据平台，很多区块链媒体没有专业的行业背景和从业资格。

区块链投资人陈伟星对《每日经济新闻》记者表示，媒体要有公信力，要保护更多的人免受欺诈。"要有价值观，要有深度，不要哗众取宠。"这是投资人赵东对区块链媒体的希冀。

"之前，区块链媒体很大程度上依赖代投业务盈利，但现在代投已经越来越机构化了，媒体失去了一大块可盈利的阵地。"国内金融链 FinChain 的创始人、CEO 文四云对《每日经济新闻》记者表示，随着区块链行业的发展，媒体必然要面对洗牌，区块链是非常垂直的领域，那些从来没有买过比特币、看过白皮书的区块链媒体，其输出的内容对行业必然是没有价值的，会被市场淘汰。

"现在有个别的媒体既无知又无耻，无知是不懂行业，不懂区块链的基础知识，无耻是为了钱，什么话都说，什么事情都敢做。"文四云提到，随着行业的发展，Token（通常译为"通证经济"，币圈区块链的经济模式）越来越多，市场也就需要更多的分析类的媒体，来帮助用户筛选项目，指导其投资。但这需要媒体有更强的专业能力，这一身份类似券商的分析师。

在文四云看来，未来的区块链媒体也会走向细分领域，如做会议活动的媒体有一定的盈利能力，并能积累很多资源，这将获得更多的发展机会。另外，对行业有深刻洞察，能写出深度文章的，也会获得一批忠实粉丝，从而拥有在市场上的生存机会。在文四云看来，明确行业层次分工，建立和传播客观的知识理念，建立行业的标准化体系，建立人才梯队培养机制是非常重要的。

（三）区块链媒体公司面临的主要问题

聚富财经作者 Charles 认为，区块链的发展已经波及各行各业，而和新兴事物最早发生碰撞的总是媒体行业，区块链也不例外。“十三五”中期中国出现了不少区块链媒体，有些已经比较出名，而有些依旧在努力，但其实不管是已经出名还是正在努力的，它们都面临着一些问题。

第一，资金不足。从 2018 年上半年的数据来看，已有超过 20 家的区块链创业媒体得到了相关的融资，但数额并不高，大约在 40% 左右，融资的金融业大小不一，从百万元到千万元各不相同。但大部分区块链媒体行业仍在融资上有很大缺口，而区块链媒体行业要走向专业化，必须要从选、编、审、发等环节把关，无论是直播还是付费产业，都要经历这样的迭代过程。

第二，人才缺失。其实不管什么行业，最缺的总是人才，区块链媒体行业也是如此。人才的稀缺，导致了区块链媒体行业挖人的价格一直水涨船高，这些行为也导致了行业泡沫的出现。除大型区块链媒体平台，只有少数新型区块链媒体平台在人才储备方面较为充足。据悉，《链讯头条》与国内外知名区块链企业机构达成合作，并且运用积分形式聚集各行各业的精英人士为平台服务。

第三，创意不足。随着区块链技术的发展不断升级，区块链媒体也紧跟其后，在这一过程中，诞生出了不少区块链媒体平台。但数量一多就会让人审美疲劳，为人们所诟病。在此方面，《链讯头条》创新积分形式让用户可以进入后台审核、发文，并把传统视频的弹幕形式应用到媒体资讯平台，让用户可以参与到文章的分析和见解中。这个媒体资讯平台可以被认为是区块链媒体行业创新的典例。

媒体行业，尤其是网媒，因传播速度快、信息量大，备受大众的好评，区块链通过这些媒体的传播会使得它的认知度得到提高。但上面所提到的三大问题已成为绝大多数区块链媒体在发展道路上的“拦路虎”，如何解决它们，重新打造区块链生态，就得向那些成功的媒体取经。

（四）2018 年多家区块链媒体停更，大多亏损，面临"寒冬"

三言财经作者嘴遁认为，2017 年年底以来，随着比特币价格达到顶峰，区块链技术的火热已达到顶峰。于是众多区块链技术创业公司兴起，巨大的宣传更让众多家区块链媒体应运而生。然而，进入 2018 年以来，比特币价格不断下跌，人们对区块链的关注度也大幅下降，整个行业越来越冷，炒作概念的公司早已卷款跑路，留下一些真正看好技术的公司在支撑。

这些公司最初大多是基于虚拟货币进行的融资，因此随着币价下跌，公司资金也大幅缩水，于是只得削减开支，甚至裁员，以负担高昂的技术研发费用。而原先依靠给区块链技术公司进行宣传而争取服务费的区块链媒体，也因监管趋严和业务量大幅下滑而开始出现生存危机，一些被直接封禁，一些则勉强支撑。

市场转冷，大量媒体遇生存危机。三言财经作者嘴遁统计了一下曾关注的 100 余个区块链相关的微信公众号，发现很多公众号已停更多时，一些则大幅降低更新频率，从日更变为月更，还有一些则已被封禁。仅 2018 年 11 月就至少有 20 家停更或降低更新频率。

从表 10－5 统计结果看，2018 年 11 月有 20 家停止更新或减缓更新速度，数量相比之前 10 月的 5 家和 9 月的 9 家，有了显著的增加。此外还有 5 家媒体的公众号在 11 月被封禁，其中不乏比较知名的"BABI 财经"（11月 12 日）和"核财经"（11月 2 日）。一些区块链媒体虽未停更，但已转型其他方向，不再只专注于区块链。11 月 28 日，就连名声大振的区块链媒体金色财经创始人杜均也在朋友圈表示，"金色财经"每月亏损近 300 万元，按这样的亏损，"金色财经"也只能支撑三年。

上述的一些媒体情况，说明市场的寒冷程度已达到临界值，区块链媒体的生存确实出现危机。

表 10－5　2018 年 3－11 月停更的区块链媒体

媒体名称	日期	情况	媒体名称	日期	情况
链讯 365 财经	11 月 27 日	日更变周更	千氰财经	8 月 18 日	停更
币圈八卦	11 月 24 日	更新速度下降	Fstdaily	8 月 17 日	停更
火球财经	11 月 23 日	日更变月更	金链财经资讯	8 月 16 日	停更
链鱼	11 月 23 日	日更变月更	区块链校长	8 月 9 日	停更
BABI 每日快报	11 月 23 日	停更	优链财经	8 月 8 日	停更
起风财经	11 月 19 日	转型	趣链财经	8 月 6 日	转型
币知财经	11 月 15 日	停更	Bockcircle	8 月 3 日	停更
链氰财经	11 月 15 日	周更变月更	金链区块链	8 月 2 日	停更
搜驰财经	11 月 15 日	停更	币看财经快讯	7 月 26 日	停更
区块链早餐	11 月 14 日	停更	biyou 财经	7 月 23 日	停更
币德财经	11 月 13 日	停更	小牛情报	7 月 20 日	停更
区块链日刊	11 月 13 日	更新速度大幅下降	有链财经	7 月 13 日	停更
币报道	11 月 1 日	周更变月更	链创财经	7 月 3 日	停更
猛犸财经	11 月 9 日	停更	甲子区块链	6 月 30 日	停更
链界财经	11 月 8 日	停更	虎尔财经 App	6 月 15 日	停更
币块财经	11 月 5 日	停更	币盛财经	6 月 10 日	停更
哈希财经	11 月 2 日	停更	董链财经	6 月 2 日	停更
挖链财经	11 月 1 日	停更	公链圈	6 月 2 日	停更
币优财经	10 月 31 日	停更	信仰链条	6 月 2 日	停更
千氰财经 Finance	10 月 22 日	转型	链讯财经	5 月 26 日	停更
火链财经	10 月 19 日	停更	派链财经	5 月 21 日	停更
小蜜蜂区块链	10 月 16 日	停更	链条财经	5 月 3 日	停更
链子财经	10 月 9 日	停更	区块网	5 月 1 日	停更
智链财经	9 月 30 日	停更	蓝链财经	4 月 24 日	停更
数币财经	9 月 28 日	停更	三天财经	4 月 23 日	停更
块马财经	9 月 25 日	停更	简链财经	4 月 11 日	停更
区链财经	9 月 14 日	停更	链上财经	4 月 3 日	停更
币链财经	9 月 11 日	停更	铨链财经	4 月 3 日	停更
金钱报	9 月 9 日	停更	能链财经	3 月 20 日	停更
天天币圈	9 月 7 日	停更	毒瘤说币	3 月 15 日	停更
极链财经	9 月 6 日	停更	羹链财经	3 月 2 日	停更
BlocX	9 月 5 日	停更	区块之家	7 月 19 日－11 月 25 日	停更

资料来源：三言财经

（五）国外兴起“区块链媒体”

近年来，区块链技术日趋成熟，其触角也开始进入媒体的视野。当下，西方国家媒体已经出现了“区块链媒体”的探索和实践。

所谓的区块链媒体，就是基于区块链技术打造的媒体平台，将部分权力转移给作者和读者，改变少数个体掌控信息的局面，让所有区块链用户都能获取信息。通常情况下，新闻机构擅长选题判断、内容整合，而不擅长知识产权保护、作者酬劳支付和内容分发，这些工作就可以交给区块链处理。区块链可以保护记录不被篡改，可以永久存档数据并对公众开放，不经过集体同意不得随意篡改信息。因此，区块链会减少知识产权的争端。《2018 年传媒业技术趋势报告》预测，在未来，可能会出现一个新闻公共账本——一个可以交换可信新闻、筛出假新闻的网络系统。

例如，美国媒体 Civil 就计划利用区块链打造自给自足的全球新闻市场。这个市场没有广告、没有假新闻、不受外界干扰。市场参与者包括记者、读者、管理者和顾问团。它将在区块链上运行一种名叫“智能合约”的程序，追踪现实世界的一对一关系。比如，读者可以就感兴趣的话题捐赠并建立一个小型的“新闻编辑室”，感兴趣的读者越多，这个“编辑室”就会筹集到越多的资金，也就意味着将吸引更多的记者。受众可以投票将不好的记者排除在“编辑室”之外，让工作经验丰富的记者进入“编辑室”。通过区块链技术，用户可以通过代币结算，实现分散交易，完成与记者之间的“智能合约”。这为新闻的出版和传播开创了新型合作模式。Civil 让人们关注本地新闻、调查性报道、政策报道等平时强调得不够的领域。“十三五”中期，有近 30 名来自《纽约客》《洛杉矶时报》等媒体记者报名入驻 Civil。

挪威的新闻聚合平台 Hubii 也在经历区块链转型，在未来将利用区块链打造内容市场，意图实现让代币成为媒体与作者间的支付手段。Hubii 还想引入验证过程：若用户帮助识别假新闻，则可获得小额奖励。如果作者在该平台上传了文章，他们可以申请验证，以此降低文章被标为“假新闻”的风险。这样一来，事实核查成了众包项目。此外，根据智能合约条例，每个事实核查者可以从文章收益中抽成。

（六）“区块链媒体”的前景乐观

区块链媒体能够发展起来，且继续存在和壮大，得益于区块链媒体自身的优势。福布斯中国首席执行官李思卫表示，在区块链发展过程中，媒体的作用不可或缺。他认为，媒体可以在信息服务、投资者教育、纵深研究和平台互通这四方面有效地助力区块链的发展。“媒体能通过提供精准有效的行情和深厚扎实的研究，协助建立区块链的风险预警系统，并打通行业内的资源。”

北京师范大学新闻传播学院执行院长喻国明表示，主流媒介应成为整个社会的组织者、建设者，甚至更高层面的构建者、创新者，这就是今天面对区块链、人工智能和大数据等全新领域的发展中，主流媒介应有的传播姿态和价值担当。专家预测，未来媒体行业或许会出现类似优步或爱彼迎那样的大平台，这将重新定义文字作者的价值，作者也可以建立自己的个人品牌。当前新闻生态系统显然正在衰落，区块链则有扭转局面的潜力。

二、2017 年中国区块链媒体情况

（一）2017 年前中国区块链媒体平台基本情况

1. 区块链媒体已经发展起来了

应用区块链分布式、加密技术的去中心化技术研发的区块链媒体平台，受制于政策、条件，因而少之又少。当前被称为区块链媒体的平台，多数指报道数字货币、区块链相关资讯的媒体。据有关统计报道，这样的区块链媒体，大大小小加起来，只 2017 年已有数万家。

另据链讯头条发布的消息，在国内某会议上的数据报告截图显示，目前中国交易所已达 85712 个，区块链媒体 48547 个，矿机厂商 2178 家，矿池 687 个，项目方 28.69 万个。尽管不知该数据的范围是全球还是国内，也不知是否准确，但足够表明：中国区块链媒体已经发展起来了。

2. 资讯发布起步时间晚，但发展较快

资讯发布量整体上处于波浪式增长状态，符合相关媒体伴随行业发展的脚步。资讯发布时间上起步稍晚，2016 年部分城市和区块链密集地区才开始兴起，但发展迅速，2017 年由于行业内外对资讯有着较大需求，出现了起伏中大步前行的局面。

行业内外对资讯的较大需求推进区块链媒体数量快速增长，这种需求主要来自两个方面：一是受行业发展影响，区块链企业的增多、投融资的扩大、项目的扩张，大量的项目宣传和观点分享造成发布量快速增长；二是"暴利"的获取和监管的弱化。

3. 从传统媒体向多种媒体形式发展

这一时期区块链媒体资讯发布途径出现了明显变化：社交媒体开始替代垂直媒体及传统媒体。2016 年和 2017 年区块链媒体资讯发布数据有如下特点：

（1）2016 年的区块链媒体资讯主要发布途径是传统媒体，且占绝对数。虽然出现垂直媒体和自媒体及社交媒体发布，但都只是打"擦边球"，尝试进行。

（2）2017 年，随着媒体数量需求的扩大和影响力增强的要求，传统媒体资讯涉及面受局限，难以胜任，逐步退让和淡出，占比逐步缩小，最终只能占有较低的比例。

（3）垂直媒体快速增长，逐步取代传统媒体的首席位置。

（4）自媒体稳健大步发展，占比 10% –20%。

（5）社交媒体以其自身便捷、灵活的特点，开始"小荷才露尖尖角"，虽然占比不是很大，但表现较为强势。

4. 对区块链媒体中的乱象众生进行了初步清理

区块链并非一碗清水。互撕、抄袭洗稿、天价软文……区块链媒体到处都有"乱象"出现。更有人说"区块链媒体的泡沫比区块链还大"。在区块链媒体行业的未来还处于一片未知之时，针对国内区块链媒体的各种乱象，相关监管部门着手制定和出台了相关政策，开展了一轮清理，以肃清国内的区块链媒体发展环境。

比较突出的是，2017 年上半年，不少区块链媒体为了自身获利或其他不明真相的原因，大肆胡乱鼓吹代币，助长了代币发行的泛滥成灾。对此，7 月 25 日，国家互联网金融安全技术专家委员会发布《2017 年上半年国内 ICO 发展情况报告》，指出 2017 年上半年，中国境内通过 ICO 形式获得融资的金额，已经超过传统 VC 市场，单个项目募集人数普遍超过 200 人，构成非法集资要件。8 月 24 日，国务院法制办在其官网公布了《处置非法集资条例（征求意见稿）》，其中第 15 条第二款指出："以发行虚拟货币为名义筹集资金的行为，如果违反国家许可及相关法律法规，国家有关部门将启动行政调查。”8 月，中国互联网金融协会先后发布了《关于防范各类以 ICO 名义吸收投资相关风险的提示》和《关于对代币发行融资开展清理整顿工作的通知》。9 月 4 日，中国人民银行联合中央网信办、工业和信息化部、工商总局、银监会、证监会、保监会等机构，联合发布了《关于防范代币发行融资风险的公告》，对近期国内通过发行代币等形式进行融资的金融活动进行严厉定性：“代币发行融资”（又称“ICO”）本质上是一种未经批准非法公开融资的行为，涉嫌非法发售代币票券、非法发行证券、非法集资、金融诈骗、传销等违法犯罪活动。

此次清理区块链媒体的乱象，挤掉了区块链媒体中的“水分”，打扫了区块链媒体中不干净的东西，同时推进了优质、可靠的区块链媒体发展。

（二）2017 年前之“最”和相对可靠的区块链媒体平台

经过多家评选和一定时间（2018 年）的考验，2017 年前中国有特色和相对可靠的区块链媒体平台主要有：

1. 区块链第一媒体：金色财经

金色财经是一个集行业新闻、资讯、行情、数据等的一站式区块链产业服务平台，追求及时、全面、专业、准确的资讯与数据，致力于为区块链创业者以及数字货币投资者提供最好的产品和服务。作为一家专注于区块链产业的服务平台、多家搜索引擎新闻源合作媒体，金色财经已与数十家财经及科技媒体达成内容合作。截至 2017 年 7 月，金色财经已有 1000 余家企业、个人自媒体、行情分析师入驻平台，每日有 200 篇以上的内容输出。近三个月以来，金色财经日均 UV（独立访客）12 万人，日均 PV（浏览次数）50 万次，已成为区块链行业最具影响力的服务平台之一。

特点：是知名度较高的区块链媒体之一，偏向于币圈行业资讯。是定位区块链行业的第一垂直媒体。比较有特色的是《区块链对话》这个栏目。

2. 最早的区块链媒体：巴比特

巴比特始建于 2011 年，是国内最早的区块链资讯社区门户，为区块链创业者、投资者提供信息、交流与投融资服务。目前有 200 多位区块链意见领袖、研究者入驻平台。作为目前国内最大的区块链垂直门户，巴比特旗下有巴比特、比原链两大产品线。巴比特为区块链创业者、投资者提供底层基础性的信息与数据服务，比原链则提供区块链上资产登记与流通的解决方案。

特点：服务于区块链创新者。巴比特成立七年，受众群广泛，且黏性强。比较有特色的栏目是《比特视频》。

3. 最活跃的区块链媒体：链讯头条

链讯头条是一个全方位的区块链媒体服务平台，汇聚了区块链行业新闻、动态、项目、数据等，目前已有近百万人关注，日活跃度在 10 万以上，且在各大媒体均有账号。每天提供前沿权威及时的链圈资讯，能够很好地对区块链进行多方位的全面分析，为创业者提供有力保障。与此同时，用户可以通过弹幕实时评论区块链的每个重要时刻，精选深度新锐的区块链商业分析，挖掘区块链商业价值。

特点：由专业人士原创和翻译了大量国外区块链领域最新的资料和信息，用户参与度高。比较有特色的栏目是《弹幕评论》《最新评论》。

4. 最有“深度”的区块链媒体：深链财经

深链财经是一家区块链领域的深度报道媒体，专注区块链领域的深度报道、链接新资本与新科技，由多位资深财经媒体人联合创立。目前已获梅花天使、PreAngel、千方基金、Dfund 等八家顶级基金联合投资。在内容层面，设置了人物专访、人物群像、项目调查、项目评测等多个板块。

特点：致力于有深度的文章报道，比较有特色的栏目是《深度报道》。

5. 定位最清晰的区块链媒体：币世界

币世界是数字货币资讯平台，服务于数字货币的交易玩家，致力于帮助广大投资者认知、了解和投资数字货币。提供与全球数字货币交易相关的最新消息，让用户及时、全面地了解最新的行业资讯、行情动态等一切有助于作出正确投资决策的信息。覆盖数百万名用户，日均生产 100 多条内容。作为一个数字货币投资社区，币世界没有定位在行业媒体，涉足各报道方向，而是将重心放在投资资讯上，从服务个人和机构数字货币投资者切入。

特点：是比特币等数字货币信息行情第一站。定位清晰，服务于“投资”，特色板块是“快讯”“投资入门”。

6. 最简单易懂的区块链媒体：链准准

链准准是一个简单易懂的区块链科技资讯媒体。理性解读区块链，客观报道新趋势，专注于推动区块链行业发展，为用户提供最前沿、最时尚、最实用的资讯和报道，打造最专业的区块链动态交流平台，重点报道行业重大新闻事件、市场动态、前沿技术、厂商动态等行业资讯。内容以中短篇幅居多，没有过多的专业术语，一切只为简单而生，为热爱区块链以及科技相关的业内外人士提供简单易懂的资讯和理性、客观、有趣的内容。

特点：内容简单易懂，适合区块链初学者和爱好者，特色板块是“锐智家”。

区块链媒体平台旨在利用区块链打造自给自足的全球新闻市场，帮助广大投资者认知、了解和投资数字货币和区块链。这些区块链媒体，作为当前区块链媒体市场上的一股清流，应严格遵守国家政策，同时致力于将区块链这一前沿技术带给全世界。

三、2018 年中国区块链媒体情况

（一）2018 年全年变化莫测

1 月：区块链媒体百花齐放。2018 年作为区块链元年，新年伊始一大堆区块链企业，百花开放，百鸟齐鸣，整个链圈热闹非凡，区块链媒体自然也不甘落后，一片欣欣向荣之势。只是 1 月作为区块链媒体的开端，有点不太完美。具体不完美在哪里呢？首先，报道极少。其次，很多系统方面都存在低级错误。

2 月：区块链媒体大咖云集。30 位区块链知名人士按照主流影响力进行了排名，被公布在“区块链热点人物”的榜单上。其中，年轻的以太坊创始人“V 神”排名第一，华人中有三位上榜，分别是莱特币创始人李启威、比特大陆创始人吴忌寒以及比特币中国 CEO 李宝智。

3 月：大量资本疯狂涌入区块链媒体。这个月涌现出一批我们现在听起来耳熟能详的区块链媒体名字，例如：火星财经、陀螺财经、链讯财经等。超过 20 家区块链媒体公司，总共获得超过 7 亿元的融资。由此可见，区块链的发展势头越演越烈。

4 月：区块链媒体被传统媒体接受。此月，区块链媒体初步得到国内外传统媒体的认可。据相关媒体信息，由于国外的媒体应用平台上存在个人隐私以及其他一些问题，多数国外主流媒体创作者已经从 Facebook、YouTube 等主流

平台转向区块链媒体应用。而在国内方面，一些传统媒体已经接受并重视区块链媒体的地位，有的已经开始区块链媒体的布局。

5月：区块链媒体演讲活动频繁。5月可以说是区块链媒体演讲月，演讲一场接着一场，且阵容都不小。例如：5月9日，由区块链投资基金 Draper Dragon、硅谷区块链媒体等举办的"全球最具潜力的区块链项目竞演大会"在硅谷 Santa Clara 举行；19日，NYC BLOCKASIC 在纽约举行，分析了中国区块链媒体当下的形式；20日，2018年中国区块链高峰论坛上，有媒体人士预测，未来会有大批的区块链媒体死掉。

6-7月：区块链媒体"泡沫门"。转眼2018年已过去一半，多数人认为区块链媒体存在很大的泡沫，主要是区块链媒体的口水战和乱象问题，使得整个区块链媒体市场乌烟瘴气。比如：李笑来录音门事件。而李笑来与陈伟星的口水战，更是将区块链媒体的"泡沫"刻在了大众的心里。

8月：大批区块链公众号被封。8月21日，对于大多数区块链媒体来说是一个难忘的日子。金色财经、深链财经、币世界等大批区块链公众号面临封号困境，上演了惊心动魄的"封杀记"，而后，大批区块链媒体人退出舞台。

9月：币价暴跌，媒体业务下滑。"9·4"一周年让人记忆犹新，9月6日比特币暴跌又登上新浪微博热搜。随着币价的暴跌，加密货币市场开始出现动荡，区块链媒体业务也开始下滑。

10月：区块链媒体出现生存危机。在币价持续下降的趋势下，媒体流量少得可怜，阅读量也直线下降，大批区块链媒体由日更变周更，有的由日更变月更，还有大批直接走上开始转型之路。金色财经创始人杜钧感慨道："熊市，拼情怀的时候到了。"

11月：区块链媒体 TOP10 出炉。以趋势和行情为宝剑的"数字货币趋势狂人"摘得冠军的宝座，紧随其后的是"王团长区块链日记"，然后就是"毕姥爷"。还有上榜的就是"区块链铅笔""蓝狐笔记""区块链在线""三言财经""31QU""白话区块链""区块链头条""辣汤区块链"以及"U网资讯"。

12月：熬过去，期盼春天。在币圈的寒潮下，区块链媒体也遭遇"寒冬"。

（二）2018年中国区块链媒体的地域分布和综合影响力情况

报道区块链领域最新资讯，传递区块链领域大咖声音，媒体平台在很大程度上助力了区块链行业的发展。

1. 2018 中国区块链媒体地域分布

区块链行业媒体币通（Bitong. top）首次推出 2018 年中国区块链媒体影响力方面最全面的榜单，榜单共覆盖 109 个行业媒体样本。在统计的 109 个样本里面，位于北京、上海、深圳三座城市的区块链媒体数量最多，占比分别达到 31%、21% 和 13%。

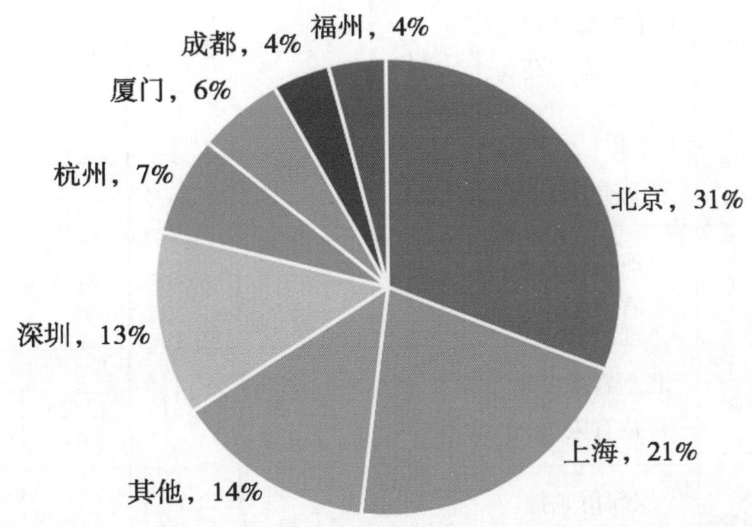

■北京 ■上海 ■其他 ■深圳 ■杭州 ■厦门 ■成都 ■福州

城市	北京	上海	其他	深圳	杭州	厦门	成都	福州
媒体数量	34	23	15	14	8	7	4	4

图 10－15　2018 年中国区块链媒体地域分布

资料来源：币通

2. 区块链媒体综合影响力指数排行榜 TOP20

币通对区块链行业媒体进行多维度分析，推出《区块链行业媒体榜单 TOP20》。在公众号影响力、WEB 影响力及 App 影响力三方面，通过 20 个维度综合分析出综合影响力指数排行榜、公众号影响力指数排行榜、WEB 影响力指数排行榜、App 影响力指数排行榜四个排行榜榜单。下面摘选区块链媒体综合影响力指数排行榜 TOP20。

表 10-6　2018 年中国区块链媒体综合力指数排行榜 TOP20

排名	媒体名称	公司名称	地区排名	公众号指数	APP 指数	WEB 指数	综合指数
1	巴比特	杭州时戳信息科技有限公司	杭州	21.37	30.64	25.8	77.81
2	金色财经	北京财经信息技术有限公司	北京	14.32	32.55	25.2	72.07
3	链得得	北京灵动新程信息科技有限公司	北京	24	27.72	17.7	69.42
4	币世界	北京币世界网络科技有限公司	北京	15.83	27.27	21	64.1
5	挖链网	上海挖链科技有限公司	上海	18.3	26.8	13.3	58.4
6	bianows	北京岩浆互动科技有限公司	北京	26.13	18.1	13.45	57.68
7	驼螺财经	深圳市陀螺传媒有限公司	深圳	24.33	17.56	15	56.89
8	链向财经	深圳链向科技有限公司	深圳	16.18	25.63	13.55	55.36
9	火球财经	上海比环网络科技有限公司	上海	23.2	28.64	2.4	54.24
10	未来财经	深圳未来财经科技有限公司	深圳	25.67	21.9	4.7	52.27
11	链天下	–	–	28	14.13	8.8	50.93
12	比特币资讯	–	北京	18.67	19.11	12.86	50.64
13	金牛财经	深圳区块网络科技有限公司	深圳	20.93	16.24	13.21	50.38

（续表）

排名	媒体名称	公司名称	地区排名	公众号指数	APP 指数	WEB 指数	综合指数
14	鸵鸟区块链	上海以北科技有限公司	上海	20.27	21.39	8.4	50.06
15	火星财经	海南天辰网络科技有限公司	海南	19.28	18.86	11.11	49.25
16	火链财经	上海火链网络科技有限公司	上海	13.19	26.99	8.87	49.05
17	币看	深圳数字奇点科技有限公司	深圳	13.78	24.89	9.7	48.37
18	节点财经	北京赤厘文化科技有限公司	北京	20.4	18.4	5.2	44
19	芬果财经	杭州芬果信息科技有限公司	杭州	20.67	18.6	4.7	43.97
20	猎云财经	成都猎云万罗科技有限公司	成都	15.78	18.5	8.21	42.49

资料来源：币通

（三）2018 年区块链媒体资讯特点

链塔数据平台对 2018 年中国区块链媒体资讯情况进行了全面的分析，提出了 2018 年区块链媒体资讯的六大特点和多个子项，下面摘选三条。

1. 4 月起，区块链媒体资讯发布增长迅速

进入 2018 年，伴随区块链行业的迅速发展，传统媒体和成立较早的数家区块链媒体并不能满足行业外对区块链相关资讯的需求。随后成立的大量区块链媒体造成了 4 月中旬区块链资讯发布量快速增加。而步入 2018 年下半年，区块链行业热度的增长逐步放缓，同时大量项目进入实际上线运营阶段，项目宣传、行业分析、观点分享的快速增长造成 7 月上旬发布量迅速增加。

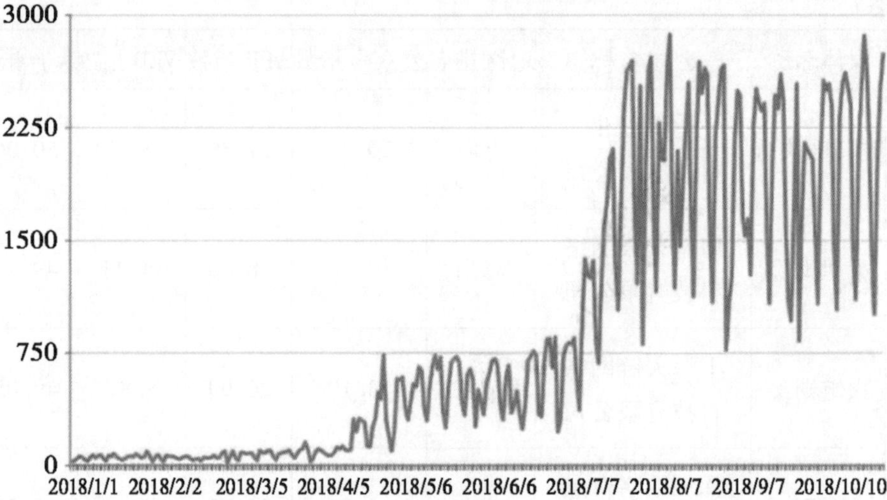

图 10－16　2018 年中国区块链媒体资讯发布量

资料来源：链塔数据平台

2. 社交媒体基本替代垂直媒体及传统媒体

2018 年区块链媒体资讯发布数据表明：

（1）初期的区块链媒体资讯主要发布途径是传统媒体，但由于传统媒体资讯涉及面不全，最终只占有最低占比。

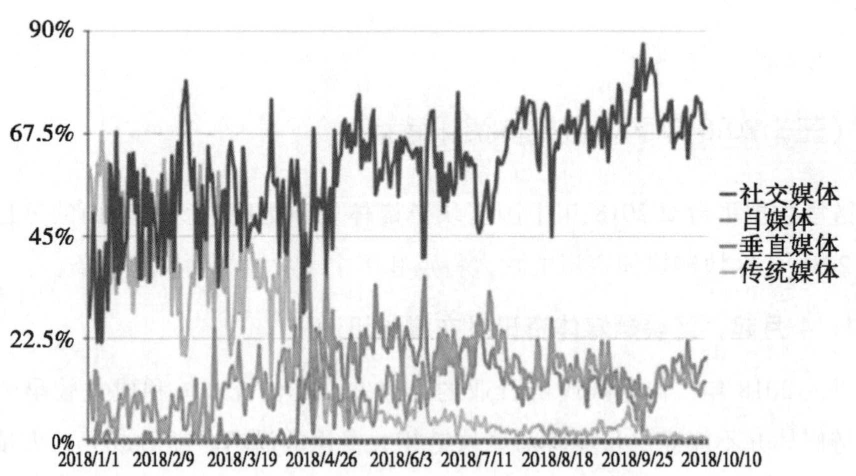

图 10－17　2018 年中国区块链各类媒体占比趋势

资料来源：链塔数据平台

（2）垂直媒体发布量占比在4月中旬快速增长，但受社交媒体影响，占比逐步下降。

（3）自媒体始终占有10% -20%的比重，表现较为稳定。

（4）社交媒体表现较为强势，不仅逐渐替代了传统媒体，而且呈现出与垂直媒体相反的趋势，说明区块链资讯发布者较为重视社交媒体所带来的便捷、灵活，更倾向使用社交媒体发布资讯。

（四）2018年区块链传统媒体、垂直媒体、自媒体和社交媒体发展情况

1. 传统媒体发布量基本保持稳定

传统媒体区块链资讯占有较小比重，每日平均发布量约为31条。

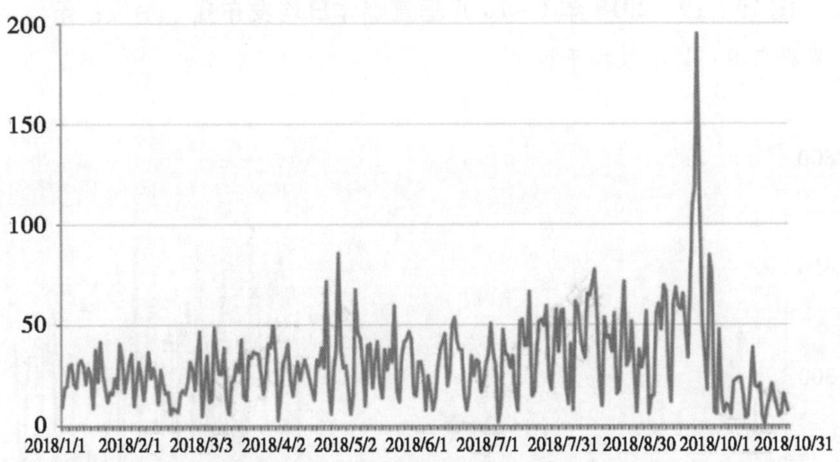

图10 -18　2018年1 -10月传统媒体日均发布量　单位：条

资料来源：链塔数据平台

2. 垂直媒体占比趋势与社交媒体基本相反

垂直媒体发布量随着4月中旬新成立的区块链媒体开始增加，日均发布量约121条。虽然日均发布量没有明显下滑，但总体走势却与大受资讯发布者和用户欢迎的社交媒体基本相反，处于占比持续走低的状态。

3. 自媒体占比基本稳定保持在10% -20%

自媒体的表现比较平衡，始终占有总发布量10% -20%的比重，平均每日发布量122条，基本与垂直媒体持平。9月底受市场的影响和社交媒体的打压，有一定程度的下滑。

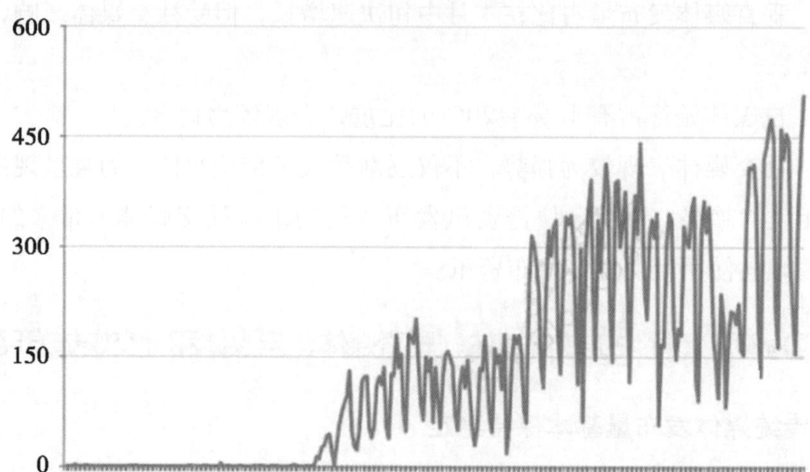

图 10 -19　2018 年 1 -10 月垂直媒体日均发布量　单位：条

资料来源：链塔数据平台

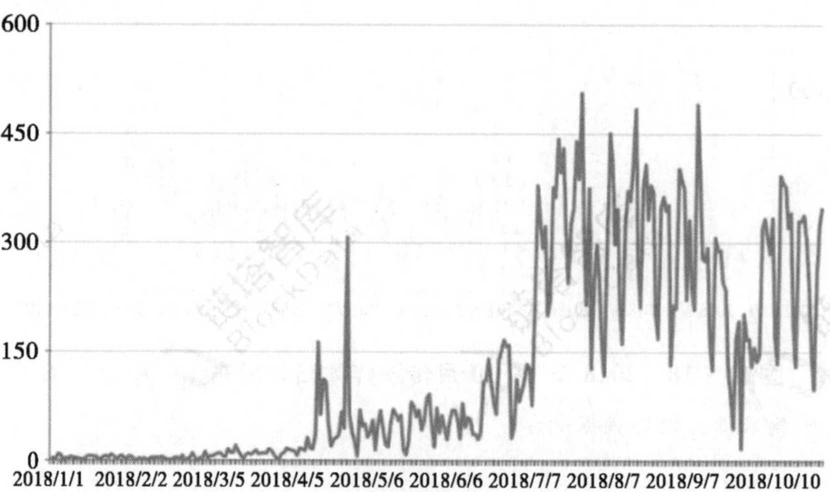

图 10 -20　2018 年 1 -10 月自媒体日均发布量　单位：条

资料来源：链塔数据平台

4. 社交媒体呈现强劲态势

社交媒体自 4 月底开始发布量快速提升，而 8 月开始又大幅度增加。2018 年平均每日发布量为 590 条，约为自媒体和垂直媒体的 4.5 倍，为传统媒体的 19 倍，表现较为强势。

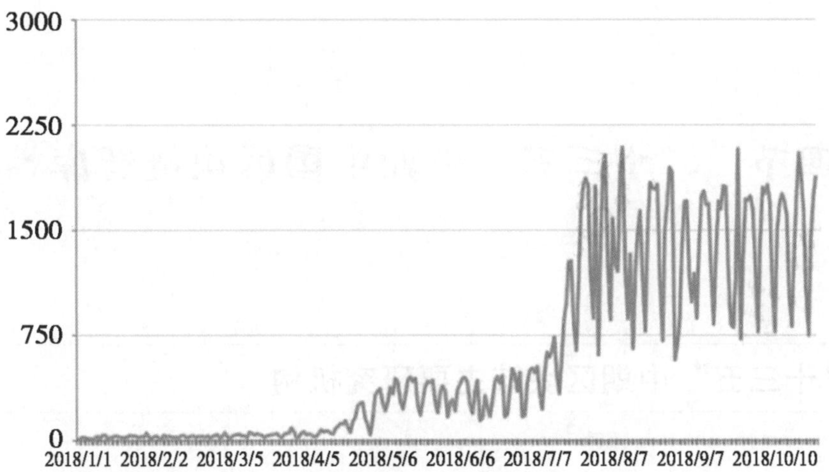

图 10－21　2018 年 1－10 月社交媒体日均发布量　单位：条

资料来源：链塔数据平台

（五）80%资讯通过更为便捷、灵活的方式传播

区块链资讯的传播途径主要为便捷、灵活的社交媒体。通过比较 2018 年各种媒体发布量的占比，可以发现超过 80%的资讯通过更为便捷、灵活的社交媒体和自媒体发布。

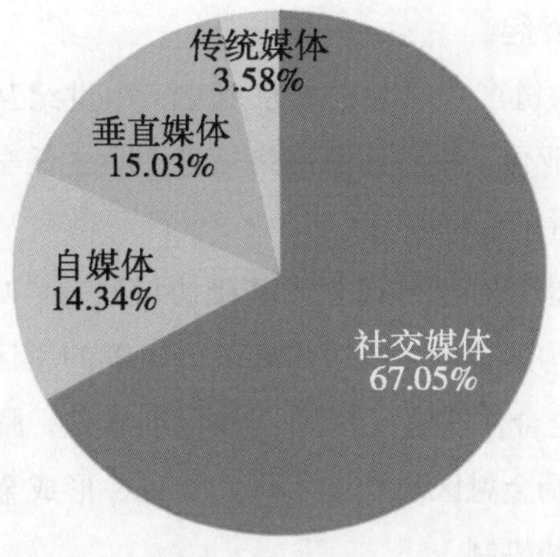

图 10－22　2018 年中国区块链资讯各类媒体发布占比情况

资料来源：链塔数据平台

第四节 "十三五"中期中国区块链智库情况

一、"十三五"中期区块链主要研究机构

（一）2016 年中国区块链成立的主要研究机构

据 IF 观察不完全统计，2016 年中国国内相关机构和组织相继成立的区块链研究机构和联盟组织不少于 10 家。

2015 年 12 月，在北京市金融局指导下，金融博物馆牵头成立中国区块链应用研究中心，以公益研究平台推动社会金融启蒙、建立公众认知标准。

2016 年 1 月，"全球共享金融 100 人"论坛在北京宣布成立"中国区块链研究联盟"，由 GSF100 联合论坛理事单位中国万向控股有限公司、厦门国际金融技术有限公司、中国保险资产管理业协会、包商银行股份有限公司、营口银行股份有限公司共同发起。

2 月，中关村区块链产业联盟在北京成立，由世纪互联牵头发起，聚焦区块链技术标准化及产业化。中国互联网络信息中心主任李晓东任中关村区块链产业联盟专家委员会主任。

4 月，区块链联盟中国分布式总账基础协议联盟（China Ledger 联盟）在北京成立，由中证机构间报价系统股份有限公司等 11 家机构共同发起。

5 月，金融区块链合作联盟（深圳）在深圳成立，腾讯、华为等六家机构加入，旨在整合及协调金融区块链技术研究资源，形成金融区块链技术研究和应用研究的合力与协调机制。

6 月，中国互联网金融协会召开会议，宣布成立区块链研究工作组，第十二届全国人大财经委委员、原中国银行行长李礼辉任组长。

8 月，经全国金融标准化技术委员会批复，银行间市场技术标准工作组区

块链技术研究组在上海宣布成立，由中国银联、中国工商银行等发起并设立。

9 月，上海区块链技术应用联盟在上海成立，由上海金融信息行业协会牵头，万向区块链实验室、东软集团担任主任单位。

10 月，由中国互联网协会指导的区块链保险联盟在北京成立，将聚焦于区块链在保险行业的应用，致力于搭建保险公司开展区块链基础理论和技术研究，构建技术支持平台体系，用区块链推动保险业务革新。

10 月，陆家嘴区块链金融发展联盟在上海成立，上海市互联网金融行业协会、上海金融业联合会和中国金融信息中心发起并成立。

11 月，中国区块链技术创新与应用联盟（大同）在山西大同成立，组建“大同区块链实验室”和“大同区块链创新中心”。

（二）2017 年中国成立的区块链主要研究机构

1. 中商产业研究院提供的智库机构

据中商情报网报道，2017 年中国成立的区块链研究机构数字在增长。其中新成立的区块链研究机构如表 10 – 7 所示：

表 10 – 7　2017 年成立的中国区块链智库机构

排名	公司	创办者
1	中钞区块链研究院	中国印钞造币总公司
2	北大光华区块链实验室	北京大学
3	计算机科学与技术学院区块链研究中心	浙江大学
4	大数据区块链与监管科技实验室	中国人民大学
5	西安交通大学区块链技术与法律创新研究实验室	西安交通大学
6	蓝石区块链实验室	中国信息通信研究院 北京航空航天大学
7	信大区块链研究院	解放军信息工程大学
8	深圳大学区块链技术研究中心	深圳大学
9	百度金融区块链实验室	百度

（续表）

排名	公司	创办者
10	天府区块链创新实验室	天府新区管委会 美国硅谷区块链技术团队
11	区块链研究院	南方科技大学大数据创新中心 招商证券 前海人寿 比银集团 华大基因 信元资本
12	亚太区区块链技术实验室	德勤
13	苏宁金融区块链研究院	苏宁
14	区块链新金融实验室	中关村众筹联盟 北京股权交易中心 北京股权登记管理中心 网录科技
15	重庆数资区块链研究院	重庆涪陵国有资产投资经营集团 重庆数资科技公司

资料来源：中商情报

2. 区块链新金融实验室

2017年6月9日，区块链新金融实验室在中关村展示中心正式成立，区块链新金融实验室官网也同步上线。为积极推动区块链技术在金融创新领域的示范应用，推动区块链新金融在中关村地区的资源聚集，中关村众筹联盟、北京股权交易中心、北京股权登记管理中心、网录科技等多家业内领先的相关企业和机构，共同发起并成立了区块链新金融实验室。

区块链新金融实验室将重点跟踪研究国外先进的区块链技术在新金融领域的创新趋势，积极推动区块链技术在国内新金融领域的示范应用，吸引国内外优秀的区块链新金融相关创业公司到中关村聚集发展。同时，实验室将通过行业调研、专题研讨、应用培训、投融资对接、创业孵化、社群互动、示范应用展示等多种形式，营造区块链新金融生态在中关村创新发展的良好氛围。

3. 中金区块链研究院

随着互联网的发展，原来分工明确、相互独立的多环节产业链，开始出现全产业链的垂直整合以及推动跨产业链的横向融合，进而形成完整闭环、相互依存、密切相关的全新生态圈。2017 年 8 月 15 日，中金区块链研究院揭牌仪式在北京举行。

中国金融认证中心总经理、中金支付有限公司总经理季小杰表示，随着区块链技术的不断发展，各种场景应用的陆续落地，区块链技术将影响现在的金融行业布局，为金融行业带来更大的潜能。季小杰指出，未来，中金支付将线上"智融在线平台"与线下供应链产品相结合，实现产业整合、金融支撑、科技创新三位一体的生态共建目标，帮助中小企业做强做大，促进行业稳健发展。

4. 中钞区块链研究院及中钞区块链技术研究院

在相继成立金融科技委员会及数字货币研究所后，央行系统加大金融科技领域探索的力度，继续迈进。2017 年 9 月 14 日，中国印钞造币总公司（下称"中钞集团"）在杭州成立了区块链研究院（下称"中钞区块链研究院"）。

据悉，中钞区块链研究院的注册地在杭州，主要跟踪研究区块链和数字货币的技术与应用。目前，该研究院隶属于中钞集团核心企业之一的中钞信用卡产业发展有限公司（下称"中钞信用卡公司"）。该研究院也成为央行系统中为数不多的以区块链为研究方向的机构。

中钞信用卡产业发展有限公司杭州区块链技术研究院（简称"中钞区块链技术研究院"）是中国印钞造币总公司下属单位的科研机构，致力于成为国内金融科技创新领域的核心力量，为数字经济打造公共基础设施。

中钞区块链技术研究院团队是国内金融领域最早研究区块链技术的团队之一，对分布式账本、密码学、云计算和大数据等技术作出了持续、深入的研究，积极追踪、探索法定数字货币相关核心技术的研究、人民币数字化的建设，推动区块链技术在社会各领域的创新应用与市场推广。

（三）2018 年中国成立的区块链主要研究机构

1. 蓝石区块链实验室

2018 年 2 月 10 日，蓝石区块链实验室在北京举办成立仪式。蓝石区块链实验室由中国科学院院士领衔，由中国信息通信研究院以及北京航空航天大学等顶级科研机构、高校共同发起，致力于区块链科技产业生态的建设。实验室将整合优势资源，开展标准研究、底层技术研发、产业应用开发、人才培养等工作，并计划于全球多个中心城市建设一批以区块链技术为核心，融生产、生态、生活于一体的国际区块链社区（科创小镇），构建区块链特色生活社区，从而构建完整的区块链产业生态体系。

据了解，实验室将在政务、教育、医疗、金融、珠宝、物流等领域展开研究，并已在硅谷、波士顿、纽约、迪拜、伦敦、新加坡以及北京、上海等地设立研究中心和工作站。

2. 中国区块链应用研究中心

随着中国央行对于数字货币的模型研究越来越深入，从官方到民间，都掀起了一轮区块链应用场景研究的高潮。2018 年 2 月 26 日，中国区块链应用研究中心在上海正式挂牌成立。

据介绍，中国区块链应用研究中心是由互联网金融博物馆牵头发起并成立的一个非官方公益机构，主要功能是推动社会金融启蒙、建立公众认知标准。从全球区块链商业理事会的成立，到中国区块链应用研究中心北京、杭州、上海分中心的相继揭牌，体现了中国对区块链的应用和研究工作的重视及大力推广的决心。

3. 大数据区块链与监管科技实验室

2018 年 3 月 15 日，中国人民大学开设大数据区块链与监管科技实验室，帮助政府加强风险管控。人民大学金融科技与互联网安全研究中心主任、法学院副院长杨东认为，区块链技术风险巨大，把新标准和新科技应用于新产品当中，会对传统的规则和法律发起挑战，需要尽快确立标准。

4. 信大区块链研究院

据中国通信标准化协会 2018 年 3 月 12 日发布消息，信大区块链研究院已于 2018 年 2 月在深圳揭牌。该研究院是国内首家以"军民融合发展战略"为政策平台支撑，以核心密码技术和可信原理为核心技术的区块链应用研究机构。

据雷锋网（公众号"雷锋网"）AI 金融评论，信大区块链研究院的学术支撑来源于解放军信息工程大学和中国人民公安大学，在可信的计算理论指导下，主要从事区块链底层核心技术研发及场景应用研究。

目前，信大区块链研究院已经取得区块链行业技术软件著作等21项知识产权。接下来，该研究院将围绕以下四个重点做布局：一是专注于区块链底层技术和核心技术，为区块链相关企业提供底层技术支撑和服务；二是着眼于某一特定领域，以“区块链+行业”努力打造行业标杆，树立行业标准；三是加大对金融货币领域的区块链理论和技术研究的力度，为国家虚拟货币理论发展和技术突破作出企业自身的贡献；四是通过校企合作等形式，加强区块链人才培养，为行业发展提供更多人才和智力的支持。

5. 北大光华区块链实验室

2018年4月8日，在“2018年金融科技与区块链创新论坛暨北大光华区块链实验室成立仪式”上，北大光华区块链实验室正式成立。北京大学光华管理学院刘俏院长揭牌。实验室旨在为区块链行业提供理论指引和实践指导，做好区块链行业的深入研究，推动区块链行业的发展，推广区块链技术在金融领域的应用，加速实现区块链技术与监管科技的结合等。

北大光华区块链实验室由北京大学光华管理学院和北京博晨技术有限公司共同发起并成立，是国内顶级高校中首批以区块链作为主攻方向的研究中心。今后，实验室将重点开展区块链领域的行业研究、政策研究，以北大光华区块链实验室创新研究成果为纽带，以高层人才为依托，通过体制和机制创新，促进区块链行业的创新成果产业化。同时，培养区块链行业领先人才，努力把北大光华区块链实验室建设为国内一流的区块链金融产学研示范基地。

6. 国内第一家物联网区块链实验室

2018年4月19日，中关村物联网区块链实验室于北京中关村正式成立并举行揭牌仪式。这是目前国内首家物联网行业的区块链实验室，也是第一家对区块链应用场景进行行业细分的实验室。

实验室由中关村物联网产业联盟、中关村物联网产业创新中心发起，意在推动物联网产业与区块链技术的结合，促进新技术的发展和应用，探索“物联网+区块链”的新模式、新路径；定位在物联网领域的区块链技术应用，为企业发展提供系统性的解决方案，通过“区块链+”的模式为企业赋能，增强企业竞争力。

实验室将为企业提供区块链应用的全方位输出，包含咨询服务、通证体系设计、白皮书设计、技术应用实施及相关对接服务。同时，实验室携手数十家资本公司为企业发展助力。

7. 浙江财经大学与中钞区块链实验室

2018 年 5 月 17 日，浙江财经大学与中钞区块链技术研究院举办共同构建区块链实验室的签约仪式。

本次合作，双方旨在研究基于中钞络普平台的区块链行业应用的开发，在科学研究、人才培养、成果转化等方面进行深度合作，创建一支区块链领域的教学科研及创新创业团队，探索区块链技术及与之相对应的、可实施落地的商业模式，从而推动区块链技术的学科研究与应用拓展。

2017 年以来，区块链技术成为互联网时代的风口，也是信息互联网向信任互联网过渡的关键技术，目前还处于不成熟阶段，但应用领域前景广泛。中钞区块链技术研究院是我国最早研究区块链技术的团队之一，浙江财经大学区块链实验室也是国内高校中第一个与该研究院合作的区块链实验室，在人才培养、技术研究、成果转化、政策支持等方面具有优势。

8. 人民创投区块链研究院

2018 年 6 月 23 日，由人民网、人民创投等主办的 2018 年全球链界科技发展大会在北京召开。会议期间，人民网举行了人民创投区块链研究院成立仪式。

人民网副总编辑罗华就研究院成立情况进行了介绍。他说，当前区块链技术仍处于早期阶段，围绕技术发展与应用的诸多问题，仍有待进一步探索、解决。人民创投发起成立的区块链研究院，通过开展研究工作，既可以为人民网提高技术水平积累实力，又能夯实投资业务的专业基础，有效整合行业资源，培育优质项目，孕育投资机会，降低投资风险。

关于研究院的前期工作，罗华表示，人民创投区块链研究院将扎实开展行业调研，深入走访一线企业，详细了解技术创新与产业应用的难点、痛点，总结行业的经验教训，结合"数字中国"战略的各项部署为领导决策提供参考；广泛搜集行业舆情，针对社会重点关注的话题领域事件等进行分析研判，为新闻报道和舆论引导提供支持；积极与相关机构开展应用性实验，共同建设区块链细分领域的实验室，有针对性地开展行业研究，为广大从业者提供权威专业的咨询服务。

9. 国内首家区块链职业培训研究中心

2018 年 7 月 7 日，广东省金融创新研究会在深圳欢乐谷举办了区块链培养工程专业委员会和区块链职业培训研究中心成立大会。高校、社团、企业、研究机构、培训机构等 600 多人参加。广东省金融创新研究会会长、区块链职业培训研究中心主任何五星致辞，对区块链专业委员会和区块链职业培训研究中心成立的背景、原因、意义、作用等作了简要说明，对区块链职业培训研究中心下一步工作，作了初步计划和安排。

据介绍，区块链职业培训研究中心成立后，近年内将力争做好五件事情：一是编写出版区块链职业培训教材。初步确定出版三本有关区块链职业培训教材：《区块链基础知识》《区块链专业技术》《区块链产业应用》。二是招聘和培养区块链专职教师（100 人）。三是举办区块链职业培训班（100 场 5000 人次）。四是召开区块链职业培训论坛和研讨会。五是开展区块链知识下基层（市、县、乡镇）、入校园（高校）、进社区和园区的活动。

10. 国内首家区块链法律研究所

2018 年 8 月 11 日，亚洲数字经济法律研究所在深圳成立。同时，研究人员聘任仪式暨研究工作座谈会在深圳召开。

亚洲数字经济法律研究所所长漆多俊教授就亚洲数字经济法律研究所的宗旨和研究工作规划，以及区块链法律风险等问题进行了阐述。他指出，研究所需要讨论和确定数字经济和区块链领域的各种研究课题，制订研究计划，并进行深入研究。研究所要敢为人先，尽快拿出一批高质量的研究成果，包括论文、出版物，以及研究所的研究课题和规划等。

二、国内区块链指数研究情况

由于区块链是近几年才出现的新生事物，国内外有关区块链的研究机构是从 2017 年才开始出现。因此，目前有关区块链指数的研究少之又少。网上对区块链指数的介绍，也多是站在股票市场上，以投资者角度进行介绍和分析的。下面简要介绍一些有关区块链指数的情况。

（一）赛迪研究院全球公有链技术评估指数

据中国证券网报道，工业和信息化部赛迪研究院于2018年5月17日正式向社会发布首期全球公有链技术评估指数及排名。结果显示，第二代区块链技术的典型代表，具有智能合约功能的公有链平台——以太坊的技术评估指数为129.4，位列评估榜单第一位。评估指数位于第二位至第五位的公有链分别为斯蒂姆链、应用链、NEO和科莫多。备受业界关注的比特币仅位列第十三位。

全球公有链技术评估工作主要从公有链的基础技术水平、应用层级和创新能力三个方面进行考察和评估。从分项指标来看，利用区块链石墨烯架构的斯蒂姆链在基础技术指标中得分最高，目标是利用智能合约对数字资产进行自动化管理的NEO在应用性评估中位列首位，创新力指数的第一名则是开创区块链技术应用先河的比特币。

（二）赛迪区块链研究院区块链系列指数

据电子产业信息网报道，赛迪区块链研究院院长刘权于2018年10月11日在由青岛市崂山区人民政府主办的区块链团体标准及许可链质量发展研讨会上表示：赛迪区块链研究院下一步将发布有关区块链系列指数，包括区块链安全指数、百强企业指数、城市区块链竞争力指数，以及区块链在工业、医疗、车联网等行业的应用白皮书。工业和信息化部赛迪研究院将继续和政府、产业和学术界合作，规范区块链技术的发展，并更多和实体经济应用场景相融合。

（三）A股上市公司区块链指数

2017年年末，比特币作为首款基于区块链技术的成功应用，其价格暴涨成为全球焦点话题，相应地，资本市场凭借其敏锐的嗅觉纷纷布局区块链这一新兴产业。作为我国资本市场重要组成部分，A股市场是如何参与到这一场“区块链盛宴”呢？挖链网以媒体视角，对参与区块链项目的A股上市公司进行了剖析和排名。

挖链网2018年发布的《区块链行业研究报告－A股上市公司区块链指数》，从公司层面、战略层面、实施层面展开，以各公司涉及区块链业务的公开披露程度为参考，发散出数十个分支维度，赋予其对应权重，并根据各项得分加权平均后得到各公司相应指数，最后进行排名。

同时，挖链网对行业指数与 A 股上市公司区块链指数进行了深度分析，并对 2018 年 A 股市场区块链行业进行了归纳总结：

第一，2018 年上半年区块链爆发猛烈，下半年收敛。

第二，国家相关管理部门出击，区块链监管处于高压状态。

第三，区块链产业发展处于技术开发阶段，实际应用较少。

第四，我国商业银行率先拥抱区块链技术，已有多个项目落地。

（四）算力区块链热力指数

算力智库与证券日报社于 2018 年 7 月 6 日在海口共同主办“2018 年区块链赋能资本市场新经济高峰论坛·海南站”。本次活动由海南证监局、海南省科学技术厅、海南省工业和信息化厅、海南证券期货业协会指导。论坛上算力智库联合恒生聚源发布算力区块链热力指数，成为国内首个从资本市场逻辑切入，结合一级、二级市场标的，客观反映区块链市场热度的非币指数。该指数通过算力智库网站及 App 实时发布。

与市场上已有的区块链指数不同，算力区块链热力指数不含数字货币成分，弱化价格因素，真正为应用区块链技术的各行业用户提供客观的信息。该指数从公众对区块链技术的关注度出发，以各大公开媒体中（包括 App）搜索“区块链”关键词的热度为切入点，结合一级、二级市场关注度统计分析，以丰富的数据为支撑，实时展示区块链的市场热度。

（五）区块链项目 ICO 评估模型

1. 普华永道 ICO 项目评估体系

为使得投资者可以对 ICO 项目做出理性的独立判断，规避投资风险，普华永道和 ICOAGE 利用各自领域的经验和专业知识，开发了一套 ICO 项目评估体系。评估体系利用普华永道的方法论，从项目背景、项目白皮书、项目团队、项目代码、项目运营、CO 发行方案、财务控制等七大领域分析项目的质量，不同领域又细分为几个小项，通过背景调查、调研、审核材料等方式从不同维度进行评估。

在完成评估工作后，根据每个领域评分，综合评定项目的成熟度，分为三级：萌芽（Embryonic）级别、成长（Maturing）级别和成熟（Mature）级别，从而为投资者提供了客观的项目评估参考依据。

2. 点量研究院 ICO 项目评估 TMP 模型

2017 年 7 月 27 日，点量研究院发布了《从数字货币与区块链看 ICO 的起源与发展》报告，其中从区块链和数字货币的起源着手，深度探讨了 ICO 的起源与现状，从法律法规、基础建设、发展预测等方面对 ICO 市场进行了剖析和解读，并推出了点量 ICO 项目评估 TMP 模型。

3. SMARTChain 模型

火币区块链研究中心对全球数十个区块链资产品种进行了长达 2 年的跟踪，基于战略定位、市场认知、活跃度、风险和技术先进性等五个维度，选择了近 30 个指标，建立了区块链资产量化评估模型，该模型为每一个区块链资产进行多维度的评估。

火币 SMARTChain 综合模型包括 Smart Analysis 和 Smart Quantity。Smart Analysis 基于战略、市场及产品三个层面打造专业的区块链项目研究工具。Smart Quantity 模型对 Smart Analysis 定性分析进行量化，通过最佳的建模技术开发而出。Smart Quantity 选取符合基本经济学原理的影响因子，多角度量化产生更深入的见解，适用于全球区块链应用和市场环境。

（六）全球区块链指数（GBI）

GBI 指数（Global Blockchain Index，区块链全球指数），相当于纳斯达克指数（NASDAQ）之于美股市场。类似于美股的标准普尔 500 指数（S&P 500 Index），GBI 是旨在反映区块链行业景气程度的综合相对指数，一定程度上成为区块链产业的基准。GBI 指数选取的数字货币均为市场主流数字货币，目标是当成区块链行业的大盘指数看待。

区块链全球指数（GBI）采用加权平均法，其计算公式为：

$$GBI = \frac{\sum_{i=1}^{15} V_i \times Ri}{V_0} \times 1000$$

GBI 计算公式中，Vi 表示某个区块链品种的当前市值，Ri 表示该区块链品种所占权重，V_0 表示基期时所选定区块链品种的加权平均市值，1000 为基点比例系数。

三、国外区块链智库情况

（一）“十三五”中期有众多机构加入区块链智库

1. 设置区块链组织和机构

大型国际金融机构和跨国企业，多数都设有区块链相关部门和研究机构，这是最主要和最宏大的区块链智库组织和机构。

2. 高校设立区块链研究机构和开设区块链课程

随着区块链技术的发展，区块链技术与应用受到越来越多高水平教育机构的关注和青睐。据多家媒体报道，2016－2018 年，全球有 33 所大学成立了区块链研究机构和提供相关课程，其中中国有 14 所，北京、上海、西安分别为 6 所、4 所和 2 所。

3. IT 企业和科研机构，是区块链智库的核心

如云计算公司 Salesforce 是 Blockchain Research Institute（BRI）的 12 名新成员之一，这个价值数百万美元的全球区块链智囊团于 2018 年 4 月 23 日宣布了此消息。该机构致力于区块链策略、应用和实施障碍的研究，政府实体、主要科技公司、金融行业参与者以及微软、IBM、加拿大银行和百事可乐等全球性公司均是其中成员。其他新成员包括奥地利银行集团 Raiffeisen Bank International、瑞士 BPC Banking Technologies 等机构。

（二）近十年全球区块链相关科研成果已达上千项

据 TokenInsight 数据统计，近 10 年全球范围内与区块链相关的科研探索取得了相当大的进步。在 Web of Science 中的 SCI－E 及 SSCI 数据库中，以“Cryptocurrency”“Blockchain”和“Bitcoin”为关键词进行检索，共计得到 1211 项研究成果。从文献发表年份来看，自 2012 年开始相关文献数量猛增；从文献所属国家来看，美国和中国的科研文献数量位居前两名，且差距很小，其后是英国、德国等欧洲发达国家；从具体研究机构来看，以世界知名高校和科研单位为主，此外，也有 IBM 等大型科技公司。

（三）"十三五"中期国外区块链研究的主要议题

总体来看，"十三五"中期国外区块链研究主要从区块链技术价值、区块链技术改进、区块链应用场景、区块链发展挑战等四个方面进行。

1. 区块链技术价值

对区块链及相关支撑技术的分析，学者们着重围绕区块链技术对可编程货币、可编程金融和可编程社会的作用机理和影响机制，挖掘区块链背后蕴藏的技术价值，以促进经济社会发展。

一是分布式架构能够破解集中式或分层式"星型"架构信息不对称难题，实现去中心"网状"结构的网络信息经济。

二是推动信息互联网向价值互联网转变。区块链能够以低成本解决价值交易活动中的信任难题，实现在去中介下对实物资产和数字资产等的追溯和认证，为围绕价值开展的活动提供了一系列新的可能。

三是重塑产业形态、商业模式和价值体系，促进可持续发展。通过考察区块链系统的经济效益、服务效率和运营效率，及其在社会、经济、生态等多领域应用的可行性，区块链技术被视作是实现联合国"2030 年可持续发展目标"的可行催化剂，有益于结束贫困、保护全球生态系统、实现共同繁荣。

2. 区块链技术改进

随着区块链技术价值的突显，部署区块链还面临着一些现实的技术难题。在当前的研究中，学者们尤其关注区块链系统运行的隐私安全、效率受限两方面的问题，并提出了相应的技术改进和性能提升方案。

第一，区块链隐私安全。在应用区块链技术时，达世币使用的混币原理、门罗币使用的环签名以及零币使用的零知识证明等方式被用于解决区块链中的隐私保护问题。

第二，区块链运行效率。针对技术本身的局限性，有学者提出了基于区块链信任机制的可扩展协议 Bitcoin – NG，实现比特币区块链更高的吞吐量和更低的延迟。针对节点运行效率，提出 BPC 行为模式聚类算法；针对系统稳定性，将比特币挖矿建模为具有时间依赖性的泊松过程；针对区块哈希增长率情况，通过提升挖矿难度来保证区块链系统的稳定性。此外，学者们通过提出记录完整性证明方案、实施可选择的智能合约，将区块链、物联网、机器学习算法、人工智能等相融合，对区块链技术进行优化和完善。

3. 区块链应用场景

在金融发展和创新方面，当前以 R3 区块链联盟为代表的金融服务机构尝试提供区块链即服务（BaaS），包括巴克莱银行、瑞士信贷银行、汇丰银行等在内的成员希望通过使用区块链协议，利用分布式账本、智能合约提供即时的金融交易服务。

在产业发展和规划方面，学者们围绕区块链技术价值构建与农业、工业、服务业等多产业应用场景。以消费电子产业为例，区块链能够在全球生产者、消费者共同参与的情况下验证并追溯产业价值链全过程数据和信息，使得电子产业发展更加透明、安全。将区块链技术嵌入制造业，能够保证研发、制造、销售全流程项目记录和信息处理的完整性，弥补传统业务流程中防伪措施的不足。依托区块链技术构建数字艺术、网络记录等新型互联网产业的版权管理系统，能够保障版权所有者信息的准确性和可用性，降低版权管理费用。

在社会保障和教育方面，区块链是提供民生服务、完善教育机制的助推器。一方面，针对当前医疗卫生系统之间数据信息存储分散、患者数据隐私被侵犯等问题，学者们提出基于区块链的医疗记录分布式架构模型 OmniPHR、医疗数据网 HGD、MedRec 电子病历等去中心化自治系统，将区块链技术与医疗保健相结合，大大提升医疗服务质量。另一方面，区块链应用于教育界，能够解决学历资格造假、学术同行评审不规范等问题。

在公共管理和服务方面，围绕智慧城市发展，学者们将区块链与物联网、共享经济结合，构建智慧交通、智慧家庭、智慧能源、智慧政府等多元应用场景。在家庭嵌入物联网过程中引入区块链挖矿机制、加密机制，保证智慧家庭信息的保密性、完整性和可用性。此外，区块链作为自动执行智能合约的引擎能够应用于电子投票、政府治理等方面，通过降低交易成本，解决委托代理和道德困境问题来减少官僚作风、抑制腐败，提高政府工作透明度和公共管理水平。

4. 区块链发展带来的挑战

隐藏在区块链具体应用背后的技术问题、道德困境和监管挑战冲击着其效力的实现。从学者们的研究来看，成功部署区块链，主要面临着来自系统本身的局限性和应用技术的社会环境两方面的挑战。

第一，区块链系统运行自身的挑战。区块可扩展性、数据隐私、互操作性、区块链安全、分叉问题制约着区块链技术应用。一方面，吞吐量和延缓问题限制了区块链技术的采纳和应用。另一方面，系统风险、操作风险等安全因素阻碍了区块链应用。此外，由高算力需求而产生大量能耗，硬件的高成本带来的资源浪费现象也不容忽视。

第二，区块链应用实践中面临的挑战。隐藏在网络空间下的“丝绸之路”网站利用比特币从事洗钱、毒品交易活动，Mt. Gox 被攻击导致比特币失窃及其破产等事件，为投资比特币的人们敲响警钟的同时也引发有关应用区块链这一底层技术的反思。一方面，区块链架构在理论和实践上冲击着传统法律范式；另一方面，区块链应用还受到文化、道德的约束。同时，技术的可用性和易用性也决定人们对该技术的接受程度。

第十一章
“十三五”中期中国区块链产业政策情况

政策和法律，是一个国家和一个执政党的生命线和护身符，比什么都重要。对于全新的区块链产业发展而言，政策和法律更是尤为重要和必要。本章站在时代的节点上，以高瞻远瞩的目光和系统工程及比较方法，对“十三五”中期中央政府层面和中国省级层面出台的区块链政策、法规及推进的方法举措，进行较为全面系统研究、解读及评价。同时，本章还对“十三五”中期国外区块链产业政策的情况进行了介绍和评述，并与我国的区块链产业政策进行了比较。此外，本章对2018年和2016年版《中国区块链产业发展白皮书》进行解读及比较。

第一节 "十三五"中期中央政府层面出台的区块链政策及推进历程

一、中央政府对数字货币的相关政策和推进情况

中央政府对数字货币相关政策的制定和落实，分两个层面和"两手抓"来制定和推进。

（一）一手抓有效治理，风险防控

我国政府对区块链产业政策的制定、推进和区块链技术在我国的发展密不可分。而区块链技术在我国的发展和推进离不开比特币在我国的认知和接受。

比特币进入我国的时间很早，发展也很快。中本聪 2008 年 11 月在网上发布比特币白皮书以后，2011 年年底，比特大陆创始人吴忌寒就第一次把中本聪的比特币创世论文《比特币：一种点对点的电子现金系统》翻译成了中文，因此他也被称为"比特币的布道者""信徒"。至今，他的翻译仍是流传最广的版本。

而 2011 年 4 月在北京海淀区海淀西大街 48 号成立的"车库咖啡"更成为了比特币在中国大陆广泛传播及发展的发源地。

在 2011 年，比特币中国创立，这是国内第一家比特币交易所，也是许多币圈先行者进入比特币和区块链行业的起点。在比特币中国创立之后，数字货币交易所在我国如雨后春笋般涌现、成长。人民币参与比特币的投机交易于极短时间内在我国爆发。

2013 年 4 月 10 日比特币中国日交易量达到 28600 枚，比特币交易单价达到 1944 元。2013 年 10 月 22 日比特币中国日交易量突破 50000 枚。

比特币交易在我国的爆发式增长迅速引起相关方面的关注。2013 年 10 月

30日中央电视台《环球财经连线》报道了比特币的交易。

我国政府的监管目光从未离开比特币。随着比特币交易量持续增长，2013年12月5日，中国人民银行等五部委发布了《关于防范比特币风险的通知》，明确比特币不具备与法定货币等同的法律地位，不能且不应作为货币在市场流通使用。

不过此时我国政府并未对比特币交易进行官方干预，也尚未出台任何关于比特币交易的政策或是区块链相关的政策。

时间来到2017年，以太坊和ERC-20代币的兴起，基于以太坊的初次代币发售（ICO）活动开始出现并愈演愈烈，上演了一出又一出一夜暴富的戏码，同时也有不少投资人血本无归。

此时，我国政府意识到：如果不对数字货币的投机和买卖采取果断措施，我国金融系统等各个方面将陷入系统性风险。于是在2017年9月4日，中国人民银行等七部委联合发布了《关于防范代币发行融资风险的公告》，公告将ICO定位为"非法金融活动"，并限令在公告发布之日起，禁止ICO新上项目，存量项目要限时清退。所有ICO代币交易平台都需要清理并关闭交易。未从事ICO的若干家虚拟货币交易平台也被纳入清理范围内，限时关闭。

曾经盛极一时的ICO融资项目被迅速叫停。同时，我国境内大批使用ASIC（专用集成电路）矿机采矿的工厂也被迫关闭。

该禁令也震撼了国际社会，促使各国明确反对数字货币的立场。

（二）另一手抓加强研究，为我所用

虽然数字货币的交易、代币发售等相关活动被全面取缔和禁止，但我国并没有停止对国家法定数字货币的研究工作。

中国人民银行早在2016年即着手开始研究数字货币技术，同时研究人民银行发行数字货币的相关问题。要求人民银行数字货币研究团队要积极吸收国内外数字货币研究的重要成果和实践经验，在前期工作基础上继续推进，建立更为有效的组织保障机制，进一步明确央行发行数字货币的战略目标，做好关键技术攻关，研究数字货币的多场景应用，争取早日推出央行发行的数字货币。数字货币的设计应立足经济、便民和安全原则，切实保证数字货币应用的低成本、广覆盖，实现数字货币与其他支付工具的无缝衔接，提升数字货币的适用性和生命力。

此外，中国人民银行也一直在布局国家法定数字货币的研发和推进，致力于国家开发的数字货币和电子支付系统，利用数字货币的优势，并保持对其可用性和可追溯性的高度控制。早在2017年，中国人民银行就已经与几家中资银行进行了小规模交易测试。这种数字货币无疑会更有效率，而欺诈和假冒的机会也将减少，同时允许农村地区的公民更好地享受金融服务。由商业银行维持的数字货币将成为法定货币的数字替代品。

虽然我国政府正利用数字货币的优势来改善当前的金融系统，同时控制定义加密货币的匿名和分散功能，但未来这些功能将集成在一起。中央银行数字货币研究实验室主任姚谦解释说："央行发行的数字货币（CBDC）在未来整合更多功能是不可避免的。"一种只是严格模仿法定货币并使其数字化的方法可能会破坏CBDC的竞争优势，"到那时，这种数字货币不太可能与加密货币有任何相似之处"。

而我国一直都是积极支持和鼓励法定数字货币，从一开始就在积极探索，且随着技术的发展进行实验和更深入的研究。

二、2016－2017年中国中央政府出台的区块链政策及推进历程

（一）"区块链强国"：国家科技战略层面三次提及区块链

第一次是在2016年12月国务院印发的《"十三五"国家信息化规划》中，区块链技术首次被列入《国家信息化规划》。

第二次是2017年8月，国务院印发的《关于进一步扩大和升级信息消费持续释放内幕潜力的指导意见》（以下简称《意见》），其中在"提高信息消费供给水平"方面，《意见》重点强调要"提升信息技术服务能力，鼓励利用开源代码开发个性化软件，开展基于区块链、人工智能等新技术的试点应用"。

第三次是在2017年10月国务院办公厅发布的《国务院办公厅关于积极推进供应链创新与应用的指导意见》，其中提到了研究利用区块链、人工智能等新兴技术，建立基于供应链的信用评价机制。

（二）中央政府层面对区块链技术相关政策的推进概况

我国对于区块链产业的发展一直是支持和鼓励的，尤其是在区块链技术方面，我国的政策制定者希望制定框架和标准，加速行业采用区块链技术，特别是支持区块链作为底层技术应用。政策也注意在新生和不受监管的加密货币生态系统中保护和教育投资者。

在中央政府层面，中国人民银行早在2016年就对外发布了博士后工作站的公开招聘工作，对外公开招聘研究方向为“分布式数据库、区块链技术等在征信领域中的应用研究（IT方向）”的博士后。

2016年2月，中国人民银行行长周小川在谈到数字货币相关问题时，谈及人民银行已部署重要力量探究区块链应用技术，尽管对区块链当下的规模化应用能力存在质疑，但仍认可区块链技术是一项可选的技术。

2016年9月9日，2015年度银行科技发展奖评审领导小组会议在北京召开。人民银行副行长、银行科技发展奖评审领导小组组长范一飞主持会议。范一飞指出，各机构应加强对区块链、人工智能等新兴技术的关注，不断创新服务和产品，提升普惠金融水平，助力国家经济结构调整和转型升级。

2016年10月，工业和信息化部发布了《中国区块链技术和应用发展白皮书（2016）》，总结了国内外区块链发展现状和典型应用场景，介绍了中国区块链技术发展路线图以及未来区块链技术的标准化方向和进程。

2016年12月，国务院印发了《“十三五”国家信息化规划》，鼓励针对区块链等战略性前沿技术进行提前布局，发挥先发主导优势。“区块链”首次作为战略性前沿技术被写入《国务院关于印发“十三五”国家信息化规划的通知》。

2017年1月，工业和信息化部发布了《软件和信息技术服务业发展规划（2016－2020年）》，提出区块链等领域创新达到国际先进水平等要求。

2017年6月27日，中国人民银行下发了《中国金融业务信息技术“十三五”发展规划》，指出要加强区块链基础技术研究，开展区块链技术在金融领域的应用研究。明确提出积极推进区块链、人工智能等新技术应用研究，并组织进行国家数字货币的试点。

2017年8月，国务院发布了《关于进一步扩大和升级信息消费持续释放内需潜力的指导意见》，提出开展基于区块链、人工智能等新技术的试点应用。

2017 年 9 月，我国关闭所有国内加密货币交易所的同时，中国人民银行金融研究所所长孙国锋澄清说，该禁令"不应阻止相关金融科技公司，行业机构和其他科技公司继续研究区块链技术"。两周后，工业和信息化部启动了可信区块链开放实验室。该实验室推动区块链技术的探索，而不涉及发行加密货币或交易它们的交易所。

2017 年 10 月，国务院发布了《关于积极推进供应链创新与应用的指导意见》，提出要研究利用区块链、人工智能等新兴技术，建立基于供应链的信用评价机制。

2017 年以来，监管层对区块链技术发展的态度逐步转移到服务实体经济方向上来。如在博鳌亚洲论坛上，中国人民银行行长易纲表示，正在研究如何发挥数字货币的正能量，让它更好地服务于实体经济。中国人民银行参事盛松成表示，为实体经济服务才是区块链技术的前途。

由此可见，我国政府对区块链技术的政策已经由态度上支持和鼓励转为将其纳入国家的战略规划，并出台了从顶层的标准制定到细节上具体措施的支持，形成了一套完整的支持政策。

（三）中央银行对数字货币相关政策推进情况

2013 年 12 月 5 日，中国人民银行、工业和信息化部、中国银行业监督管理委员会、中国证券监督管理委员会、中国保险监督管理委员会发布了《关于防范比特币风险的通证》，强调要正确认识比特币的属性，各金融机构和支付机构不得开展与比特币相关的业务，加强对比特币互联网站的管理，防范比特币可能产生的洗钱风险，加强对社会公众货币知识的教育及投资风险提示。

2017 年 1 月 6 日，因比特币价格异常波动，为防范风险，维护金融稳定，人民银行上海总部、上海市金融办联合相关监管部门约见了比特币交易平台比特币中国主要负责人，了解平台运行情况，提示可能存在的风险，要求其严格按照相关法律法规要求，依法合规经营，敦促该平台对照相关法律法规开展自查并进行相应清理整顿。

2017年1月11日，人民银行上海总部、上海市金融办等单位组成联合检查组对比特币中国开展现场检查，重点检查该企业是否超出范围经营，是否未经许可或无牌照开展信贷、支付、汇兑等相关业务，是否有涉及市场操纵行为、反洗钱制度落实情况、资金安全隐患等。

2017年1月25日，人民银行营业管理部与北京市金融局、市工商局等相关部门组成联合检查组进驻火币网、币行等比特币交易平台开展现场检查。根据前期初步检查情况和发现的问题，检查组决定将继续围绕支付结算、反洗钱、外汇管理、信息及资金安全等方面的情况开展进一步检查。检查组提醒投资者应当关注比特币平台交易的法律合规、市场波动、资金安全等风险，审慎参与比特币投资活动。

2017年2月8日下午，人民银行营业管理部检查组又约谈了其他从事比特币交易的中国比特币、比特币交易网、好比特币、云币网、元宝网、BTC100、聚币网、币贝网、大红火等9家在京的比特币交易平台主要负责人，通报目前比特币交易平台存在的问题，提示交易平台可能存在的法律风险、政策风险及技术风险等，了解9家交易平台运行情况，并提出明确要求：不得违规从事融资融币等金融业务，不得参与洗钱活动，不得违反国家有关反洗钱、外汇管理和支付结算等金融法律法规，不得违反国家税收和工商广告管理等法律规定。如发现比特币交易平台违反上述要求，情节严重的，检查组将提请有关部门依法予以关停取缔。

2017年3月22日，全国人大代表、中国人民银行营业管理部主任周学东在“两会”前表示，将提交10项建议，包括修订《人民银行法》《票据法》《反洗钱法》等；针对比特币交易监管，建议出台《特定非金融机构反洗钱和反恐怖融资管理办法》、建议制定《非银行支付机构支付服务管理条例》等。

2017年3月30日，中国人民银行科技工作会议在江苏扬州召开。会议表示今后一段时期，央行科技工作应以建设数字央行为目标，重点打造一支专业型、复合型、学习型、创新型的央行金融科技队伍；实现架构转型和大数据利用两个突破；完善风险防控、科技治理、技术研发三个体系，构建以大数据为支撑的央行决策平台、以分布式系统为核心的央行服务平台、以数字货币探索为龙头的央行创新平台。

2017年9月4日，中国人民银行、中央网信办、工业和信息化部、工商总局、银监会、证监会、保监会联合发布了《关于防范代币发行融资风险的公告》，明确代币发行融资本质上是一种未经批准非法公开融资的行为，涉嫌非法发售代币票券、非法发行证券以及非法集资、金融诈骗、传销等违法犯罪活动。并要求各类代币发行融资活动应当立即停止。已完成代币发行融资的组织和个人应当做出清退等安排，合理保护投资者权益，妥善处置风险。明确规定任何所谓的代币融资交易平台不得从事法定货币与代币、虚拟货币相互之间的兑换业务，不得买卖或作为中央对手方买卖代币、虚拟货币，不得为代币、虚拟货币提供定价和信息中介等服务。各金融机构和非银行支付机构不得直接或间接为代币发行融资或为虚拟货币提供账户开立、登记、交易、清算、结算等产品或服务，不得承保与代币、虚拟货币相关的保险业务或将代币、虚拟货币纳入保险责任范围。

由此可见，在数字货币及代币融资方面，我国政府一直在密切注视各类数字货币在我国的发展走向，并根据其对我国金融、经济等方面的影响制定相关政策，把控其发展。

三、2018年中国政府层面出台的区块链产业政策及推行措施

进入2018年以来，我国上至中央政府下至各省市政府都开始加大步伐推进区块链产业扶持政策和监管力度。其中，中央政府有关区块链产业政策情况更为明显。

（一）国家各部委出台系列鼓励区块链产业发展的政策

2018年5月28日，习近平主席在中国科学院第十九次院士大会、中国工程院第十四次院士大会上发表建设世界科技强国的讲话，明确区块链技术是中国科技强国、中华民族伟大复兴重要的科技力量。这是最大的政策红利，最震撼人心的政策。

2018年1月，国家知识产权局发布了《知识产权重点支持产业目录（2018年本）》。其中，在知识产权方面，着力对区块链产权的保护，激励企业

加大科研投入，保护企业科技成果；在与实体经济的结合方面，中央政府选择以广东自贸区为试点，推进区块链在前沿改革阵地的落地应用和实践。

2018 年 2 月，《人民日报》发表了题为《区块链的三个问题》的整版专题，进一步重申了国家对区块链的积极立场。国家审计署也表示在探索区块链的功能，以缓解当前数据基础架构造成的瓶颈，并改进审计实践。

2018 年 4 月，教育部印发了《教育信息化 2.0 行动计划》，指出要“积极探索基于区块链、大数据等新技术的智能学习效果记录、转移、交换、认证等有效方式，形成泛在化、智能化学习体系，推进信息技术和智能技术深度融入教育教学全过程，打造教育发展国际竞争新增长极”。

2018 年 5 月，国务院下发了《国务院关于印发进一步深化中国（广东）自由贸易试验区改革开放方案的通知》，明确提出“大力发展金融科技，在依法合规前提下，加快区块链、大数据技术的研究和运用”。

2018 年 6 月 28 日，工业和信息化部发布了《全国区块链和分布式记账技术标准化技术委员会筹建方案公示》，并开始为区块链标准的制订筹建技术委员会。

纵观中央各部委出台的政策，条款涵盖了教育、知识产权、应用落地、标准建设等方面。从这些政策可以看出，中央政府在标准制订方面规划从顶层制订标准来规范和引导区块链产业的发展方向，推动区块链技术标准前行。

（二）央行继续加强对数字货币交易及各类 ICO 的监管

2018 年 3 月 9 日，中国人民银行行长周小川在答记者问上就比特币相关问题时指出：“像比特币和其他一些分叉产品的一些东西出得太快，不够慎重，如果迅速扩大或者蔓延的话，有可能给消费者带来很大的负面影响。同时，也会对金融稳定、货币政策传导产生一些不可预测的作用。因此，我们主张，研究一些新东西是好的，但是除了市场的动力以外，还要考虑全局、大局，不是要钻一些政策空子，搞出一些什么爆发性的事件”。另外，“在真正投入运行之前，一定要考虑跟消费者的关系，跟投资者的关系。因此，如果在测试还不太充分，或者测试结果也没有得到广泛认同的情况下，迅速扩大可能会出现一些问题。所以，从央行的角度来讲，不慎重的产品先停一停，有些有前途的产品也必须经过测试、认证，确实比较可靠了以后再推广。所以，央行的做法是

2017 年 8 月底先把 ICO 停了，后来紧跟着，宣布不支持比特币和人民币的直接交易。再有是，把现在所谓比特币一类的虚拟货币，像纸币和硬币、信用卡一样作为零售支付工具，目前我们没有认可，银行系统不接受也不提供相关的服务，这就是背后的考虑”。

具体做法：

第一，继续责令数字货币交易平台退出。截至 2018 年 5 月，110 个交易平台网站已被屏蔽。

第二，继续严格排查各种变相 ICO。比如奥马电器涉及发行 QOS 代币进行融资，涉及非法融资，被监管部门发函警示。

第三，从支付结算端持续加强整顿。多次约谈财付通、支付宝等支付机构。腾讯、支付宝对虚拟币交易账户作出了收付款额度限制。目前支付宝排查关闭了约 3000 个从事虚拟货币交易的账户。

第四，对虚拟货币推介渠道进行监管。2018 年，逾 30 家区块链自媒体账号被封停。

政府对于 ICO 融资项目推介渠道监管主要集中在微信公众号、各类 App、网站等方面。现在更多的项目融资推介活动转移到 QQ、微信、电报社群等各类社交平台，甚至新兴社交媒体上（比如子弹短信）。随着技术的进步以及监管效率的提升，未来对于数字货币交易及 ICO 的监管会呈现全渠道覆盖的趋势。

（三）中央政府层面施行出台区块链产业政策相关措施

2018 年 3 月 9 日上午，十三届全国人大一次会议新闻中心举行记者会，中国人民银行行长周小川、副行长易纲、国家外汇管理局局长潘功胜就“金融改革与发展”相关问题回答中外记者提问。在记者会上，周小川表示：“人民银行在三年多以前就开始组织了关于数字货币的研讨会，随后成立了央行数字货币研究所，最近的动作是和业界共同组织分布式研发，依靠和市场共同合作的方式来研发数字货币。”“研究数字货币不是说让货币去实现某一种技术方案的应用，而是说本质上是要追求零售支付系统的方便性、快捷性和低成本。同时也必须考虑安全性和保护隐私。这几项东西既可以是以区块链为基础的或者是分布式记账技术、DLT 为基础的数字货币，也可以是在现有的电子支付基础上演变出来的技术。目前国际上对于数字货币的技术路线也有了初步的一些分类，表明它还可能有多种体系。应该说，数字货币的发展有技术发展的必然性。未来，可能传统的纸币、硬币这种形式的东西会逐渐缩小，甚至有一天会不存在了，这种可能性也是存在的”。同时，中国人民银行“也很关注像区块链和分布式记账技术的应用”。

2018 年 4 月 2 日，中国人民银行征信中心博士后科研工作站面向海内外公开招聘研究方向为“区块链技术应用”的博士后。

2018 年 4 月 11 日，中国人民银行行长易纲在博鳌亚洲论坛 2018 年年会分论坛“货币政策正常化”的问答中表示：“我们确实认为，虚拟货币对实体经济的服务比较少，且其中有一些投机行为，甚至还有一些洗钱行为，所以人民银行对虚拟货币一直比较谨慎。但实际上，在目前全球对数字货币（Digital Currency）的研究中，中国是走在前列的。中国正对数字货币、区块链技术以及金融科技进行研究，来探讨如何以最好的形式服务实体经济，并且要安全发展这些技术，来避免可能的负面影响。整体来说，我们对虚拟货币的监管是非常严格的，同时我们也在研究如何发挥数字货币的正能量，让其更好地服务实体经济。”

2018 年 7 月 30 日，中国电子信息产业发展研究院发布全球公有链技术评估指数，结果显示，EOS 的技术评估总指数为 145. 6，蝉联榜单首位。以太坊则继续以 137. 3 的综合得分屈居次席。评估总指数位于第 3 名到第 5 名的公有链依次为星云链、公信链和 NEO。比特币公有链技术评估总指数为 93. 4，位列榜单第 16 位，比上期提升 1 位。

2018 年 8 月 2 日，工业和信息化部信息化和软件服务业司组织召开区块链工作座谈会，邀请部分地方主管部门、部属研究机构交流各地区块链发展情况，分析区块链发展面临的形势和挑战，研究、探讨下一步工作的推进思路。

2018 年 8 月 8 日，工业和信息化部公布的 2018 年工业和信息化部重点实验室名单中，有国家工业信息安全发展研究中心设立的“区块链技术与数据安全工业和信息化部重点实验室”。

2018 年 9 月 18 日，央行牵头首单区块链融资业务落地深圳。这是央行牵头推动的国内首单将区块链技术引入供应链金融的试点，仅仅 20 分钟就帮助一家企业获取贷款，效率提高的同时成本也有所下降。切实解决了中小企业融资难、融资贵的问题，为银行践行普惠金融、支持实体经济提供了又一重要渠道。这仅仅是粤港澳湾区贸易金融区块链平台在深圳上线试运行后的一次初体验。

2018 年 9 月 17 日 –23 日，在国家网络安全宣传周上，工业和信息化部发布了《中国网络安全产业白皮书（2018 年）》和《区块链安全白皮书——技术应用篇》两项最新研究成果。

2018 年 9 月 28 日，信息化和软件服务业司在北京组织召开区块链专家座谈会，分析研讨我国区块链技术产业发展情况，分析研判未来发展趋势。

2018 年 10 月 9 日，由中国信息通信研究院、中国通信标准化协会主办的 2018 年可信区块链峰会在北京开幕。大会表示，将深入研究区块链技术和产业发展趋势；加强区块链核心技术能力建设；支持开展区块链领域的创业创新；积极构建并完善区块链标准体系以及加快完善区块链发展政策环境。

2018 年 11 月 9 日，中国人民银行天津分行联合天津银保监局筹备组、天津证监局、天津市金融工作局出台《关于进一步深化民营和小微企业的金融服务的实施意见》，从加大货币政策支持力度、完善金融宏观政策环境、发挥金融机构主体作用、建立服务保障工作机制等四个方面提出 24 条支持措施，引导金融机构进一步提升民营和小微企业的金融服务水平。

由上可见，在区块链产业相关政策方面，我国政府一直密切注视区块链技术的发展，并意识到区块链技术将对我国实体企业及金融领域可能带来变革甚至颠覆性影响，从而随着形势的发展给予了各类指导。支持和鼓励区块链技术发展的方针政策，引导各方面利用区块链技术落地到应用场景，真正改善实体经济和金融领域。

四、"十三五"中期中国区块链产业国家层面政策汇总

表11-1 "十三五"中期中国主要省市区块链相关政策汇总

2016年以来国家层面出台的区块链行业政策（一）

时间	政策名称	主要内容
2016年12月	《"十三五"国家信息化规划》	加强量子通信、未来网络、人工智能、全息显示、虚拟现实、大数据认知分析、新型非易失性存储、无人驾驶交通工具、区块链、基因编辑等新技术的基础研发和前沿布局，构筑新赛场先发主导优势
2016年12月	《软件和信息技术服务业发展规划（2016-2020年）》	形成若干具有竞争力的平台解决方案并实现规模应用。人工智能、虚拟现实、区块链等领域创新达到国际先进水平
2017年1月	《关于创新管理优化服务培育壮大经济发展新动能加快新旧动能转换的意见》	在人工智能、区块链、能源互联网、智能制造、大数据应用、基因工程、数字创意等交叉融合领域，构建若干产业创新中心和创新网络。建成一批具有国际水平、突出学科交叉和协同创新的科研基础，着力推动跨界融合的颠覆性创新活动
2017年1月	《关于进一步推进国家电子商务示范基地建设工作的指导意见》	改善技术支撑服务和创业孵化服务，提升孵化能力。推动示范基地创业孵化与科研院所技术成果转化有效结合，促进大数据、物联网、云计算、人工智能、区块链等技术创新应用
2017年1月	《商贸物流发展"十三五"规划》	推广使用自动识别、电子数据交换、货物跟踪、智能交通、物联网等先进技术装备，探索区块链技术在商贸物流领域的应用，大力发展智慧物流
2017年3月	《云计算发展三年行动计划（2017-2019年）》	通过创客大赛等形式，支持中小企业、个人开发者基于云计算平台，开展大数据、物联网、人工智能、区块链等新技术、新业务的研发和产业化，培育一批基于云计算的平台经济、分享经济等新兴业态，进一步拓宽云计算的应用范畴
2017年8月	《关于开展供应链体系建设工作的通知》	支持供应链核心企业追溯系统创新升级。重点推进二维码、无线射频识别（RFID）、视频识别、区块链、GSI、对象标识符（OID）、电子结算和第三方支付等应用，推动追溯系统创新升级

（续表）

2016年以来国家层面出台的区块链行业政策（二）

时间	政策名称	主要内容
2017年8月	《关于进一步扩大和升级信息消费持续释放内需潜力的指导意见》	鼓励利用开源代码开发个性化软件，开展基于区块链、人工智能等新技术的试点应用
2017年10月	《关于积极推进供应链创新与应用的指导意见》	研究利用区块链、人工智能等新兴技术，建立基于供应链的信用评价机制。推进各类供应链平台有机对接，加强对信用评级、信用记录、风险预警、违法失信行为等信息的披露和共享
2017年11月	《网络零售建设标准化指引》	针对网络零售快速创新和跨界经营的特点，加强对分享经济、跨境电商、社交电商等新模式，人工智能、虚拟现实、区块链等新技术，无人商店、无人机送货等新服务的前瞻性研究，推动形成研究成果
2017年12月	《关于推进邮政业服务"一带一路"建设的指导意见》	发挥行业内国家工程实验室等科研机构作用，与沿线国家交流邮政业和互联网、大数据、云计算、人工智能及区块链等融合发展的经验，联合开展科技应用示范
2018年1月	《知识产权重点支持产业目标(2018年)》	确定了10个重点产业，划分了62个细分领域，明确了国家重点发展和急需知识产权支持的重点产业；有利于各部门、地区找准知识产权支撑产业发展中的着力点，高效配置知识产权资源，协同推进产业转型升级和创新发展。（目录2.7.6为区块链）
2018年2月	《关于组织开展信息消费试点示范项目申报工作的通知》	试点示范内容包括5类领域、10个方向。支持发展面向信息消费全过程的现代物流服务。支持多式联运综合物流的创新应用，积极探索利用区块链技术开展物流信息全程监测，推进物流业信息消费降本增效

（续表）

2016 年以来国家层面出台的区块链行业政策（三）

时间	政策名称	主要内容
2018 年 4 月	《教育信息 2.0 行动计划》	适应 5G 网络技术发展，服务全时域、全空域、全受众的智能学习新要求，以增加知识传授、能力培养和素质提升的效率和效果为重点，以国家精品在线开放课程、示范性虚拟仿真实验教学项目等建设为载体，加强大容量智能教学资源建设，加快建设在线智能教室、智能实验室、虚拟工厂（医院）等智能学习空间，积极探索基于区块链、大数据等新技术的智能学习效果记录、转移、交换、认证等有效方式，形成泛在化、智能化学习体系，推进信息技术和智能技术深度融入教育教学全过程，打造教育发展国际竞争新增长极
2018 年 5 月	《2018 年中国区块链产业发展白皮书》	深入分析了我国区块链技术产业的发展现状，总结了我国区块链产业的发展特点，深入阐述了区块链在金融领域和实体经济的应用落地情况，并对产业发展趋势进行了展望
2018 年 10 月	工业和信息化部公告	工业和信息化部将积极构建、完善区块链标准体系，加快推动重点标准研制和应用推广，逐步构建完善的标准体系。同时，工业和信息化部将积极对接 ITU、ISO 等国际标准组织，实质性参与更多区块链的国际标准化工作，积极贡献更多“中国力量”
2019 年 2 月	《区块链信息服务管理规定》	《规定》旨在明确区块链信息服务提供者的信息安全管理责任，规范和促进区块链技术及相关服务健康发展，规避区块链信息服务安全风险，为区块链信息服务的提供、使用、管理等提供有效的法律依据
2019 年 3 月	《关于发布第一批境内区块链信息服务备案编号的公告》	区块链信息服务提供者应当在其对外提供服务的互联网站、应用程序等显著位置标明其备案编号。国家互联网信息办公室依法依规组织开展备案审核工作。现公开发布第一批（共 197 个）区块链信息服务名称及备案编号

资料来源：前瞻产业研究

第二节 "十三五"中期中国省市区块链产业政策及评价

一、2016－2017年中国省市区块链产业政策内容及评价

国家科技战略已经明确，各地方政府紧跟其后。2016－2017年，北京、上海、贵州、广东、福建、浙江、香港等18个省市地区出台了区块链政策，在金融、办公场地、人工培育等方面给予大力扶持。其中省、直辖市、自治区政府的侧重点和主要内容如下。

（一）浙江省：把区块链打造成未来产业

浙江省政府是国内最早重视区块链技术的省份之一，2016年年初就有相关人士指出，希望浙江省成为全国区块链技术开发应用高地，并提出把区块链打造成未来产业。政府对区块链的重视程度非常高，发布的诸多文件中都有提及区块链。浙江省区块链政策回顾：

2016年12月，浙江省人民政府办公厅发布《关于推进钱塘江金融港湾建设的若干意见》，为推进钱塘江金融港湾建设，将积极引进区块链企业入驻。

2017年5月，西湖区人民政府金融工作办公室发布《关于打造西湖谷区区块链产业的政策意见（试行）》。

2017年5月，宁波市经济和信息化委员会发布《宁波市智能经济中长期规划（2016－2025年）》，其中提到加大区块链、人工智能等技术的推广应用。

2017年6月，杭州市人民政府发布《关于推进钱塘江金融港湾建设的实施意见》，支持金融机构探索区块链等新型技术。

2017年11月，《浙江省人民政府办公厅关于进一步加快软件和信息服务业发展的实施意见（代拟稿）》中提及需要加快云计算、大数据、区块链等前沿

领域的研究和产品创新。

（二）江苏省：营造区块链技术发展应用良好环境

江苏省是目前国内在政府文件中提及区块链最多的省份之一，江苏省软件产业发达，科教资源丰富，具备区块链技术发展与应用的良好环境，在政策扶持上制定了针对区块链领域的人才扶持及产业创新的优惠政策，先后成立了一批区块链相关的研究机构，致力于推动区块链技术应用、发展。江苏省区块链政策回顾：

2017 年 2 月，南京市人民政府下发《市政府办公厅关于印发“十三五”智慧南京发展规划的通知》，明确提出要使区块链等一批新技术形成突破并得以实际应用。

2017 年 3 月，南京市政府印发的《南京市“十三五”金融业发展规划》中，强调要以大数据、云计算、人工智能及区块链技术为核心，推进金融科技在征信、授信、风险控制等领域的广泛应用。

2017 年 5 月，首届中国（无锡）物联网与区块链产业发展高峰论坛上，无锡软件行业协会区块链专业委员会暨物联网与区块链联合实验室正式对外揭牌。

2017 年 9 月，2017 年世界物联网新技术、新产品成果发布会上，《中国区块链与物联网融合创新应用蓝皮书》发布。

2017 年 10 月，南京发布“互联网 + 政务服务 + 普惠金融便民服务应用协同区块链支撑平台项目方案”。该方案利用区块链技术打通了政府各部门政务系统与各银行业务系统。

2017 年 12 月，苏州高铁新城向社会开放首批 15 个区块链应用场景，并发布了 9 条扶持政策，吸引区块链企业和人才落户。

（三）贵州省：形成区块链产业生态

贵州省是国内最早占据区块链发展风口，率先制订区块链发展战略规划、发展区块链产业的地区之一。在推动区块链产业迅速发展的同时，也形成了国内较为完善的区块链产业生态。贵州省区块链政策回顾：

2016 年 12 月，贵阳市政府新闻办公室举行了《贵阳区块链发展和应用》

白皮书新闻发布会，白皮书计划5年建成区块链应用示范区。

2017年2月，在贵州省大数据发展领导小组印发的《贵州省数字经济发展规划（2017－2020年）》的政府报告中，提到了"建设区块链数字资产交易平台，构建区块链应用标准体系"等目标。

2017年5月，贵阳国家高新区推出《促进区块链技术创新及应用十条政策措施（试行）》，在入驻、运营、成果奖励、人才、培训、融资、风险、上市等方面提供政策支持。

2017年6月，贵阳市人民政府下发支持区块链发展和应用的试行政策措施，主要在主体、平台、创新、金融和人才五方面对区块链产业提供政策扶持。

（四）山东省：专项资金，连续执行5年

在政策扶持上，山东省设立区块链产业发展年度专项资金，连续执行5年。山东省区块链政策回顾：

2017年6月，山东省青岛市市北区发布了《关于加快区块链产业发展实施意见》，发布了区块链技术在政府管理、跨境贸易、供应链管理、供应链金融、大健康产业、公示公证、城市治理、社会救助、知识产权产业化、工业检测存证等10大领域的转化应用。

2017年6月，山东省青岛市北区人民政府印发了《关于加快区块链产业发展的意见（实行）》，力争到2020年，形成一套区块链可视化标准，打造一批可复制推广的应用模板，引进和培育一批区块链创新企业。

2017年9月，青岛市发布了《中国链湾白皮书》，计划成立全球区块链中心，建设青岛"全球区块链＋"创新应用基地。同时，通过税收优惠、房租补贴等吸引区块链企业入驻。

2017年12月，青岛国际沙盒研究院在崂山区发布了全球首个基于区块链的产业沙盒——"泰山沙盒"。

（五）江西省：布局区块链产业大战略

江西省政府出台多项政策，鼓励发展区块链技术，培育江西区块链产业集群，推动江西区块链产业的发展。江西省区块链政策回顾：

2017年7月，赣州区设立区块链金融产业沙盒园，在企业入驻、技术扶

持、运营、金融等方面予以扶持。

2017 年 9 月，江西省人民政府下发《关于印发江西省“十三五”建设绿色金融体系规划的通知》，鼓励发展区块链技术、可信时间戳认定等互联网金融安全技术，应用于金融业务场景。

2018 年 1 月，江西省人民政府印发《赣江新区建设绿色金融改革创新试验区实施细则》，细则提到了推广运用大数据、云计算、区块链等金融科技，服务绿色金融发展。

（六）广东省：依托广州和深圳发力

广州市在 2017 年 10 月发布“钻石 29 条”，扶持广州越秀国际区块链产业园。其具体政策包括新落户企业奖励：四类区块链高端人才最高奖励 1000 万元现金，人才公寓或最高 1 万元/月的住房补贴。另外，在引才助才、运营平台建设等方面都有高额奖励。黄浦区政府更在 2017 年 12 月发布的《广州市黄埔区广州开发区促进区块链产业发展办法》中明确提出将每年增加 2 亿元左右的财政投入支持区块链企业的发展。

深圳作为经济特区，在 2017 年也投入了 5 亿元人民币的资金支持区块链产业的发展。

（七）广西壮族自治区：加快引进和培育区块链行业

广西壮族自治区人民政府将出台相关的产业政策，推动广西区块链产业发展，包括安排财政引导资金，构建公平、开放的产业合作模式，引进外部基础投资和企业，培育广西的区块链研发、应用产业发展，形成对东盟和北部湾地区有辐射能力的产业集群。广西区区块链政策回顾：

2017 年 12 月，广西壮族自治区人民政府办公厅印发《广西进一步扩大和升级信息消费持续释放内需潜力实施方案的通知》，大力发展软件和信息技术服务业，开展基于区块链、人工智能等新技术的试点应用。

（八）福建省：以信息产业基础优势开展区块链

2017 年 6 月 9 日，福建省经济中心发表《促进我省区块链技术和应用发展的政策建议》，提到福建的金融、物流等现代服务业迅速发展，可为区块链发展提供良好的基础支撑和应用场景。

2018 年 1 月 25 日，福建省人民政府办公厅发布《关于加快全省工业数字经济创新发展的意见》，提到要探索区块链技术创新，挖掘区块链技术价值，鼓励企业加入开源社区，利用国际开源技术资源进行再创新，推动区块链在社会治理、资产管理、公示公证、社会救助、知识产权、工业检测存证等领域的应用。

（九）河南省：从自由贸易试验区入手区块链

2017 年 10 月 30 日，河南省人民政府印发《中国（河南）自由贸易试验区建设专项方案的通知》，鼓励在自贸试验区探索设立金融科技等新型金融公司。运用大数据、区块链、人工智能、云计算等新技术，发起设立供应链金融公司、跨境电商金融服务公司等新型金融公司，培育场景化金融生态圈。

（十）四川省：从中心城市发力区块链

2017 年 8 月 8 日，成都市金融工作局、成都市财政局发布《财政金融 19 条》，鼓励发展金融科技产业，支持大数据、云计算、人工智能、区块链等新一代信息技术与金融领域深度融合。

（十一）内蒙古自治区：以大数据为重点开展区块链

2017 年 6 月 29 日，内蒙古自治区人民政府办公厅印发《2017 年自治区大数据发展工作要点的通知》，要求加强数据感知、数据传输、计算处理、基础软件、可视化展现、区块链及信息安全与隐私保护等领域技术和产品的研发，推动建设一批大数据企业技术中心、工程（技术）研究中心、重点实验室和应用中心。

（十二）海南省：商品追溯开拓区块链技术应用

2017 年 7 月 28 日，海南省人民政府办公厅印发《海南省推动实体零售创新转型实施方案》，其中明确指出，要建立健全的重要商品追溯体系和商品质量标准体系，为实体零售企业采购符合国家质量标准的产品提供指引。其中，商品追溯就是区块链技术应用的一个非常好的场景。

（十三）香港特区：区块链已经迈出了实际的一步

2017 年 10 月 25 日，香港金融管理局与新加坡金融管理局签署合作协议，两地的金融管理局将搭建以分布式账本技术为核心的贸易融资跨境基建，促进跨境贸易和融资。

二、2018 年中国各省市区块链产业政策解读

2018 年，我国政府在区块链产业政策上延续了 2017 年的做法，对区块链产业继续给予支持和鼓励。各省市地方政府也在 2018 年出台了各项措施支持和鼓励区块链的发展。可以说，2018 年不仅是中国有关区块链政策最多、内容最广的一年，也是省、市级政府出台有关区块链政策最多、内容最广的一年。下面具体列举若干省市的政策进行解读。

（一）北京市区块链产业政策解读

北京市 2018 年发布与区块链产业相关的主要政策有一条：2018 年 11 月 9 日发布了《关于印发<北京市促进金融科技发展规划（2018－2022 年）>的通知》。

该政策主要提到要以分布式技术为重心，争取区块链的成熟应用；推动以云计算、区块链为代表的分布式技术发展。支持区块链技术在基础层、中间协议层、应用服务层的创新，加快推进区块链技术在数字身份、信息存证、公证确权、可信验证、流程溯源、城市管理、精准扶贫等领域的应用，审慎探索区块链技术在金融监管与风险控制、供应链金融、普惠金融、贸易金融、征信、保险等金融领域的应用。支持智能合约等多维度的区块链技术研发，积极鼓励下一代分布式技术的研究探索。重点支持领军企业推动有国际影响力的开源组织建设，推动区块链底层技术创新、产业应用创新和商业模式创新，积极构建产业生态系统。重点围绕科技型中小微企业，探索应用大数据、区块链等新技

术。探索、利用区块链等新技术，保证药品追溯数据的可信任性，改善医药行业协同效率。重点培育和聚集人工智能、大数据、云计算、区块链、生物识别等金融科技底层技术企业。

从北京市 2018 年发布的这条政策，可以看出：

第一，北京市 2018 年的政策旨在推动区块链技术在金融领域的发展。

第二，依托北京的中心地位，发挥本地区块链团体和公司数量多、实力强的优势，推动区块链技术在金融领域的多个应用场景中落地，推动区块链技术在金融交易及金融类企业中的应用。

第三，依托强大的高校和科研实力推动高校、科研机构和企业进行区块链技术在金融领域的研究和探索。

第四，在政策上对金融领域的区块链技术进行扶植和支持。

第五，北京市 2018 年的产业政策重心由 2017 年全面推开对区块链技术的支持转为重点支持金融领域区块链的发展。

（二）上海市区块链产业政策解读

上海市 2018 年发布与区块链产业相关的政策主要有：

2018 年 1 月 17 日，上海市教育委员会（以下简称“上海市教委”）发布《上海市教育委员会关于印发 <2018 年上海市教育委员会工作要点 > 的通知》，提出要“推进基于人工智能和区块链技术的教育示范应用”。

2018 年 1 月 22 日，上海市科学技术委员会发布《上海市科学技术委员会关于发布 < 上海市 2018 年度科技创新行动计划社会发展领域项目指南 > 的通知》，提出要加强对“能源区块链关键技术”的研究。

2018 年 9 月 6 日，上海市杨浦区发布《促进区块链发展的若干政策规定（试行）》。该政策提出在经费、补贴、办公用房、运营、人才引进、奖励、融资、专利等多方面对区块链人才进行全面扶持和资助。

2018 年 9 月 6 日，上海市科委发布《2018 上海区块链技术与应用白皮书》，表示要“突破区块链关键技术、研发区块链技术平台、培育区块链产业基地，加快推动区块链技术在各个领域的创新应用，加快发展基于区块链的新模式、新业态，促进技术创新、应用创新、价值创新”。

从 2018 年上海市发布的这些政策，可以看出：

第一，政策大都出自科委或教委，着重强调对区块链核心技术、关键技术的研究以及在具体应用领域（能源）的研究，并推进区块链技术的教育。

第二，杨浦区政府发布促进区块链产业的政策，表明上海市也紧跟广州市黄浦区政府的步伐拿出了具体政策，从多方面，由上至下地支持区块链产业的发展。

第三，相比2017年，上海市政府在2018年推出的区块链产业政策更加具体，更加细致，且提出了明确方向和落实方法。

（三）广东省区块链产业政策解读

2018年广东省推出与区块链相关的产业政策有：

2018年1月9日，广州市黄埔区人民政府办公室和广州市开发区管委会发布《广州市黄埔区人民政府办公室、广州开发区管委会办公室关于加快IAB产业发展的实施意见》，指出要“鼓励IAB企业开展以互联网、云计算、大数据、区块链等技术为支撑的跨界融合”，“运用‘互联网+’、区块链新技术，打造‘一窗式一网式’政务服务”。

2018年3月，深圳市经济贸易和信息化委员会发布了《市经贸信息委关于组织实施深圳市战略性新兴产业新一代信息技术信息安全专项2018年第二批扶持计划的通知》，指出“区块链属于扶持领域之一，按投资计算，单个项目资助金额不超过200万元，资助金额不超过项目总投资的30%”。

2018年3月20日，广东省人民政府办公厅发布《广东省人民政府关于印发广东省深化“互联网+先进制造业发展工业”互联网实施方案及配套政策措施的通知》，指出要“促进边缘计算、人工智能、增强现实、虚拟现实、区块链等新兴前沿技术在工业互联网中的应用研究和探索”。

2018年3月22日，广州市政府发布《广州市人民政府关于印发<广州市加快IAB产业发展五年行动计划（2018-2022年）>的通知》，指出区块链为重点发展领域及方向。

2018年3月30日，深圳市国家税务局和深圳市地方税务局发布《深圳市国家税务局、深圳市地方税务局关于印发优化税收营商环境若干措施的通知》指出要“大力推行电子发票，基于区块链技术，探索电子发票应用”。

2018年4月8日，广东省人民政府办公厅发布《广东省人民政府关于印发<广东省扩大和升级信息消费实施方案（2018-2020年）>的通知》，指出要“在人工智能、区块链应用、新数字家庭、文化娱乐、电子商务、智能教育、智能医疗、智能交通等领域，实施一批信息消费试点示范项目，形成辐射带动效应”。

2018 年 8 月 20 日，广东省人民政府发布《广东省人民政府关于强化实施创新驱动发展战略进一步推进大众创业万众创新深入发展的实施意见》，指出要“鼓励中小微企业和创业者围绕农业、制造业、服务业的数字化、网络化、智能化转型升级，开发基于互联网、大数据、人工智能、区块链等信息技术的创新应用解决方案”。

2018 年，广东省政府和广州市、深圳市及其下属政府部门都在积极出台新政策。从这些政策可以看出：

第一，广东省的各种政策着重推进区块链在具体领域的落地，如消费、电子政务、工业互联网以及跨界领域的应用和研究。

第二，延续 2017 年广州市黄埔区政府推出的具体措施，支持和鼓励区块链产业的发展，深圳市政府出台了具体对区块链产业在资金方面的扶持条款。

第三，广州市和深圳市延续 2017 年的支持力度，继续密集出台区块链产业发展的政策。

（四）浙江省区块链产业政策解读

2018 年浙江省推出与区块链相关的产业政策有：

2018 年 2 月 8 日，杭州市人民政府办公厅发布《杭州市人民政府办公厅关于印发<2018 年政府工作报告>重点工作责任分解的通知》，指出“陈新华副市长牵头重点工作加快培育人工智能、虚拟现实、区块链、量子技术、商用航空航天等未来产业”。

2018 年 2 月 14 日，杭州市人民政府办公厅发布《杭州市人民政府办公厅关于印发<杭州城东智造大走廊发展规划纲要>的通知》，指出要“前瞻布局，重点瞄准人工智能、量子技术、生物技术和生命科学、区块链等一批有先发优势、有发展潜力的新兴领域”“大力发展新一代信息技术、汽车及新能源汽车、高端装备等新兴制造业及人工智能、虚拟现实、区块链、量子技术、商用航空航天等未来产业”“积极发展量子技术、人工智能、区块链等未来产业，打造先进制造集聚区和智能制造应用示范区”“瞄准全球技术和产业发展趋势，重点谋划人工智能、虚拟现实、区块链、量子技术、增材制造、商用航空航天、生物技术和生命科学等七大未来产业，抢占未来产业竞争制高点”“主要依托杭州高新开发区（滨江）、萧山经济开发区，加快推动万向区块链创新聚能城建设，加快区块链层架构协议、底层技术、共识算法硬件等技术的开发和应用，打造全球性区块链研发和应用、技术迭代及更新、人才交互、信息共享平台”。

2018 年 3 月，杭州市余杭区未来科技城设立雄岸全球区块链百亿创新基金，资金规模高达 100 亿元，以扶植区块链企业和人才的发展。

2018 年 4 月 12 日，杭州市科学技术委员会发布《杭州市独角兽企业培育工程实施意见（2018－2020 年）》（征求意见稿），指出要“重点扶持在人工智能、虚拟现实、区块链、量子技术、商用航空航天等未来产业技术领域的颠覆性创新技术的突破与创新，高水平打造以数字经济为核心、新经济为引领的现代化经济体系”“前瞻布局在人工智能、虚拟现实、区块链、量子技术、商用航空航天、电子商务、‘互联网＋’服务、智能制造等新技术领域”。

2018 年 5 月 4 日，杭州大江东管委会发布《杭州大江东产业集聚区 2018 年工作计划》，指出要“积极招引人工智能、虚拟现实、区块链、量子计算、增材制造、商用航空航天、生物技术和生命科学等未来产业项目，加速构建先发优势”。

2018 年 5 月 14 日，杭州市人民政府办公厅发布《杭州市人民政府办公厅关于印发<杭州市高新技术企业培育三年行动计划（2018－2020 年）>的通知》，指出要“积极培育人工智能、虚拟现实、区块链、量子技术、增材制造、商用航空航天、生物技术和生命科学等未来产业，支持传统企业转型升级，推动我市制造业向高端化迈进”。

2018 年 7 月 17 日，杭州市人民政府金融工作办公室发布《杭州市人民政府关于加快推进钱塘江金融港湾建设，更好服务实体经济发展的政策意见》，指出要“全力打造国际金融科技中心，鼓励发展金融智慧化、支付结算、网络投融资平台、消费金融与供应链金融、区块链金融、智能投顾、大数据征信与风控、金融信息综合平台及监管科技等金融科技产业，引导龙头金融科技企业做大做强”。

2018 年 7 月 27 日，中共杭州市委发布《中共杭州市委关于打造展示新时代中国特色社会主义的重要窗口》指示，指出要“大力发展人工智能、虚拟现实、区块链、量子技术等未来产业，加快实现关键核心技术突破，全力支持领军企业做强、做优、做大，加快培育形成万亿级数字经济产业集群，推动杭州

成为数字经济龙头企业和高端人才集聚地、核心技术策源地”，并且“积极探索‘区块链+’实践”，

2018年8月7日，杭州市财政局发布《杭州市财政局杭州市经济和信息化委员会关于印发<杭州市工业与信息化发展专项资金使用管理办法>的通知》，指出要“重点布局人工智能、虚拟现实、区块链、量子技术、增材制造、商用航空航天、生物技术和生命科学等重点前沿领域，加快关键技术转化应用”。

2018年8月10日，杭州市发布《杭州市城市国际化促进条例》，指出要“支持利用互联网、大数据、云计算、区块链、人工智能等技术，推动金融与生态、文化、科技的融合，服务实体经济”。

2018年9月4日，浙江省推进“一带一路”建设工作领导小组办公室发布《浙江省共建‘一带一路’行动计划（2018－2020年）》，指出要“围绕银行、证券、保险等传统金融产品服务规范，第三方支付、区块链、绿色金融、金融科技等新金融重点领域，深化与‘一带一路’沿线国家和地区金融标准化合作”。

2018年9月26日，杭州市人力社保局发布《杭州市人民政府关于做好新形势下就业创业工作的实施意见》，指出要“积极培育人工智能、虚拟现实、区块链、量子计算、增材制造、商用航空航天、生物技术和生命科学七大重点前沿领域未来产业新业态”。

2018年10月9日，中共杭州市委、杭州市人民政府发布《中共杭州市委杭州市人民政府印发<杭州市全面推进“三化融合”打造全国数字经济第一城行动计划（2018－2022年）>的通知》，指出要“在‘城市大脑’、AI芯片、新型数据库、智联网、智能驾驶、区块链、量子计算等领域打造一批具有全球影响力的理论成果和创新成果”“大力发展区块链、量子技术等未来产业，加速构建先发优势。推动分布式账本、安全共识算法、智能合约等关键技术突破，推进区块链在商贸金融、民生服务、智能制造等领域的深度应用，加快杭州区块链产业园建设，打造全国区块链之都”。

2018年10月18日，杭州市质监局发布《中共杭州市委杭州市人民政府关于开展质量提升行动的实施意见》，指出要“加快培育人工智能、虚拟现实、区块链、量子技术、商用航空航天等未来产业”。

2018年10月24日，杭州市人民政府办公厅发布《杭州市人民政府办公厅关于印发<加快国际级软件名城创建助推数字经济发展若干政策>的通知》，

指出要对区块链技术进行推进和支持。

2018 年 10 月 31 日，杭州市发展和改革委员发布《关于对 <关于贯彻全省大湾区大花园大通道大都市区建设行动计划的实施意见（征求意见稿）>的公示》，指出要“加快发展区块链、量子技术、虚拟现实等未来产业，构建数字经济产业核心竞争力”“打造国际金融科技中心，争取在人工智能、区块链、生物识别等技术运用上抢占先机”“加速构建区块链、量子技术、虚拟现实、卫星及商用航天航空等未来产业先发优势”。

2018 年 11 月 9 日，杭州市人民政府办公厅发布《杭州市人民政府办公厅关于印发杭州市深化服务贸易创新发展试点实施方案的通知》，指出要“面向基础软件、高端工业软件、云计算、大数据、信息安全、人工智能、物联网、区块链等重点领域和重大需求，深化融合应用，加快形成数字化、网络化、智能化、服务化、协同化的信息服务与服务贸易融合发展的产业生态体系”。

从浙江省 2018 年发布的区块链相关产业政策，可以看出：

第一，其出台政策的力度和广度，全国各省及直辖市中无出其右。

第二，政策涵盖面极广，上至战略高度，下至具体的执行步骤和方法。

第三，政策中直接点名政府领导人牵头领导区块链相关产业的推进和布局，此举全国罕见。

第四，设立百亿基金支持区块链产业发展，财政支持力度大。

第五，政策既包括基础技术、核心技术的研究，也涵盖了具体应用领域的研究、实践和推进。

第六，在支持以阿里巴巴、万向为首的信息巨头企业进军区块链领域的同时，大力扶持初创企业进军区块链领域，对企业的覆盖面广。

第七，2017 年密集出台了支持区块链产业发展的政策，但 2018 年出台政策的力度和广度都完全超越 2017 年，其势头将更迅猛。

（五）江苏省区块链产业政策解读

2018 年江苏省推出与区块链相关的产业政策有：

2018 年 8 月 15 日，常州市人民政府办公室发布《常州市大数据发展三年行动计划（2018－2020 年）》，指出要“运用物联网、区块链、云计算等技术，打通城市管理各类事件的处置末端，实现城市规划、建设、管理、服务全流程信息的全面感知、全面整合与全面协同，使所有涉及城市管理的相关部门更加紧密协调联动，力争成为该领域系统建设的全国标杆城市"。

从这条政策可以看出：

第一，江苏省在2018年并未出台省一级的具体产业政策。

第二，二线城市（常州）对区块链产业的扶持更为积极。

第三，政策重点为区块链技术的应用，应用在政府政务方面，提高效率，整合流程。

第四，与2017年类似，2018年江苏省也未出台省一级关于区块链产业的政策，仍然只有下辖城市出台了区块链产业政策。

（六）四川省区块链产业政策解读

2018年四川省推出与区块链相关的产业政策有：

2018年1月26日，成都市人民政府办公厅发布《成都市人民政府办公厅关于印发<成都市创新管理优化服务培育壮大经济发展新动能加快新旧动能接续转换工作实施方案>通知》，指出要"持续推进在精准医学、人工智能、区块链、能源互联网、智能制造、大数据应用、基因工程、数字创意等交叉融合领域，构建产业（技术）创新中心、制造业创新中心、工程研究中心及新型产业技术研究院等应用创新平台和创新网络"。

2018年6月5日，四川省人民政府办公厅发布《四川省人民政府办公厅关于印发<2018年四川省科技成果转化工作要点>的通知》，指出要"支持在成都试点建设国家级基于区块链技术的知识产权融资服务平台"。

2018年8月25日，四川省人民政府办公厅发布《四川省人民政府关于印发<进一步扩大和升级信息消费持续释放内需潜力实施方案>的通知》，指出要"鼓励骨干企业布局虚拟/增强现实（VR/AR）、人工智能、区块链等前沿技术研究""支持软件企业向网络化、服务化、平台化转型，加快云计算、大数据、移动互联网、物联网、区块链等产品与应用服务发展，推动信息技术服务创新"。

从2018年四川省出台的这些政策，可以看出：

第一，四川省开始布局区块链产业的知识产权融资平台。

第二，四川省政府支持、鼓励企业开展区块链领域的研究，同时注重区块链技术在各领域的应用发展。

第三，与2017年不同，2018年四川省的区块链政策重点从强调区块链技术在金融领域的研究和应用转为强调在全方位各领域的应用和研究。

（七）贵州省区块链产业政策解读

2018 年贵州省推出与区块链相关的产业政策有：

2018 年 2 月 7 日，贵州省人民政府发布《贵州省人民政府关于印发 < 贵州省实施‘万企融合’大行动打好数字经济攻坚战方案 > 的通知》，指出要“加快壮大物联网、人工智能、共享经济、区块链等新业态，优化实体经济结构，提升融合发展质量”。

2018 年 4 月 13 日，贵州省人民政府办公厅发布《贵州省人民政府办公厅关于积极推进供应链创新与应用的实施意见》，指出要“研究利用区块链、人工智能等新兴技术，建立基于供应链的信用评价机制”。

2018 年 5 月 21 日，贵州省人民政府办公厅发布《省人民政府办公厅关于进一步扩大和升级信息消费的实施意见》，指出要“加快贵阳区块链创新基地建设，推进区块链技术在支付清算等金融领域的应用”。

2018 年 6 月 21 日，贵州省人民政府发布《省人民政府关于促进大数据云计算人工智能创新发展加快建设数字贵州的意见》，指出要“推动云计算与大数据、人工智能、区块链、物联网、移动互联网等技术和服务的融合发展与创新应用”“引导贵阳、遵义、贵安新区等地积极培育人工智能云、区块链云、虚拟现实云等新业态、新模式”“围绕数据库、区块链、量子通信、国产密码升级改造、可复用软件模块构件仓库及共享平台、数据共享开放、移动互联网、物联网等领域的先进数字技术，推动北斗导航、遥感等空间信息技术发展”。

从 2018 年贵州省发布的区块链相关政策，可以看出：

第一，贵州省政府主要利用已有的大数据产业优势，着重支持区块链技术在具体领域的应用落地。

第二，贵州省政府强调培育区块链企业的成长和发展以改善贵州的经济结构，提升发展质量。

第三，2018 年贵州省政府延续 2017 年对区块链产业支持的政策，重点同样是区块链技术的应用和落地。

（八）天津市区块链产业政策解读

2018 年天津市推出与区块链相关的产业政策有：

2018年4月9日，天津市人民政府发布《天津市人民政府关于深化"互联网+先进制造业"发展工业互联网的实施意见》，指出要"促进5G（第五代移动通信）、软件定义网络、边缘计算、人工智能、增强现实、虚拟现实、区块链等技术在工业互联网中的应用研究与探索"。

从这条政策可以看出：

第一，天津市政府的政策聚焦区块链技术在具体领域（工业互联网）的应用。

第二，与2017年相比，天津市2018年出台的政策不多，且延续2017年的方向，聚焦区块链技术的具体应用。

（九）重庆市区块链产业政策解读

2018年重庆市推出与区块链相关的产业政策有：

2018年6月15日，重庆市经济和信息化委员会发布《重庆市五大举措积极推动区块链产业发展》，强调要"突破重点领域""建设示范基地""营造产业生态""狠抓招商引资""加强能力建设，提高行业主管部门和区县、园区相关领导认知水平"。

从这条政策可以看出：

第一，重庆市2018年虽然推出的政策不多，但专门出台了促进区块链产业发展的政策，说明政府的高度重视。

第二，与2017年相比，2018年的政策提出推进产业发展的几大举措更为具体。

（十）香港特别行政区区块链产业政策解读

2018年香港特别行政区推出与区块链相关的产业政策有：

2018年11月1日，香港证监会在官网发布了《有关针对虚拟资产投资组合的管理公司、基金分销商及交易平台营运者的监管框架的声明》，整体来看，香港证监会正将符合要求的虚拟资产交易平台放入监管，进行为期至少一年的观察，用以探索是否适宜对虚拟资产交易平台作出规管。

从这条政策可以看出：

第一，香港拟推出的政策主要对已在经营的数字货币交易平台进行监管，以纳入法制轨道。

第二，2018 年香港政府的政策思路和类型与 2017 年类似，重点在数字货币的交易及交易相关的事项。目前尚未出台对区块链产业的具体政策。

三、2018 年全国省市区块链产业政策总体评价

（一）区块链政策总体上较往年有大发展

截至 2018 年 11 月底，全国各省市出台有关区块链的政策共 112 条。2018 年全国各省市出台有关区块链的政策比过去三年的总和还多。

从质量上看，2017 年以前全国各省市出台的有关的区块链政策，存在明显的“三多三少”现象。一是从发文单位看，以政府管理部门出台的有关区块链的政策多，以人民政府名义直接出台的政策少；二是从内容上看，以其他内容为主，兼顾讲区块链政策内容的多，专门讲区块链政策的内容少；三是从文体上看，以通知形式出台的区块链政策多，以正式文件出台的区块链政策少。虽然 2018 年全国各省市出台的有关区块链政策还存在“三多三少”现象，但已有较大改变，尤其是在有关区块链产业政策扶持上有较大加强，在区块链产业监管上，力度明显加大。

（二）政策发布三个档次，各省市发展不平衡

2016 年，区块链首次被列入国务院印发的《“十三五”国家信息化规划》。此后，各地政府摩拳擦掌，纷纷建立区块链产业园，一场“区块链之都争夺战”立即打响。截至 2018 年 5 月底，北京、上海、广东、河北（雄安）、江苏、山东、贵州、甘肃、海南等 24 个省市或地区发布了区块链政策及指导意见，多个省份将区块链列入本省“十三五”战略发展规划，对区块链产业链展开布局。

2018 年全国省、市、区发布的区块链政策分布状况，可以分为三个档次：

第一档次是政策出台频繁，行动大干快上。如浙江省、广东省、贵州省和上海市。截至 2018 年 9 月底，我国地方政府共发布 112 条区块链相关扶持政策。其中，贵阳省区块链扶持政策数量最多，共 11 条。广州市和杭州市并列第二，共发布 10 条。

第二档次是政策出台缓慢。这部分省市比例较大。

第三档次是没有政策出台，行动滞后。这主要是相对边缘落后的省份和自治区，如西藏、宁夏、吉林、黑龙江、云南等省区。

（三）政策风向标上半年着重监管风控，有成效；下半年着重为实体经济服务，不明显

2018 年上半年，全国不少地方尤其是大中城市，以数字货币和区块链技术运用为名，大肆炒作虚拟货币，给社会和民众带来不良影响。为此，国家区块链政策在加强监管防范区块链风险上力度较大，成效显著。2018 年上半年，110 个交易平台网站被屏蔽，各种变相 ICO 涉及非法融资被严格排查，支付结算端持续加强整顿，虚拟货币推介渠道被严格监管，炒作虚拟货币的行为得到有效遏制。

随着对区块链产业监管和治理整顿的加强，区块链社会生态环境的逐步好转，国家区块链政策的风向标逐步转向为实体经济服务和区块链场景应用落地方面上来。大方向对，但目前效果不明显。

（四）区块链顶层设计和国家政府层面政策扶持力度有待加强

尽管 2018 年全国出台了不少有关区块链的扶持政策，但真正有重大“含金量”的政策并不多，主要是省市政府的管理部门和地市基层政府的扶持政策较多，且多数不是专门针对区块链产业下发的政策，只是在科技创新政策中统一提出而已。国家层面的区块链顶层设计和国家层面的区块链产业政策扶持力度均有待加强。

（五）各城市政府政策与举措同质化严重，未真正做到因地制宜

从 2018 年各地政府发布的政策以及具体落实情况看，区块链产业大多通过建立产业园、创新基地吸引区块链企业，设立政府基金扶持区块链企业，通过研究平台推动区块链技术产学研用相结合等。各地政府并没有具体结合当地产业，因地制宜地引导区块链技术在当地的落地应用。

第三节 “十三五”中期国外区块链产业政策及与我国比较

一、2018 年国外区块链产业政策概览

“十三五”中期，世界各国陆续出台了多项区块链产业政策，其中以 2018 年居多。全世界有几大区块链发展热点地区，分别是中国、韩国、日本、泰国、新加坡、美国和欧盟。下面我们看看，中国以外的其他地区在 2018 年推出的区块链产业政策。

（一）韩国政策概览

2018 年韩国的区块链发展可谓风起云涌，一年内韩国政府密集出台了多项措施，涵盖数字货币交易、ICO、区块链应用发展等。比较重大的政策如下：

2018 年 1 月，韩国实行虚拟货币交易实名制，将银行现存的虚拟账户服务转换为实名确认存取款账户服务。

2018 年 1 月，韩国政府宣布对当地加密交易所征税，分别是 22% 的企业所得税和 2.2% 的地方所得税。加密货币挖矿设备也被定为新的征税对象。

2018 年 6 月，韩国正式解除 ICO 禁令，宣布 ICO 合法化，但同时伴随更多监管。

2018 年 6 月，韩国科技与通信部发布《区块链技术发展策略》，2022 年前筹集 2300 亿韩元的资金，约合 14 亿人民币，旨在培养 10000 名区块链专业人才和 100 家公司。

从这些政策可以看出，韩国对数字货币的交易采取了比较宽容的态度，只

要求参与者实名认证，并且通过税收将数字货币交易纳入监管。

另外，韩国政府对ICO的态度也发生了转变，由禁止转为宽容，但将伴随更多政策出台以对其进行监管。

韩国政府着力最重的还是对区块链技术发展的鼓励和支持，出台了国家发展策略，通过资金支持重点培养该领域的人才，并扶植该领域的公司。

在韩国政府一系列比较宽容的态度和支持下，区块链技术在韩国的落地也进展很大。2018年被公认为区块链技术应用落地的元年，韩国区块链技术逐步落地在各行业，涉及市政、网络、金融、医疗、物流等各个领域。

在市政系统方面，2018年3月，韩国首尔市市长Park Won－soon启动首尔的加密货币“S”币，通过区块链技术，改造从支付到公共交通到福利计划等整个市政系统。

在网络基础设施方面，2018年3月，韩国通信巨头KT集团宣布采用区块链技术打造新型典型系统，将允许人们和企业使用他们自己的数据获得奖励。目标是在未来几年重建韩国的网络基础设施。

在金融支付方面，2018年3月，韩国金融服务委员会（FSC）出台新规，为银行和保险公司打开大门，以保护客户数据，并通过区块链解决方案简化验证过程。FSC还将允许更多的中小企业通过数字支付系统访问更多的客户数据。

在生物认证方面，韩国生物认证领域排名第一的Raonsecure公司，2017年将自身的区块链技术推向韩国市场，计划2018年将区块链加密技术及“区块链＋生物认证技术”运用在韩国金融机构新韩金融集团。

在电子文件应用方面，2018年7月，韩国互联网振兴院与韩国住房金融公司签署了谅解备忘录，以促进电子文件的使用，并且预计通过应用区块链技术提高稳定性。

在物流系统应用方面，2018年9月，韩国乐天信息通信公司在“Block-Chain Seoul 2018”峰会上展示了基于区块链技术的生鲜食品配送服务，借助区块链技术打造高效安全的物流系统。

在医疗平台应用方面，韩国生物技术公司Macrogen与大数据公司Bigster合作创建区块链医疗大数据平台，让基因数据等信息可以安全地存储和交换。平台将于2019年6月前建成。

（二）日本政策概览

日本对待 ICO 是默许的态度，在 2018 年，政策上没有太大的变化。

2018 年 6 月，日本规模最大的交易所 bitFlyer 等六家交易所都收到政府整改要求。bitFlyer 被检查出安全系统中出现问题，涉及防止洗钱、恐怖主义融资及未经授权进入渠道等方面的问题。

2018 年 9 月 13 日，日本金融厅第 5 次数字货币交易业者研讨会中，官方自治协会日本数字货币交易业协会公布协会自治章程，包括禁止匿名性币种交易，并对 4 倍保证金交易进行了说明，协会还表示将会对 ICO 相关使用规则进行研讨。

日本政府 2018 年出台的政策并不多，主要集中在对交易所的监管和整改，希望用法律法规来整改交易所，提高交易所交易的安全性及避免交易涉及非法活动。

在区块链发展和推广政策方面，日本政府 2018 年没有出台大的政策，因此区块链技术的发展和应用主要还是民间在积极活动。比如 2018 年 5 月 22 日，日本最大的银行三菱东京日联银行宣布计划推出“超大规模”的区块链支付网络，与云内容巨头 Akamai 一同合作开发更快、更便捷的支付方式。

（三）泰国政策概览

从一开始，数字货币就在泰国迅速发展，并且泰国政府对数字货币的认可程度也相当高。2018 年泰国政府新出台的政策不多，主要集中在数字货币和 ICO 领域。其主要政策如下：

2018 年 6 月，泰国交易委员会（SEC）发布新的 ICO 监管框架，任何寻求发行 ICO 的实体必须先向监管机构提交申请。此次新规解除了泰国在 2018 年 5 月的 ICO 禁令，同时为 ICO 设立了严格条件。

2018 年 7 月，泰国证券交易委员会允许更多的数字代币发行商提交申请。同月，证券监管机构将 ICO 分为三类：投资代币、实用代币和加密货币。

泰国证券交易委员会允许七种加密货币进行交易，并其视为数字资产。该机构根据加密货币的流动性和可信度进行了选择。分别为 ETH、BTC、BCH、XRP、LTC、XLM（Stellar）以及 ETC。

此外，2018 年 6 月 5 日，泰国央行（Bot）加入了考虑发行自己国家加密货币的行列，泰国央行行长还透露，泰国中央银行将与其他银行发展一种使用结算的新方法。

尽管目前泰国只允许七种加密货币资产进行交易，并为 ICO 设立了严格规定，但随着监管和审查体系的逐渐完备，泰国的区块链及加密货币领域正朝着相对良好的方向发展。

从这些政策可以看出，泰国的监管机构对数字货币和数字货币交易持开放态度。对于泰国来说，拥有像 Omise 这样一支来自本地的、且久负盛名的团队，对于为企业营造一个明确的监管环境非常有帮助。

有鉴于此，外国公司已经开始被泰国的加密机会所吸引，西方和东方企业都在该国寻找机会。比如 2018 年 7 月初，韩国第二大加密货币交易所 Bithumb，在获得当地政府的监管批准后，宣布计划在泰国开业。IBM 和 Krungsri——泰国最大的金融机构之一，宣布了一项为期五年的 1.4 亿美元的合作计划，其中包括区块链技术。

（四）新加坡政策概览

新加坡是亚洲的金融中心，数字货币及区块链在新加坡的发展相当迅速。新加坡政府对数字货币的交易持开放的态度。新加坡副总理曾称加密货币是一个“实验”，并表示他没有禁止的有力理由。

新加坡政府 2018 年新出台了一些支持数字货币交易及区块链发展的政策。

在区块链技术方面，2018 年 4 月，新加坡知识产权局（IPOS）宣布加快金融科技应用软件专利的授予进程，如区块链支付系统。根据知识产权局的声明，金融科技快速立法的方案力求将专利授予进程从两年缩短至六个月。

在数字货币方面，2018 年 9 月 19 日，新加坡金融管理局（MAS）负责人表示，MAS 将代币分为应用型代币、付款型代币以及证券型代币。MAS 不打算监管应用型代币，但付款服务性条例草案将在 2018 年年底制定，以使用付款型代币。证券型代币适用于现有的新加坡证券及期货法。

早在 2018 年 5 月，新加坡 MAS 发布的咨询报告就指出，当前单层的“市场认可运作者”（RMO）监管框架已经无法满足新兴技术驱动的新型商业模式带来的需求，包括由区块链技术驱动的交易，或在没有中间方参与的前提下实现的 P2P 交易。为解决这一问题，MAS 建议推出一种三层结构以降低小规模交易平台的市场准入门槛，其中第三层结构尤其适用于规模远小于大型交易所的市场运作者，并允许他们在受监管的环境中部署区块链和 P2P 技术。

从这些政策可以看出，新加坡政府对加密数字货币采取了细分并区别对待的政策。对某些数字货币不采取监管措施，而对具有金融属性的数字货币将采取监管措施。

对区块链技术的发展方面，新加坡政府采取了鼓励和支持的政策，对区块链专利的申请创造了便利的条件。

新加坡的宽松政策也促使新加坡国内区块链及数字货币的研发以及落地的积极推进。

比如 2018 年 9 月 19 日，新加坡国立大学（NUS）宣布创建区块链研究中心，旨在成为世界上最重要的区块链研究中心之一。

再如 2018 年 2 月，新加坡金管局与印度第二大邦政府签署金融科技与区块链合作协议以探讨联合创新项目，包括区块链、数字和移动支付、大数据等金融技术的应用。2018 年 3 月，新加坡与中化集团下属中化能源科技有限公司合作，从中国泉州到新加坡的汽油出口业务，成功完成了区块链应用的出口交易试点。这是全球第一单有政府部门参与的石油贸易区块链应用项目，也是全球首例包含了大宗商品交易过程中所有关键参与主体的区块链应用。2018 年 4 月，新加坡金融管理局（MAS）与加拿大央行合作开展一个项目——“Project Ubin”，在区块链平台上创建跨境支付系统。

（五）美国政策概览

美国作为超级大国，无论是金融还是信息技术方面都遥遥领先。美国政府针对区块链及数字货币制定的政策往往是世界各国政策制定的风向标。

美国政府在对待数字货币上保持严谨的态度。美国虽然没有关于数字货币的统一监管法规，但美国金融犯罪执法网络（FinCEN）、美国国税局（IRS）、美国商品期货交易委员会（CFTC）、美国金融消费者保护局（CFBP）、美国司法部（DOJ）等对数字货币的界定、应用以及犯罪预防、消费者权益保护等发布了相关报告和指引。其中，纽约州金融服务局（NYSDFS）更是率先为数字货币的业务监管建立了规范框架。美国将比特币界定为一类特殊的虚拟货币，将从事比特币交易的平台、支付中介等视为资金传递者（Money Transmitter）纳入监管范畴。围绕"资金传递者"这一核心，从市场准入、资金转移、反洗钱以及消费者权益保护等方面实施监管。

2018 年，美国政府出台了不少关于数字货币和区块链方面的政策。比较典型的有以下这些：

2018 年 1 月 26 日，美国政府表示，不管消费者把比特币作为投资还是货币使用，都得缴税。

2018 年 7 月，美国金融业监管局（FINRA）要求其成员公司为加密货币领域的活动提供更多细节，对监管部门更透明。如成员公司是否有参加加密货币交易的意向、是否管理加密基金、是否参与首次代币募集等，以确定其成员公司在加密货币领域的参与程度。

2018 年 8 月，美国证券交易监督委员会拒绝了 9 起比特币的 ETF 申请。

2018 年 9 月 10 日，纽约州金融服务局批准了两种基于以太坊发行的稳定币 Gemini Dollar（GUSD）和 Paxos Standard（PAX）。GUSD 得到纽约州金融服务局授权，并且和美元 1∶1 锚定。

2018 年 10 月 16 日，美国证券交易监督委员会公布，基于 IPFS 基础网络建设的 Rapidash，已获得 STO 许可，此为全球首例。

2018 年 11 月美国证券交易监督委员会表示对与 CarrierEQ Inc. 和 Paragon Coin Inc. 两家 ICO 项目方进行民事处分，处分内容包括：①必须按购买时的代币估值，以美元形式退还投资者；②代币须以合法证券注册；③每年至少向委员会报告一次；④25 万美元的罚款。公告中，SEC 表示这两家公司目前发布的代币都属于证券，按照委员会此前颁布有关代币规定的《DAO 报告》，两家公司违反了美国《1934 年证券交易法》，因此必须受到一定的处罚。此次是美国证券交易委员会首次对 ICO 项目方进行整顿。同一天，SEC 发布了《关于数字资产证券发行与交易的声明》，具体定义了"数字资产""交易所""经营实体"等概念。

从这些政策看出，一方面，美国政府将比特币视为一项财产，因此消费者使用数字货币（比特币）进行的每笔购买交易都需报税；另一方面，美国政府对数字货币的态度也逐渐放开。尤其是对 GUSD 的批准，意味着美国政府用自身的信用为其背书，使得 GUSD 获得了联邦存款保险公司的保障，拥有非常好的刚性兑付信用。

尽管美国对密码货币和区块链的态度，从敌视转向越来越积极的支持，但由于涉及较为敏感的金融证券领域，数字货币在美国面临的政策环境总体上是严格的。2018 年对 9 起比特币 ETF 申请的拒绝就是典型案例。

此外，美国政府对 ICO 的严厉监管在 2018 年也未曾放松。2018 年 11 月，美国证券交易监督委员会对两家曾经从事 ICO 的公司进行处罚。

但美国政府在 2018 年 10 月批准的 STO 案例表明美国政府对符合证券法规监管的代币融资项目还是支持的。截至 10 月 25 日，美国证券交易监督委员会审批通过 STO 的项目共 39 家；从获批到发行，SEC 没有任何引导，只有监管。所以，对于那些顺利通过的项目方，后续融资速度较慢和定期监管是他们不得不正视的问题。

美国联邦政府对待数字货币及 ICO 的政策比较谨慎，但对区块链尚没有明确的大力度的支持措施出台。但这并不妨碍美国各州及地方政府出台对区块链技术的支持。

（六）欧盟政策概览

区块链在欧盟的发展也相当迅猛，尤其在英国、法国、德国、瑞士和马耳他。

2018 年 7 月，英国金融监管局（FCA）批准了 11 家区块链和分布式账本技术相关公司进入监管沙盒，这是第四批加入监管沙盒的创业公司。

2018 年 7 月，法国金融市场监管机构警告法国公众，更多的加密货币投资网站在没有授权的情况下在国内运营。

2018 年 9 月，法国财政部部长宣布，法国立法者通过一项法律，为 ICO 制订了指导方针。

马耳他政府对数字货币及区块链的发展相当大胆和积极，过去这些年一直在大力发展数字货币和区块链产业，现在几乎成为区块链创业企业的天堂之一。

2018 年 7 月 4 日，马耳他议会正式通过三项有关区块链技术监管框架的法案：《马耳他数字创新管理法案》《创新技术服务法案》《虚拟金融法案》。这将会为区块链公司提供坚实的法律框架。

马耳他还在 2019 年创建了一个法律框架，将 DAO（权力下放的自治组织）定义为一种称为“技术安排”的新型法律实体。除新通过的“技术安排法案”和“虚拟货币法案”之外，还将有一个新的监管机构——数字创新局（MDIA）。

瑞士是国际金融中心，也有享誉世界的加密谷 Zug。2018 年，瑞士政府陆续发布一些关于数字货币的政策。

2018 年 2 月 16 日，为规范瑞士境内 ICO 活动，瑞士金融市场监督管理局（FINMA）发布文件，明确阐述瑞士法律在 ICO 领域的具体应用。FINMA 基于加密货币的用途及所附权利来准确界定加密货币的类别，然后决定适用于哪一类法律（证券法及反洗钱法规）。基于现有经验，FINMA 将 Token 主要分为三类：支付型 Token（即加密货币）、功能型 Token、资产型 Token。

支付型 Token，等同于加密货币，是被用于购买商品或服务的一种支付手段，或价值转移手段。这类 Token 不是证券，仅是一种支付工具，受《反洗钱法》监管。

功能型 Token（Utility Token），一般情况下，授予用户通过基于区块链的基础设施使用数字产品或服务的权利。被认定为功能型 Token 的一个关键点是，在 ICO 时，发行方的所有基础设施已经处于完全运转状态。但如果 Token 有部分“投资”特征，也会被视作证券，适用于证券法。

资产型 Token，代表资产，例如，对发行方的索债权。该类 Token 会对投资人允诺公司未来收益或利润。因此，此类 Token 的功能类似于证券、债券或金融衍生品。此外，可实现实体资产在区块链上交易的 Token 也会被认定为资产型 Token。所有资产型 Token 都将被认定为证券，适用于瑞士证券法，须遵守发布招股说明书等要求。

欧盟中的经济大国德国一直没有对数字货币和区块链政策采取比较明确的政策，尚处在跟踪和关注的状态。2018 年 3 月 28 日，德国联邦金融监督管理局（下称“BaFin”）发布了《咨询函》，表示 BaFin 在个案基础上，决定代币是否构成德国证券交易法或金融工具市场指引项下的金融工具，决定代币是否构成德国证券招股书法项下的证券，决定代币是否构成德国金钱投资法项下的金钱投资。BaFin 在该《咨询函》中对构成金融工具和证券所需符合的特征作出了详细定义，并列明了相关的授权要求。

纵观欧盟，其各个主要国家以及新兴国家自 2018 年以来对数字货币持比较宽容的态度。2018 年 7 月法国银行副行长向法国经济金融部长呈送的报告指出，数字货币将给科技及经济方面带来革命性影响，虽然其未来无法预见，但有些发展趋势值得密切关注。

欧盟对ICO持比较谨慎的态度，但相对美国又没有那么谨慎，不少国家仍然在相当程度上容忍ICO。瑞士是几个大国中对ICO分类和规定得比较详细的国家，这一点与新加坡类似。

多数国家2018年没有特别出台对区块链技术发展的政策，只有马耳他在这方面积极立法，希望通过补贴、免税等支持措施为区块链创业营造友好的氛围，并且大力吸引区块链公司到马耳他创业、设点。即便在区块链方面没有出台明确政策的国家也对区块链技术密切关注。如法国，其前财政部部长在2018年4月发表署名文章，表示法国对区块链技术的政策应该是宽容而谨慎的，法国应该阐明相关法律以吸引创新，在识别风险的同时不妨碍区块链的生态系统的发展。

二、2018年中国与国外区块链产业政策比较

比较2018年我国区块链产业政策和国外区块链产业政策，可以分为以下几个方面：

（一）中外数字货币政策的比较

我国在数字货币交易方面采取的政策是完全禁止，禁止数字货币与法定货币的交易，并且彻底取缔数字货币交易所。在可预见的将来，这个政策还将持续。

但我国在法定数字货币的研究方面仍然在稳步地推进和探索。尤其是中国人民银行在这方面的研究一直没有中断，并且取得了相当丰硕的成果。

在十三届全国人大一次会议的记者会上，中国人民银行行长周小川表示人民银行未来在数字货币方面的研究不仅不会停止，反而会继续加大力度进行探索。

而国外在这方面与我国的做法区别较为明显。

以上列举的几个国家和地区在数字货币政策方面都比我国宽松，即便是严

格的美国，也允许数字货币的交易。而欧盟一些国家甚至没有任何对数字货币交易的监管和约束。

进一步比较对数字货币进行监管的国家和中国，可以发现，以美国为首的监管国家普遍采取对交易收税或对数字货币属性进行分类的方式进行监管，或将数字货币纳入到本国现有的法律体系下进行监管。少数国家采用了新增立法的方式对数字货币进行监管。

（二）中外ICO（首次代币发售）政策的比较

在ICO政策方面，我国2018年延续2017年采取的高压措施，并更进一步取缔和封锁各种可以接触到ICO的渠道以及各种介绍ICO的自媒体。在这方面我国的政策是坚决和彻底的，在可预见的将来这个政策还将持续。

在前文列举的示例国家中，只有美国对ICO的政策与我国类似，采取严厉的监管且多数情况下禁止本国国民参与ICO。但后来美国政府出台了STO政策，为企业发行代币打开了一扇门，允许企业在信息公开、接受监管的情况下利用发行代币进行融资。

除美国以外，其他国家基本都对ICO持一定包容的态度，即便是要对ICO进行监管，也是尽量将ICO分类，将其纳入本国现有的法律体系。

（三）中外区块链产业政策的比较

在区块链产业政策上，我国2018年延续了2017年的大体思路，继续支持区块链产业的发展，支持区块链对实体经济及金融的改造和应用落地。

在这方面，所列举国家中只有韩国和马耳他和我国有比较类似的政府公开政策。但这两个国家的政策深度和广度和我国相比又相形见绌。我国2018年所出台的政策在列举国家中不仅最多，而且力度也最大，在产业政策上、税收上支持和给予优惠，还直接对区块链企业和人才进行高额奖励。

除了韩国和马耳他，其他国家对区块链产业扶持的政策出台较少，甚至几乎没有，如德国、法国等。

随着区块链技术的发展和落地应用的逐渐增多，区块链对实体经济和金融的改造效果将日益显现。我国上至中央，下至地方省市政府必然会继续出台更多区块链产业发展和应用落地的利好政策。

三、新加坡区块链政策法规有何借鉴之处

新加坡是世界上领先的金融科技中心之一，以先进科技著称。新加坡政府认可比特币兑换买卖，并采取了相应的税收措施。2014 年年初，新加坡税务局（IRAS）承认比特币的合法地位，并采取对比特币分类的手段进行征税。

新加坡 ICO 的融资额度在世界上排名第三，其在 2017 年下半年开始对加密货币进行监管。但新加坡政府的主要目的并不是禁止包括 ICO 在内的加密货币的运营活动，而是以法律的形式让人们正确认识并参与 ICO。同时，新加坡中央银行也可以防止一些不法分子利用监管漏洞进行诈骗、洗钱等违法活动。据《全球区块链政策法规蓝皮书》介绍，新加坡区块链政策法规的制定和应用，对我国有以下地方值得借鉴。

（一）新加坡区块链政策法规的制定

1. 新加坡关于虚拟货币性质的认定

新加坡承认比特币交易合法，但没有认定其为法定货币。新加坡金融管理局（MAS）称，因虚拟货币不被认为是法定货币或证券，新加坡不监管虚拟货币本身，但因虚拟货币的匿名属性，尤其容易产生洗钱和资助恐怖主义风险，因此要对虚拟货币交易平台进行相关风险的监管。

2017 年 8 月 1 日，新加坡金融管理局（MAS）表明，如果数字代币有证券性质，即构成“证券与期货法案（第 289 章）（SFA）”中监管的产品，其发售或发行将受金融管理局的监管。

2. 新加坡与加密货币相关的税务法规

新加坡政府于 2017 年 12 月发布《股份和金融产品收益公告》。其中规定：第一，加密货币的购买和销售应被视为个人投资，购买或出售产生的任何利润（损失）都属于资本性质，因此在新加坡无需纳税。第二，如果加密货币是作为报酬或收入得到的，那么将被征收个人所得税。任何在新加坡赚取、产生或获得的收入，且年收入超过 2.2 万元新币的个人，需要每年缴纳所得税，并按

累进税率征取。对于新加坡公民、永久居民（PR）以及前一年度在新加坡居留超过183天的外国人，都应参照相关所得税的税率进行交税。第三，而对于不符合上述情况的新加坡外籍员工，则需缴纳总收入的15%或净收入22%的所得税。第四，外国人在新加坡利息收入的15%、股权收入的10%也需纳入所得税；对于来新加坡进行表演的外国艺人统一按照10%的税率征税；对其他收入，例如董事酬金，物业租金以及作为专业人员（顾问、培训师、教练等）开展活动带来的收益则统一按照22%的税率征取。

在2014年年初，新加坡税务局（IRAS）承认比特币的合法地位，并采取对比特币分类的手段进行征税：当比特币作为投资产品和支付手段时，需分别缴纳所得税和增值税。

3. 新加坡对虚拟货币中介机构的监管

2014年3月13日，新加坡货币管理局（MAS）发表声明，MAS会监管在新加坡的虚拟货币中介机构以应对潜在的洗钱和恐怖融资风险。MAS不监管虚拟货币本身，但要求买卖或促进虚拟货币同真实货币交易的中介机构辨别其客户性质，将可疑交易报告上报可疑交易办公室。MAS的这一举动将使新加坡成为世界上第一个因反洗钱和恐怖融资风险目的而监管虚拟货币中介机构的国家。

4. 新加坡对数字代币发行的监管

2017年8月1日，MAS发布了《新加坡货币管理局澄清在新加坡提供数字代币的监管立场》，表示如果数字代币构成《证券及期货条例》第289章规定的产品，数字代币在新加坡的发行将受到MAS的监管。MAS要求发行者在发行这些代币之前向MAS递交并登记招股说明书，除非获得豁免。这些代币的发行者和中介机构也将受《证券及期货条例》和《财务顾问法》第110章的许可证要求的限制，除非获得豁免。同时，他们还要受反洗钱和打击资助恐怖主义活动的适用要求限制。此外，为这些代币二级市场交易提供服务的平台，亦须经MAS认可或批准。

5. 新加坡对ICO项目的监管

2017年10月2日，MAS发布了《答复议会有关在新加坡使用加密货币的问题及监管加密货币和ICO的措施》，表示目前正在制订一个新的支付服务监管框架来应对洗钱和恐怖主义融资风险。虚拟货币若超越其作为一种支付手段的身份，演变为代表资产所有权等利益的“第二代”代币，类似于股票或债券凭证，那么出售“第二代”代币来筹集资金的ICO项目将受MAS监管。MAS还没有专门为ICO发布新的政策，但MAS会继续监察这类发行的发展情况，如有需要，会考虑更有针对性地立法。

6. 新加坡金融管理局发布《ICO监管准则》

新加坡金融管理局于2017年11月发布了《ICO监管准则》（以下简称“《准则》”）。《准则》规定：第一，MAS不监管加密货币，并欢迎那些创新性应用技术降低金融交易成本的企业来新加坡。MAS只有在ICO造成特定风险时，才会对虚拟货币相关活动实施监管。如果Token的结构类似于证券，ICO必须满足《证券期货法》的各项要求。第二，对于没有被认定为资本市场产品（证券）的ICO，需要接受反洗钱、反恐怖主义融资法律的监管。创新型技术企业可以申请加入金融科技监管沙盒，如获批准，MAS将放松监管要求。

（二）新加坡区块链应用动态

“十三五”期间，新加坡的区块链应用积极进行国际合作。

2016年9月，瑞士和新加坡为金融科技和加密货币提供更加温馨的环境，成为该领域最为领先的国家。此外，两国已经达成意向，将在金融科技规则制定上进行合作。

2018年1月，新加坡云矿基金和缅甸内比都当地政府正式签署比特币矿场投资协议，未来三年，云矿基金将陆续投资2亿美元用于在当地建设比特币矿场。整个项目分为两期，首期投入5000万美元。目前矿场的建设已经开始启动，计划在5个月内投产。内比都政府承诺将给予大力支持云矿基金的矿场建设和运营，并且欢迎更多的投资者来内比都投资矿场。

2018年2月，新加坡金融管理局与印度第二大邦政府签署金融科技与区块链合作协议以探讨联合创新项目，包括区块链、数字和移动支付和大数据等金融技术的应用。合作备忘录的条款还包括让信息和数据在与区块链技术相关的监管、讨论中得到交流，以促进该领域的发展。

2018年3月，新加坡与中化集团下属的中化能源科技有限公司合作，这是全球第一单有政府部门参与的石油贸易区块链应用项目，也是全球首例包含了大宗商品交易过程中所有关键参与主体的区块链应用。

2018 年 4 月，新加坡金融管理局（MAS），与加拿大央行合作开展一个项目——“Project Ubin”，在区块链平台上创建跨境支付系统概念。

1. 积极支持金融科技发展

2014 年 11 月，新加坡总理李显龙正式提出了新加坡“智慧国家”倡议，呼吁人民、企业和政府团结一致，利用技术创造“更好的生活、更多的机会、更强大的社区”。为实现这一目标，新加坡金融管理局（MAS）积极支持金融科技发展，制订投资战略，营造有助于初创公司发展的监管环境。

2. 加快专利授予流程

2018 年 4 月，新加坡知识产权局（IPOS）宣布了一项旨在加快金融科技相关应用（如区块链支付）的专利授予流程的举措。这个名为“金融科技快速追踪”（FinTech Fast Track）的举措将专利授予的时间从大约两年缩短至六个月。此举标志着新加坡政府积极促进区块链技术的应用，推动金融科技发展。

3. 发行 Value Chain 链数字货币

2018 年 1 月，Value Chain 链（简称“VLC 链”）数字货币在全球正式发行。VLC 链发行公司总部设在新加坡，是一家国际化的区块链技术公司，有着专业的技术团队支持。

VLC 链利用了最新的区块链技术协议 CBT，可以增加单个区块链的价值。通过创建链与链之间的链接，完全可信地、及时地，以无成本的方式工作，实现更加快捷的转账方式。用户可以对接价值链的任意线上、线下商城，使用 BTC、ETH、EOS 等多元化的数字货币进行消费。这就避免了当地法币无法即时对标加密货币的尴尬局面，彻底解决过去加密货币网络延迟和拥堵的问题。

第四节　《2018年中国区块链产业发展白皮书》法律解读及比较

2018年5月，工业和信息化部信息中心发布了《2018年中国区块链产业发展白皮书》（以下简称"《白皮书》"），对我国区块链产业的总体发展状况、分领域发展形势、金融领域应用发展情况、实体经济领域应用发展情况、产业发展趋势和法律政策和标准等方面进行了深入分析，全面介绍我国区块链行业现状及未来发展趋势。下面主要针对白皮书中区块链法律保护和标准部分进行解读，以期从业者更好地理解目前我国对区块链技术的法律保护状况和区块链行业标准制订状况，合理布局企业战略发展。

一、《2018年中国区块链产业发展白皮书》法律解读

由于区块链技术是一项新兴的技术，而法律的制定往往滞后于新事物的诞生及发展，因此区块链的出现必然给我国现有的法律体系和条文带来冲击。

工业和信息化部发布的《白皮书》从以下几个角度分析了区块链技术给我国现有法律体系带来的问题。

（一）对区块链技术创新的法律保护

区块链技术的广阔应用前景及其可能带来的巨大价值，使对该技术的保障成为促进区块链产业发展的必要条件。

《白皮书》中从对区块链技术专利的保护、商业秘密的保护及对区块链技术的刑法保护这三个方面进行了论述。从这些论述可以看出以下情况：

首先，我国在这三方面，尤其是在专利技术和商业秘密的保护方面，相关的法律条文明显滞后于区块链技术的特点及其所带来的新问题。因此，在这三

方面对区块链技术加紧制定新条文是当务之急。

其次，由于区块链技术是一项综合的技术，其涉及的层面非常广泛，而现有的相关适用法律条文不仅少而且分散，不利于系统、综合地对区块链技术进行监管。

再次，由于区块链技术的出现时间并不长，我国法律专业人士在处理区块链相关的法律案例时缺乏经验，我国也缺乏在这方面具有丰富经验的法律人士。

（二）对区块链优势技术的知识产权法律保护

《白皮书》中对区块链技术的本质作出了定义，即将区块链技术视为计算机技术进行保护，由此可见，我国目前对区块链技术的法律保护大体仅限于专利权保护、商业秘密保护和刑法保护三个方面。下面对该部分的法律保护内容进一步梳理和完善，从以下几个方面对区块链技术的法律保护进行分析和解读。

1. 著作权的保护

根据《计算机软件保护条例》，软件著作权人对其计算机程序及其有关文档享有著作权，其著作权自软件开发完成之日起即产生，受法律的保护。相较于专利权申请来说，著作权对于计算机技术的审核标准较低，审核期限短，区块链技术开发方一般在两个月内就可以获得相应证书。同时，著作权保护期限也较长，对于法人或其他组织的软件著作权，保护期截至软件首次发表后第50年的12月31日。但是，著作权的弊端也很明显，由于著作权对于新颖性的要求较低，因此，其他区块链企业可能会通过对该项计算机技术稍加修改，然后申请新的著作权证书。

2. 专利权的保护

通常来说，区块链技术通过去中心化和分布式记账技术优化产业链流程的特征符合上述技术方案的定义，但实际申请的结果还需要根据个案的具体情况进行分析，因此，并非所有区块链技术都能符合上述专利申请的条件。

专利权保护的优点是保护程度高，专利权人的权利也较大，可以在一定期限内拥有一定程度的垄断权。但同时缺点也比较明显，一方面是审核标准较高，保护期有限，以发明专利为例，其保护期仅为20年；另一方面，发明专利保护范围以权利人提出的权利要求的范围为准，因此，如果区块链技术企业不能对其技术应用范围进行明确说明的话，很可能会出现遗漏保护内容的情况。

3. 商业秘密的保护

我国对于商业秘密的保护尚未形成较为完善的保护体系，相关条款分散于《中华人民共和国合同法》《反不正当竞争法》《中华人民共和国劳动法》和《中华人民共和国刑法》等法律法规中。因此，以我国目前的法律发展状况来说，利用商业秘密对区块链技术进行保护存在一定难度，需要结合个案来进行分析。

4. 刑法的保护

除上述民事手段的保护措施外，《中华人民共和国刑法》（以下简称"《刑法》"）是我国法律赋予区块链技术权利人的最后一道法律保护屏障，其惩戒措施也最为严厉。如果权利人采用著作权、专利权、商业秘密等法律保护手段都无法达到理想的法律保护效果的话，那么在相关方严重侵害权利人权益的情况下，权利人可以采取《刑法》层面的保护措施，具体依据侵犯手段、侵犯程度予以认定。

（三）对智能合约带来的法律问题解读

智能合约是区块链技术，更具体的说是以太坊带来的一项全新技术。尽管其相关概念在 20 世纪 90 年代就被提出，但真正得到实现还是在以太坊诞生后。

智能合约是由事件驱动的、具有状态的、获得多方承认的、运行在区块链之上的且能够根据预设条件自动处理资产的程序。智能合约最大的优势是利用程序算法替代人为仲裁和执行合同。本质上讲，智能合约是一段程序，且具有数据透明、不可篡改、永久运行等特性。智能合约无须中间媒介即可在合同主体之间直接交易，是一种基于算法的自动执行的合约。

《白皮书》对智能合约可能给现有法律体系带来的冲击进行了详细论述。从中我们可以看出下列问题：

首先，智能合约适用于现有法律体系的部分。智能合约虽然是一项全新技术，但其背后关于合同成立、生效、无效等法学理论与现有法学理论相比并无太多突破与创新。因此，这部分仍然适用于现有法律体系和条文对其的约束。

其次，智能合约中尚未被现有法律体系所覆盖和管辖的部分。智能合约与现有法律意义上的合约最大的不同在于合约的执行过程。智能合约无须中间媒介即可在合同主体之间直接交易，且合约一旦执行，即不可篡改并永久运行，不受人为干扰，它利用程序算法替代了人为的仲裁和执行。因此，我国现有法律体系中关于合约履行的相关条文将不再适用于智能合约。

再次，从合同法的角度看，我国当前的合同法规都是基于"不完全合同"来订立，而智能合约由于其执行的不可篡改和不受干扰的特性，是一种自动执行的封闭合同，属于"完全合同"。这与我国现有的合同法体系相悖。因此我国尚未有一套适于监管智能合约的法律法规。

另外，目前所有关于智能合约的立法工作尚在探索和研究阶段，关于这方面的法律理论尚不成熟，而相关的实践经验则几乎为零。

（四）对代币发行融资带来的法律问题解读

我们在这里所提到的代币发行融资在大多数情况下指的是 ICO。《白皮书》中对此论述不多，但我们可以看出下列问题：

首先，由于代币发行的行为在本质上是一种未经批准非法公开融资的行为，而我国现有法律关于非法融资是有清晰判断和明确规定的。因此，代币发行融资可适用于现有法律的管辖。

其次，我国并未出台专门针对代币融资的法律，而是根据现有法律条款对代币融资进行了制止。

（五）对区块链行业标准问题的解读

《白皮书》认为区块链技术本身的法律政策规范也是不可或缺的，尤其是与区块链技术有关的技术标准的规范的制定。一方面，它有助于确定并统一区块链技术的概念，促进其标准化进程，从而促进区块链技术在不同行业的具体应用形成统一而完善的技术前提。另一方面，实施对区块链技术在法律政策层面规范要求，能够从根本上减少区块链技术被"滥用""错用"的可能性，减少区块链技术运用在具体的应用场景中构成违法犯罪情况的几率。

除此以外，我们可以看出以下问题：

首先，我国政府和相关部门已经认识到制定区块链行业和技术标准的重要性及重大意义。

其次，我国相关部门及机构正在加紧相关标准的制定和推广。

再次，我国虽然有了一些区块链技术标准，比如《区块链参考架构》《区块链数据格式规范》和《信息技术区块链和分布式账本技术参考架构》，但尚未有一套完整的、自上而下的区块链技术行业标准。

二、2018 年与 2016 年版《中国区块链产业发展白皮书》比较

工业和信息化部于 2018 年所发布的《白皮书》并不是第一次发布的该产业《白皮书》。早在 2016 年，中国区块链技术和产业发展论坛就在工业和信息化部信息化和软件服务司的指导下发布了我国第一份区块链产业白皮书——《中国区块链技术和应用发展白皮书》。时隔两年，在 2018 年再次发表。

在 2016 年的《白皮书》中也有和法律及标准相关的论述，我们对 2016 版及 2018 版两部《白皮书》中法律法规及标准方面的内容进行分析和比较。

首先，2016 版《白皮书》没有像 2018 版《白皮书》那样专门对区块链技术及智能合约有相关法律方面的论述。2018 版《白皮书》第一次对此进行了法律方面的论述。

其次，通过比较这两版《白皮书》可以看出，随着区块链技术的飞速发展，新技术的涌现，所产生的新问题也层出不穷，其对我国的法律法规方面的冲击也越来越大，使我国政府认识到在法律法规方面制定相关政策的重要性和必要性。因此在 2018 版《白皮书》中，就有了专门的章节对法律相关内容进行论述。

再次，2016 版《白皮书》只有关于区块链标准和规范方面的论述。

最后，两版《白皮书》对标准和规范方面的论述有相同也有不同的侧重点。相同之处在于，两版《白皮书》都认识到标准制定的重要性、迫切性及重大意义。而不同点则在于 2016 年版《白皮书》出版时，我国尚未有任何正式发布的行业及产业标准，因此 2016 版《白皮书》侧重论述制定标准所遵循的

框架、方向、方式和方法。而经过其后两年的努力，到2018版《白皮书》发布时，我国已经出台了若干标准和规范，因此2018版《白皮书》主要介绍了过去两年我国在标准和规范制定方面所取得的成就和成果，并对未来进行了展望。

第十二章

“十三五”中期中国区块链技术与应用情况

目前国际上最重要的科技竞争力之一是区块链，而区块链最重要的竞争力是技术和应用。如果说，发展是硬道理，那么，技术就是发展的硬道理，而应用则是技术的硬道理。本章在介绍和论述区块链技术与全球区块链技术发展概况的基础上，着重探讨和总结了“十三五”中期中国区块链的技术发展问题、技术应用问题，以及中国区块链标准体系的建设问题；最后，对区块链技术向3.0时代发展的影响因素和主攻方向，进行了分析和描述。

第一节　区块链技术概述与全球区块链技术发展概况

一、区块链技术概述

（一）区块链技术的概念

区块链（Blockchain）技术起源于化名为中本聪（Satoshi Nakamoto）的技术极客在2008年发表的奠基性论文《比特币：一种点对点电子现金系统》。区块链数据由所有节点共同维护，每个参与维护节点都能通过复制来获得一份完整记录的拷贝，可以实现在没有中央权威机构的弱信任环境下，分布式地建立一套信任机制，保障系统内的数据公开透明、可溯源和难以被非法篡改。因此，区块链技术具有去中心化、数据不可篡改和可追溯等特点。

（二）区块链技术的发展阶段

区块链技术发展分为三个阶段，分别是以比特币为代表的加密数字货币以及相关金融基础设施应用的区块链 1.0 阶段，和以智能合约为代表的区块链 2.0 阶段，目前正在逐步走向基于区块链技术且更为复杂的智能合约深入应用的区块链 3.0 阶段。

（三）区块链技术的重要价值

区块链技术的重要价值体现在：一是有望实现去中介化从而降低中介成本；二是解决了数据追踪与信息防伪问题；三是有效解决了关键数据保护和授

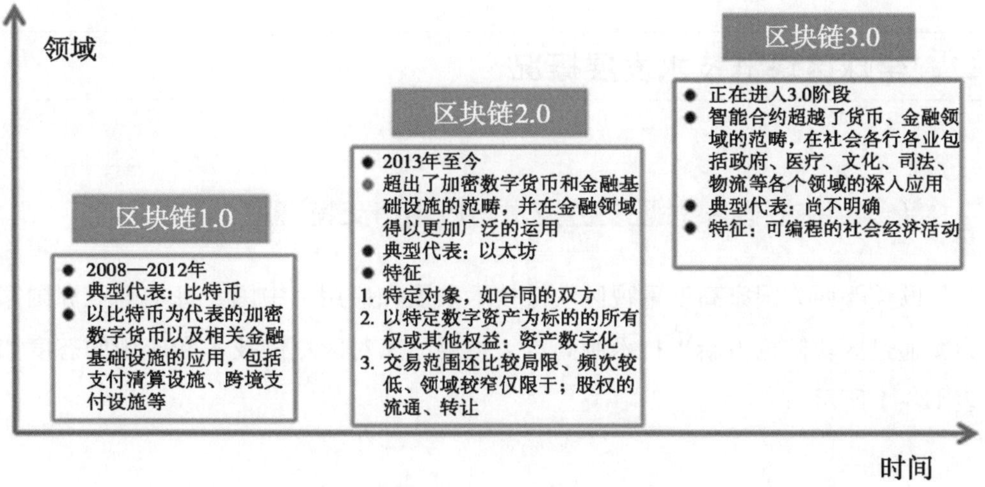

领域

区块链1.0

- 2008—2012年
- 典型代表：比特币
- 以比特币为代表的加密数字货币以及相关金融基础设施的应用，包括支付清算设施、跨境支付设施等

区块链2.0

- 2013年至今
- 超出了加密数字货币和金融基础设施的范畴，并在金融领域得以更加广泛的运用
- 典型代表：以太坊
- 特征

1. 特定对象，如合同的双方
2. 以特定数字资产为标的的所有权或其他权益：资产数字化
3. 交易范围还比较局限、频次较低、领域较窄仅限于：股权的流通、转让

区块链3.0

- 正在进入3.0阶段
- 智能合约超越了货币、金融领域的范畴，在社会各行各业包括政府、医疗、文化、司法、物流等各个领域的深入应用
- 典型代表：尚不明确
- 特征：可编程的社会经济活动

时间

图 12－1　区块链演化过程

资料来源：中国电子信息产业发展研究院

权访问问题；四是灵活的可编程特性有助于规范现有市场秩序；五是有助于实现商业组织形态的重构和社会协作方式变革。

一，有望实现去中介化从而降低中介成本

五，有助于实现商业组织形态的重构和社会协作方式变革

二，不可篡改的时间戳可解决数据追踪与信息防伪问题

四，灵活的可编程特性有助于规范现有市场秩序

三，有效解决关键数据保护和授权访问问题

图 12－2　区块链五大重要价值

资料来源：中国电子信息产业发展研究院

二、全球区块链技术发展概况

（一）主要国家对区块链技术与应用持支持态度

欧美等西方国家高度重视区块链技术发展和应用，中国、日本等亚洲国家力图通过区块链抢占新兴技术制高点。主要国家对区块链技术和应用的态度如表 12－1 所示：

表 12－1　主要国家对区块链技术与应用的态度

国别	倾向	态度要点
美国	中立转支持	美国政府部门积极推动区块链技术开发和应用；美国各州对待数字货币和区块链技术态度存在差异
英国	积极支持	英国政府将区块链发展提升到国家战略高度
法国	中立	法国央行推进区块链技术研究
澳大利亚	支持	澳大利亚政府在教育、金融等多领域使用区块链技术
中国	积极支持	区块链被写入国家"十三五"规划，作为战略性前沿技术超前布局
日本	积极支持	日本政府积极探索区块链发展道路
新加坡	积极支持	新加坡政府优先发展区块链，打造政策特区
韩国	积极支持	韩国政府借助区块链技术发展争夺亚洲金融科技中心地位
印度	支持	印度政府积极与其他国家合作研究区块链
俄罗斯	反对转中立	俄罗斯政府对比特币和数字货币态度严厉，但逐渐接受底层区块链技术；普京已明确发声在严格监管下支持创新

资料来源：中国电子信息产业发展研究院

（二）区块链技术标准制定工作开始起步

在密码算法和签名标准方面，国际标准密码算法已较为成熟，代表算法有

DES、AES、RSA、SHA 等系列；在区块链技术标准方面，国内外标准化组织加快了区块链标准化工作，已在标准化前期研究、组织建设和标准研制等方面取得了一些进展。

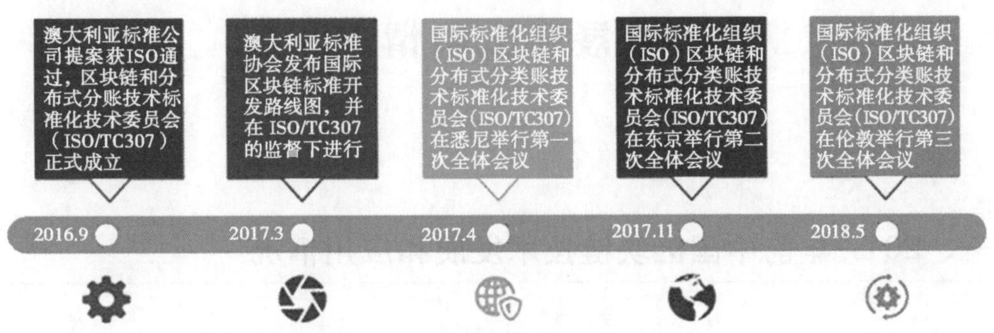

图 12－3　区块链标准工作动态

资料来源：中国电子信息产业发展研究院

（三）区块链技术体系基本形成

随着对区块链技术深入研究，区块链技术在不断的升级与发展。当前基本形成了以 P2P 网络、分布式系统、密码学、共识机制为主，多种改良技术为辅的区块链技术体系。随着区块链技术创新发展，区块链技术体系会越加完善。

图 12－4　区块链核心技术体系构成

资料来源：中国电子信息产业发展研究院

第二节 “十三五”中期中国区块链技术发展和应用情况

一、2017 年前中国区块链技术发展和应用情况

（一）2017 年前区块链技术发展阶段

截至 2017 年年底，对于区块链技术的发展，专家们划分为三个阶段。

第一阶段：比特币和数字货币

虽然在计算机科学社区中出现的想法是围绕着区块链展开的，但它是化名“中本聪”的比特币开发者在为比特币的白皮书中勾勒出了区块链。这样，区块链技术就从比特币开始了。根据 Coin Insider 的说法，世界上许多热心的开发者仍然认为区块链技术可能完全适用于数字货币，并能更广泛地推进数字货币的目标。

在最初阶段，区块链建立了一个支持加密货币网络的共享公共分类账的基本前提。Satoshi 的区块链思想利用了 1 兆字节（MB）的比特币交易信息块，通过一个复杂的加密验证过程链接在一起，从而形成不可变链。即使在最初的伪装下，区块链技术也建立了这些系统的许多核心特征，这些特征一直延续到今天。事实上，比特币的区块链与这些最初的努力相比基本上没有什么变化。

第二阶段：智能合约

随着时间的推移，开发人员开始相信区块链不仅仅能简单地记录事务。例如，以太网的创始人认为，资产和信托协议也可以从区块链管理中获益。这样，以太网就代表了第二代区块链技术。

以太网带来的主要创新是智能合约的出现。通常，主流商业界的合同由两个不同的实体管理，有时还与协助监督进程的其他实体管理。智能合约是那些在区块链上自我管理的契约。它们是由事件本身触发的，例如，通过一个出口

日期或实现一个特定的价格目标；作为回应，智能合约自己管理自己，在需要时才作出调整，而不需要外部实体的投入。在这一点上，许多分析师认为，我们仍然在利用智能合约尚未发掘的潜力。因此，我们是否真正进入了区块链发展的后续阶段仍有争议。

第三阶段：可伸缩性

区块链面临的一个主要问题是扩展。比特币仍然受到事务处理时间和瓶颈的困扰。许多新的数字货币都试图修改它们的区块链，以适应这些问题，但程度各有不同。未来，为区块链技术的发展铺平道路的最重要发展之一很可能与可伸缩性有关。

除此之外，区块链技术的新应用一直在被发现和实现。很难说这些发展到底会把技术和加密货币工业引向何方。区块链的支持者可能会发现这是令人难以置信的发展；从他们的角度来看，我们生活在一个正在继续发展和划时代技术出现的时代。

（二）2017 年前区块链技术发展情况

由于分布式对等、防伪造、防篡改、可追溯等优势，2008 年区块链的出现引发了业界对传统记账技术的新思考，衍生出新型的记账方式即分布式记账，以及分布式记账技术的概念（如图 12－5）。

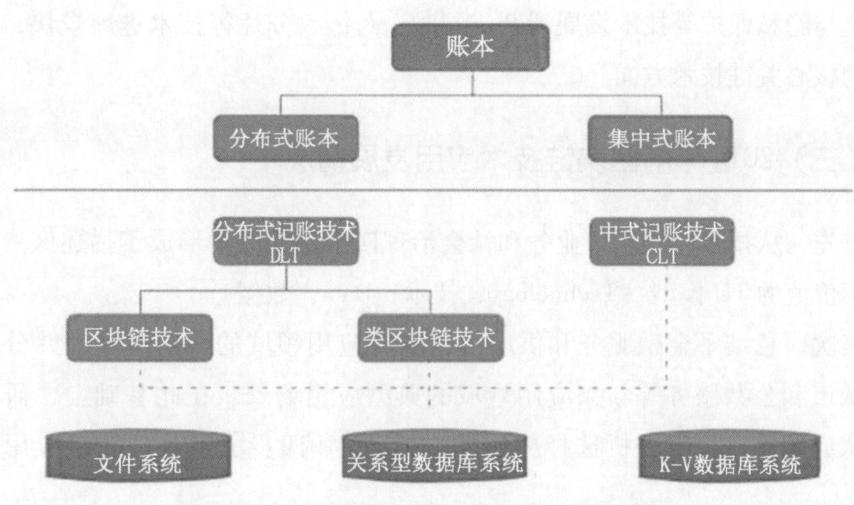

图 12－5　区块链分布式记账技术图

资料来源：百家号/熵链观察

结合国内国际标准化成果，2017 年前中国区块链系统架构的发展演进特征如图 12－6。

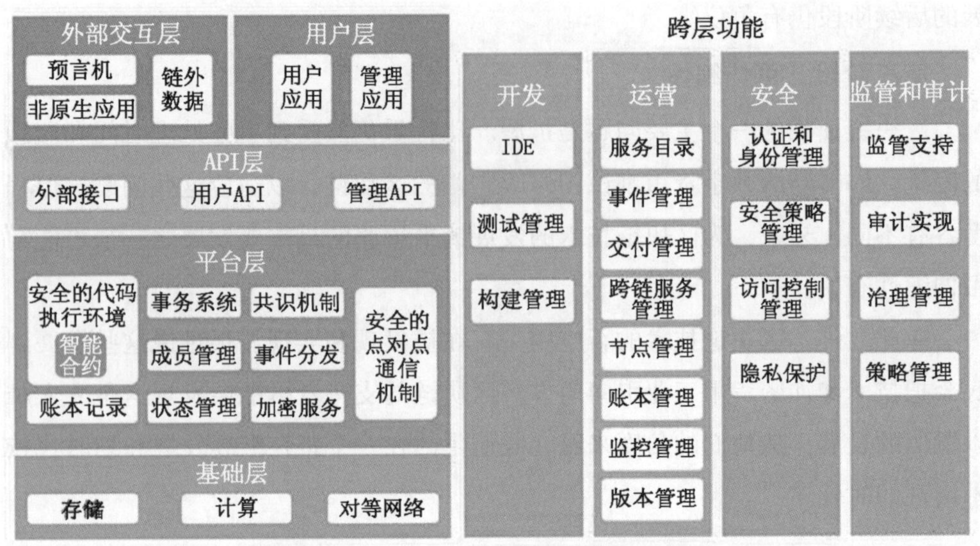

图 12－6　区块链系统架构的发展演进

资料来源：百家号/熵链观察

2016 年以来，产业界、学术界加大对区块链相关技术的研究力度，六类核心关键技术不断取得新进展，尤其是数据存储结构、共识机制、智能合约，以及安全与隐私保护等技术发展活跃，同时，跨链、分片等技术进展较快，已成为新的核心关键技术方向。

（三）2017 年前区块链技术应用发展情况

首先，从技术、数据、业务和社会治理四个层面归纳形成了描述区块链核心应用价值的 TD 模型（Technology，技术；Data，数据）。

其次，总结了金融服务和供应链管理等应用领域的最新进展，并分析了智慧城市和公共服务等新兴应用领域的典型应用场景。在此基础上，研究提出了从应用痛点出发分析选择应用场景的 ASMI 四步法以及区块链应用治理框架。

最后，针对区块链应用评价，提出在技术、业务、社会效益三个维度下的 14 个评价指标体系。值得注意的是，在实际操作中，需要根据不同的应用场景或应用案例，选择全部或部分的评价指标，并且根据不同指标的重要程度选取合适的权重，最终达到综合评价区块链应用的目标。

（四）开展区块链标准化研究

从 2017 年开始，国内开展了对参考架构、数据格式等方面的重点标准研制，以及国家标准、行业标准、团体标准的总体进展开始启动。同时，也在学习和借鉴 ISO、IEEE－SA、W3C、ITU－T 等国际标准化组织的区块链标准化工作情况。

结合两级标准化体系，中国区块链的标准化演进路径如图 12－7。

图 12－7　区块链系统架构的发展演进

资料来源：百家号/熵链观察

（五）区块链技术和应用面临的机遇和挑战分析

1. 对区块链的认识水平有待提升

人们将区块链和虚拟代币画等号，随着各类虚拟代币和 ICO 合法性受到质疑，区块链行业遭到拖累和怀疑。

2. 对区块链的应用存在误解和担心

现阶段，区块链的各方面尚未成熟，其用途和效果被夸大，有泡沫化的倾向。另一方面，参与项目门槛低，使得市场投机氛围浓重。

3. 区块链技术成熟度有待进一步提升，理论研究力量有待加强

现有的应用多数仍处于研究和发展阶段，长期以来以产业界的投入为主，高校、研究机构的参与程度总体不高。

4. 现有应用场景有待丰富

目前其应用场景还不够丰富，且区块链主要应用于对账、清结算和存证等场景，应用范围有待进一步拓宽。

5. 区块链行业迅速发展，对标准化的需求日益迫切

当前区块链和分布式记账技术处于技术膨胀期，各行业缺乏核心的理念和基本技术共识，使得行业发展碎片化严重。

（六）区块链技术和应用未来发展展望

未来一段时期内，区块链技术将加速向更多领域延伸拓展，可能带来的产业变革值得密切跟踪，同时可能带来的风险和挑战也需要持续关注。

1. 区块链的定位逐渐清晰，持续加快推动区块链发展

全球主要国家越来越关注其发展潜力，通过政策、资金和应用试点等方式加以支持，抢占区块链技术和产业发展先机。另外，从整体上看，目前全球各国政府对区块链产业的支持还以点状的项目鼓励为主，各国政策有望进一步加强。

2. 区块链相关概念不断发展演进，技术发展逐渐走向体系化和多元化

2017 年以来，区块链领域的学术论文大幅增多，反映出对区块链的基础技术的理论研究进一步加快。总体上看，区块链在安全、数据隐私保护、治理、跨链互操作等方面的技术还不成熟，未来一段时期内，技术的优化和发展仍是重要的课题。

3. 区块链技术应用积极性不断提高，有望成为数字经济基础设施之一

区块链技术的应用有助于提升多个行业的数字化水平，促进新模式、新业态培育，甚至实现行业革新。从全球来看，未来区块链产业竞争的关键将是尽快实现规模化应用或实现国民经济关键性领域的成功应用。

4. 国内外区块链创新创业活跃，产业发展生态持续完善

国内外主流金融机构、IT 企业、初创科技企业等纷纷探索和推动区块链技术和应用发展，通过开发区块链基础平台、探索各领域的应用、开展技术创新活动、投资区块链项目等方式积极布局，带动新一轮的区块链创新创业浪潮。

5. 国内国际标准化组织大力推动区块链标准化，产业服务水平不断提升

随着区块链技术和应用的持续发展，基础术语和架构、安全与隐私保护、互操作以及治理等方面的规范化、标准化发展的需求日益突出。

二、2018 年中国区块链技术发展情况

下面是起风研究院从区块链技术架构角度，对 2018 年中国区块链技术的总结和评点：整体来看，区块链技术仍然处于前期探索阶段，概念验证多于应用落地，商业模式有待明晰。其中，底层开发平台中公链市场竞争激烈，联盟链正在崛起，跨链稳步创新向前。通用技术服务发展迅速，智能合约、Baas、DApp 呈现良性发展爆发趋势。支撑配套服务中挖矿硬件基础设施受资本市场影响较大，且随着未来更多元币化应用场景推广前景有限，中心化交易所与去中心化交易所并存，数字钱包发展资产关注度提升与产业生态完善，成为获取用户、应用推广的利器。

（一）区块链技术总体发展良好，但仍存在技术、模式、环境挑战

1. 区块链技术发展进入 3.0 价值区块链阶段，基础架构逐渐完善成型

区块链技术脱胎始于比特币，作为互联网重要的底层基础设施之一，已经从比特币 1.0 阶段，即货币区块链技术实现点对点交易，到以太坊 2.0 阶段，即合同区块链技术实现智能合约执行，再到当下 3.0 阶段，即价值区块链实现更广泛场景落地应用。区块链 3.0 技术，简而言之就是记录数字经济权益的集成账本技术，以分布式智能网络计算技术为基础，以构建安全环保、高效可扩展的技术生态为路径，对多行业多场景进行通证化改造，最终实现在“真实世界”与“数权世界”两个平行时空之间资产映射和价值转移。区块链 3.0 技术创新随之带来的产业升级与生态治理，将对我国经济格局重塑与现代经济体系形成起到重要推动作用，进而推动全球数字经济跨越式发展，对于全球命运共同体建设也极具建设性意义。

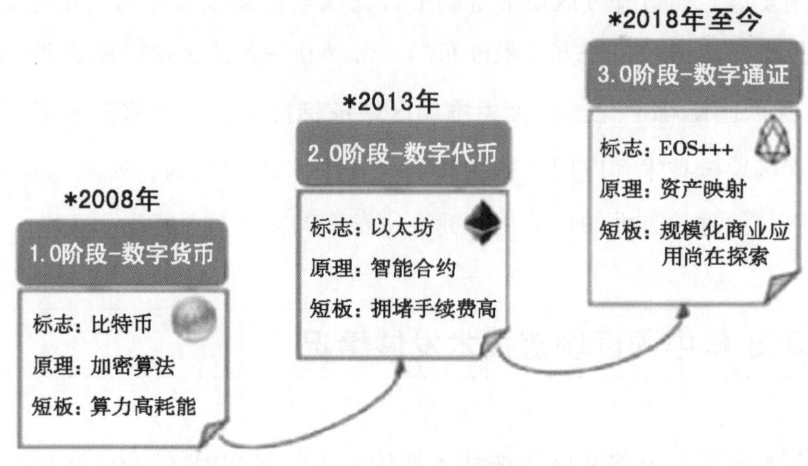

图 12－8　区块链技术发展阶段演化

资料来源：起风研究院

区块链技术基础架构分层逐渐清晰。随着区块链技术进入 3.0 阶段，基于其 P2P、密码学、编程技术、信息论等多学科组成的逻辑特性，我们认为其基础架构可分为五个层面，从下到上分别为数据层、网络层、共识层、合约层和应用层。对应的简要产业链环节如图 12－9 所示。

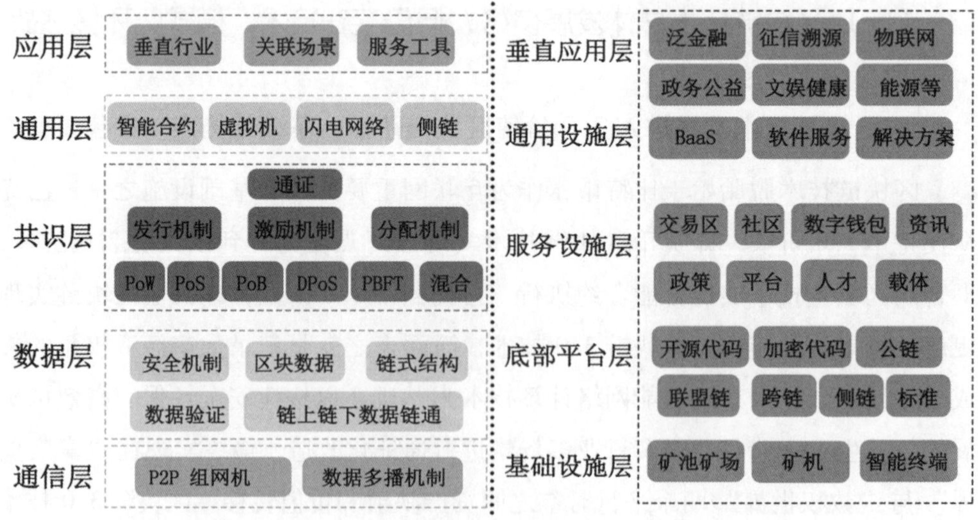

图 12－9　区块链技术基础架构及对应简要产业链

资料来源：起风研究院

2. 关键技术攻坚继续但处于良性循环之中，技术创新力度不断增强

区块链各细分领域发展较为迅速，以底层平台为核心的技术创新持续活跃。从基础设施、硬件制造、底层技术开发、平台载体建设，再到安全防护、行业与场景应用，以及媒体社区等区块链行业服务机构，中国已初步形成了较为完整的区块链产业生态。2018 年，以硬件制造、底部平台开发、通用技术、DApp 以及相关支撑配套设施为代表的区块链技术创新较为活跃，其中，基于公链、联盟链的底层平台在部分行业逐步进行商业端、用户端的场景落地尝试，硬件制造领域头部效应较为明显。通用技术不断形成较为完善的体系，DApp 应用异常火爆。

3. 应用过程中还直接面临着商业化模式、外部环境等多重因素的挑战

技术挑战	模式挑战	环境挑战
· 性能无法满足场景需要 · 技术发展体系仍不完善 · 优秀专业人才匮乏 · 运营维护成本投入较大 · 标准制订较为滞后	· 商业化模式应用乏力 · 隐私保护与数据透明平衡 · 现有公司组织架构调整 · 创新型通证营销方式缺少	· 政策监管与法律问题 · 线下资产上链操作难 · 分布式思维教育待普及 · 顶层设计与规划缺乏

图 12－10　区块链技术应用过程中面临的多因素挑战

资料来源：起风研究院

（二）区块链底层开发平台整体处于探索阶段，各链优势正在显现

1. 底层开发平台整体处于探索阶段，共识机制创新较为活跃

底层开发平台类似于计算机的操作系统，用于维护网络节点，主要包括基础组件、协议和算法，按照区块链系统组成分为通信、数据、共识机制等三层结构。平台企业或个人可快速完成项目开发（通过调用 API 快速完成开发），具有部署效率高、开发快捷、初始运维成本低及依托主链等多重优点。根据底层开发平台技术特点与衍生功能，底层技术包括公链、侧链、跨链。根据适用的对象与用户不同，底层开发平台分为公链、联盟链与私有链。随着底层平台融入节点的增多、成熟度提升及平台进化需求，“公链＋侧链＋跨链”“跨链

+多中心+联盟链"等体系正在局部化发展，未来将形成更为融合与完善的底层开发平台体系，夯实"区块链+"技术与应用推广的基础。

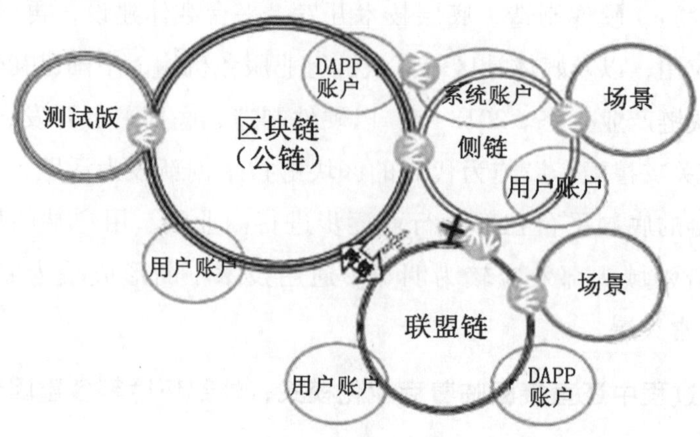

图 12-11　底层开发平台间的融合连接示意图

资料来源：起风研究院

2. 公链市场竞争进入白热化，成熟落地应用成为拦路虎

据不完全统计，全球目前已有超过 70 个基础链平台项目，其中 2018 年是公链上线集中年，国际上代表性公链的项目有 NEO、EOS、IOTA、比原链、星云链、元一链等，中国已诞生数家相对领先的底层开发平台主体。2018 年以来，公链领域头部效应已经开始显现，预计短期之内竞争还会加剧，但未来市场将进一步集中。从未来潜力来看，判断公链项目好坏的重要因素主要有跨链交互性、用户对"开发者友好"要求、技术扩展分类与兼容性、垂直应用领域试点应用预期。随着"区块链+行业场景"的深度融合，通用领域与部分垂直领域的公链将拥有更广阔的前景。

3. 跨链拓展技术应用场景，侧链在金融领域具有先天技术优势

跨链即通过一个技术协议，能够让价值跨过链和链之间的障碍产生直接的转移、流通，本质上和货币兑换是一样的。从业务角度看，跨链技术类似"交易所"，让用户在交易所进行跨链交易。目前主流的跨链技术包括公证人机制、侧链/中继、哈希锁定与分布式私钥控制。跨链技术正在从早期以锕链技术、瑞波为代表关注资产转移，转向目前侧重并专注于跨基础设施的建设。此外，跨链产生的主要背景之一是为规避金融支付平台的跑路风险，但其稳定性和转账速度仍然是其目前发展面临的主要障碍，所以，未来跨链要朝着交易速度加快、多条侧链并行处理、不断扩展应用空间、增强隐私保护等方向发展演化。

4. 联盟链发展成熟度正在提升，私有链发展应用前景较为局限

联盟链的诞生源于比特币、以太坊所体现的技术特点与企业客户实际需要的融合与折中。作为区块链落地实践的热点，目前较典型的案例包括由 Linux 基金会发起的超级账本、Fscobcos、微众银行 Bcos、CITA、Fabric、R3Corda、EEA 等，像 COCO、Qurum 等部分联盟链项目存在支持能力不足、缺乏有效案例、用户使用率较低的问题。

私有链属于“弱去中心化”的区块链技术，其写入权限由单个人或某个组织和机构控制，参与的节点受到严格管制，数据的访问和使用有严格的权限管理。因此，其有极快的交易速度、更好的隐私保护、更低的交易成本、不容易恶意攻击；缺点为有限的节点，与其他中心化数据库没有太大区别。私有链的应用场景一般是大型企业或集团内部应用，如数据库管理库管理、政府预算执行、审计等。目前国内外较为典型的项目包括 Consensys、Ethereumsolity、Safe-share、方舟私有链等。

（三）区块链通用技术发展较为明确，整体处于良性循环

通用技术服务，指为满足垂直行业在应用区块链技术时的共性需求，向开发者和用户提供的各种服务，涉及分布式存储、BAAS 去中心化交易、数据服务、分布式计算、安全服务、隐私和加密服务、开发者工具、扩展性解决方案。通用技术的普及加快行业应用的落地，及各垂直行业区块链应用的成熟，将催生新的通用需求。区块链通用技术的发展较为明确，整体处于良性循环。

在智能合约方面，区块链的部署和传播优势具有天然性，使投资方向从数字货币部分转移到其他项目，同时重构了区块链。我国区块链安全研究中心 BSRC 推出的国内首个智能合约自动化检测系统 BSCSCS 采用了多种形式化验检证引擎，已完成 1000 份智能合约的自动化检测。

在 BSRC 方面，佼佼者腾讯区块链 BaaS 平台提供共享账本和数字资产两个业务模型，旨在打造领先的企业级区块链基础服务平台。在安全服务方面，币安受攻击、智慧能合约漏洞导致的巨大经济损失、EOS 爆发高危漏洞，都反映了区块链和数字货币安全服务的必要性，但被重视程度与投入仍远远不够。据 BCSEC 统计，2011 - 2018 年，全球范围内因区块链安全事件造成的损失接近

30 亿美元。

DApp 方面，随着区块链底层平台技术的发展，多领域区块链应用的原型设计、功能测试、产品落地以太坊平台受到诸多开发者的认可和追捧，以太坊与 EOS 平台已有超过 1600 个 DApp，但其整体发展仍处于初步探索时期，绝大多数 DApp 在产品设计等方面尚未成熟。

（四）区块链支撑配套设施快速增长

附着 2018 年区块链底层开发平台、通用技术设施的深入发展以及垂直行业应用的尝试，区块链配套服务设施随着数字货币等产业爆发式增长得到了长足发展，包括矿机、矿场、矿池等基础设施，数字货币交易所、钱包等数字货币交易平台以及区块链媒体社区、资讯终端等行业资讯平台。

1. 挖矿硬件基础设施

全球数字货币挖矿硬件基础设施产业发展到 2018 年已经较为成熟，市场组织化规模化程度逐渐提高。发展现状主要有三点：一是矿机市场规模增长较快，寡头格局明显增强。据 Frost Sullivan 统计，2018 年全球挖矿硬件市场规模约达 500 亿美元，同比增长 159%。比特大陆与嘉楠耘智合计市场份额更是占到了全球的 80%。二是传统芯片代工厂受矿机需求下降影响较大。矿机市场转冷使得芯片设计厂商、代工厂商的产品供过于求，市场销量受到较大影响。在此背景下，部分企业开始寻求业务转型。三是国内矿场大规模向国外转移。2017 年第三季度以来，由于政策监管原因，国内大批违规建设的比特币矿场被清退，国内大部分矿场向加拿大、冰岛、瑞典等国家转移。同时也面临一些问题，比如受数字货币市场行情走低影响，新增矿机需求增速放缓；国内大量违规矿场清退转移，挖矿收益明显减少；矿池建设资金投入较大，风险加大。

2. 数字货币交易所

数字货币交易所平台受到市场低迷影响，交易清淡。中国作为数字货币的重要参与者，前期对世界数字货币市场的影响强劲，但在 2018 年 1 月大多数币种创下各自历史最高价后，跌幅一度达 80%，市场看似“熊无止境”，对数字货币交易平台的交易量直接产生了负面影响。据不完全统计，2018 年全球约 177 家有效数字货币交易所，单日交易额超 100 亿元的有 OKEX 和币安，50 亿 –100 亿元的有火币 Pro、Upbit、Bitfinex，10 亿 –50 亿元的有 10 家，而 1000

万元以下的僵尸交易所占50%。从交易所地区分布来看，亚洲的数字货币交易所有7家，占比35%；北美洲6家，占比30%。从交易所种类来看，全球数字货币交易所根据记账技术分为中心化交易所和去中心化交易所，目前95%以上的数字货币交易所为中心化交易所。同时，数字货币交易所面临新问题，比如由于资金存储、洗钱等因素，法定货币交易所监管更加严格，币安48小时停摆事故等暴露了中心化交易所因固有缺陷导致被盗风险较高；交易量和交易体验上与主流中心化交易所有较大的差距。

3. 数字货币钱包

数字资产受到的关注越来越多，大量的数字资产交易激发了对数字资产安全存储的需求，数字钱包应运而生。目前市场上个人用户的数字资产钱包项目数量越来越多，但应用较广泛简便的主要有：Imtoken、Coinbase、Ledger、Bitcoincore、Corecard等。总体呈现以下几个特征：一是市场规模及用户与日俱增。据Statista统计，2018年第二季度，全球数字资产钱包用户数为2576.4万人，同比增72.1%。二是热钱包应用明显多于冷钱包。三是钱包功能集成化趋势显现。数字资产管理、行情资讯、POS挖矿、广告服务、融资服务等开始集成化，量化交易、策略分析及社交功能有可能成为下一发展方向和潜在盈利点。四是数字钱包安全性问题频发。近两年，Panity钱包的两个安全事件直接造成约24万个以太坊的损失，2018年多款冷热钱包出现安全问题。

三、2018年中国区块链技术的应用情况

（一）2018年中国区块链技术应用概览

总结工业和信息化部撰写的《中国区块链技术和应用发展白皮书》，根据目前的技术发展情况，区块链应用主要应用场景主要包括：电子存证、金融服务、医疗健康、文化娱乐、慈善公益、社会管理、通信、共享经济、物联网、教育、IP版权等几大领域。

截至2018年，以上各大领域都已经出现了一些代表性的项目，甚至在某些领域出现了较大的竞争，如区块链电子存证技术已经进入了商业落地环节，并取得了较好的进展。

1. 金融服务

区块链技术拥有高可靠性、简化流程、交易可追踪、节约成本、减少错误以及改善数据质量等特质，使其具备重构金融业基础架构的潜力，可以用于增加金融系统的透明性。利用点对点的特性可以极大地提高交易效率，如利用区块链进行 Kyc 认证、清算、结算、支付环节等。

2. 供应链

由于供应链有多参与主体，供应链内存在大量的交互和协作，区块链可以对其进行分布式存储，使数据在交易各方之间公开透明，从而在整个供应链条上形成一个完整且流畅的信息流，提高整个系统的透明度。同时，区块链所具有的数据不可篡改和时间戳的存在性证明的特质能很好地运用于解决供应链体系内各参与主体之间的纠纷，实现轻松举证与追责。

3. 文化娱乐

包括数字音乐、数字图书、数字视频、数字游戏在内的文化娱乐行业，存在着大量可复制的数字资产，这些数字资产在传统技术手段内很容易出现被篡改、盗版及交易纠纷，利用区块链不可篡改和透明的特性，可以实现这些数字资产的唯一性证明。同时，还可以利用区块链进行数据脱敏无缓存的交易，实现点对点的数据交易，极大地释放数据资产交易的活力，大幅提高相关数据流转的安全性和隐私性。

4. 慈善公益

慈善机构要获得持续支持，就必须具有公信力，而信息透明是获得公信力的前提。公益机构由于信息的不透明和不能很好地自证受到质疑，通过资金流转数据的上链，可以让捐赠人看到资金的走向，增加公益活动的公信力，激发社会公益热情。

5. 医疗健康

国内医疗信息化缺乏整体规划，医疗系统大都是由不同的开发商在不同时期完成，数据被分散存储在各个业务模块中，若要获取不同业务系统中的数据，效率非常低。医院和医院、医院和保险公司之间的数据交换也就变得非常艰难，导致两家医院之间的诊疗信息无法通用。患者如果在 A 医院检查最好就在 A 医院完成治疗，否则转去 B 医院就要重新再做一次检查。面对这一情况，区块链技术就是一个非常适合改善医疗行业现状的技术。医疗行业可以通过建立医疗行业联盟链，将相关各方联合起来，共享数据，在脱敏和可靠的情况下进行行业内的数据流转和储存，可以提高医疗行业的数据效用，也可以降低重复数据的获取成本。

6. 社会管理

社会管理也是区块链技术潜在应用最为广泛的领域之一，包括投票、身份认证、公证、征信、信用管理、工商管理等。社会管理中存在大量的低效环节，主要包括公证、确认等环节，同时还有大量的不透明环节，可以利用区块链进行公证存储、公示，对系统进行精简的同时提高社会管理系统的透明性。

7. 版权保护

目前版权保护领域主要面临三大问题：一是保护难。传统版权登记方式不仅耗时长而且费用高，对于互联网创作者来说，成本过高；二是举证难。由于版权登记成本过高，大部分互联网作品版权缺乏必要的保护，而互联网取证方面难度较大；三是维权难。平台的投诉手续复杂，法律诉讼成本高，大多数原创者因此选择沉默，任由权利被侵犯。区块链技术可以提供基于时间戳的记录，解决版权登记的问题，同时基于密码学原理，可以让每一部作品拥有自己唯一的 ID。联盟链技术则可以将版权相关方，包括版权认证方、登记方，以及在线诉讼仲裁方，多方进行存证出证，高效解决版权保护的痛点，同时还可以与交易结合，让版权从认证到交易实现一站式解决。

8. 共享经济

目前很多称之为“共享经济”的服务，更像是“使用权经济”，一个真正的共享经济是无需任何中介的，而现在的“共享经济”还是需要一个公司作为中介，用户通过某个公司提供的平台实现使用权的连接，而区块链技术可以真正实现去中介化的共享经济形态。区块链网络自身提供一个分散化的信任网络，可以替代中心化的信任背书中介，通过区块链网络构建数字身份和信用体系，完善的智能合约实现业务层，减少中心化伴随的大平台通病，同时能够让共享经济更多地回报给共享者。

（二）区块链技术在金融方面的应用

1. 区块链在资产证券化中的应用

区块链技术能够改善资产证券化的现金流管理，提高金融资产的出售结算效率，增加证券交易的透明度，降低增信环节的转移成本，同时有利于监管机构实现穿透式监管。目前，国内已经实现区块链技术在车贷资产证券化等场景的应用，对交易流程效率提升起到极大的促进作用。

2. 区块链在保险行业中的应用

保险产品同质化严重、渠道费用居高不下、理赔难等行业顽疾亟待解决，区块链技术能够实现分布式存储、全链共识、去中介化以及刚性信任，可助力保险行业重构信用体系实现差别定价，优化流程削减渠道成本，提高理赔效率，保障消费者权益。Useit 知识库从报告发现，区块链技术可应用在保险产品设计、销售、理赔、反欺诈等多个环节。

3. 区块链在供应链金融中的应用

传统供应链金融存在企业偿付能力难以评估，交易本身真实性难以验证，信息相互割裂、无法共享，履约风险无法有效控制等痛点。区块链技术通过共识算法解决信任问题，通过智能合约防范履约风险，从而使信任可沿供应链条有效传导，降低合作成本，提高履约效率。Useit 知识库从报告发现，基于区块链技术搭建的“债转平台”能够盘活应收账款，降低融资成本，有效解决传统供应链金融的痛点。

4. 区块链在场外市场的应用

区块链技术可以从降低风险、缩减流程、整合市场、规范监管等多方面入手，重塑场外交易市场流程，提升场外市场运作效率，进而为场外市场的规范、有序发展提供技术支撑。国际上，已有商业银行应用区块链技术和智能合约建立可交易的金融衍生品的系统平台。

5. 区块链在资产托管的应用

资产托管由于内部程序复杂、人员素质较低、系统不完善、运营失当等原因，在合同签订、托管产品运营、投资监督、托管产品清算支付等环节普遍存在以操作风险为主的各种风险。Useit 知识库从报告发现，国内已有商业银行应用区块链技术大大提升资产托管流程的效率，确保交易真实和信息不可篡改，从而有效降低资产托管行业面临的各种风险。

6. 区块链在大宗商品交易中的应用

区块链技术能有效解决大宗商品交易中存在的交易环节冗长、交易成本高昂、违约风险较大、信息安全难以保障等问题，提升大宗商品交易效率和提高其透明度，降低监管成本。国内已有将区块链技术应用于大豆国际贸易的实践案例。

7. 区块链在风险信息共享机制中的应用

现有风险信息共享机制弱，数据安全和质量得不到保障，且共享后的数据使用率也不高。区块链技术要确保信息查询不可篡改、独立、安全的同时，优化信用共享的激励机制，具备包容性强、扩展性高的特点，极大提高了风险信息共享的效率和安全性。

8. 区块链在贸易融资中的应用

区块链技术能够实现融资文件即时审批、融资流程实时追踪，进而增加贸易融资交易的透明度，实现风险的全流程管理，满足出口商个性化的融资需求。区块链技术在贸易融资中的应用已在商业银行的合作平台实现，交易流程效率得到提高。

9. 区块链在银团贷款中的应用

区块链技术的共识机制和智能合约能够大大简化银团贷款流程，降低对人工操作的依赖程度，降低操作风险并提高支付效率，整体推动贷款进程。国际上，已有银团贷款平台投入商业运营，并引起银团贷款市场的广泛兴趣。

10. 区块链在股权交易交割中的应用

区块链技术的分布式存储和运算能够确保股权登记数据的安全性和可追溯性，降低监管的复杂程度；加密认证和全网共识机制能够使股权登记机制更加健全；智能合约能够同步、实时转移股权与现金，提升交易效率。国际上，已有基于区块链技术的中小企业股权转让平台正式投入运行。

（三）区块链技术应用存在的主要问题

从性能上看，无法同时满足“高效低能”“去中心化”和“安全”这三个要求，区块链上可进行的交易吞吐量不高，高频次业务需求难以得到满足。

从能耗上看，工作量证明等共识算法能源消耗大、成本高，使得区块链浪费大量计算力和财力。

从生态上看，目前区块链产品不成熟，缺乏相关的开发、集成和运维体系，标准缺失，我国在区块链开源平台上缺少话语权和影响力。

从安全上看，隐私保护、有害信息上链、智能合约漏洞、共识机制和私钥保护、51%算力攻击、密码学算法安全等问题，令区块链面临着平台安全、应用安全的严峻形势。

从监管上看，加密技术对合法监听、客户识别、反洗钱等监管手段带来不小挑战，同时，区块链的多方协同治理也对监管提出更高要求。

从应用场景模式看，一方面，技术的不成熟制约了商业的应用落地，目前隐私保护算法、共识机制等区块链核心技术虽种类较多，但普遍来说还不具备商业可用性。另一方面，区块链的应用模式仍在探索中，还没有找到真正的"杀手级"应用，区块链的"不可替代"优势还未体现。区块链不是必需的，并不适用于所有领域，其技术的突出特点使其对无风险、高价值、易实现的场景具有更高的应用价值。

行业专业人才相对稀缺。区块链技术是一门多学科跨领域的技术，包含了操作系统、网络通信、密码学、数学、金融、生产等，我国目前在交叉学科、领域方面专业人才尚有不足。虽然目前已有部分高等院校展开交叉学科教育、区块链专项技能学科设定，但专业人才在市场上仍十分稀缺。

（四）完善我国区块链技术研发应用环境建议

区块链技术作为数字经济的底层技术和支撑技术，可以促使数字经济与实体经济相融合，发挥培育数字经济新发展动能的作用。预计到2025年，全球GDP总量的10%将利用区块链技术存储。区块链技术与人工智能、物联网等技术相融合，有助于拓展技术应用新空间，加快我国数字化建设进程。尤其是区块链技术的分布透明性、可追溯性和公开性等特性适用于改善政府组织结构的扁平化，使治理及服务过程透明化，从而提高政府的数据安全性，推动智能化和可信任政府的建设。根据2018年中国区块链技术研发应用情况，提出如下政策建议：

第一，加快我国区块链产业的顶层设计和区块链技术基础研究的投入，积极研发自主可控的底层核心技术，加强区块链技术示范，打造区块链产业链条。加强区块链政产学研深度融合，推进区块链技术与物联网、人工智能、大数据技术融合，促进区块链突破应用瓶颈。促进原生可靠的区块链基础建设，建设多种形式的区块链技术孵化基地，培育一批骨干创新企业，推动区块链技术发展。

第二，加快区块链技术创新向社会各个领域渗透。制订并完善区块链技术与行业标准，实现区块链产业规范发展，引导区块链产业健康、有序、可持续、快速发展，将区块链纳入我国主权和法律治理范畴，确保国家金融安全和主权安全。完善区块链产业相关法律法规，防范和降低潜在风险，有效打击假借区块链名义进行的违法违规活动，为区块链产业健康发展提供良好的制度环境和法治环境。国家定期发布《区块链发展与应用白皮书》。

第三，我国应加强顶层设计，推进政务大数据利用区块链技术，营造跨级别、跨部门、跨地域的数据互联网安全可信任的环境，打造一条牢不可破的网络“信任链”，破除信息孤岛。加快探索区块链在政府部门的身份管理、招标公示、民事公证、仲裁判决、检测存证、产权登记、工商注册、版权保护等政务领域的应用，进一步利用区块链技术进行政务公开。

第四，应加快应用区块链技术，推动我国社区治理现代化能力和水平的提升。构建“区块链 + 社区管委会”服务模式，在社区物业、医疗、养老、教育等资源共享方面提高社区的自治能力，进一步提升服务效率并降低信息系统运营成本和提升政府公信力。建立公益时间银行，鼓励志愿者参与社区公益交换，弥补社区服务能力不足。

第五，设立区块链行业自律组织，协调创新创业、法律规范、行政监管、行业自律、技术保障、公益监督和社区教育等相结合的区块链网络共识，进一步实现“互联网 + 政务”的优化升级，优化我国营商环境，形成开放、发展的全球竞争优势。

第六，加快我国高校的区块链人才培养布局和顶层设计，建设区块链人才实训基地。加大区块链、专业技术人才和高端人才的培养力度。建立我国区块链工程研究中心和高端智库、关键技术应用中心、重点实验室、产业技术联盟、科研成果转化平台等。

第七，及时升级政务数据管理模式，利用区块链技术服务在政府金融监管部门进行风险防控和事前监管；审计部门的关口前移、降低成本、提高效率；国土房产管理部门的产权登记；文化旅游部门的版权知识产权保护；教育部门的学历信息和学术成果存证；税务部门的纳税证明支持贷款和电子票据打假；食品药品监管部门的产品防伪溯源；卫生部门推动电子病历存证；规划和资源部门的分布式能源管理；民政部门的公益慈善项目监督；环卫部门的垃圾分类监管应用等。

第三节　"十三五"中期中国区块链标准体系建设情况

"十三五"中期，区块链技术和应用正经历高速发展的过程。与此同时，国内外在区块链领域的标准仍属空白，行业发展呈碎片化，行业应用存在一定的盲目性，不利于区块链的应用落地和技术发展。区块链的标准化有助于统一人们对区块链的认识，规范和指导区块链在各行业的应用，促进解决区块链的关键技术问题，对于区块链产业生态发展意义重大。

一、中国官方区块链标准化建设情况

2016 年，国际标准化组织 ISO 成立了区块链和分布式账本技术标准化组织，简称"ISO/TC307"。在 ISO/TC307 已立项的 8 项国际标准中，中国分别承担了分类和本体的编辑以及参考架构的联合编辑职务。

2017 年 3 月，国家标准化管理委员会批准中国电子技术标准化研究院承担 ISO/TC307 国内技术对口单位。根据国家标准化管理委员会的要求，在工业和信息化部信息化和软件服务业司的指导下，中国电子技术标准化研究院组织万向、微众、蚂蚁金服、平安集团、海航、三一等区块链领域的重点企业和相关专家深度参与 ISO/TC307 的国际标准化工作，在一些关键性成果上贡献中国的技术力量。尤其是主导和实质性参与了两项基础性国际标准，为我国相关企业参与区块链领域的国际竞争奠定基础。

此外，我国政府规划的区块链标准化工作早在 2016 年已开始布局，中国电子技术标准化研究院组织国内区块链领域的优势企业，于 2016 年 10 月成立了中国区块链技术和产业发展论坛，论坛下设标准工作组，积极开展区块链和分布式记账技术领域的标准化工作。先后研制并发布了《区块链参考架构》和《区块链数据格式规范》两项团体标准，并在团体标准研制成果基础上积极推动行业标准、国家标准的立项工作。2017 年 12 月，由中国电子技术标准化研究院牵头研制的国内首个区块链领域的国家标准《信息技术区块链和分布式账本技术参考架构》（计划编号：20173824 – T – 469）正式立项，标志着我国进一步加快区块链标准化的步伐。未来，中国电子技术标准化研究院将继续发挥 ISO/TC307 的国内对口单位的作用，持续跟踪区块链国际标准化组织的相关动态，加快参考架构、分类和本体等已立项国际标准的研制，推进操作、治理等其他方向的国际标准的研究和立项工作，推动我国区块链领域的先进技术成果向国际标准转化，不断提升我国区块链技术和产业的国际影响力。

我国在区块链加密算法的标准制订方面也积极行动。截至 2018 年 6 月，我国已出台包括 SM2 椭圆密码算法、SM3 杂凑算法、SM9 标识密码算法在内的 19 项密码算法，以及数字签名方案、PKI 组件最小互操作规范、电子签名格式规范等 20 项签名方案，可为区块链技术提供算法和签名支持。

2018 年 10 月 19 日，工业和信息化部进一步表示，将推动区块链核心技术能力建设，加快推动重点标准研制和应用推广，构建和完善区块链标准体系，完善政策环境。

二、中国非官方区块链标准化建设情况

除了官方的积极动作，我国民间或半官方的相关标准化组织、联盟协会、研究机构等也在积极参与区块链标准的制定，并将区块链标准化提上议事日程，开展了组织建设、标准预研等一系列工作，并取得了一定进展。

2017 年 12 月，中国区块链生态联盟发布了《中国区块链生态联盟团体标准管理办法（试行）》；2018 年 3 月，有关研究院所提出筹建全国区块链和分布式记账技术标准化技术委员会；2018 年 4 月，中国区块链生态联盟宣布成立《区块链平台一般技术要求》和《区块链企业服务能力一般要求》标准起草工作组，推动标准研制工作；2018 年 4 月，全国信息安全标准化技术委员会开展了《区块链安全技术标准研究》项目立项评审工作。

在工业和信息化部指导下的第三方组织数据中心联盟于 2016 年 12 月 1 日成立了可信区块链工作组，由 30 多家单位组成，包括中国信通院、中科院计算所、中国联通、中国电信、腾讯、华为、中兴通讯、金证股份、浪潮、世纪

互联、飞天诚信、曙光信息、IBM、思科、太一云、火币网、比特大陆、布比、优刻得、中联润通、万国数据、深信服等单位。可信区块链工作组致力于标准的制订和输出。目前，已在国际标准中的 ITU－T SG16 完成立项，行业标准中的 CCSA TC1 完成立项，促进标准的相关落地，包括可信区块链的标准预测试、建立区块链开放实验室和测试平台，推进区块链和物联网、云计算和大数据等前沿技术的交叉创新，加速区块链在金融、能源、供应链等各行各业的广泛普及和融合创新。

三、我国区块链标准体系须加强顶层设计

尽管我国在区块链标准制订方面取得了丰硕的成果，值得注意的是，目前所制定的标准多是局部标准，尚缺乏系统，整体的标准设计和制订。没有一个系统整体的标准设计将不利于区块链的长期发展。

要进行系统地设计区块链标准需要从顶层设计着手。在 2018 年 5 月 28 日召开的"2018 全球区块链技术发展论坛"上，工业和信息化部信息化和软件服务公司信息服务业处负责人李琰在致辞时透露，我国已开始着手建立区块链国家标准，计划从顶层设计推动区块链标准体系的建设。李琰表示，区块链国家标准将包括基础标准、业务和应用标准、过程和方法标准、可信和互操作标准、信息安全标准等方面。

第四节　区块链技术向 3.0 时代发展的影响因素和主攻方向

是什么因素驱动区块链技术的发展，又是什么因素制约了它的发展？区块链技术在未来最重要的发展方向是什么？又有哪些细节要重点关注？本节将对这些问题进行探讨和描述。

一、区块链技术向3.0时代发展的制约因素

（一）区块链的本质既是提高生产效率，更是改善生产关系

回到区块链的本质，到现在为止，区块链还没有一个统一的定义。美国的NIST标准制订机构在做定义“区块链”这件事情，但它发布的白皮书上的定义比较啰嗦。我们看区块链的本质，它叫“分布式的共识有限状态机加一个不可篡改的状态档案”。

区块链＝分布式的共识有限状态机＋一个不可篡改的状态档案

这个要怎么理解呢？什么是分布式的有限状态机？我们可以理解一下ATM、自动咖啡机等，它们实际上是有限状态机，接受外部给它的指令，然后按照指令会做相应的变化。例如ATM，我们塞一张银行卡，输入指令就会吐钱，这个就叫有限状态机。

区块链记录了所有的这种状态，所以它是不可篡改的状态档案。用更加严格的说法，它实际上是一个熵值减少的开放系统。我们知道根据热力学第二定理，一个封闭的系统，它的熵值是会增加的。而区块链要把这些状态确定、共识，所以它实际上是一个熵值减少的开放系统。

以太坊的黄皮书上给区块链的定义比较严格，它是用一套数学语言来定义的。在以太坊上面，区块链是一个比较理想的状态，是完全去中心、可信、安全、公正，可以保护隐私，效率很高，可问责，可以构建自治的组织、自治的社会。这里面提到一个新的概念：去中心化的应用，是区块链出现以来新的概念，它是同时运行在去中心化的多个网络节点，但没有一个节点或机构拥有、控制该应用，它运行的结果通过共识确认，而且一般是开源的应用。这是区块链出现以来真正有价值的应用——去中心化应用。

以太坊关于区块链的理想很好，但是为什么这么难实现？

主要原因是，传统技术的主要目的是提升生产效率，而区块链的主要目的是改善生产关系。

我们可以用云计算模式与区块链这种去中心化的应用做一个对比。云计算实际上是把一个服务器虚拟成多个虚拟机，然后把虚拟机建成资源池，把任务

切分给资源池内多个虚拟机并行来执行，并行结果返回给客户，所以它可以把一个机器变成多个机器，效率很高。但是区块链与云计算不一样，它的每一个任务都要在各个节点上分别执行，执行的结果需要共识，共识的结果要复制到各个节点。它类似把网络中各个节点变成同一部服务器，串行执行一个任务，就是把多个变成一个，变成一台电脑来用，所以它的效率比较低。

因为我们需要的是一个分布式系统，但是分布式系统里面存在很多所谓的不可能三角，或者叫三难选择问题，同时想达到三个目标，但是没有办法同时达成。

在经济学里面有蒙代尔不可能三角，就是一个国家的货币政策不能同时做到固定利率，又能够保证资本的自由流动，还能够保证货币政策的独立性。

计算机分布式系统里的 CAP 原理，就是一致性、可用性和分区容错性只能三者取其二。

共识理论里，在存在故障的异步通信环境下，不能找到一个确定性算法，可以解决一致性问题，这个叫 FLP 理论。

区块链的不可能三角，就是去中心化、扩展性、安全性这三者不能兼顾，只能三者取其二。

我们可以看到为什么以太坊的愿景很宏大，但是它一去中心化，效率就会很低，所以一个以太坊就把它跑垮了，这是有道理的。

（二）区块链技术发展的十点制约因素

区块链技术当前的难点主要在分布式系统中让所有的节点统一步调。区块链技术发展的制约因素，主要包括以下十点：

1. 性能限制

对比云计算，区块链把多个节点变成同一个节点来用，效率会很低，任何一个交易需要拿到所有的节点上面去进行共识，所以就会有性能的限制。

2. 扩展性限制

导致扩展性限制的原因与导致性能限制的原因类似。

3. 易用性限制

很多区块链的平台不太好用，需要非常高的技术门槛，导致其易用性受到限制。

4. 兼容性、跨链互联限制

区块链现在有很多不同的链，它们之间没有办法跨链互联，导致兼容性较差。

5. 存储限制

区块链节点的数据每时每刻都在增加，所以有存储的限制。

6. 严格的数学证明

很多区块链的白皮书没有提供数学证明，主要是在共识算法上，没有给出一个非常严格的数学证明保证它的共识算法能够达到一致。

7. 缺乏形式化证明

很多智能合约实际上没有经过形式化的验证，当部署在区块链后，因为不能修改，如果有漏洞很容易被黑客利用。如 The DAO 项目，就是因为它的智能合约有缺陷，漏洞就被黑客利用，最后只能硬分叉。而形式化证明可以避免这些问题。

8. 同步限制

当区块链越来越多，网络上节点越来越多，怎么能够快速地同步，就成了一个问题。

9. 治理限制

如何在区块链的网络上面采用一种比较好的治理机制，使得区块链能够发展它的一些参数，这需要根据不同的情况来做一些调整。

10. 软件升级限制

软件升级一般都会形成分叉，软分叉或者硬分叉中硬分叉的影响更大。

二、区块链技术向 3.0 时代发展的驱动因素

（一）未来区块链平台的愿景是向 3.0 发展

目前很流行的说法就是区块链 1.0 是以比特币为代表，它是一个可编程的

数字货币，实际上是用一个非图灵完备脚本引擎来控制 UTXO 交易的执行。

区块链 2.0 的代表是以太坊，它实际上代表可编程金融，它和比特币的不一样就在于它从单纯的资产交易的 UTXO 状态提升到世界状态，有可编程智能合约的支持。

沿着这个思路，区块链 3.0 在未来可以通过智能合约形成可编程的组织，可编程的社会。这一块目前看起来有些遥远，所以区块链 3.0 实际上是为了解决以太坊没能解决的一些问题，特别是在性能方面的一些问题。很多标榜区块链 3.0 的区块链平台，大部分还处于一个研发阶段，但是给我们描绘了一个非常高的 TPS，非常安全可靠的愿景。

（二）驱动区块链技术向 3.0 发展的十点因素

上面所讲的制约因素是现在区块链应用落地的痛点，也是驱动区块链技术发展因素。具体来讲，驱动区块链技术发展的因素，从应用需求这方面来看，主要是以下十点：

1. 性能和扩展性

每秒的交易数，能够支持的节点数，这是性能跟扩展性方面的一些要求。

2. 链上的安全性

区块链上承载的都是资产，所以安全性至关重要。

3. 隐私保护

区块链跟传统的应用不一样，它带有去中心的设计在里面，其中最重要的就是保护交易参与者的隐私信息，这一块非常重要。

4. 数据真实性

区块链上面的数据是不能篡改的，但是当我们把链下的数据写到链上的时候，如果链下的数据是假的，那上到区块链上的作为不可篡改的假的数据，其意义还不如原先可以改的这种数据，所以怎么保证数据真实上链，也是一个很重要的需求。

5. 密码安全

整个区块链的安全性很大程度取决于密码学，密码学的技术在发展，如何防止黑客破解密码，怎么保证私钥的安全，是一个很重要的需求。

6. 兼容性、跨链互联

随着越来越多区块链平台出现，兼容性跟跨链互联成为重要的需求。

7. 有用工作量证明

比特币的工作量证明很浪费电，有没有更好的工作量证明机制既能够保证这个共识的安全，同时还能提供价值。有用工作量证明也是非常重要的。

8. 身份认证和权限管理

对于很多企业而言，特别是在联盟链、私有链的应用场景下，身份认证、权限管理非常重要。

9. 治理和监管

通过什么方式能更加公平、更加民主地治理和监管区块链上面的一些规则、参数等，也是至关重要的。

10. 防止中心化

部分包括算力的中心化、记账的中心化以及中心化的演变，是一个重要问题。

三、区块链技术向 3.0 时代发展的十大方向

在驱动区块链技术发展的多重因素影响下，区块链技术向 3.0 时代发展也呈现多个方向齐头并进，主要出现以下十个主要方向。

（一）区块链操作系统方向

区块链操作系统不是简单地给这个操作系统加上一个区块链，或是在区块链上面加一个操作系统。它指的是为 DApp 开发运行所需要的一些功能和服务提供类似像 Win 操作系统、安卓操作系统的功能。这个功能包括用户身份的认证、授权、数据库、调度、云存储、异步通信、水平拓展、并行等功能。

操作系统方向主要以 EOS 为代表，目前它是运作比较成功，引人注目的一个公链，它也在不断地变化、修改。2018 年的《白皮书 2.0》中，它的共识机制增加了防止拜占庭节点，也就是捣乱节点的 BFT – DPoS 机制。由 21 个超级

节点来出块，出块时间从过去 3 秒降低到 0.5 秒，每轮见证人出 6 块，共 126 块。一秒内对交易做最终的确认，确认之后不能推翻，就是 BFT 机制。罚没机制，禁止见证人同时在不同的分叉上出块，它可以基于一些证据来自动剔除作恶的见证人。它也由过去支持 EVM 计划，改变为只支持 EOS 的原生智能合约，目前支持用 C 语言写的智能合约。

现在的 EOS 网络整体架构，是由所谓的超级节点，也就是出块的节点，加上 DApp 的节点（可以是钱包，可以是一些应用），以及监控节点来构成的。

（二）区块链中间件方向

它的目标实际上是为 DApp 提供底层服务，并且支持不同的底层链。例如 Ontology 本体网络，它实际上是一个多链多系统融合的链群结构，也提供跨链跨系统的交互协议、分布式 ID 认证。这种交换和协同的定位来自于一个中间件。类似的项目还有 ArcBlock，也是提供中心化应用的生态系统，通过不同的适配器来适配不同的底层区块链。

（三）区块链网络方向

区块链网络方向可分为链下网络、侧链、模块化侧链系统、侧链和网络兼有、安全区块链互联网络、多层次区块链网络、账本互联协议、分布式预言机、企业级区块链、带科研烙印区块链共 10 大方向：

1. 链下网络方向：闪电网络

链下网络的目标是面向支付场景，在不影响主链架构的情况下为主链扩容。最典型的就是闪电网络，它于 2017 年 12 月上线，现已经超过 1000 多个节点运行在比特币的主链。它主要通过构建主链下的点对点的支付、通道网络，把主链变成结算系统，使交易在点对点的支付通道上进行。通过点对点的支付通道构建一个网络，如从 A 到 B 有一个支付通道，从 B 到 C 有一个支付通道，那他们可以构建从 A 经过 B 到 C 的支付通道网络。

2. 侧链方向：RootStock

它的目标是在不影响主链架构的前提下为主链扩容。它跟上文所说的支付通道网络不一样，它不单单解决支付的问题，还解决支持应用的问题。

比较典型的是 RootStock，它跟比特币双向挂钩，它的资产可以从比特币转到 RootStock 的侧链，也可以退回。另外一个很重要的特点就是它支持智能合约，可以把以太坊的指令集加在它的虚拟机，可以兼容以太坊的智能合约。还有一个特点就是跟比特币联合挖矿，用比特币的安全性来保证 RootStock 的安全性。它的交易是每秒 300 笔，以后还会扩展到 1000 笔。

3. 模块化侧链系统方向：Lisk

它的目标是提供一个容易开发应用的应用链，这里面的典型代表是 Lisk。

Lisk 提供一个模块化，让用户使用设计模块来构建 DApp，非常方便。

Lisk 本身用 Node. js 编写，但用户 DApp 可以用 JavaScript 编写，灵活方便，它的目标是为了更方便地开发 DApp 应用。

另外，它也是一个侧链系统，不同的 DApp 在不同的侧链，这样的话不用都在主链上面影响主链的效率，从而提升整个系统的效率。

它的共识机制类似比特币的 DPoS，101 个代理节点，出块时间 10 秒，提供图灵完备的虚拟机。

4. 侧链，网络兼有方向：Polkadot

它的目标是既自成网络又可以桥接主链。这里面很典型的是一个由 Web3 基金会发起，由以太坊黄皮书作者开发的异构多链平台，叫 Polkadot。采用 PoA（Proof of Authority）共识机制，即拜占庭容错共识机制，它上面有很多平行链，这个平行链可以处理不同资产交易，共用平台的 PoA 共识机制可以与中继链进行无缝对接。中继链提供平行链之间跨链互联的功能来协调共识，也可以通过桥接去跟以太坊做连接，相当于做以太坊的侧链。

5. 安全区块链互联网络方向：Tendermint Cosmos

它的目标是构建一个全新的安全区块链互联的网络，这里比较有名的项目是 Tendermint Cosmos，它有并行多链的概念，它的第一条链（主链）叫 Hub，不同的主权链放在 Zone 空间，然后 Hub 这个枢纽提供不同的主权链的互联互通，它通过区块链间通信 IBC 协议进行沟通。它的 BFT PoS 共识是第一个在 PoS 上支持 BFT 的共识算法。

Tendermint 的共识算法是见证人抵押代币来投票，多于 2/3 见证投票权则确认交易，如果见证人在多个分叉同时出块，押金会被没收，这个方式避免了以前 PoS 里的最小成本搞破坏的问题。后来，包括 EOS、以太坊都在建 Tendermint 共识机制。但是 Tendermint 网络一直在推迟，到目前为止还没有发布。

6. 多层次区块链网络方向：AION

目标是构建多层次的区块链网络互联。其中一个代表叫 AION，它是联邦式的，用户可以在这个网络里面与以太坊网络之间互相发送数据和资产，同时，在这个可扩展性上面提供高 TPS。它提供比较灵活的定制的方式，用户可以在系统上面自建公链或私链，或联盟链，用户可以自由选择治理模式，共识机制，同时可以跟其他的区块链互操作，这个实际上是一个多层次的区块链互联网络。

7. 账本互联协议方向：Ripple InterLedger

账本互联协议不是构建一个链或一个网络，而是构建类似互联网的互联账本协议。这里有 Ripple InterLedger，它不是区块链，而是互联链的协议，以实现不同的账本间的安全转账。这些账本不一定是区块链，可以是传统的账本，包括支付宝、微信和银行的账本，都可以参与使用这个互联链的协议来进行不同账本间的转账。

它的主件有发送端、接收端，还有连接器，连接器就是连接不同的账本。它分为四层，分别是应用层、传输层、互联账本层、账本层。账本层可以支持不同的账本的标准协议，包括比特币、以太坊，甚至传统的微信、支付宝的协议，账本层是一个跨账本互联的协议。

未来我们非常需要这种跨账本的互联协议，它不但支持区块链之间，也支持区块链跟非区块链账本之间的资产的流转，是非常重要的。

8. 分布式预言机方向：Aeternity

这里面比较有名的区块链项目叫 Aeternity，它实际上是构建去中心化的预言机。它有一个很重要的驱动因素：怎么保证数据的真实性，即怎么把现实世界的数据放到区块链上面。所以这个平台的目标就是构建可扩展的智能合约来连接现实世界的数据，让数据上链。

它的特点是支持状态通道，用户交易不在主链，减轻主链的负担，主链去做仲裁，提供去中心化的预言机来保证数据真实上链，同时又避免传统的中心化的权威机构。它的共识机制是“PoW + PoS”，治理机制是矿工投票，权益持有者共同决策，是一个比较有特色的平台。

9. 企业级区块链方向：Dfinity

在企业级区块链这一块，有构建去中心化云计算的 Dfinity。它的目标是在

P2P 网络上面构建一个稳定的虚拟区块链计算机，上面可以安装运行软件。它的共识机制包括随机灯塔，与登记用户联合生成可靠的随机数，采用 BLS 门限签名算法。

10. 带科研烙印区块链方向：Cardano

以 2017 年比较火的项目 Cardano 为例，它是学术范区块链，跟传统的区块链不一样，传统的区块链只需要弄一个白皮书就开始进行了，而它是一些科学家在做，比较严谨，它们的文档都要同行评审。它解决区块链的三个问题，分别是扩展性、互操作性和可持续性。它采用一些可证明的特殊的共识算法，就是数学的严格的证明，比较安全。它的网络有自己的协议，有数据的扩展，互操作性，有自己的代码语言跟智能合约的语言。

（四）区块链存储方向

区块链的存储方向主要解决状态数据存储的问题。分布式存储的区块链实际上在每个节点都要存储这些状态数据，这对节点的要求，实际上是资源上的要求会很高，未来是需要跟分布式存储来结合的。目标是把链上的数据分割成碎片，以去中心化的方式存储在参与的节点里面。

这里面一个著名的例子就是 IPFS，它原先跟区块链关系不大，它是一个名叫“DHT”的文件系统，一个去中心的文件系统，使用分布式哈希的技术，加上版本控制 Git 技术，还有就是 BitTorent 技术，是基于内容的寻址协议，它可能有望取代 HTTP 等基于域名的寻址协议。

IPFS 是一个存储层，在 2017 年 IPFS 项目里面，有一波人基于 IPFS 做了一个激励层——Filecoin，实际上是 IPFS 跟区块链的结合，它支持智能合约，它的共识机制有 Proof of Storage，这里面包含备份证明 Proof of Replication，空间实践证明 Proof of Spacetime。它支持代币的交易。

以太坊上面有分布式的存储——Swarm 实际上是以太坊上的 P2P 的文件共享协议，分布式存储及分布式 CDN。程序代码和数据存储在主链之外的 Swarm 节点，Swarm 节点与链上连接，链上可交换数据，共享存储和带宽，内建点对点记账机制、激励机制、交易机制。

MaidSafe，用户存储数据可以通过彩票形式随机获得代币，代币的多少跟提供的资源和开机时间相关，它的定位是众包互联网，提供 Marketplace 和代币交易。

Storj 实际上是文件和数据分片加密，并存储在多个节点，但它不支持智能合约。

（五）密码学及隐私方向

密码学是区块链安全的生命线。区块链的很多项目实际上是以隐私保护的技术著称的。

门罗币采用环签名的方式来保护参与交易者的隐私。

零币用 zk - SNARKs，一个无需交互的零（知识）证明体系。

zk - STARKs 还需要一个可信的启动状态，理论上还有一些小的中心化和安全的隐患，但 zk - STARKs 不需要可信的启动状态。

我们可以看到有一些在隐私保护方面比较突出的币种，币值比较稳定，往往在其他币大跌的时候，它们相对来说比较稳定，因为它们有比较好的隐私保护的技术，比较保值。

（六）抗量子算法方向

大家都觉得量子算法出来后，对区块链技术有一个很大的挑战，实际上比特币在设计的时候已经知道有量子算法，量子算法有一个 Shor 算法，能够攻破大部分的公钥体系（PKI 体系），比特币做了相应的改动，比特币实际上是用公钥的哈希做地址来降低被攻击的风险。

因为哈希算法相对于量子算法只是稍微降低了一点复杂度，没有大规模降低复杂度，所以哈希算法对量子算法有一定的免疫力。

目前量子计算还是非常初级的阶段，估计可能需要 10 到 20 年的时间，这些量子计算机才能真正商用，真正地对公钥系统造成威胁。

在区块链上可以有一些方法抵御量子算法，包括更换签名的算法，现在可以通过软分叉来实现一个叫“Lamport”的签名，这个签名实际上可以抵御量子算法的攻击，不过现在这个签名有 11k，稍微有些大。

总的来说，量子算法对区块链的威胁与量子算法对传统的威胁相比并不是特别大，所以我们不用太担心，且在这个过程中实时更新算法。

参考文献

［1］李伟，朱烨东．区块链蓝皮书：中国区块链发展报告（2018），社会科学文献出版社，2018 年 12 月．

［2］于佳宁．中国区块链产业发展报告（2018）［M］．经济日报出版社，2018 年 10 月．

［3］工业与信息化中心．2018 中国区块链产业白皮书，2018 年 5 月 20 日．

［4］火币研究院．全球区块链产业全景与趋势年度报告（2018 年），华尔街见闻，https：//wallstreetcn. com/articles/33，2019 – 02 – 18，2019 – 02 – 18.

［5］赛迪区块链研究院．2018 中国区块链年度发展报告（上半年），中国电子报，2018 – 8 – 31.

［6］赛迪顾问．2018 区块链产业发展及投资价值研判报告，中国国际电子商务网，https：//www. ec. com. cn/article/dsyj/dsbg/，2018 – 03 – 26.

［7］中国电子技术标准化研究院．中国区块链技术和应用发展研究报告，https：//www. cesi. ac. cn/images/editor/，2018 – 12 – 18.

［8］链塔智库．2018 区块链技术应用白皮书，搜狐网，http：//www. sohu. com/a/282685489_ 115060，2018 – 12 – 1.

［9］链塔智库．2018 年中国区块链产业发展蓝皮书，巴比特，https：//www. 8btc. com/library/3021，2018 – 11 – 22.

［10］链塔智库．2018BaaS 行业研究报告，简书，https：//

www. jianshu. com/p/29659a5b8d09，2018 -11 -29.

［11］链塔智库. 2018 年中国区块链人才现状白皮书，链节点，https：//www. chainnode. com/doc/2231，2018 -10 -26.

［12］链塔智库. 资产上链项目研究报告，知识库，https：//www. useit. com. cn/thread -20043 -1 -1，2018 -08 -15.

［13］链塔智库. 2018 年区块链媒体舆情发布研究，简书，https：//www. jianshu. com/p/ba85df345754，2018 -11 -01.

［14］亿欧智库. 2018 年区块链行业应用研究报告（上篇）（下篇）https：//www. iyiou. com/intelligence Copyrights reserved to EO Intelligence，2018 -11 -28.

［15］亿欧智库. 2018 中国区块链产业发展城市排行榜，搜狐网，https：//www. sohu. com/a/278570621_ 99905204，2018 -11 -29.

［16］中商产业研究院. 2018 年中国区块链行业市场前景研究报告，中商情报网，https：//www. askci. com，2018 -05 -11.

［17］中商产业研究院. 区块链产业链行业重点企业盘点，中商情报网，https：//www. askci. com/news/financ，2018 -05 -22.

［18］观研天下. 2018 年中国区块链市场分析报告——行业深度分析与发展前景研究，中国报告网，https：//www. baogao. chinabaogao. com，2018 -5 -31.

［19］中经纵横经济研究院. 国家及各地政府区块链产业扶持政策一览，中经纵网，https：//www. 21360. cn/zjsq/fuchizhengce/ht，2018 -12 -21.

［20］数据观. 2018 最新全国区块链产业园汇编，中国大数据产业观察网，https：//www. cbdio. com，2018 -11/19.

［21］白帽汇安全研究院. 区块链产业安全分析告，金色财经网，https：//www. jinse. com/blockchain/191，2018 -5 -8.

［22］国立波等. 2018 年区块链投融资报告，投中网 https：//www. cbdio. com/BigData/co，2018 -06 -28.

［23］程晨等. 国外区块链研究主题及展望，中国知网，https：//mall. cnki. net/magazine/Article/DZZW20，2018 -06 -30.

［24］邹均. 区块链技术发展的十大方向和未来的思考，飞鸟价值投资系列课第 16 期，https：//www. jinse. com/bitcoin/216015，2018 -07 -20.

［25］赵凡．一图看懂区块链产业：泡沫破灭时谁是裸泳者，来源：链博社，ID：lianboshe，2018－03－16．

［26］王玮．区块链技术的回顾与展望，https：//www.m.sohu.com/a/165014002_ 115128－手机搜狐，2017－09－26．